SOBRE O ESTADO

PIERRE BOURDIEU

Sobre o Estado

Cursos no Collège de France (1989-92)

Tradução
Rosa Freire d'Aguiar

5ª reimpressão

Copyright © 2012 by Éditions Raisons d'agir/ Éditions du Seuil

Grafia atualizada segundo o Acordo Ortográfico da Língua Portuguesa de 1990, que entrou em vigor no Brasil em 2009.

Título original
Sur l'État: Cours au Collège de France (1989-1992)

Capa
warrakloureiro

Preparação
Ieda Lebensztayn

Índice remissivo
Luciano Marchiori

Revisão
Carmen T. S. Costa
Huendel Viana

Dados Internacionais de Catalogação na Publicação (CIP)
(Câmara Brasileira do Livro, SP, Brasil)

> Bourdieu, Pierre, 1930-2002.
> Sobre o Estado : Cursos no Collège de France (1989-92) /
> Pierre Bourdieu; [edição estabelecida por Patrick Champagne...
> [et al.]]; tradução Rosa Freire d'Aguiar — 1ª ed. — São Paulo :
> Companhia das Letras, 2014.
>
> Título original : Sur l'État : Cours au Collège de France (1989-
> -1992)
> Bibliografia
> ISBN 978-85-359-2435-0
>
> 1. O Estado 2. Sociologia política I Champagne, Patrick. II. Título.

14-04653   CDD-306.2

Índice para catálogo sistemático:
1. Sociologia política   306.2

[2021]
Todos os direitos desta edição reservados à
EDITORA SCHWARCZ S.A.
Rua Bandeira Paulista, 702, cj. 32
04532-002 — São Paulo — SP
Telefone: (11) 3707-3500
www.companhiadasletras.com.br
www.blogdacompanhia.com.br
facebook.com/companhiadasletras
instagram.com/companhiadasletras
twitter.com/cialetras

Edição estabelecida por Patrick Champagne, Remi Lenoir, Franck Poupeau e Marie-Christine Rivière.

Os editores agradecem a Gabrielle Balazs, Jérôme Bourdieu, Pascale Casanova, Christophe Charle, Olivier Christin, Yvette Delsaut, Paul Lagneau-Ymonet, Gilles L'Hôte, Pierre Rimbert e Gisèle Sapiro, por suas preciosas indicações que permitiram esclarecer certas passagens dos cursos, e em especial a Loïc Wacquant, por sua releitura atenta.

Sumário

NOTA DOS EDITORES   15

PREFÁCIO: MATERIALISMO DO SIMBÓLICO, por Sergio Miceli   19

ANO 1989-90   27

Curso de 18 de janeiro de 1990   29
Um objeto impensável — O Estado como lugar neutro — A tradição
marxista — Calendário e estrutura da temporalidade — As categorias
estatais — Os atos do Estado — O mercado da casa própria e o Estado
— A Comissão Barre sobre a moradia

Curso de 25 de janeiro de 1990   54
Teoria e empiria — Comissões estatais e encenações — A construção
social dos problemas públicos — O Estado como ponto de vista dos
pontos de vista — O casamento oficial — Teoria e efeitos de teoria —
Os dois sentidos da palavra "Estado" — Transformar o particular em
universal — O obsequium — As instituições como "fiduciário orga-
nizado" — Gênese do Estado. Dificuldades da empreitada —

Parêntese sobre o ensino da pesquisa em sociologia — O Estado e o sociólogo

Curso de 1º de fevereiro de 1990   80
A retórica do oficial — O público e o oficial — O outro universal e a censura — O "legislador artista" — Gênese do discurso público — Discurso público e forma — A opinião pública

Curso de 8 de fevereiro de 1990   105
A concentração dos recursos simbólicos — Leitura sociológica de Franz Kafka — Um programa de pesquisa insustentável — História e sociologia — Les systèmes politiques des empires, de Shmuel Noah Eisenstadt — Dois livros de Perry Anderson — O problema das "três estradas" segundo Barrington Moore

Curso de 15 de fevereiro de 1990   128
O oficial e o privado — Sociologia e história: o estruturalismo genético — História genética do Estado — Jogo e campo — Anacronismo e ilusão do nominal — As duas faces do Estado

ANO 1990-1   151

Curso de 10 de janeiro de 1991   153
Enfoque histórico e enfoque genético — Estratégia de pesquisa — A política da habitação — Interações e relações estruturais — Um efeito da institucionalização: a evidência — O efeito do "é assim..." e o fechamento dos possíveis — O espaço dos possíveis — O exemplo da ortografia

Curso de 17 de janeiro de 1991   174
Lembrete sobre o procedimento do curso — Os dois sentidos da palavra "Estado": Estado-administração, Estado-território — A divisão disciplinar do trabalho histórico como obstáculo epistemológico —

Modelos da gênese do Estado, 1: Norbert Elias — Modelos da gênese do Estado, 2: Charles Tilly

Curso de 24 de janeiro de 1991 191
Resposta a uma pergunta: a noção de invenção sob pressão estrutural — Modelos da gênese do Estado, 3: Philip Corrigan e Derek Sayer — A particularidade exemplar da Inglaterra: modernização econômica e arcaísmos culturais

Curso de 31 de janeiro de 1991 208
Respostas às perguntas — Arcaísmos culturais e transformações econômicas — Cultura e unidade nacional: o caso do Japão — Burocracia e integração cultural — Unificação nacional e dominação cultural

Curso de 7 de fevereiro de 1991 223
Os fundamentos teóricos de uma análise do poder estatal — O poder simbólico: relações de força e relações de sentido — O Estado como produtor de princípios de classificação — Efeito de crença e estruturas cognitivas — Efeito de coerência dos sistemas simbólicos de Estado — Uma construção de Estado: a programação escolar — Os produtores de doxa

Curso de 14 de fevereiro de 1991 240
A sociologia, uma ciência esotérica que tem jeito de exotérica — Profissionais e profanos — O Estado estrutura a ordem social — Doxa, ortodoxia, heterodoxia — Transmutação do privado em público: o aparecimento do Estado moderno na Europa

Curso de 21 de fevereiro de 1991 257
Lógica da gênese e da emergência do Estado: o capital simbólico — As etapas do processo de concentração do capital — O Estado dinástico — O Estado: um poder sobre os poderes — Concentração e desapossamento das espécies de capital: o exemplo do capital de força física — Constituição de um capital econômico central e construção de um espaço econômico autônomo

Curso de 7 de março de 1991 276
Resposta às perguntas: conformismo e consenso — Processo de concentração das espécies de capital: as resistências — A unificação do mercado jurídico — A constituição de um interesse pelo universal — Ponto de vista estatal e totalização: o capital informacional — Concentração do capital cultural e construção nacional — "Nobreza de natureza" e nobreza de Estado

Curso de 14 de março de 1991 294
Digressão: um golpe de força no campo intelectual — A dupla face do Estado: dominação e integração — Jus loci e jus sanguinis — A unificação do mercado dos bens simbólicos — Analogia entre o campo religioso e o campo cultural

Ano 1991-2. 311

Curso de 3 de outubro de 1991............................ 313
Um modelo das transformações do Estado dinástico — A noção de estratégias de reprodução — A noção de sistema de estratégias de reprodução — O Estado dinástico à luz das estratégias de reprodução — A "casa do rei" — Lógica jurídica e lógica prática do Estado dinástico — Objetivos do próximo curso

Curso de 10 de outubro de 1991 331
O modelo da casa contra o finalismo histórico — As implicações da pesquisa histórica sobre o Estado — As contradições do Estado dinástico — Uma estrutura tripartite

Curso de 24 de outubro de 1991 349
Recapitulação da lógica do curso — Reprodução familiar e reprodução estatal — Digressão sobre a história do pensamento político — O trabalho histórico dos juristas no processo de construção do Estado — Diferenciação do poder e corrupção estrutural: um modelo econômico

Curso de 7 de novembro de 1991 366
Preâmbulo: as dificuldades da comunicação em ciências sociais — O exemplo da corrupção institucionalizada na China, 1: o poder ambíguo dos sub-burocratas — O exemplo da corrupção institucionalizada na China, 2: os "puros" — O exemplo da corrupção institucionalizada na China, 3: jogo duplo e duplo "eu" — A gênese do espaço burocrático e a invenção do público

Curso de 14 de novembro de 1991 384
Construção da República e construção da nação — A constituição do público à luz de um tratado de direito constitucional inglês — O uso dos selos reais: a corrente das garantias

Curso de 21 de novembro de 1991 400
Resposta a uma pergunta sobre a oposição público/privado — A transmutação do privado em público: um processo não linear — A gênese do metacampo do poder: diferenciação e dissociação das autoridades dinástica e burocrática — Um programa de pesquisa sobre a Revolução Francesa — Princípio dinástico contra princípio jurídico, através do caso dos leitos de justiça — Digressão metodológica: a cozinha das teorias políticas — As lutas jurídicas como lutas simbólicas pelo poder — As três contradições dos juristas

Curso de 28 de novembro de 1991 421
A história como objeto de lutas — O campo jurídico: um enfoque histórico — Funções e funcionários — O Estado como fictio juris *— O capital jurídico como capital linguístico e como domínio prático — Os juristas diante da Igreja: a autonomização de uma corporação — Reforma, jansenismo e juridismo — O público: uma realidade sem precedente que não termina de acontecer*

Curso de 5 de dezembro de 1991 441
Programa para uma história social das ideias políticas e do Estado — O interesse pelo desinteresse — Os juristas e o universal — O (falso) problema da Revolução Francesa — O Estado e a nação — O Estado

como "religião civil" — Nacionalidade e cidadania: a oposição do modelo francês e do modelo alemão — Lutas de interesses e lutas de inconscientes no debate político

Curso de 12 de dezembro de 1991 460
A construção do espaço político: o jogo parlamentar — Digressão: a televisão no novo jogo político — Do Estado de papel ao Estado real — Domesticar os dominados: a dialética da disciplina e da filantropia — A dimensão teórica da construção do Estado — Questões para uma conclusão

ANEXOS 481
Resumos dos cursos publicados no Anuário do Collège de France 483
1989-90 — 1990-1 — 1991-2
Situação do curso *Sobre o Estado* na obra de Pierre Bourdieu 489

NOTAS 495
REFERÊNCIAS BIBLIOGRÁFICAS 527
1. Trabalhos relativos ao Estado, ao campo do poder ou à história das ideias políticas — 2. Trabalhos não diretamente ligados ao Estado
ÍNDICE ONOMÁSTICO 553
ÍNDICE TEMÁTICO 559

Nota dos editores

Fixar o texto das aulas proferidas por Pierre Bourdieu no Collège de France supõe certas opções editoriais. Essas aulas formam um entrelaçamento de textos escritos, comentários orais, reflexões mais ou menos improvisadas sobre seu modo de ensinar e as condições em que ele foi levado a adotá-lo. O material de apoio dos cursos mistura notas manuscritas, trechos de conferências e anotações nas margens de livros e de fotocópias. As observações de Pierre Bourdieu sobre as condições de recepção de seu ensinamento, diante do público numeroso e muito diversificado do grande anfiteatro do Collège de France,[1] mostram que suas aulas não podem ser reduzidas apenas às versões escritas que ele deixou, pois o desenrolar desses cursos podia assumir formas imprevistas, dependendo das reações que ele captava no auditório.

Uma solução que teria o mérito aparente da neutralidade e da fidelidade formal ao autor teria sido publicar a transcrição literal e em estado bruto do conjunto das aulas. Mas não basta reproduzir o oral para que ele conserve as propriedades do oral, a saber, todo o trabalho pedagógico utilizado em cada aula. E o texto pronunciado tampouco é o da versão "publicada", como foi possível verificar para certos cursos cujas retranscrições tinham sido amplamente retrabalhadas, e às vezes inteiramente remanejadas para serem transformadas em artigos publicados em revistas científicas. Na verdade, a forma escolhida explicitamente nas aulas é mais próxima da lógica da descoberta científica que daquela de uma exposição escrita, perfeitamente ordenada, dos resultados de uma pesquisa.

Evidentemente, se os editores não podem substituir-se ao autor depois de sua morte e escrever em seu lugar o livro que ele teria escrito a partir de seu curso, podem tentar fazer com que as propriedades ligadas à oralidade da exposição sejam conservadas ao máximo — o que supõe que sejam detectáveis e sentidas, e, inversamente, que os efeitos próprios à transcrição sejam, tanto quanto possível, amenizados. Os editores também devem levar em conta que esta publicação, sem substituir a que o autor teria concebido, deve conferir toda a sua força e sua necessidade à obra a que ela dá prosseguimento. Assim, a transcrição tenta evitar dois obstáculos, a literalidade e a literariedade. E se Pierre Bourdieu sempre aconselhava referir-se a seus textos para compreender o que ele dizia,[2] também aproveitava suas apresentações orais e a liberdade de expressão que elas permitem, diante de um público que ele sabia ser-lhe em grande parte favorável, para suprimir os subentendidos e retomar a argumentação e a demonstração.

Num parágrafo de *La Misère du monde*, intitulado "Les risques de l'écriture", Bourdieu analisa a passagem do discurso oral ao texto escrito como uma "verdadeira tradução ou mesmo uma interpretação".[3] E lembra que "a simples pontuação, o lugar de uma vírgula" podem "comandar todo o sentido de uma frase". A edição dos cursos é, portanto, um esforço para conciliar duas exigências contrárias mas não contraditórias: a fidelidade e a legibilidade. As inevitáveis "infidelidades", inerentes a qualquer transcrição (e, mais geralmente, a toda mudança de suporte), são talvez aqui, como nas conversas que Pierre Bourdieu analisava, a "condição de uma verdadeira fidelidade", segundo sua expressão.

A transcrição dos cursos do Collège de France respeita as disposições que Bourdieu aplicava quando ele mesmo revisava a transcrição de suas conferências ou de seus seminários que deram lugar à publicação: ligeiras correções estilísticas, polimento das arestas do discurso oral (interjeições, repetições etc.). Certos pontos obscuros ou construções inexatas foram retificados. Quando as digressões têm a ver com o tema desenvolvido, são postas entre travessões; quando implicam uma ruptura no fio do raciocínio, são anotadas entre parênteses, e quando são longas demais, podem tornar-se objeto de seção à parte. A divisão em seções e parágrafos, os entretítulos, a pontuação, as notas esclarecendo as referências e remissões são dos editores, assim como o índice temático e conceitual. As referências bibliográficas nas notas de rodapé são as de Pierre Bourdieu, e foram completadas quando as informações eram insuficientes. Algumas foram acrescentadas para favorecer a compreensão do discurso: explicitações, remissões, menções explícitas ou implícitas a textos que prolongam a reflexão. O leitor poderá ter acesso, em anexo, à lista dos artigos, obras e documentos de trabalho em que Bourdieu se apoiou ao longo de todo o curso, e que foi reconstituída a partir de suas notas de trabalho e inúmeras fichas de leitura.

Parte do conteúdo destes cursos foi remanejada e publicada posteriormente pelo próprio Pierre Bourdieu em forma de artigos ou capítulos de livros. Estes são assinalados a cada ocasião. O conjunto dos cursos é seguido de resumos publicados nos Anuários do Collège de France.

Os três anos de cursos sobre o Estado foram escolhidos para começar a edição dos cursos do Collège de France porque, como se verá na "Situação do curso", no final do presente volume,[4] trata-se de peça essencial mas raramente vista como tal na construção da sociologia de Pierre Bourdieu. Os volumes seguintes completarão, nos próximos anos, a publicação integral dos cursos, na forma de livros com problemáticas autônomas.

Materialismo do simbólico

Os cursos *Sobre o Estado* condensam a guinada provocativa no magistério de Pierre Bourdieu (1930-2002) no Collège de France. Neles sobressai o diálogo persistente com o tesouro documental e interpretativo acumulado pelos historiadores. Apesar de divergências de peso em termos de estilo e de método, de feitios distintos de pensamento genético, certos lances cruciais na feitura do argumento acusam a dívida. O domínio do legado historiográfico, francês em especial, lhe permite alinhavar com economia as feições estruturais de uma história social da constituição do Estado, como monopólio da violência simbólica.

Farei a leitura norteado pelo tema que me parece o fio de costura da empreitada: a transição entre o Estado dinástico-absolutista e o nascimento do moderno Estado do bem-estar, pontuado pelo protagonismo estratégico dos juristas, dando a ver os rumos da diferenciação de poderes e da concorrência entre os corpos de especialistas indispensáveis ao exercício do mando na emergente divisão do trabalho de dominação.

No primeiro ano do curso, o autor "limpa o terreno" valendo-se do rastreamento etimológico de noções plasmadas pelos agentes do Estado e do desmonte de argumentos motivados por certa teleologia política em alguns clássicos do comparatismo historicista. Compiladores de segunda mão, esses autores

— Shmuel Noah Eisenstadt, Perry Anderson e Barrington Moore Jr. — pretendiam dar conta das origens econômicas, sociais e políticas de movimentos revolucionários que desaguaram nos regimes capitalista, fascista e comunista.

Após ponderar os méritos e os clichês inerentes às definições canônicas do Estado — o monopólio da violência legítima (Weber), o fundamento da integração lógica e moral do mundo social (Durkheim), o aparelho de coerção a serviço da classe dominante (Marx) —, ele intenta explorar os domínios do simbólico, cerne desse ensinamento. Mostra a ingenuidade das teorias liberais sobre o governo como bem do povo; explicita os limites da vulgata marxista ao insistir sobre as funções em detrimento das estruturas sobre as quais se assenta o Estado. Retém de Weber a centelha sobre o sequestro da autoridade, de Marx a ênfase na apropriação dos ganhos pelos grupos dominantes, e de Durkheim a ideia de que os conflitos fazem avançar o Estado do bem-estar. Fim de conversa: Weber investiu nos rumos da centralização consentida; Marx na dinâmica da hegemonia classista; Durkheim na concepção do Estado como ficção coletiva, ilusão bem fundada pela crença nessa entidade misteriosa.

Ao replicar a conduta com objetos precedentes, Bourdieu se empenha em compatibilizar os fundadores da sociologia: conecta a acumulação primitiva à divisão do trabalho social em meio aos percursos diferenciados da racionalização. Em vez de assumir o desafio inviável de um panorama global do Estado, adota a trilha reflexiva do medievalista Marc Bloch, cujo estudo comparativo da grande propriedade rural, na França e na Inglaterra, lastreia-se em traços morfológicos — as formas dos campos e as estatísticas sobre a população camponesa — do objeto de investigação. O recurso ao modelo genético de Bloch introduz na diagonal o contencioso interpretativo em torno da Revolução Francesa. Ao longo do curso, Bourdieu escancara os chavões atribuídos a esse evento sacrossanto no intuito de marcar distância das interpretações ortodoxas de vezo econômico e político.

Em contraponto às diretivas da macrossociologia, esquadrinha os vestígios de lutas sociais perceptíveis em noções-chaves do léxico estatal — a ideia de oficial, de público, de universal — e os sentidos do calendário como marcador da temporalidade compartilhada. Refuta tanto o ranço intelectualista e presunçoso dos teóricos como a hierarquia de objetos que proscreve o interesse pelo que é tido como insignificante. O leitor leigo em sociologia ou na obra do autor poderá acompanhar os principais temas e conceitos do itinerário intelectual de Bourdieu

— campo, capital, habitus, estratégias —, recuperados em meio à conflagrada gênese desse espaço político centralizado. Ele prefere de hábito o rumo da indagação empírica em vez do volteio conceitual emproado, tornando convincente a narrativa pedagógica, mobiliada com respiros de ordem variada.

O questionamento dos expedientes de montagem e funcionamento de uma reles comissão, ou então, a peruca e as vestimentas solenes dos magistrados, indispensáveis ao êxito do cerimonial jurídico, são algumas mostras daquilo que os doutos enxergam como ninharias. Os escândalos políticos esfrangalham a crença na acepção de má-fé coletiva, em que todos mentem e sabem que estão mentindo. A etimologia do léxico político constitui um recurso fabuloso de desnudamento, capaz de flagrar o sentido ambivalente dos conceitos manejados pelos grupos em peleja na arena política. A expressão "reunião de cúpula", por exemplo, supõe a existência de gente graúda e do povinho, dando a ver que fórmulas em princípio inócuas traduzem atos de reconhecimento e respeito da ordem simbólica.

Em vez de cravar no primado do monopólio fiscal, militar e policial, o desígnio de Bourdieu mobiliza as evidências e as razões capazes de deslindar o caráter e a eficácia dos poderes de violência simbólica exercidos pelo Estado, espécie de metapoder por cujo controle e apropriação se defrontam os grupos de interesse aptos a atuar no campo político. Norbert Elias e Charles Tilly privilegiaram a constituição do monopólio duplo, da violência física por meio do exército com jurisdição sobre um território, e da arrecadação fiscal, como precondição à passagem do monopólio privado vigente no Estado dinástico ao monopólio público do Estado moderno. Os recursos amealhados pelo imposto, ao financiarem a força militar, garantem a arrecadação. Duas faces do mesmo arranjo.

Segundo Elias, a concentração de poder no Estado absolutista tende ao equilíbrio de forças entre o rei e os súditos: quanto mais se estende o poder do monarca, tanto maior a dependência em relação àqueles submetidos ao seu poder. A interdependência envolve todos os grupos, todas as ordens e classes, todos os indivíduos, uns em relação aos outros — ora amigos, aliados e parceiros, ora rivais e inimigos. Ao cabo dessa refrega, os recursos centralizados passam às mãos de um número cada vez mais numeroso de agentes interdependentes e detentores de princípios distintos e concorrentes de potência — religioso, burocrático, jurídico, econômico, cultural, militar —, na transição do controle privado de uma família, de uma linhagem, ao monopólio público. Ressalve-se que a interdependência entre desiguais sucede sempre ao abrigo de interesses dominantes. Já o modelo de Tilly, de feitio economicista mais pronunciado, explica a gênese do Estado como resultado da dialética entre os grupos sediados nas cidades em que tem lugar a acumulação de capital econômico, por meio do crédito e das redes comerciais, e os agentes responsáveis pela força armada, enquistados no poder público.

O terceiro macromodelo de gênese, o de Philip Corrigan e Derek Sayer, segundo o qual o papel regulatório do Estado abarca a ordem objetiva e a subjetividade, propicia o engate que direciona o argumento nos rumos da revolução cultural na raiz do Estado moderno. "A dimensão moral da atividade estatal" implica a feitura e a imposição de um conjunto de representações e valores comuns em meio à empreitada de domesticação dos dominados. Deriva daí a ambivalência das estruturas estatais associadas ao Estado do bem-estar, sobre as quais nunca se sabe ao certo se constituem instituições de controle ou de serviço; sendo de fato as duas coisas ao mesmo tempo, só conseguindo controlar na medida em que prestam serviços ou distribuem recursos.

Bourdieu reitera a dimensão simbólica do Estado, espaço de relações de força e de sentido, como produtor de princípios de classificação suscetíveis de serem aplicados ao mundo social. Tais categorias são formas entranhadas em condições históricas de produção, ou melhor, estruturas mentais em conexão com estruturas sociais, como que retraduzindo as tensões entre os grupos em oposições lógicas. O desígnio de formular uma teoria materialista do simbólico tem que dar conta dessa obediência generalizada de que se beneficia o Estado sem apelar à coerção.

A contundência dessa pegada se evidencia no trecho sobre a passagem, em fins da Idade Média, do momento em que coexistem inúmeras modalidades exclusivas de direito — a justiça do rei, a das comunas, a das corporações, a da Igreja — à extensão progressiva da jurisdição real com o surgimento dos prepostos, dos magistrados e do Parlamento. A França e a Inglaterra do século XVII já exibem o talhe característico do Estado moderno: um corpo político separado da pessoa do príncipe, bem como dos demais grupamentos atuantes no território da nação, inclusive a nobreza feudal e a Igreja. A diferenciação do campo jurídico, universo sujeito a leis próprias, sucede em paralelo à concentração de poder na base do monopólio real do poder judiciário perante as pretensões dos senhores. A justiça real arrebanha as causas criminais antes sujeitas ao arbítrio do proprietário de terras ou da Igreja, em nome de argumentos ad hoc como a teoria dos recursos.

Os juristas se aferram à elaboração de justificativas em favor de uma única jurisdição, operando como advogados dessa junção que lhes toca de perto como arautos do "desinteresse" e da universalização. A realeza se alia aos pleitos dos juristas cujo serviço-mor é a formulação de teorias legitimadoras segundo as quais o rei representa o interesse comum e deve segurança e justiça a todos. Restringem-se as esferas de competência das jurisdições feudal e eclesiástica, doravante sujeitas ao comando da justiça a soldo do rei. O nascimento do Estado se faz acompanhar da acumulação maciça de informação — serviços secretos, pesquisas, recenseamentos, orçamentos, mapas, planos, genealogias, estatísticas —, convertendo o metapoder em unificador teórico, um totalizador cujo instrumento por excelência é a escrita, a começar pelos registros de contabilidade.

O passo subsequente busca qualificar a ascensão da nobreza togada, na transição entre a nobreza feudal e a nobreza moderna, aquela formada nas escolas de elite do capitalismo contemporâneo. Subjaz a esse escrutínio um dos mantras do autor, "a verdade de todo mecanismo político reside na lógica de sucessão". Os juristas elaboraram as doutrinas da transição entre a razão monárquica e a de Estado, tendo de se haver, desde o início, com os riscos de estorno do patrimônio público — corrupção, nepotismo, favoritismo — por parte daqueles grupos, inclusive eles, propensos a fazer do Estado sua "casa".

Em vez da sucessão de tipo doméstico (o rei e a família real), no qual o patrimônio se transmite de pai para filho, a reprodução dos juristas, dos funcionários, dos intelectuais, passa pelo sistema escolar, pelo mérito, pela competência, pelo diploma. O Estado se opõe à família e condena o nepotismo, ao substituir os laços primários por lealdades formais, a sucessão direta pela reprodução escolar, a designação por instâncias locais pela nomeação determinada pelo poder central.

A Revolução Francesa equivale ao triunfo da reprodução impessoal daquelas categorias que se perpetuam em posições de poder graças ao sistema escolar. Quanto mais dependentes da aquisição de capital cultural, tanto maior o empenho delas em firmar a definição universal do Estado. No limite, o Estado é perpassado pela tensão entre os herdeiros e os diplomados arrivistas, entre os que dependem dos laços de sangue e a nobreza togada, prensada por sua vez entre os interesses coletivos da corporação em colisão com os apanágios da antiga nobreza e os interesses privados que empurram os togados a se aliar aos setores do antigo regime. Sendo a um só tempo árbitros e partes interessadas, os juristas exercem o papel decisivo de legitimar o monarca sem abrir mão da competência técnica em prol da universalização de seus interesses como detentores do capital particular de jurista.

Na condição de mestres do discurso, eles dispõem de um trunfo formidável de poder: fazer crer naquilo que dizem. Sua autoridade lhes permite dizer e fazer como verdadeiro aquilo que lhes interessa. Ao fazer crer que é verdade para os que têm o poder de fazer existir o verdadeiro (os poderosos), os juristas podem tornar real aquilo que dizem. Contam com o direito como discurso de hálito universal e dispõem da capacidade profissional de fornecer razões, ou melhor, de converter evidências em arrazoados, pelo apelo a princípios universais, pelo recurso à história, aos precedentes, aos arquivos, à casuística e às demais fontes da jurisprudência. A construção do Estado se revela, portanto, indissociável da emergência de corporações que nele se enraízam.

O processo já referido de delegação, o qual consiste em parcelamento e multiplicação de poderes, está na raiz da corrupção como elemento constituinte na divisão do trabalho de dominação. Assim como o rei monarca se apropria da parte do leão da riqueza, expediente idêntico se reproduz em escalões inferiores, cujos ocupantes se valem da autoridade concedida para extrair lucros proporcionais ao seu cacife. O caráter estrutural da corrupção deriva do fato de que as corporações têm a ambição de se tornar dinásticas, pela aliança com os mandantes do antigo regime, pela aquisição venal de cargos ou pela transmissão hereditária dissimulada. A redistribuição de poderes enseja inúmeros escapes nos circuitos de delegação e, por conseguinte, propicia espaços de arreglo de negociação e de cobrança de pedágio.

A montagem desse dispositivo institucionalizado se apoia tanto no do antigo império chinês como nas formações sociais da atualidade, no fluxo de fundos ilícitos que irriga o sistema de baixo para cima. O caixa dois vem a ser a extorsão legal de fundos destinados a cobrir as despesas pessoais e profissionais dos funcionários, somados aos rendimentos auferidos pelos escalões inferiores de que os primeiros dependem para exercer suas tarefas.

A indignação ética dos intelectuais midiáticos ou as virtudes ostentadas pelos que se investem como os emissários "puros" não se distribuem por acaso no espaço social, e nem sempre fazem jus a recompensas proporcionais ao serviço prestado. Na lógica da corrupção institucionalizada, os mandachuvas têm meios de extrair lucros de grandeza incomensurável àquela acessível aos supervisores de baixo escalão. A sábia advertência de Aristóteles, segundo a qual a prática da virtude requer certa afluência, esclarece por que os "puros" são mais frequentes nas camadas dirigentes. Existem determinadas condições sociais de acesso à pureza, cujo alcance depende de franquias reservadas aos privilegiados. Os puros prestam homenagem, amiúde em registro hipócrita, apenas àquelas virtudes que todo mundo acata oficialmente, da boca para fora.

A burocracia enverga dupla armadura: a ambiguidade institucional como contraface da fachada racional e transparente. Os burocratas efetuam a apropriação privada do universal ("bem comum"), com frequência tida como abuso de poder, e, não obstante, contribuem mesmo assim a fazer progredir o "interesse coletivo". As transações entre os notáveis e os burocratas, que azeitam o funcionamento do serviço público, exemplificam intercâmbios movidos por coerção estrutural, que pouco têm a ver com interações pessoais tão a gosto dos entusiastas do DNA e de dispositivos biológicos congêneres sabichões do DNA, arredios às razões da história social.

Os juristas são corretores que também jogam na posição de terceiros, a meio caminho entre as demandas da monarquia e dos demais grupos, cobrando proventos pelo trabalho de mediação, como responsáveis pela alquimia que transmuta o dote privado em bem público. Em síntese, Bourdieu sustenta a tese da constituição progressiva de um conjunto de campos — jurídico, administrativo, intelectual, parlamentar —, cada um deles como espaço de lutas específicas, uns competindo com os outros, enfrentamento em cujo transcurso se inventa esse poder "metacampo" consolidado no Estado moderno. A inteligibilidade desses campos foi objeto de investigação em estudos seminais do autor: *A nobreza de Estado*, sobre a elite administrativa egressa das grandes escolas; *Homo academicus*, sobre a elite universitária.

A cobertura brasileira do julgamento da ação penal 470 (o dito mensalão) pela mídia impressa e eletrônica se presta bem ao entendimento das feições decisivas do argumento de Bourdieu a respeito da gênese histórica do Estado em formações do capitalismo contemporâneo. O protagonismo dos juízes da corte suprema exacerbou o espetáculo cotidiano de exibicionismo da nobreza togada, compenetrada de arrogância estamental, a qual extravasa, nos jornais e na televisão ao vivo, pela indumentária, pelo vocabulário empolado, pelos arroubos de "desinteresse" calculado, pela pureza militante em nome de ditames éticos edificantes, pela prepotência perante o executivo e o legislativo. Assiste-se à performance operística de ungidos cujos vereditos acusatórios são amplificados pelo orquestrado trabalho de censura exercido pela mídia, ressoando o confisco do mandato de porta-voz dos interesses e do bem comum da sociedade. A extremada politização consistiu em denegrir a esquerda, "quadrilha", e afiançar a integridade da direita, "vinho de outra pipa". Os acusados foram expostos ao malho público, enquadrados em delitos cuja natureza e abrangência motivaram desentendimentos doutrinários que não lograram esquivar as motivações políticas dos próprios magistrados.

A progressiva publicidade das contendas em surdina, no interior do tribunal, acirrou a candura hipócrita da mídia em pose altruísta, por meio de interpelações, insinuações, invectivas, editoriais, inconfidências, artigos de fundo, manchetes, colunas, opiniões de especialistas, entrevistas com experts, em campanha uníssona de cujos repentes moralistas discordaram raras vozes. Não obstante, a duração prolongada do julgamento propiciou vislumbres achegas palpitantes acerca dos interesses materiais e corporativos dos juízes. Os bastidores do beija-mão aos poderosos do executivo à cata da nomeação, os jogos de favorecimento para abiscoitar as benesses do nepotismo, os sinais ostensivos de bonança conspícua, os barracos e bate-bocas movidos por suspeições, os eventos subsidiados de órgãos representativos do judiciário por grupos privados, eis alguns dos indícios que macularam o alardeado desprendimento.

A judicialização da política brasileira calibra a tensão máxima dos embates em torno do controle do Estado, instando os políticos detentores de mandatos pelo voto a negociar contenciosos com a elite togada, cuja legitimidade se escora na competência simbólica validada pelo diploma escolar, trunfo cultural irredutível ao capital econômico. É dessa história de lutas que tratam os cursos de Bourdieu, ao reconstruir as circunstâncias em que sucedeu a transição do poder dinástico, voltado à preservação das prerrogativas e dos interesses da casa real, ao poder do Estado, entendido como um espaço de confrontos ancorado em instituições e corporações às quais foram delegados mandatos de justificação doutrinária e intelectual, no caso modelar de capital da configuração da esfera judiciária, ou então, as demandas de se fazer ouvir e representar por meio da instância parlamentar.

Sergio Miceli

ANO 1989-90

Curso de 18 de janeiro de 1990

Um objeto impensável — O Estado como lugar neutro — A tradição marxista — Calendário e estrutura da temporalidade — As categorias estatais — Os atos do Estado — O mercado da casa própria e o Estado — A Comissão Barre sobre a moradia

UM OBJETO IMPENSÁVEL

Tratando-se de estudar o Estado, devemos estar atentos mais que nunca às prenoções no sentido de Durkheim, aos preconceitos, à sociologia espontânea. Para resumir as análises que fiz nos anos anteriores, em especial a análise histórica das relações entre sociologia e Estado, indiquei que nos arriscávamos a aplicar ao Estado um pensamento de Estado e insisti no fato de que nosso pensamento, as próprias estruturas da consciência por meio da qual construímos o mundo social e esse objeto particular que é o Estado, têm tudo para ser o produto do Estado. Por um reflexo metodológico, um efeito da profissão, toda vez que ataquei um novo objeto, o que fiz me pareceu especialmente justificado, e eu diria que, quanto mais avanço em meu trabalho sobre o Estado, mais me convenço de que, se temos uma dificuldade especial em pensar esse objeto, é porque ele é — e peso minhas palavras — quase impensável. Se é tão fácil dizer coisas fáceis sobre esse objeto, é justamente porque, de certa forma, somos penetrados exatamente por isso que devemos estudar. Eu havia tentado analisar o espaço público, o mundo do funcionalismo público como um lugar em que os valores do desapego são oficialmente reconhecidos e em que, em certa medida, os agentes têm interesse no desinteresse.[1]

Esses dois temas [o espaço público e o desinteresse] são extremamente importantes, porque creio que mostram que, antes de chegarmos a um pensamento correto — se é que ele é possível —, devemos furar uma série de telas, de representações, sendo o Estado — se é que ele tem uma existência — um princípio de produção, de representação legítima do mundo social. Se eu tivesse de dar uma definição provisória do que se chama "o Estado", diria que o setor do campo do poder, que se pode chamar de "campo administrativo" ou "campo da função pública", esse setor em que se pensa particularmente quando se fala de Estado sem outra precisão, define-se pela possessão do monopólio da violência física e simbólica legítima. Já há alguns anos,[2] fiz um acréscimo à definição famosa de Max Weber, que diz ser o Estado o "monopólio da violência legítima",[3] e que eu corrijo acrescentando: "monopólio da violência física *e simbólica*"; poderia até mesmo dizer: "monopólio da violência simbólica legítima", na medida em que o monopólio da violência simbólica é a condição da posse do exercício do monopólio da própria violência física. Em outras palavras, essa definição, parece-me, fundamenta a definição weberiana. Mas ela ainda permanece abstrata, sobretudo se vocês não têm o contexto no qual a elaborei. São definições provisórias para tentarmos chegar, ao menos, a uma espécie de acordo provisório sobre isso de que falo, porque é muito difícil falar de alguma coisa sem esclarecer ao menos do que se fala. São definições provisórias destinadas a ser arrumadas e corrigidas.

O ESTADO COMO LUGAR NEUTRO

O Estado pode ser definido como um princípio de ortodoxia, isto é, um princípio oculto que só pode ser captado nas manifestações da ordem pública, entendida ao mesmo tempo como ordem física e como o inverso da desordem, da anarquia, da guerra civil, por exemplo. Um princípio oculto perceptível nas manifestações da ordem pública, entendida simultaneamente no sentido físico e no sentido simbólico. Em *Les Formes élémentaires de la vie religieuse*, Durkheim faz uma distinção entre a integração lógica e a integração moral.[4] O Estado, tal como via de regra o compreendemos, é o fundamento da integração lógica e da integração moral do mundo social. A integração lógica, no sentido de Durkheim, consiste no fato de que os agentes do mundo social têm as mesmas percepções lógicas — o acordo imediato se estabelecendo entre pessoas com as mesmas categorias de pensamento, de percepção, de construção da realidade. A integração moral é o acordo sobre um certo número de valores. Sempre se insistiu, na leitura que se faz de Durkheim, na integração moral, esquecendo o que, parece-me, é seu fundamento, a saber, a integração lógica.

Essa definição provisória consistiria em dizer que o Estado é o que fundamenta a integração lógica e a integração moral do mundo social, e, por conseguinte, o consenso fundamental sobre o sentido do mundo social que é a condição mesma dos conflitos a propósito do mundo social. Em outras palavras, para que o próprio conflito sobre o mundo social seja possível, é preciso haver uma espécie de acordo sobre os terrenos de desacordo e sobre os modos de expressão do desacordo. Por exemplo, no campo político a gênese desse subuniverso do mundo social, que é o campo da alta função pública, pode ser vista como o desenvolvimento progressivo de uma espécie de ortodoxia, de um conjunto de regras do jogo amplamente impostas, a partir das quais se estabelece, no interior do mundo social, uma comunicação que pode ser uma comunicação no e pelo conflito. Se prolongamos essa definição, podemos dizer que o Estado é o princípio de organização do consentimento como adesão à ordem social, a princípios fundamentais da ordem social, e que ele é o fundamento, não necessariamente de um consenso, mas da própria existência das trocas que levam a um dissenso.

Essa atitude é um pouco perigosa porque pode parecer voltar ao que é a definição primeira do Estado, esta que os Estados dão de si mesmos e que foi retomada em certas teorias clássicas, como a de Hobbes ou a de Locke, para as quais o Estado é, segundo essa crença primeira, uma instituição destinada a servir o bem comum, e o governo, o bem do povo. Em certa medida, o Estado seria o lugar neutro ou, mais exatamente — para empregar a analogia de Leibniz dizendo que Deus é o lugar geométrico de todas as perspectivas antagônicas —, esse ponto de vista dos pontos de vista em um plano mais elevado, que não é mais um ponto de vista já que é aquilo em relação a que se organizam todos os pontos de vista: ele é aquele que pode assumir um ponto de vista sobre todos os pontos de vista. Essa visão do Estado como um quase Deus é subjacente à tradição da teoria clássica e funda a sociologia espontânea do Estado que se expressa nisso que por vezes chamamos de ciência administrativa, isto é, o discurso que os agentes do Estado produzem a respeito do Estado, verdadeira ideologia do serviço público e do bem público.

A TRADIÇÃO MARXISTA

A essa representação ordinária que minha definição parece retomar — vocês verão que, na verdade, ela é muito diferente —, toda uma série de tradições, e em especial a tradição marxista, opõe uma representação antagônica, que é uma espécie de inversão da definição primária: o Estado não é um aparelho orientado para o bem comum, é um aparelho de coerção, de manutenção da ordem pública mas em proveito dos dominantes. Em outras palavras, a tradição marxista não levanta o problema da existência do Estado, e o resolve pela definição das funções que ele preenche; de Marx a Gramsci e a Althusser, e mesmo além, todos sempre insistem em caracterizar o Estado pelo que ele faz e pelas pessoas para as quais ele faz o que faz, mas sem se interrogar sobre a própria estrutura dos mecanismos que supostamente produzem aquilo que o fundamenta. Evidentemente, é possível insistir mais sobre as funções econômicas do Estado, ou sobre suas funções ideológicas; fala-se de "hegemonia" (Gramsci)[5] ou de "aparelho ideológico de Estado" (Althusser);[6] mas a ênfase é sempre posta nas funções, e escamoteia-se a questão do ser ou do fazer dessa coisa que se designa como Estado.

É nesse momento que as questões difíceis se apresentam. Essa visão crítica do Estado costuma ser aceita sem discussão. Se é fácil dizer coisas fáceis sobre o Estado, é porque, tanto por posição como por tradição (penso, por exemplo, no famoso livro de Alain, *Le Citoyen contre tous les pouvoirs*),[7] os produtores e os receptores de discursos sobre o Estado têm de bom grado uma disposição um pouco anarquista, uma disposição de revolta socialmente instituída contra os poderes. Penso, por exemplo, em certos tipos de teorias que denunciam a disciplina e a coação, e que fazem muito sucesso, e são até mesmo fadadas a um eterno sucesso porque encontram a revolta adolescente contra as coações, contra as disciplinas, e afagam uma disposição primeira com respeito às insti-

32

tuições, o que chamo de humor anti-institucional,[8] particularmente forte em certos momentos históricos e em certos grupos sociais. Por isso, elas são aceitas incondicionalmente, quando na verdade, a meu ver, não são mais que a inversão pura e simples da definição ordinária, e têm em comum com essa definição reduzir a questão do Estado à questão da função, e substituir o Estado divino por um Estado diabólico, substituir o funcionalismo do melhor — o Estado como instrumento de consenso, como lugar neutro em que se administram os conflitos — por um Estado diabólico, *diabolus in machina*, um Estado que funciona sempre para o que chamo de "o funcionalismo do pior",[9] a serviço dos dominantes, de maneira mais ou menos direta e sofisticada.

Na lógica da hegemonia, os agentes do Estado são pensados como estando a serviço não do universal e do bem público como eles pretendem, mas dos dominantes economicamente e dos dominantes simbolicamente, e ao mesmo tempo a seu próprio serviço, ou seja, os agentes do Estado servem os dominantes econômica e simbolicamente e, servindo, se servem. O que resulta em explicar o que faz o Estado, e o que ele é, a partir de suas funções. Penso que esse erro, digamos funcionalista, que encontramos até mesmo nos estruturo-funcionalistas que foram os althusserianos, os quais na verdade estão muito próximos do melhor dos estruturo-funcionalistas — Parsons e seus sucessores —, já estava na teoria marxista da religião, que consiste em descrever uma instância como a religião por suas funções, sem indagar o que deve ser a estrutura para cumprir essas funções. Ou seja, não se aprende nada sobre o mecanismo quando se interroga apenas a respeito das funções.

(Uma de minhas dificuldades, tratando-se de compreender o que se chama Estado, é que sou obrigado a dizer, em linguagem antiga, alguma coisa que vai contra a metalinguagem, e a arrastar provisoriamente a linguagem antiga para destruir o que ela veicula. Mas se eu substituísse a todo instante o léxico que tento construir — campo do poder etc. —, deixaria de ser inteligível. Pergunto-me constantemente, em especial na véspera de transmitir esses ensinamentos, se poderei algum dia dizer o que quero dizer, se é razoável acreditar nisso... É uma dificuldade muito especial que, creio, é característica dos discursos científicos sobre o mundo social.)

À guisa de síntese provisória, diria que, na medida em que é um princípio de ortodoxia, de consenso sobre o sentido do mundo, de consentimento muito consciente sobre o sentido do mundo, o Estado cumpre, parece-me, certas funções que a tradição marxista lhe imputa. Ou seja, é como ortodoxia, como ficção coletiva, como ilusão bem fundamentada — retomo a definição que Durkheim aplicava à religião,[10] pois as analogias entre Estado e religião são consideráveis —, que o Estado pode cumprir suas funções de conservação social, de conservação das condições da acumulação do capital — o que dizem certos marxistas contemporâneos.

CALENDÁRIO E ESTRUTURA DA TEMPORALIDADE

Em outras palavras, para resumir antecipadamente o que vou expor a vocês, diria que Estado é o nome que damos aos princípios ocultos, invisíveis — para designar uma espécie de *deus absconditus* — da ordem social, e ao mesmo tempo da dominação tanto física como simbólica assim como da violência física e simbólica. Para fazer com que essa função lógica da integração moral seja compreendida, desenvolverei simplesmente um exemplo que, parece-me, é adequado para mostrar o que eu disse até agora. Não há nada mais banal que o calendário. O calendário republicano com as festas cívicas, os feriados, é algo totalmente trivial em que [não prestamos] atenção. Nós o aceitamos como sendo óbvio. Nossa percepção da temporalidade é organizada em função das estruturas desse tempo público. Em *Les Cadres sociaux de la mémoire*,[11] Maurice Halbwachs lembra que os fundamentos de qualquer evocação de lembranças devem ser procurados naquilo que ele chama de quadros sociais da memória, isto é, essas referências propriamente sociais com relação às quais organizamos nossa vida privada. Eis um belo exemplo de público no cerne mesmo do privado: no cerne mesmo de nossa memória encontramos o Estado, as festas cívicas, civis ou religiosas, e encontramos os calendários específicos das diferentes categorias, o calendário escolar ou o calendário religioso. Encontramos, portanto, todo um conjunto de estruturas da temporalidade social marcada por referências sociais e por atividades coletivas. Constatamos isso no coração mesmo de nossa consciência pessoal.

Poderíamos retomar aqui as análises antigas, mas sempre válidas, que Pierre Janet propunha das condutas do relato:[12] é evidente que quando fazemos um relato que implica uma dimensão temporal, quando fazemos história, orientamo-nos de acordo com divisões que são, por sua vez, o produto da história e tornaram-se os próprios princípios da evocação da história. Halbwachs [notava que] duas pessoas vão dizer: "Em tal ano, eu estava na quinta série, eu estava em tal lugar, éramos colegas de turma…". Se dois sujeitos sociais podem fazer com que se comunique seu tempo vivido, isto é, um tempo, digamos, incomensurável e incomunicável numa lógica bergsoniana, é na base desse acordo sobre as referências temporais inscritas tanto na objetividade, na forma de um calendário de festas, de "solenizações", de cerimônias aniversárias, como na consciência, e que estão inscritas na memória dos agentes individuais. Tudo isso está bem ligado ao Estado. As revoluções revisam os calendários oficiais — "oficiais" querendo dizer universais nos limites de uma sociedade determinada, por oposição a privados. Podemos ter calendários privados, mas eles mesmos se situam em relação aos calendários universais: são entalhes em intervalos marcados pelo calendário universal, nos limites de uma sociedade. Façam esse exercício divertido, peguem os feriados de todos os países europeus: as derrotas de uns são as vitórias dos outros… os calendários não se sobrepõem completamente, as festas religiosas católicas têm menos peso nos países protestantes…

Há toda uma estrutura da temporalidade e penso que, se um dia os tecnocratas de Bruxelas quiserem fazer coisas sérias, trabalharão inevitavelmente nos calendários. Nesse momento, descobriremos que estão ligados às festas hábitos mentais extremamente profundos, aos quais as pessoas se apegam muito. Perceberemos que a esses calendários, que parecem óbvios, estão ligadas as conquistas sociais: o 1º de maio é uma data que muita gente não abandonará tão facilmente, o dia de Assunção, para outros, será uma data capital. Lembrem-se do debate desencadeado quando se quis anular a celebração do dia 8 de maio.* Todo ano compramos um calendário, compramos algo óbvio, compramos um princípio de estruturação absolutamente fundamental, que é um dos fundamentos da existência social, e que faz, por exemplo, com que possamos marcar compromissos. Podemos fazer a mesma coisa para as horas do dia. É um consenso e não conheço anarquista que não acerte o relógio quando passamos ao horário de verão, que não aceite como sendo óbvio todo um conjunto de coisas que, em última análise, remetem ao poder do Estado conforme vemos, aliás, quando diferentes Estados estão envolvidos em algo aparentemente anódino.

Esta era uma das coisas em que eu pensava quando dizia que o Estado é um dos princípios da ordem pública; e a ordem pública não é simplesmente a

---

* Dia em que se comemora a vitória dos Aliados na Segunda Guerra Mundial. (N. T.)

polícia e o exército, como sugere a definição weberiana — monopólio da violência física. A ordem pública repousa sobre o consentimento: o fato de nos levantarmos na hora supõe aceitarmos a hora. A belíssima análise, perfeitamente intelectual, de Sartre sobre "Sou livre, posso não ir trabalhar, tenho a liberdade de não me levantar" é falsa, embora totalmente sedutora. Além do fato de que essa análise dá a entender que todo mundo é livre de não aceitar, mais profundamente ela diz que o fato de aceitar a ideia da hora já é algo bastante extraordinário. Nem todas as sociedades, em todos os países, em todos os momentos, tiveram um tempo público. Historicamente, um dos primeiros atos das burocracias civis, dos letrados,* quando várias cidades se federaram ou quando várias tribos se reuniram, foi a constituição de um tempo público; os fundadores de Estado, se é que é possível fazer genealogias tão longínquas pela comparação antropológica, são confrontados com esse problema. (Quando se trabalha com sociedades sem Estado, sem essa coisa a que chamamos Estado, as sociedades segmentares por exemplo, em que há clãs ou conjuntos de clãs, mas não há órgão central detentor do monopólio da violência física, nem prisões, existe, entre outros problemas, o da violência: como regular a violência quando não há instância acima das famílias envolvidas numa *vendetta*?)

É tradição da antropologia recolher calendários: o calendário agrário dos camponeses, mas também o calendário das mulheres, dos jovens, das crianças etc. Esses calendários não são necessariamente harmonizados no mesmo sentido que nossos calendários. São harmonizados grosso modo: o calendário dos jogos das crianças, o calendários dos meninos, das meninas, dos adolescentes, dos pequenos pastores, dos adultos homens, dos adultos mulheres — cozinha ou trabalhos femininos —, todos esses calendários são harmonizados resumidamente. Mas ninguém pegou uma folha de papel — o Estado é ligado à escrita — para pôr todos esses calendários em paralelo e dizer: "Vejamos, há aqui uma pequena defasagem, o solstício de verão com…". Ainda não há sincronização de todas as atividades. Ora, essa sincronização é uma condição

---

* No original: *clerc*. Pierre Bourdieu joga com a polissemia da palavra, que ao longo dos séculos adquiriu diversos significados, além do original *clérigo*. Nesta tradução *clerc* será traduzido, dependendo do contexto, por suas várias acepções: *clérigo, letrado, especialista, escrevente, funcionário*. Desde o panfleto de Julien Benda *La Trahison des clercs*, de 1927, o substantivo também adquiriu a acepção de *intelectual*, à qual, porém, não recorremos. Agradecemos a Remi Lenoir, um dos organizadores deste livro, a sugestão desta nota de rodapé. (N. T.)

tácita do bom funcionamento do mundo social; seria preciso fazer um recenseamento de todas as pessoas que vivem da manutenção da ordem temporal, que estão associadas à manutenção da ordem temporal, que estão encarregadas de regular a temporalidade.

Se vocês repensarem em textos muito famosos, como o célebre livro de Lucien Febvre sobre Rabelais,[13] verão que esse período em que se constitui o que chamaremos de Estado revela coisas interessantes relativas ao uso social da temporalidade, e à regulação coletiva do tempo, que consideramos algo óbvio, com os relógios que tocam mais ou menos na mesma hora, com as pessoas que, todas, têm um relógio. Nada disso é tão antigo assim: não é tão antigo o mundo em que esse tempo público é constituído, instituído, garantido simultaneamente por estruturas objetivas — os calendários, os relógios —, mas também por estruturas mentais, por pessoas que querem ter um relógio e têm o hábito de consultá-lo, marcam compromissos e chegam na hora. Essa espécie de compatibilidade do tempo, que supõe tanto o tempo público como uma relação pública com o tempo, é uma invenção mais ou menos recente, que tem a ver com a construção de estruturas estatais.

Estamos muito longe dos "discursos" gramscianos sobre o Estado e sobre a hegemonia; o que não exclui que os que acertam esses relógios ou estão bem regulados de acordo com esses relógios não tenham um privilégio se comparados com os que são menos regulados. É preciso começar analisando essas coisas antropologicamente fundamentais para compreender o verdadeiro funcionamento do Estado. Esse desvio, que pode parecer uma ruptura com a violência crítica da tradição marxista, me parece absolutamente indispensável.

AS CATEGORIAS ESTATAIS

Pode-se fazer a mesma coisa com o espaço público, mas dando um outro sentido que não este, bastante trivial, que lhe dá Habermas e que todos repetem.[14] Haveria uma análise absolutamente fundamental a fazer sobre o que é a estrutura de um espaço em que o público e o privado se opõem, em que a praça pública se opõe à casa, mas também ao palácio. Há trabalhos sobre essa diferenciação do espaço urbano. Em outras palavras, o que chamamos Estado, o que apontamos confusamente quando pensamos em Estado, é uma espécie de princípio da ordem pública, entendida não só em suas formas físicas evidentes mas também em suas formas simbólicas inconscientes, e tudo indica que profundamente evidentes. Uma das funções mais gerais do Estado é a produção e a canonização das classificações sociais.

Não por acaso há um vínculo entre o Estado e as estatísticas. Os historiadores dizem que o Estado começa com o aparecimento dos recenseamentos, das pesquisas sobre os bens, na lógica do imposto, pois para fazer a tributação é preciso saber o que as pessoas possuem. Eles partem da relação entre o recenseamento — *census* — e o *censor* que constrói os princípios de divisão legítimos, princípios de divisão tão evidentes que não são objeto de discussões. Pode-se discutir a divisão em classes sociais, mas não se discute a ideia de que há divisões. As categorias socioprofissionais do Insee,* por exemplo, são tipicamente um produto do Estado. Não se trata simplesmente de um instrumento que permite medir, que permite aos que governam conhecer os governados. São também categorias legítimas, um *nomos*, um princípio de divisão universalmente reconhecido nos limites de uma sociedade, a propósito do qual não há que se discutir; é algo que se põe na carteira de identidade, na folha de pagamento: "terceiro nível, índice tal…". Portanto, somos quantificados, codificados pelo Estado; temos uma identidade de Estado. Entre as funções do Estado, evidentemente há a produção de identidade social legítima, ou seja, mesmo se não estamos de acordo com essas identidades, devemos aceitá-las. Uma parte dos comportamentos sociais, como a revolta, pode ser determinada pelas próprias categorias contra as quais se revolta aquele que se revolta. É um dos grandes princípios de explicação sociológica: os que têm dificuldades com o sistema escolar costumam ser determinados por suas próprias dificuldades, e certas carreiras intelectuais são inteiramente determinadas por uma relação infeliz com o sistema escolar, isto é, por um esforço para desmentir, sem sabê-lo, uma identidade legítima imposta pelo Estado.

O Estado é essa ilusão bem fundamentada, esse lugar que existe essencialmente porque se acredita que ele existe. Essa realidade ilusória, mas coletivamente validada pelo consenso, é o lugar para o qual somos remetidos quando regredimos a partir de certo número de fenômenos — diplomas escolares, títulos profissionais ou calendário. De regressão em regressão, chegamos a um

---

* Institut National de la Statistique et des Études Économiques, o instituto de estatísticas oficial da França. (N. T.)

lugar que é fundador de tudo isso. Essa realidade misteriosa existe por seus efeitos e pela crença coletiva em sua existência, que é o princípio desses efeitos. É alguma coisa que não se pode tocar com o dedo, ou tratar como o faz um agente vindo da tradição marxista que diz: "O Estado faz isso", "o Estado faz aquilo". Eu poderia citar-lhes quilômetros de textos com a palavra "Estado" como sujeito de ações, de proposições. É uma ficção absolutamente perigosa, que nos impede de pensar o Estado. Portanto, como preâmbulo gostaria de dizer: cuidado, todas as frases que têm como sujeito o Estado são frases teológicas — o que não quer dizer que sejam falsas, na medida em que o Estado é uma entidade teológica, isto é, uma entidade que existe pela crença.

OS ATOS DO ESTADO

Para escapar à teologia, para poder fazer a crítica radical dessa adesão ao ser do Estado, que está inscrita em nossas estruturas mentais, é possível substituir o Estado pelos atos que podemos chamar de atos de "Estado" — pondo "Estado" entre aspas —, isto é, atos políticos com pretensões a ter efeitos no mundo social. Há uma política reconhecida como legítima, quando nada porque ninguém questiona a possibilidade de fazer de outra maneira, e porque não é questionada. Esses atos políticos legítimos devem sua eficácia à sua legitimidade e à crença na existência do princípio que os fundamenta.

Pego um exemplo simples: o de um inspetor do ensino primário que vai visitar uma escola. Ele tem de cumprir um ato de um tipo perfeitamente particular: vai inspecionar. Representa o poder central. Nos grandes impérios pré-industriais, veem-se surgir corpos de inspetores. O problema que se apresenta de imediato é saber quem inspecionará os inspetores? Quem vigiará os vigilantes? É um problema fundamental de todos os Estados. Pessoas são encarregadas de inspecionar em nome do poder; têm um mandato. Mas quem lhes dá esse mandato? É o Estado. O inspetor que vai visitar uma escola tem uma autoridade que habita sua pessoa. [Os sociólogos Philip Corrigan e Derek Sayer escreveram]: "*States state*"[15] — [os Estados fazem] *statements*, o Estado estatui, o inspetor pronunciará um *statement*.

Analisei a diferença entre um julgamento insultante feito por uma pessoa autorizada e um insulto privado.[16] Nos boletins escolares, os professores, esquecendo os limites de sua tarefa, emitem julgamentos que são insultos; eles têm algo de criminoso porque são insultos autorizados, legítimos.[17] Se dizem a seu filho, a seu irmão ou a seu namorado: "Você é um idiota!" ("idiota", de *idios*, quer dizer particular), é um julgamento singular feito sobre uma pessoa singular por uma pessoa singular, portanto reversível. Ao passo que se um professor diz, numa forma eufemística: "Seu filho é um idiota", isso se torna um julgamento que é preciso levar em conta. Um julgamento autorizado tem a seu favor toda a força da ordem social, a força do Estado. Uma das funções modernas do sistema de ensino é conferir diplomas de identidade social, diplomas da qualidade que mais contribui para definir a identidade social hoje, a saber, a inteligência — no sentido social do termo.[18]

Aí estão, portanto, exemplos de atos de Estado: são atos autorizados, dotados de uma autoridade que, gradualmente, por uma série de delegações em cadeia, remete a um lugar último, como o é o deus de Aristóteles: o Estado. Quem garante o professor? O que é que garante o julgamento do professor? Essa regressão, a encontramos em campos completamente diferentes. Se observamos os julgamentos da justiça, é ainda mais evidente; da mesma maneira, se pegamos a autuação de um guarda, ou o regulamento elaborado por uma comissão ou promulgado por um ministro. Em todos os casos, estamos diante de atos de categorização; a etimologia da palavra "categoria" — de *categorein* — é "acusar publicamente", e mesmo "insultar"; o *categorein* de Estado acusa publicamente, com a autoridade pública: "Eu o acuso publicamente de ser culpado"; "Eu certifico publicamente que você é professor titular de universidade"; "Eu o sanciono", com uma autoridade que autoriza ao mesmo tempo o julgamento e, evidentemente, as categorias segundo as quais o julgamento é constituído. Pois o que está escondido é a oposição inteligente/não inteligente; não se apresenta a questão da pertinência dessa oposição. É este o tipo de passe de mágica que o mundo social produz constantemente e que torna muito difícil a vida do sociólogo.

Sair da teologia é, portanto, muito difícil. Mas voltemos às coisas sobre as quais devemos nos pôr de acordo. Vocês concordarão que esses exemplos que citei são atos de Estados. Têm em comum ser ações feitas por agentes dotados de uma autoridade simbólica, e seguidas de efeitos. Essa autoridade simbólica, pouco a pouco, remete a uma espécie de comunidade ilusória, de consenso último. Se esses atos obtêm o consentimento, se as pessoas se inclinam — ainda que se revoltem, sua revolta supõe um consentimento — é que no fundo participam consciente ou inconscientemente de uma espécie de "comunidade ilusória" — é uma expressão de Marx a respeito do Estado[19] —, que é a comunidade de pertencimento a uma comunidade que chamaremos de nação ou Estado, no sentido de conjunto de pessoas reconhecendo os mesmos princípios universais.

Será preciso refletir também nas diferentes dimensões próprias a esses atos de Estado: a ideia de oficial, de público e de universal. Há pouco contrapus o insulto e o julgamento autorizado e universal — nos limites de uma circunscrição, de uma competência juridicamente definida, de uma nação, de certas fronteiras de Estado. Esse julgamento pode ser proferido abertamente, por oposição ao julgamento como o insulto, que tem algo não só de oficioso mas de um pouco vergonhoso, quando não fosse porque pode ser modificado. O julgamento autorizado é, portanto, enquadrado em seu fundo e em sua forma. Entre os constrangimentos que se impõem aos detentores de uma capacidade de julgamento oficial, há a necessidade de respeitar as formas que fazem que o julgamento oficial seja realmente oficial. Haveria o que dizer sobre esse formalismo burocrático que Weber opunha ao formalismo mágico, este que se respeita num ordálio proferindo-se uma fórmula mágica ("Abre-te, Sésamo!"). Para Weber, o formalismo burocrático não tem nada a ver com um formalismo mágico: ele não é respeito mecânico, arbitrário, a um rigor arbitrário, mas respeito a uma forma que autoriza, porque é conforme às normas coletivamente aprovadas, tácita ou explicitamente.[20] Nesse sentido, o Estado também está do lado da magia (eu dizia há pouco que, para Durkheim, a religião era uma ilusão bem fundada), mas é uma magia absolutamente diferente dessa em que se pensa em geral. Gostaria de tentar prolongar a investigação em duas direções.

(Assim que se trabalha sobre um objeto do mundo social, encontram-se sempre o Estado e os efeitos do Estado sem necessariamente procurá-los. Marc Bloch, um dos fundadores da história comparada, diz que para estudar os problemas de história comparada é preciso partir do presente. Em seu famoso livro sobre a comparação entre a senhoria francesa e o solar inglês,[21] ele parte da forma dos campos na Inglaterra e na França e das estatísticas sobre a taxa de camponeses na França e na Inglaterra; é a partir daí que levanta certo número de questões.)

Portanto, tentarei descrever como encontrei o Estado em meu trabalho; em seguida, procurarei fazer uma descrição da gênese histórica dessa realidade misteriosa. Descrevendo melhor a gênese, compreende-se melhor o mistério, veem-se as coisas formar-se a partir da Idade Média e tomando os exemplos francês, inglês e japonês. Deverei justificar-me sobre o tipo de trabalho histórico que tenho a lhes propor, trabalho que suscita formidáveis problemas que não quero abordar ingenuamente: as preliminares metodológicas tomarão muito tempo em relação à substância. E vocês dirão: "Ele nos fez muitas perguntas e deu poucas respostas...".

Os exemplos que tomei inscrevem-se numa tradição de reflexão sociolinguística ou linguística sobre a noção de performativo, mas ao mesmo tempo correm o risco de ainda parar em representações pré-construídas daquilo que há por trás dos efeitos do Estado.[22] Para tentar dar uma ideia desses mecanismos que produzem efeitos de Estado e aos quais ligamos a ideia de Estado, resumirei uma pesquisa que fiz há muitos anos sobre o mercado da casa própria, da produção e da circulação desse bem econômico de dimensão simbólica que é a casa.[23] Gostaria de mostrar, a propósito desse exemplo muito concreto, de que forma o Estado se manifesta. Hesitei muito antes de contar a vocês esse exemplo porque eu poderia dedicar o curso deste ano a contar a própria pesquisa. Em certa medida, o metadiscurso que vou fazer sobre esse trabalho é um pouco absurdo, já que supõe que ele seja conhecido nos detalhes e em seus meandros. São as contradições do ensino... Não sei como articular a pesquisa com seu ritmo, suas exigências, e o ensino que me esforço em orientar no sentido da pesquisa.

O MERCADO DA CASA PRÓPRIA E O ESTADO

Iniciei essa pesquisa sobre o mercado da casa própria tendo no espírito questões bastante banais, bastante triviais, que são regularmente levantadas pelos pesquisadores: por que as pessoas são proprietárias e não locatárias? Por que em certo momento começam a comprar e não mais a alugar? Por que categorias sociais que não compravam começam a comprar, e quais são essas categorias sociais? Diz-se que globalmente o número de proprietários cresce, mas não se olha como se distribuem, no espaço social, as taxas de crescimento diferenciais conforme as classes. É preciso, primeiro, observar, mensurar: a estatística está aí para isso. Fazemos toda uma série de perguntas: quem compra, quem aluga? Quem compra o quê? Quem compra como? Com que tipo de empréstimo? Depois, chegamos a indagar: mas quem produz? Como se produz? Como descrever o que eu chamaria de setor que constrói casas individuais? Existem lado a lado pequenos artesãos que fazem uma casa por ano, e grandes construtoras ligadas a enormes poderes bancários que fazem 3 mil casas por ano? É o mesmo universo? Há uma real concorrência entre eles? Quais são as relações de força? Portanto, perguntas clássicas. As operações da pesquisa foram extremamente diversas: entrevistas com compradores — por que comprar em vez de alugar? —, observações, registros de escrituras e negociações, contratos entre o comprador e o vendedor, estudo de vendedores, de suas estratégias, e até a escuta das representações que os compradores produziram [diante] dos vendedores.

O que é interessante é que, progressivamente, por uma espécie de regressão imposta pela própria lógica da pesquisa, o centro da pesquisa se deslocou: o que era de início um estudo das transações, dos constrangimentos que pesavam sobre o negócio, das condições econômicas e culturais que determinavam a escolha, e que era a busca de um sistema de fatores explicativos da opção entre tornar-se inquilino ou tornar-se proprietário, e proprietário disto mais que daquilo, inquilino disto mais que daquilo, essa interrogação aos poucos regrediu a ponto de, no texto final, representar 5%, isto é, uma dezena de páginas. O centro de interesse da pesquisa deslocou-se para as condições institucionais da produção tanto da oferta como da demanda de residências. Muito depressa viu-se que, para compreender o que acontece na negociação entre um vendedor específico e um comprador específico — conjuntura aparentemente aleatória —, era preciso regredir pouco a pouco, e no final dessa regressão encontrava-se o Estado.

No Salão da Casa Própria, em Paris, chega um comprador, meio encabulado, acompanhado da mulher e de dois filhos; pede uma casa. Alguém se dirige a ele, gentilmente, porque ele tem mulher e dois filhos, é um cliente sério… Se é uma mulher sozinha, sabe-se que ela dirá: vou ver com meu marido, portanto o vendedor não se apressa. Ele diz ao casal: "Venham se sentar". Convém dizer as coisas nos detalhes concretos para mostrar que o Estado está ali. No início, eu não tinha partido com a ideia de estudar o Estado: ele se impôs a mim. Para compreender o que se passou nesse encontro singular, foi preciso fazer tudo o que evocarei aqui rapidamente, quando, pensando bem, seria preciso estudar o Estado francês até a Idade Média…

Duas pessoas se falam: um vendedor meio apressado, que primeiro deve avaliar se tem diante de si um cliente sério ou não sério. A partir de uma sociologia espontânea, mas que é muito boa, ele sabe que o comprador mais frequente é o casal com dois filhos. Ele deve perder o menor tempo possível, precisa, portanto, antecipar. Se o negócio vale a pena, e tendo determinado que vale a pena, deve, também, acelerar o processo. A comunicação, a estrutura do intercâmbio, é muito padronizada, muito estereotipada; sempre assume a seguinte forma: por alguns minutos, o comprador, apelando para tudo o que lhe dizem os amigos ou a sogra ao lhe emprestar dinheiro, faz algumas perguntas ao vendedor para tentar pô-lo em concorrência com outros possíveis vendedores, para tentar obter informações e ver se não há problemas ocultos. A situação se inverte mais ou menos depressa; às vezes, na terceira pergunta o comprador está nocauteado. O vendedor toma a palavra e de questionado vira questionador: submete o comprador potencial a um exame em regra sobre suas capacidades de pagamento.

Evidentemente, o comprador potencial torna-se alvo de uma espécie de avaliação social; é sua identidade como cliente do banco que está em jogo. O vendedor costuma dispor de argumentos bem preparados; é uma característica da situação burocrática que sempre esquecemos, sobretudo quando não fazemos pesquisa empírica: se vocês partem do Estado como fazia [Nicos] Poulantzas, jamais chegarão a isso. O vendedor, diante do comprador, está numa relação perfeitamente dissimétrica. Para o vendedor, o comprador é um número numa série, ele viu outros e verá outros; tem antecipações genéricas sociologicamente fundadas, e, portanto, estratégias genéricas adaptadas a tudo, que são válidas já que validadas pela experiência. Diante dele, o comprador é alguém que vive uma situação única, que provavelmente não se reproduzirá. De um lado, tem-se o repetitivo, e de outro, o único; quem está do lado do repetitivo se beneficia ao mesmo tempo de sua experiência acumulada e, ademais, de uma experiência acumulada por outros. Às vezes também dispõe de uma experiência vicária, de tipo burocrática, na forma de argumentações, de protocolos já prontos, de formulários, isto é, de um capital burocrático racional, informacional, o que já é considerável. Mas, se parássemos aí, esqueceríamos o essencial, que é o fato de que ele tem também atrás de si uma força considerável: o poder que lhe dá o fato de ser mandatário de uma organização que age em nome de um banco; ele é o delegado de uma instituição de crédito. Aparentemente, vende casas; na verdade, vende crédito que permite comprar a casa.

A análise de discurso que estuda o discurso sem estudar as condições sociais da produção do discurso não compreende nada. (Eu era especialmente atento às condições implícitas da produção de discurso.) Há a definição aparente da situação: o cliente vem comprar uma casa de alguém que vende casas e que está em concorrência com outros vendedores de casas. A definição real se afirmará muito depressa: o comprador vem comprar um crédito para poder comprar uma casa. Ele terá a casa correspondente a seu crédito, isto é, a seu valor social medido pelos padrões do banco. "Quanto você vale?" — esta é a pergunta que faz o vendedor, armado para avaliar o valor social do cliente de modo tão econômico quanto possível, no menor tempo possível. Por trás dele, há a autoridade do banco que o delega; nesse sentido, ele é um burocrata. Segunda propriedade do burocrata: discurso genérico contra singular, e delegado, já que ele tem uma delegação. Ele pode dizer: "Está bem", "não está bem", "você conseguirá forçando um pouco, se fizer um esforço". Isso lhe permite transformar-se em protetor, em especialista que dá conselhos e avalia as capacidades. Por trás dessa estrutura de relação de troca há uma relação de força econômica e simbólica.

Dito isto, se escutamos o vendedor, vemos que existe um terceiro nível na força do vendedor: ele não é simplesmente um agente privado de um banco privado, é também um agente do Estado, no sentido em que diz: "Você tem direito a… Não, aqui você não pode…". É um agente que manipula competências jurídicas e financeiras; tem uma calculadora e calcula sem parar, é um modo de lembrar sua autoridade… Essas situações, evidentemente, são muito sofridas para o cliente, que descobre que o que é medido é seu valor social: ele chega com sonhos, vai embora com uma realidade. A quarta função do vendedor é fazer o cliente desinvestir. O cliente chega, precisa de tantos metros quadrados, precisa da luminosidade à esquerda etc. O vendedor lhe diz: "Eis o seu valor mercantil, eis o que você vale; a partir do que vale, eis a casa que pode ter. Se quiser duzentos metros quadrados, será a duzentos quilômetros do centro da cidade; se quiser cem metros quadrados, será a cem quilômetros". Os dois parâmetros da negociação serão a distância e a área. O vendedor dirá o tempo todo: "Você tem direito a…, você não tem direito a… Tendo em vista o que você tem, existe a APL [ajuda personalizada à moradia], que é uma espécie de subsídio destinado a ajudar o acesso à propriedade".

Vê-se que é muito complicado e que não se pode decidir e dizer que "o banco está a serviço do Estado" ou que "o Estado está a serviço do banco". O vendedor (para as casas Phénix, em geral é um antigo operário) não tem mandato explícito do Estado nem qualquer mandato oficial; não foi consagrado como vendedor legítimo de casas legítimas pelo Estado legítimo, mas agirá como agente do Estado e dirá: "Eu conheço as tabelas, eu lhe digo aquilo a que você tem direito; você tem dois filhos, portanto tem direito a tal subsídio". Portanto, somos remetidos ao princípio da produção dos auxílios à moradia. Como isso é produzido? Por quem? Sob que condições? Em que universo? Somos remetidos também ao princípio de produção das regras que regem a administração do crédito. Por exemplo, na invenção, nos anos 1960, do crédito personalizado, encontra-se o problema da avaliação do comprador pelo vendedor. O crédito personalizado é dado não em função da posse de bens visíveis, mas em função do que os economistas chamam de renda permanente: o que é avaliado é o que você vale na escala de sua vida. É bastante fácil de calcular, sobretudo se você é funcionário público. Se tem uma carreira, pode-se calcular o que você vale, isto é, o conjunto do dinheiro que ganhará ao longo da vida. Por trás dessa avaliação, há toda uma estrutura jurídica, regras que regem o crédito e regras instituídas que regem os auxílios ao crédito.

Essa negociação se concluirá ou não por um contrato que intitulei "contrato sob coerção", pois a pessoa tem de se dobrar a certas exigências e acredita estar negociando, quando na verdade o jogo está decidido de antemão e é possível prever o tamanho da casa que terá. Para compreender esse jogo aparentemente livre que se joga na negociação, é preciso, portanto, recuar em toda a estrutura jurídica que sustenta o que se pode chamar produção da demanda. Se as pessoas não abastadas, sem muito dinheiro para as primeiras prestações (é o caso dos operários qualificados, dos operários especializados, de todos aqueles que fazem com que hoje se fale de sobre-endividamento), podem aceder ao sonho da casa própria, é porque toda uma série de facilidades foi posta em prática por pessoas que podemos enquadrar na categoria de Estado, sob certas condições.

A COMISSÃO BARRE SOBRE A MORADIA

Do lado da oferta, encontro o mesmo problema. Nos anos 1970, houve uma espécie de boom; construtoras produziam muitas casas com processos industriais, em série, apoiando-se fortemente nos bancos, que, simultaneamente, garantiam essas empresas e lhes forneciam os meios de produção. Podemos indagar como foi que entraram no mercado e como triunfaram, dado que, por motivos históricos, as expectativas dominantes em matéria de moradia são expectativas de casas fabricadas à mão por pedreiros, uma por uma… A questão é enviada às instâncias centrais. Um movimento de reforma, nos anos 1970-3, instalou comissões e comitês, dos quais o mais importante foi a Comissão Barre.[24] Os regulamentos que regem a "ajuda à pedra" — que ajudava essencialmente os construtores — se transformaram em "ajuda à pessoa" — ajudando essencialmente os compradores.

Fui levado a estudar o universo das pessoas que opinaram nesse conjunto de decisões. Não pensei nas perguntas tradicionais do tipo: O que é o Estado? Será que a grande banca se serviu do Estado para impor uma política favorável ao desenvolvimento de certo tipo de propriedade permitindo vender a crédito e pedindo que o crédito se desenvolvesse? Quem serve a quem? Indaguei, ao contrário, quais eram os agentes que agiam, a fim de compreender a gênese dessas regras que são operantes até mesmo por meio do vendedor comum. Constituí o universo dos agentes agindo a partir de dados objetivos que os caracterizam (O diretor de construção do Ministério das Finanças é eficiente? O diretor do Ministério dos Negócios Sociais que, através do Estado, pode conseguir empréstimos para as pessoas é eficiente?). E também a partir de informações estatutárias (Tal agente do Estado tem por função intervir? Assim como o inspetor é mandatado para inspecionar, ele o é para decidir se haverá créditos ou não?). Por exemplo, as Direções Departamentais do Equipamento e o Ministério do Equipamento* não podem, é óbvio, ser esquecidos: peguei pessoas cuja definição oficial era tal que elas podiam ser consideradas a priori como se estivessem agindo, e confrontei-as com o que diziam informantes de acordo com o método reputacional (será que fulano foi importante?). Encontrei altos funcionários, banqueiros (várias vezes eles tinham sido, anos antes, altos funcionários). Daí o problema: onde passa a fronteira? Essa famosa articulação entre o Estado e os bancos ou as grandes indústrias costuma se dar por meio dessas pessoas, mas sob formas que não são, de jeito nenhum, as que descreve a teoria em termos de funções. Descubro, portanto, altos funcionários dos ministérios das Finanças, do Equipamento, do serviço das Pontes,** prefeitos de

---

* Na época, o Ministère de l'Équipement cuidava basicamente de construção, urbanismo e transporte. (N. T.)

** Service des Ponts et Chaussées [Serviço de Pontes e Estradas]: repartição pública encarregada da construção e manutenção das vias públicas. (N. T.)

grandes cidades, representantes de associações e dos HLM,* agentes sociais que lidam com essas questões, que estão implicados nisso, para quem vale a pena lutar, pessoas dispostas a morrer pela ajuda à pedra.

Agora, trata-se de saber quais são os princípios segundo os quais esse universo vai funcionar: terei, de um lado, o Estado, e de outro, os organismos locais? É assim que as pessoas pensam. Conforme a sociologia espontânea que está na consciência de todos os altos funcionários, há o central e o local. Encontra-se aí uma das categorias fundamentais de toda uma sociologia: central/periférico, central/local... Isso é facilmente aceito, na forma de taxinomias. O central é o Estado. É a visão que eles têm de si mesmos: possuem interesses mais gerais, por oposição às pessoas que são locais, particulares, sempre suspeitas de ser a expressão de lobbies, como o dos HLM, por exemplo. São indivíduos que têm histórias, trajetórias, passearam no espaço que estou constituindo, ocuparam sucessivamente diferentes funções, carregam em seus habitus, portanto em suas estratégias, todo seu itinerário anterior. Suponho que esse espaço tenha uma estrutura, não seja feito de qualquer jeito. Pela análise estatística, tento separar a estrutura tal como ela aparece, tomando o conjunto dos agentes pertinentes e o conjunto das propriedades pertinentes.

Vocês me perguntarão: quais são os critérios? O primeiro é pegar os agentes pertinentes porque eles têm algo a ver com esse problema e têm certo poder sobre esse problema; possuem o poder específico, que permite ser eficiente, produzir efeitos. Em segundo lugar, é considerar as propriedades pertinentes, isto é, as propriedades necessárias para ser eficiente nesse campo. Estamos no "círculo hermenêutico", como dizem eruditamente os alemães: como se determina isso? Isso se faz tateando, porque é o próprio objeto da pesquisa, isso se faz tentando sucessivamente. Determinam-se as propriedades que fazem com que se seja eficiente. Por exemplo, o fato de ser inspetor de Finanças é muito importante, ou o fato de ser engenheiro da École des Mines ou da École de Ponts et Chaussées. A partir dessas propriedades de eficiência, construo o espaço objetivo, a estrutura desse espaço, que se poderia chamar de equilíbrio das forças, ou divisão em campos. Portanto, há um espaço complexo com divisões.

---

* HLM: *habitation à loyer modéré*, moradia de aluguel moderado. Na prática, prédios e conjuntos habitacionais construídos pelo Estado, em geral em subúrbios, desde o final da Segunda Guerra Mundial, mas também em bairros centrais das grandes cidades. (N. T.)

Em seguida, faço uma crônica dessas reformas; entrevisto informantes, escolhidos evidentemente entre as pessoas que tiveram um papel eminente nessa empresa — de qualquer maneira, os bons informantes são os que são informados, e para ser informado é preciso estar dentro —, pessoas que participaram das comissões, que sabem contar como os membros das comissões foram escolhidos, o que é determinante... Pode-se determinar o que sairá de uma comissão a partir da composição da comissão. Reconstituo a crônica, como faria um historiador, do que aconteceu no processo que levou à elaboração do regulamento cujos efeitos vejo entre os vendedores de bens. Relato o conjunto dos acontecimentos pertinentes, e apenas estes, isto é, o que é preciso saber para compreender. Em outras palavras, não é um relatório formal, é um relatório dos acontecimentos capazes de explicar.

(Isso não quer dizer necessariamente que um historiador, fazendo um bom relatório dos acontecimentos que permite explicar, sempre se dê conta dos princípios a partir dos quais ele seleciona os acontecimentos. Marc Bloch falava do ofício de historiador:[25] é um habitus a partir do qual é possível operar seleções metódicas, sem que elas sejam constituídas em método explícito. O recurso à história é muito útil: o fato de se apresentar como historiador permite obter informações que a mim, na qualidade de sociólogo, teriam sido de imediato recusadas.)

Eu formulara a hipótese de que, sendo as estruturas relativamente invariantes, se eu estudasse as estruturas de vinte anos antes, estudaria as estruturas atuais. Portanto, faço o relato; em seguida, apresento a estrutura do espaço em que aconteceu o que conta o relato, com os nomes próprios e as características das pessoas que têm esses nomes próprios. Eis a estrutura do espaço dos agentes que produziram essa história.[26] Será que essa estrutura a torna inteligível? Estou surpreso de ver a que ponto a estrutura do campo de forças, a distribuição dos campos, explicava as oposições de que falo. Vê-se, grosso modo, que o lugar em que se gera esse regulamento — "regulamento" sendo uma palavra de Estado — é um espaço estruturado em que há representantes do campo administrativo, altos funcionários e representantes do campo econômico e do campo político local, prefeitos... Portanto, é uma primeira oposição.

Segunda oposição: no interior do campo administrativo, há uma oposição entre os que estão do lado do Ministério das Finanças e os que estão do lado do Ministério do Equipamento, o lado técnico. Essa oposição é muito interessante.

A implicação dessa oposição está entre os que são por uma ajuda à pedra, isto é, uma forma mais estatal de apoio à moradia, uma forma coletiva, coletivista (é o auxílio aos HLM, às construções coletivas), e os que são por uma ajuda mais liberal, pessoal, personalizada, personalista, giscardiana. Do lado do setor administrativo, encontra-se uma oposição entre os que estão do lado do estatal e os que estão do lado do liberal. Opõe-se o Estado à liberdade, o Estado ao mercado, mas, se vocês encontram o mercado no Estado, então a coisa complica... Podemos indagar por que os engenheiros da École des Ponts estão do lado do Estado, do coletivo, e do coletivismo. Eles são de formação politécnica, não são nada suspeitos... Ora, estão do lado do social, do coletivo, do lado do passado, da conservação, contra os liberais que querem fazer uma reflexão liberal, antecipando o destino ulterior da política.

Entre as teorias neomarxistas do Estado, uma, desenvolvida pelo alemão Hirsch, insiste no fato de que o Estado é o lugar da luta de classes, de que o Estado não é bobamente o instrumento da hegemonia da classe dominante.[27] Há no seio do Estado pessoas que são mais do lado liberal que do lado estatal. É um grande motivo de luta. Se retraduzirmos isso em termos de divisão política, teremos de preferência os socialistas de um lado, os liberais de outro. Ora, penso que para compreender essa oposição é preciso referir-se à história dos corpos considerados e ao interesse que os corpos correspondentes (os engenheiros técnicos e os inspetores das Finanças) têm numa política ou na outra. Para compreender o interesse dos corpos técnicos por uma atitude que se pode chamar de "progressista", é preciso supor que eles têm um interesse de corpo ligado a posições progressistas. Não é por serem progressistas que são a favor de uma posição progressista, mas por pertencerem a um corpo associado a uma forma de regulamento progressista. Uma vez que uma "conquista social" foi inscrita numa instituição de Estado, num corpo constituído cuja existência está associada à perpetuação dessa coisa (Ministério dos Negócios Sociais), estamos certos de que haverá no corpo de Estado uma defesa dessa conquista social, ainda que os beneficiários desapareçam e não estejam mais lá para protestar. Estou, aqui, levando longe o paradoxo, mas penso que é muito importante.

Em outras palavras, o Estado não é um bloco, é um campo. O campo administrativo, como setor particular do campo do poder, é um campo, isto é, um espaço estruturado segundo oposições ligadas a formas de capital específicas, interesses diferentes. Esses antagonismos, cujo lugar é esse espaço, têm a ver com a divisão das funções organizacionais associadas aos diferentes corpos correspondentes. A oposição entre ministérios financiadores e ministérios gastadores ou sociais faz parte da sociologia espontânea da alta função pública: enquanto houver ministérios sociais haverá uma certa forma de defesa do social. Enquanto houver um Ministério da Educação Nacional, haverá uma defesa da Educação que será imensamente autônoma em relação às características dos que ocupam essas posições.

Terceira oposição: em minha crônica, por meio de indícios objetivos e de informantes, vi aparecerem heróis, personagens de quem se dizia serem os autores dessa revolução burocrática. Pensei: o que estou estudando aqui? Estudo uma revolução específica, isto é, uma revolução burocrática, a passagem de um regime burocrático para outro. Lido com revolucionários específicos. Estudando quem são essas pessoas, poderei talvez responder à pergunta: o que é preciso ser para fazer a revolução burocrática? Ora, ocorre que, por milagre, o terceiro fator isola essas pessoas e praticamente todas as pessoas designadas como revolucionárias por indicadores objetivos e indicadores reputacionais, e por estes apenas. Essas pessoas, que propriedades têm? São muito dispersas, estão nos quatro cantos do espaço. Têm em comum propriedades muito surpreendentes: uma grande herança burocrática — costumam ser filhos de altos funcionários, fazem parte da grande nobreza de Estado, isto é, têm vários quartos de nobreza burocrática. Eu tenderia a pensar que, para fazer uma revolução burocrática, é preciso conhecer bem o aparelho burocrático.

Por que Raymond Barre foi nomeado presidente da comissão que teve um papel decisivo? Pode-se fazer uma sociologia dos indivíduos (sociologicamente construídos) e do que eles fazem em situações muito particulares.[28] Esses heróis revolucionários, esses inovadores que constituem essa vanguarda burocrática têm propriedades muito surpreendentes: acumulam propriedades um tanto improváveis no universo. São pessoas que estão no setor técnico, politécnico, mas fizeram econometria e cursaram a Escola de Ciências Políticas. Duplicam seu capital burocrático corrente com um capital técnico, teórico: podem impressionar os homens políticos calculando os custos e os lucros das diferentes forças políticas. Ou são inspetores de Finanças, que transgrediram o tabu e foram presidir as comissões de HLM. Robert Lion, atual presidente da Caisse des Dépôts, fez um ato de rebaixamento, considerado no meio como perfeitamente bárbaro: ele foi do mais alto para o mais baixo do espaço estatal e burocrático; é um personagem cruzado, em situação ambígua.[29]

Essa história explicativa, essa sociogênese era indispensável para compreender o que acontecera na conversa entre um vendedor e um comprador, para entender a evolução das estatísticas da casa própria, e o fato de que os proprietários sempre têm na cabeça os espaços sociais elaborados em *La Distinction* — o lado direito do espaço social é constituído pelos detentores de capital econômico mais que de capital cultural.[30] Ora, o grande impulso do acesso à casa própria operou-se do lado esquerdo do espaço social entre as pessoas que têm mais capital cultural que capital econômico. Foi aí que as taxas de crescimento foram mais fortes. Posso encontrar, no nível político, a fórmula política, a um só tempo astuta e ingênua, que foi capaz de inspirar os responsáveis por essa política: "Vamos associar o povo à ordem estabelecida por meio do vínculo que é a propriedade". Está dito explicitamente nos textos de Valéry Giscard d'Estaing, e em todos os que cercam as reformas como estas. Na crônica, há todo um trabalho profético de conversão, pessoas que escrevem artigos, que fazem modelos matemáticos, que se servem de todos os instrumentos de convicção. Nas sociedades modernas, a matemática se tornou um grande instrumento de convicção política. Essas pessoas têm uma intenção política que repousa numa filosofia: o apego à ordem social passa pela adesão à propriedade, e fazer aderir à ordem estabelecida o lado esquerdo do espaço social é operar uma mudança considerável. Para compreender certas mudanças do universo político francês é tão importante passar por políticas de habitação como passar pelos discursos de Jean Daniel (da revista *Nouvel Observateur*) ou pelo discurso do Partido Comunista, que pode ser, ao contrário, determinado por essas mudanças.

Compreende-se como, a partir de um programa político apresentado por certos indivíduos, gerou-se um regulamento eficiente que comanda a demanda, a oferta, o mercado, e constrói inteiramente o mercado. É uma das funções do Estado construir mercados. Como esse regulamento é, em seguida, aplicado? Como, concretamente, os agentes sociais, no nível do departamento, no nível de uma cidade, vão aplicá-lo? Aí encontraríamos os atos, os *statements* de que eu falava há pouco: o alvará de licença para construção, a concessão de privilégios, de derrogações, de autorizações. Certos regulamentos determinam que os telhados devem ultrapassar vinte centímetros e não mais. É totalmente arbitrário. Todos os arquitetos dizem: "Não é possível, por que não 25 centímetros, por que não 23?". Esse aspecto arbitrário é gerador de uma forma específica de proveito burocrático: seja aplicar o regulamento de maneira muito estrita, para em seguida afrouxar, seja abrir uma exceção. Uma dialética, a que chamo dialética do direito e do privilégio,[31] termina na propina, nos "escândalos". Encontra-se a gestão ordinária do Estado pelos depositários desse poder.

Fiz uma regressão teórica mínima em direção da causa histórica imediata. Para compreender esse corte histórico que explica outro corte histórico, é preciso regredir. O que é fazer essa história? Fazer a história do campo administrativo — a de todo o Estado deveria ser feita — não seria uma série de cortes do tipo destes que fiz para cada um dos regulamentos promulgados pelo Estado? (Depois, ficamos intimidados de dizer "o Estado…". Não posso mais dizer uma frase começando por "o Estado…".) Tomei o exemplo do auxílio à moradia. Seria preciso fazer a mesma coisa com a Seguridade Social. Cada momento, para ser completamente inteligível, apela para o conhecimento de todos os cortes anteriores. Para compreender a complexidade de um corpo técnico, é preciso saber que os corpos técnicos foram criados em tal ano, na França, que se constituíram em escala local, depois em escala nacional… Infelizmente, nas ciências sociais estamos diante desse problema que consiste em fazer programas impossíveis. Talvez o maior mérito do que farei seja justamente fazer um programa de pesquisa impossível.

Curso de 25 de janeiro de 1990

Teoria e empiria — Comissões estatais e encenações — A construção social dos problemas públicos — O Estado como ponto de vista dos pontos de vista — O casamento oficial — Teoria e efeitos de teoria — Os dois sentidos da palavra "Estado" — Transformar o particular em universal — O obsequium — As instituições como "fiduciário organizado" — Gênese do Estado. Dificuldades da empreitada — Parêntese sobre o ensino da pesquisa em sociologia — O Estado e o sociólogo

TEORIA E EMPIRIA

Vou voltar rapidamente à última lição para insistir sobre o contraste que vocês talvez tenham observado entre as duas partes da aula. Na primeira parte, tentei apresentar determinadas proposições gerais referentes ao Estado, e na segunda parte apresentei uma espécie de descrição esquemática e acelerada de um trabalho de pesquisa que acabo de fazer sobre certo aspecto da ação do Estado. Entre os indícios que tenho da atenção seletiva e da recepção de vocês, há um que é importante: a taxa das notas que vocês tomaram. Observei que, na segunda parte, as anotações baixaram consideravelmente. Posso imputar isso à qualidade do meu desempenho, mas penso que tem a ver com o fato de que eu falava de coisas que lhes parecem menos dignas de ser anotadas. Isso cria um problema porque, a meu ver, a segunda parte era a mais importante, a mais digna de ser anotada. Já o fato de ter eu contado as coisas de maneira mais acelerada foi uma reação antecipada à recepção de vocês, pois na verdade eu poderia ter dedicado todo o curso deste ano a esse trabalho e aos detalhes da análise, aos métodos que empreguei.

Se volto a isso é porque cria um problema absolutamente fundamental, que também se apresenta a mim. É extremamente difícil articular mentalmente e juntar a descrição e a análise de um estado do Estado, tal como se pode observá-lo hoje, com as proposições gerais sobre o Estado. Penso que se a teoria do Estado, no estado de deterioração em que se encontra, ao menos em meu entender, consegue perpetuar-se, é porque transita num universo independente da realidade. Os teóricos podem discutir ao infinito, sejam eles de tradição marxista ou neofuncionalista, porque justamente não se faz essa conexão com as coisas do mundo real, da vida cotidiana, e porque existe uma espécie de *épochè*, como diriam os fenomenologistas, de colocação em suspenso de toda referência ao que acontece, que possibilita as discussões ditas "teóricas". Infelizmente, esse estatuto da teoria é reforçado pelas expectativas sociais. Em todas as disciplinas, a teoria é posta mais alto que a empiria, que a experiência. Quanto mais os sábios se tornam célebres, mais se tornam "teóricos". Nos seus velhos dias, todos os sábios se tornam filósofos, sobretudo quando receberam um prêmio Nobel... Essas considerações muito gerais são importantes porque fazem parte dos obstáculos ao progresso da ciência social e, entre outros, da comunicação dos resultados do trabalho científico nas ciências sociais.

Volto a essa dualidade. Sou tão consciente da dificuldade de transmitir o que quero transmitir que vivo constantemente bloqueado entre as estratégias de comunicação (como devo dizer o que tenho a dizer?) e os imperativos da coerência do que há a comunicar. A contradição entre as duas atitudes pode às vezes resultar em que eu diga coisas estranhas que me fazem sofrer talvez tanto quanto a vocês. No caso específico, coloco-me a questão da articulação entre esses dois níveis, e não garanto ser capaz de responder a ela por completo. Mas acho que, convidando vocês a serem atentos a essa dificuldade, assinalo uma dificuldade que se apresenta também a vocês, caso se interessem pelo Estado, ou caso trabalhem em alguma coisa que tenha relação com o Estado.

COMISSÕES ESTATAIS E ENCENAÇÕES

Para tentar articular um pouco os dois níveis, voltarei a um ponto em que toquei muito rapidamente, por alto: a ideia de comissão. Disse-lhes que a comissão é algo muito estranho, é uma forma de organização social que suscita muitos problemas. Primeiro, é uma invenção histórica, uma invenção inglesa cuja genealogia é possível retraçar. Chamava-se, na origem, "comissão real": um conjunto de pessoas mandatadas pelo rei, comissionadas para desempenhar uma missão socialmente reconhecida, importante, em geral a respeito de um problema também considerado importante. Havia dois atos subjacentes à constituição — a palavra é importante e a ser tomada no sentido forte — de uma comissão: primeiro, a designação, a nomeação — se há um ato estatal, é justamente a nomeação — de um conjunto de pessoas reconhecidas como habilitadas, socialmente designadas para cumprirem certa função; em seguida, a designação de um problema digno de ser tratado por pessoas dignas de administrar os problemas públicos. O problema público é um problema que merece ser tratado publicamente, oficialmente. Haveria que refletir sobre essa noção de "público", isto é, sobre o que é digno de se apresentar à face de todos. Evidentemente, a crítica social sempre tende a procurar o que há por trás desse público. Há uma visão espontânea nos agentes sociais, com muita frequência constituída em postura sociológica, que se pode chamar de teatral, e que se encontra em Goffman,[1] o qual elaborou, a respeito das interações entre as pessoas, essa visão espontânea que temos: elas representam a comédia; um representa a comédia e o outro é o público, bom público ou mau público. Podemos aplicar essa visão teatral das interações ao mundo do teatro por excelência, ao do teatro de Estado, o mundo do oficial, da cerimônia oficial — por exemplo, a cerimônia do direito. Um grande historiador inglês estudou a fundo a cerimônia do direito inglês, e o papel fundamentalmente eficaz desse cerimonial, que não é simplesmente um fim em si, mas que, como cerimonial, age fazendo-se reconhecer como legítimo.[2]

Portanto, essas comissões públicas são encenações, operações que consistem em encenar um conjunto de pessoas destinadas a desempenhar uma espécie de drama público, o drama da reflexão sobre os problemas públicos. As comissões de sábios que nos são constantemente propostas mereceriam ser estudadas. Se adotamos essa visão teatral, redutora, isso nos leva a dizer: "Há, portanto, o palco, há os bastidores, e eu, sociólogo, sou esperto, vou lhes mostrar os bastidores". Costumo dizer, e é importante para os que, entre vocês, são sociólogos, que uma das motivações inconscientes que levam alguém a se tornar sociólogo é esse prazer de descobrir os segredos dos fundos das lojas, das coxias. Em Goffman, é perfeitamente evidente: é uma visão de alguém que está atrás de um balcão de quitandeiro e observa as estratégias do quitandeiro e do freguês. Vejam a descrição magnífica do que acontece num restaurante: os garçons cruzam a porta que separa a cozinha e o salão, mudam completamente de postura, e mal passam na outra direção, começam a gritaria... Essa descrição do mundo social como teatro é irônica por definição; ela consiste, no sentido rigoroso do termo, em dizer: "O mundo não é o que vocês imaginam, não sejam bobos...". E quando se é jovem, quando se gosta de bancar o esperto e sobretudo de se sentir esperto, é muito agradável desmistificar as aparências.

Essa visão poderia ser a sociologia espontânea do sociólogo meio-sábio, para falar como Pascal. Esse meio-sábio diz: O mundo é um teatro, e isso se aplica muito bem ao Estado. (Aliás, temo que vocês tenham entendido assim a minha análise.) Eu disse: O Estado é uma ficção jurídica, portanto ele não existe. A visão dramatúrgica do mundo social vê algo importante: uma comissão é uma manobra; a visão *Le Canard Enchaîné** da comissão é verdadeira em certo nível. É dever do sociólogo saber como era composta a comissão: quem escolheu quem e por quê? Por que pedir a fulano para ser presidente? Que propriedade ele tinha? Como se fez a cooptação? Será que o jogo já não estava decidido pelo simples fato de definir seus membros? Tudo isso é muito bom e faz parte do trabalho. Aliás, costuma ser algo muito duro de ser feito, de tal maneira que seja publicável, portanto refutável publicamente pelos participantes. [...]

No entanto, apesar de seu aspecto perfeitamente legítimo, essa empreitada corre o risco de deixar escapar algo importante. A comissão é uma invenção organizacional — pode-se citar o momento em que foi inventada. É como uma invenção técnica, mas de um tipo perfeitamente especial. O Estado se situa do lado dessas invenções, uma invenção que consiste em pôr as pessoas juntas de tal maneira que, estando organizadas desse jeito, elas façam coisas que não fariam se não estivessem organizadas assim. Espontaneamente, esquecemos a existência desse gênero de técnica. Há atualmente uma profusão de trabalhos

---

* Jornal satírico francês. (N. T.)

sobre os efeitos da introdução da informática nos escritórios, mas esquecemos de dizer em que a invenção da circular mudou o mundo burocrático; ou, num estágio muito mais antigo, em que a passagem de um costume oral a um direito escrito mudou todo o universo burocrático. A técnicas organizacionais, a invenções, está ligada uma palavra, raramente um nome próprio: guardamos o nome dos inventores científicos, mas não guardamos o nome dos inventores burocráticos. Por exemplo, o crédito personalizado é uma invenção organizacional muito complexa.

A comissão é uma invenção histórica que funciona, e se dela continuamos a nos servir — é o que chamo de funcionalismo mínimo — é que ela deve cumprir funções. A palavra "funcionalismo" é um dos conceitos que servem de insulto, portanto muito pouco utilizáveis cientificamente. Digo simplesmente — é algo que podemos nos permitir como sociólogos — que uma instituição constantemente utilizada a longo prazo merece que se levante a hipótese de que tem alguma função, de que faz alguma coisa. Essa invenção organizacional que é a comissão produz um efeito considerável, que leva a esquecer a visão dramatúrgica da instituição: ela engendra os efeitos simbólicos produzidos pela encenação do oficial, da conformidade oficial à representação oficial. Vou me explicar. O que faz a Comissão Barre da qual falei na última vez? Ela elabora uma nova definição de um problema constituído como público, no caso, o direito à moradia, que, por sua vez, seria passível de uma análise histórica. Evidentemente, um dos preceitos elementares da sociologia assim como a concebo consiste em jamais enfrentar um problema como tal, mas em ver que os problemas criam problema, portanto que há uma gênese histórica dos problemas. Seria preciso indagar, a propósito do direito à moradia, quando ele apareceu, como e quais são os filantropos que o instituíram, que interesses tinham, em que espaço viviam etc.

Admite-se, portanto, que o problema existe e diz-se: essa comissão trata publicamente desse problema público e atribui-se como missão trazer uma solução publicável. Haverá um relatório oficial que será entregue oficialmente, com uma autoridade quase oficial. Um relatório não é um discurso ordinário, mas um discurso performativo, relatado àquele que o pediu e que, ao pedi-lo, deu-lhe de antemão uma autoridade. O relator do relatório é alguém que escreve um discurso de autoridade porque é autorizado, um discurso de autoridade para quem o autorizou ao lhe pedir e ao lhe dar de antemão um mandato. Esse relatório é historicamente determinado, e deve ser analisado em cada caso, segundo o estado da relação de força entre o mandante e o mandatário; segundo as capacidades dos dois campos de fazer uso do relatório: será que os comissionados têm suficientes forças estratégicas para se servirem da comissão e de tudo o que era tácito na missão que lhes foi dada para fazer respeitar as conclusões de sua comissão? Será que têm essa intenção e essa capacidade? Haveria todo um trabalho empírico a fazer, a cada vez, o que não quer dizer que o modelo não permaneça verdadeiro. O modelo aí está como um convite a estudar as variações dos parâmetros.

A CONSTRUÇÃO SOCIAL DOS PROBLEMAS PÚBLICOS

Essas pessoas elaboram, portanto, uma nova definição legítima de um problema público, propõem uma nova maneira de fornecer aos cidadãos os meios de satisfazer o que lhes é dado como um direito, isto é, a necessidade de moradia. O problema se apresentaria do mesmo modo se se tratasse da droga ou da questão da nacionalidade: quem tem o direito de votar nas eleições municipais? Quem tem o direito de ser sancionado? Foi feito um estudo por Joseph Gusfield sobre os debates em torno do vínculo entre alcoolismo e desastres de automóvel.[3] Ele se situa numa problemática que se chama, nos Estados Unidos, "construtivista": faz parte dos que insistem, na tradição de Schütz[4] e de certos psicossociólogos americanos tais como Mead,[5] no fato de que os agentes sociais não pegam o mundo social como um dado mas o constroem. Para dar uma ideia muito simples dessa tese, trata-se de reconstituir as operações de construção que os agentes sociais operam para construir suas interações ou as relações semiformatadas, como a relação estudantes/professor ou a relação cliente/pessoal burocrático. Nesse livro, Gusfield insiste na gênese de um problema público e mostra, entre outras coisas, como o trabalho de aspecto científico, a estatística, seja ela de Estado ou privada, é ela mesma uma retórica social pela qual os estatísticos participam da construção de um problema social; são eles, por exemplo, que estabelecem como algo óbvio a conexão entre o fato de beber e de ter acidentes; eles fornecem a consagração que pode dar o discurso percebido como científico, isto é, universal, a uma representação social de base ética, que é muito desigualmente difundida no mundo social. Gusfield mostra que os agentes oficiais, os legisladores que elaboram as novas normas, mas também os *lawyers*, os homens do direito que as aplicam, fornecem um reforço simbólico — que pode ser autorizado por argumentos científicos — a disposições éticas desigualmente difundidas naquilo que se chamaria "a opinião".

Por exemplo, caso se fizesse uma pesquisa, se perceberia que nem todo mundo é favorável à repressão ao alcoolismo quando se dirige, que, sobre a pena de morte, nem todo mundo é favorável à sua abolição, e que até mesmo a maioria é, provavelmente, desfavorável. Caso se fizesse uma pesquisa sobre a acolhida feita aos estrangeiros de origem magrebina, é provável que ela não validasse o que é a norma das práticas dos professores nas escolas ou nos liceus, a saber, uma definição oficial do discurso antirracista. O que fazem nesse caso os agentes sociais do oficial, os professores que têm discursos antirracistas, os juízes que condenam as pessoas que dirigem em estado de embriaguez? Mesmo se seus discursos são ridicularizados, mesmo se há uma contradição extraordinária nessa performance — no sentido anglo-saxão do termo — teatral da verdade oficial, essa verdade oficial não deixa de ter eficácia. O significado do livro de Gusfield é dizer que há uma eficácia real do simbólico, e, conquanto todas essas manifestações simbólicas não passem de boas intenções ou de manifestações de hipocrisia, mesmo assim elas agem. Seria ingênuo — e aqui encontramos a ingenuidade no primeiro grau, aquela do espertinho que desmistifica — não levar a sério esses atos de teatralização do oficial, cuja eficácia é real, embora o oficial nunca seja mais que o oficial, algo feito para ser transgredido em todas as sociedades.

O ESTADO COMO PONTO DE VISTA DOS PONTOS DE VISTA

Não quero fazer reservas a esse livro de Gusfield, mas penso que se pode ir mais longe apoiando-se no que ele diz. Ele lembra essa coisa importante de que uma ficção social não é fictícia. Hegel já dizia que a ilusão não é ilusória. Não é porque o oficial nunca é mais que o oficial, não é porque a comissão não é o que quer fazer crer que é, que ela não produz, ainda assim, um efeito, pois apesar de tudo consegue fazer crer que é aquilo que quer fazer crer. É importante que o oficial, embora não seja aquilo que faz crer, seja, porém, eficaz. Como e por que é eficaz? Que reforço traz, por exemplo, aos que, sendo a favor da manutenção da ordem, querem que os fumantes de marijuana sejam duramente sancionados, e como se exerce esse reforço? Por meio dessa análise capta-se uma das formas da eficácia própria do Estado.

Para dizer as coisas de maneira muito simples antes de dizê-las de maneira mais complicada, se seguimos Gusfield poderíamos dizer que o Estado, no caso que ele estuda mas também de modo mais geral (a comissão dos sábios sobre o racismo, sobre a nacionalidade etc.), reforça um ponto de vista entre outros sobre o mundo social, que é o lugar de luta entre os pontos de vista. Ele diz acerca desse ponto de vista que é o ponto de vista certo, o ponto de vista dos pontos de vista, o "geometral de todas as perspectivas". É um efeito de divinização. E para isso, ele deve fazer crer que ele mesmo não é um ponto de vista. Para isso, é capital que ele faça crer que é o ponto de vista sem ponto de vista. Portanto, é preciso que a comissão apareça como uma comissão de sábios, isto é, acima das contingências, dos interesses, dos conflitos, fora do espaço social enfim, pois, desde que estamos no espaço social, somos um ponto, portanto um ponto de vista que é relativizável.

Para conseguir esse efeito de des-particularização, esse conjunto de instituições a que chamamos "o Estado" deve teatralizar o oficial e o universal, deve dar o espetáculo do respeito público pelas verdades públicas, do respeito público pelas verdades oficiais em que a totalidade da sociedade supostamente deve se reconhecer. Deve dar o espetáculo do universal, aquilo sobre o que todos, em última análise, estão de acordo, aquilo sobre o que não pode haver desacordo porque está inscrito na ordem social em determinado momento do tempo.

O CASAMENTO OFICIAL

Agora, analisar em profundidade o que há por trás desse efeito é extremamente difícil. Num trabalho que fiz há muitos anos sobre o casamento nas sociedades berberes,[6] eu já tinha encontrado esse problema. Vocês vão ver que a analogia entre as situações de Estado e esta — aparentemente duas realidades totalmente separadas — é muito grande. Os antropólogos costumam falar de casamentos preferenciais, expressão que é um eufemismo para dizer casamento oficial (volta e meia os sociólogos e os antropólogos retomam conceitos indígenas, neutralizando-os para obter um efeito de ciência, o que faz com que percam o problema que vou apresentar). Eles dizem que o casamento preferencial é o casamento com a prima paralela: um homem tende a casar o filho com a filha do irmão de seu pai. É olhar a realidade como etnólogo, que normalmente não faz estatísticas. Como etnólogo um pouco desviante, eu faço estatísticas e observo que esse casamento dito preferencial, oficial, legítimo é praticado em 3% a 6% [dos casos] nas famílias mais oficiais, as famílias de marabus, as mais conformes com a definição oficial do oficial — essas que, aliás, lembram o oficial quando as coisas andam mal. Somos, então, levados a fazer perguntas. Podemos dizer: tudo isso é falso, não tem o menor interesse, os informantes são mistificadores ou mistificados. Ou então podemos dizer que eles se enganam ou são enganados, ou que obedecem a regras inconscientes e seus discursos não passam de racionalizações — e ficamos livres do problema. Na verdade, analisando as coisas mais de perto, observei que existia certo número de casamentos que correspondiam à definição oficial e eram muito fortemente celebrados, reconhecidos como garantia da fecundidade na lógica mítico-ritual da prosperidade, e garantindo a bênção para os que a ele se submetem, e também para todo o grupo. Olhando mais de perto ainda, observei que esses casamentos podiam ser, aparentemente, conformes à regra oficial, sendo porém determinados por motivos perfeitamente contrários à regra oficial. Em outras palavras, mesmo esses 3% puros e de acordo com a regra podem ser produzidos por interesses absolutamente antagônicos à regra. Cito um exemplo: o de uma família na qual há uma moça um pouco disforme, difícil de casar; ocorre que um dos primos se sacrifique para proteger a família contra as "vergonhas", como se diz, e nesse caso o casamento é formidavelmente celebrado — justo como se celebra uma comissão que triunfa —, já que ele fez algo extremamente importante: permitiu a realização do oficial em um caso extremo, isto é, muito perigoso para a norma oficial. Em outras palavras, ele salvou as aparências, não só de um indivíduo mas de todo o grupo. Salvou a possibilidade de se crer na verdade oficial, apesar dos pesares.

Há heróis do oficial. O herói burocrático é alguém cuja função maior é permitir ao grupo continuar a crer no oficial, isto é, na ideia de que há um consenso do grupo sobre certo número de valores insuperáveis nas situações dramáticas em que a ordem social se encontra profundamente questionada. Portanto, ele tem o papel do profeta nas épocas de crise, quando mais ninguém sabe o que dizer. O oficial corrente é o que dizem os sacerdotes na rotina cotidiana quando não há problema — os sacerdotes são as pessoas que resolvem os problemas religiosos públicos fora das situações de crise. Mas em situação de grande crise, crise ética ou política, que questiona os próprios fundamentos da ordem simbólica que a religião garante, o profeta é aquele que consegue restaurar o oficial. Nas sociedades que chamamos de pré-capitalistas, sem Estado e sem escrita, em que não há avalistas oficiais do oficial, não há agentes oficialmente mandatados para enunciar o oficial nos momentos difíceis, em que não há funcionários porque não há Estado, há personagens que são poetas. Mouloud Mammeri fez belíssimas análises em *Actes de la Recherche en Sciences Sociales* sobre o personagem do *amusnaw*,[7] aquele que diz o que é preciso dizer quando mais ninguém sabe o que é preciso pensar… São pessoas que repõem o grupo em ordem com sua ordem, que lhe dizem, nas situações trágicas em que há antinomias, o que é preciso fazer. Esses sábios, podemos descrevê-los ingenuamente como conciliadores que arranjam as coisas. Mas não é isso. Na verdade, arranjam as coisas que não podem ser arranjadas nas situações trágicas em que os dois antagonistas têm razão. Os adversários têm razão em nome dos valores que o grupo não pode deixar de reconhecer — o direito à existência, o direito à autonomia — sem se aniquilar como grupo. Quando esses valores estão em situação de conflito, o porta-voz profético ou o poeta são as pessoas que podem reconciliar o grupo com suas profissões de fé, com sua verdade oficial.

TEORIA E EFEITOS DE TEORIA

Para esse desenvolvimento, parti da noção de comissão para lhes mostrar como, em certo nível de elaboração, as coisas mais triviais da ordem burocrática são o que eu tenho mais dificuldade de aceitar como objeto de pensamento porque, se há algo que parece trivial quando somos constituídos sociologicamente como intelectual, é conseguir refletir sobre o que é uma circular, uma comissão; isso de fato exige um esforço muito especial quando fomos preparados para refletir sobre o Ser ou o *Dasein*, é algo extremamente difícil: o problema do Estado é tão complexo quanto o problema do Ser… Desenvolvi um pouco para que vocês compreendam uma coisa que eu gostaria de comunicar, esse esforço que se tem de fazer para recusar a dicotomia entre as proposições teóricas e as proposições empíricas se de fato quisermos avançar a reflexão sobre esses problemas, pois tudo o que eles pedem é para ser pensados teoricamente já que existem por efeitos da teoria.[8] O Estado é, em grande parte, produto de teóricos. Quando pegam os escritos de Naudé sobre o golpe de Estado, ou de Loyseau sobre o Estado,[9] ou ainda os textos de todos esses juristas dos séculos XVI ou XVII que propuseram teorias do Estado, certos filósofos os tratam como colegas cujas teorias eles discutem, esquecendo que esses colegas produziram o objeto sobre o qual eles refletem. Loyseau ou Naudé, todos esses juristas produziram o Estado francês, e produziram o pensamento de quem os pensa. Há uma forma de história das ideias que tem um estatuto muito ambíguo e não é utilizável sem precauções do ponto de vista em que me coloco. É a mesma coisa para os juristas que dizem que o Estado é uma ficção jurídica. Eles têm razão e, ao mesmo tempo, não pensam concretamente as condições sociais que fazem com que essa ficção não seja fictícia mas operante — o que o sociólogo deve fazer. Eis o que havia na intenção pedagógica desse *excursus* sobre as comissões.

Recapitulo rapidamente. O que na aparência é uma coisa muito anódina, a saber, que o presidente Valéry Giscard d'Estaing designa uma comissão presidida por Raymond Barre para se ocupar da ajuda à moradia, e que, no final, entregará um relatório aconselhando ao governo — a noção de conselho é muito importante — a adoção de uma política de ajuda à pessoa em vez de uma política de ajuda à pedra, é na verdade uma operação simbólica extremamente complexa de oficialização, que consiste em teatralizar uma ação política de criação de regras de ação imperativas impondo-se à totalidade de uma sociedade, em teatralizar a produção desse tipo de ordem capaz de confirmar e produzir a ordem social de tal maneira que ela pareça apoiada no oficial da sociedade considerada, portanto no universal sobre o qual o conjunto dos agentes é obrigado a ficar de acordo; e fazê-lo com sucesso. É uma operação que pode dar certo ou dar errado. As condições do êxito são sociologicamente analisáveis: essa operação dará certo, tanto mais que a teatralização do oficial será operada de tal maneira que reforçará realmente as representações oficiais de fato interiorizadas nos agentes, na base da educação primária do século XIX, na base da ação do professor republicano, na base de coisas de toda espécie... Senão, teria sido mera boa intenção. O que faz com que a questão da distinção entre o Estado e a sociedade civil se volatize por completo.

OS DOIS SENTIDOS DA PALAVRA "ESTADO"

Nos dicionários, há duas definições de Estado que são justapostas: Estado 1 no sentido de aparelho burocrático de gestão dos interesses coletivos, e Estado 2 no sentido de âmbito em que a autoridade desse aparelho se exerce.

Quando se diz "o Estado francês", pensa-se no governo, nos serviços, na burocracia de Estado, e por outro lado pensa-se na França. Uma operação simbólica de oficialização tal como a que se opera numa comissão é um trabalho no qual e pelo qual o Estado 1 (no sentido de governo etc.) consegue ser percebido como a expressão, a manifestação do Estado 2, daquilo que o Estado 2 reconhece e concede ao Estado 1. Em outras palavras, a função da comissão é produzir uma visão oficial que se impõe como visão legítima: é fazer aceitar a versão oficial, ainda que haja zombarias, ainda que haja artigos do *Le Canard Enchaîné* sobre os bastidores do funcionamento da comissão etc. É o que queria dizer a análise que fiz para vocês da relação entre o vendedor de casas Phénix, que não é um funcionário de Estado, e o cliente. O vendedor pode instituir-se como encarnação estatutariamente mandatado do oficial, e dizer: "Com três filhos, você tem direito a isto", e ser de imediato compreendido pelo interlocutor e de imediato aceito como portador de uma definição legítima da situação. O que não é óbvio. É evidente que sobre um problema como a moradia, há perspectivas antagônicas, interesses conflitivos de toda uma série de agentes — pensem na lei sobre os aluguéis.[10] As implicações são fantásticas e há, portanto, visões privadas em número considerável, dotadas de forças muito desiguais na luta simbólica para construir a visão do mundo social legítimo, e para impô-la como universal.

Para prolongar a análise da oposição entre Estado e sociedade civil, que remete a uma dualidade que é apenas a transfiguração em conceitos da distinção comum dos dicionários, poder-se-ia dizer, numa perspectiva spinozista, que há o Estado como natureza naturante e o Estado como natureza naturada. O Estado como sujeito, como natureza naturante seria, segundo o *Dicionário Robert*, "a autoridade soberana exercendo-se sobre o conjunto de um povo e de um território determinado: por exemplo, o conjunto dos serviços gerais de uma nação. Sinônimos: poder público, administração, poder central". Segunda definição: "Agrupamento humano fixado num território determinado, submetido a uma autoridade e podendo ser considerado como uma pessoa jurídica. Sinônimos: nação, país, potência". O dicionário de filosofia clássica de Lalande retoma as duas definições na ordem seguinte: definição 1: "Sociedade organizada tendo um governo autônomo e representando o papel de uma pessoa jurídica distinta com respeito a outras sociedades análogas com as quais está em relação". Em outras palavras, a definição 2 tornou-se a definição 1. Definição 2:

"O conjunto dos serviços gerais de uma nação, o governo e o conjunto da administração". Na hierarquização dessas duas definições, há uma filosofia do Estado que todos nós temos em mente e que é, parece-me, a filosofia implícita subjacente à distinção Estado/serviço público. A visão do Estado como conjunto de pessoas organizadas que mandatam o Estado é a visão tacitamente democrática da sociedade civil da qual o Estado se corta, nas más ocasiões (quando se fala de sociedade civil, é para dizer que o Estado deveria lembrar-se da existência da sociedade civil). O que está implícito nessa hierarquia é que o que existe primeiro é a sociedade organizada tendo um governo autônomo etc., e essa sociedade se exprime, se manifesta, se realiza no governo ao qual delega o poder de organizar.

Essa visão democrática é completamente falsa e o que eu gostaria de demonstrar — o que estava implícito no que eu disse na aula anterior — é que o Estado, no sentido de "conjunto de serviços de uma nação", é que faz o Estado no sentido de "conjunto de cidadãos com uma fronteira". Há uma inversão inconsciente das causas e dos efeitos, típica da lógica do fetichismo, uma fetichização do Estado que consiste em fazer como se o Estado-nação, o Estado como população organizada, existisse primeiro, ao passo que a tese que eu gostaria de avançar e de pôr à prova, de uma espécie de história da gênese do Estado em duas ou três tradições, é a ideia inversa: isto é, a de que há um certo número de agentes sociais — entre os quais, os juristas — que representaram um papel eminente, em especial os detentores desse capital de recursos organizacionais que era o direito romano. Esses agentes construíram progressivamente essa coisa que chamamos de Estado, ou seja, um conjunto de recursos específicos que autorizam seus detentores a dizer o que é certo para o mundo social em conjunto, a enunciar o oficial e a pronunciar palavras que são, na verdade, ordens, porque têm atrás de si a força do oficial. A constituição dessa instância acompanhou-se da construção do Estado no sentido de população compreendida dentro de fronteiras. Em outras palavras, foi construindo essa espécie de organização sem precedente, essa espécie de coisa extraordinária que é um Estado, construindo esse conjunto de recursos organizacionais, ao mesmo tempo materiais e simbólicos, ao qual associamos a noção de Estado, que os agentes sociais responsáveis por esse trabalho de construção e de invenção construíram o Estado no sentido de população unificada falando a mesma língua, ao qual geralmente associamos o papel de causa primeira.

TRANSFORMAR O PARTICULAR EM UNIVERSAL

Há uma espécie de processo de fetichização que está inscrito na lógica da comissão, verdadeiro passe de mágica (volto aqui à linguagem redutora da descrição dos bastidores). Os membros da comissão, tais como os vi nesse quadro particular, são de fato agentes particulares portadores de interesses particulares em graus de universalização absolutamente desiguais: promotores que querem obter uma legislação favorável na venda de certos tipos de produtos, banqueiros, altos funcionários que querem defender os interesses associados a um corpo ou a uma tradição burocrática etc. Esses interesses particulares trabalham numa lógica tal que vão conseguir essa espécie de alquimia que transformará o particular em univeral. No fundo, toda vez que uma comissão se reúne a alquimia da qual o Estado é o produto se reproduz, utilizando, aliás, recursos de Estado: para fazer um grande presidente de comissão, é preciso ter recursos de Estado, é preciso estar informado do que é uma comissão, das boas normas que lhe são associadas, das leis de cooptação que não estão enunciadas em lugar nenhum, das leis não escritas segundo as quais se escolhem os relatores que têm papel determinante na elaboração do discurso de autoridade que sairá do trabalho da comissão etc. Utiliza-se todo um capital de recursos prontos para funcionar como uma retorta de alquimista para aquele que sabe fazê-los funcionar, e reproduz-se o universal. Há casos em que a lógica da comissão denuncia a si mesma, em que tudo é óbvio demais para enganar alguém ("Esse mister Clean que nos impuseram, ninguém acredita nele"). A mensagem da comissão pode ser imediatamente enterrada. Há fracassos, mas fracasso ou êxito põe em funcionamento a mesma lógica de oficialização.

Para resumir o que quis dizer a propósito da noção de comissão, eu diria que a comissão (ou uma cerimônia de inauguração, de nomeação) é um ato típico de Estado, um ato coletivo que só pode ser realizado por pessoas que entretenham uma relação suficientemente reconhecida com o oficial para estarem em condições de utilizar esse recurso simbólico universal que consiste em mobilizar aquilo sobre o que todo o grupo supostamente deve estar de acordo. Não mobilizar o consenso, mas mobilizar a doxa e transformar o que é tacitamente admitido como sendo óbvio, o que todos os membros de uma ordem social conferem a essa ordem: mobilizar de tal maneira que as proposições enunciadas por esse grupo possam funcionar como palavras de ordem e proceder a essa operação extraordinária que consiste em transformar uma constatação em norma, em passar do positivo ao normativo.

Desenvolvi longamente no passado a análise de Kantorowicz sobre o Estado como mistério.[11] Ele retomava o jogo de palavras dos canonistas ingleses do século XII que jogavam com a analogia entre *ministerium* e *mysterium*. Ele falava do "mistério do ministério". No ministério, há delegação. O que tentei descrever a propósito da comissão foi a forma empírica do mistério do ministério.[12] O que acontece quando Raymond Barre, que é um homem como todo mundo, ao se tornar presidente de uma comissão vê-se investido, de maneira perfeitamente misteriosa, da delegação do Estado, isto é, do mundo social inteiro? Ele propõe coisas que são reconhecidas universalmente. Esse trabalho é difícil porque é preciso juntar ao mesmo tempo Raymond Barre e o teórico…

[*Interrupção do curso.*]

O *OBSEQUIUM*

Eu ficaria tentado a retomar o que disse para corrigir, para completar, para matizar, para aplacar meus remorsos e meus arrependimentos, mas tentarei ir adiante, apesar de tudo. Simplesmente gostaria que vocês memorizassem, para desenvolvê-la, a analogia que sugeri muito rapidamente entre o trabalho da comissão oficial produzindo um discurso cuja autoridade é fundada na referência ao oficial e o comportamento do camponês cabila que, de certa forma, põe-se de acordo com as regras ao realizar um casamento conforme a regra, e assim obtém as vantagens do oficial, os benefícios que, creio, em todas as sociedades vão para as ações que parecem conformes ao que a sociedade tende a considerar universalmente como correto. Quanto a essa ideia, há um conceito em Spinoza que os filósofos comentaram muito pouco, e que sempre me impressionou porque tocava em coisas pessoais. Spinoza fala do que chama de *obsequium*,[13] que não é o respeito pelas pessoas, pelas formas; é algo muito fundamental: é um respeito que, através de tudo isso, dirige-se ao Estado ou à ordem social. São atos obsequiosos que encerram um respeito puro pela ordem simbólica, e que os agentes sociais de uma sociedade, mesmo os mais críticos, os mais anarquistas, os mais subversivos, demonstram, e isso tanto mais que o fazem sem sabê-lo, diante da ordem estabelecida. Como exemplo desse *obsequium*, proponho sempre as fórmulas de cortesia ou as regras de boa educação que são aparentemente insignificantes, referem-se a ninharias e são tanto mais estritamente exigidas na medida em que, justamente, têm um lado puro e kantiano. Respeitando-as, presta-se uma homenagem não à pessoa que na aparência se respeita, mas à ordem social que torna essa pessoa respeitável. A exigência tácita mais fundamental da ordem social é isso. É a razão pela qual os sociólogos, quando fazem bem seu trabalho, costumam se ver em dificuldade, porque evidentemene são levados a jogar luz, portanto a parecer como que denunciando coisas dessa ordem que tocam o sagrado — um sagrado que se esgueira nas insignificâncias.

Na designação dos membros de uma comissão, a escolha das pessoas é extremamente importante: a escolha deve se fixar em pessoas respeitáveis, respeitosas das formas, sabendo impor as formas, fazer as coisas segundo as formas, respeitar as regras, a regra do jogo, jogar o jogo; sabendo também pôr o direito de seu lado — e é uma fórmula magnífica que não quer dizer "respeitar o direito". A alquimia burocrática que se operou durante dez séculos, e ainda hoje continua a operar, é encarnada na guarda republicana e no tapete vermelho, nas palavras — dizer, por exemplo, "uma reunião no mais alto nível" supõe que há um mais alto nível e uma base —, nas locuções estereotipadas, nos gestos insignificantes... Nesse terreno, a sociologia é extremamente difícil porque deve analisar nos detalhes coisas percebidas como insignificantes a respeito de um sujeito, que é o sujeito nobre por excelência, portanto sobre o qual haveria que dizer coisas muito gerais (como, por exemplo, no livro de Raymond Aron, *Paix et guerre entre les nations*),[14] grandes considerações universais. É um caso em que o *gap* entre a teoria e o trabalho empírico chega ao máximo. Donde o mal-estar que sinto.

Seria preciso também aprofundar o que se entende por oficial: o que é um jornal oficial? O que aí se publica? O que quer dizer a publicação dos proclamas de casamento? O que é a verdade oficial? Não é exatamente o equivalente à verdade universal. Os frontões das prefeituras trazem as palavras "Liberdade, Igualdade, Fraternidade": é um programa, estando a realidade longe da ficção jurídica. Dito isto, essa ficção é operatória e pode-se sempre fazer referência a ela, quando nada para dizer que há uma distância entre o oficial e a realidade; uma das armas da crítica é confrontar um regime à sua verdade oficial para mostrar que ele não está conforme ao que diz.

Essa verdade oficial não é universal e reconhecida por todos e em todos os momentos. E, sobretudo, não é o princípio permanente da geração de todas as ações de todos os agentes de uma sociedade dada, o que não quer dizer que ela não é eficiente e que não exista pelo fato de ser unanimemente reconhecida como oficial, unanimemente não desautorizada. Ela existe tanto em certo tipo de estruturas — por exemplo, nos ministérios sociais há princípios objetivos de igualização, de pretensão em igualizar — como também nos cérebros, como representação de alguma coisa que, embora se diga que não existe, concordamos que seria melhor se existisse. É nessa pequena alavanca de *obsequium* fundamental que podemos nos apoiar para produzir os efeitos do oficial, da alquimia: "pagando homenagem ao oficial", como dizem os anglo-saxões; segundo a lógica da hipocrisia, que é uma homenagem que o vício presta à virtude, produz-se um efeito oficial muito maior do que se crê. Gostaria muito de analisar as negociações patronato-sindicatos arbitradas pelos funcionários: estou certo, por ter visto uns fragmentos delas, que os efeitos do *obsequium*, do oficial, os efeitos de "Senhor presidente" desempenham um papel considerável, porque agem sobre o oficial inscrito nos cérebros. Por exemplo, o sistema escolar é uma instituição formidável para incorporar o oficial, para instalar instâncias que poderão ser mobilizadas posteriormente — o que se chama de "espírito cívico".

É preciso contestar a distinção entre o Estado 1 como governo, serviço público, poder público, e o Estado 2 como conjunto de pessoas que esse Estado tem como atribuição, e substituí-la por uma distinção em termos de graus. Maurice Halbwachs fala do "foco dos valores culturais" do qual as pessoas estão mais ou menos afastadas:[15] seria possível falar de "foco dos valores estatais" e criar um indicador bastante simples de uma hierarquia linear de distâncias do foco de valores estatais tomando-se, por exemplo, a capacidade de fazer intervenções, de conseguir anular as multas de trânsito etc. Poder-se-ia criar um indicador acumulado, mais ou menos rigoroso, da proximidade diferencial dos diferentes agentes sociais em relação a esse centro de recursos de tipo estatal; também poder-se-ia criar um indicador de proximidade nas estruturas mentais. Eu tenderia a substituir essa oposição simples Estado/sociedade civil pela ideia de um continuum que é uma distribuição contínua do acesso aos recursos coletivos, públicos, materiais ou simbólicos, aos quais se associa o nome "Estado". Essa distribuição seria, como todas as distribuições em todos os universos sociais, fundamento e objeto de lutas permanentes, sendo as lutas políticas (situação/oposição) a forma mais típica da luta para derrubar essa distribuição.

AS INSTITUIÇÕES COMO "FIDUCIÁRIO ORGANIZADO"

Pois é. Tudo isso é muito simples e muito provisório. Para tentar conden-sar de maneira um pouco pedagógica, vou lhes citar uma frase de Valéry extraí-da do capítulo de seus *Cahiers* dedicado ao ensino. Ele tem uma belíssima frase cuja virtude é resumir de maneira mnemotécnica e sinóptica o essencial do que eu disse. A sorte dos poetas é que eles não precisam argumentar de modo coe-rente, têm a vantagem de poder dizer as coisas numa fórmula. A que vou citar me parece mais rica e mais sutil que a de Weber sobre o monopólio da violência. Ele diz de Napoleão: "Esse grande homem, verdadeiramente grande, pois tinha o sentido das Instituições, do fiduciário organizado, e dotado de automatismo, e de independência das pessoas, e tão pessoal tentando reduzir o papel da per-sonalidade cujas irregularidades ele conhecia, tudo realizou, demasiado rápi-do".[16] As instituições, o que são? São o fiduciário organizado, a confiança orga-nizada, a crença organizada, a ficção coletiva reconhecida como real pela crença e, por isso, tornando-se real. Evidentemente, dizer de uma realidade que ela é uma ficção coletiva é uma maneira de dizer que isso existe fantasticamente, mas não como acreditamos que exista. Há profusões de realidades das quais o soció-logo é levado a dizer que elas não existem como se crê que existam, para mostrar que existem mas de maneira totalmente diferente — o que faz que as pessoas guardem sempre a metade de minha análise e me façam dizer o contrário do que eu quis dizer.

As instituições são o fiduciário organizado e dotado de automatismo. O fiduciário, uma vez que é organizado, funciona como um mecanismo. Na pena de um sociólogo, volta e meia isso se torna: o mecanismo que faz com que o capital cultural vá ao capital cultural. Verifica-se que há uma correlação entre a profissão do pai e a profissão do filho, entre o nível de instrução do pai e o do filho. Fala-se de mecanismos para dizer que são processos regulares, repetitivos, constantes, automáticos, que reagem ao modo de um automatismo. Esse fidu-ciário existe independentemente das pessoas que habitam as instituições consi-deradas. Weber insistiu muito no fato de que a burocracia aparece quando se lida com pessoas que são separadas da função. Nessa gênese histórica que vou fazer um pouco a marchas forçadas, veremos um período muito interessante em que a venalidade dos cargos [produz] uma situação muito ambígua. Um historiador inglês mostra que até o século XIX, na Inglaterra, essa dissociação do funcionário e da função não tinha sido completamente operada, o funcionário ainda ocupava uma função com a ideia (admitida) de enriquecer graças a sua função.[17] Esses mecanismos são independentes das pessoas. Napoleão — é um paradoxo —, que era tão pessoal, tão pouco burocrático (é o tipo mesmo do personagem carismático), tão extra-ordinário, tentara reduzir o papel da personalidade para que ela se anulasse na função, nos automatismos, na lógica autônoma da função burocrática. É weberiano ou kantiano: não se pode fundar uma ordem em cima das disposições afetivas da pessoa, uma moral ou uma política racional em cima de disposições que são fundamentalmente flutuantes. Para ter regularidade, repetição, é preciso instaurar automatismos, funções burocráticas.

GÊNESE DO ESTADO. DIFICULDADES DA EMPREITADA

Tendo dito, a respeito dos dois significados da palavra "Estado", que a meu ver o Estado como conjunto de agentes sociais, unificados, submetidos a uma mesma soberania, é o produto do conjunto dos agentes mandatados para exercerem a soberania e não o inverso, eu gostaria de tentar verificar essa proposição segundo a qual é a constituição de instâncias burocráticas autônomas em relação à família, à religião, à economia, que é a condição do surgimento do que se chama Estado-nação, a partir do processo pelo qual essa constituição progressiva se operou. Como se construiu essa ficção jurídica que consiste essencialmente em palavras, em modos de organização etc.?

Certo número de agentes que fizeram o Estado e, por sua vez, se fizeram como agentes de Estado fazendo o Estado tiveram de fazer o Estado para se fazerem detentores de um poder de Estado. Há pessoas que estão associadas com o Estado desde a origem. Como devemos descrever essa gênese? Nesse ponto, sou um pouco vítima de minha cultura. O fato de saber que é uma tentativa um pouco louca, feita várias vezes no curso da história e com muitos fracassos, torna minha empreitada perfeitamente assustadora, e hesitei muito antes de apresentá-la a vocês. Para que sejam indulgentes, vou lhes mostrar a que ponto ela é perigosa, expondo-lhes como os que já a fizeram fracassaram, a meu ver. Vou lhes dar as armas contra mim; mas ao mesmo tempo, mostrando-lhes como é difícil, vou torná-los muito mais indulgentes do que seriam se não o soubessem.

Como é possível fazer uma genealogia histórica dessa coisa que se chama Estado? A que método se devotar? Se nos viramos para o que se chama história comparada ou sociologia comparada, logo estamos diante de problemas terríveis: o que há em comum entre o Estado militar no Peru, o Estado asteca, o Império egípcio, o Império chinês dos Han, o Estado japonês depois da reforma Meiji? Estamos diante de uma empreitada monstruosa, desmedida, desencorajadora. No entanto, há pessoas que a enfrentaram. Evocarei trabalhos importantes, em parte para me pôr em ordem com minha consciência...

PARÊNTESE SOBRE O ENSINO DA PESQUISA EM SOCIOLOGIA

A definição oficial de meu papel aqui me autoriza e me obriga a apresentar minhas próprias produções intelectuais, [...], a ser original, a ser profético, ao passo que a definição corrente da função professoral é muito diferente: ela demanda ao professor ser mandatário da Instituição e entregar o saber estabelecido, o saber canônico, relatar os trabalhos já feitos, em vez de relatar os trabalhos tanto pessoais como em curso, isto é, incertos. Essa ambiguidade é especialmente forte tratando-se de uma disciplina como a sociologia. Dependendo da posição da ciência na hierarquia do grau de oficialidade e de universalidade reconhecida — com as matemáticas no alto e a sociologia em baixo —, a situação que estou descrevendo assume significados completamente diferentes. Dando a vocês elementos para analisá-la, dou-lhes igualmente elementos para objetivar o que faço, mas também para compreender melhor as dificuldades que sinto, portanto para fazer com que vocês as compartilhem. O que digo questiona o próprio estatuto do discurso de tipo científico sobre o mundo social. Se se concede tão dificilmente à sociologia a oficialidade, a universalidade nos limites de um universo social, é também porque ela tem uma pretensão demoníaca perfeitamente análoga à do Estado, essa de construir a visão verdadeira, mais ainda que oficial, do mundo social. Ela está em concorrência com a construção oficial do Estado, e mesmo se ela diz o que diz o Estado, ela diz que o Estado diz a verdade oficial, e por isso se encontra em posição de meta-Estado, o que não é previsto pelo Estado. O sociólogo faz algo análogo ao golpe de força que o Estado faz apropriando-se do monopólio da construção da representação legítima do mundo social, isto é, despossuindo tacitamente cada um dos agentes sociais de [... sua] pretensão de construir uma representação pessoal do

Estado que pretenda dizer a verdade sobre o mundo social. O Estado diz, sobre a questão da moradia, "eis a verdade", e remete as visões parciais ao estatuto de interesse particular, conflituoso e local.

Um belíssimo texto de Durkheim identifica o sociólogo ao Estado.[18] Ele diz que, no fundo, o sociólogo faz o que faz o conhecimento do segundo gênero segundo Spinoza: produz uma verdade livre da privação ligada à particularidade. Cada agente tem uma verdade particular (segundo Spinoza, o erro é privação), os agentes sociais têm verdades privadas, isto é, erros. O sociólogo, dizia Durkheim, é aquele capaz de se situar nesse ponto do qual as verdades particulares aparecem como particulares, e é, pois, capaz de enunciar a verdade das verdades particulares que é a verdade pura e simples. Ao fazer isso, o sociólogo está próximo do Estado; e não é por acaso que Durkheim tinha uma visão em que o sociólogo é espontaneamente um agente do Estado: ele é quem põe esse conhecimento desparticularizado a serviço do Estado, cuja função é produzir verdades oficiais, isto é, desparticularizadas.

O ESTADO E O SOCIÓLOGO

Como então o sociólogo vai se outorgar os meios concretos de escapar à relativização? Como produzirá um ponto de vista não relativizável sobre a gênese de um ponto de vista que pretende a não relativização? Como o sociólogo pode fazer uma teoria científica pretendendo o reconhecimento universal do processo segundo o qual se constitui uma instância que também pretenda a visão universal e distribua ordinariamente os graus de legitimidade na pretensão de dizer o universal? O Estado também cria as cátedras do Collège de France; o Estado distribui os graus de pretensão... O problema do grau de cientificidade das diferentes ciências — ciências sociais e ciências da natureza — é [frequentemente] colocado de maneira muito ingênua. É na linha do que estou dizendo que seria preciso tentar formulá-lo.

Um modo adequado de abordar o problema do Estado é dar uma definição do Estado em termos de função — definição que pode ser marxista. Outro enfoque adequado é dizer: "Como historiador da Idade Média, digo que no século XII as guerras tiveram um papel eminente na construção do Estado introduzindo o direito romano etc.". São ambições socialmente reconhecidas como legítimas. O sociólogo, por motivos sociais e históricos, está diante de uma situação muito difícil: se leva seu papel a sério, não pode contentar-se nem com uma coisa nem com outra, isto é, não pode propor grandes definições universais mas quase vazias do tipo "o Estado tem como função reproduzir as condições de reprodução do capital econômico ou do lucro", e também não pode, sem abdicar de sua especificidade, se contentar em registrar proposições parciais e circunscritas a respeito do Estado. Portanto, está condenado a tentativas um pouco loucas de dois tipos: ou tenta construir objetos empíricos contemporâneos de modo a ver se encontra o Estado debaixo de seu escalpelo, isto é, construir objetos históricos observáveis de tal maneira que, no caso particular considerado, possa esperar encontrar mecanismos universais aos quais a noção de Estado está ligada — isso pode ser o exemplo de Gusfield, que estuda uma coisinha que parece uma bobagem, mas na qual se decide algo muito fundamental; isso pode ser o que tentei fazer na análise da comissão Barre —, ou pode se lançar na empreitada um pouco louca, que certos [pensadores] tentaram, e que é fazer uma teoria geral do Estado fundada na comparação de uma profusão de aventuras históricas do Estado.

O perigo, como se disse a respeito de Perry Anderson, um inglês francófilo e althusseriano, que empreendeu uma grande história da gênese do Estado moderno, é propor apenas uma redefinição pretensiosa do que já dizem os historiadores, a partir de proposições históricas manipuladas, de segunda mão.[19] Pode-se criticar também a posição de um imenso sociólogo, Reinhard Bendix,[20] que deu a formulação mais radical ao ceticismo quanto a todas as proposições universais relativas ao Estado, em especial a todas as leis tendenciais do tipo "leis de Elias" sobre o processo de civilização,[21] "lei de Weber" sobre o processo de racionalização[22] etc. Ele questiona sistematicamente a possibilidade de generalizar a partir de uma sociologia histórica que conheceu uma expansão considerável nos Estados Unidos nos anos 1970. Há todo um conjunto de jovens sociólogos que se definiram contra o establishment dominante e insistem no uso dos métodos de quantificação; eles trabalham essencialmente sobre o presente, na sincronia pura, com métodos estatísticos. Em reação a isso, há jovens sociólogos cujo líder é Theda Skocpol, que escreveu *States and Social Revolutions*,[23] um livro importante por ter chamado a atenção para as novas maneiras de fazer sociologia.

Lancei-me no problema da posição do sociólogo porque quis sair do papel profético e ir para o papel sacerdotal do sociólogo, o que é mais repousante para o *auctor* considerado e para que vocês tenham a sensação de que não me imponho o monopólio da violência simbólica que me é conferido. Assim como o Estado usurpa o poder de construção da realidade social que pertence a cada cidadão, assim um professor é investido de uma espécie de monopólio provisório que dura duas horas por várias semanas, o monopólio da construção social da realidade. É uma situação psicologicamente difícil. Ao apresentar o livro de Gusfield, é a mim que dou satisfações, mas não quero que vocês tenham a impressão de terem ouvido apenas Bourdieu, embora, em princípio, eu esteja aqui para fazer isso. O livro de Skocpol foi muito importante porque ele manifestou a possibilidade de fazer sociologia apoiando-se em outros tipos de fatos, fatos não quantificados mas construídos de outra maneira. Sua segunda intenção era mostrar que se podia fazer — para dizê-lo em linguagem indígena — a macrossociologia empírica. Há um grande debate nos Estados Unidos sobre esse ponto. A oposição macrossociologia/microssociologia, que é emprestada da economia, é uma oposição fictícia mas que tem força social considerável, existe nos cérebros e na realidade, e é a meu ver um dos grandes obstáculos ao trabalho científico. Via de regra se diz: "Sim, a macrossociologia, está muito bem, mas é especulação, é teoria, isso não repousa sobre nenhuma base empírica…". Esses pesquisadores mostraram que se podia fazer macrossociologia baseada em dados de um tipo novo, estes que são oferecidos pela tradição histórica quando a ela aplicamos o método comparativo. Os limites dessa corrente resultam do fato de que ela nasceu, em parte, de falsos problemas gerados pelas divisões sociais do campo científico americano e convertidos em divisões mentais e em falsos problemas. O que não quer dizer que o que eles fazem não seja interessante.

Para Bendix, está fora de questão estabelecer leis tendenciais gerais que costumam ser projeções do inconsciente do pesquisador, e o problema do Estado é um dos santuários da "projetividade": é um dos lugares em que melhor se vê a função de testes projetivos de certos sujeitos. Isso se percebe muito bem na tradição marxista. É um terreno no qual é difícil criar os constrangimentos da validação empírica, e sobre o qual as ingenuidades mais fortes do inconsciente social dos autores podem se exprimir. Bendix se dá como tarefa elucidar as respostas divergentes para problemas semelhantes em circunstâncias históricas diferentes, salvando o sentido da particularidade histórica. Ele permanece num contexto americano, o que é muito evidente nos estruturo-funcionalistas como [Shmuel Noah] Eisenstadt, que têm a sensação de que as sociedades se confrontam com problemas universais que é possível enumerar. É típico em Parsons, para quem há certas perguntas que se apresentam a todas as sociedades, e o papel da história comparada seria recensear as respostas que sociedades diferentes, em momentos diferentes, deram a esse problema universal, com o sentido da particularidade histórica, isto é, evitando as generalizações selvagens.[24] De modo mais geral, criticaram-se também as tentativas de história comparada de justapor duas formas de proposições sem interesse: de um lado, leis gerais completamente vazias, leis macrossociológicas vazias, universais porque vazias, do tipo: "Há por toda parte dominantes e dominados", que são uma das molas de certos debates ideológicos; e, de outro lado, propostas relativas às singularidades históricas sem que os laços entre as duas sejam jamais estabelecidos. O que se critica na maioria dos trabalhos de que acabo de lhes falar é o fato de revestirem essas leis tendenciais de referências históricas particulares.

Criticam neles o que um grande historiador da ciência, Holton, chamava de "ad hoc-ismo": o fato de inventar proposições explicativas em função do que há a explicar, de encontrar explicações ad hoc,[25] o que é ainda mais tentador e fácil, tratando-se de comparações históricas, porque se conhece a continuação da história. Isola-se na situação anterior o que é provavelmente a causa da situação posterior que se conhece. Contra esse perigo de pressuposição das causas a partir dos efeitos conhecidos, autores, notadamente Barrington Moore,[26] esforçam-se em utilizar o método comparativo como antídoto à tentação de extrair uma lei geral de um caso particular. Ele diz, por exemplo, que quem conhece a história americana é tentado a dizer que uma situação em que um país tem duas partes, uma fundada numa grande nobreza agrária mantendo uma base servil, e a outra fundada numa burguesia industrial moderna cuja potência é baseada no trabalho livre, desemboca numa guerra civil. Basta pensar na Alemanha do final do século XIX, com seus *Junkers*, cujo poder repousava no uso de um trabalho quase servil e que se confrontaram com uma burguesia, para ver que não se teve ali a mesma estrutura. Contra essa tentação do "ad hoc-ismo" e da lucidez ex post, a história comparada — é uma de suas virtudes — fornece contraproposições e obriga a pensar realmente o caso particular como caso particular, o que é um dos imperativos do método científico.

Outro argumento importante desenvolvido por esses pesquisadores é a ideia de que cada série histórica é única. Se queremos comparar o Estado inglês, o Estado japonês e o Estado francês (como procurarei fazer nos limites de meus conhecimentos), somos tentados a dizer que, porque os agentes fundadores desses três Estados eram letrados, eram pessoas cultas, estamos lidando com uma burocracia de Estado cujo capital é de componente cultural. É difícil superar essa objeção. Ela consiste em dizer que, sendo a história linear, o ponto de partida comanda de certa maneira toda a sucessão. É algo que os historiadores intuem e em nome do qual se recusam a fazer generalidades como os sociólogos, a quem criticam por se servirem dos trabalhos laboriosos, sérios e eruditos dos historiadores para fazer proposições gerais e vazias. Os historiadores poderiam servir-se desse argumento, mas penso que ele lhes tornaria a vida difícil em seu próprio trabalho. É por isso que jamais o formularam explicitamente.

Vou empregar uma analogia para que vocês compreendam. Há uma analogia entre a história de um Estado, nos dois sentidos da palavra, e a história de um indivíduo. [No que respeita à] gênese de um habitus, as primeiras experiências não podem ser postas no plano das experiências posteriores, na medida em que elas têm um efeito estruturante e são aquilo a partir do que todas as outras experiências foram pensadas, constituídas, concebidas, legitimadas. No direito, mas também na política, servimo-nos da lógica do precedente. Ter o oficial consigo, ter o direito de seu lado, é com frequência dizer, por exemplo: "Eu apenas faço o que fez De Gaulle em 1940…". Certas bifurcações históricas podem ser consideradas como relativamente irreversíveis. Da mesma maneira, é possível pensar que há uma espécie de acúmulo, no curso da história, e que, por isso, se comparássemos hoje as estruturas mentais de um professor francês e as de um professor inglês ou de um professor alemão, é provável que encontrássemos toda a história do sistema escolar e, através dele, do Estado francês desde o século XII. Pensem no que fez Durkheim em seu famoso livro *L'Évolution pédagogique en France*:[27] para compreender o sistema escolar hoje, ele foi obrigado a recuar até o século XII, até a hierarquia das faculdades. Em *Homo academicus*, mostrei que as faculdades mentais dos professores das diferentes faculdades são estruturadas conforme a divisão das faculdades como instituições, divisão que é, ela mesma, constituída há séculos. Em outras palavras, mostrei que princípios de divisão e de visão do mundo, associados às diferentes disciplinas, são por sua vez associados à história — em grande parte contingente — da instituição do ensino, ela mesma associada à história do processo de estatização.

Eis, grosso modo, esse argumento que dei como alerta prévio antes de lhes falar das tentativas de três autores, que são Barrington Moore, com *Les Origines sociales de la dictature et de la démocratie*, Eisenstadt, com *The Political System of Empires*, e Perry Anderson, que escreveu dois livros: *Passage de l'Antiquité au féodalisme* e outro sobre as linhagens de *L'État absolutiste*.[28] Buscarei lhes dar as grandes linhas desses livros, que são enormes calhamaços, com duas finalidades: de um lado, tentar ver o que trazem como instrumento para fazer uma gênese histórica do Estado, e, de outro, quais lições podemos tirar de seus erros, de suas falhas do ponto de vista metodológico.

Curso de 1º de fevereiro de 1990

A retórica do oficial — O público e o oficial — O outro universal e a censura — O "legislador artista" — Gênese do discurso público — Discurso público e forma — A opinião pública

A RETÓRICA DO OFICIAL

Gostaria de tentar fazer, de maneira mais sistemática e mais aprofundada, um retorno ao que esbocei da última vez. O título do que vou lhes propor poderia ser: "A retórica do oficial". Gostaria de reunir, numa forma senão sistemática ao menos tão coerente quanto possível, um conjunto de reflexões que fiz diante de vocês há muitos anos partindo do direito, passando pela análise da piedosa hipocrisia jurídica, em seguida pela análise do desinteresse etc. E cheguei, da última vez, a um conjunto de reflexões que devem ter lhes parecido desconchavadas — e de fato estavam, objetiva e subjetivamente. Gostaria de retomar essa análise do oficial que esbocei da última vez em torno da noção de comissão, em torno da ideia de mandatário, pois a comissão apresenta, por sua própria existência, o problema dos que a nomeiam. Em seu uso original, em inglês, a palavra *commission* significa mandato: ter comissão é ser mandatado para fazer alguma coisa. A questão, portanto, é saber quem comissiona os membros de uma comissão. De quem eles são os mandatários? E será que uma parte de sua ação não ocorre para teatralizar a origem do mandato, para fazer crer na existência de um mandato que não seria autoproclamado? Um dos problemas dos membros de comissões, sejam eles quais forem, é se convencer e convencer que não falam somente por si mesmos, mas que falam em nome de uma instância superior a definir e a fazer existir. A pergunta que eu gostaria de fazer hoje é: de quem o mandatário é o porta-voz? Caso se trate de uma comissão encarregada de reformar o auxílio à moradia, se dirá: essa comissão é mandatada pelo Estado e a regressão rumo aos mandantes não vai mais longe do que isso. No fundo, todo o trabalho que faço para vocês consiste em recuar além do Estado. O que é essa realidade em nome da qual os que falam ex officio oficiam? Qual é a realidade em nome da qual os que têm um *officium* falam em nome do Estado? Qual é, portanto, essa realidade que os que falam ex officio, isto é, oficialmente, fazem existir pelo fato de falar, ou devem fazer existir para que sua palavra seja oficial?

É possível pensar que estou jogando com as palavras, mas justifico essa maneira de agir pelo fato de que há uma análise da linguagem que é capital, na medida em que a linguagem é depositária de toda uma filosofia social que se deve recuperar. Cito sempre, à guisa de exemplo para justificar essa maneira de agir, a magnífica obra de Benveniste, *Le Vocabulaire des institutions indo--européennes*,[1] na qual ele destaca da análise das forças originárias das línguas indo-europeias a filosofia política da língua que ali se inscreve. Penso que Benveniste, de um lado, escreveu uma teoria explícita do performativo como linguista, e, de outro, apresentou toda uma reflexão sobre a filosofia implícita do discurso de autoridade que está, contudo, na linguagem jurídica indo-europeia. Penso que a teoria que ele destacou do implícito do vocabulário indo-europeu é muito mais forte e interessante do que a que ele destacou como linguista singular (no entanto, muito competente e apoiando-se em toda a tradição linguística de Austin).[2] Penso que esse trabalho não tem nada a ver com os jogos de palavras filosóficos tradicionais à maneira de Alain ou de Heidegger, que consistem em jogar com as palavras, e creio que o que vou fazer não é algo desse tipo.

Portanto, tentarei refletir sobre esses agentes sociais que falam em nome do tudo social, o que Max Weber chama em algum lugar de "profetas éticos" ou "profetas jurídicos",[3] isto é, os fundadores de um discurso destinado a ser unanimemente reconhecido como a expressão unânime do grupo unânime. Entre esses profetas jurídicos, o sábio cabila, o *amusnaw*, é aquele que toma a palavra nas situações difíceis. Ele costuma ser poeta e se expressa numa linguagem que diríamos poética. Ele é tácita ou explicitamente mandatado para dizer ao grupo o que pensa o grupo, e isso nas situações difíceis, quando o grupo não sabe mais o que pensar; ele é quem ainda pensa quando o grupo não sabe mais o que pensar. O trabalho do poeta, que é o homem das situações extremas, das situações de conflitos, das situações trágicas em que todos têm razão e estão errados, é reconciliar o grupo com a imagem oficial do grupo, especialmente quando o grupo é obrigado a transgredir a imagem oficial do grupo. No caso de uma antinomia ética, de conflitos éticos sobre os valores últimos, o sábio, o poeta se refere a autoridades, e um dos recursos retóricos que vai empregar — exatamente como o fazem os homens políticos — é a prosopopeia, figura de retórica que consiste em falar no lugar de uma realidade ausente em nome de alguma coisa: isso pode ser uma pessoa, os ancestrais, a linhagem, o povo, a opinião pública. Fala-se, portanto, em nome de um conjunto que se faz existir pelo fato de se falar em seu nome. A prosopopeia pode ser institucionalizada quando o porta-voz é mandatado para levar essa palavra transpessoal. É, por exemplo, De Gaulle, que diz "A França", para dizer "eu penso"... Alguém que se tomaria por De Gaulle e diria "A França pensa..." para dizer "eu penso" seria, evidentemente, considerado um louco, ao passo que alguém que fala ex officio em nome da França é considerado normal, mesmo se achamos que é um pouquinho excessivo. Os profetas éticos são interessantes porque fazem ressurgir o que parece óbvio no caso do porta-voz legítimo rotineiro. O presidente da República fala constantemente como pessoa jurídica encarnando uma coletividade reconciliada nele. Às vezes, pode lhe acontecer de dizer "sou o presidente de todos os franceses", mas normalmente não precisa dizer isso. Quando recebe os votos de ano-novo dos corpos constituídos, é a França, e não ele, que recebe os votos dos corpos constituídos constitutivos da França; até a oposição está lá presente para reconhecer a transcendência dessa pessoa biológica que é, na verdade, uma pessoa jurídica.

Por que voltar às situações originárias, à do *amusnaw* cabila, ou à do criador jurídico, ou à dos primórdios do Estado, isto é, à dos canonistas do século XII que inventaram o Estado moderno, a todas essas coisas que se tornaram evidentes e banais em nosso espírito? É porque, nessas circunstâncias, encontra-se formulada a pergunta: "quem fala?", "do que ele fala?", "em nome de quem ele fala?". E toda a retórica presente também nos votos de ano-novo dos corpos constituídos fica muito mais brilhante: as funções que ela cumpre se declaram e se veem. Uma das virtudes dos primórdios — Lévi-Strauss, em *Tristes trópicos*,[4] fala da "inefável grandeza dos primeiros começos" — é que eles são interessantes teoricamente, porque o que se tornará o isso-é-óbvio, portanto se aniquilará na invisibilidade do isso-é-óbvio, ainda está consciente, ainda é visível — no mais das vezes, dramaticamente visível. O *amusnaw*, ou o profeta ético, é aquele que, segundo o verso de Mallarmé — que se tornou uma citação de dissertação, portanto absolutamente banalizado —, "dá um sentido mais puro às palavras da tribo", isto é, aquele que falará à tribo pegando as palavras com que a tribo enuncia, via de regra, seus valores mais altos, mas operando um trabalho poético com as palavras. Esse trabalho sobre a forma é necessário para que as palavras reencontrem seu sentido original — com frequência o papel do *amusnaw* é voltar às fontes, ao puro, por oposição ao rotinizado, ao corrompido — ou [para] destacar um sentido despercebido, oculto pelo uso corrente, e que permite pensar uma situação extraordinária. Por exemplo, na análise dos grandes pré-socráticos, em pessoas como Empédocles — penso nos trabalhos de Jean Bollack[5] — ou entre os poetas das sociedades orais, costuma se observar que os poetas são pessoas que inventam dentro de certos limites: eles retomam um provérbio conhecido e o submetem a uma minúscula alteração que muda completamente o sentido, o que faz com que eles [acumulem] os ganhos da conformidade ao oficial e [os da] transgressão. Há o caso célebre citado por Bollack de um verso de Homero que contém a palavra *phos*, que em geral significa "luz" mas tem um sentido secundário muito raro, significando "o homem". Portanto, cita-se o verso ordinário que todos ouviram em sua forma ordinária, fazendo-o passar por uma pequena alteração — pode ser uma diferença de acento ou de pronúncia —, e a locução ordinária banalizada, rotinizada, acha-se desbanalizada e reativada, mas o sentido ordinário permanece presente. No nível da forma, tem-se o equivalente exato daquilo que é pedido no nível da função: uma transgressão conforme, uma transgressão nas formas. Para isso, é preciso ser um mestre da linguagem. Os juristas são mestres da linguagem.

Não quero ir depressa demais, porque depois me critico minhas baralhadas — penso que é mais claro na minha cabeça do que na minha fala —, mas quero voltar a uma coisa importante, a uma observação de Kantorowicz num belíssimo texto da coletânea *Pro patria mori*, que acaba de ser publicada em francês. Kantorowicz aproxima o legislador e o poeta,[6] mas disso não tira muita coisa. Faz com a história um trabalho análogo àquele que Benveniste faz com a linguagem: encontra uma verdade filosófica profunda do ato jurídico mas sem explorá-lo por completo. Penso que, para compreender de todo o que Kantorowicz nos diz, é preciso fazer esse trabalho, um pouco tateando, de aprofundamento do caráter implícito da noção de oficial. Volto a isso para não pular depressa demais de um tema a outro.

O profeta agarra o grupo em sua própria armadilha. Ele é quem invoca o ideal coletivo, que diz ao grupo o melhor que o grupo pensa de si mesmo: ele expressa, no fundo, a moral coletiva. Isso remete à noção de piedosa hipocrisia das instâncias jurídicas supremas do Estado, o Conselho de Estado. A lógica da piedosa hipocrisia consiste em levar o que se diz ao pé da letra, letras de todas as palavras: os mandatários éticos agem como pessoas a quem o grupo delega o enunciado de dever-ser que o grupo é obrigado a reconhecer já que se reconhece nessa verdade oficial. O *amusnaw* cabila é aquele que encarna no mais alto grau os valores da honra, que são os valores oficiais. Para escarnecer do idealismo burguês, Marx fala, em sua *Contribution à la critique de la philosophie du droit de Hegel* [1843], de "ponto de honra espiritualista"; o ponto de honra é tipicamente o que faz com que se reconheça o oficial: é essa disposição a reconhecer o que se deve reconhecer quando se está diante dos outros, à frente dos outros. O homem honrado é aquele que enfrenta, em face dos outros. Por conseguinte, "perder a face" é uma noção muito importante nessa lógica — ver a lógica, em muitas civilizações, do "diante de" e do "atrás de", do "o que se mostra quando se está em frente de" e do "o que se esconde". Na qualidade de encarnação da honra, o *amusnaw* é aquele que vai lembrar que os valores da honra são insuperáveis e que, em certas situações trágicas, em nome mesmo da honra, é possível superá-los — remeto vocês a um diálogo que tive com Mammeri, publicado em *Actes de la Recherche en Sciences Sociales*;[7] ele permite ao grupo transgredir seus ideais oficiais sem negá-los, sem aboli-los, salvando o essencial, o *obsequium*, isto é, o reconhecimento dos valores últimos. Ele pede ao grupo que se ponha de acordo com as regras, que salve a regra mesmo no caso de sua transgressão. Encontraríamos aí um dos fundamentos da noção de legitimidade. Confunde-se em geral legitimidade e legalidade. Weber insiste no fato de que o ladrão reconhece a legitimidade escondendo-se para roubar. Encontra-se essa oposição do público e do privado; há na transgressão oculta um reconhecimento dos valores públicos. É, no fundo, a ideia central.

Portanto, o oficial é o público: é a ideia que o grupo tem de si mesmo, e a ideia que ele pretende professar de si mesmo, a representação (no sentido de imagem mental mas também de representação teatral) que ele pretende dar de si mesmo quando se apresenta como grupo. Seria possível dizer "diante dos outros grupos", mas não necessariamente: diante de si mesmo como grupo. Aí, haveria que levar em conta todos os efeitos de espelho. Em outras palavras, é a ideia que ele pretende dar de si mesmo em representação pública: vê-se o laço entre o oficial e o teatro, a teatralização, o oficial sendo o visível, o público, o teatral — o *theatrum* é o que se vê, o que se apresenta em espetáculo. É, portanto, a ideia que o grupo quer ter e dar de si mesmo diante de si mesmo como outro. Isso parece uma especulação metafísica, mas vocês verão que haveria de se fazer toda uma análise do espelho e do papel do espetáculo em espelho como realização do oficial.

O PÚBLICO E O OFICIAL

Aqui seria preciso aprofundar a oposição entre público e privado. A palavra "público" tem muitos significados. Eu tinha caído nesses temas comentando um texto de D'Aguesseau,[8] que é um dos grandes fundadores da ordem jurídica e estatal moderna na França, no qual, de maneira completamente inconsciente, ele jogava com três ou quatro sentidos diferentes da palavra "público". Guardarei duas para os objetivos de minha demonstração. O público é, primeiro, o que se opõe ao particular, ao singular, ao *idios* dos gregos, o que é único no sentido de "idiota", de "desprovido do sentido comum", "especial", "particular", "pessoal"; uma opinião privada é uma opinião singular. O privado é também o que é independente do coletivo, e as ações públicas, nesse primeiro significado, são atribuídas aos agentes que falam por: são as ações ou os pensamentos que se atribuem aos representantes representativos do grupo, da coletividade, o que se chama de "personalidades oficiais", essas que agem oficialmente. Por exemplo, quando um oficial quer ressaltar que não é mais oficial, diz: "Faço isso a título privado" — "*in a private capacity*", em inglês. Põe-se então em suspenso essa propriedade que é a chave de todos os atos de um personagem oficial, a saber, que ele sempre compromete mais do que a si mesmo. Tanto assim que, quando só quer comprometer a si mesmo, é obrigado a suspender essa espécie de propriedade. Seria preciso refletir sobre o escândalo político, mas não quero extrapolar e perder vocês no meio do caminho; o escândalo político deve seu lado dramático ao fato de que joga com essa propriedade do ser oficial que deve agir oficialmente, e, quando ele começa a aparecer em público ou a ser revelado como tendo operado a apropriação privada do personagem público, é o patrimonialismo, o nepotismo, todos os desvios do capital simbólico coletivo em proveito da pessoa privada. É evidente que o imperativo do corte público/privado, oficial/oficioso, público/oculto ou secreto impõe-se ao máximo aos homens públicos. O blá-blá-blá é uma propriedade da função; é o que permite aos homens públicos responderem sobre o privado: é possível fazer confidências em público?

O público opõe-se, portanto, ao particular, ao singular. Em segundo lugar, opõe-se ao escondido, ao invisível. Falar em público, fazer alguma coisa em público, isso quer dizer de maneira visível, ostensível, senão ostentatória, sem nada esconder, sem bastidores. Mais uma vez, impõe-se a analogia teatral: é estar no palco. Daí o laço essencial entre o público, o oficial e a teatralidade: os atos privados são invisíveis, são atos de bastidores, de fundos de loja; ao contrário, o público opera-se à vista de todos, diante de uma audiência universal, na qual não é possível selecionar, ou chamar alguém à parte e dizer: "Eu lhe falo confidencialmente"; isso é imediatamente ouvido por todos. É um efeito de rádio ou de televisão fazer suas confidências diante de milhões de pessoas. Não é possível selecionar na audiência e essa audiência universal faz com que as falas oficiais sejam falas-ônibus, destinadas a cada um e a todos e a ninguém. Penso que a angústia que geram as situações teatrais (o medo) reside nesse enfrentamento com um público universal ao qual, no fundo, não se pode nada dizer de oculto, de inconfessável. Ora, é evidente que nunca se tem certeza de jamais dizer o que não se deve dizer em público, daí esse perigo permanente do lapso, da gafe, do desrespeito às boas normas, da falta dostoievskiana. As pessoas que ministram cursos públicos sofrem o medo. É impossível eliminar testemunhas e, no fundo, a situação oficial é o inverso da situação do homem invisível.

A experiência mental, como dizem os alemães, é importante como instrumento de compreensão e de conhecimento para quebrar o "isso-é-óbvio" e as evidências. Há uma esplêndida experiência mental sobre o problema que estou tratando: o mito do anel de Gyges, em *A República* de Platão, que conta a história de um pastor que, por acaso, encontra um anel, o coloca no dedo, dá uma volta ao engaste, torna-se invisível, seduz a rainha e se transforma em rei. A filosofia desse mito levanta a questão de uma moral privada. Será que uma moral não pública, que não seria submetida à publicidade, à publicação atual ou potencial, isto é, ao desvelamento público, à denunciação, à divulgação do oculto, pode existir? O anel de Gyges está para a moral assim como o gênio maligno está para a teoria do conhecimento. O anúncio oficial seria para a moral o que o gênio maligno é para o conhecimento...[9] Será que o homem invisível, isto é, ao abrigo da publicação, do tornar-se público, do desvelamento diante de todos, diante dessa espécie de tribunal da opinião, poderia tornar possível uma moral? Em outras palavras, será que não existe um laço essencial entre visibilidade e moralidade? Encontra-se de novo o problema da moralidade especialmente exigente que se impõe às pessoas cujo ofício é ser invisíveis como se encarnando a moralidade e a oficialidade do grupo.[10] Temos a sensação de que o homem político que transgride os valores do desinteresse trai uma espécie de contrato tácito, o do oficial: eu sou oficial, portanto devo conformar-me ao oficial. Há na delegação política uma espécie de contrato tácito que está no princípio do sentimento de escândalo provocado pela publicação de interesses privados — interesses de aparelho, de partido, de correntes — dissimulados sob profissões de fé universais e desinteressadas, que são constitutivas do papel. Se os homens políticos fazem profissões de fé desinteressadas, não é por fé, mas porque elas são constitutivas do papel, constitutivas do oficial: eles não podem agir de outra maneira, é constitutivo do fato de serem mandatados.

Se a distinção entre o privado e o público é desse tipo, se o privado é ao mesmo tempo o que é singular e o que é oculto ou passível de ser oculto, então o efeito de oficial implica necessariamente um efeito de universalização, de moralização, e aí poderíamos retomar todas as análises que Goffman faz sobre a apresentação de si e os comportamentos dos agentes sociais em público.[11] Eu evocava para vocês, na última vez, o exemplo magnífico que Goffman dá, o dos garçons de restaurante que, quando passam pela porta giratória, mudam de atitude, arrumam o paletó, se empertigam, põem o guardanapo corretamente sobre o braço. Como se diz: "Não é mais o mesmo homem". Eles mudam, e essa espécie de mudança que corresponde à fronteira entre o público e o privado é a entrada no palco. São coisas insignificantes mas que têm por princípio a correção que exige a apresentação de si em público. Aí haveria toda uma análise a fazer sobre a confidência ou a confissão e o discurso oficial ou público. Há diários, no mais das vezes femininos, sobre esse ponto: a confidência é tipicamente uma linguagem privada para pessoa privada, para íntimos, mais feminina (a divisão do trabalho entre os sexos é muito ligada à oposição público/privado). As mulheres estão do lado do íntimo, do privado, da confissão, são elas que têm direito à confidência. A confidência está, portanto, do lado do privado e opõe-se ao discurso oficial, isto é, aos atos realizados em nome do grupo e diante dos olhos do grupo. Na verdade, há uma palavra para designar quem faz confidências em público: ele é "exibicionista", mostra publicamente o que é preciso esconder. O escândalo das *Confissões* de Rousseau resulta do fato de que o papel não estava constituído, daí a sensação de uma transgressão. (Hoje, o direito ao narcisismo é uma das características profissionais de todos os artistas; na rádio France Culture, ouvimos profissões de fé narcisistas legítimas; se não falamos do papai e da mamãe, não fizemos nosso ofício de escritor…)

Essa oposição confidência/discurso oficial está ligada a todo um conjunto de oposições que se encontram no coração das estruturas mentais da maioria das sociedades, em especial da sociedade cabila: oposição dentro/fora; privado/ público; casa (feminino)/praça pública (masculino), assembleia, ágora; feminino/masculino; o biológico, o natural reservado à casa (ali onde se fazem as crianças, a cozinha etc.)/a cultura; o fazer face, mostrar-se diante, com certa presença — há um artigo muito bonito de Goffman sobre a presença, sobre o "saber se comportar"[12] —, a frente/as costas — essa grande oposição está no princípio das representações mais profundas que podemos ter da divisão entre os sexos e da homossexualidade; entre a economia e a honra, que é uma oposição muito importante, pois é através dela que se encontra a identificação do oficial com o desinteresse.[13] O caso da Cabília é interessante porque ali as coisas são ditas de maneira mais explícita: o econômico propriamente dito, isto é, no sentido em que o compreendemos, os contratos, os prazos etc., só é aceito entre mulheres. Um homem honrado não diz: "Eu lhe empresto um boi até o outono"; ele dirá: "Eu lhe empresto o boi", ao passo que as mulheres têm fama de [econômicas], evidentemente aos olhos dos homens, que têm a filosofia oficial dos cabilas, na qual o bom lado é sempre o lado público, masculino, sendo o outro lado miserável e vergonhoso. A visão masculina da economia feminina, isto é, da nossa economia, é repugnante: isso é realmente bom para as mulheres, que põem os pingos nos is. A mulher diz: "Eu lhe empresto, portanto você me devolve", enquanto o homem honrado diz: "Eu lhe empresto alguma coisa, sei que você é um homem honrado, portanto me devolverá, e como só empresto a um homem honrado, tenho certeza de que me devolverá". Portanto, isso é algo óbvio. Vocês podem pensar que são coisas muito arcaicas, mas se refletirem verão que em nossa sociedade — e refletirão sobre a divisão do trabalho entre os sexos na economia doméstica de cada um —, nas situações embaraçosas, o homem faz sua mulher dizer o que ele não pode dizer; lembra aos amigos, discretamente, os prazos: "Minha mulher está impaciente…".

[*Interrupção do curso.*]

As mulheres estão do lado da economia do contrato, da economia não negada; os homens também fazem economia, claro, fazem dons, por exemplo, mas negada, no sentido de Freud: faço trocas como se eu não fizesse. A troca de dons é uma troca toma lá dá cá, mascarada como tal, disfarçada de troca generosa; o toma lá dá cá está para a troca de dons assim como a economia real está para a economia oficial ideal. Penso que uma das propriedades universais de todas as sociedades é que a economia econômica nunca é realmente reconhecida; mesmo hoje, os capitalistas mais capitalistas sempre têm uma coleção de quadros (é simplista, mas eu poderia desenvolver), ou então criam uma fundação e são mecenas… Historicamente, as sociedades (é ridículo dito assim, mas é para ir depressa) tiveram muita dificuldade em confessar que tinham uma economia porque isso faz parte das coisas vergonhosas. A descoberta da economia como economia foi difícil de ser feita. "Amigos amigos, negócios à parte", "Negócios são negócios": essas tautologias eram descobertas extremamente difíceis porque contrariavam a imagem oficial do desinteresse, da generosidade, da gratuidade, que as sociedades, e nessas sociedades os dominantes, isto é, os homens, queriam ter. No interior desses universos de oposição, podemos ver esboçar-se o laço entre o oficial e o desinteressado. O que eu disse no ano passado sobre o desapego pode voltar agora, de modo coerente, na análise que estou fazendo.[14]

Essa série de oposições especifica uma oposição fundamental, entre o universo privado, o das pulsões, da natureza, do desleixo, e o universo do público, da compostura, dos bons modos, da moral, da ascese. Em *Les Formes élémentaires de la vie réligieuse*, há uma passagem surpreendente de Durkheim — e Deus sabe que ele não é suspeito de universalismo ingênuo nem ingenuamente relativista — em que ele diz que, se há uma coisa universal, é o fato de que a cultura está sempre associada à ideia de ascese.[15] Como Durkheim era um professor da Terceira República, usava uma barbicha e queria honrar uma moral laica, pensa-se que isso é uma boa velharia ética. Acho que ele tem razão. Essa oposição entre natureza e cultura, entre desleixo e compostura, é, no fundo, a oposição freudiana entre o Id e o Superego; e, na verdade, esse público, essa espécie de personagem anônimo no interior do qual não é possível selecionar os que têm direito a ouvir e os que não devem ouvir, pondo um quadrado branco,* é um público universal, isto é, um público diante do qual toda uma profusão de coisas é censurada. No século XIX se dizia: "Não se diz isso na frente das senhoras e das crianças". O oficial exclui as pilhérias de corpo de guarda, isto é, as pilhérias que são destinadas a um corpo bem delimitado de homens, por exemplo militares livres das censuras ingenuamente éticas. Pode-se dar toda sua força à oposição entre o Id e o Superego, isto é, fundar a teoria freudiana do Superego e da censura. Evidentemente, o oficial é censura, é a isso que eu queria chegar.[16]

O OUTRO UNIVERSAL E A CENSURA

A censura é algo que, ao mesmo tempo, se impõe do exterior (por meio de sanções) e é interiorizada na forma de Superego. Há uma expressão famosa de George Herbert Mead, um psicossociólogo americano, um pensador importante, que fala do "outro generalizado".[17] Lidamos em certas situações com uma espécie de outro generalizado, de outro universal. É isso que tentarei elaborar.

A censura de tipo ético, aquilo a que a invisibilidade de Gyges permite escapar, não é somente o medo do policial, é alguma coisa muito mais profunda, é essa espécie de olho universal constituído pelo universo de todos os agentes sociais, atribuindo a uma ação o julgamento implicado no reconhecimento dos valores mais universais em que o grupo se reconhece. Essa espécie de terror que as aparições públicas suscitam, na televisão por exemplo, está ligada à confrontação, não com um outro universal, mas com uma espécie de alter ego universal que seria um tipo de superego generalizado, de alter ego universal constituído pelo conjunto das pessoas que reconhecem os mesmos valores universais, isto é, os valores que não podemos renegar sem nos negarmos, já que nos identifica-

---

* Referência ao sistema de controle da televisão francesa que consistia em pôr um quadrado branco na tela para ocultar alguma cena, em geral pornográfica ou de violência, em horário considerado inadequado para menores. (N. T.)

mos com o universal afirmando-nos membros dessa comunidade que reconhece o universal, a comunidade dos homens realmente homens. Voltarei a esse ponto, sem dúvida.

Há sempre algo implícito nessas evocações do universal: quando dizem "universal", os cabilas pensam nos homens honrados; os canaks pensam nos homens verdadeiramente homens, por oposição aos não homens que começam na tribo vizinha, ou às mulheres.[18] Esse universal é sempre particular. Citarei a vocês uma frase esplêndida de Mackinnon, um escritor inglês do século XIX, sobre a opinião pública, que dá de maneira ingênua — hoje mais ninguém ousaria falar assim, mas todos sentem assim, quando confrontados ao público universal — o conteúdo dessa audiência universal que exerce uma função de censura sobre o locutor tomando a palavra publicamente em nome do oficial.[19]

(Tudo isso são lembretes. Eu tinha longamente analisado a hipocrisia como homenagem prestada à virtude. Temo ir sempre, simultaneamente, muito depressa e muito devagar... Tenho um problema com o tempo, não que eu pense ser muito importante o que digo, e, portanto, merecendo ser dito lentamente como fazem os filósofos que pensam. Penso que sempre tudo vai muito depressa. Portanto, não é em nome da importância que atribuo ao que eu digo que acho que seria preciso ir mais devagar, mas é em nome da ideia de que ainda vou depressa demais pela importância do que procuro dizer. E que, indo depressa demais, corro o risco de passar depressa demais sobre coisas importantes, de perder uma bifurcação, implicações. Repito sempre a mesma coisa, mas se há algo que quero comunicar é essa espécie de respeito por pensar o social. Se se pensa tão mal o social é porque não se aplicam ao social os modos de pensamento pesados, pedestres, normalmente associados ao filosófico, ao mais profundo do mais profundo. É para justificar que, embora eu vá lentamente, penso que ainda vou depressa demais.)

Seria preciso retomar essa análise do outro universal: o que é esse alter ego universal, instância que não posso revogar sem negar minha qualidade de homem (com os limites que eu disse), tribunal cujo veredicto aceito tacitamente pelo fato de me dirigir publicamente, com uma função oficial, a essas pessoas? Esse superego é uma espécie de encarnação prática da constrangedora convocação para se cumprir o dever-ser, vivido no modo do sentimento, do medo, vivido no modo do pânico, da timidez, da intimidação, do medo corporal que costuma ser associado aos aprendizados primitivos da socialização. A relação com o pai e essa audiência universal poderia permitir estabelecer o laço entre a sociologia e a psicanálise... Esse outro universal é uma espécie de transcendência inacessível cuja forma enfraquecida, sob a qual ele se manifesta a nós, seria o disse-me-disse, aquilo que os cabilas chamam a palavra dos homens: o homem honrado é sempre obcecado pela palavra dos homens, o que os homens poderão dizer. Aproximamo-nos da opinião, do disse-que-disse, dos mexericos, de todas essas falas que são duplamente transcendentes; têm a transcendência que Sartre chamaria de serial, uma regressão ao indefinido como infinito prático; e há também o fato de que esse conjunto de pessoas puramente aditivas têm algo em comum, que é o fato de que, oficialmente, elas sempre reconhecerão os valores oficiais em nome dos quais julgam o que eu faço.

Esse outro universal é uma espécie de fantasma — aproximamo-nos do Estado e do direito — que pode ser materializado por um público, por uma audiência, mas é um fantasma em que se encarna a ideia de si que cada indivíduo singular quer dar aos outros, para os outros e diante dos outros; não é um simples ser-para-outrem banal, o olhar na análise de Sartre que contém um pouco de verdade mas que não vai longe. É um superego constituído pelo conjunto dos alter ego tendo em comum o mesmo superego. Essa espécie de superego coletivo, a um só tempo transcendente e imanente, transcendente porque imanente em milhares de agentes, é a censura, no sentido forte do termo — a noção freudiana de censura não é muito elaborada. Vemos aqui que não há nenhuma antinomia entre sociologia e psicanálise.

O "LEGISLADOR ARTISTA"

Volto aos profetas jurídicos e a essas pessoas que realizam os atos originários de enunciação do dever-ser que uma sociedade reconhece. Sua piedosa hipocrisia é o reconhecimento de tudo o que acabo de dizer. São pessoas que falam em nome desse superego generalizado, do oficial, e que, nessa condição, podem ir até o ponto de regular a transgressão oficial da regra oficial, já que elas são as que dominam. Conseguem liberar o grupo dessa fatalidade que o grupo é para o grupo porque os grupos são agarrados em seu próprio jogo. Passam seu tempo dizendo que um homem honrado é um verdadeiro homem viril. Como liberar os grupos das ciladas que os grupos armam para si mesmos e que são constitutivos de sua existência como grupo? Os juristas são pessoas que a um só tempo afirmam o oficial, mesmo nesses casos-limite em que é preciso oficialmente transgredir o oficial. O caso-limite é absolutamente apaixonante.

O sociólogo tem uma posição difícil nesse jogo: o que ele faz? Não está ele mesmo em posição oficial? Não fala oficialmente do oficial? Não está exposto a aceitar tacitamente as implicações do oficial? Ele se põe um pouco fora do jogo, ele não é o *amusnaw* cabila, nem o sábio da comissão de sábios, isto é, alguém explicitamente mandatado por uma sociedade burocrática. Ele é automandatado por sua competência específica, conhecida e reconhecida, para dizer coisas difíceis de pensar. O sociólogo faz alguma coisa que é ao mesmo tempo decepcionante e inquietante. Em vez de fazer esse trabalho com o oficial, ele diz o que é fazer o trabalho oficial: ele é *meta-meta*. Se é verdade que o Estado é meta, o sociólogo está sempre um passo adiante. É, portanto, muito irritante, e sempre se tem vontade de dizer: "E você mesmo?...". Ele está "além do além", segundo uma citação de Achille Talon;[20] não se faz de sábio, diz o que fazem aqueles que fazem os sábios. O que é talvez uma forma de sabedoria.

Volto a Kantorowicz. Num artigo tirado de *Mourir pour la Patrie* [1984], intitulado "La Souveraineté de l'artiste: Notes sur quelques maximes juridiques et les théories de l'art à la Renaissance", Kantorowicz fala do legislador artista capaz de fazer alguma coisa a partir de nada. Apoiando-se em textos do Renascimento, diz que o poeta e o jurista têm uma função comparável no sentido de que se esforçam em imitar a natureza graças a seu gênio próprio e a sua inspiração. A diferença entre eles é que o legislador tira sua força da inspiração divina e cria julgamentos e técnicas jurídicas a partir de nada; mas para fazê-lo, age ex officio e não somente *ex ingenio*. O jurista é um profissional oficialmente mandatado para criar ex officio ficções oficiais. Este é um trabalho sobre a linguagem que não é jogo de palavras. Uma das pesquisas em ciências sociais consiste em despertar os significados mortos, mortos pelo que Weber chama de rotinização, banalização. Para criar o oficial, é preciso criar o *officium*, a função a partir da qual estamos em condições de criar o oficial. Em outras palavras, o Estado é o lugar de onde se diz o oficial. A palavra é ex officio, ela é, portanto, oficial, pública, com o direito de ser reconhecida, não pode ser desautorizada por um tribunal. Se é verdade que o oficial tem por princípio gerador o ex officio, como se criou o *officium*? Na verdade, a descrição do oficial remete à gênese do oficial, do Estado que fez o oficial. Kantorowicz trabalha sobre os juristas que estiveram na origem do oficial. Simplifico porque não se pode dizer que são os juristas e os canonistas que fizeram o Estado, mas eles contribuíram imensamente. Penso que não se pode fazer uma genealogia do Estado ocidental sem fazer intervir o papel determinante dos juristas nutridos de direito romano, capazes de produzir essa *fiction juris*, essa ficção de direito. O Estado é uma ficção de direito produzida pelos juristas que se produziram como juristas produzindo o Estado.[21]

[*Interrupção do curso.*]

GÊNESE DO DISCURSO PÚBLICO

Retomo o fio. Recebi uma pergunta: "O sr. situou o segredo de Estado do lado do público. Como o explica?". Não respondo porque a continuação de minha fala responderá a isso. Tentei analisar a oposição entre o público e o privado e volto ao problema da gênese de um discurso público, das condições sociais em que um discurso público pode se produzir. Mas penso que para enfrentar de maneira sistemática e consciente esse problema da gênese da história do Estado é preciso fazer esse gênero de reflexões prévias, do contrário uma parte muito importante do material histórico passa despercebida. Talvez vocês pensem que o que conto é abstrato e especulativo. Na verdade, trata-se da condição para operações concretas de leitura de documentos. Há textos que eu teria lido sem lê-los e que, hoje, penso que sou capaz de ler, certo de que encontrarei alguma coisa neles. Os documentos históricos, como todos os documentos, como uma entrevista, um quadro estatístico etc. — isto é uma banalidade epistemológica que, mesmo assim, cumpre relembrar — só falam se tivermos perguntas [a lhes fazer]. Tratando-se desse objeto particular, que afirmei ser especialmente difícil por estar inscrito em nosso cérebro, é preciso tornar explícitas essas categorias que ele nos inculca para chegarmos a ver, simplesmente, para nos espantarmos com coisas que passam despercebidas porque saltam aos olhos, porque, estando as estruturas mentais ajustadas com as estruturas segundo as quais certos materiais são construídos, nós nem sequer vemos esses materiais. Nós os lemos distraidamente... A sociologia é difícil porque é preciso ter olho. É muito difícil ensinar isso. Pode-se somente dizer: "No seu lugar, eu teria dito isso". É uma profissão cujo aprendizado é muito longo. O que tento transmitir é uma maneira de construir a realidade que permite ver os fatos que, normalmente, não se veem. Isso não tem nada a ver com a intuição. É muito lento. Isso é a autojustificação para as minhas lenga-lengas, repetições, que são tanto para mim como para vocês.

A partir dessa análise, é possível distinguir três situações: a primeira é a do profeta jurídico, do sábio, do *amusnaw* que tem um mandato a reconquistar a cada vez: ele deve ser bem-sucedido em todas as ocasiões. O profeta, como diz Weber, só tem como fiador a si próprio; ele não é ex officio. Se não está em forma, seu estatuto profético desmorona, ao passo que o professor de filosofia que não está muito em forma tem seu estatuto para apoiá-lo; ou o padre, que faz um milagre cotidiano ex officio, e não pode deixar de ser bem-sucedido. Uma parte do trabalho que o profeta vai fazer, em especial o trabalho poético sobre a forma, é destinado a afirmar e a fazer reconhecer sua "comissão": e se ele não está em forma, perde seu mandato. Portanto, ele é extra-ordinário. Não pode fazer milagres todos os dias. O profeta jurídico é uma espécie de criação contínua de seu próprio mandato.[22] Ele está no tempo cartesiano, no milagre continuado a cada instante: se o profeta para de se criar como criador, ele cai, torna-se qualquer um, ou um louco, pois, como o que diz está dentro dos limites, há apenas um passo entre o descrédito que destrói o louco e o respeito, a aura que cerca o profeta reconhecido.

Segunda situação: os juristas, os legisladores-poetas em situação de profecia jurídica, de criação. São os canonistas ingleses do século XII de que Kantorowicz fala, os primeiros a fazer a teoria do Estado. Um dos méritos históricos de Kantorowicz foi reconstruir a filosofia do Estado que estava no estágio explícito entre esses fundadores de Estado, isso em nome do princípio de que, nos primórdios, as coisas obscuras são visíveis — coisas que, depois, não precisam mais ser ditas porque se tornam óbvias. Daí o interesse da antropologia ou dos métodos comparados, dos "discursos" durkheimianos: penso que o interesse principal dessa pesquisa sobre a gênese do Estado é a clareza dos primórdios. Nos primórdios ainda somos obrigados a dizer coisas que são óbvias porque a questão não mais se coloca, porque justamente o Estado tem como efeito resolver o problema do Estado. O Estado tem por efeito fazer crer que não há um problema do Estado. No fundo, é o que eu digo desde o início. Estou contente com essa fórmula. É o que eu queria dizer quando dizia que o Estado nos coloca um problema particular porque temos pensamentos de Estado que aplicamos ao Estado.

Terceira situação: os juristas que ainda estão próximos do *amusnaw*. Ainda vemos o que eles fazem e eles mesmos são obrigados a sabê-lo um pouco para fazê-lo. São obrigados a inventar a noção de *fictio juris*, de teorizar seu próprio trabalho e dizer: "Em nome de quem falamos? Será de Deus ou da opinião pública?…". Em compensação, os juristas em situação normal de Estado, mandatados, institucionalizados, são reprodutores, e não mais criadores jurídicos, encarregados na pior das hipóteses, em certas circunstâncias, de julgar os juízes, de enfrentar os dossiês mais espinhosos, aqueles de que falava Alain Bancaud,[23] os que levantam a questão da justiça da justiça, os que são o lugar da regressão ao infinito: há um julgamento, um apelo, depois um apelo do apelo, mas é preciso parar… Ou se diz: "É Deus", ou então se diz: "Há uma corte de justiça humana que julga a legitimidade dos juízes". É entre eles que se encontra o conceito de piedosa hipocrisia. Em situação normal, esses juristas, ainda que coloquem a si mesmos problemas sobre a justiça, não colocam o próprio problema de sua existência como justiceiros. Haveria todo um trabalho a fazer sobre "justiceiro e juiz": o justiceiro é o profeta jurídico automandatado que impõe outra forma de justiça profética. Haveria um belo trabalho a fazer sobre o justiceiro nos westerns e a representação oficial da justiça. O justiceiro é um criador jurídico de certo tipo, que evoca uma justiça pessoal e privada no sentido comum jurídico, e que tem problemas com a justiça, é claro.

Vemos melhor o que acontece em todo ato jurídico ou de fundação do Estado no caso 1 e no caso 2, isto é, no caso do profeta jurídico e no caso dos juristas em situação de profecia jurídica, do que no caso 3, em que não vemos mais nada. Mas há traços comuns, e se é interessante estudar as situações proféticas originárias, é porque elas revelam coisas que continuarão a funcionar nos casos rotinizados sem que isso se veja. Se fosse uma diferença de natureza, não haveria mais interesse em estudar as origens, pois elas mostram coisas que continuam a funcionar mas passam despercebidas. O que os profetas jurídicos ensinam é que, para funcionar, a profecia jurídica precisa ser autolegitimadora, e eles mostram que o Estado é a *fictio juris* que fundamenta todos os atos da criação jurídica. É ele que faz com que a *fictio juris* ordinária seja esquecida como tal. Portanto, é ele que opera o que Max Weber chamaria de "rotinização do carisma"[24] jurídico, banalização, cotidianização.

Agora podemos indagar como o jurista originário ou rotinizado deve agir para operar essa criação jurídica, para que seu ato não seja um ato qualquer. Vemos que há um vínculo entre a criação jurídica e a forma. Não retomo a análise que já fiz, embora em outro contexto. (Com frequência, em minha reflexão repasso pelos mesmos pontos, mas de mais alto, vendo outra coisa, e de outra maneira, naquilo que já consegui ver a partir de certo ponto de vista.) Eu desenvolvera em meu estudo sobre Heidegger, no qual me detive na noção de censura num campo,[25] o trabalho da forma realizado por aqueles que querem ser reconhecidos como membros do campo em caráter integral: se você quer ser reconhecido como filósofo, deve dar formas filosóficas para dizer as coisas simplesmente; tanto mais se o que diz é antagônico aos pressupostos tácitos do ofício de filósofo. Eu visava a Heidegger em especial, já que o que ele tinha a dizer era fundamentalmente antagônico à filosofia implícita dos filósofos. Eu tinha, assim, estabelecido um laço entre censura exercida no campo científico ou filosófico e duas operações: pôr em forma e pôr formas. Eu insistira sobre o fato de que pôr em forma é sempre pôr formas: o universo social exige que nos ponhamos em regra com o oficial, conferindo a esse universo determinado o reconhecimento fundamental do oficial, que consiste em pôr formas, isto é, em não dizer as coisas brutalmente, em pô-las em forma poética, em expressá-las de maneira eufemizada por oposição à cacofonia do bárbaro ou do blasfemo. O eufemismo filosófico, de qualquer espécie que seja, é o resultado de uma operação que consiste em pôr em forma e, por isso mesmo, em manifestar nosso respeito às formas. Huizinga, em *Homo ludens*,[26] insiste no fato de que o trapaceiro, assim como o ladrão de Max Weber, transgride as regras do jogo escondendo-se. Mas há aquele que bagunça o jogo, que, de seu lado, se recusa a pôr as formas, recusa o jogo do *obsequium*: é ele que o mundo social expulsa por completo. Se vocês se lembrarem do que eu dizia do sociólogo, aquele que é meta-meta, quando expõe a regra do jogo que consiste em pôr as formas, compreenderão que com frequência ele seja percebido como quem bagunça o jogo.

DISCURSO PÚBLICO E FORMA

Aquele que põe as formas é aquele que se respeita e que respeita em si mesmo o ego generalizado que eu evocava há pouco, o que se traduzirá na forma pelo fato de que esses poetas cabilas escrevem como Mallarmé: fazem jogos de palavras tão complicados como ele, têm formas de versificação tão complexas como Mallarmé. Perguntamo-nos como, sem escrita, é possível inventar formas verbais tão complexas, tão requintadas; isso supõe um treinamento formidável. Há escolas de poetas que, como em Homero, costumam ser ferreiros; eles são demiurgos.

São profissionais da falsa improvisação verbal e, contrariamente aos preconceitos, "oral", "popular", não quer dizer "simples". Esses poetas utilizam formas verbais complexas, arcaísmos, coisas que os homens ordinários não compreendem mais, o que lhes permite falar por cima da cabeça das pessoas, dirigir-se a alguns, o que os pré-socráticos faziam. Quando Empédocles é traduzido por universitários à francesa que querem traduzir isso em termos voltairianos, não resta muita coisa... Tem-se a leitura heideggeriana, que acrescenta significado, e a leitura um pouco positivista, que retira... Entre as duas, esses poetas são profissionais de uma forma altamente regulada, tanto mais que o que é para dizer toca nos problemas fundamentais. As tragédias clássicas, Ésquilo por exemplo, ou Sófocles, são discursos extremamente complexos que teatralizam as situações-limite, nas quais se dizem coisas últimas numa forma tal que todos podem ouvir, mas só compreendem os eleitos. Uma das soluções desses homens públicos é o discurso duplo, em duas velocidades: ao mesmo tempo esotérico, para os iniciados, e exotérico, para os outros. O *amusnaw* cabila, ou Empédocles, ou os grandes pré-socráticos eram capazes de falar em dois níveis. Existe uma polissemia inerente — não falo da polissemia pós-moderna — que está ligada à contradição do falar publicamente: como falar diante de todos, à frente de todos, embora sendo compreendido apenas por alguns iniciados?

A forma é uma propriedade muito importante desse discurso, pois é através dela que o indizível, o inefável, às vezes o inominável torna-se nominável; ela é o preço a pagar para tornar oficializável o que não podia ser nomeado. Em outras palavras, a poesia no sentido forte, a criação jurídico-poética faz existir sob uma forma universalmente reconhecida um inefável, um indizível ou um implícito: seja algo que é coletivamente recalcado, que o grupo não quer saber; seja o que não pode ser dito porque o grupo não tem os instrumentos para dizê-lo. Aí, vê-se o papel do profeta, que é revelar ao grupo alguma coisa em que o grupo se reconhece profundamente: é o "Você não me procuraria se não tivesse me encontrado", o paradoxo da profecia que só pode dar certo porque diz o que as pessoas sabiam, mas que dá certo porque as pessoas não podiam dizê-lo. Todos esses discursos um pouco "feijão com arroz" sobre a poesia criativa não são falsos, mas estão num contexto completamente diferente. (A rotina dissertatória tem um efeito terrível porque costuma dizer coisas verdadeiras, mas em tal modo que ninguém mais acredita. Aqui também se poderia fazer uma belíssima análise sobre: o que é a crença escolar? ela é eficaz? como se crê numa coisa escolar?)

Mallarmé desenvolveu esse tema do poeta que faz existir pelas palavras aquilo que ele nomeia. O responsável das nomeações criadoras pode fazer existir coisas que não devem existir, que são inomináveis: por exemplo, ele pode fazer reconhecer a homossexualidade numa sociedade que a despreza, pode torná-la legal, nominável, substituindo o insulto "veado" por "homossexual"; é um trabalho jurídico. Pode tornar nominável o inominável, o que quer dizer que se pode falar disso publicamente, mesmo na televisão, e se pode dar a palavra em público a alguém até então inominável. Se ele pode ir para falar disso, é porque há palavras para dizer isso; se tem palavras para dizer isso, é porque as pessoas lhe deram essas palavras: se só tivesse "veado" para falar de si mesmo, ficaria aborrecido. Portanto, é o inominável ou o implícito, isto é, são coisas — é uma analogia que costumo empregar — vividas no modo do mal-estar, e que serão transformadas em sintomas. O trabalho político é dessa ordem: um grupo sente-se desconfortável em algum lugar, por exemplo na Seguridade Social, ou entre os seus quadros médios, na sua pequena nobreza de Estado. Ninguém sabe nomear isso; alguém chega e nomeia: faz um ato de constituição, faz existir como sintoma o que existia como desconforto. Sabem o que sentem, e é uma enorme mudança, já estão semicurados, sabem o que têm de fazer... É o que faz o poeta originário: ele faz o grupo falar melhor do que o grupo pode falar, e, no entanto, apenas diz o que o grupo diria se soubesse falar. Ele está num jogo muito sutil; não pode se permitir dizer "Viva os veados!", se não está pronto para ser seguido, pois pode ser linchado e despachado para perto do louco. Ele tem um discurso de vanguarda, portanto um pouco solitário, mas pronto para ser seguido porque provocará um efeito de revelação: revelará ao grupo coisas que o grupo não sabia ou não queria saber — no sentido em que se diz: "Eu sei, mas não quero saber". O censurado, o negado, é aquilo que eu não quero saber. Ele diz alguma coisa que ninguém quer saber sem provocar o escândalo diante de todos. Alguém que se respeita não pode ver coisas que o fariam perder o respeito por si mesmo em companhia de alguém que o respeita e que nele respeita o que deve ser respeitado. Não se vai ver, por exemplo, um filme pornô com o próprio filho... Isso faz refletir sobre o oficial... O trabalho da eufemização consiste em transgredir um tabu fundamental: o de dizer publicamente, e pelo fato de dizer sem provocar escândalo, algo que até então era no duplo sentido indizível.

O profeta é aquele que diz no lugar do grupo o que o grupo não pode dizer ou não quer dizer e que se automanda não provocando escândalo pelo fato de dizer coisas que até então o grupo não dizia ou não podia dizer. E no rastro disso, a palavra profética é o tipo mesmo da palavra direita, conforme em suas formas às exigências do grupo, que respeita formalmente as exigências formais do grupo. Vão fazer um provérbio de sentido comum, de consenso, sofrer uma pequena alteração, que nada tem de herética; não é a missa negra, a missa às avessas, o absoluto oposto da transgressão regulada. O *amusnaw* é um transgressor respeitoso daqueles que ele respeita, e a forma está aí para mostrar que ele se respeita, a ponto de também respeitar a regra na transgressão inevitável da regra que lhe impõem a dureza da vida, as necessidades da existência, a desgraça da condição feminina, a fraqueza humana etc. Portanto, ele é o porta-voz do grupo que dá ao grupo o que o grupo lhe pede e, em troca, o grupo lhe dá o que ele pede: o aval, o mandato de dizer, e esse mandato se negocia. Esquece-se que esses poetas arcaicos estavam sempre diante de seu público: não escreviam na segurança que dá uma folha de papel... Nos anos 1960, era a moda, todo mundo transgredia, mas na solidão de um escritório. Era cômico: imaginava-se o que aconteceria se esse *homo academicus* tivesse de dizer publicamente aquelas coisas. Ao passo que o poeta homérico ou o *amusnaw* são pessoas que deviam fazer passar coisas *in presentia*.

Para produzir esse efeito de catalisador dos valores do grupo, eles empregam procedimentos retóricos como o eufemismo. O efeito mais misterioso é a prosopopeia: ato que consiste em falar evocando uma pessoa ausente, morta, desaparecida ou mesmo uma coisa num modo pessoal: "A República vos chama... A República pede que...". A prosopopeia é uma figura retórica inerente ao discurso oficial, já que é o que transforma o *idios logos*, como dizia Heráclito, que opunha o *idios logos* ao *koinon kaiteion*: o discurso singular, idiótico, pessoal, ao homem universal, e o comum ao divino. O que transforma o discurso singular em discurso comum e sagrado, em sentido comum, em discurso capaz de receber o consentimento da totalidade dos indivíduos, portanto de suscitar o consenso, é a alquimia retórica, a alquimia do oráculo. O delegado é aquele que fala, não como indivíduo, mas em nome do bem: "Você fez uma pergunta, e o que eu lhe respondo não é a pítia singular, o *idios*, é a pítia como boca de alguma coisa diferente da qual ela é a porta-voz". O homem oficial é um ventríloquo que fala em nome do Estado: ele assume uma postura oficial — seria preciso descrever a encenação do oficial —, fala em prol e no lugar do grupo a quem se dirige, fala para e no lugar de todos, fala como representante do universal.

A OPINIÃO PÚBLICA

Chegamos aqui à noção moderna de opinião pública. O que é essa opinião pública evocada pelos criadores de direito das sociedades modernas, sociedades em que o direito existe? É tacitamente a opinião de todos, da maioria ou dos que contam, dos que são dignos de ter uma opinião.[27] Penso que a definição patente numa sociedade que se pretende democrática, a saber, que a opinião oficial é a opinião de todos, esconde uma definição latente, a saber, que a opinião pública é a opinião dos que são dignos de ter uma opinião. Há uma espécie de definição censitária da opinião pública como opinião esclarecida, como opinião digna desse nome. A lógica das comissões é criar um grupo constituído de tal forma que dê todos os sinais exteriores, socialmente reconhecidos e reconhecíveis, oficiais, da capacidade de expressar a opinião digna de ser expressa, e nas formas conformes. Um dos critérios tácitos mais importantes na seleção dos membros da comissão, em especial de seu presidente, é a intuição que têm as pessoas encarregadas da composição da comissão de que a pessoa considerada conheça as regras tácitas do universo burocrático e as reconheça: em outras palavras, alguém que saiba jogar o jogo da comissão de maneira legítima, esta que vai além das regras do jogo, que legitima o jogo; nunca se está o suficiente no jogo como quando se está além do jogo. Em todo jogo há regras e há o fair play. A respeito do homem cabila, ou do mundo intelectual, eu tinha empregado a fórmula: a excelência, na maioria das sociedades, é a arte de jogar segundo a regra do jogo, fazendo desse jogo segundo a regra do jogo uma homenagem suprema ao jogo. O transgressor controlado opõe-se completamente ao herético.

O grupo dominante coopta membros a partir de indícios mínimos de comportamento, que são a arte de respeitar a regra do jogo até nas transgressões reguladas da regra do jogo: as boas maneiras, a compostura. É a frase famosa de Chamfort: "O cura deve crer, o cônego pode ter dúvidas, o cardeal pode ser ateu".[28] Quanto mais alguém se eleva na hierarquia das excelências, mais pode jogar com a regra, mas ex officio, ou seja, a partir de uma posição que é tal que não há dúvidas. O humor anticlerical do cardeal é sumamente clerical. A opinião pública é sempre uma espécie de realidade dupla. É o que não se pode deixar de evocar quando se quer legislar sobre terrenos não constituídos. Quando se diz "Há um vazio jurídico" (expressão extraordinária) a propósito da eutanásia ou dos bebês de proveta, convocam-se pessoas, que vão trabalhar com toda sua autoridade. Dominique Memmi[29] descreve uma comissão de ética [sobre a procriação artificial], sua composição por pessoas díspares — psicólogos, sociólogos, mulheres, feministas, arcebispos, rabinos, sábios etc. — que têm como objetivo transformar uma soma de idioletos éticos em discurso universal que preencherá um vazio jurídico, isto é, que vai dar uma solução oficial a um problema difícil que sacode a sociedade — legalizar as chamadas barrigas de aluguel, por exemplo.

Se se trabalha nesse gênero de situação, deve-se evocar uma opinião pública. Nesse contexto, compreende-se muito bem a função atribuída às pesquisas de opinião. Dizer "as pesquisas estão conosco" é o equivalente a "Deus está conosco" em outro contexto. Mas as pesquisas de opinião são desagradáveis porque às vezes a opinião esclarecida é contra a pena de morte, ao passo que as pesquisas são a favor. Que fazer? Cria-se uma comissão. A comissão constitui uma opinião pública esclarecida que instituirá a opinião esclarecida como opinião legítima em nome da opinião pública — que, aliás, diz o contrário ou não pensa nada a respeito (o que é o caso sobre vários assuntos). Uma das propriedades das pesquisas de opinião consiste em apresentar às pessoas problemas que elas não apresentam a si mesmas, portanto a impor respostas. Não é uma questão de viés na constituição das amostragens, é o fato de impor a todos perguntas que se colocam à opinião esclarecida e, assim, produzir respostas de todos sobre problemas que se colocam a alguns, portanto dar respostas esclarecidas já que foram produzidas pela pergunta: ou seja, fez-se com que existissem para as pessoas questões que não existiam para elas, ao passo que o que era discutível para elas é a questão.

Vou traduzir para vocês um texto de Mackinnon de 1828, tirado de um livro de Peel sobre Herbert Spencer.[30] Mackinnon define a opinião pública: definição que seria oficial se não fosse inconfessável numa sociedade democrática. O que quero dizer é que, quando se fala de opinião pública, sempre se joga um jogo duplo entre a definição confessável (a opinião de todos) e a opinião autorizada e eficiente que é obtida como subconjunto restrito da opinião pública democraticamente definida: "Ela é esse sentimento sobre qualquer assunto que é entretido, produzido pelas pessoas mais bem informadas, as mais inteligentes e as mais morais na comunidade. Essa opinião é gradualmente difundida e adotada por todas as pessoas de alguma educação e de sentimento conveniente a um Estado civilizado". A verdade dos dominantes torna-se a de todos.

Nos anos 1880, dizia-se abertamente na Assembleia Nacional o que a sociologia teve de redescobrir, a saber, que o sistema escolar excluiria as crianças das camadas mais desfavorecidas. Nos primórdios, formulava-se a questão que em seguida foi completamente recalcada, pois o sistema escolar começou a fazer, sem que lhe pedissem, o que se esperava dele. Portanto, não havia necessidade de se falar disso. O interesse do retorno à gênese é que ele é muito importante porque há debates nos primórdios em que são ditas com todas as letras coisas que, depois, aparecem como revelações provocadoras dos sociólogos. O reprodutor do oficial sabe produzir — no sentido etimológico do termo: *producere* significa "trazer ao dia" —, teatralizando-a, alguma coisa que não existe (no sentido de sensível, de visível) e em nome da qual ele fala. Deve produzir aquilo em nome do que ele tem o direito de produzir. Não pode deixar de teatralizar, deixar de pôr em forma, deixar de fazer milagres. O milagre mais corrente, para um criador verbal, é o milagre verbal, o sucesso retórico; ele deve produzir a encenação daquilo que autoriza sua fala, ou seja, da autoridade em nome da qual é autorizado a falar.

Encontro a definição da prosopopeia que eu procurava há pouco: "Figura de retórica pela qual se faz falar e agir uma pessoa que se evoca, um ausente, um morto, um animal, uma coisa personificada". E no dicionário, que é sempre um instrumento formidável, encontra-se esta frase de Baudelaire falando da poesia: "Manejar sabiamente uma língua é praticar uma espécie de feitiçaria evocatória". Os letrados, os que manipulam uma língua erudita, como os juristas e os poetas, devem pôr em cena o referente imaginário em nome do qual eles falam e que eles produzem falando segundo as formas; devem exigir o que expressam e aquilo em nome do que se expressam. Devem produzir ao mesmo tempo um discurso e a crença na universalidade de seu discurso pela produção sensível, no sentido de evocação dos espíritos, dos fantasmas — o Estado é um fantasma… —, dessa coisa que garantirá o que fazem: "a nação", "os trabalhadores", "o povo", "o segredo de Estado", "a segurança nacional", "a demanda social" etc. Schramm mostrou como as cerimônias da sagração eram a transferência, na ordem do político, das cerimônias religiosas.[31] Se o cerimonial religioso pode se transferir tão facilmente para as cerimônias políticas, através das cerimônias da sagração, é porque se trata, nos dois casos, de fazer crer que há um fundamento no discurso que só aparece como autofundador, legítimo e universal porque há teatralização — no sentido de evocação mágica, de feitiçaria — do grupo unido e que consente com o discurso que o une. Donde o cerimonial jurídico. O historiador inglês E. P. Thompson insistiu no papel da teatralização jurídica no século xviii inglês — as perucas etc. — que não podemos compreender de todo se não percebemos que ela não é simples aparato, no sentido de Pascal, que viria a se acrescentar: ela é constitutiva do ato jurídico.[32] Aplicar o direito vestindo um terno é arriscado: arrisca-se a perder-se a pompa do discurso. Sempre se fala em reformar a linguagem jurídica sem nunca fazê-lo, porque esta é a última vestimenta: os reis nus não são mais carismáticos.

Uma das dimensões muito importantes da teatralização é a teatralização do interesse pelo interesse geral; é a teatralização da convicção do interesse pelo universal, do desinteresse do homem político — teatralização da crença do sacerdote, da convicção do homem político, de sua fé naquilo que faz. Se a teatralização da convicção faz parte das condições tácitas do exercício da profissão do funcionário — se um professor de filosofia deve ter ares de crer na filosofia —, é porque ela é a homenagem essencial do oficial-homem ao oficial; ela é o que se deve dar ao oficial para ser um oficial; é preciso demonstrar o desinteresse, a fé no oficial, para ser um verdadeiro oficial. O desinteresse não é uma virtude secundária: é *a* virtude política de todos os mandatários. As traquinagens de padres, ou os escândalos políticos são a derrocada dessa espécie de crença política, na qual todos estão de má-fé, sendo a crença uma espécie de má-fé coletiva, no sentido sartriano: um jogo em que todos se mentem e mentem a outros sabendo que se mentem. É isso o oficial...

Curso de 8 de fevereiro de 1990

A concentração dos recursos simbólicos — Leitura sociológica de Franz Kafka — Um programa de pesquisa insustentável — História e sociologia — Les systèmes politiques des empires, de Shmuel Noah Eisenstadt — Dois livros de Perry Anderson — O problema das "três estradas" segundo Barrington Moore

Propus a vocês da última vez uma análise do que chamo a lógica ou a retórica do oficial, análise que se apresentava como uma antropologia geral podendo servir de fundamento a análises empíricas e notadamente genéticas. Portanto, tentei mostrar como, seja no estado nascente seja no estado institucionalizado, o Estado se apresenta como uma espécie de reserva de recursos simbólicos, de capital simbólico, que é ao mesmo tempo um instrumento para certo tipo de agentes e o objeto de lutas entre esses agentes. Essa análise do que o Estado faz e do que deve ser para fazer o que faz é preliminar a toda análise de tipo histórico. De fato, é com a condição de saber em que consiste o Estado, o que ele é — e não simplesmente, como na tradição marxista, as funções que ele supostamente deve preencher —, e de saber localizar essas operações específicas e as condições específicas dessas operações, que se pode interrogar a história e, em especial, descrever esse processo de concentração de uma forma particular de recursos com o qual se pode identificar a gênese do Estado. Ainda que ela fosse repetitiva e patinasse, essa análise seria indispensável para introduzir de fato o problema da gênese que eu gostaria de apresentar e que, infelizmente, apenas levantarei.

A CONCENTRAÇÃO DOS RECURSOS SIMBÓLICOS

Uma das questões históricas que se colocam, se aceitamos as análises que fiz nas últimas sessões, é a de saber por que e como foi possível se operar essa concentração de recursos simbólicos, do oficial e do poder específico que dá acesso ao oficial. Com efeito, todo agente individual aspira, em certa medida, ao monopólio da operação de nomeação constituído pelo discurso oficial. Volto à injúria ou ao insulto, que foi objeto do trabalho de linguistas. O insulto participa da mesma série daquela das declarações oficiais, dos atos de nomeação oficiais, dos atos de instituição mais fundamentais que tradicionalmente associamos ao Estado. O insulto é um ato individual de nomeação, aspirando à universalidade, mas incapaz de dar outras garantias de sua ambição de universalidade além da pessoa daquele que o profere. Por causa disso, a situação-limite do insulto lembra o que poderia ser um estado de anarquia absoluta do ponto de vista do simbólico, isto é, um estado em que cada um poderia dizer de cada um o que ele é, cada um poderia dizer: "Eu sou, por exemplo, o maior filósofo vivo", ou "o melhor varredor da França e de Navarra", e dos outros: "Você não passa disso, ou daquilo".[1]

(Para os objetivos da compreensão, esse gênero de variação imaginária é perfeitamente útil. As situações de crise política, as situações revolucionárias aproximam-se dessas situações de luta simbólica de todos contra todos, nas quais cada um pode, com chances iguais de êxito, aspirar ao monopólio da violência simbólica legítima, da nomeação. A questão das origens pode parecer ingênua e deve ser afastada pela ciência, mas mesmo assim tem como virtude levantar de maneira radical questões que o funcionamento corrente tende a ocultar. Se imaginamos esse estado de luta simbólica de todos contra todos, em que cada um reivindicaria para si, e só para si, o poder de nomeação, vemos muito bem que se apresenta a questão de saber como se operou essa espécie de abdicação progressiva das pretensões individuais em benefício de um lugar central que, pouco a pouco, concentrou o poder de nomeação.)

Por meio de uma imagem simples, é possível imaginar agentes em grande número, cada um lutando contra cada um pelo poder de nomeação, o poder de se nomear e de nomear os outros e, pouco a pouco, através dessas próprias lutas, os diferentes agentes delegando ou abandonando ou se resignando em abandonar esse poder em benefício de uma instância que dirá a cada um o que ele é. Seria possível descrever uma gênese mítica do Estado, fazer um mito platônico. Ter no espírito essa questão permite, primeiro, que nos admiremos: como é possível que tenhamos chegado a esse ponto? Se temos um temperamento um pouco anarquista, podemos nos espantar que as pessoas hajam abdicado desse direito de julgar e de se julgar. Podemos também ficar atentos a processos históricos que costumam passar despercebidos. O que tentarei esboçar para vocês é uma história desse processo de concentração, que não tem nada a ver com o que às vezes se diz. Os historiadores que mais se aproximam dessa interrogação insistem no fato de que o nascimento do Estado se acompanha de um processo de concentração dos instrumentos de legitimação, assim como do desenvolvimento de um aparelho e de um aparato simbólicos cercando o poder régio.

Há uma questão mais fundamental, que é a que levantei; e para dar uma ideia dessa luta simbólica de todos contra todos, vou citar a vocês um texto de Leo Spitzer sobre o que ele chama de polionomasia no *Dom Quixote*.[2] Ele observa que os personagens costumam ter vários nomes: dependendo da cena ou da situação, chamam-se "o cavaleiro da triste figura" etc. Essa pluraridade de nomes levanta dúvidas. Spitzer a interpreta como uma espécie de realização empírica de um perspectivismo prático segundo o qual todos os agentes têm direito a seu ponto de vista. Isso me parece uma linda realização desse mito que eu evocava: cada um nomeia segundo sua ideia. Evidentemente, esse poder de nomear se exerce em especial nas relações afetivas, amorosas: um dos privilégios do amante ou do ser amado é nomear e ser nomeado, aceitar uma nova convenção, uma re-nomeação na qual se afirma a autonomia de certa relação afetiva em relação às nomeações anteriores — desbatiza-se e rebatiza-se. Isso não tem nada de anedótico. Não é por acaso que isso se produz de modo muito geral e muito universal. Pode-se imaginar que esse privilégio da nomeação seja distribuído ao acaso e que cada agente tenha direito à sua perspectiva. Não mais haveria — retomo a metáfora de Leibniz a respeito de Deus — "lugar geométrico de todas as perspectivas", lugar central a partir do qual se estabelecem os nomes autênticos, os nomes do estado civil. O nome de batismo e o apelido são varridos em benefício do nome oficial, de um nome reconhecido publicamente.

O artigo de Spitzer se refere aos nomes próprios, mas pode-se levar mais longe a utopia e imaginar uma polionomasia para os nomes comuns, uma situação em que não haveria mais do que idioletos, na qual cada um aspiraria a impor sua própria nomeação e questionaria o que é o próprio mesmo de uma língua oficial, a saber, que todos os agentes sociais de um mesmo grupo social associam o mesmo som ao mesmo sentido e o mesmo sentido ao mesmo som.[3] Um dos efeitos da construção de uma língua oficial, imposta em certo território, é estabelecer um contrato linguístico, um código no duplo sentido do termo, ao mesmo tempo legislativo e comunicativo, entre todos os agentes de uma comunidade, código que cada um deve respeitar sob pena de se tornar ininteligível, de ser rejeitado em meio à algaravia ou na barbárie. O Estado concentrou o capital linguístico constituindo uma língua oficial, o que quer dizer que obteve dos agentes individuais que eles renunciassem ao privilégio da criação linguística livre e que o abandonassem a alguns — legisladores linguísticos, poetas etc. Vê-se como, a partir da imagem de Spitzer generalizada, a instituição de uma língua oficial — que é o produto de uma ação histórica de imposição, de normalização, tanto da língua como dos sujeitos sociais que devem utilizá-la — acompanha-se de uma renúncia dos agentes ao perspectivismo radical, à equivalência de todos os pontos de vista, à intercambialidade universal dos pontos de vista.

LEITURA SOCIOLÓGICA DE FRANZ KAFKA

Pode-se generalizar essa utopia da anarquia radical e imaginar um universo em que cada um exerceria plenamente, sem nenhuma renúncia, sem nenhuma abdicação, seu direito de julgar e de se julgar. Esse tema está presente em *O processo*, de Kafka.[4] Os romancistas são úteis porque constroem utopias que são o equivalente dos mitos platônicos. *O processo* é o lugar de uma utopia desse tipo. O advogado misterioso, inalcançável, que o herói K. solicita, que pretende ser um grande advogado, diz: "Mas quem vai julgar sobre a qualidade de grande advogado?". É um tema muito constante em Kafka. Temos tendência a fazer uma leitura teológica da obra de Kafka; ora, podemos fazer dela uma leitura sociológica, essas duas leituras não sendo, aliás, nada contraditórias. Essa busca

108

do lugar onde se define a identidade verdadeira dos agentes sociais pode ser apresentada como uma busca de Deus como geometral de todas as perspectivas, instância última da instância que é o tribunal, instância que se pergunta quem são os juízes justos; ou como uma busca teológica de absoluto opondo-se ao perspectivismo, ou ainda como busca sociológica de um lugar central onde se encontram concentrados os recursos de autoridade legítima, e que, a esse título, é o ponto onde paramos na regressão. Como em Aristóteles, há um momento em que é preciso parar,[5] e esse lugar em que se para é o Estado. Na tradição durkheimiana, Halbwachs fala de "foco central dos valores culturais":[6] ele coloca a existência de um lugar central em que se encontram capitalizados, concentrados os recursos culturais próprios a uma sociedade e a partir do qual se definem as distâncias (como com o meridiano de Greenwich), e a partir daí se pode dizer: "Este homem é culto ou não é culto; ele sabe francês ou ele não sabe francês etc.". Esse lugar central é o ponto a partir do qual se adotam todas as perspectivas.

Há, portanto, uma perspectiva central: de um lado, o perspectivismo; de outro, um absolutismo, um ponto de vista sobre o qual não há ponto de vista e em relação ao qual todos os próprios pontos de vista podem ser medidos. Essa perspectiva central não pode instaurar-se sem que sejam desqualificadas, desacreditadas ou subordinadas todas as perspectivas parciais, quaisquer que sejam suas pretensões: o ponto de vista do rei em relação ao ponto de vista dos grandes senhores feudais; nos séculos XVII-XVIII, o dos professores da Sorbonne por oposição aos cirurgiões.[7]

Há um lugar dominante a partir do qual se adota um ponto de vista que não é um ponto de vista como os outros, e que, instaurando-se, instaura uma dissimetria fundamental em que nada será parecido depois. Daí em diante todos os pontos de vista outros que não aquele serão privados de alguma coisa, parciais, mutilados. Gurvitch, apoiando-se na tradição fenomenológica, fala da "reciprocidade das perspectivas":[8] universo em que todo agente está para outro agente assim como o outro está para ele mesmo. Há, portanto, uma reversibilidade absoluta das relações que é instaurada no insulto: eu digo "você não passa de um..." e você pode me dizer a mesma coisa. Há um terceiro termo em relação ao qual se podem julgar as perspectivas: entre duas perspectivas, uma vale mais que a outra porque está menos longe do foco dos valores centrais, do geometral de todas as perspectivas.

O golpe de Estado do qual nasceu o Estado (mesmo se isso se fez por um processo insensível) demonstra um golpe de força simbólico extraordinário, que consiste em fazer aceitar universalmente, nos limites de certo âmbito territorial que se constrói através da construção desse ponto de vista dominante, a ideia de que nem todos os pontos de vista se equivalem e que há um ponto de vista que é a medida de todos os pontos de vista, que é dominante e legítimo. Esse terceiro árbitro é um limite ao livre-arbítrio. De um lado, há o livre-arbítrio dos indivíduos que pretendem saber o que são na verdade, e de outro, um árbitro supremo de todos os julgamentos do livre-arbítrio — livres e arbitrários — sobre as verdades e os valores, o qual, dentro de certos limites, é coletivamente reconhecido como tendo a última palavra em matéria de verdade e de valor. Sou eu culpado ou não culpado? Afirmo que não sou culpado; outros afirmam que eu sou: há uma instância legítima que, em última instância, pode dizer: "Ele é culpado ou ele não é culpado", que pode fazer um julgamento tanto de verdade como de valor, sem discussão, irrecorrível.

UM PROGRAMA DE PESQUISA INSUSTENTÁVEL

Esse gênero de análise pode parecer quase metafísico; a metafísica costuma ser apenas a sociologia transfigurada, como tentei mostrar a propósito de Heidegger.[9] Melhor saber disso e fazer verdadeiramente a sociologia. É com a condição de se terem no espírito essas questões que se pode ver o que existe de assombroso na história mais banal da constituição de instâncias estatais, de parlamentos etc. O programa de trabalho que vou elaborar é praticamente insustentável, em todo caso para um só homem. A representação positivista da ciência que quase pede aos eruditos nunca nada avançar que eles não possam logo demonstrar exerce um efeito aterrador de castração e de mutilação do espírito. Uma das funções da ciência também é fazer programas de pesquisa conscientemente percebidos como quase irrealizáveis; tais programas têm por efeito mostrar que os programas de pesquisas considerados como científicos, porque realizáveis, não são necessariamente científicos. Por demissão positivista, em vez de buscar a verdade onde ela está, nós a procuramos sob o lampadário, ali onde podemos vê-la...

Meu programa — espero que possa convencê-los disso — tem efeitos imediatos: permite ver, na documentação histórica ou nas observações empíricas contemporâneas, coisas que outros programas ignoram completamente. Tem um efeito crítico, mostra a que ponto os programas tidos como realistas são mutilados. Então, é óbvio que não é possível contentar-se com certos programas científicos que consistem em reduzir a história do Estado à história do imposto. Um excelente historiador pode dizer: "O que faz o Estado moderno é fundamentalmente o estabelecimento de um sistema fiscal de Estado", e cinco páginas adiante dizer: "Para que o imposto pudesse ser instaurado era preciso que fosse reconhecida a legitimidade da instância instaurando o imposto", em outras palavras, era preciso haver tudo o que eu disse, a saber, instâncias capazes de fazer reconhecer seu monopólio da constituição legítima do mundo social.[10] Os programas simples são perigosos: sucumbem muito facilmente a certa forma de economicismo. Toda uma tradição marxista reduz o processo de acumulação à sua dimensão econômica, e a acumulação a uma acumulação de recursos materiais. Por exemplo, diz-se que o Estado começa com a concentração de recursos que possibilitam uma redistribuição: mas pensa-se somente nos recursos econômicos. Ora, tudo o que eu disse dá a entender que há outra forma de acumulação — igualmente importante, senão mais — que possibilita a acumulação de recursos econômicos.

Trabalhos belíssimos de antropologia falam da acumulação possibilitada pelo capital religioso. Na África do Norte, fundadores de confrarias muito prestigiosas, santos, podem acumular recursos econômicos formidáveis na base de um capital puramente simbólico, essa acumulação introduzindo depois uma burocratização, uma gestão racional desse capital e uma degenerescência do capital simbólico proporcional à acumulação de capital econômico. Em certos casos, a acumulação econômica pode ser subordinada e secundária à acumulação simbólica. Um dos perigos dos programas parciais é mutilar a realidade, seja do lado da economia, seja do lado do político. Certos historiadores que transpuseram, para o terreno da história, a lógica da moda, que fazem como se os paradigmas mudassem como o comprimento das saias, dizem: "Acabou-se o paradigma marxista, materialista". Tivemos o tudo econômico, agora temos o tudo político: essa inversão do a favor pelo contra, Marx ficando oposto a Pareto — Raymond Aron o fazia mais elegantemente,[11] se é que a elegância é um valor científico... O economicismo descreve a gênese do Estado na lógica da acumulação progressiva do capital econômico. Pode-se dizer o inverso e que o que conta é a acumulação do capital político: faz-se então uma história reduzida ao político.

Essas perversões decorrem de que não nos espantamos o suficiente do que tem de extraordinário o problema da acumulação inicial — é um vocabulário marxista —, no qual Marx não parou de pensar.[12] O que há de mais próximo das análises que esbocei é a famosa análise hegeliana da relação senhor/escravo, uma análise de filosofia que põe na origem um contrato social.[13] Fazer uma antropologia histórica do Estado, uma história estrutural da gênese do Estado implica estudar a questão das condições em que se opera essa acumulação inicial: determinados homens abandonam o poder de julgar em última instância, recebem de outros homens a abdicação a respeito de coisas muito importantes — o direito de fazer a paz e a guerra, de dizer quem é culpado e quem não é, quem é verdadeiramente advogado, quem é verdadeiramente pedreiro... Estamos diante de um estado do Estado em que as coisas são óbvias. Mas basta substituí-las na lógica da gênese para se perguntar: como cada pedreiro singular pôde, por exemplo, abandonar a uma espécie de "transpedreiro" o direito de dizer quem é verdadeiramente um pedreiro?

Depois dessa crítica prévia das tentativas da sociologia genética ou da história social do Estado que se inscreve na tradição da história comparada, chego ao meu programa. Eu tinha citado para vocês três autores que se situam na tradição dos grandes fundadores da sociologia: Marx e a análise da acumulação primitiva, Durkheim e a divisão do trabalho social, e Weber e sua descrição da gênese das sociedades modernas como processo de racionalização. Esses autores têm em comum tentar descrever um processo muito geral, propor uma história global do Estado. É a partir de avaliações muito diferentes do Estado final que se organiza a visão deles do Estado e do processo. Poderíamos evocar, de Marc Bloch, *Seigneurie française et manoir anglais*,[14] que é possível tratar como um estudo comparativo da gênese do Estado inglês e do Estado francês. Um autor muito importante a quem me referirei indiretamente a respeito dos processos de unificação do mercado — que são correlativos aos processos de constituição do Estado e que são exatamente, como o processo de unificação do mercado linguístico, o efeito da ação do Estado — é Karl Polanyi, que em *La Grande Transformation*[15] e em *Commerce et marché dans les empires primitifs*,[16] estuda a constituição progressiva do mercado independente dos constrangimentos exercidos pela família, pelas comunidades. Dois outros autores são: Karl Wittfogel, *Le Despotisme oriental*,[17] que faz uma teoria geral a partir do modo de produção asiática, e Rushton Coulborn, *Le Féodalisme dans l'histoire*,[18] com um estudo publicado em 1956, que não deve satisfazer os historiadores contemporâneos, mas reúne os trabalhos de diferentes historiadores sobre o feudalismo japonês, medieval, na França, na Inglaterra etc. Para minha síntese sobre a genealogia do Estado moderno, retomarei desses trabalhos algumas contribuições apenas, tendo tomado o partido de não contá-los em detalhe.

HISTÓRIA E SOCIOLOGIA

Uma das funções do ensino — se ele tem uma — é dar referências, mostrar o mapa de um universo intelectual, e o que vou fazer se situa num universo cujo mapa é possível que vocês ignorem: é o produto de referências tácitas ou explícitas a esse espaço. Uma das maneiras de controlar um pensamento que lhes é proposto consiste em controlar não as fontes no sentido ingênuo do termo, mas o espaço teórico em relação ao qual esse discurso se produz. A comunicação científica deveria, sempre, não fazer o "estado da questão" — o que é estúpido, burocrático, do tipo "projeto de pesquisa do CNRS"* —, mas dizer qual é o estado do espaço científico que se mobilizou ativamente para construir sua problemática. Com muita frequência os profanos não têm a problemática com respeito à qual o profissional produz seu discurso. Os profanos lembram-se das teses: são a favor ou contra as grandes escolas, a favor [ou contra] a democracia direta, a autogestão etc. Toda ciência desenvolve historicamente, por um processo de acumulação que não é simplesmente aditivo, estruturas de problemáticas complexas. Da mesma maneira, ser um pintor hoje, a menos que seja um naïf, é estar à altura de toda a história da pintura e dominar a problemática. O visitante naïf de galerias, ignorando essas problemáticas, poderá dizer de certos quadros: "Meu filho faz a mesma coisa...". O sociólogo é como um pintor não naïf que, infelizmente, é vítima de juízes naïfs... Uma comunicação pedagógica racional deveria se esforçar ao menos para fornecer o espaço dos problemas. Vou lhes dar algumas balizas; vocês verão que os três autores de quem falarei desempenharam um papel muito pequeno na construção do que lhes proponho. Apesar de tudo, são importantes porque representam a maneira espontânea de fazer o que farei hoje. Essas obras, com as quais estou em completo desacordo, mere-

---

* Centre National de la Recherche Scientifique [Centro Nacional da Pesquisa Científica], o órgão público francês de pesquisa e financiamento de pesquisadores. (N. T.)

cem ser lidas com respeito: representam um enorme trabalho e tentativas sistemáticas visando construir abordagens coerentes, explícitas, conscientes. Os historiadores, donos de seu pequeno monopólio, terão a faca e o queijo na mão para escarnecer de tais tentativas: poderão dizer, evidentemente, que é má sociologia a respeito de má história. Mas o mérito dessas obras aí está: em vez de se contentarem em acumular histórias, tentam construir modelos sistemáticos, reunir um conjunto de traços ligados por relações controladas e capazes de ser validadas ou falsificadas pela confrontação com o real. Não ignoro o que esses modelos têm de um pouco brutal e arbitrário.

Os historiadores são agentes sociais cujos trabalhos são o produto de um encontro entre habitus sociais formados parcialmente pelo campo histórico como sistema de exigências e de censuras: eles são o que são porque o campo histórico é o que é. Uma parte das coisas que eles não fazem ou das coisas que fazem se explica pelo que o campo lhes pede para não fazer ou fazer. Com razão, criticam nos sociólogos estarem num campo que lhes pede certas coisas que podem parecer presunçosas, arrogantes, "olhe-eu-aqui". E, ao contrário, não lhes pede para fazer outras coisas que parecem indispensáveis, necessárias aos historiadores. Em outras palavras, as relações entre as disciplinas, como as relações entre os altos funcionários e os artistas, são relações entre campos que têm histórias diferentes e em que as pessoas, dotadas de habitus diferentes, respondem sem saber a programas diferentes produzidos por histórias diferentes. A mesma coisa valeria para a relação filósofos/sociólogos etc. Não estou na lógica da acusação; não há que condenar. Uma das virtudes da sociologia, quando aplicada a si mesma, é de tudo tornar compreensível. Uma das intenções normativas que posso ter no espírito — se entre vocês há historiadores — é dizer:

Questionem o programa em nome do qual vocês vão recusar o programa implicado nos trabalhos que vou lhes expor e perguntem-se se essa certeza positivista não é o produto de uma censura incorporada, portanto de uma mutilação, e se não seria bom reintroduzir, sem nada perder das exigências tradicionais dos historiadores, esse programa ambicioso…

Essa pregação estava implícita, portanto melhor dizê-la explicitamente…

LES SYSTÈMES POLITIQUES DES EMPIRES, DE SHMUEL NOAH EISENSTADT

Começo por Eisenstadt, com *Les Systèmes politiques des empires* [1963]. Ele tem como projeto — o que não pode deixar de fazer os historiadores se sobressaltarem — estudar vinte Estados que considera como pertencendo ao tipo dos impérios histórico-burocráticos, isto é, "regimes pré-industriais caracterizados por um alto grau de poder centralizado, agindo por meio de uma vasta administração impessoal". As palavras-chave são: "pré-industrial", "poder centralizado", e "administração impessoal", isto é, independente das pessoas em seu funcionamento e em sua transmissão. Esse conjunto compreende os Estados absolutistas da época pré-moderna (França, Inglaterra), os califatos árabes dos abássidas, o Império Otomano, as dinastias sucessivas do Império Chinês, os Estados asteca e inca, o Império Mongol e seus predecessores hindus, a Pérsia sassânida, os impérios helenísticos, o Império Romano, o Império Bizantino, os impérios do antigo Egito e os impérios coloniais (espanhol na América Latina, inglês nas Índias). Isso até parece uma enumeração à Prévert... mas vocês verão que a tentativa, que supõe uma inegável cultura, é, no entanto, interessante.

Primeiro, o método: ele está na tradição que os sociólogos chamam de estruturo-funcionalista, encarnada por Parsons e sua noção de "profissão",[19] uma tradição que tenta descobrir as características fundamentais de todos os sistemas políticos. Seu postulado consiste em destacar as propriedades de estrutura porque todo Estado tem de cumprir determinadas funções universais. As condições para realizar essas funções é que ele precisa ser legitimado, precisa concentrar os recursos etc. Essas exigências funcionais vão se acompanhar de propriedades estruturais. Mas, na verdade, contrariamente às aparências, os estruturo-funcionalistas, que são no leque político mais conservadores, estão muito próximos dos marxistas, do ponto de vista desses postulados fundamentais (isso pode parecer arbitrário e simplista e eu deveria desenvolver e argumentar muito, porque compreendo que dizer, para alguns, que Marx e Parsons não são muito diferentes é dizer algo que pode causar um transtorno, mas não tenho tempo nem tampouco muita vontade de fazê-lo...).

De acordo com uma filosofia estruturo-funcionalista, há caracteres fundamentais de todos os sistemas políticos possíveis e de sua relação com os outros sistemas constitutivos de uma sociedade. Esses caracteres fundamentais são utilizados como variáveis que permitem caracterizar todas as sociedades. Daí a ideia de fazer uma modelização. Outros enfoques consideram a sociedade como um sistema de sistemas (político, econômico, cultural etc.). A partir da enumeração dessas invariantes, podemos interrogar as variações, e portanto definir as variáveis que vão separar os diferentes Estados como realização diferente dessas combinações de sistemas. Isso tem o mérito de ser coerente e explícito... Pessoas como Eisenstadt, com seu peso pedestre, têm virtudes para mim: com todo o arsenal conceitual da sociologia mundial dos anos 1960 (estatutos e papéis desempenhados etc.), eles tentaram pensar. A operação primeira é uma operação de classificação: vão-se classificar os tipos de Estado, fazer uma tipologia fundada na enumeração de certo número de características comuns a diferentes sociedades ou configuração de traços, ao mesmo tempo sustentando que essas configurações têm propriedades sistêmicas. (Isso nos vem da Alemanha, através da teoria neofuncionalista de Niklas Luhmann, teoria muito geral que engole tudo. Esse parêntese é uma forma de vacinar vocês de antemão, para quando a coisa chegar...)

A ideia é que, num regime político, é possível isolar características; e os regimes que têm as mesmas características podem ser postos numa mesma classe. Ao mesmo tempo, não nos esquecemos de que essas características entrarão nas combinações diferentes e, portanto, criarão sistemas diferentes. A analogia biológica está por trás. Por conseguinte, temos ao mesmo tempo um pensamento analítico, que isola elementos nos conjuntos complexos, e um pensamento sintético, que não esquece que esses elementos entram em configurações históricas singulares, e que o Estado japonês não é o Estado francês, nem o Estado abássida. Eis a tentativa. Tendo definido essas classificações fundamentadas na pesquisa comparativa sobre a captação de características comuns, tentam-se destacar as propriedades comuns, uma espécie de essência histórica. As características comuns a todos os impérios classificados no tipo que será objeto do estudo, a saber, os impérios centralizados histórico--burocráticos, serão enumeradas como constitutivas dessa ordem política.

A primeira característica é a autonomia limitada da esfera política:[20] são universos em que a esfera política é parcialmente arrancada da imersão nas relações de parentesco, nas relações econômicas. Aparece uma ordem política relativamente autônoma. Essa contribuição é importante: toda teoria da gênese do Estado deverá permitir-se isso. Essa autonomia limitada e relativa da esfera política manifesta-se pelo aparecimento de objetivos políticos autônomos nos meios dirigentes; eles começam a ter uma razão política, que não é somente a razão familiar — é o esboço do que se chamará a razão de Estado. A segunda grande propriedade é a diferenciação dos papéis políticos em relação às outras atividades; por exemplo, o surgimento de um papel próprio do funcionário, separado do guerreiro, do escriba, do sacerdote. Correlativamente ao aparecimento dessa diferenciação dos papéis políticos, ou dessa divisão do trabalho político, para dizê-lo numa linguagem marxista, vemos surgir uma luta dentro do universo político: ele se autonomiza, se diferencia e, porque se diferencia, torna-se o lugar de uma luta. Terceira propriedade: os dirigentes tentam centralizar a esfera política; em outras palavras, há um trabalho para concentrar o poder. Quarta propriedade, que não se percebe muito bem como se diferencia da segunda: surgem, de um lado, instâncias administrativas específicas, burocracias, e, de outro, instâncias de luta política legítima — sendo o paradigma o Parlamento —, isto é, lugares institucionalizados em que está concentrada e circunscrita a luta política. Isso está ligado ao processo de centralização e de concentração. A luta de todos contra todos, que se pode exercer em qualquer lugar, é substituída — a metáfora é de Marx — por um lugar em que a luta política poderá exercer-se segundo as formas legítimas, sendo o Parlamento esse teatro do político.

Misturo Eisenstadt e Marx. Eisenstadt diz que o Estado aparece com a concentração de recursos "livremente flutuantes", recursos em dinheiro, em ouro, em técnicas; poderíamos acrescentar os recursos simbólicos, pois o Estado está associado a esses recursos simbólicos flutuantes. O processo que Eisenstadt descreve pode ser analisado como processo de diferenciação, de autonomização, de centralização. Ele insiste — é outra ideia importante — no fato de que esse processo de centralização e de concentração dos recursos flutuantes se vê limitado pelo fato de que deve contar com os laços tradicionais contra os quais se construiu. Voltarei a esse ponto muito importante. Evidentemente, todas essas pessoas têm em mente a questão do feudalismo e a passagem, em linguagem marxista, do feudalismo ao absolutismo. Marx impôs sua problemática ao conjunto das pessoas que pensaram nesse gênero de problema, e talvez ainda mais aos que pensaram contra ele. Assim, os estruturo-funcionalistas, embora totalmente opostos politicamente, insistem na ideia da contradição dessa concentração de recursos, que se faz contra os feudais e, ao mesmo tempo, para eles. Encontraremos esse tema em Perry Anderson.

Tendo definido essas características comuns, Eisenstadt descreve o que lhe parece ser o conjunto dos fatores favoráveis ou determinantes da aparição dessa configuração histórica. Para que esse tipo de império, de Estado apareça, é preciso, primeiramente, que a sociedade tenha atingido um certo nível de diferenciação. A tradição de Parsons, no prolongamento da tradição durkheimiana e weberiana, insiste na ideia de que o processo histórico é um processo de diferenciação do mundo em esferas, ideia com a qual estou de acordo, embora eu não defina as esferas como eles o fazem. Portanto, temos a necessidade de um certo grau de diferenciação, em particular da administração em relação ao religioso.

Em segundo lugar: é preciso que um certo número de pessoas tenham escapado ao estatuto rígido das relações agrárias tradicionais. Poderíamos nos apoiar numa observação de Max Weber sobre o fato de que, para que apareçam os notáveis, essa forma elementar do homem político, esses homens que aceitam — o que não fazem de coração alegre na sociedade dita arcaica — consagrar-se aos interesses comuns e dedicar-se a solucionar conflitos na aldeia, é preciso que já haja um pouco de excedente, de *skholê*, de lazer, de distância — uma reserva de tempo de folga.[21] O processo de diferenciação desdobra-se num processo de acumulação inicial de recursos que se traduz em tempo livre, podendo esse tempo livre ser dedicado ao que é propriamente político. Desenvolvo Eisenstadt servindo-me de Weber, pois ele se situa na linha de Weber.

Em terceiro lugar: é preciso que certos recursos — religiosos, culturais, econômicos — não estejam mais na dependência da família (*"disembedded"*), da religião etc. Polanyi emprega essa noção a respeito do mercado que existe nas sociedades tradicionais, pré-capitalistas. Em seu livro coletivo sobre o comércio nos impérios, há um capítulo muito bonito de um antropólogo inglês sobre o mercado cabila,[22] que é perfeitamente conforme ao que se podia obervar não faz tanto tempo assim. Existe um mercado aonde as pessoas vão levar seu gado, comprar grãos para o plantio, mas esse mercado é imerso nas relações familiares. Por exemplo, ali não se devem fazer transações fora de um espaço social limitado, age-se sob o aval de fiadores, faz-se intervir todo tipo de controle, o que resulta em que as relações econômicas puras, tais como as descreve a teoria econômica, não possam se autonomizar. Ora, para que o Estado exista, diz Eisenstadt, é preciso que existam recursos flutuantes "desengajados", podendo esses recursos ser rendimentos, símbolos ou trabalhadores, que não sejam de antemão apropriados e nem objeto de preempção por um grupo primário "ascriptivo", como eles dizem na linguagem de Parsons, hereditário e particularista. O exemplo por excelência seria o trabalhador livre de Max Weber — ver seu artigo muito famoso sobre a substituição do trabalhador agrícola pelo doméstico no leste da Alemanha.[23] Para compreender o que Eisenstadt quer dizer, é preciso pensar [nesse operário] agrícola que é tipicamente agarrado nas relações domésticas: seu trabalho não é constituído como tal; ele se envolve com os filhos de seu patrão, os quais trata como seus próprios filhos; portanto, fica enredado nas relações afetivas. Por isso, paradoxalmente, a noção de trabalho livre não consegue constituir-se. Para que o trabalhador seja explorável, precisa ser livre — Marx sublinhou muito bem esse paradoxo —, precisa estar liberado de suas relações de dependência pessoal em relação ao empregador e se tornar um trabalhador livre, jogado no mercado, para aí se submeter a outra forma de dominação, impessoal, anônima, que se exerce sobre indivíduos intercambiáveis.

Esses recursos livremente circulantes são, é claro, o instrumento de poder dos primeiros acumuladores de capital, o instrumento de sua dominação e, ao mesmo tempo, o objeto de sua luta; os dirigentes estão envolvidos na acumulação dos recursos e na luta pela acumulação dos recursos e pela apropriação dos recursos acumulados. Essa luta, que é o produto do começo da acumulação, é também o produto da aceleração da acumulação. Há aí uma dialética entre os recursos livremente flutuantes e os conflitos gerados para e por esses recursos. A intuição de Eisenstadt é justa embora seja preciso integrá-la num sistema mais complexo compreendendo também os recursos simbólicos: a acumulação inicial é possível pela existência desses recursos, que, por sua vez, geram, pelos conflitos que provocam, o desenvolvimento de novos recursos destinados a controlar o uso desses recursos e de sua redistribuição. Daí o efeito de bola de neve: o Estado nasce nessa dialética.

Eisenstadt insiste na existência de uma contradição. Ele faz a seguinte observação, que encontraremos em Perry Anderson, a saber, que esses impérios surgem de uma contradição. Com efeito, os dirigentes surgem da ordem tradicional feudal, de um sistema de poder fundado no parentesco, hereditário, transmissível, de maneira mais ou menos carismática; ao mesmo tempo, devem construir o Estado contra o próprio espírito do espírito de origem. Estão num *double bind*,[24] constantemente divididos entre a submissão aos valores feudais que encarnam e a demolição desses mesmos valores. As empreitadas de fabricação do Estado supõem a própria dissolução da ordem da qual saíram. Essas pessoas devem atacar as aristocracias da qual saíram: devem atacar os privilégios da aristocracia para defendê-la, para defender os interesses desses aristocratas. Mais amplamente, devem sabotar os próprios fundamentos da ordem feudal anterior, os valores, os privilégios, as representações implícitas, as crenças, para ter acesso a essas novas realidades e representações totalmente antifeudais que são as representações burocráticas, impessoais, anônimas. Muitos desses impérios dão poder a pessoas que são párias: eunucos, escravos, estrangeiros, apátridas etc. E vê-se bem por quê: na medida em que se trata de constituir uma ordem política independente, a qual obedece a leis de funcionamento e de transmissão antagônicas às leis tradicionais da transmissão pela família, uma das maneiras de cortar radicalmente o mecanismo é se dirigir a pessoas fora do jogo. O limite é o eunuco, ou então o celibato dos padres. Encontramos essas estratégias por todo lado, desde o Império otomano até a China. Paradoxalmente, as posições mais importantes são ocupadas por pessoas fora do jogo. Efeito inverso, na tradição do Império otomano os irmãos do príncipe eram com muita frequência executados, o que era uma maneira de sustar as guerras palacianas feudais, em ligação com a reivindicação do patrimônio segundo a lógica hereditária. A burocracia instaura uma ordem política que é para essa própria ordem seu começo.

Einsenstadt faz tipologias, atomiza os sistemas históricos em propriedades, observa as variações, mas sem perder de vista a ideia de sistematicidade, da coerência de cada combinação histórica. É outro de seus méritos: ele descreve um fenômeno que se pode chamar de "fenômeno de emergência". A noção de emergência está ligada a uma tradição epistemológica segundo a qual se passa de um sistema a outro, não de maneira simplesmente aditiva, mas por saltos qualitativos que correspondem a mudanças de estrutura dos elementos;[25] fala-se de emergência de uma ordem política quando se tem no espírito que ela não é simplesmente o resultado da agregação aditiva de elementos preexistentes, mas que cada uma das etapas desse processo se acompanha de mudanças de toda a estrutura. Outra metáfora empregada com muita frequência é a ideia de cristalização: a certa altura, elementos díspares se afiguram e realizam uma combinação (Althusser jogava com a noção de combinação...). Os conjuntos emergentes têm propriedades sistêmicas ligadas à existência de *patterns*, de estruturas globais autorreforçadas.

Sou muito injusto com Einsenstadt, mas, tendo em vista as leis de transmissão em nosso universo francês, vocês provavelmente nunca ouviriam falar dele. O que lhes disse talvez os preparará para fazer dele uma leitura positiva e construtiva...

DOIS LIVROS DE PERRY ANDERSON

Agora lhes apresentarei brevemente dois livros de Perry Anderson: *Les Passages de l'Antiquité au féodalisme* e *L'État absolutiste.* Como Eisenstadt, Perry Anderson está na tradição da história totalizante que visa captar um movimento histórico em seu conjunto, não se contentar em fazer a história do Estado, do exército, da religião etc. Ele quer captar a totalidade, com a intenção, explicitamente afirmada por Marc Bloch, de compreender o presente. A pergunta de Anderson é totalmente ingênua: como é possível que a França tenha uma tradição revolucionária, ao passo que a Inglaterra jamais tenha feito sua revolução? Que a França tenha pensadores críticos como os althusserianos e a Inglaterra pensadores conformistas? É assim que ele coloca o problema, e mal e mal estou caricaturando... Para apresentar a questão de maneira mais nobre: quais são os fatores que favorecem as forças socialistas na Inglaterra? Ele quer tirar de uma história global comparada dos grandes Estados ocidentais, aos quais acrescenta o Japão para os objetivos da comparação, instrumentos para compreender as particularidades que ele desaprova ou aprova na França e na Inglaterra. Critica o evolucionismo marxista. Seu projeto é perfeitamente weberiano, embora se situe na tradição marxista: ele visa captar a especificidade da história da Europa ocidental comparando, primeiramente, a história da Europa — da Grécia com a França dos Bourbons ou com a Rússia czarista — com a história do Oriente ou do Oriente Médio — de Bizâncio à Turquia —, ou com a história da China, a fim de ver quais são as particularidades da história europeia do ponto de vista da construção do Estado. Em segundo lugar, comparando, dentro da história ocidental, o desenvolvimento do Leste e do Oeste da Europa. Vocês compreendem de imediato que, na verdade, ele procura saber por que o socialismo é o que é na Rússia: não estará ligado à história anterior do Estado no Leste e no Oeste da Europa? E vocês verão que Barrington Moore, o terceiro autor de quem vou lhes falar, diz as coisas de maneira bem clara e diz que seu problema é compreender as "três grandes estradas": a que conduz à democracia ocidental, a que conduz ao fascismo e a que conduz ao comunismo. Ele tenta fazê-lo por uma história comparada da China e da Rússia, de um lado, do Japão e da Alemanha, de outro, e, enfim, dos países europeus. Tenta descobrir os fatores explicativos na história dessas três grandes tradições.

Nas discussões atuais sobre os acontecimentos no Leste [queda do muro de Berlim em 1989], as pessoas manipulam confusamente as coisas sem se darem ao trabalho de explicitar seus modelos e, sobretudo, sem ser capazes de fazê-lo, porque isso supõe uma elaboração histórica considerável. O mérito da construção de modelos é que isso obriga a tornar patente o sistema de interrogações. É por isso que vemos muito melhor as perguntas politicamente ingênuas ou ingenuamente políticas que esses historiadores de história comparada se fazem. Os historiadores de história pura e simples se fazem o mesmo tipo de perguntas — a propósito da Revolução Francesa —, mas é mais mascarado, porque simplesmente os modelos são menos patentes. Ora, um modelo patente é mais fácil de combater do que um modelo larvar, viciosamente escondido sob material pseudoneutro. Seria muito fácil fazer-se de esperto diante desse tipo de pesquisas, tanto mais que no que estou passando aqui a vocês não menciono o imenso trabalho histórico que supõe a construção desses modelos: só lhes dou os esquemas gerais. Mas, embora esse trabalho histórico seja de segunda mão — e eu mesmo tento, há anos, me constituir essa cultura de segunda mão —, não é uma insignificância controlar esse universo de saber. Digo isso porque é o mínimo que se pode dizer quando se fala de pessoas que fizeram esse gênero de trabalho.

Esses autores têm ideias preconcebidas, problemáticas ligadas ao presente e à tradição intelectual na qual se encontram. Seus dois grandes tipos de problemas são o problema marxista, que eu evocava há pouco, e o do resultado histórico das diferentes trajetórias. Eles responderão a isso de modo diferente. Anderson quer fazer uma reabilitação dos absolutismos europeus e superar a ambivalência de Marx em relação às monarquias absolutas da Europa moderna. Ele transpõe para as monarquias absolutas a análise clássica do capitalismo segundo Marx: assim como Marx e Engels caracterizavam a Europa moderna como um "comitê executivo para a gestão dos negócios comuns do conjunto da burguesia", assim Anderson considera as monarquias absolutas, tal qual a França de Luís XIV, como comitês executivos da última defesa dos interesses comuns do conjunto da nobreza feudal. O Estado absolutista é o último baluarte — que será varrido pela Revolução — da nobreza feudal; é um "aparelho de governo reorganizado para e pela nobreza feudal", um regime que serve a nobreza feudal. Mas assim como, segundo Marx, o Estado democrático capitalista deve disciplinar e até destruir certos capitalistas individuais para conseguir que triunfe a ordem capitalista, assim também — e é a contradição da ordem absolutista, segundo Anderson — a ordem absolutista deve disciplinar e mesmo destruir certos senhores, ou certos senhores da casta feudal, para salvar um sistema feudal de exploração, a saber, a servidão. O que era uma grande objeção à tese da funcionalidade do Estado absolutista para os feudais, a saber, as revoltas feudais, não é objeção para Anderson. Para salvar os interesses da classe, o absolutismo deve sacrificar uma parte da classe: é essa parte da classe sacrificada que se revolta, o que não pode ser considerado uma prova, pelo fato de que esse Estado absolutista não serviria os interesses globais da classe. Em outras palavras, a resistência da nobreza feudal não é um argumento contra a natureza feudal do regime.

O absolutismo dá aos feudais do Ocidente uma compensação pela perda da servidão sob a forma de propriedades, de corte, de prebendas. A acumulação permitida pelo imposto e a redistribuição possibilitada pela acumulação fazem que os nobres possam receber subsídios compensatórios próprios a suprir a falta dos rendimentos feudais. Para os feudais do Leste, o absolutismo — aliás, tomado de empréstimo — não é simplesmente destinado a compensar a perda do feudalismo, pois ele permite sua perpetuação. Observação importante que encontraremos também em Moore: os Estados orientais são Estados induzidos; construíram-se sobre o modelo dos Estados ocidentais inglês e francês, como se o Estado tivesse sido uma importação. Esses historiadores marxistas, não muito felizes com o destino dos regimes marxistas, se fazem a seguinte pergunta política: por que o marxismo na Rússia tomou a forma que tomou? Um Estado que se engendrou desde a origem não tem propriedades diferentes de um Estado que se engendrou na base de algo tomado de empréstimo, de um modelo importado?

Um livro de outro historiador muito famoso, Alexander Gerschenkron, sobre o atraso econômico do capitalismo russo,[26] segue a mesma linha. Não se pode compreender o destino do capitalismo na Rússia se não se compreende que esse capitalismo deu a partida depois dos outros, ao passo que os capitalismos francês e inglês já estavam muito desenvolvidos. Seu *backwardness* está ligado ao fato de que deu a partida depois. Diz Marc Bloch, contrariamente ao lugar-comum da sociologia espontânea dos anglo-saxões, que o Estado inglês se constituiu bem antes do Estado francês.[27] Será que um Estado que se desenvolveu segundo sua lógica própria por uma intenção espontânea não deve a essa particularidade uma parte de suas particularidades, e em especial o que sempre chama a atenção dos obervadores, ou seja, o fato de que esse Estado pôde perpetuar instituições extremamente arcaicas, a começar pela realeza, para além da Revolução Industrial? Isso conduz a outro falso problema que Marx legou à tradição historiográfica, o da revolução burguesa: por que a Inglaterra não teve revolução burguesa? Isso dá muita pena aos marxistas ingleses; e os marxistas japoneses desenvolveram uma abundante literatura para reponder à pergunta da via japonesa como desvio em relação à unica via que leva à única verdadeira revolução, a revolução burguesa... Esse feudalismo reconvertido assume formas totalmente diferentes dependendo dos países. Por vezes, há terríveis ingenuidades. Perry Anderson explica, assim, a estranheza da via escandinava: o determinismo fundamental da especificidade escandinava é a natureza particular da estrutura social viking — está-se num círculo perfeito. (Dito isto, eu gostaria hoje de, pelo menos, ensinar a vocês a leitura caridosa, a leitura segundo o interesse bem compreendido. Não compreendo por que lemos os livros que desprezamos: lemos ou não lemos... A leitura caridosa segundo o interesse bem compreendido consiste em ler as coisas de tal maneira que elas tenham um interesse.)

Volto à Escandinávia. Se se faz uma leitura aprofundada, a história de um país se torna *one way*, em sentido único, como a história individual. Uma das funções da noção de habitus é lembrar que as primeiras experiências orientam as segundas, que orientam as terceiras: percebemos o que nos acontece através das estruturas que foram postas em nossos espíritos pelo que nos aconteceu — é banal, mas mesmo assim é preciso pensar nisso. Não recomeçamos nossa história a cada instante; um país também não. Ter tido uma estrutura social viking é, mesmo assim, importante; resta estudar o que quer dizer a "via viking", em que isso comandou instituições, em que as instituições posteriores foram pré-construídas graças aos espíritos, eles mesmos construídos por essas instituições anteriores. Já estou esboçando um pouco a perspectiva científica que vou desenvolver. Tentarei mostrar como uma verdadeira história genética, uma sociologia histórica, procura captar esses processos de criação permanen-

te que visam transformar as estruturas a partir de constrangimentos objetivamente inscritos na estrutura e no espírito das pessoas, processos que mudam a
estrutura e que são moldados em parte pelo estado anterior da estrutura. A
filosofia da história que pegarei para minha análise futura é que, a cada instante, toda a história está presente na objetividade do mundo social e na subjetividade dos agentes sociais que vão fazer a história. O que não quer dizer que
estejamos em tamanho sistema fatal que, a partir do instante inicial, possamos
deduzir os instantes seguintes, mas que, a todo momento, o espaço dos possíveis não é infinito. Podemos até mesmo nos perguntar se o espaço dos possíveis não vai se estreitando...

Anderson desenvolve a contradição, indicada em Eisenstadt, entre o Estado absolutista e o feudalismo. Essa tese já está presente em Marx e Engels. Engels
diz, por exemplo: "O regime do Estado permanecia feudal ao passo que a sociedade tornava-se cada vez mais burguesa".[28] É a velha contradição que sempre se
enunciou. Anderson a elabora um pouco e descreve os conflitos que Eisenstadt
já evocava: o Estado absolutista, como aparelho feudal organizado novamente,
é levado a exercer ações repressivas contra aqueles mesmos cujos interesses ele
serve. Os Estados absolutistas servem como máquina repressiva da classe feudal
que acabava de abolir as bases tradicionais da comunidade e, ao mesmo tempo,
agridem os fundamentos essenciais da ordem feudal exercendo um controle
fiscal direto que se substitui ao exercício do sistema fiscal feudal. Para servir os
interesses da classe feudal, o absolutismo deve contrariar o feudalismo. Uma
observação, de passagem: Anderson atribui uma importância muito grande ao
papel do direito romano, porque o Ocidente tinha essa herança antiga, porque
há uma via ocidental diferente. Os *lawyers*, que estão na origem do Estado moderno, puderam beber na fonte do capital de recursos jurídicos acumulados,
utilizado como técnica.

Eu tinha previsto comparar Eisenstadt e Perry Anderson para lhes mostrar
que, sob a oposição aparente entre uma tradição estruturo-funcionalista e uma
tradição marxista, há muitas semelhanças. Para resumir muito depressa: Eisenstadt é um funcionalismo para todos, ao passo que Anderson é um funcionalismo para alguns. Eisenstadt se pergunta quais são as funções do Estado para
o conjunto da ordem social, com todas as classes confundidas, ao passo que
Anderson se interroga sobre as funções de classe para os dominantes desse
tempo, isto é, para os feudais. Mas o essencial é que ambos são funcionalistas:

em vez de se interrogar sobre o que faz o Estado e sobre as condições que devem ser cumpridas para que ele possa fazer o que faz, ambos deduzem o que ele faz das funções que eles apresentam quase a priori, tais como a função de manter a unidade, de servir etc.

O PROBLEMA DAS "TRÊS ESTRADAS" SEGUNDO BARRINGTON MOORE

O terceiro historiador de quem vou lhes falar, Barrington Moore, em *Les Origines sociales de la dictature et de la démocratie* diz muito claramente que seu problema é compreender o papel das altas classes fundiárias e dos camponeses nas revoluções que levaram à democracia capitalista, ao fascismo e ao comunismo. É o problema das "três estradas", e, para responder a essa pergunta, ele compara a Inglaterra, a França e os Estados Unidos, exemplos de revoluções burguesas conduzindo à democracia; o Japão e a Alemanha, exemplos de revoluções conservadoras conduzindo ao fascismo; e a China, exemplo de revolução camponesa conduzindo ao comunismo. É ele o mais consequente como comparatista: quer isolar uma variável considerada como variável principal e ver como varia o que se passa quando essa variável varia. Evidentemente, isso supõe uma formidável mutilação, e um historiador um pouco consciente diria que não é possível fazer isso. Mas repito que é melhor uma falta patente do que um erro oculto: é melhor construir um sistema de fatores explicativos restritos mas explícitos do que mudar de sistema explicativo de uma página à outra. Moore escreve, por exemplo, que o Estado nasce com o imposto e que tudo reside nisso, mas três páginas adiante esclarece que, se a legitimidade do Estado não for reconhecida, não há imposto... (Vejo, nesse modo de pensar, uma analogia com a oposição entre o pensamento mítico e o pensamento racional: uma das condições para que os sistemas míticos funcionem na coerência parcial é que jamais sejam testados simultaneamente; se a certa altura vocês dizem: "O homem é para a mulher o que o Sol é para a Lua", e mais tarde: "O homem é para a mulher o que o sapo é para a rã", vocês não confrontam essas duas proposições, e põem em ação os mesmos esquemas práticos — o "ofício de historiador". Esse gênero de construção não é passível da prova brutal à qual se expõem as pessoas que dizem: "Pego três fatores explicativos e vou ver como eles variam". Portanto, é um progresso.)

Para Barrington Moore, é preciso considerar, no período em que se constituem os Estados modernos, uma relação entre três termos: a grande propriedade rural, os camponeses e a burguesia urbana. Ele tenta explicar as características desses três resultados em função das combinações em que eles vão entrar. A democracia aparecerá nas tradições em que há um equilíbrio aproximativo entre as três vias, em que não há aliança entre a aristocracia e a burguesia, que se faz à custa dos camponeses e dos operários, em que existe uma tendência comercial, urbana, burguesa bastante forte para contrabalançar as tradições feudais. Quando se consideram os três tipos ao mesmo tempo, cada um caracteriza os outros negativamente. O Japão e a Alemanha são caracterizados por um desequilíbrio em favor das aristocracias rurais, por uma sobrevivência das tradições feudais que continuam a dominar as burocracias estatais. Os *Junkers* foram os primeiros a entrar no grande aparelho de Estado: "As pressões, próprias para fazer contrapeso, dos grupos capitalistas não são suficientes para compensar as consequências políticas de uma forma de agricultura que exerce uma opressão sobre os camponeses e repousa sobre controles políticos muito fortes".[29] Para distinguir o Japão da Alemanha, ele acrescenta que, no caso do Japão, o laço feudal tinha um caráter particular e acentuava a lealdade de tipo militar, a disciplina, em detrimento de uma lealdade mais contratual, mais livremente escolhida. O modelo se complica se levamos em conta o peso relativo das três forças. No caso da via para o comunismo, as tendências à comercialização, o desenvolvimento capitalista urbano e burguês, com os valores associados, são fracos, as formas de agricultura repressiva são muito fortes (servidão etc.), as forças absolutistas suscitam revoltas de base camponesa, elas mesmas invertendo de maneira mecânica as formas de dominação antiga. Portanto, tem-se uma recondução de um absolutismo primitivo.

Sinto muito por esses autores que, apesar de tudo, eu respeito. Eu gostaria de ter lhes contado, na sequência, o esquema que queria lhes propor e que não é fabricado de pedaços tirados de uns e dos outros. Gostaria de lhes dar os meios de criticar os modelos tornando visíveis essas articulações. Tentarei da próxima vez mostrar-lhes que é preciso mudar de filosofia da história para explicar mais sistematicamente as mesmas coisas e encontrar, de passagem, certas coisas que foram vistas por esses autores, que os exorto a ler...

Curso de 15 de fevereiro de 1990

O oficial e o privado — Sociologia e história: o estruturalismo genético — História genética do Estado — Jogo e campo — Anacronismo e ilusão do nominal — As duas faces do Estado

O OFICIAL E O PRIVADO

Recebi algumas perguntas às quais, contrariamente a meu hábito, não responderei diretamente: elas são extremamente complexas e subjacentes ao que tento fazer. Uma diz respeito ao controle da violência, a segunda, ao papel lógico do Estado como instância de racionalização. Esses dois problemas serão tratados na sequência do que direi, isto é, no próximo ano.

Para voltar ao fio de minha fala, eu tinha insistido, na última vez, na questão do oficial e da constituição do monopólio do oficial, o que era outra maneira de abordar a questão da constituição do monopólio da violência simbólica legítima. Havia lembrado que os agentes do Estado se caracterizavam pelo fato de estarem investidos de funções que chamamos de oficiais, isto é, do acesso oficial à palavra oficial, esta que circula nas instâncias oficiais e no Estado. Poder-se-ia dizer que, a rigor, o Estado é o lugar de circulação da palavra oficial, do regulamento, da regra, da ordem, do mandato, da nomeação. Nessa lógica, o Estado seria caracterizado pelo fato de ser o lugar de um poder universalmente reconhecido, até na contestação, o que é um paradoxo que abordarei posteriormente. O Estado é o lugar de um poder reconhecido que tem, atrás dele, o consenso social, consenso atribuído a uma instância encarregada de definir o bem público, isto é, o que é bom para o público, em público, para o conjunto das pessoas que definem o público. Seria possível dizer que um dos paradoxos do Estado reside no fato de que os detentores do monopólio do bem público são também detentores do monopólio do acesso aos bens públicos. Num curso anterior, contrapus, numa lógica mais sociológica que tradicionalmente filosófica, a visão marxista e a visão hegeliana do Estado, sugerindo que representavam dois polos antagônicos de uma antropologia do Estado. Penso que essas duas visões do Estado aparentemente antagônicas são como o verso e o reverso da mesma folha: não se pode ter o Estado hegeliano sem ter o Estado marxista. (Essas fórmulas em forma de slogans são mnemotécnicas e um pouco perigosas. São coisas que eu não escreveria, mas o curso é feito para dizer coisas que não se escrevem e para tornar comunicáveis coisas que se escrevem dizendo coisas mais simples, mais elementares, mais grosseiras, do que aquilo que o escrito pode portar ou suportar.) No fundo, a tese central que gostaria de desenvolver aqui é essa espécie de ambiguidade fundamental do Estado: os que encarnam o bem público são, a esse título, submetidos a uma profusão de obrigações — por exemplo, uma das propriedades dos homens públicos é que eles não têm domínio privado e estão sempre em representação pública mesmo quando se trata de sua vida privada.

De acordo com uma análise de Monique de Saint Martin,[1] o nobre é aquele que está em representação até na vida doméstica, aquele que tem o oficial como privado. A educação do nobre ensina em permanência, desde a infância, os futuros nobres a se submeterem, até mesmo na vida doméstica, às regras que se impõem aos homens comuns somente quando estão em público, em representação. Os políticos, e mais especialmente os membros da nobreza de Estado, os que têm acesso ao campo político como lugar da política legítima, oficial, mas também os altos funcionários na qualidade de nobres de Estado, são submetidos a todo tipo de constrangimentos que também se aplicam ao mundo privado. Pensando bem, eles não têm vida privada porque sua vida privada é sempre passível de publicação, essa forma de denunciação que consiste em publicar o privado. Haveria que refletir sobre o papel dos jornais satíricos, como *Le Canard Enchaîné*. Sua função pública evidente consiste em transgredir uma fronteira que os jornais oficiais ou semioficiais, como *Le Monde*, não podem transgredir. Esses jornais denunciam os escândalos, mas sob certas condições, em certos limites e de maneira relativamente extraordinária. Há órgãos oficialmente mandatados, pelo menos por eles mesmos, para cruzar essa fronteira oficial/privado, para oficializar no sentido de tornar público o privado que pode estar em contradição com a definição oficial da personalidade privada concernida. Haveria que refletir a respeito, e neste momento trabalho nisso.

Esta é uma historinha que lhes conto para mostrar como, a partir de uma análise que pode ser abstrata, elaboramos operações muito concretas. Estou trabalhando sobre a proteção jurídica da vida privada; são essas coisas de que ouvimos falar vagamente, todos os dias, mas que não olhamos de perto. Quando *Le Canard Enchaîné* publica a foto de um encontro de dois políticos, Chirac e Le Pen, há ofensa à vida privada, como é o caso quando uma estrela é fotografada de maiô? O direito é o mesmo para uma estrela e um político? As sanções são as mesmas? Qual é a definição oficial do oficial e do privado nos dois casos? Como os juízes se safam, eles, que são os detentores do direito oficial de dizer o oficial? A invenção da fotografia fez surgir uma profusão de problemas sem precedente. Os pintores eram sempre pintores oficiais: pintavam nus mas conformes às definições oficiais, ao passo que o fotógrafo de nus feitos de improviso, sem o acordo das pessoas fotografadas, cai na jurisprudência relativa aos escândalos. Há aí uma pista para toda uma série de análises.

(É preciso ser astucioso diante dos "grandes problemas": falar do Estado com um *E* maiúsculo, apelando para um estardalhaço filosófico, pode conferir certa forma de sucesso, mas penso que não é uma boa estratégia porque são problemas sobremodo difíceis; minha estratégia constante é agarrar esses grandes problemas por um lado acessível em que eles revelam o essencial que está escondido sob as aparências do insignificante.)

Minhas análises anteriores levavam a certas perguntas que tentarei fazer num contexto histórico. Já elaborei essa ideia de que o Estado pode ser caracterizado como constituição de recursos oficiais, de violência simbólica legítima. Agora, vou interrogar a história da gênese do Estado a partir dessa definição do Estado como lugar feito por agentes mandatados para expressar o bem público, para ser o bem público e para se apropriar dos bens públicos. Nos países ditos socialistas, os dignitários eram pessoas que, em nome da socialização dos meios de produção, apropriavam-se dos bens públicos e tinham um privilégio relativamente sem precedente — o que faz a estranheza desses regimes —, o de se apropriar, em nome da abolição dos privilégios, de bens públicos tais como residências, tribunas oficiais, rádios oficiais etc. Entre nós, a forma é mais suave, mas também temos os carros oficiais, as personalidades oficiais, as tribunas oficiais, as escoltas oficiais. Essa apropriação legítima dos bens públicos é acompanhada pelo que é, ao mesmo tempo, um dever e um privilégio, a saber, o dever de estar à altura do privilégio, portanto de não ter vida privada: os oficiais só têm acesso a certos privilégios com a condição de merecê-los, homenageando, ao menos oficialmente, os valores que legitimam esses privilégios.

Tendo lembrado tudo isso, espero agora me ater aos dois tempos que gostaria de marcar, do contrário meu discurso será uma sinfonia inacabada... Num primeiro tempo, direi o que é fazer a história da gênese do Estado e, no segundo tempo, em que essa maneira de fazer história se diferencia de certas maneiras ordinárias de fazer história. Mas, primeiro, evocarei um problema de método, e depois apresentarei as grandes linhas do que será essa descrição da gênese. Na verdade, vou fazer um resumo do curso que darei no ano que vem, sobre a gênese histórica da instituição estatal.

SOCIOLOGIA E HISTÓRIA: O ESTRUTURALISMO GENÉTICO

Primeiro tempo: a especificidade do método. O que quer dizer descrever historicamente a gênese do Estado? Será que o método comparativo, tal como foi aplicado pelos três autores que evoquei, é a única via? Para escrever uma proposição universal sobre a gênese do Estado, estamos condenados a fazer uma comparação universal das formas de Estado, até o Estado soviético, passando pelo Estado dos impérios incas? Minha resposta é não: podemos estudar um caso particular — ou um pequeno conjunto de casos particulares — de tal maneira que nosso projeto seja aí captar as formas universais do Estado, a lógica da gênese de uma lógica. A demonstração seria longa e difícil. Foi o que eu sugeri um pouco por meio das reservas que fiz, em especial a Eisenstadt e Perry Anderson: parece-me duplamente justificado tomar como objeto central o caso da França e o da Inglaterra, tratados conscientemente como casos particulares privilegiados porque, historicamente, o que aí se inventou serviu de modelo a todas as outras formas de Estado moderno. Fazer sociologia histórica ou história social é tratar um caso particular, mas constituindo-o, segundo a fórmula de Bachelard, como caso particular dos possíveis, captando sua particularidade como tal, particularidade que se pode comparar aos casos possíveis. Vou me referir muitas vezes à comparação Inglaterra/Japão. Seria possível encontrar muitas justificativas para esse modo de agir, não só por motivos de método, tratando-os como casos particulares, como também porque, historicamente, eles têm a particularidade de haver sido um modelo geral, os casos singulares a partir dos quais se fizeram os modelos em seguida generalizados.

Para justificar esses casos particulares, poderíamos encontrar na história inúmeras justificações. Por exemplo, em *O capital* Marx diz mais ou menos que o historiador faz um pouco como o físico, que observa os fenômenos físicos quando aparecem em sua forma mais típica e mais livre das influências perturbadoras. Sempre que isso é possível, Marx tenta fazer experiências em condições de normalidade, isto é, supondo que o fenômeno toma sua forma normal, não perturbada por outra coisa. Marx diz que, tratando-se de examinar o modo de produção capitalista e suas condições de produção, ele se servirá do caso clássico da Inglaterra porque a Inglaterra é não simplesmente uma ilustração privilegiada, mas sobretudo um caso exemplar, puro. Poderíamos encontrar fórmulas análogas em Marc Bloch, em seu estudo do feudalismo, no qual os dois casos que ele considera como exemplares são igualmente a França e a Inglaterra, insistindo no fato de que ambos contêm a forma completa do arquétipo histórico que ele tenta destacar, pois as próprias variações permitem captar mais completamente sua invariância.[2]

Mas o essencial de meu propósito é justificar essa empreitada de análise histórica tratando-se da sociologia. Pode-se repetir essa oposição clássica segundo a qual o sociólogo estuda as leis invariantes ao passo que o historiador estuda casos situados e datados. Essa oposição Durkheim/Seignobos, no início histórica, tornou-se uma oposição que estrutura os inconscientes cultos.[3] Ora, ela me parece absurda: não se pode fazer a sociologia de um fenômeno contemporâneo sem fazer uma história genética e uma sociologia genética desse fenômeno. A sociologia tal como a concebo é um estruturalismo genético ou uma genética estrutural. O sociólogo é alguém que faz história comparada sobre o caso particular do presente; o sociólogo é um historiador que toma por objeto o presente, com a ideia preconcebida de constituir o presente como caso particular e de ressituá-lo no universo dos casos possíveis. É preciso evitar o erro maior — que podem cometer tanto os historiadores como os sociólogos — que consiste em universalizar inconscientemente o caso particular, em tirar conclusões universais de um caso particular não constituído na sua particularidade. Quando eu digo: "Sou um professor francês", esqueço de me constituir como caso particular do possível; posso tirar conclusões universais, por exemplo sobre as funções de reprodução, que são a generalização indevida de propriedades particulares do caso particular.

A fronteira entre sociologia e história não tem nenhum sentido. Ela só tem justificativa histórica porquanto está ligada a tradições de divisão do trabalho. Se ela se perpetua é porque interesses sociais estão ligados à existência das disciplinas: investimentos em tempo, em aprendizagem, e investimentos psicológicos. A mesma coisa para a fronteira entre antropologia e sociologia: ela tem uma existência social e corresponde às condições do CNRS, que é uma instituição com diretores, presidentes, postos e estruturas mentais. Essa oposição sociologia/história é um artefato histórico, construído historicamente, que pode ser desconstruído historicamente. A historicização tem como função liberar essas pressões históricas inseridas nos inconscientes pela história. Repito a fórmula de Durkheim: "O inconsciente é a história". Explorar a história de uma disciplina ou do Estado é também explorar o inconsciente de cada um de nós que, por seu acordo com outros inconscientes, adquire uma realidade tão objetiva como a do chefe do Estado. A força do mundo social reside nessa orquestração dos inconscientes, das estruturas mentais. Ora, não há nada mais difícil de revolucionar do que as estruturas mentais. É por isso que as revoluções costumam com frequência fracassar em seu projeto de fazer um homem novo (um novo *homo oeconomicus* ou um novo *homo bureaucraticus*). Da mesma maneira, a divisão geografia/história é produto da história; as razões de sua existência mobilizam forças sociais fantásticas, de modo que talvez seja mais fácil reformar a Seguridade Social do que renunciar à divisão universitária em disciplinas.

Esse estruturalismo genético, que penso ser constitutivo da ciência social na sua generalidade, e que consiste em dizer que uma das maneiras de compreender um funcionamento social é analisar sua gênese, tem uma justificação científica. Se me sinto obrigado a explicitar um pouquinho o que, no fundo, é bastante óbvio e mesmo banal, é porque essas coisas precisam ser ditas, e basta que cada um de vocês esteja em situação de deparar, em termos práticos, com o que estou dizendo para ver os velhos reflexos disciplinares se remanifestarem, trazendo consequências práticas. Vou exorcizar: uma das maneiras de compreender o que acabo de dizer seria durkheimiana. Durkheim tinha a convicção de que, para compreender estruturas sociais, havia de recuar ao elementar, o que o levou a privilegiar a antropologia — ver seu livro *Les Formes élémentaires de la vie religieuse*, ou seu artigo com Marcel Mauss "De Quelques Formes primitives de classification".[4] Ele buscava o elementar no primitivo. O principal instrumento de seu pensamento genético era a antropologia: para ele, as formas primitivas levam ao elementar. É a metáfora da química: o elementar é isso a partir do que, por combinação, é possível encontrar o complexo.

Esse fantasma do elementar foi reativado, a certa altura, pelo modelo da linguística: sonhava-se em ter um sistema de fonemas com o qual fosse possível reconstituir as línguas. Minha intenção não é desse tipo; não penso que a busca do originário — no caso de nossa própria tradição: o Estado medieval — deva ser confundida com uma busca do elementar. Para mim, o originário é o lugar em que se constitui um certo número de coisas que, uma vez constituídas, passam despercebidas. O originário é o lugar do essencial, o lugar em que se veem as lutas, pois as resistências à constituição do Estado são muito importantes. Os melhores historiadores, por motivos que é possível compreender, esquecem os grupos marginais, as pessoas dominadas. Evidentemente, estudam-se as revoltas contra o imposto, mas não se estudam as resistências à unificação linguística ou à unificação dos pesos e medidas. Se os inícios são interessantes, não é na qualidade de lugar do elementar, mas na qualidade de lugar em que se vê a ambiguidade fundamental do Estado, que é o fato de que aqueles que teorizam sobre o bem público são também os que dele se aproveitam. Vê-se muito melhor o lado biface do Estado nos seus primórdios porque o Estado existe em nossos pensamentos e estamos constantemente aplicando um pensamento de Estado ao Estado. Sendo nosso pensamento, em grande parte, o produto de seu objeto, ele não percebe mais o essencial, em especial essa relação de pertencimento do sujeito ao objeto.

Esse estruturalismo genético deve estabelecer a lógica específica da gênese da lógica burocrática e, concomitantemente, descrever a natureza específica dessa lógica. É o problema das lógicas práticas, por oposição às lógicas lógicas.[5] Os especialistas das ciências sociais, historiadores e sociólogos, costumam ser postos diante da questão pelos especialistas das ciências mais avançadas, que, cada vez mais, tendem a se misturar às ciências sociais e a exercer uma jurisprudência, em nome de seu estatuto de ciências mais avançadas. Um artigo muito bonito qualifica de masculinas as ciências duras e de femininas as ciências moles.[6] Qualitativas/quantitativas: essas oposições não são neutras nem social nem sexualmente e têm efeitos totalmente funestos. Além de os especialistas das ciências moles poderem imitar os sinais externos das ciências duras e obter proveitos simbólicos por bom preço, um perigo mais grave reside no fato de que os especialistas das ciências duras, com a cumplicidade de uma fração dos especialistas das ciências moles, podem impor uma concepção da lógica das coisas históricas que não está conforme com a realidade. Em meu trabalho sobre o ritual cabila ou sobre as categorias dos professores franceses tais como elas se revelam pela análise das necrologias dos antigos alunos da Escola Normal ou dos julgamentos que os professores fazem sobre os alunos,[7] adquiri a convicção de que as lógicas segundo as quais funcionam os agentes sociais e as instituições sociais são lógicas que poderíamos chamar de moles, vagas: há uma lógica do histórico que não é a lógica da lógica. Medindo as produções dos especialistas das ciências sociais pelos parâmetros das lógicas lógicas, mutilamos na ciência social aquilo que ela tem de mais específico. Uma das tarefas mais importantes para os especialistas das ciências sociais é tornar consciente a lógica específica de seu objeto e a lógica específica de seu trabalho sobre o objeto para fazer reconhecer seu rigor específico, que não tem nada a ver com a lógica lógica tal como a encontramos teoricamente em certos universos científicos. O terrorismo da lógica lógica se exerce também sobre outras ciências do homem ditas mais "avançadas", como a biologia, por exemplo.

As lógicas práticas — das instituições, das práticas humanas — devem ser constituídas em sua especificidade, e um dos erros específicos científicos maiores nas ciências históricas consiste em ser mais rigoroso que o objeto, em pôr mais rigor no discurso sobre o objeto do que há no objeto, de maneira a ficar em regra com as exigências de rigor que são admissíveis, não no rigor, mas no campo de produção de discurso sobre o objeto. Essas falsificações, perfeitamente sinceras e espontâneas, são graves, sobretudo porque proíbem tornar proporcional a lógica do discurso com a lógica do objeto, e por isso mesmo captar a especificidade dessas lógicas, que não são umas lógicas a 50%, mas são outras lógicas. Se vocês querem uma argumentação mais consequente, *Le Sens pratique* fala desse assunto: embora tenha sido escrito sobretudo a propósito de problemas de práticas rituais ou de sistemas míticos, ele vale para o problema do Estado, em que também se lida com lógicas práticas que a lógica lógica destrói.[8] Um dos paradoxos das ciências sociais é que só temos, para descrever as lógicas práticas, as lógicas lógicas que foram construídas contra as lógicas práticas por um esforço histórico muito difícil, constante. O cálculo das probabilidades foi construído contra a probabilidade espontânea: todos os princípios fundamentais do cálculo das probabilidades consistem em dizer: "Não faça o que você faz espontaneamente".

Da mesma maneira, a teoria dos jogos é construída contra as estratégias espontâneas do jogador. Por isso, temos instrumentos de conhecimento que são destruidores do objeto. É importante conhecer os instrumentos de conhecimento; é por isso que a epistemologia não é um mero suplemento espiritual para o cientista, mas faz parte do trabalho científico: trata-se de conhecer nossos instrumentos de conhecimento para saber o efeito que eles produzem sobre nossos objetos; e devemos conhecer nosso objeto para saber em que ele obedece a uma lógica específica, antinômica à dos instrumentos de conhecimento que lhe aplicamos. Esse duplo esforço é muito importante: os historiadores, a fortiori os geógrafos, são vítimas de uma forma de dominação simbólica, que consiste em ser ao mesmo tempo revoltados e esmagados. Dou um exemplo: o primeiro número da revista de geografia de vanguarda *Hérodote* publicou uma entrevista com Michel Foucault. É um lapso significativo: o mais baixo vai pedir ao mais alto um aval…

Os historiadores ficam profundamente irritados diante da teorização, às vezes até diante de toda espécie de teorização na medida em que, com muita frequência, as vocações de historiador são pagas por um direito de entrada que consiste em renunciar à ambição de generalização, a qual se deixa, com certo desprezo — ambivalente —, aos sociólogos. Os historiadores dominantes prestam humildemente suas homenagens aos filósofos. Uma forma de reflexão que se chama tradicionalmente de "filosófica" (que melhor seria chamar de epistemológica) é parte constitutiva da profissão de historiador, de sociólogo, de especialista do mundo social, e não é um mero suplemento espiritual, pois deveria ser ensinada como elemento da competência específica das ciências históricas. Essa competência, pouco difundida entre os filósofos e os historiadores, seria um instrumento de liberação para os historiadores em relação às formas de dominação que os filósofos exercem sobre eles; seria também um elemento de progresso na direção da unificação das ciências sociais e da abolição da fronteira sociologia/história.

HISTÓRIA GENÉTICA DO ESTADO

A sociologia tal como a concebo sai dos limites tradicionais impostos à disciplina e implica uma gênese das estruturas objetivas que ela tem como objeto. Essa sociologia genética — como se fala de psicologia genética com Piaget — tem como tarefa estudar a gênese das estruturas individuais e das estruturas sociais, no caso particular do campo da alta função pública, do campo burocrático, do campo estatal. Como fazer essa história genética das estruturas coletivas? Em que ela é diferente da história tal como praticada via de regra? O que exige a mais? Existem certos trabalhos coletivos sobre a gênese do Estado que admiro muito e nos quais vou me apoiar. As referências bibliográficas são as seguintes: Françoise Autrand, *Prosopographie et genèse de l'État moderne*; Jean-Philippe Genet e Gernard Vincent, *État et Église dans la genèse de l'État moderne*; Jean-Phlippe Genet e Michel Le Mené, *Genèse de l'État moderne*; *Culture et idéologie dans la genèse de l'État moderne*.[9] Evidentemente, eu poderia citar outros trabalhos que evocarei na continuação do curso. Mas penso que esse conjunto é importante, a meu ver, porque permite perceber o que os historiadores podem fazer de melhor.

As observações que acabo de fazer têm como objetivo encorajar os historiadores, tentar liberá-los — servindo-me da sociologia da ciência, que mostra formas de dominação que podemos objetivar e, portanto, dominar — das censuras que eles aceitam porque elas são imanentes à própria estrutura do campo da história. Trata-se de dizer a eles: "Vocês fariam ainda melhor do que fazem se o fizessem até o fim, se não se deixassem encerrar nos limites um pouco castradores da disciplina histórica, que supostamente não deve levar os conceitos até o fim, construir modelos, sistemas de variáveis". Os historiadores, no conjunto, não estarão de acordo, mas não seria possível citar mais de quinze obras históricas coerentes, passíveis de uma falsificação no sentido de Popper. É algo próprio do campo produzir pressões, censuras objetivas e incorporadas, e as pessoas nem sequer sentem as censuras às quais se submetem ao entrar no campo…

Tendo dito isso não para chocar, nem para censurar e nem para dar uma lição, mas para tentar contribuir um pouquinho no sentido de liberar as ciências sociais tanto da ditadura das ciências duras como das formas de dominação incorporadas, que são as piores, prolongo um pouco a explicitação dos pressupostos dessa espécie de história genética a fim de dizer em que, metodologicamente, ela se distingue do que fazem os historiadores. Uma das diferenças maiores é que os historiadores não fariam o que eu faço porque pensariam que é supérfluo, pretensioso. Penso na fórmula de Saussure, que gosto muito de citar, e que diz que é preciso saber o que o linguista faz. Gostaria de mostrar o que é fazer o que fazem os historiadores que acabo de citar e sem os quais eu não poderia tentar fazer o que tentarei fazer a propósito da gênese do Estado. Se sabemos o que fazemos, nós o fazemos melhor: é a passagem de uma prática a um método. Marc Bloch deu a seu livro o título de *Métier d'historien*: o métier é algo que existe no estado prático, podemos fazer coisas magníficas sem ter um metadiscurso sobre sua prática. Prefiro um historiador ou um sociólogo que conhece seu ofício sem os discursos epistemológicos de acompanhamento a um sociólogo que faz discursos sobre sua metodologia e não tem prática. Nunca uma metodologia preservou alguém de um erro técnico: só a prática protege. No entanto, a prática é uma condição necessária mas não suficiente. Exercemos melhor ainda nosso métier na medida em que o dominamos no plano consciente, somos capazes de levar à explicitação os princípios práticos que pomos em ação na nossa prática, transformamos os esquemas em regras, fixamos regras que podem se tornar regras coletivas e ser utilizadas pelos adversários como um chamamento à ordem. A codificação tem uma importância considerável.[10] A epistemologia é a codificação de um ofício, o que o faz sofrer uma transmutação: passa-se a outra ordem quando se faz cientemente o que se faz.

Em meu projeto de uma história genética do Estado introduzo de saída a ideia de que há uma lógica da gênese das lógicas; em outras palavras, contar uma história e fazê-la são coisas que se opõem: a história não é um relato, mas uma seleção de fatos pertinentes (Saussure); é preciso saber o que é historicamente constituído. Primeira propriedade: essa lógica da gênese das lógicas não é da ordem da necessidade lógica nem da ordem do acaso ou da contingência pura. Há uma lógica específica da gênese desses objetos estranhos que são os objetos sociais históricos, e que têm, por sua vez, uma lógica específica que não é a da lógica. Para poupar vocês de um grande desenvolvimento filosófico clássico, remeto-os ao último artigo de Cassirer publicado em *Word*.[11] Trata-se de um filósofo não só útil como necessário para pensar corretamente o ofício de historiador ou de sociólogo. No fim de sua vida, ele falou do estruturalismo e tentou fundamentar filosoficamente essa noção de estrutura, realidade bizarra que escapa à alternativa leibniziana "verdade de fato/verdade de razão": trata-se, segundo Cassirer, de uma espécie de razão de fato, de uma racionalidade contingente, a um só tempo em seu funcionamento e em sua gênese. Se a tomamos segundo a lógica que opõe a contingência pura à necessidade, não compreendemos nada. Nesse artigo magnífico, ele desenvolve a ambiguidade da razão histórica no sentido de processo e das razões históricas no sentido da lógica imanente às ordens históricas captadas em dado momento. Ser historiador ou sociólogo, a meu ver, é ter o sentido de que estamos lidando com lógicas que escapam a essa alternativa, tanto em seu estado quanto em sua gênese. Da mesma maneira, o que devemos compreender é uma forma de necessidade na contingência ou de contingência na necessidade dos atos sociais realizados sob necessidades estruturais, sob a pressão dos produtos da história anterior, sob necessidades estruturais incorporadas na forma das disposições permanentes, o que chamo de habitus.

O sociólogo ou o historiador que se apodera do mundo social faria mais completamente o que faz se soubesse que tem por objeto um estado provisório, não aleatório e não necessário, de uma relação entre uma estrutura que é o produto da história, um campo, e uma estrutura incorporada que é também o produto da história. Quando o historiador estuda uma declaração de Guizot na Câmara dos Deputados, lida com algo conjuntural, acidental, um happening que, no fundo, não tem o menor interesse. A mesma coisa para o sociólogo que estuda uma declaração de Cohn-Bendit em 1968, ou a atitude de tal professor em 1968, ou a de Flaubert no momento do processo instaurado contra seu romance *Madame Bovary*. Quando ele estuda um happening, na verdade estuda o encontro entre o habitus — produto de uma ontogênese, da incorporação, sob certas condições, do estado de certa estrutura, a estrutura de um espaço social global e de um campo no interior desse espaço — e uma estrutura objetivada — a de um espaço social em seu conjunto, ou, no mais das vezes, a de um subuniverso, o campo da história, o campo literário, o campo estatal. O sociólogo faz história comparada quando toma como objeto o presente: quando eu estudo uma reforma da política de habitação em 1975, faço exatamente a mesma coisa que alguém que estuda um debate no Parlamento ou na Câmara dos Lordes em 1215: trato do encontro entre duas histórias, num momento que é, por sua vez, história do lado dos indivíduos e das estruturas.[12]

JOGO E CAMPO

Prolongo por mais dois minutos. Em que isso muda na prática a visão do ofício de analista dos fatos sociais ou históricos? Para explicá-lo, procederei muito depressa à comparação entre campo e jogo. Esse estruturalismo genético se distingue da maneira corrente de fazer história primeiramente porque tenta explicitar o que é fazer o que ele faz. Em segundo lugar, por explicitar o que é a lógica específica da mudança histórica, e a das realidades históricas, em particular dos campos. Em terceiro lugar, tratando-se de sociedades diferenciadas dentro das quais se constituiu o Estado como região diferenciada entre outras regiões diferenciadas, o sociólogo sabe que toma como objeto subuniversos, campos: quando ele faz história literária, história da arte, do Estado, do direito constitucional, estuda a gênese de jogos sociais, a que eu chamo de campos. Tudo o que eu disse se resume assim: a meu ver, o projeto histórico que me atribuo é estudar a gênese de um campo particular, que para os objetivos da comunicação eu posso comparar com um jogo, assinalando a diferença que evoquei há pouco. Tomemos o jogo de xadrez, o mais intelectual dos jogos. Os que pertencem ao polo que Kant chamava dogmático das ciências humanas, os que querem formalizar a qualquer preço, estão todos do lado da metáfora do jogo de xadrez; dão constantemente o salto ontológico e passam das coisas da lógica à lógica das coisas ou da lógica lógica à lógica prática anulando a lógica prática. Fazendo a distinção entre um jogo de xadrez e um campo, tento pôr no espírito de vocês um modo concreto de apreender o que, a meu ver, é a filosofia real dos campos sociais e de sua gênese.

No jogo de xadrez, há regras explícitas, conscientes, formuladas, enunciadas, que são exteriores ao jogo, que lhe preexistem e lhe subsistem; elas são estáveis, sob condição de reforma, e são admitidas explicitamente pelos jogadores que aceitam as regras do jogo. Uma propriedade muito importante é que as regras que organizam esse jogo estão fora do jogo: está fora de questão, durante o jogo, iniciar uma negociação com o adversário. Num campo, as regras são regularidades implícitas, e só uma pequeníssima parte das regularidades é levada ao estado explícito: é a mesma diferença que existe entre métier e método, evocada há pouco. Uma parte das regularidades rege as sanções a serem aplicadas às práticas; as sanções são imanentes ao jogo, implícitas; as regras estão em jogo e são constantemente repostas em jogo: é uma das propriedades dos campos, que

140

consiste, justamente, em que ali se luta para triunfar segundo as regras imanentes do jogo. É o que dizia Weber: quem não se dobra às regras do cosmos capitalista, se é patrão vai à falência, e se é trabalhador é mandado para fora do jogo.[13] As regras imanentes são relembradas por sanções, mas podem permanecer implícitas. Em segundo lugar, a ordem ordinária do cosmos econômico ou burocrático é tal que, ali, não se luta a propósito das regras do jogo. Mas pode haver uma luta para mudar as regras do jogo (pela revolução ou por uma política reformista), que consiste em trapacear no jogo e em instaurar uma regularidade tácita que se tornará a regra. O que era, no início, uma trapaça ou uma casuística ou uma escapadela...

Em outras palavras, as regras são regularidades implícitas, ignoradas quase o tempo todo pelos jogadores, dominadas no estado prático sem que os jogadores sejam capazes de levá-las à explicitação. Não são estáveis, à diferença das regras do jogo; não são exteriores ao jogo. As pressões segundo as quais o jogo é jogado são, por sua vez, o produto do jogo. Uma análise estrutural do jogo implica, portanto, uma análise da história do jogo, do devir que conduziu a esse estado do jogo, do processo pelo qual o jogo gera e mantém as pressões e as regularidades segundo as quais ele é jogado. O jogo não tem em si mesmo toda a sua verdade. Um campo é um jogo que se joga segundo regularidades que são suas regras, mas com cujas regras ou regularidades também podemos jogar para transformá-lo.

Descrever a gênese de um campo não é de jeito nenhum descrever a gênese de um jogo. Se vocês procurarem fazer a gênese de um jogo, terão de encontrar um nomoteta* e saber quem o inventou: o jogo de basquete, por exemplo, apareceu em 1890, e foi inventado por alguém que queria criar um jogo menos brutal e que as mulheres também pudessem jogar. Para o campo, trata-se de seguir um processo. A propósito da concentração do direito, da passagem do direito feudal ao direito régio, do processo pelo qual o rei, pouco a pouco, como instância de último recurso, concentra o poder jurídico, Marc Bloch diz que houve um processo de concentração do direito que se fez sem plano de conjunto, sem texto legislativo e, se posso dizer assim, juntando de tudo um pouco.[14] Será que isso quer dizer ao acaso e de qualquer maneira? Não. Estamos aí diante de uma necessidade muito estranha: nem diante de um nomoteta calculador

---

* Membro de uma comissão legislativa, em Atenas, na Antiguidade. (N. T.)

racional, de um inventor, nem diante de um louco que faz qualquer bobagem ("o som e a fúria"). Estamos diante de alguém que faz coisas juntando de tudo um pouco, que combina elementos emprestados a estágios anteriores, que constrói quebra-cabeças. Essa construção aparentemente incoerente gera essas coisas semicoerentes que os especialistas em ciências sociais têm como objeto de estudo. Quer se queira ou não, quando se faz história tem-se uma filosofia da história, e portanto é melhor sabê-lo. A filosofia da história em que pensa Marc Bloch é aquilo que eu queria fazer a partir da comparação entre o jogo e o campo, a saber, iniciar uma filosofia da lógica segundo a qual se engendram as lógicas vagas, ter não só um princípio de pertinência do que é importante reter como também um princípio de metapertinência. Tento constituir ao menos como problema o que os grandes historiadores fazem muito bem. Gostaria de mostrar em que essa filosofia muda a maneira de ler os fatos históricos e a maneira de ler o que fazem os historiadores. Se eu fosse cínico, diria: "Que os historiadores continuem a trabalhar assim e deem material já pronto para os sociólogos". Mas meu trabalho é perfeitamente respeitoso do trabalho deles, e embora eu choque, meu discurso é uma exortação para que o trabalho histórico seja levado até o fim, estando os historiadores despossuídos de seu próprio trabalho se não forem até o fim.

A sociologia da história escapa a duas tentações constantes, a duas formas de finalismo correntes: um finalismo coletivo, que consiste em buscar na imanência do mundo histórico uma razão orientada para os fins, e um finalismo dos indivíduos, que renasce periodicamente nas ciências sociais. Segundo a teoria da ação racional, os agentes sociais são considerados calculadores racionais que maximizam esta ou aquela forma de proveito material ou simbólico. Penso que o paradoxo do mundo social é que se pode descobrir uma ordem imanente sem ser obrigado a levantar a hipótese de que essa ordem seja o produto de uma intenção consciente dos indivíduos, ou de uma função transcendente aos indivíduos, inscrita nos coletivos. O Estado foi um dos grandes asilos da ignorância, no sentido de que se joga nas costas do Estado tudo o que não se sabe explicar no mundo social, e de que lhe atribuíram todas as funções possíveis: o Estado conserva etc. Vocês verão, nos livros de pretensão "teórica", que é fantástico o número de frases em que o Estado é o sujeito. Essa espécie de hipóstase da palavra "Estado" é a teologia cotidiana. Ora, fazer do Estado o sujeito de proposições não tem praticamente nenhum sentido. É por isso que eu sempre contorno minhas frases para falar dele...

142

Há ordem e há uma certa forma de lógica. Mas nem por isso temos motivos para supor que essa lógica tem um sujeito: é uma lógica sem sujeito, mas — nas ciências sociais, é frequente pularmos um erro para cair em outro — isso não quer dizer que os agentes sociais são simples *Träger* da estrutura, como diziam outrora os althusserianos em nome de Marx (pode-se traduzir *Träger* — não é uma boa tradução — por "portadores"). Os agentes sociais são ativos, agem, mas é a história que age através deles, a história da qual eles são o produto. O que não quer dizer que eles sejam totalmente dependentes.

Outra coisa importante que decorre desse modo de conceber a lógica da história é que a lógica do processo não é a lógica do progresso. Esse processo não é necessariamente contínuo — é, no entanto, mais do que se crê, mas apresenta descontinuidades. Quando os filósofos intervêm nesse gênero de problemas, recriam dicotomias de cortar à faca e fazem regredir todos os que, graças à sua profissão, superam na prática as dicotomias. É por isso que as ciências sociais devem ser liberadas dos filósofos, ao menos dos que não respeitam a especificidade das ciências sociais, dos que não veem o trabalho das ciências sociais tal como ele é, e que descem, assim como quem vai ver as mulheres, segundo Nietzsche, com um chicote na mão para fazer reinar uma ordem epistemológica terrorista. Os filósofos que respeitam a especificidade das ciências sociais, convoco-os de todo o coração, pois podem ajudar as ciências sociais a destrinchar os problemas como esses que eu evocava em duas palavras (regra e regularidade). Posso dizer a vocês que me servi muito dos bons filósofos, que têm coisas formidáveis a dizer sobre esses assuntos.

Quando se faz a gênese do Estado, seleciona-se um princípio de pertinência, por exemplo, a distinção pré-moderna/moderna/pós-moderna, que veicula implicitamente uma filosofia da história. Se se pensa que o Estado é o universal, e que a constituição do Estado é a constituição de um universo em que certos agentes monopolizam a palavra "universal", bem se percebe que a constituição do Estado tem algo a ver com o processo de universalização: passa-se do local ao universal. Será que o progresso em direção da universalização pode ser considerado um progresso? Estamos lidando com invenções sob pressão da estrutura contra a qual elas se fazem. A alternativa indivíduo/estrutura, que faz belas dissertações, é fraca, pois a estrutura está no indivíduo tanto quanto na objetividade. Mas, além disso, a ordem social pode impor que se pressione a invenção (por exemplo, o universo científico pressiona a invenção científica). A sociologia deve explicar a constituição de universos sociais em que as implicações do poder são históricas. A lógica desses universos é tamanha que aí se engendram o trans-histórico como a ciência e o direito, o universal, isto é, alguma coisa que, embora socialmente produzida, não é redutível às suas condições sociais de produção. Não é porque certos agentes têm interesse socialmente em se apropriar desse universal que esse universal não é universal...[15]

ANACRONISMO E ILUSÃO DO NOMINAL

Um dos erros latentes, quando se deixa a filosofia da história do Estado no estado implícito, é o anacronismo. Paradoxalmente, os historiadores são, de todos os eruditos, os mais propensos ao anacronismo, em grande parte porque são vítimas da ilusão da constância do nominal, ilusão segundo a qual uma instituição que guardou hoje o mesmo nome da Idade Média é a mesma. Os historiadores nos alertam, mas o fato é que uma parte de suas construções de objetos é a coleção de interesses ligados a problemas presentes sobre o passado. Para produzir um efeito linguístico ou para "parecer moderno", eles fazem analogias selvagens, dizendo por exemplo, a respeito dos problemas de instituições da Idade Média, que "Josquin des Prés é o Bernard Pivot do século XVI...". Esse anacronismo e a ilusão retrospectiva costumam estar ligados a um erro de filosofia da história que decorre do fato de que, quando se faz a gênese de uma estrutura, a todo momento tem-se um estado da estrutura em que o mesmo elemento se encontra englobado em estados diferentes da estrutura e, portanto, se encontra mudado. Um grande historiador da China, Levenson, disse que um texto canônico de Confúcio muda porque não muda num universo que muda.[16]

Tudo isso decorre da metáfora dos jogos que são, na verdade, campos, e em que a regra do jogo está em jogo no jogo, em que a estrutura global das relações de força muda. Nunca se pode supor que a mesma coisa nominalmente é a mesma coisa realmente, mas sempre se deve traçar a hipótese de que a identidade nominal esconde a diferença real. Os historiadores fazem séries longitudinais; temos recenseamentos na França desde os anos 1830 que detalham por categorias socioprofissionais. Ora, por exemplo, o "médico" dos anos 1830 não tem nada a ver com o "médico" dos anos 1980, embora o corpo tenha permanecido o mesmo. Esses estudos longitudinais dos corpos ou das instituições costumam ser sem objeto. As biografias, quando são sociologicamente construídas, fazem na verdade a história do campo no qual é inscrita uma biografia. O historiador que diz "Faço a história do Conselho de Estado" melhor faria se dissesse: "Faço a história do campo burocrático"... Se aceitamos a ideia de que lidamos com a gênese de estruturas e que cada estado da estrutura define cada um de seus elementos, é verdade que só podemos comparar de estrutura a estrutura, de estado da estrutura a estado da estrutura, e portanto a cilada da constância nominal está inscrita em todas as séries longitudinais atomísticas.

AS DUAS FACES DO ESTADO

A questão é saber se todas essas premissas se justificam em troca de um proveito científico substancial; em outras palavras, a partir de tudo isso acaso é possível dar alguma contribuição a esses trabalhos de historiadores que foram citados? O que se destaca do conjunto das leituras e reflexões que pude fazer, com base no princípio que enunciei, é a ambiguidade fundamental do Estado e do processo do qual o Estado saiu. O Estado é de tal forma um Jano que não se pode enunciar uma propriedade positiva sem enunciar simultaneamente uma propriedade negativa, uma propriedade hegeliana sem uma propriedade marxista, uma propriedade progressista sem uma propriedade regressiva, opressiva. É embaraçoso para os que querem futuros radiosos... O que penso poder fazer é, em vez de expressar uma espécie de orientação metodológica prévia levemente encantatória — lembrem-se: Hegel e Marx, Spinoza etc. —, mostrar ser possível basear essa dualidade numa análise genética. Descrever a gênese do Estado é descrever a gênese de um campo social, de um microcosmo social relativamente autônomo no interior do mundo social englobante, no qual se joga um jogo particular, o jogo político legítimo. Tomemos a invenção do Parlamento, lugar onde, sobre problemas conflituosos que opõem grupos de interesse, debate-se de acordo com as formas, segundo as regras, publicamente. Marx só viu o lado dos bastidores. O recurso à metáfora do teatro, à teatralização do consenso, mascara o fato de que há pessoas que puxam os fios, e que as verdadeiras implicações, os verdadeiros poderes estariam em outro lugar. Fazer a gênese do Estado é fazer a gênese de um campo em que o político vai se jogar, se simbolizar, se dramatizar nas formas, e na mesma ocasião as pessoas cujo privilégio é entrar nesse jogo têm o privilégio de se apropriar de um recurso particular que se pode chamar de recurso "universal".

Entrar nesse jogo do político conforme, legítimo, é ter acesso a esse recurso progressivamente acumulado — o "universal" — na palavra "universal", nas posições universais a partir das quais se pode falar em nome de todos, do *universum*, da totalidade de um grupo. Pode-se falar em nome do bem público, do que é bom para o público e, ao mesmo tempo, apropriar-se disso. Isso está no princípio do "efeito Jano": há pessoas que têm o privilégio do universal, mas não é possível ter o universal sem ser ao mesmo tempo monopolizador do universal. Há um capital do universal. O processo segundo o qual se constitui essa instância de gestão do universal é inseparável de um processo de constituição de uma categoria de agentes que têm como prioridade apropriarem-se do universal. Tomo um exemplo no campo da cultura. A gênese do Estado é um processo durante o qual se opera toda uma série de concentrações de diferentes formas de recursos: concentração dos recursos informacionais (a estatística através das pesquisas de opinião, os relatórios), de capital linguístico (oficialização de um dos falares que se constitui como língua dominante, de sorte que todas as outras línguas são formas depravadas dela, desviadas ou inferiores). Esse processo de concentração vai de par com um processo de desapossamento: constituir uma cidade como a capital, como lugar onde se concentram todas essas formas de capital[17] é constituir a província como desapossamento do capital; constituir a língua legítima é constituir todas as outras línguas como dialetos.[18] A cultura legítima é a cultura garantida pelo Estado, garantida por essa instituição que garante os títulos de cultura, que confere os diplomas que garantem a possessão de uma cultura garantida. Os programas escolares são um negócio de Estado; mudar um programa é mudar a estrutura da distribuição do capital, é fazer definharem certas formas de capital. Por exemplo, suprimir do ensino o latim e o grego é despachar para o *poujadisme** toda uma categoria de pequenos portadores de capital linguístico. Eu mesmo, em todos os meus trabalhos anteriores sobre a escola, tinha completamente esquecido que a cultura legítima é a cultura de Estado...

Essa concentração é ao mesmo tempo uma unificação e uma forma de universalização. Ali onde havia o diverso, o disperso, o local, há o único. Germaine Tillion e eu tínhamos comparado as unidades de medida nas diferentes

---

* *Poujadisme*: movimento populista de direita criado por Robert Poujade nos anos 1950, apoiado pelos pequenos comerciantes; mais genericamente, um corporativismo de direita popular. (N. T.)

aldeias cabilas numa área de trinta quilômetros: encontramos tantas unidades de medida quantas eram as aldeias. A criação de um padrão nacional e estatal de unidades de medida é um progresso no sentido da universalização: o sistema métrico é um padrão universal que supõe consenso, acordo sobre o sentido. Esse processo de concentração, de unificação, de integração é acompanhado por um processo de desapossamento já que todos esses saberes e competências associadas a essas medidas locais são desqualificados. Em outras palavras, o próprio processo pelo qual se ganha em universalidade é acompanhado por uma concentração da universalidade. Há os que querem o sistema métrico (os matemáticos) e os que são remetidos ao local. O próprio processo de constituição de recursos comuns é inseparável da constituição desses recursos comuns em capital monopolizado pelos que têm o monopólio da luta pelo monopólio do universal. Todo esse processo — constituição de um campo; autonomização desse campo em relação a outras necessidades; constituição de uma necessidade específica em relação à necessidade econômica e doméstica; constituição de uma reprodução específica de tipo burocrática, específica em relação à reprodução doméstica, familiar; constituição de uma necessidade específica em relação à necessidade religiosa — é inseparável de um processo de concentração e de constituição de uma nova forma de recursos que são do universal, em todo caso, de um grau de universalização superior àqueles que existiam antes. Passa-se do pequeno mercado local ao mercado nacional, seja no nível econômico seja no simbólico. A gênese do Estado é, no fundo, inseparável da constituição de um monopólio do universal, sendo a cultura o exemplo por excelência.

Todos os trabalhos anteriores que fiz poderiam resumir-se assim: essa cultura é legítima porque se apresenta como universal, oferecida a todos, porque, em nome dessa universalidade, pode-se eliminar sem medo os que não a possuem. Essa cultura, que aparentemente une e na verdade divide, é um dos grandes instrumentos de dominação, visto que há os que têm o monopólio dessa cultura, monopólio terrível já que não se pode reprovar a essa cultura o fato de ser particular. Mesmo a cultura científica apenas leva o paradoxo a seu limite. As condições da constituição desse universal, de sua acumulação, são inseparáveis das condições da constituição de uma casta, de uma nobreza de Estado, de "monopolizadores" do universal. A partir dessa análise, podemos nos dar como projeto universalizar as condições de acesso ao universal. Ainda assim, convém saber como: é preciso para isso despossuir os "monopolizadores"? Vê-se bem que não é desse lado que se deve procurar.

Termino com uma parábola para ilustrar o que eu disse sobre o método e sobre o conteúdo. Há uns trinta anos, numa noite de Natal fui, numa pequena aldeia bem no interior do Béarn, ver um modesto baile camponês.[19] Alguns dançavam, outros não; um grupo de pessoas, mais velhas que as outras, de estilo camponês, não dançavam, conversavam entre si, assumiam uma atitude para justificar o fato de estarem ali sem dançar, para justificar sua presença insólita. Deveriam ser casados, já que os casados não dançam mais. O baile é um dos lugares de trocas matrimoniais: é o mercado dos bens simbólicos matrimoniais. Havia uma taxa muito elevada de solteiros: 50% na faixa de idade 25-35 anos. Tentei encontrar um sistema explicativo para esse fenômeno: é que havia um mercado local protegido, não unificado. Quando o que chamamos de Estado se constitui, há uma unificação do mercado econômico para a qual o Estado contribui por sua política e uma unificação do mercado das trocas simbólicas, isto é, o mercado da postura, das maneiras, da roupa, da pessoa, da identidade, da apresentação. Aquelas pessoas tinham um mercado protegido, de base local, sobre o qual tinham um controle, o que permitia uma espécie de endogamia organizada pelas famílias. Os produtos do modo de reprodução camponês tinham suas chances naquele mercado: eles permaneciam vendáveis e encontravam as moças. Na lógica do modelo que evoquei, o que acontecia naquele baile era resultante da unificação do mercado das trocas simbólicas, que fazia com que o paraquedista da pequena cidade vizinha, que ia para lá dando-se ares de importante, fosse um produto desqualificante, que tirava valor desse concorrente que é o camponês. Em outras palavras, a unificação do mercado, que pode se apresentar como um progresso, ao menos para as pessoas que emigram, ou seja, para as mulheres e todos os dominados, pode ter um efeito liberador. A escola transmite uma postura corporal diferente, maneiras de vestir etc.; e o estudante tem um valor matrimonial nesse novo mercado unificado, ao passo que os camponeses são desclassificados. Aí reside toda a ambiguidade desse processo de universalização. Do ponto de vista das moças do campo que partem para a cidade, que se casam com um carteiro etc., há um acesso ao universal.

Mas esse grau de universalização superior é inseparável do efeito de dominação. Publiquei recentemente um artigo, espécie de releitura de minha análise do celibato no Béarn, daquilo que eu tinha dito na época, que intitulei, para me divertir, "Reprodução proibida".[20] Mostro que essa unificação do mercado tem como efeito proibir de facto a reprodução biológica e social a toda uma categoria de pessoas. Na mesma época, trabalhei sobre um material encontrado por acaso: os registros das deliberações comunais de uma pequena aldeia de duzentos habitantes durante a Revolução Francesa. Nessa região, os homens votavam por unanimidade. Chegam os decretos dizendo que é preciso votar por maioria. Eles deliberam, há resistências, há um campo e outro campo. Pouco a pouco, a maioria vence: ela tem atrás de si o universal. Houve grandes discussões em torno desse problema levantado por Tocqueville numa lógica continuidade/descontinuidade da Revolução. Resta um verdadeiro problema histórico: qual é a força específica do universal? Os procedimentos políticos desses camponeses de tradições milenares muito coerentes foram varridos pela força do universal, como se eles estivessem se inclinado diante de alguma coisa mais forte logicamente: vinda da cidade, apresentada em discurso explícito, metódica e não prática. Tornaram-se provincianos, locais. Os relatórios das deliberações passam a ser: "Tendo o prefeito decidido…", "O conselho municipal se reuniu…". A universalização tem como reverso um desapossamento e uma monopolização. A gênese do Estado é a gênese de um lugar de gestão do universal, e ao mesmo tempo de um monopólio do universal, e de um conjunto de agentes que participam do monopólio de fato dessa coisa que, por definição, é o universal.

ANO 1990-1

Curso de 10 de janeiro de 1991

Enfoque histórico e enfoque genético — Estratégia de pesquisa — A política da habitação — Interações e relações estruturais — Um efeito da institucionalização: a evidência — O efeito do "é assim..." e o fechamento dos possíveis — O espaço dos possíveis — O exemplo da ortografia

ENFOQUE HISTÓRICO E ENFOQUE GENÉTICO

O curso deste ano terá como objeto, mais uma vez, a questão do Estado. Abordarei dois pontos principais. O primeiro é sobre a gênese do Estado, ou melhor, a sociogênese, para empregar uma expressão cara a Norbert Elias, a sociogênese do Estado: a história, conduzida de acordo com certas lógicas, do nascimento do Estado no Ocidente. O segundo ponto será sobre a estrutura e os funcionamentos do Estado, sendo essa segunda parte uma espécie de balanço em que tentarei totalizar o que pode ter sido obtido no correr desses anos sobre a questão do Estado.

Gostaria de dizer logo, e certamente vocês se deram conta, que a questão do Estado é sumamente difícil. Penso que não há para um sociólogo questão mais difícil. Um colega meu, sociólogo francês, Michel Crozier, intitulou um de seus livros *État modeste*.[1] Costuma me acontecer pensar que o Estado é algo que deve nos tornar modestos, que o Estado é um problema que condena o sociólogo à modéstia, sobretudo quando ele empreende fazer o que tentarei fazer, uma coisa um pouquinho louca, que é tentar "totalizar" — emprego a palavra entre aspas — as contribuições da pesquisa teórica sobre o Estado — há poucos temas que tenham feito os teóricos, bons e maus, falarem tanto — e as contribuições da pesquisa histórica sobre todas as épocas e todos os países. É evidente que o próprio enunciado do projeto implica que ele é irrealizável. No entanto, penso que esse projeto merece ser tentado. Penso que as ciências sociais costumam confrontar-se com essa antinomia e esse dilema da totalização simultaneamente necessário e impossível.

A solução que vou propor a vocês implica uma consciência muito aguda do que está em jogo em minha empreitada. Não quero multiplicar as preliminares a respeito do Estado, a respeito da teoria do Estado, preliminares teóricas ou metodológicas mais ou menos maçantes, mas me parece que certas precauções são indispensáveis. Antes de mais nada, farei uma distinção entre o enfoque que chamo genético e o enfoque histórico comum. Poderia ser este, por si só, o objeto de um curso de um ano, mas sobre ele só direi algumas palavras para pô-los na pista de uma reflexão. Gostaria essencialmente de mostrar em que consiste a ambição do sociólogo, que se diferencia daquela do historiador. A ambição do sociólogo se distingue daquela que tem a maioria dos historiadores em seu trabalho: o sociólogo tenta construir o modelo teórico de um processo, isto é, um conjunto de proposições sistematicamente ligadas e passíveis de uma verificação sistemática, capaz de dar conta de um conjunto de fatos históricos tão amplos quanto possível. É uma definição simples do modelo. Evidentemente, essa ambição é, torno a dizer, desmedida pelo fato da imensidão dos dados que é preciso integrar e da complexidade dos esquemas teóricos que é necessário articular. Dito isto, [essa ambição deveria ser a] de todas as pessoas que pronunciam a palavra "Estado". Se, como eu disse há pouco, é preciso tentar, apesar de tudo, o impossível, é porque os que não o dizem o fazem clandestinamente, e porque todos os discursos que se fazem sobre o Estado têm as mesmas ambições, mas não vêm acompanhados da análise de suas condições de possibilidade, que podem ser condições de impossibilidade.

Primeiro ponto, portanto, distinguir o enfoque genético do enfoque histórico ordinário; segundo, tentar mostrar em que o enfoque genético é especialmente indispensável. Por que, tratando-se de um fenômeno como o Estado, o sociólogo é obrigado a se fazer historiador, arriscando-se, é claro, a cometer um dos atos mais fortemente tabus no trabalho científico, que é o ato sacrílego que consiste em transgredir uma fronteira sagrada entre disciplinas? O sociólogo se expõe a que todos os especialistas lhe batam nos dedos e, como assinalei, os especialistas são extremamente numerosos. Dito isto, se o enfoque genético se impõe é porque me parece que, nesse caso particular, ele é, digamos, não o único, mas um dos instrumentos maiores de ruptura. Retomando as indicações bem conhecidas de Gaston Bachelard, para quem o fato científico é necessariamente "conquistado" e depois "construído",[2] penso que a fase de conquista dos fatos contra as ideias recebidas e o senso comum, no quadro de uma instituição como o Estado, implica necessariamente o recurso à análise histórica.

Uma das análises que eu tinha feito bem longamente dizia respeito a essa tradição que vai de Hegel a Durkheim e que consiste em desenvolver uma teoria do Estado que, a meu ver, não passa de uma projeção da representação que o teórico tem de seu papel no mundo social. Durkheim é característico desse paralogismo ao qual os sociólogos são com muita frequência expostos, e que consiste em projetar no objeto, sobre o objeto, seu próprio pensamento do objeto, que é justamente o produto do objeto. Para evitar pensar o Estado com um pensamento de Estado, o sociólogo deve evitar pensar a sociedade com um pensamento produzido pela sociedade. Ora, a menos de se crer em a prioris, em pensamentos transcendentes que escapam à história, é de imaginar que só temos, para pensar o mundo social, um pensamento que é produto do mundo social no sentido muito amplo, isto é, desde o senso comum até o senso comum erudito. No caso do Estado, sente-se particularmente essa antinomia da pesquisa em ciências sociais e talvez da pesquisa em geral, antinomia que vem do fato de que, se nada se sabe nada se vê, e se se sabe corre-se o risco de se ver apenas o que se sabe.

O pesquisador totalmente desprovido de instrumentos de pensamento, que ignora os debates em curso, as discussões científicas, as contribuições, que não sabe quem é Norbert Elias etc., arrrisca-se, seja a ser ingênuo, seja a reinventar o já conhecido, mas, se ele conhece, arrisca-se a ficar prisioneiro de seu conhecimento. Um dos problemas que se apresentam a todo pesquisador, em especial nas ciências sociais, consiste em saber e em saber se livrar dos saberes. É fácil dizer — nos discursos epistemológicos sobre a arte de inventar leem-se coisas assim —, mas na prática é formidavelmente difícil. Um dos recursos maiores da profissão de pesquisdor consiste em encontrar astúcias — astúcias da razão científica, se posso dizer — que permitam, justamente, contornar, pôr em suspenso todos esses pressupostos que são assumidos pelo fato de que nosso pensamento é o produto do que estudamos e de que nosso pensamento tem aderências de todo tipo. "Aderências" é melhor que "adesão", pois isso seria fácil demais se se tratasse simplesmente de adesão. Sempre se diz: "É difícil porque as pessoas têm vieses políticos"; ora, está ao alcance do primeiro que aparece saber que, sendo mais de direita ou mais de esquerda, estamos expostos a tal perigo epistemológico. Na verdade, é fácil suspender as adesões; o que é difícil é suspender as aderências, isto é, as implicações tão profundas do pensamento que elas próprias não se reconhecem.

Se é verdade que só temos para pensar o mundo social um pensamento, que é produto do mundo social, se é verdade — e podemos retomar a famosa frase de Pascal, mas dando-lhe um sentido totalmente diferente — que "o mundo me compreende mas eu o compreendo", e acrescentarei que eu o compreendo de maneira imediata porque ele me compreende,[3] se é verdade que somos o produto do mundo em que estamos e que tentamos compreender, é evidente que essa compreensão primeira que devemos a nossa imersão no mundo que tentamos compreender é particularmente perigosa, e precisamos escapar a essa compreensão primeira, imediata, que eu chamo de dóxica (da palavra grega "doxa", retomada pela tradição fenomenológica). Essa compreensão dóxica é uma possessão possuída ou, poder-se-ia dizer, uma apropriação alienada: possuímos um conhecimento do Estado e todo pensador que pensou o Estado antes de mim se apropria do Estado com um pensamento que o Estado lhe impôs, e essa apropriação não é tão fácil, tão evidente, tão imediata senão porque é alienada. É uma compreensão que ela mesma não se compreende, que não compreende as condições sociais de sua própria possibilidade.

Com efeito, temos um controle imediato das coisas de Estado. Por exemplo, sabemos preencher um formulário; quando preencho um formulário administrativo — nome, sobrenome, data de nascimento —, eu compreendo o Estado; é o Estado que me dá ordens para as quais estou preparado; sei o que é o estado civil, que é uma invenção histórica, progressiva. Sei o que é uma identidade, já que tenho uma carteira de identidade; sei que, numa carteira de identidade, há certas propriedades. Em suma, sei um monte de coisas. Quando preencho um formulário burocrático, que é uma grande invenção do Estado, quando preencho um pedido ou quando assino um certificado, e que tenho poder para fazê-lo, seja uma ficha de identidade, seja um certificado médico, seja uma certidão de nascimento etc., quando faço operações como estas compreendo perfeitamente o Estado; sou, em certo sentido, um homem de Estado, sou o Estado feito homem, e, ainda assim, não entendo nada dele. É por isso que o trabalho do sociólogo, nesse caso particular, consiste em tentar se reapropriar dessas categorias do pensamento de Estado que o Estado produziu e inculcou em cada um de nós, as quais se produziram ao mesmo tempo que o Estado se produzia e que aplicamos a todas as coisas, e em especial ao Estado para pensar o Estado, de sorte que o Estado permanece o impensado, o princípio impensado da maioria de nossos pensamentos, inclusive sobre o Estado.

ESTRATÉGIA DE PESQUISA

Isso pode lhes parecer um pouco abstrato e verbal, mas tentarei dar exemplos com os quais vocês verão que temos diante dos olhos golpes de Estado que não conseguimos enxergar. O exemplo é a ortografia, que pode se tornar um verdadeiro negócio de Estado, sobretudo na conjuntura atual, e que analisarei daqui a pouco: é uma ilustração magnífica de tudo o que acabo de dizer. Para tentar sair do pensamento de Estado, procedi, em anos anteriores, a uma série de análises críticas: fiz o que se poderia chamar, transpondo a expressão "teologia negativa", uma espécie de "sociologia negativa", que se concluiu por resultados muito decepcionantes. No final de cada ano, tive de confessar a vocês — se não lhes disse, pensei muito intensamente — que estava consciente de não ter avançado muito, estava consciente de que muitas vezes havia substituído teses, teorias, e tudo o que se relata nos cursos sobre o Estado, por escombros teóricos e, depois, por pequenos fragmentos, como as análises sobre o certificado, o formulário, o desinteresse, o serviço público, a invenção progressiva da noção de público no século XVIII etc.

Digo-lhes isso para explicar minha maneira de agir, porque ela pode não ser compreendida, e tem o direito de não sê-lo; procedo de modo perfeitamente consciente: é uma estratégia de pesquisa. Em geral, na sociologia, e em especial quando se trata do Estado, não se têm outras estratégias além da de Horácio diante dos Curiácios, da de David diante de Golias, isto é, fazer-se bem pequenininho, enfrentar os problemas pelo lado aparentemente menor, porque do contrário é sobremodo difícil. Ora, é uma lei social que quanto mais as pessoas se sentem grandes, mais tratam dos "grandes problemas": há uma hierarquia social dos problemas e os homens elevados pensarão, por exemplo, as relações internacionais ou o Estado e olharão de muito alto para aqueles que se ocupam do certificado... É uma estratégia que para mim deu certo — bem, a meu ver, em muitas de minhas pesquisas —, e que consiste em aceitar tomar um partido ancilar, recolher os escombros, os pequenos problemas abandonados pelos grandes teóricos, porque penso que é nessa escala que mais estamos ao abrigo contra os golpes do Estado, contra a imposição do Estado.

A dificuldade não vem apenas do sentido comum, do fato de que sabemos preencher um formulário e de que aceitamos frases do tipo "o Estado decide que" sem refletir, de que aceitamos que o Estado seja uma realidade à qual se pode colar um objetivo: ele é modesto, ele é ambicioso, ele é glorioso, ele é centralista etc. Aceitamos uma profusão de coisas sem explicações. Mas o pior, para um erudito, é o sentido comum erudito, isto é, o conjunto dos problemas obrigatórios que são constitutivos da profissão e, portanto, do profissionalismo: são os problemas que é preciso abordar para ser conhecido como erudito legítimo. É muito difícil romper com esse sentido comum, e quanto mais alguém é jovem, quanto mais é iniciante, mais é, embora dando-se ares de liberdade, submetido aos grandes problemas do tempo, mais está no dever de prestar homenagem a esses grandes problemas... Não se deve crer que seja uma homenagem cínica: as pessoas que defendem a ortografia energicamente não são cínicas, seria bom demais; são homenagens sinceras e agradecidas. Um grande problema chama uma grande reverência, portanto grandes teses, grandes trabalhos e grandes conceitos.

Tomo um exemplo. O problema do Estado, que tinha mais ou menos desaparecido — também há modas nas ciências, como infelizmente em toda parte —, voltou com força ao universo intelectual em torno dos anos 1960, no rastro dos movimenttos sociais que sacudiram esse decênio dos dois lados do Atlântico. Nos Estados Unidos, a ressurgência das teorias ditas do conflito e do marxismo, para as quais o marxismo de inspiração estruturalista (levado por Göran Therborn, Claus Offe, Nicos Poulantzas) teve um grande efeito, e esse retorno se manifestou logo de saída na forma de um debate entre a autonomia ou a heteronomia do Estado. O Estado é dependente, conforme dizem os marxistas, mesmo se é uma dependência relativa, como dizia Poulantzas? Há uma correspondência entre o Estado e esta ou aquela classe? E que classe se procura: serão os *Junkers*, será a burguesia industrial, será a *gentry*? Há inúmeros trabalhos sobre esse tema. Evidentemente, interrogamo-nos sobre uma relação sem nos interrogarmos sobre seus termos: supõe-se como um fato consumado o que é uma *gentry*, o que é uma classe, o que é o Estado, e nos interrogamos sobre a dependência e independência entre esses termos...

Houve uma reação contra essa corrente, que fez muito barulho e cujo porta-voz mais conhecido é uma socióloga americana que se chama Theda Skocpol. À tese da dependência — que era subversiva nos Estados Unidos, e estava na lógica do movimento estudantil —, Theda Skocpol opôs a tese da autonomia, elaborada em seu livro *States and Social Revolution*, que é uma amplificação corrigida da tese de Barrington Moore — seu professor em Harvard.[4] Em seguida, ela coeditou um livro coletivo chamado *Bringing the State Back in*.[5] Nesse livro, ela mostra que não se pode fazer sociologia, compreender o mundo social sem fazer intervir o papel do Estado, papel que é independente daquele das forças sociais dentro das quais o Estado opera. Nessa tradição, há trabalhos de todo tipo. Tem-se aqui um exemplo de um desses problemas contra o qual vão tropeçar milhares de pesquisadores. Li, por exemplo, um belíssimo trabalho, com uma magnífica bibliografia, em que são recenseados todos os partidários da teoria da dependência do Estado nos Estados Unidos.[6] É muito profissional e seria preciso fazer isso na França, mas com a condição de não se fazer só isso. O autor recenseia todos os partidários da dependência, todos os partidários da independência, expõe as duas teorias e, num caso empírico, o da Alemanha da primeira metade do século XVIII, tenta ver se o Estado é realmente dependente ou independente usando os sinais históricos da dependência e da independência. Trabalhos assim, há quantidades. [Mas] esse tipo de trabalho me parece ser um obstáculo ao conhecimento, porque trabalhar empiricamente pode ser também uma maneira de escapar da reflexão teórica.

A POLÍTICA DA HABITAÇÃO

De meu lado, tentei abordar o problema do Estado de maneira muito modesta e muito empírica, estudando a política da habitação na França nos anos 1970.[7] A partir do momento em que existe o que se chama uma "política" comportando certo tipo de legislação, de regulamentação de auxílio à moradia, pode-se dizer que talvez não se saiba o que é o Estado, mas que é, ainda assim, alguma coisa que está do lado do que se chama "o Estado". Porém, não se pode dizer mais que isso: em seguida ao trabalho das comissões, foi promulgado um certo número de leis, decretos, regulamentações, que visavam substituir o que se chamava na época "ajuda à pedra" pelo que se chamou "ajuda à pessoa". Sou wittgensteiniano, digo: "Eis uma ação de Estado", e me pergunto: "Em que consiste uma ação de Estado? Como isso se dá, e como isso se determina, como isso se decide?". A partir do instante em que surgem questões desse tipo no espírito, o problema da dependência ou da autonomia do Estado se espatifa, pois o que se observa é um espaço de agentes, um espaço muito complicado.

A esse respeito, as comissões são típicas: são lugares em que se encontram, e digo-lhes isso em poucas palavras, pois já lhes contei um pouco a respeito no ano passado, agentes que podemos chamar do Estado — dez anos depois eles terão passado para o outro lado, terão "*pantouflé*",* terão passado para o lado dos bancos —, agentes dos organismos locais, representantes dos HLM, agentes dos bancos que têm interesses maiores num negócio como este porque se o modo de financiamento do imobiliário muda, todas as estratégias de investimento mudam. Não desenvolvo a análise porque isso me levaria longe demais. Descobre-se um espaço de agentes em concorrência, entretendo relações de força extremamente complexas com armas muito complexas e muito diferentes: uns têm o conhecimendo dos regulamentos, o conhecimento dos precedentes; outros têm uma autoridade científica e modelos matemáticos que desempenharam imenso papel nessa luta; outros, ainda, têm o prestígio. Por exemplo, o sr. de Fouchier acumulava toda uma série de princípios de prestígio: o nome nobre, o fato de ser inspetor do Ministério de Finanças, de ser o dirigente do maior banco francês. Todos esses agentes entram em relações de força extremamente complexas, tanto materiais como simbólicas, que para muitos passam pelo discurso, e dessa relação de força muito complexa, que é preciso analisar de maneira muito sutil, resulta uma decisão que contribui para reforçar ou alterar um certo estado das relações de força. Dou apenas uma ínfima ideia da complexidade empírico-teórica (porque aí não há mais teoria nem empiria) que se deve manipular para escapar à alternativa simples: Estado dependente ou inde-

---

* O *pantouflage* é passar de um emprego estatal para um do setor privado. (N. T.)

pendente. O que resulta de uma análise como esta? Resulta que a palavra "Estado" é uma espécie de designação estenográfica, mas, nessa qualidade, muito perigosa, de um conjunto de estruturas e de processos extremamente complicados. Eu precisaria de horas para desenvolver o que coloquei sob a palavra "Estado" ao dizer que "o Estado decidiu substituir a ajuda à pedra pela ajuda à pessoa". São milhares de pessoas, relações complexas, nos campos, nos subcampos articulados, opostos etc.

INTERAÇÕES E RELAÇÕES ESTRUTURAIS

Nos Estados Unidos, há uma técnica muito na moda que se chama *network analysis*. Consiste em analisar, por métodos estatísticos relativamente elaborados, as redes de interações entre as pessoas. Um dos promotores desse método chama-se Edward Laumann. É um sociólogo de Chicago que usou esse método primeiro para conhecer as redes de poder numa pequena cidade da Alemanha, e depois arriscou-se a aplicá-lo a redes mais vastas, como os políticos da Casa Branca acerca de certos problemas, chegando a resultados muito interessantes.[8] Não concordo com tudo o que ele diz e, aliás, ele ficaria muito surpreso se soubesse que eu concordava. Mas se não compartilho de suas teorias, sua filosofia, suas posições políticas, ele está no caminho ao término do qual se sai do difícil impasse Skocpol/Poulantzas. É por isso que me sinto mais próximo dele. Em duas palavras, a diferença entre sua visão e a minha é que ele descreve os espaços de políticas públicas ("*policy domains*") como espaços de interações, muito mais que como relações entre estruturas. Esse é um dos grandes cortes na ciência social: de um lado, os que, tendo estudado um espaço social — já ao dizer "espaço social" eu escolho um campo —, interessam-se pelas interações entre os indivíduos: será que eles se conhecem ou não? Será que fulano tem o nome de beltrano na sua caderneta de endereços? Será que se telefonam? Será que se comunicam antes de decidir na Casa Branca etc.? Em suma, há os que se interessam pelas interações, isto é, pelas trocas sociais reais realmente efetuadas. E, de outro lado, há os que, entre os quais estou, pensam que as interações são muito importantes, que costumam ser o único meio que temos para captar as coisas, e que é somente através das interações que as estruturas se revelam. Mas as estruturas não são redutíveis às interações entre duas pessoas que se falam: ali se passa coisa muito diferente do que se passa aparentemente. O exemplo que costumo dar para que se compreenda esse ponto é o das estratégias de condescendência: a interação entre duas pessoas pode ser a atualização de relações estruturais irredutíveis à interação, sendo a interação ao mesmo tempo a manifestação e a dissimulação. Uma análise da interação inteligente não está longe de uma análise de estrutura; mas há mesmo assim uma diferença na maneira de expressá-la, na maneira de falar a respeito dela, que faz que a diferença seja importante. Em todo caso, quando fazemos estudos desse tipo — e aí estou de acordo com Laumann —, em vez de indagarmos se o Estado é dependente ou independente, interrogamo-nos sobre a gênese histórica de uma política, como isso aconteceu, como se chegou a um regulamento, a uma decisão, a uma medida etc. Descobre-se imediatamente que a questão, o *Streit* [a disputa] acadêmico dependência/independência não tem sentido, e que não se pode responder a essa questão de uma vez por todas. Evidentemente, damos a impressão de capitular. Os teóricos têm horror quando lhes dizemos que não se deve responder de uma vez por todas: acham isso "positivista". Não se pode responder de uma vez por todas a essa pergunta, o que não quer dizer que não se possam dar respostas muito gerais, mas isso supõe que se comece por rejeitar esse gênero de pergunta mal colocada. Não é possível responder a ela de uma vez por todas: para cada caso, isto é, em cada momento, em cada país e até mesmo para cada problema é preciso indagar o que é a estrutura do espaço dentro do qual vai se gerar determinada política.

Para que vocês compreendam: se quero estudar uma reforma do sistema de ensino, encontrarei um certo espaço; se quero estudar tal crise internacional, encontrarei outro espaço, com outros agentes, e a questão é saber o que eles têm de particular, em especial os que participam dos dois: serão eles mais Estado que os outros? É uma questão-chave: quais são as propriedades desses agentes que estão na interseção de todos os campos dentro dos quais se constroem as políticas? Se eu estudo a política do armamento, é um espaço totalmente distinto daquele da política de educação nacional, o que não quer dizer que não me interrogarei sobre as invariantes do que é o Estado, das coisas que ocorrem toda vez que uma política de Estado se decide. Penso que há uma lógica específica do campo burocrático, que é um espaço dentro do qual se geram as implicações e os interesses totalmente específicos. Por exemplo, no caso da política que estudei, havia dois corpos do Estado, dois corpos que eram produtos históricos do Estado, corpos que se produziram produzindo o Estado, que o Estado deve produzir produzindo-se, a saber, o corpo dos engenheiros da École des Ponts e o corpo dos inspetores de Finanças. Os dois corpos tinham interesses completamente diversos, interesses burocráticos ligados à sua história, à sua posição no espaço social, e esses dois corpos mantinham alianças diferentes com outros agentes, como os banqueiros... Por conseguinte, há implicações específicas, interesses específicos que são, em boa parte, o resultado da posição dos agentes no espaço social ou no subespaço burocrático constituído pela política considerada. Há também pressões e regularidades específicas que são irredutíveis às pressões de regularidades que pesam sobre o conjunto das pessoas.

Há uma lógica específica do Estado e essas pressões, essas regularidades, esses interesses, essa lógica do funcionamento do campo burocrático podem estar no princípio da dependência ou da independência em relação a interesses externos ou, melhor ainda, de correspondências não desejadas em relação a interesses externos. Acontece de, ex post, poder se dizer, por exemplo, que o corpo dos engenheiros da École des Ponts, por motivos históricos muito complicados, tinha uma posição mais "de esquerda" a respeito dos HLM, e que o corpo dos inspetores das Finanças tinha uma posição "à direita". Mas ocorre que se trata de coincidência (eu exagero um pouco); no máximo, esses agentes, ao se servirem, serviram, sem saber e sem querer, mais os interesses deste grupo do que daquele; podemos até mesmo dizer um pouquinho mais: "no final das contas", "pensando bem", "globalmente", todos esses jogos de Estado servem mais uns que outros, servem mais os dominantes que os dominados. Mas para, enfim, dizer isso, será que vale a pena levantar grandes problemas a-históricos?

Este é um primeiro ponto: e o que eu queria dizer é que, quando estamos diante de um problema como este, a prudência consiste em adotar a atitude mais desconfiada em relação ao Estado, a tal ponto que, em meu trabalho, comecei a escrever a palavra "Estado" há somente dois ou três anos. Antes, eu jamais escrevia "Estado", porque não sabia o que era, mas sabia o suficiente para desconfiar do uso, mesmo estenográfico, do conceito. Bachelard fala de "vigilância epistemológica": ela deve se exercer também sobre as palavras.

(O único privilégio da comunicação oral, que é sempre menos boa que a comunicação escrita, porque não se tem tempo de controlar, é que ela permite comunicar coisas que são quase indecentes, que não é possível escrever nas notas porque somos lidos por colegas enfurecidos ou maldosos.)

Portanto, é preciso romper com as grandes teorias, como é necessário romper com as ideias de sentido comum e desconfiar da compreensão imediata, pois quanto mais compreendo menos compreendo. É algo que parece radical, e é por isso que falo de "sociologia negativa". Quanto mais compreendo, mais devo desconfiar; quanto mais é simples aparentemente, mais deve ser complicado. Devo desconfiar muito em especial dos problemas de escola — é muito desagradável dizer isso numa escola —, mas é uma antinomia entre o ensino e a pesquisa, especialmente em ciências sociais. É verdade que um ensino de pesquisa deveria ser uma espécie de *double bind*[9] permanente: "Eu lhe digo o que eu digo mas você sabe que é falso, você sabe que pode ser falso".

(A respeito desta última precisão pedagógica, gostaria de dizer que um dos problemas desse ensino, o que o torna aterrador para quem o ministra, é a dispersão extrema dos públicos [aos quais me dirijo]. Isso pode ser analisado sociologicamente: a homogeneização dos públicos escolares é um efeito da escola. Aí está mais um inconsciente histórico. Trata-se de algo que levou séculos para se constituir: foram postos numa sala alunos que têm todos mais ou menos a mesma idade, o mesmo currículo etc. Isso não se inventou num dia, houve épocas em que estavam lado a lado estudantes de dezoito anos e alunos de seis anos. Quanto mais os professores professam diante de um público homogêneo, mais o discurso pode ser formalmente homogêneo. Um dos problemas que apresenta o ensino do Collège de France é que, para o melhor e para o pior, ele justapõe os ouvintes que têm especialidades, formações, idades etc. extremamente diversas, e que o peso dessa dispersão é extremamente forte, sobretudo quando se tem consciência disso; melhor seria não ter consciência disso, mas profissionalmente não posso ser inconsciente dos problemas de pedagogia; portanto, para quem tem consciência é bastante opressivo porque se pensa nisso o tempo todo. Por exemplo, quando analiso a dupla interação/estrutura, há entre vocês gente que me ouviu fazê-lo quarenta vezes, e me aborrece um pouco ter de retomar, e outros para quem isso mereceria duas horas de desenvolvimento; então tento fazer um "compromisso histórico"...)

UM EFEITO DA INSTITUCIONALIZAÇÃO: A EVIDÊNCIA

Para escapar ao pensamento de Estado sobre o Estado, eu me dei vários modos de operação: a análise empírica, a crítica aos pressupostos teóricos das teorias em curso, o questionamento dos problemas dominantes. Mas a arma mais poderosa contra o pensamento de Estado é o pensamento genético. Por que esse privilégio? Durkheim escreveu uma obra magnífica, chamada *L'Évolution pédagogique en France*, que é o equivalente, para a educação, do que tento fazer para o Estado.[10] Ele tentou fazer não uma história anedótica da educação, mas uma sociologia genética destacando as propriedades pertinentes para compreender a quantas anda a situação hoje em dia. Por que esse privilégio atribuído à análise genética? Uma das contribuições dos cursos anteriores é que o Estado exerce um efeito de imposição simbólica absolutamente sem equivalente, efeito de imposição simbólica que tende a pô-lo ao abrigo do questionamento científico. O que se pode chamar de Estado estabelecido, de Estado em vigor, de Estado em curso, decorre do fato de que ele se estabelece através da ordem simbólica que instaura, isto é, tanto na objetividade, nas coisas — por exemplo, a divisão em disciplinas, a divisão em classes de idades —, como na subjetividade — nas estruturas mentais sob a forma de princípios de divisões, de princípios de visão, de sistemas de classificações. Por meio dessa dupla imposição da ordem simbólica, o Estado tende a fazer admitir como algo óbvio, como evidente, um grande número de práticas e de instituições. Por exemplo, ele age de modo que não nos interroguemos sobre a noção de fronteira, sobre o fato de que na França se fala francês e não outra língua, sobre o absurdo da ortografia, em suma, sobre uma profusão de perguntas que poderiam ser feitas e não o são, e que são postas em suspenso, toda uma série de perguntas que estiveram na origem das instituições: de fato, assim que fazemos pesquisas históricas descobrimos que na origem das instituições houve discussão sobre as coisas que temos de descobrir de maneira extremamente laboriosa no presente.

Uma coisa que me chamou a atenção quando eu trabalhava com a educação foi que a ideia de que o sistema escolar podia ter uma função de reprodução fora expressa nos anos 1880, quando se discutia a possibilidade de instaurar um sistema escolar obrigatório. Nos primórdios, ocorre que as funções e os funcionamentos de diversas coisas que, com o tempo, entram na rotina da ordem estabelecida são questionados, discutidos. Há outra situação em que as perguntas se apresentam: é nos períodos de decomposição. Os movimentos de involução, conforme diziam certos biólogos, nos períodos de dissolução, nas situações "patológicas", nos momentos de crise do Estado, como por exemplo no momento da independência da Argélia, são muito interessantes porque questões nem sequer recalcadas, questões afastadas visto que resolvidas antes mesmo de serem feitas, se reapresentam: onde terminam as fronteiras? Será que é preciso falar francês para ser francês? Será que quando não se fala francês se continua a ser francês? Será que basta falar francês para ser francês?

Em outras palavras, um dos efeitos do poder simbólico associado à instituição do Estado é justamente a naturalização, sob forma de doxa, de pressupostos mais ou menos arbitrários que estiveram na própria origem do Estado. Assim, só a pesquisa genética pode nos lembrar que o Estado, e tudo o que dele decorre, é uma invenção histórica, um artefato histórico, e que nós mesmos somos invenções do Estado, que nossos espíritos são invenções do Estado. Fazer uma história genética do Estado, e não uma "genealogia" no sentido de Foucault,[11] é o único antídoto verdadeiro ao que chamo de "amnésia da gênese", inerente a toda institucionalização exitosa, a toda instituição que conseguiu se impor implicando o esquecimento de sua gênese. Uma instituição é exitosa quando conseguiu se impor [como algo óbvio]. Lembro a vocês a definição de instituição tal como a manejo:[12] a instituição existe duas vezes, existe na objetividade e na subjetividade, nas coisas e nos cérebros. Uma instituição exitosa, que é portanto capaz de existir tanto na objetividade dos regulamentos como na subjetividade de estruturas mentais atribuídas a esses regulamentos, desaparece como instituição. Cessamos de pensá-la como *ex instituto*. (Leibniz, para dizer que a língua é arbitrária, dizia *ex instituto*, isto é, a partir de um ato de instituição.) Uma instituição exitosa se esquece e se faz esquecer como tendo tido um nascimento, como tendo tido um começo.

O pensamento genético, tal como o defino, tenta fazer ressurgir, de certo modo, o arbitrário dos inícios: ele se opõe [então] aos usos mais ordinários da história ordinária. Os usos ordinários do pensamento histórico ordinário tendem a cumprir, mesmo sem o conhecimento dos que os praticam, uma função de legitimação, o que é um dos usos mais comuns da história. Por exemplo, em minhas leituras a propósito do Estado, encontrei os parlamentares do século XVIII, D'Aguesseau etc. Eles começaram espontaneamente a fazer a história dos parlamentos. Eram letrados, precisavam legitimar sua existência, fizeram uma história que tinha por objetivo mostrar o que queriam demonstrar, isto é, que os parlamentos eram muito antigos, eram os sucessores dos Estados Gerais e, portanto, representavam o povo: uma maneira de afirmar e fundar um poder independente em relação ao rei, de mostrar que tinham outra legitimidade. A história, com muita frequência, é levada a esse discurso de justificação, em parte porque sabe o que aconteceu desde então: há uma forma de anacronismo constitutivo nos trabalhos de historiadores. Leio muito os historiadores e, com meu espírito enviesado, vejo muitos anacronismos. Não há nada mais anacrônico que os historiadores. Dizer, por exemplo, "a França do ano 1000" me parece monstruoso: a França levou dez séculos para se constituir...

O retorno à incerteza ligada às origens, à abertura dos possíveis que é característica dos inícios, é extremamente importante para desbanalizar. Eu apenas ponho um conteúdo real debaixo da noção de ruptura, que quer dizer justamente: parar de achar evidente o que não deveria sê-lo, parar de considerar como não problemático o que deveria ser problemático. Para desbanalizar e para superar a amnésia dos inícios inerente à institucionalização, é importante voltar aos debates iniciais que levam a perceber que, ali onde nos restou um único possível, havia vários possíveis com campos agarrados a esses possíveis. Isso tem consequências muito graves do ponto de vista da filosofia da história a que recorremos quando contamos uma história. Tão logo contamos uma história linear, temos uma filosofia da história; isso tem consequências muito importantes do ponto de vista do que se deve procurar quando se é historiador, do que se deve considerar como um fato do ponto de vista da construção do objeto. A história é linear, isto é, tem mão única. Ali onde havia várias trajetórias possíveis, a todo instante — às vezes hesito em dizer as coisas assim, pois é uma banalidade muito grande do discurso filosófico ordinário —, há um espaço de possíveis, vários devires possíveis: o que era um principado podia passar para o feudalismo ou para o império; o que se tornou o império dos Habsburgo podia tornar-se outra coisa... Quando pego exemplos dinásticos (vocês verão mais tarde que é importante), vê-se isso depressa. Mas quando se trata de possíveis de certa forma teóricos, é muito mais difícil discernir.

O EFEITO DO "É ASSIM..." E O FECHAMENTO DOS POSSÍVEIS

Tomarei um exemplo muito concreto que mostra que a história fecha o leque dos possíveis a todo instante: poderia não ter sido feito o nuclear, mas se fez o nuclear; poderia não ter sido feita uma política imobiliária baseada no investimento individual e na ajuda à pessoa etc. Há uma irreversibilidade que é correlativa da unilinearidade dos processos. A história destrói os possíveis: o espaço dos possíveis não para de se fechar, a todo instante, e se vocês ligam essa constatação ao que eu disse há pouco, veem que a história de uma instituição exitosa implica a amnésia da gênese da instituição, que a história elimina possíveis e os faz esquecer como possíveis, e que ela até mesmo torna impensáveis os possíveis. Há possíveis que são revogados de uma vez por todas, mais gravemente do que se fossem proibidos, pois os tornamos impensáveis. O que conhecemos como realidade histórica, centrais nucleares, ortografia, divisão entre história e geografia, existência da geologia etc., tudo isso aparece de tal forma que o contrário não é nem sequer excluído, mas impensável. É o que eu chamava há pouco de "um golpe de Estado".

O golpe maior que nos deu o Estado é o que se poderia chamar de efeito do "é assim", efeito do "é dessa forma". É pior do que se dissessem: "Isso não pode ser de outra maneira". "É desse jeito" e não há mais nada a dizer; é Hegel diante das montanhas dizendo "É assim". É fazer com que os agentes sociais admitam, a respeito de milhares de coisas, sem que eles ao menos saibam (sem lhes pedir que prestem juramento), é fazer que sejam aceitos incondicionalmente milhares de pressupostos mais radicais que todos os contratos, que todas as convenções, que todas as adesões.

(Faço digressões em meus comentários, e as faço conscientemente. É uma decisão pedagógica. Várias vezes disse que a dificuldade da sociologia é que ela deve destruir o sentido comum, afastar tudo o que tem a ver com a protocrença, que é mais que uma crença: é uma crença que não se conhece como tal. A sociologia deve destruir uma doxa. Muitas vezes há na relação pedagógica o efeito de autoridade, o efeito de "Não pensei muito nisso", o efeito de "Ele me diz isso, eu concordo". Atribui-se ao discurso do sociólogo uma adesão que não é uma verdadeira adesão, pois ela pode coexistir com a permanência de uma espécie de proto-doxa. Para quebrar esse modo de adesão benevolente, é preciso fazer alguma coisa que pode parecer provocação, isto é, pegar assuntos candentes, que vão chocar e dividir. É a única maneira de refazer a operação que o sociólogo faz para conseguir dizer o que diz: ele brinca com o fogo. Digo isso não para sacrificar-me ao mito da ciência, mas mesmo assim é um jogo perigoso contestar a doxa, as certezas primeiras. Do contrário, é fácil demais, e dirão: "Ele nos disse um 'lero-lero'". Há um estatuto para os "lero-leros": não são verdadeiros nem falsos. Ora, a ciência, a sociologia não são "lero-leros".)

O ESPAÇO DOS POSSÍVEIS

Retomo minha análise com outro exemplo. Há atualmente na Assembleia um projeto de lei a respeito do qual o lobby dos advogados está lutando. Eu tinha mostrado antes como o processo de constituição da profissão à anglo--saxônica era extremamente interessante porque revelava como se podia constituir historicamente um capital.[13] Mostrei que havia uma antinomia estranha no fato de que essas profissões, que em francês são chamadas de "liberais", que estão do lado do liberalismo, dependem completamente do Estado; mostrei que, se há atividades que dependem do Estado, são de fato as profissões liberais: elas só devem sua raridade, portanto seu monopólio, à proteção do Estado que define o direito de ingresso nessas profissões, as quais lutam de modo fenomenalmente vigilante para manter essa fronteira, a fronteira de seu monopólio. Eu também lhes dissera que, nos anos 1970, houve uma renovação da sociologia jurídica nos Estados Unidos, no mesmo contexto da renovação dos trabalhos sobre o Estado que evoquei há pouco. Um grupo de sociólogos pôs-se a se interessar pela gênese do direito, levantando problemas que via de regra não eram levantados, e isso em ligação com a ascensão, nos movimentos esquerdistas, de juristas alternativos, isto é, pessoas que, fora do corpo, fora da profissão, vendiam ou prestavam gratuitamente serviços jurídicos, espécie de associações de assistência jurídica às mulheres, numa lógica feminista, ou aos porto-riquenhos, para proteger populações desfavorecidas. Na França, houve uma tradição desse tipo, a dos plantões jurídicos das associações de consumidores, plantões jurídicos dos partidos, dos sindicatos; esses plantões jurídicos costumavam ser mantidos por pessoas que não tinham a etiqueta de jurista com o diploma aferente. Hoje, certos parlamentares, de todas as tendências, têm como especificidade comum uma ligação com o direito (eles têm diplomas jurídicos) — isso os faz esquecer suas diferenças de partido — e o fato de lutarem para que não seja mais possível prestar serviços jurídicos quem não for juridicamente garantido. A reforma prevê impor a obrigatoriedade de um diploma de direito ou de um diploma equivalente para qualquer pessoa que der consultas jurídicas a título habitual e remunerado. É a restauração do monopólio.

Por que isso tem relação com o espaço dos possíveis? Porque a medida está no estado nascente, há uma discussão. Posso citar um ministro [socialista] da Justiça na tribuna que tem, afinal, um bom reflexo: "Se o texto for aplicado", diz ele, "isso significa que um militante sindical com vinte ou 25 anos de atividade dentro de um conselho trabalhista, e que não tem seu certificado de estudos, não poderá fazer um ato jurídico para o qual pedisse uma pequena retribuição". E ele estigmatiza a corporação dos diplomados: "Serão privados [a seu ver] do direito de prestar consultas jurídicas um especialista fundiário da Câmara de Agricultura, um especialista sindical do direito do trabalho, um especialista de remembramento rural da Federação Nacional dos Sindicatos Agrícolas". Em outras palavras, essas associações deverão desaparecer ou contratar um advogado. Qual a relação com o meu problema? É que ainda há pessoas que lutam, ainda há esperança. Os consumidores e sindicatos vão se mobilizar, do contrário esses plantões jurídicos deverão desaparecer daqui a quatro anos. Não faço prognósticos. Suponhamos que eles desapareçam daqui a dez anos: a menos que sejam historiadores, vocês terão esquecido o possível alternativo, a saber, que podia haver plantões jurídicos assegurados por não profissionais. É provável, aliás, que a estrutura tenha mudado, que os sindicatos deem bolsas aos sujeitos para que eles façam o curso de direito, que os tribunais trabalhistas não sejam mais os mesmos, que não defendam as pessoas da mesma maneira, não compreendam mais os problemas da mesma maneira... O que é certo é que as estruturas mentais terão mudado: o modo de falar nos tribunais trabalhistas não será mais o mesmo, não se poderão mais dizer palavrões; as pessoas que não têm muito a dizer fora dos palavrões não poderão dizer mais nada, como é atualmente o caso na maioria das situações jurídicas. Teremos uma situação jurídica nos conformes, e a gênese será esquecida. Mesma coisa para a política da habitação: a alternativa entre HLM coletivos ou casinhas particulares é uma falsa alternativa; há uma terceira possibilidade, a das casinhas para aluguel, que não existe. Não há um sociólogo que fale disso... Ou seja, a alternativa, a oposição habitat coletivo/individual é varrida por um processo histórico que constituiu o problema sob essa forma cuja genealogia se pode fazer. E há milhares de problemas desse tipo.

O EXEMPLO DA ORTOGRAFIA

Outro exemplo: a ortografia, uma ilustração magnífica.[14] Pensem que esse debate ocupava, dizem, mais lugar nos jornais, ao menos no *Le Figaro*, do que a Guerra do Golfo: como é possível? Basta sorrir, dizer que é uma bobagem, uma ilustração da futilidade dos franceses? Aliás, nos Estados Unidos dizem que é engraçado, ridículo. Não, penso que, se esse problema assume tais proporções, é porque é muito sério para as pessoas que se mobilizam. Todo meu trabalho sociológico consistiu em tornar inteligíveis problemas desse tipo, em fazer compreender que há implicações de vida ou de morte na supressão da geografia, na supressão de quinze minutos de ginástica, na substituição de quinze minutos de música por quinze minutos de matemática, no fato de que sejam questionados seus interesses diretos, como no caso dos advogados, ou seus interesses indiretos, e nesse caso é ainda pior porque interesses de identidade estão em jogo. Por quê? O salário deles não depende disso. Para compreender problemas como esse, para compreender que esses problemas são muito sérios, que guerras civis podem desencadear-se a respeito, aparentemente, de bobagens, é preciso ter um sistema explicativo extremamente complexo e rigoroso no qual o Estado tem papel fundamental. O que está em jogo é uma das coisas mais importantes sociologicamente, a saber: as paixões sociais, isto é, sentimentos muito violentos, patéticos, de amor, de ódio, que a sociologia corrente tende a excluir como sendo da ordem do irracional, do incompreensível. Certas guerras linguísticas assumem a forma de guerras de religião, certas guerras escolares são guerras de religião, que não têm nada a ver com a oposição entre o público e o privado, seria fácil demais.

Para fornecer o princípio da análise, a ortografia é *ortho graphia*, a escrita reta, a maneira de escrever conforme, correta, como se diz, corrigida — como a língua. A ortografia é evidentemente o produto de um processo histórico. A língua francesa é um artefato mas a ortografia é um artefato de quarta ordem, produto de uma série de decisões históricas mais ou menos arbitrárias, desde os monges da Idade Média até as intervenções de todas as comissões, de todos os comitês, mas que são sempre comissões e comitês de Estado. Desde que se trata de reformar a ortografia, assiste-se a uma onda oposicionista de pessoas que, volta e meia, são homens de letras de Estado, acadêmicos. Se eles se deixaram cair na cilada, é porque responder a questões desse gênero tem a ver com a situação deles. Estavam diante de um *double bind*. O primeiro gesto é dizer: "O Estado nos pede para ratificar uma medida de Estado relativa a uma ortografia de Estado". Há uma série de decisões de Estado, mas essas decisões de Estado se tornaram estruturas mentais pela mediação da instituição escolar que inculcou o respeito à ortografia.

Entre os argumentos mais interessantes, que fazem os jornalistas rir, estão os argumentos estéticos: um *nénuphar* com *ph* é mais bonito que com *f*; isso faz rir mas é verdade: é verdade que é mais bonito para alguém que é um produto do Estado adaptado a uma ortografia de Estado. Isso coloca o problema da estética, e não digo mais nada, deixo-os refletir sobre o assunto... Aqui, o Estado se comunica consigo mesmo, e se a ortografia pode se tornar um negócio de Estado é porque é o impensado do Estado que se pensa através dos escritores. Há alguns anos fizemos uma pesquisa de opinião sobre os defensores do latim. É semelhante: os defensores do latim mais aferrados se encontravam entre os que tinham estudado um pouco de latim, que ensinavam no [ramo] técnico, porque para eles era o lugar da última diferença, da *diacrisis* [distinção] última, ao passo que para os que tinham estudado muito latim isso não era tão importante assim. Se a ortografia é atualmente um lugar de diferença sensível ao extremo, é porque, entre outras coisas, existem problemas geracionais. Em *La Distinction*, há uma fotografia em que se veem um rapaz de cabelo comprido e um senhor de bigodinho.[15] É uma situação muito frequente na burocracia, o velho senhor de bigodinho aprendeu ortografia, eu diria que só sabe isso, e o rapaz de cabelo comprido lê *Libé*, sabe informática... mas não sabe ortografia, comete um monte de erros. É um dos lugares da derradeira diferença e, evidentemente, há pessoas para quem todo seu capital cultural, que existe de modo relacional, está ligado a essa derradeira diferença.

Digo "capital cultural", mas preciso dizer o laço que ele mantém com o Estado. É todo o assunto de meu curso deste ano. A ortografia é um ótimo exemplo, a língua francesa é outro. A gênese do Estado, a meu ver, é a gênese de espaços dentro dos quais, por exemplo, um modo de expressão simbólica se impõe de maneira monopolística: é preciso falar de maneira correta e dessa maneira somente. Essa unificação do mercado linguístico, essa unificação do mercado da escrita que é coextensiva ao Estado, é o Estado que a faz fazendo-se. Uma das maneiras de o Estado se fazer é fazer a ortografia normalizada, é fazer os pesos e medidas normalizados, é fazer o direito normalizado, é substituir os direitos feudais por um direito unificado... Esse processo de unificação, de centralização, de padronização, de homogeneização, que é o fato de se fazer Estado, se acompanha de um processo que se reproduz: é a filogênese que se reproduz na ontogênese a cada geração através do sistema escolar, um processo pelo qual se fazem também indivíduos normalizados que são homogeneizados do ponto de vista da escrita, da ortografia, da maneira de falar... Esse duplo processo torna-se totalmente inconsciente (a amnésia da gênese), de tal forma que uma coisa muito arbitrária é esquecida como tal. Peguem o dicionário *Robert*, aí encontrarão dez citações, entre as quais uma de Valéry, sobre o absurdo da ortografia francesa.

Coisas muito arbitrárias tornam-se assim muito necessárias, mais que necessárias: naturais. Tão naturais que mudá-las é como retirar a atmosfera, é tornar a vida impossível para uma profusão de gente. Para compreender o que acontece em casos como este, seria preciso fazer uma sociologia diferencial das tomadas de posição: quem toma posição a favor ou contra... É uma situação experimental magnífica. Dizem que a sociologia não faz experiências: é completamente falso, temos aí uma situação experimental que basta observar. Haveria, evidentemente, muito mais a fazer para explicar, mas o princípio fundamental do que se passa é essa espécie de encontro do Estado consigo mesmo, o Estado que, como instituição, tem as propriedades de toda instituição: ele existe na objetividade sob forma de gramática, sob forma de dicionário, sob forma de código da ortografia, de recomendações governamentais, sob forma de professores de gramática, sob forma de manuais de ortografia etc., e existe nas estruturas mentais sob forma de disposições para escrever de maneira correta, isto é, corrigida, ou para pensar que é preciso escrever de maneira correta (entre os que defendem a ortografia há também os que comentem erros de ortografia). O que é importante é a adesão dóxica à necessidade da ortografia. O Estado pode ao mesmo tempo conseguir que existam professores de ortografia e que haja pessoas dispostas a morrer pela ortografia.

Curso de 17 de janeiro de 1991

Lembrete sobre o procedimento do curso — Os dois sentidos da palavra "Estado": Estado-administração, Estado-território — A divisão disciplinar do trabalho histórico como obstáculo epistemológico — Modelos da gênese do Estado, 1: Norbert Elias — Modelos da gênese do Estado, 2: Charles Tilly

LEMBRETE SOBRE O PROCEDIMENTO DO CURSO

Na semana passada fiz um preâmbulo um pouco longo demais para lhes falar das dificuldades particulares encontradas quando se quer pensar o Estado, e tomei o exemplo da ortografia. O exemplo nada tem de anedótico, pois estamos igualmente em perigo de sermos pensados pelo Estado quando nos ocupamos das guerras da ortografia, como quando nos ocupamos das guerras mais reais, poderíamos dizer mais emocionantes, caso se queira. Nos dois casos, penso que há um efeito de Estado que se exerce sobre quem se esforça em pensar; é esse efeito de Estado que eu tentara analisar, mais exatamente evocar, porquanto já tratei dessa questão no passado. Antes de iniciar a análise genética do nascimento do Estado, que me parece uma das vias que permitem escapar ao menos um pouco ao efeito de Estado, gostaria hoje de indicar a vocês as grandes linhas do procedimento que seguirei este ano, a fim de que possam me acompanhar nos meandros e nas errâncias do itinerário que vou pegar. É importante saber aonde quero chegar para compreender, e às vezes aceitar, os detalhes aparentemente descontínuos e algo erráticos em que entrarei ao longo do caminho.

O que quero fazer é tentar mostrar como se constituiu essa espécie de grande fetiche que é o Estado ou, para empregar uma metáfora sobre a qual eu poderia me explicar, esse "banco central de capital simbólico", essa espécie de local onde se geram e se garantem todas as moedas fiduciárias que circulam no mundo social e todas as realidades que podemos designar como fetiches, quer se trate de um diploma escolar, da cultura legítima, da nação, da noção de fronteira ou da ortografia. Portanto, trata-se para mim de estudar a criação desse criador e avalista de fetiches pelos quais toda ou parte da nação está disposta a morrer. Penso que sempre devemos ter no espírito que o Estado é uma potência simbólica que pode conseguir, como se diz, o sacrifício supremo, com coisas que podem ser tão irrisórias como a ortografia, ou parecer mais sérias como as fronteiras. Remeto-os ao lindo artigo "Pro patria mori", de Kantorowicz.[1] É nessa tradição de pensamento que convém situar-se para compreender o Estado. Minha convicção é que a análise genética é um dos únicos meios de romper com a ilusão inerente à percepção propriamente sincrônica, isto é, com a adesão dóxica resultante do fato de que o Estado e todas as criações — a língua, o direito, a ortografia etc. — são inscritos ao mesmo tempo na realidade e nos cérebros; assim como todos os efeitos que podemos chamar de psicológicos, e que eu chamo, de preferência, simbólicos, para ser mais rigoroso, todos os efeitos que fazem que pensemos o Estado com um pensamento de Estado.

OS DOIS SENTIDOS DA PALAVRA "ESTADO": ESTADO-ADMINISTRAÇÃO, ESTADO-TERRITÓRIO

Para esclarecer essa linha geral, lembrarei uma distinção que eu tinha feito e que vocês encontrarão em todos os dicionários. Que peguem o *Robert*, o *Lalande* ou o *Larousse*, eles diferenciam tradicionalmente os dois significados da palavra "Estado", que são, parece-me, profundamente ligados. De um lado, o sentido restrito, dado em segundo lugar nos dicionários: o Estado é a administração, um conjunto de departamentos dos ministérios, uma forma de governo. De outro lado, o sentido mais amplo: O Estado é o território nacional e o conjunto dos cidadãos. Debates opõem os historiadores para saber se a nação faz o Estado ou se o Estado faz a nação, debates muito importantes politicamente mas insignificantes cientificamente. E, como costuma acontecer, os debates socialmente importantes encobrem e criam obstáculo aos debates cientificamente importantes. Essa alternativa pode separar tradições nacionais, tradições políticas e ser uma implicação muito importante, pois, dependendo se damos prioridade ao Estado ou à Nação, dispomos de instrumentos e legitimação muito diferentes. Por isso trata-se de uma implicação política muito candente.

Em meu espírito, é uma distinção útil mas artificial, e o modelo da gênese do Estado que eu gostaria de propor tem como princípio uma fórmula simples: o Estado no sentido restrito, Estado 1 (administração, forma de governo, conjunto de instituições burocráticas etc.), se faz fazendo o Estado em sentido amplo, Estado 2 (território nacional, conjunto de cidadãos unidos por relações de reconhecimento, que falam a mesma língua, portanto, aquilo que se põe sob a noção de nação). Portanto, o Estado 1 se faz fazendo-se o Estado 2. Eis a fórmula simplificada. De modo mais rigoroso, a construção do Estado como campo relativamente autônomo exercendo um poder de centralização da força física e da força simbólica, e constituído assim em objeto de lutas, está inseparavelmente acompanhada pela construção do espaço social unificado que é de sua alçada. Em outras palavras, para retomar uma distinção filosófica clássica, a relação entre Estado 1 e Estado 2 é aquela da *natura naturans* e *natura naturata*. Vocês me dirão que é explicar o *obscurum* pelo *obscuro*...

(Há sempre alguém, na sala, para quem as coisas obscuras são claras e que, abruptamente, pensa: "É isso que ele queria dizer!". É por isso que emprego deliberadamente várias linguagens. Costumo dizer, para explicitar meu modo de pensar e de falar, que é mudando a maneira de dizer as coisas que a gente se libera da maneira corrente na qual estamos trancados; é um jeito de encontrar pistas, caminhos. Coisas que me serviram para encontrar caminhos podem servir para outros. É por isso que as comunico a vocês, ao passo que num livro só resta um caminho. Do ponto de vista da comunicação, o livro é mais rigoroso que um discurso oral, mas é também mais pobre, menos eficaz... Muita gente me diz: "Quando o ouvimos, compreendemos tudo; quando o lemos, não compreendemos nada", ao passo que para mim é a mesma coisa. A diferença é justamente essa abertura semântica que se pode conservar no oral e que me sinto obrigado a fazer desaparecer no escrito.)

A gênese do Estado como *natura naturans*, como princípio de construção, se acompanha, assim, da gênese do Estado como *natura naturata*. Por que é preciso lembrar isso? Porque a percepção ingênua leva a essa forma de fetichismo que consiste em fazer como se o Estado como território, conjunto de agentes etc., fosse o fundamento do Estado como governo. Em outras palavras, poder-se-ia dizer que, a rigor, a fetichização inverte o processo real. Digo que o Estado se faz fazendo, mas é verdade que, geneticamente, somos o tempo todo levados a ver de que maneira a invenção de procedimentos, de técnicas jurídicas, de técnica de coleta de recursos, de técnicas de concentração do saber (a escrita), de que maneira essas invenções, que estão do lado do centro, se acompanham de mudanças profundas, a mais ou menos longo prazo, do lado do território e das populações. Quem segue a ordem genética fica tentado a dar certa prioridade à construção do Estado central sobre a construção do Estado território, ao passo que na percepção espontânea é estritamente o inverso: em especial, o nacionalismo, que sempre se arma da constatação, por exemplo, da unidade linguística para concluir pela necessidade da unidade governamental, ou para legitimar as demandas de unidade governamental com respeito à unidade territorial. Na realidade da gênese, o que o fetichismo da percepção espontânea constitui como primeiro motor, como princípio, é na verdade, no mais das vezes, segundo. Eis outra razão para fazer uma análise genética.

O Estado como autoridade soberana exercendo-se sobre um povo e um território determinados, como conjunto dos serviços gerais de uma nação, dos serviços públicos, como se diz (poder central, poder público, administração etc.), parece ser a expressão do Estado como "grupamento humano fixado num território determinado, submetido a uma mesma autoridade e podendo ser considerado como uma pessoa jurídica", ou como "sociedade organizada, tendo um governo autônomo e jogando o papel de uma pessoa jurídica distinta com respeito a outras sociedades análogas com as quais ela está em relação".[2] Apresentando primeiro a sociedade organizada, e em seguida os serviços gerais, Lalande aceita tacitamente, porque os filósofos têm também um inconsciente, a representação comum segundo a qual esses serviços gerais são a expressão da sociedade.

Uma das funções da análise genética que empreenderei longa e lentamente é romper com essa ilusão inerente à percepção sincrônica e fazer ver como toda uma série de agentes sociais, que podemos caracterizar no espaço social (o rei, os legistas, os membros do conselho do rei etc.), fez o Estado e se fez como encarnação do Estado ao fazer o Estado. Lembrar isso leva a formular uma pergunta que formulei de maneira um pouco obsessiva nos cursos anteriores. Seria possível dizer em termos um pouco simples, e mesmo um pouco simplistas: quem tem interesse no Estado? Há interesses de Estado? Há interesses no público, no serviço público? Há interesses no universal, e quem são seus portadores? Assim que se faz essa pergunta como a faço, somos levados a descrever ao mesmo tempo o processo de construção do Estado e os responsáveis por esse processo de produção. E, portanto, a formular a pergunta — se aceitamos a definição weberiana ampliada do Estado que propus a título mnemotécnico, isto é, o Estado como detentor do monopólio da violência física e simbólica legítimas — de saber quem tem o monopólio desse monopólio. Pergunta que não é formulada nem pela definição weberiana nem por todos os que a retomam por sua conta, notadamente Norbert Elias.

A DIVISÃO DISCIPLINAR DO TRABALHO HISTÓRICO COMO OBSTÁCULO EPISTEMOLÓGICO

Tendo definido as grandes linhas de minha exposição, entrarei na análise genética do Estado. No meu caminho encontro duas categorias de dados: de um lado, trabalhos históricos imensos, inúmeros, inesgotáveis, assustadores porque difíceis de dominar; de outro, na multidão das teorias gerais sobre o Estado, algumas delas são próximas do que quero fazer. Para dar uma ideia muito rápida da imensidão dos dados e da *hybris* de minha empreitada, vou simplesmente citar uma frase do historiador inglês Richard Bonney, extraída de seu artigo "Guerra, sistema fiscal e atividade de Estado na França, 1500-1600: Algumas observações preliminares sobre as possibilidades de pesquisa",[3] que, lembro, só faz referência a uma pequena zona da história: "As zonas da história que foram as mais negligenciadas são as zonas fronteiras; por exemplo, as fronteiras entre especialidades. Assim, o estudo do governo exige um conhecimento da teoria do governo, isto é, da história do pensamento político". Um dos campos de erudição em que tentei penetrar, campo absolutamente apaixonante e que foi desenvolvido sobretudo nos países anglo-saxões, é a história não das teorias políticas (no sentido restrito do termo: as constituídas pelos teóricos considerados como dignos de ser tratados como tais — Bodin, Montesquieu, sempre os mesmos), mas a história do conjunto dos discursos feitos sobre o Estado desde a Idade Média e que acompanharam a criação do Estado (emprego de propósito uma palavra que não implica nenhuma ação causal), que são feitos por aqueles que fabricavam o Estado e que se inspiraram em Aristóteles, e mais tarde em Maquiavel.

Essas teorias eram [bem diferentes] do que se faz em geral quando se faz história das ideias e elas são tratadas como teorias interessantes sobre as quais se toma posição hoje: perguntamo-nos se Bodin tem razão contra tal outro teórico, ensinamos essas teorias um pouco como ensinamos na Escola de Ciências Políticas... A meu ver, elas têm um estatuto completamente diferente. São estruturas estruturadas pelas condições sociais de produção dos produtores, por sua vez situados num certo espaço estatal, em certas posições, e estruturas estruturantes da percepção desses agentes que contribuíram a fazer surgir estruturas organizacionais reais. Por exemplo, é a partir da ideia de prudência aristotélica que os primeiros legistas começam a definir a prudência do homem de Estado por oposição à *virtù* [valentia] do cavaleiro, um pouco impetuoso, não muito senhor de seus sentidos em todos os sentidos do termo. Nesse ponto, podemos nos reportar às páginas muito bonitas de Georges Duby.[4] Então, não mais se trata de ler Aristóteles para dissertar, mas de ler Aristóteles para saber o que é o Estado.

Eis um pequeno campo de erudição que convém tentar dominar, mas, para ser especialista dessas questões, é preciso levantar cedo. Cito-lhes uma das raras proposições de Michel Serres com que estou de acordo: ele diz que um dos grandes fenômenos de censura nas ciências tem a ver com as divisões entre as ciências.[5] A censura se exerce pelo fato de dividir o saber e de fazer com que certas coisas se tornem impensáveis dos dois lados da fronteira. [Retomo a citação desse] historiador inglês [Richard J. Bonney]: "As zonas da história que foram as mais negligenciadas são as zonas fronteiras; por exemplo, as fronteiras entre especialidades. Assim, o estudo do governo exige um conhecimento da teoria do governo, isto é, da história do pensamento político, um conhecimento da prática do governo". Esses legistas faziam discursos sobre os quais não sabemos que relações mantinham com sua prática. Todos os que escrevem sobre "Estado demais, não muito Estado" produzem discursos sobre os quais convém interrogar que relações mantêm com o que fazem seus autores; é uma relação absolutamente problemática, variável em cada caso. Prossigo:

[...] conhecimento da prática do governo, isto é, da história das instituições [que é uma especialidade à parte da história]; finalmente, um conhecimento do pessoal de governo [as instituições, o conselho do rei, aqueles que fazem parte dele; há pessoas que fazem prosopografia, que são pessoas que fazem, como a sra. Autrand,[6] a genealogia dos juristas, dos legistas]... portanto, um conhecimento da história social. [É um atalho de historiador: a história social não se reduz à história das pessoas que fazem a história.] Ora, poucos historiadores são capazes de se mover nessas diferentes especialidades com a mesma segurança. Na escala de um período [ele pensa em 1250-70], há outras zonas fronteiras que demandariam ser estudadas; por exemplo, a técnica da guerra no início do período moderno. [Entre os fatores que contribuíram para a constituição dos Estados, há a guerra: é preciso haver impostos para fazer a guerra.] Sem um melhor conhecimento desses problemas, é difícil medir a importância de um esforço logístico empreendido por tal governo numa campanha determinada; mas esses problemas técnicos não devem ser estudados do simples ponto de vista do historiador militar no sentido tradicional do termo; o historiador militar deve ser também um historiador de governo. Restam também muitas incógnitas na história das finanças públicas e do regime fiscal; aí também o especialista deve ser mais que um estreito historiador das finanças no sentido antigo do termo; ele também precisa ser um historiador do governo, e, um pouco que seja, economista. Infelizmente, a fragmentação da história em subseções, monopólios de especialistas, e a sensação de que certos aspectos da história estão na moda, enquanto outros estão fora de moda, nada contribuíram para essa causa.

Por exemplo, durante trinta anos estava fora de questão para os historiadores falar do Estado, ao passo que agora todo mundo na França começa a falar, enquanto nos Estados Unidos não se fala mais.

A dificuldade, quando se quer enfrentar a história social do processo de constituição do Estado, é a imensidão de fontes históricas, sua dispersão e sua diversidade: diversidade disciplinar na escala de uma só época, diversidade das épocas, diversidade das tradições nacionais. Dessa literatura "monstruosa", tentei dominar o que me parecia pertinente. Estou constantemente, é claro, à mercê do erro, do mal-entendido, e sobretudo estou exposto ao perigo de redizer de forma mais pretensiosa e mais abstrata o que os historiadores já disseram. É um pouco o sistema de defesa dos historiadores e, infelizmente, com muita frequência eles têm razão. Assim, de um lado, há que conhecer essa literatura histórica imensa, dispersa, incoerente, em que as intuições teóricas mais importantes costumam estar escondidas numa nota de rodapé, e de outro, dominar as grandes teorias do Estado, e entre estas últimas, mais particularmente as dessa categoria de teóricos que tentaram dar modelos da gênese, e que se distinguem, a meu ver, de maneira radical da produção teórica que evoquei anteriormente e dos teóricos da gênese do Estado feudal que apresentei no ano passado.

MODELOS DA GÊNESE DO ESTADO, 1: NORBERT ELIAS

A primeira teoria que vou evocar hoje é representada por Elias; é um desenvolvimento da teoria weberiana. Digo isso de maneira um pouco brutal e redutora, mas, estranhamente, os historiadores sempre têm uma espécie de crispação com respeito aos sociólogos e Elias foi um desses heróis mediadores que permitem aceitar a sociologia, porém de uma forma edulcorada. E como os historiadores, sobretudo na França, não querem conhecer Max Weber, e isso por motivos complicados, Elias foi para eles uma maneira de fazer Weber sem saber, e portanto imputar a Elias, que é um pensador de grande originalidade, o que vem de Weber. Creio que é importante saber que sua teoria não nasceu do nada. Elias tentou aplicar no terreno da genética certas ideias fundamentais de Max Weber relativas ao Estado: fez uma teoria genética do Estado de inspiração weberiana. Seu texto principal sobre a questão publicado em francês é *La Dynamique de l'Occident*, em que ele se esforça em mostrar como se constituiu o Estado, isto é, segundo a fórmula weberiana dessa organização que afirma com êxito sua pretensão ao exercício do poder sobre um território, graças a seu monopólio do uso legítimo da violência.[7] A violência em que pensa Weber é a violência física, violência militar ou policial. A palavra "legítima", se a tomamos completamente a sério, é suficiente para evocar a dimensão simbólica da violência já que na ideia de legitimidade há a ideia de reconhecimento. Apesar de tudo, Weber não desenvolveu muito profundamente esse aspecto do Estado em sua teoria; em Elias, esse aspecto — a meu ver muito importante, talvez o mais importante — desaparece quase por completo. É a principal crítica que faço a seu modelo. Com efeito, Elias deixa escapar a dimensão simbólica do poder estatal e retém essencialmente a constituição de um duplo monopólio: o da violência física e o do imposto. Ele se apega em decrever o processo de monopolização que vai par a par com um processo de transformação do monopólio privado (o do rei) em monopólio público. O ponto em que Elias inova verdadeiramente, a meu ver, e no qual me apoiarei para desenvolver a teoria genética do Estado são os elementos de análise que faz da passagem do monopólio privado (o que chamo de Estado dinástico) ao monopólio público do Estado. Ele sentiu a importância desse problema e descreveu certos mecanismos fundamentais. Tento ser totalmente honesto dizendo a vocês o que me parece ser a origem do modelo de Elias, seus limites e seu ponto forte, no meu entender.

Primeiro ponto, segundo Elias, é que há dois processos estreitamente ligados: primeiro, a concentração progressiva dos instrumentos de violência, que Charles Tilly chama de instrumentos de coerção — ele é muito próximo de Elias mas com acentos diferentes —, e a concentração da arrecadação do imposto nas mãos de um dirigente ou de uma administração única em cada país. Poder-se-ia resumir a gênese do Estado pela palavra "concentração", ou "unificação", ou ainda "monopolização", mas "monopólio" é melhor. Esse processo vai junto com a extensão do território devido à competição entre o chefe de um Estado e os chefes vizinhos, competição que culmina com a eliminação dos derrotados. Elias diz — e creio que tem razão — que é possível comparar os processos de monopolização ao término dos quais se constitui o Estado com processos de monopolização num mercado. Ele vê uma analogia entre o processo de monopolização estatal e o processo de monopolização resultante da competição de firmas num mercado — essa famosa lei do monopólio que consiste em dizer que os maiores têm chances de comer os menores e de crescer às custas deles.[8] (Talvez eu resuma um pouco, mas vocês lerão a obra. Desnecessário dizer que, quando dou as referências, é na esperança de que vocês as utilizarão e poderão se defender contra o que eu digo.) Os dois monopólios são ligados, o do imposto e do exército, e o do território. É o monopólio dos recursos saídos do imposto que permite garantir o monopólio da força militar permitindo manter o monopólio do imposto.

A esse respeito, há um debate: o imposto é que é necessário para a guerra ou é a guerra que determina o imposto? Para Elias, os dois monopólios são as duas faces da mesma coisa. Ele dá aqui um exemplo muito bonito: uma extorsão de proteção organizada por gângsteres, como se vê em Chicago, não é muito diferente do Estado.[9] O sociólogo deve ser capaz de construir um caso particular para fazer aproximações, para inscrever o caso particular numa série de casos em que ele manifesta ao mesmo tempo toda sua particularidade e toda sua generalidade. Com efeito, não há diferença de natureza entre a extorsão e o imposto. O Estado diz às pessoas: "Eu os protejo mas vocês pagam imposto". Aliás, uma extorsão de proteção organizada por um gângster desrespeita os monopólios do Estado: tanto o da violência legítima como o do imposto. Com uma cajadada Elias mata três coelhos: 1. o Estado é uma extorsão mas não apenas; 2. é uma extorsão legítima; 3. é uma extorsão legítima no sentido simbólico. Introduzo aqui o problema: como é possível que uma extorsão se torne legítima, isto é, não percebida como uma extorsão? Nunca um historiador faria a aproximação entre o imposto e a extorsão, embora eu creia que seja verdade. Uma das diferenças com os historiadores é que os sociólogos têm espírito de porco: eles formulam questões inconvenientes, mas que são também questões científicas. Elias faz a pergunta: será que o Estado não é um caso particular de extorsão? Isso levanta a questão da particularidade dessa extorsão legítima. A meu ver, esse primeiro ponto é muito mais interessante que a lei do monopólio. Os historiadores não o veem. O que eles mais recusam, no enfoque sociológico, é essa espécie de impertinência. A esse respeito, haveria que fazer uma sociologia comparada da gênese dos sociólogos e dos historiadores: como alguém se torna historiador e sociólogo? Como escrevem os historiadores e os sociólogos? Como se reproduz uma estrutura, que se poderia descrever como psicológica, que caracteriza globalmente os historiadores (que formam eles mesmos um campo) e os sociólogos (que formam também um campo)?

Segundo ponto: o processo de monopolização toma a forma — mais uma analogia com a extorsão — de uma série de torneios eliminatórios ao término dos quais um dos concorrentes desaparece: pouco a pouco, há um só Estado e uma pacificação interna ao fim de uma série de guerras que conduz a uma paz interna. Elias bem sentiu a ambiguidade do Estado. O Estado instaura a dominação, mas essa dominação tem como contrapartida uma forma de paz. No fato de pertencer a um Estado há um benefício de ordem, desigualmente distribuído, mas que não é nulo para os mais desfavorecidos. A concentração dos meios de violência num número bem pequeno de mãos tem como consequência que os homens da guerra são cada vez menos numerosos a conseguir conquistar territórios usando os recursos militares de que dispõem. Progressivamente, suas capacidades e suas atividades militares são subordinadas às do dirigente central. Assim, o Estado absolutista se instaura por um processo de concentração que leva a um equilíbrio de forças entre o dirigente (o rei) e seus súditos. É

o ponto mais original de Elias, a meu ver. Ele desenvolve uma espécie de antinomia do poder central: quanto mais o rei estende seu poder, mais estende sua
dependência com respeito aos que dependem de seu poder. É uma maneira
mais inteligente de dizer: a extensão do Estado apresenta cada vez mais problemas — o que é simples na escala do cantão é mais complicado na escala do
condado... O que é imputado a um efeito de espaço, de distância espacial, Elias
descreve em termos de espaço social. Elias tem o princípio de construção sociológica no estado reflexo: ele jamais deixa passar o bruto, o não construído sociologicamente. Diz que a concentração não é simplesmente uma extensão espacial que apresentaria problemas.

À medida que a dependência do rei ou do chefe central cresce com relação a
seus dependentes, seus graus de liberdade crescem também, paralelamente: ele
também pode jogar com as rivalidades entre seus dependentes. Sua margem de

Houve muitos trabalhos sobre esses problemas de comunicação, de distância, que não são totalmente inúteis: um soldado romano pesadamente car-
regado faz tantos quilômetros por dia; quanto tempo leva um mensageiro para
ir de uma ponta à outra do império? São problemas reais, mas que assumem
todo o seu significado no quadro de uma teoria do governo. Quanto maior é o
poder acumulado, menos pode ser facilmente vigiado por seu detentor, e mais
este se torna dependente de seus dependentes; e isso, pelo fato mesmo de seu
monopólio. Há contradições na própria gênese do Estado, que são importantes
para compreender o que é o Estado. O detentor do poder torna-se cada vez
mais dependente de seus dependentes, que se tornam cada dia mais numerosos.

À medida que a dependência do rei ou do chefe central cresce com relação a
seus dependentes, seus graus de liberdade crescem também, paralelamente: ele
também pode jogar com as rivalidades entre seus dependentes. Sua margem de
manobra — é uma boa maneira de falar de sua liberdade — aumenta; o chefe
pode jogar com a multiplicidade de interesses antagônicos dos grupos ou das
classes com as quais o poder central pode contar. Elias descreve aqui um caso
particular que é possível generalizar. É um caso particular de uma proposta muito
geral que eu designo como "efeito escritório": num grupo de quinze pessoas, uma
é designada ou se designa como constituindo o escritório, o lugar central; as outras são atomizadas, dispersadas e só se comunicam entre si por intermédio daquela que ocupa a posição central. Essa posição central gera seu próprio desenvolvimento e o enfraquecimento das relações pelo simples fato de ser central.
Penso que isso é muito importante para compreender, por exemplo, por que um
príncipe específico, entre outros, é reconhecido como rei. É um problema que os
historiadores, em especial Le Goff, apresentam muito bem: o fato de que o prín-

cipe da Île-de-France tenha sido reconhecido como rei lhe dá uma vantagem simbólica sobre seus concorrentes.[10] Mas a vantagem simbólica do título de rei não é suficiente para compreender as vantagens específicas do rei na competição com outros principados. A vantagem estrutural de estar no centro é extremamente importante. E é o que Elias indica: "Todos os indivíduos, todos os grupos, as ordens ou as classes são em certo sentido dependentes uns dos outros; eles são amigos, aliados e parceiros potenciais; são ao mesmo tempo oponentes, concorrentes, inimigos potenciais".[11] Em outras palavras, o rei está numa posição metassocial, é aquele em relação ao qual todos os outros devem se medir, se situar, e todos os outros estão, por sua vez, situados uns referidos aos outros nas relações de aliança ou de competição com as quais ele pode jogar. Portanto, o que Elias enunciava não é apenas o princípio de concentração, e que é um pouco simples.

Paralelamente, Elias descreve outro processo — é o ponto mais interessante — ao término do qual "os recursos centralizados e monopolizados tendem aos poucos a passar das mãos de alguns indivíduos para as mãos de indivíduos cada vez mais numerosos e a tornar-se finalmente função da rede humana interdependente como um todo". Em outras palavras — e é o ápice de sua análise, é o que eu quero dizer quando falo de campo estatal ou de campo burocrático —, Elias tem a ideia de que, à medida que o poder se concentra, em vez de haver um sujeito central no poder há uma rede de interdependência dos poderosos. Acrescentaria: uma rede de interdependência de poderosos detentores de princípios de potências diferentes — religiosa, burocrática, jurídica, econômica. A tal ponto que a estrutura desse espaço, em sua complexidade, torna-se o princípio gerador das decisões estatais. Passa-se, e é este o essencial da análise, de um monopólio relativamente privado, — Elias é sempre prudente: um monopólio jamais é completamente privado pois é partilhado com uma família, uma linhagem — a um monopólio público — eu diria "relativamente público", pois os monopólios jamais são completamente públicos. Continuo a citar Elias: "A despersonalização e a institucionalização do exercício do poder conduzem a cadeias mais longas, a redes mais densas de interdependência entre os membros da sociedade". Aí, há a ideia de alongamento das cadeias de dependência, o que eu chamo de cadeias de legitimação: A legitima B, que legitima C etc. Esse alongamento é um dos processos fundamentais quando se buscam grandes leis no tempo longo da história; a única lei tendencial geral que vejo é esse processo de diferenciação, inseparável de um processo de alongamento das cadeias de de-

185

pendência e de interdependência. Para Elias, autor extremamente controlado, interdependência não significa interdependência entre iguais; ele não esquece que pode haver estruturas de interdependência com dominante. Seria possível entender o que diz Elias como uma espécie de dissolução do poder: "todos iguais". Nos anos 1970, os debates na França eram de chorar: será que o poder vem do alto ou de baixo? Sou obrigado a dizer isso para que vocês se deem conta de que estamos a 350 léguas acima das coisas que são percebidas como alfa e ômega do pensamento francês...

Há uma frase de Elias em *La Société de cour*, livro magnífico e apaixonante que muda a visão do mundo francês clássico: "O aparelho complexo e imenso no topo do qual se encontrava Luís XIV permanece, em muitos aspectos, privado, permanece uma extensão da casa do rei, e pode-se falar a seu respeito [aí penso que Elias cita Weber] de burocracia patrimonial";[12] burocracia a serviço da grandeza, da ilustração de um patrimônio, simultaneamente material (a coroa, o território) e simbólico (o nome do rei). Elias observa que ainda não existe distinção nítida entre as despesas públicas e as despesas privadas do rei (é muito weberiano); é só depois da Revolução, escreve Elias, que os monopólios privados se tornam realmente monopólios públicos. Aí eu acho que ele se engana (para mim é muito difícil contar a teoria de outro sem dizer nada). É somente quando um aparelho complexo consegue gerir o monopólio estatal que se pode realmente falar de Estado:

> A partir de então, os conflitos não têm mais como fim questionar a existência do monopólio estatal (não são mais os conflitos entre o príncipe e o rei para derrubar o monopólio), mas são conflitos para se apropriar do monopólio, para controlar o monopólio e distribuir seus cargos e seus benefícios.[13]

O Elias que lhes apresento não é um Elias oblíquo, mas um Elias depurado, modelizado, digamos passado pelo meu cérebro. Portanto, vocês precisam lê-lo no original, se isso lhes interessa.

MODELOS DA GÊNESE DO ESTADO, 2: CHARLES TILLY

Segundo autor que eu queria lhes apresentar: Charles Tilly. Seu livro *Coercion, Capital and European States* é o remate de toda uma série de livros e artigos dos quais alguns estão traduzidos em francês.[14] Descobri, para minha grande surpresa, uma proximidade entre Tilly e Elias. Estranhamente, eu ligava Elias ao contexto alemão, a coisas que eu tinha lido há vinte anos, e ele me parecia como um instrumento de defesa e de luta contra o pensamento sociológico dominante na época, isto é, a sociologia americana. Eu não pensava Elias relacionado com Tilly, a quem li como algo absolutamente novo. E foi tentando apresentar o esboço do que traz Tilly que me dei conta de que ele é muito próximo de Elias. Em todo caso, é a percepção que tenho. Ao mesmo tempo, é original, do contrário eu não o apresentaria a vocês.

Tilly tenta descrever a gênese do Estado europeu, prestando muita atenção na diversidade dos tipos de Estado. Ele alerta: deixamo-nos impressionar pelos modelos inglês e francês; há também o modelo russo, holandês, sueco. Ele tem a ambição de escapar a esse efeito de imposição do que chamo um dos paralogismos mais clássicos, a "universalização do caso particular", cuja particularidade se ignora. Para ficar na lógica das reservas prévias, Tilly me parece em avanço em relação a Elias no sentido de que se esforça em construir um modelo com mais parâmetros, dando conta ao mesmo tempo dos traços comuns e das diferenças entre os Estados europeus. Ele tenta validar seu modelo empiricamente: tem em mente a análise multivariada que todos os sociólogos americanos têm no cérebro. Quer jogar com as variáveis, e isso é muito bom. Mas é absolutamente mudo sobre a dimensão simbólica da dominação estatal: isso não lhe aflora, não há uma linha a respeito, ou então é por acidente (talvez eu me engane). Elias, assim como Weber, não escapa ao economicismo, mas Tilly é ainda mais fechado numa lógica econômica: é perfeitamente insensível ao processo de constituição específica de uma lógica estatal (como se passa do privado ao público, como se criam cadeias de dependência). A meu ver, ele ignora a dimensão simbólica e a lógica específica do processo de acumulação do capital simbólico. No cerne de sua problemática, há a dialética entre as cidades e os Estados, e isso é interessante. É algo subjacente, é verdade, a muitas histórias do Estado. A coerção física é um assunto do Estado e a acumulação do capital econômico é mais um assunto das cidades. Para Tilly, o problema da gênese dos Estados é a combinação dos dois.

O mérito da empreitada de Tilly é fazer compreender a particularidade dos casos francês e inglês, que foram vistos como princípio das teorias gerais do Estado. Essa particularidade dos casos particulares francês e inglês decorre do fato de que as cidades de capital foram cidades capitais: Londres resolve a anti-nomia entre a coerção do Estado e a do capital. Como expor o problema levantado por Tilly? É sempre interessante saber do que partiu um pesquisador, o que ele tinha em mente quando começou. Compreende-se assim muito melhor o que tentou fazer.

Primeira questão: quando se olha um mapa da Europa, por que se observa uma estrutura concêntrica tendo, na periferia, Estados vastos e fracamente controlados — o que outros teóricos chamariam de impérios —, onde a integração social e o controle social são débeis? Certas comunidades aldeãs são apenas afetadas pela existência de um Estado central, como é o caso no Império otomano ou na Rússia; na zona intermediária, a Europa central, encontram-se cidades-Estados, principados, federações, em suma, unidades de soberania fragmentada; e a oeste, unidades estritamente governadas e centralizadas, como a França.

Segunda pergunta — e vê-se que Tilly trabalha em grande, como as pessoas que citei no ano passado, mas trabalha de outra maneira, e não é um Barrington Moore —: por que há tantas diferenças na integração das oligarquias e na das instituições urbanas ao Estado? Por que os diferentes Estados tratam tão diferentemente as unidades urbanas? Num extremo, a República Holandesa, que mal e mal é diferente de uma soma de cidades, de uma rede de governos municipais, e no outro extremo, o Estado polonês, mais ou menos desprovido de instituições urbanas. Tilly aí enxerga continuums.

Terceira pergunta: por que as potências econômicas e comerciais se distribuem desde as cidades-Estados (como Veneza) ou as cidades-impérios da beira do Mediterrâneo até as cidades subordinadas a Estados poderosos das margens do Atlântico? A resposta é que os Estados modernos são o produto de dois processos de concentração relativamente independentes: concentração do capital físico de força armada, ligada ao Estado; concentração do capital econômico, ligada à cidade. Na qualidade de lugar de acumulação do capital econômico, as cidades, e os que as dirigem, tendem a dominar os Estados através do controle do capital, do crédito e das redes comerciais (costuma-se falar de um "Estado no Estado"): elas têm conexões de poder transestatais, transnacionais. De seu lado, os Estados concentram os instrumentos de coerção.

Tilly descreve três fases do processo de concentração do capital econômico. E, em seguida, descreve três fases do processo de concentração do capital de coerção, mostrando, o que acredito ser verdadeiro, que elas correspondem às da concentração do capital econômico. Primeira fase, e vou bem depressa: "Os monarcas extraem das populações diretamente colocadas sob seu controle, na forma de renda fundiária ou de tributo, o capital de que necessitam, mas isso nos limites contratuais".[15] Fica-se aqui numa lógica de tipo feudal em que o Estado, na base de relações pré-estatais, concentra capital. Por exemplo, um historiador observa que os tributos, bem no início da Idade Média, eram chamados de *dona*.[16] Estamos na lógica do dom e do contradom, das homenagens, como se a noção de imposto ainda não estivesse constituída na sua verdade objetiva de imposto. Segunda fase, intermediária, entre 1500 e 1700: os Estados se apoiam nos capitalistas independentes que lhes fazem empréstimos, ou nas empresas geradoras de lucros, ou ainda nas empresas que arrecadam impostos para eles, os *fermiers*. Há, portanto, uma estrutura financeira autônoma, mercenária, que ainda não está integrada ao Estado. E, terceira fase, a partir do século XVII: muitos soberanos incorporam o aparelho fiscal ao Estado.

Para a coerção (instrumento de força), o processo é paralelo. Primeira fase: os monarcas recrutam as forças armadas compostas de servidores ou vassalos; estes últimos devem ao rei um serviço pessoal, mas sempre nos limites contratuais. Segunda fase, entre 1500 e 1700: eles recorrem principalmente a mercenários providos por profissionais, fornecedores, equivalentes aos *fermiers*. Terceira fase: absorvem o exército e a marinha na estrutura do Estado, renunciando aos mercenários estrangeiros para recorrer a tropas recrutadas pelo alistamento entre os cidadãos. No século XIX os dois processos de incorporação estão concluídos: os Estados europeus incorporaram tanto os exércitos como os mecanismos fiscais, abolindo os *fermiers*, os empresários militares e outros intermediários. Os Estados continuam a negociar, como na época feudal ou na época intermediária, mas com outros interlocutores, e, deslocamento interessante, eles negociam para as pensões, as subvenções, a educação pública, o planejamento urbano etc.

Se acumulamos o aspecto coerção e o aspecto capital, podemos distinguir três fases, que podemos caracterizar assim: primeiro, uma fase de patrimonialismo baseada nas forças feudais e nos tributos; depois, uma fase de corretagem (*brokerage*) de intermediários, mercenários e credores; e enfim uma fase de nacionalização: exército de massa e aparelho fiscal integrado. Esta última fase é marcada pelo surgimento de uma especialização no exército e uma separação entre o exército e a polícia. Tudo isso, progressivamente. Agora, a resposta ao problema que Tilly formulara ao começar: as diferentes interseções entre os dois processos permitem explicar as diferenças na evolução dos Estados da Europa porque esses processos que apresentei como homogêneos e unificados se desenrolam diferentemente nos diferentes países e porque o peso relativo das coerções vai variar. Por exemplo, o Estado holandês evita o recurso maciço a mercenários, privilegiando o combate marítimo e criando muito cedo finanças estatizadas, mas permanece muito dependente dos capitalistas de Amsterdam e de outras cidades comerciais. Quanto a esse ponto, o Estado holandês — uma cidade com muito pouco Estado — se opõe ao Estado polonês — um Estado sem cidade. No oposto, na Castilha, as forças terrestres vencem; a monarquia apoia-se no crédito dos mercadores, assim convertidos em rentistas, e nas rendas coloniais para o reembolso. Nesse caso, tem-se uma estrutura favorável a uma concentração estatal.

Para esquematizar, podemos, pois, distinguir três vias maiores no processo que levou ao Estado: a trajetória coercitiva, que confere primazia à concentração estatal das forças armadas (a Rússia); a trajetória capitalista, que confere primazia à concentração do capital (Veneza); a trajetória mista (a Inglaterra), em que o Estado, de formação muito precoce, teve logo de saída de coexistir e compor com uma vasta metrópole comercial e que, por isso, representa a síntese de duas formas de acumulação. A Inglaterra e mesmo a França são típicas da terceira trajetória possível: um Estado nacional forte que se dá os meios econômicos de manter forças armadas poderosas. Uma das contribuições maiores da análise de Tilly é mostrar por que a Inglaterra e a França são casos particulares, nos quais minha análise se apoiará no essencial; mas certos casos particulares são particularmente favoráveis a uma análise genética de conceitos. Um dos segredos do trabalho científico em ciências sociais é agarrar um caso particular cuja particularidade não se conhece, mas no qual se pode ver melhor o modelo — com a condição de não esquecer a particularidade. Na semana que vem, veremos o terceiro modelo, o de Philip Corrigan e Derek Sayer.[17]

Curso de 24 de janeiro de 1991

Resposta a uma pergunta: a noção de invenção sob pressão estrutural — Modelos da gênese do Estado, 3: Philip Corrigan e Derek Sayer — A particularidade exemplar da Inglaterra: modernização econômica e arcaísmos culturais

RESPOSTA A UMA PERGUNTA: A NOÇÃO DE INVENÇÃO
SOB PRESSÃO ESTRUTURAL

Agradeço aos autores de perguntas e àquele que me entregou um dossiê apaixonante sobre a ortografia. Encontrei uma pergunta à qual responderei de forma breve. É uma pergunta difícil que exigiria uma resposta muito longa, mas vou dar o esquema, os elementos, e o que pode ser o ponto de partida de uma resposta possível:

No início, para clarificar a definição da palavra "Estado" ou o conceito que a ela se liga, o senhor anunciou que seu trabalho seria sobre a gênese do Estado; depois indicou que o Estado é uma solução para certos problemas, mas que poderia haver outras, e que o estudo da gênese clarificaria esse fato. Caso se queira perseguir a ideia de uma analogia com os estudos de outras gêneses em outras disciplinas (filogênese, ontogênese, psicogênese etc.), sempre se apresenta o mesmo problema: a escolha do caminho efetivamente tomado é o resultado do acaso ou da necessidade? Caso se creia em Darwin e em biologia, a escolha, como se sabe, resulta do ambiente, e, sobretudo, é a melhor escolha porque é a mais adaptada ao ambiente. A escolha da solução Estado pelo Homem é a única porque é a mais adaptada ou, ao contrário, em sociologia há escolha ou necessidade? Pode-se, aliás, observar que a palavra "adaptação" corresponde a um julgamento de valor, julgamento em geral recusado pelos não cientistas; nas ciências humanas, em especial na sociologia, é possível fazer tais julgamentos sobre o Estado ou devemos nos contentar com julgamentos objetivos de fato?

É uma pergunta importante, bem colocada, mas difícil porque ultrapassa os limites do que um sociólogo pode dizer sobre a questão sem se transformar em filósofo da história. Ainda assim, tentarei responder um pouquinho porque é uma indagação que todos vocês se fazem mais ou menos confusamente.

Primeiro ponto, sobre o problema do acaso ou da necessidade, dei elementos de resposta no ano passado. Indiquei que para compreender os fenômenos sociais, em especial o Estado, pode-se usar uma analogia empregada por outros, por Husserl por exemplo: a da gênese de uma cidade. A todo momento da história os recém-chegados devem contar com produtos da história que estão inscritos na objetividade na forma de construções, instituições, e, acrescentarei, que estão também na objetividade na forma de estruturas mentais. Da mesma maneira, as invenções, inovações, os progressos, as adaptações são invenções sob pressão estrututural, isto é, a cada momento o universo dos possíveis realmente possíveis é extraordinariamente fechado pela presença das escolhas já feitas no passado, que existem na forma de coerções objetivadas e na forma de coerções interiorizadas, incorporadas. Não se está diante da alternativa acaso/necessidade, liberdade/necessidade, mas diante de algo mais complicado, que eu resumo com a fórmula: "invenção sob coerção estrutural". Eu tinha também indicado que, à medida que a história avança, esse espaço dos possíveis se fecha, entre outras coisas porque as alternativas de onde saiu a escolha historicamente constituída são esquecidas. E uma das forças da necessidade histórica que se exerce por meio da objetivação e da incorporação decorre do fato de que os possíveis compossíveis, os possíveis "laterais", conforme diz Ruyer em seu livro sobre a utopia,[1] os possíveis que cercam o possível realizado são não só afastados mas apagados como possíveis. Há uma espécie de efeito de destino do possível realizado. Uma das virtudes da sociologia histórica ou da história social é justamente despertar os possíveis mortos, os possíveis laterais e dar uma certa liberdade. Dizer que a sociologia é um instrumento de imposição da necessidade é de uma ingenuidade patética. A sociologia é, ao contrário, um instrumento de liberdade já que ela desperta, ao menos para o sujeito pensante, possíveis soterrados. Isso não quer dizer que ela os faz realmente existir como possíveis históricos porque, na cabeça da maioria dos agentes sociais, eles estão mortos e enterrados. Um dos efeitos do Estado é fazer crer que não há outra via senão o Estado. A questão, portanto, se coloca particularmente a propósito do Estado.

O espaço dos possíveis se fecha e, no lugar dos possíveis mortos, a "história" — ainda aqui, é preciso prestar atenção e não constituir pessoalmente entidades como a história; é só pela facilidade da expressão — interpõe interesses, agentes que têm interesse em que certos possíveis não sejam despertados. Da mesma maneira, essa espécie de funil da história sempre tende a encolher. Seria possível dizer que os historiadores são livres, por definição, com respeito a essa necessidade; na verdade, eles o são talvez menos que outros porque são submetidos aos efeitos da "ilusão retrospectiva", como dizia Bergson:[2] conhecem a continuação da história. É uma coisa que muitas vezes foi dita, mas sobre a qual não se refletiu muito bem, a não ser em Weber: o que implica o fato de saber a continuação da história? Os historiadores estão, de fato, em má situação para fazer ressurgir esses possíveis mortos, porque tendem a aceitar, como todo mundo, que o que aconteceu devia acontecer. Temos uma filosofia implícita da história que está inscrita no fato de aceitar a continuação como o que devia acontecer, de postular a necessidade da continuação. Reflitam em todos os debates patéticos, e volta e meia ridículos, sobre a Revolução Francesa e verão que o que eu digo é particularmente verdadeiro, em especial quando vindos daqueles que pretendem introduzir a liberdade na história...

Segundo ponto: o problema do finalismo. Há o problema da lógica da história (acaso/necessidade) e depois há o problema do fim da história no duplo sentido. É um grande avanço não colocá-lo. Costuma-se dizer de Saussure que ele conseguiu que as ciências da linguagem tivessem um avanço extraordinário — é uma banalidade, mas penso que não é inútil lembrar — renunciando a apresentar o problema da origem da linguagem, do começo da linguagem.

Pode-se igualmente conseguir que as ciências sociais tenham alguns avanços rejeitando não só o problema da origem, mas também o problema dos fins, que é mais um problema teológico e escatológico. Dito isto, o problema permanece. A ciência deve afastar certos problemas para pensar, mas pode guardá-los no espírito para os quinze minutos metafísicos. (Nada tenho contra isso. Só que o digo com certa ironia porque há aqueles para quem os quinze minutos metafísicos duram a vida inteira. É muito difícil dizer esse tipo de coisa sobre os problemas, porque a gente sempre fica parecendo sectário. Não tenho nada contra, mas contanto que eles não amolem os que fazem outra coisa.) Quem quer fazer a ciência avançar deve suspender provisoriamente esses problemas metafísicos, que, pensando bem, podemos achar apaixonantes, e que podemos pensar que são os mais importantes. Um dos preços a pagar para fazer ciência é que nos expomos a ser tratados de beócios, de positivistas.

Portanto, certos sociólogos se fizeram esta pergunta: o Estado — tal como ele é — é o melhor porque, tendo sobrevivido, pode ser considerado como o mais adaptado ao ambiente, segundo o postulado darwiniano? A que uma instituição — casamento, família, Estado — é adaptada? Baseado em que se pode medir seu grau de adaptação? Para o mundo social, o ambiente é o próprio mundo social. Hegel disse isso e desde então se repete que é característico das sociedades produzirem seu próprio ambiente e serem transformadas pelas transformações do ambiente que as transforma. Os sociólogos não são os mais adequados para responder a essa pergunta, porque é como se a sociedade dialogasse consigo mesma. Em seguida, pode-se pensar na questão das funções. É nesses termos que os sociólogos apresentaram o problema: quais são as funções do Estado? Há pessoas que são chamadas de "funcionalistas" — faço de conta que só há uma categoria —, que interrogam as instituições sobre suas funções e tentam interpretar as instituições a partir das funções que cumprem. Mas há uma questão que os funcionalistas não se colocam: eles supõem que há uma função global, indiferenciada das instituições; para o Estado, será a manutenção da ordem nas ruas. É uma das questões maiores que o Estado apresenta: será que ele cumpre funções para todos ou apenas para alguns? Corrigan e Sayer indagam se o Estado não cumpre tão bem as funções que cumpre para alguns porque as cumpre para todos. Não será porque ele cumpre para todos a função de manutenção de ordem que ele cumpre funções para alguns que se aproveitam particularmente dessa ordem? Ainda aí, não estamos diante de alternativas simples, como na tradição marxista com suas alternativas dicotômicas: o Estado serve a classe dominante e o Estado a serve tão bem porque serve igualmente as outras o suficiente para que elas se sintam obrigadas a se submeter às injunções, aos imperativos pelos quais o Estado as serve também. Aí estão problemas complicados que os biólogos não têm (eles também têm problemas, mas não do mesmo gênero).

O Estado cumpre funções, mas para quem? Ele é adaptado, mas a quê? Aos interesses de quem? Pode-se admitir que o sociólogo deve contar com o fato de que lida com instituições que, já que sobreviveram, têm certas virtudes. Pelo fato de os antropólogos lidarem com sociedades relativamente indiferenciadas, não é imediatamente visível que aí as instituições servirão mais a uns que a outros. Nesse caso, é possível ser funcionalista "mínimo" sem ser acusado de servir os interesses superiores da classe dominante. Eles podem dizer: "Isso funciona, portanto devo explicar a razão". O trabalho da ciência consiste em desmontar o mecanismo para compreender por que isso funciona. E, portanto, eu devo postular que existe razão, ainda que ela não seja racional, ainda que essa razão esteja a serviço de fins que desagradam. Quer eu estude a casa cabila, o sistema das escolas de prestígio, da seguridade social ou a política de habitação, aceito tacitamente a ideia de que existe razão de ser, de que existe razão, já que isso sobreviveu, mostrou solidez, e tenho de explicar a razão dessa razão, tornar isso inteligível: por que isso existe, como existe, como pode se perpetuar, como se reproduz?

Essa espécie de "postulado de inteligibilidade" — seria preciso encontrar-lhe um nome — é constitutiva do procedimento científico em ciências sociais. Mas às vezes esse postulado é perigoso porque pode fazer esquecer que existem atos humanos passíveis de não ter nenhuma razão; nesse caso, o viés científico que sempre leva a procurar razões pode conduzir a erros: é possível não compreender certas formas de violência percebidas como "gratuitas" conquanto encontremos suas causas. (Vou sempre de correções em correções. Às vezes é complicado, mas penso que as coisas são complicadas, e olhem que eu censuro muitas para ficar nos limites do inteligível. Para falar do mundo social, seria preciso ter discursos como partituras musicais, com quinze níveis, que se corrigem paulatinamente. Daí o problema de comunicação…)

As instituições funcionam, têm uma razão, mas no sentido da razão de uma série, que faz com que, quando se compreendeu, não seja mais aleatório, não seja mais feito de qualquer jeito. Por exemplo, uma vez que se compreendeu que na casa cabila há uma parte seca e uma parte úmida, que aqui se faz isso e ali se faz aquilo, então se compreende, no sentido de que se sente uma necessidade ali onde se tinha uma percepção de acaso, de qualquer coisa. E, às vezes, explicar a razão tem virtudes não só científicas mas também políticas: isso arranca do absurdo as coisas; por exemplo, no caso dos rituais, mostrar que os rituais não são absurdos é arrancar à abominação racista toda uma parte dos comportamentos humanos. Mas não é o objetivo, é um efeito induzido. Aceitar que uma instituição que sobreviveu, posto que funciona, tem uma razão, é, portanto, dar-se por missão procurar uma lógica. Aí, seria preciso desenvolver longamente. A palavra "razão" é muito perigosa porque se pode pensar que há uma razão racional, isto é, que no princípio dessa instituição alguém fez um projeto, um plano, e que a ação considerada é o produto de um cálculo racional, com sujeitos conscientes. Não é de jeito nenhum minha filosofia da história. É um paradoxo do mundo social esse que faz que, por certos aspectos, o mundo social tenha aparências quase biológicas, quase naturais: há uma profusão de coisas que têm razões sem ter tido a razão como princípio, que têm razão de ser, razão no sentido da razão de uma série, sem que tenha havido um agente racional no princípio, sem que cálculos racionais tenham estado no seu princípio.

É um dos problemas das relações entre o pessoal da área científica e da literária: os cientistas, mesmo os biólogos, quando devem julgar os trabalhos de historiadores, de sociólogos, nem sempre têm os bons critérios de julgamento porque aplicam às ciências cujo objeto são razões totalmente particulares um só princípio de avaliação: a razão matemática, a razão lógica, a razão formal. Se encontramos instituições ou ações em que existe razão mas sem ter a razão como princípio, é porque elas foram construídas segundo uma lógica como a da cidade; são invenções sob pressão estrutural, sob pressão interiorizada e objetivada, o que faz com que não se aja de qualquer jeito. Uma série é como uma série de jogadas num jogo, é como uma casa antiga que foi habitada por 36 gerações e tem uma espécie de encanto estranho que se pode justificar esteticamente porque ela é o produto de uma multidão de escolhas infinitesimais cujo resultado é de outra ordem que não a casa concebida pelo arquiteto mais hábil, mais douto, o qual pensou em todos os detalhes. Esses objetos sociais costumam ter aparências estéticas, pois são, como essas casas antigas, o produto de uma multidão de intenções que não são conscientes nem de seus constrangimentos externos nem de seus constrangimentos internos e que, no entanto, não obedecem ao acaso.

A análise estruturo-genética do Estado assim como a análise estrutural sincrônica se atribuem como objetivo recuperar essas lógicas que não são da ordem da lógica e que, aliás, a lógica formal destrói com muita frequência. Um dos grandes problemas das ciências humanas é que as diferentes lógicas que lhes servem de ferramentas (teoria dos jogos, cálculo das probabilidades) foram construídas contra a razão ordinária, prática. Aplicá-las àquilo contra o que elas foram construídas cria efeitos formais muito bonitos nos livros, mas é muito destruidor para o avanço da ciência: nas ciências sociais, é preciso saber resistir ao efeito de ostentação da cientificidade proporcionado pelo fato de aplicar a razões históricas produtos da razão que raciocina.

MODELOS DA GÊNESE DO ESTADO, 3: PHILIP CORRIGAN E DEREK SAYER

Chego ao terceiro livro, o de Corrigan e Sayer: *The Great Arch* — fórmula tirada do grande historiador inglês Edward Palmer Thompson.[3] Esse livro está em ruptura completa com os dois anteriores, tanto o de Elias como o de Tilly. Os dois autores o dizem nitidamente na introdução: opõem-se à teoria do Estado como órgão de coerção. Para esses autores, o marxismo e as teorias que podem ser situadas do lado do economicismo, as de Tilly e, parcialmente, a de Elias, reduzem o Estado a um órgão de coerção e fazem dele um reflexo do poder econômico. Eles indicam que Gramsci, aparentemente, se diferencia um pouquinho. (Haveria muito a dizer sobre o papel de Gramsci como Ptolomeu do sistema marxista, como aquele que dá as aparências de uma via de salvação fora do sistema marxista e que, na verdade, tudo encerra ainda mais nesse impasse.) Gramsci dá como função ao Estado não só coagir e manter a ordem, mas também, o que não é insignificante, estabelecer e reproduzir o consenso. Para Corrigan e Sayer, as teorias marxistas esquecem "o sentido das atividades, das formas, das rotinas e dos rituais estatais para a constituição e a regulação das identidades sociais e, em última análise, de nossas subjetividades".[4] É uma frase central que resume bastante bem a tese deles. Para ambos, o papel do Estado é regular não só a ordem objetiva como também a ordem mental, a ordem subjetiva, e orquestrar essa espécie de regulação constante das subjetividades. Se eles devessem dar uma definição do Estado, seria mais ou menos esta: "O

Estado é um conjunto de formas culturais". Eles não são muito claros a esse respeito: são sociólogos que fazem história; vão no que eu creio ser a boa direção, mas com uma confusão teórica que está no princípio da riqueza de seu livro. Mas não têm os instrumentos teóricos de suas ambições; têm instrumentos teóricos embrulhados e confusos. Dizem uma coisa interessante, jogam com a palavra *State*: "*States state*";[5] é uma fórmula simples, intraduzível: "Os Estados estatuem". Heidegger diria coisas assim: "O Estado estabelece", "O Estado apresenta *statements*", "afirmações", "teses", "status". Eles dão exemplos desses *statements*: são os rituais de um tribunal de justiça, as fórmulas da aprovação régia a um ato do Parlamento, a visita a uma escola pelos inspetores etc. Tudo isso são *statements* do Estado, atos de Estado. Todo o conteúdo do livro é o exame da gênese dessas instituições que permitem ao Estado afirmar seus julgamentos políticos, suas ações políticas.

Um exemplo, que é muito próximo das coisas que eu disse no passado, permitirá compreender isso: o Estado define todas as formas codificadas e legítimas da vida social. Por exemplo, todos os códigos: o Estado codifica e, entre os códigos, há as classificações. Tornou-se um lugar-comum dizer que o Estado começa com a estatística, que a palavra "estatística" contém a palavra "Estado", mas Corrigan e Sayer dizem mais: que a estatística é tipicamente um ato de Estado, já que impõe uma visão legítima do mundo social. A esse respeito, lembro que há uma diferença entre o estatístico de Estado e o sociólogo. O primeiro impõe categorias sem se interrogar sobre elas, e só começa a se interrogar sobre elas quando é contaminado pelos sociólogos; o estatístico de Estado é um *censor* no sentido romano do termo, ele faz *census*, isto é, recenseamentos destinados a arrecadar o imposto, a calcular os direitos e deveres dos cidadãos. Seu pensamento (*censeo*) é tipicamente um pensamento de Estado; suas categorias de pensamento são categorias de pensamento de Estado: categorias de ordem e de manutenção de ordem. Os estatísticos de Estado não se colocam um problema qualquer; são recrutados e formados de tal maneira que não se colocam os problemas que são colocados por suas operações estatísticas. O Estado opera uma unificação dos códigos. O exemplo por excelência é a língua, mas são também os nomes de profissões, todos os termos que designam as identidades sociais, todas as taxinomias em uso para classificar os homens, as mulheres. Por meio disso ele impõe uma visão legítima contra outras visões, contra outras moralidades, poder-se-ia dizer, as quais, por sua vez, expressariam a visão dos dominados. Corrigan e Sayer insistem muito no fato de que o Estado impôs sua via de maneira sistemática contra os dominados; é uma espécie de história ao mesmo tempo da gênese do Estado e daquilo que o Estado eliminou como outras possibilidades ligadas aos interesses dominados.

Retomo a exposição de maneira um pouco mais geral. Corrigan e Sayer deixam de lado tudo o que toca a acumulação dos instrumentos da violência física e do capital econômico, como faziam Tilly e Elias; o que lhes interessa é a revolução cultural que está no princípio do desenvolvimento do Estado moderno. Dizem que a formação do Estado é uma revolução cultural. Situam-se numa perspectiva durkheimiana. São interessantes porque jogam entre Marx, Durkheim e Weber — como creio que é preciso jogar para compreender os problemas do Estado —, mas de maneira confusa; não clarificaram a articulação das contribuições teóricas desses autores para a compreensão do que é o poder simbólico, que, a meu ver, é central para compreender o que é o Estado como lugar de acumulação do poder simbólico e legítimo.[6] Privilegiam, numa perspectiva explicitamente durkheimiana, o que chamam de "dimensão moral da atividade estatal": descrevem a construção do Estado como a construção e a imposição maciça de um conjunto de representações e valores comuns. Aqui, juntam-se a Gramsci: consideram a gênese do Estado, desde a origem, mas em especial no século xix, como uma espécie de empreendimento de domesticação dos dominados. Ali onde Elias diz "processo de civilização" (com tudo o que essa visão comporta de irreal politicamente), eles reintroduzem a função de domesticação dos dominados. Por exemplo, mostram como, no século xix, o Estado tanto controla como integra os dominados. É a ambiguidade de todas as estruturas estatais ligadas ao Welfare State sobre as quais nunca se sabe se são instituições de controle ou de serviço; na verdade, são as duas ao mesmo tempo, controlam tanto melhor quanto servem. Isso é também verdade com as instituições como o Parlamento. O Parlamento é o tipo mesmo da invenção estatal: o Parlamento é o lugar da política legítima, o lugar em que se institui uma maneira legítima de formular e regular os conflitos entre os grupos, entre os interesses. A institucionalização desse lugar da política legítima se acompanha tacitamente da institucionalização da política não legítima como excluída desses lugares, como intrinsecamente excluída; certas formas de violência não verbais são excluídas pelo fato de que se instituiu como legítima uma [outra] forma de violência.

[Corrigan e Sayer] associam a construção do Estado à construção e à imposição maciça de um conjunto de representações éticas e lógicas comuns. Se fossem teoricamente consequentes, diriam com Durkheim, como eu já citei, que o Estado impõe ao mesmo tempo um conformismo lógico e um conformismo moral. É uma distinção que Durkheim faz em *Les Formes élémentaires de la vie religieuse*: o que ele chama de conformismo lógico é o acordo dos espíritos que se tornou possível pela possessão de categorias lógicas comuns; o conformismo moral é a mesma coisa na ordem ética, é a participação de um universo comum de valores partilhados.[7] Para Durkheim, portanto, as categorias lógicas são categorias sociais — os grupos, os clãs — que se tornaram categorias mentais. O conformismo lógico é esse acordo fundamental com o mundo e entre os agentes, possibilitado pela participação num universo comum de categorias lógicas. [Em Corrigan e Sayer] o nascimento do Estado é associado a um trabalho que visa "encorajar ou constranger as pessoas a se identificar, a se perceberem de maneira privilegiada em termos de nacionalidade, mais que a se designarem de maneira mais local, como súdito de um príncipe particular, ou mais ampla, como por exemplo pelo fato de pertencerem ao universo da cristandade".[8] O nascimento do Estado é, portanto, associado à imposição, ao conjunto dos indivíduos de uma nação, de um ponto de vista privilegiado sobre sua própria identidade, sendo esse ponto de vista privilegiado o da nação: eles se identificam como franceses, e não como membros do Santo Império Romano Germânico ou como bascos ou bretões. Define-se um nível de identificação privilegiada e, a esse nível de identificação que é introduzido por meio do fetichismo do Estado e da nação, é associado um conjunto de propriedades secundárias impostas àquele que aceita essa identificação. Há [em *The Great Arch*] uma belíssima exposição sobre a *englishness*, isto é, sobre um conjunto de traços que se associam ao caráter nacional inglês. Traduzo aproximadamente: "O fato de ser sensato, moderado, o pragmatismo, a hostilidade à ideologia, o fato de saber se virar, a esquisitice".[9] Há dezenas de livros de ingleses sobre os ingleses, os escritores sendo grandes contribuidores para a construção dessa espécie de ideal nacional aceitável para os intelectuais porque cada classe tem seu nacionalismo. (Em minhas viagens ao estrangeiro, o que mais me impressiona é a força do nacionalismo nos meios intelectuais. É surpreendente, mas é um nacionalismo muito sutil, que se liga a leituras, que é mascarado.) A *englishness* é a excentricidade e toda uma série de propriedades constitutivas do que se chamava no século XIX o "caráter nacional". [...] Leiam o artigo muito bonito de E. P. Thompson, "The Peculiarities of the English",[10] em que ele observa essa singularidade nas maneiras à mesa, nos modos de falar, nas técnicas de postura. Por exemplo, os linguistas estudaram a distância em que se fala com um interlocutor; as variações são consideráveis: dependendo da etnia, dependendo da nação, você fala mais ou menos perto de seu interlocutor, tanto assim que certas categorias de pessoas lhe parecem invasoras porque suas tradições nacionais impõem que se fale com alguém de mais perto, o que constitui [para outros] uma penetração insuportável no círculo de intimidade.[11] Todas essas fronteiras do lado de dentro e do lado de fora, que estão ligadas ao caráter nacional, são em grande parte produtos do Estado e passam pelo sistema de educação, pela literatura, por toda espécie de via de transmissão e de inculcação dessas disposições profundas, inconscientes, ligadas ao Estado.

[*The Great Arch*] não é um livro muito claro, conforme eu disse. É por isso que tenho muita dificuldade em contá-lo. Se o fizesse à minha maneira, eu o anexaria completamente — isso se tornaria coerente mas não seria mais o livro deles. Tenho dificuldade em contá-lo porque ele é simultaneamente muito próximo e muito longe do que quero apresentar a vocês. Vocês precisariam lê--lo... Uma das mediações pelas quais se transmitem a *englishness*, o culto, a fé, a crença no Estado, na *anglicidade* ou na *francidade*, é o sistema escolar, a educação, a geografia etc. É muito surpreendente que os defensores da ortografia associem quase sempre [a causa deles] com a defesa da geografia: isso faz parte das disciplinas elementares, primárias. A geografia é o mapa da França: isso faz parte da libido nacional ou nacionalista. Essa espécie de relação com sua própria identidade como nacionalmente constituída é produto de instituições mas também de todos os rituais estatais. [A intuição da qual, creio, Corrigan e Sayer partiram é] que o Estado é um conjunto de rituais. Os autores estão provavelmente em boa posição para [salientar esse ponto]: por que a sociedade que fez a Revolução Industrial é a que mais conservou rituais estatais arcaicos? É um problema muito interessante que eles apresentam e que tentarei generalizar mais adiante pegando o exemplo do Japão.

A Inglaterra e o Japão são dois países ultraconservadores quanto aos rituais do Estado — as perucas etc. — e ao mesmo tempo revolucionários, em sua época, no plano econômico. Belíssimos trabalhos de E. P. Thompson sobre a justiça analisam o que chamarei de violência simbólica da justiça tal como ela se exerce através do aparato — no sentido de Pascal, não de Althusser —, isto é, através da exibição.[12] A referência deles seria Pascal: a retórica de Estado, o discurso de Estado. Eles dão exemplos. Assim, quando se diz *Rule of law*, tudo foi dito; hoje, diz-se "Estado de direito". Da mesma maneira, a Inglaterra como "Mãe dos Parlamentos"…[13] […]

A ideia de Corrigan e Sayer é que, longe de ser antinômico à perpetuação de tradições arcaicas, o milagre inglês do século xix tornou-se possível por essa espécie de unidade cultural manifestada nos rituais e encarnada nas crenças viscerais, na *englishness*. Essa cultura comum — cultura sendo tomada no sentido antropológico do termo —, entretida, orquestrada, repetida pelo Estado por meio dos rituais de Estado, das cerimônias da coroação (hoje em dia, a televisão entrou no cerne desse cerimonial de Estado, dessa cultura), funcionou como um instrumento de legitimação que pôs ao abrigo da crítica e da contestação radical as formas tradicionais de autoridade e de dominação. Nisso, Corrigan e Sayer se tornam weberianos. No fundo, é Durkheim a serviço de Weber. Eles têm razão: é porque o Estado é um instrumento de instituição dos fundamentos de um conformismo lógico e de um conformismo moral que ele cumpre, ao mesmo tempo, essa função misteriosa de legitimação que Weber é obrigado a introduzir para compreender o efeito de Estado, para compreender que o Estado não é somente o que dele diz Marx: é também algo que se faz reconhecer, ao qual se atribui uma profusão de coisas e, entre outras, a obediência. Como é possível que se obedeça ao Estado? No fundo, é esse o problema fundamental.

O Estado é, portanto, a instância de legitimação por excelência que consagra, soleniza, ratifica, registra. Encontra-se uma belíssima exposição em *The Great Arch* sobre o processo insensível pelo qual o Estado põe pouco a pouco a mão em todas as manifestações públicas, na publicação, no devir público.[14] Analisei longamente o que é a publicação dos proclamas de casamento. Por que um casamento se torna um casamento quando foi publicado?[15] Tornar público é o ato de Estado por excelência; da mesma forma, compreende-se que o Estado ponha a mão em tudo.

(Gostaria de fazer a esse respeito um parêntese muito político. A dificuldade da análise sociológica reside no fato de que se costuma confundir análise sociológica e crítica social. Dir-se-á: "A censura não é boa coisa etc.", ao passo que é preciso explicar a razão, e explicar a razão é compreender que o Estado tem a ver com a censura: *censor, census*. O Estado tem interesses comuns com o controle de toda manifestação pública, sobretudo as referentes ao mundo público. Por definição o Estado não gosta dos jornais satíricos, da caricatura. Hoje, o Estado trata isso de maneira muito hábil, mas não é porque a censura é invisível que ela não existe; é talvez ainda mais forte do quando exercida pelos policiais. Quando os editoriais de certos jornalistas eminentes são publicidade redacional, é uma forma extrema de censura particularmente invisível. A violência simbólica é perfeita: é uma violência que se exerce graças à inconsciência perfeita daqueles sobre quem ela se exerce, portanto com sua cumplicidade.)

O Estado é a instância legitimadora por excelência, que ratifica, soleniza, registra os atos ou as pessoas, fazendo aparecer como algo óbvio as divisões ou as classificações que ele institui. O Estado não é um simples instrumento de coerção. Corrigan e Sayer citam constantemente, para estigmatizá-la, a frase de Lênin sobre o Estado como conjunto de coortes de homens armados, de prisões, e mostram a que ponto é simplista.[16] O Estado não é um simples instrumento de coerção, mas um instrumento de produção e reprodução do consenso, encarregado de regulações morais. Eles retomam aqui a definição durkheimiana: o Estado é um órgão da disciplina moral.[17] Se lhes dou total crédito, é porque eles se servem de Durkheim para dar um sentido a um problema de Weber e, ao mesmo tempo, não esquecem Marx, não esquecem que esse órgão de disciplina moral não está a serviço de qualquer um, mas, antes, serve os dominantes. Resta que a demonstração deles é muito confusa.

A PARTICULARIDADE EXEMPLAR DA INGLATERRA: MODERNIZAÇÃO ECONÔMICA E ARCAÍSMOS CULTURAIS

Retomo os dois problemas que o livro deles apresenta. Primeiro, a particularidade da Inglaterra: por que o caso específico da Inglaterra, quando é levado a sério, permite apresentar particularmente bem o problema geral do Estado? O caso francês, em diversos aspectos, é muito privilegiado: é um Estado centralizado, mas por outro lado é um caso desfavorável pelo fato de que a Revolução Francesa foi uma revolução feita em nome da universalidade; é um caso particular que se apresenta como universal. Da mesma forma, os efeitos de dominação simbólica do tipo daqueles que o Estado inglês permite ver correm o risco de escapar, porque são especialmente dissimulados. A universalização é a estratégia retórica de dissimulação por excelência. Pensem na análise marxista da ideologia como universalização dos interesses particulares. O Estado francês tem a retórica da universalização mais poderosa: comparem sua colonização com a colonização inglesa... Voltar à *englishness* é interessante para captar os efeitos de dominação simbólica no estado puro, isto é, numa forma realmente singular. O Estado francês é igualmente singular, mas pode se apresentar como universal. Tudo isso está muito ligado a coisas atuais: nos posicionamentos sobre o véu islâmico, com esse modo bem francês de se servir do universal para fazer algo particular, que é um dos cúmulos da hipocrisia política...

Primeiro problema, portanto, a particularidade da Inglaterra e do Japão, como ocasião de questionar o mito da modernidade generalizada: será que a modernização industrial se acompanha necessariamente da modernização do ritual do Estado? Um ritual de Estado "arcaico" é antagônico a uma modernização econômica ou, ao contrário, não seria um formidável instrumento de modernização, porquanto possibilita produzir consenso e, de certo modo, rendimento?

Segundo conjunto de problemas teóricos: a construção da legitimidade. Tentarei mostrar que, se Corrigan e Sayer se repetem, é porque lhes falta a noção de capital simbólico, de violência simbólica e, por conseguinte, eles não conseguem dar conta daquilo que é seu próprio projeto verdadeiro, essa submissão voluntária, essa dependência voluntária que o Estado logra, essa espécie de submissão que escapa à alternativa da coerção e da submissão eletiva. Dizer que o Estado é legítimo é dizer que ele pode conseguir submissão sem coação, ou melhor, com uma forma de coação, que chamo de poder simbólico, e que é absolutamente particular. Para compreender esse tipo de coação, é preciso integrar teoricamente, e de maneira não escolar, Kant através de Durkheim, Marx e Weber.

Hoje, gostaria de desenvolver o primeiro problema: a particularidade dos ingleses, referindo-me também ao exemplo do Japão. Primeiro, por que esse problema da particularidade dos ingleses se coloca aos ingleses? Curiosamente, esse problema se coloca aos ingleses porque eles são ingleses marxistas. Esses autores — Thompson e os que se reivindicam próximos dele — foram submetidos, como os marxistas no mundo inteiro, à questão colocada pela via francesa da revolução. A teoria da revolução que Marx propôs tomava como ponto de aplicação a Revolução Francesa, tanto assim que todos os marxistas de todos os países foram levados a se interrogar por que não tiveram uma Revolução Fran-

204

cesa. Descobri que também havia um grande debate entre os marxistas japoneses, que contrapõem aqueles para quem houve uma Revolução Francesa em seu país, e aqueles que afirmam que não houve, e isso na base dos mesmos materiais históricos. Mas nem uns nem outros se perguntam se tem sentido indagar se houve no Japão uma Revolução Francesa nem se de fato houve uma Revolução Francesa. Os ingleses se fizeram muito seriamente a pergunta de saber se essa revolução era uma verdadeira revolução e o que é preciso para que haja uma revolução. A imposição do paradigma marxista da revolução fez sobretudo surgir uma profusão de textos absolutamente, a meu ver, sem interesse. É uma das razões que cria nervosismo a respeito da influência do marxismo em certos setores das ciências sociais, e esse livro, que é também uma reação contra a dominação do marxismo na Inglaterra, consiste em dizer que não é porque os ingleses não tiveram Revolução Francesa que eles são "paleo". E que não há contradição entre o fato de que os ingleses não tiveram Revolução Francesa e o fato de que tiveram uma revolução industrial. O advento de uma revolução industrial não implica uma ruptura com o feudalismo. E o fato de que não tenham conhecido revolução simbólica correspondente à revolução política — o que se desejaria que fosse inevitável — explica talvez que possam ter tido uma revolução industrial que supunha uma classe operária dominada, domesticada. Esta é a tese. Analogicamente, o caso do Japão se torna muito interessante…

O livro de Corrigan e Sayer é complicado porque mistura os dois problemas. O paradoxo é o seguinte: "As formas estatais 'arcaicas' não burocratizadas, flexíveis, do Estado inglês eram praticamente muito mais favoráveis à transformação capitalista do que qualquer outra forma de absolutismo favorável à empresa e à iniciativa privada".[18] Eles não só questionam a problemática tradicional do marxismo através da Revolução Francesa, como a derrubam. Insistem no fato de que a civilização inglesa se caracteriza por uma extraordinária continuidade, pela permanência de um número sem equivalente em outras sociedades de traços "não modernizados", de anacronismos: "Os anacronismos da política e da cultura inglesa estão no cerne daqueles da segurança do Estado burguês na Inglaterra".[19] Em outras palavras, o que é percebido como um anacronismo não é um obstáculo, uma sobrevivência, um arcaísmo (quando se quer explicitar a razão, não se fala de "sobrevivências"), mas é constitutivo, no coração mesmo da revolução burguesa, de seu êxito. "Todas as instituições identificáveis como Estado são muito antigas e sua conversão às formas 'racionais burocráticas' [expressão de Max Weber] ou capitalista [por oposição a feudal] é muito parcial."[20] [Corrigan e Sayer] maltratam a equação: "revolução industrial = ruptura com o Estado feudal". Dão como exemplos a *Common Law* que não é codificada (por oposição ao direito romano racional) e que funda uma economia capitalista; ou ainda o fato de que não haja burocracia profissional de Estado até o século xix. Um historiador inglês mostra que até o século xix os altos funcionários se pagavam com suas funções, como na França nos séculos xvii e xviii.[21] Outro traço, que eles chamam de "patrimonial pré-burguês" ("pré--revolucionário" na linguagem marxista): as nomeações se fazem com muita frequência na lógica do patronato, da relação patrão/ cliente. Outro traço pertinente: as formas monárquicas permanecem centrais, não somente para a legitimação mas para toda a maquinaria do poder central. Essa maquinaria não é uma espécie de enfeite de bolo para decorar o Estado inglês, ela é constitutiva dele: *The Government of Her Majesty*, a realeza, está no cerne de um corpus legitimador, baseado na antiguidade, na tradição, na continuidade, na *englishness* consciente de si.

Outra análise que [Corrigan e Sayer] desenvolvem longamente, a dos interesses da segurança nacional: eles mostram com riqueza de detalhes em que essa noção é uma invenção histórica muito antiga pela qual é possível despertar medos, pulsões, fobias, ostracismos, racismos etc. Último exemplo: a Câmara dos Lordes, que guarda um poder legislativo. A partir desses exemplos arcaicos, eles chegam a se perguntar se não se deve questionar o mito da revolução burguesa tal como Marx a descreve, como medida de todas as revoluções. Paradoxo: a redefinição marxista da revolução burguesa faz de todas as histórias modernas, do Japão à Inglaterra, passando pelos Estados Unidos, exceções. O caso da Inglaterra assim como o do Japão tornam-se, pois, revoluções burguesas incompletas, carregadas de sobrevivências — a política não seguiu... A tese que avançarei, indo mais além deles, é que um modelo falso da Revolução Francesa, que é do próprio ponto de vista da construção do Estado uma falsa revolução (há uma forte continuidade através dos magistrados)[22] que serviu de padrão ao corte revolucionário para todos os países — tenham eles ou não uma revolução —, fez surgir no mundo inteiro uma profusão de falsas questões. Uma das funções dessa história genética é liberar os historiadores do modelo terrível da Revolução Francesa. E esse livro tem o mérito de incitar a uma revolta contra esse modelo.

Em *The Poverty of Theory* (1978), que contém um capítulo terrível sobre os althusserianos, E. P. Thompson inclui o artigo de 1965 que já citei sobre as particularidades da Inglaterra.[23] Marxista muito heterodoxo, ele começava a titular o que chamava de "viés urbano" das teorias da revolução de tipo marxista que buscavam a qualquer preço uma burguesia clássica, vivendo nas cidades e lutando contra o Estado feudal. Mostra que na Inglaterra é o emburguesamento da *gentry* que está na origem da Revolução Industrial. O problema do Japão é ainda mais claro, com a passagem da classe dos samurais depostos à Revolução Industrial.

Da próxima vez, vou lhes falar muito rapidamente do Japão; na segunda parte, tentarei lembrar brevemente os fundamentos teóricos do Estado como poder, em especial como poder simbólico. Meu artigo "Sur le Pouvoir symbolique" lhes dá o esquema: tento mostrar como, para compreender o poder simbólico, deve-se integrar Kant — o Kant dos neokantianos como Panofsky, Cassirer, e os durkheimianos, bem como Marx sobre a dominação e Weber sobre a legitimidade e os espaços dentro dos quais se produzem os instrumentos de legitimação: campo burocrático e campo do poder etc. Não posso deixar de falar disso para a lógica de minha exposição.

Curso de 31 de janeiro de 1991

*Respostas às perguntas — Arcaísmos culturais e transformações econô-
micas — Cultura e unidade nacional: o caso do Japão — Burocracia e
integração cultural — Unificação nacional e dominação cultural*

RESPOSTAS ÀS PERGUNTAS

As perguntas primeiro. Uma é sobre o problema do Estado nas sociedades
africanas; é um problema complicado, não posso responder em poucas frases.
Depois, um conjunto de perguntas cujo autor pensa que não poderei responder
publicamente... para vocês verem. Por último, uma pergunta sobre os problemas de definição em sociologia: as definições prévias são legítimas em sociologia? Há diferentes posições sobre esse problema. Durkheim fazia da definição
prévia um momento indispensável do que eu chamaria de construção do objeto. Não sou dessa família espiritual. As definições prévias de Durkheim costumam ser fracas e o que ele diz [em suas análises] é muito melhor do que aquilo
que ele avança em suas definições. Nesse debate epistemológico, eu me situarei
no campo da defesa dos conceitos vagos e provisórios, pois em sociologia, como
em todas as ciências, o progresso da ciência pode ser bloqueado por falsos rigo-

res formais prévios, que podem ter, como diz um epistemologista anglo-saxão,[1] um efeito de fechamento. É importante saber do que se fala e tentar dar rigor à linguagem utilizada, mas com muita frequência acontece de o rigor aparente dissimular uma falta de rigor real, e o rigor formal do discurso ir bem além do rigor das realidades designadas pelo discurso. Nas ciências, e não só sociais, o aparato formalista costuma ser contraprodutivo cientificamente.

A pergunta se prolonga a respeito da ideia de coerção: não seria fazer um julgamento de valor definir o Estado pela coerção? Em segundo lugar, será que caracterizar o Estado pela coerção não equivale a caracterizar uma forma pato-lógica de Estado? De fato, falar de coerção, mesmo em sua forma mais elemen-tar, comporta um julgamento implícito de valor, e há também um pressuposto quanto às funções do Estado. Hoje, eu gostaria de mostrar que um Estado bem constituído deveria, no máximo, poder dispensar a coerção. A coerção exercida pelo Estado sobre o mais íntimo de nossos pensamentos e o fato de que nosso pensamento possa ser habitado pelo Estado constituem o próprio exemplo dessas coerções "invisíveis" que se exercem com a cumplicidade dos que as so-frem. É o que chamo de violência simbólica ou dominação simbólica, isto é, formas de coerção que repousam em acordos não conscientes entre as estrutu-ras objetivas e as estruturas mentais.

ARCAÍSMOS CULTURAIS E TRANSFORMAÇÕES ECONÔMICAS

A partir do livro de Corrigan e Sayer apresentei [no curso anterior] dois conjuntos de problemas: o primeiro se referia à particularidade da via inglesa para o Estado, e a ela liguei o caso do Japão; o segundo conjunto de problemas se refere aos fundamentos teóricos de um pensamento de Estado como poder e, em especial, como poder simbólico. Corrigan e Sayer têm o mérito de ver que o Estado é outra coisa além do exército e da polícia: o Estado faz intervirem for-mas de dominação muito particulares, que poderíamos qualificar de suaves. Eles fixam o rumo da análise, mais do que o seguem, em parte por falta de conceitos rigorosos que permitam pensar a complexidade da dominação sim-bólica. Portanto, hoje retomarei esses dois pontos. Nos casos da Inglaterra e do Japão, o que vou dizer será laborioso e superficial. Não sou um especialista do Japão; fiz o melhor que pude a fim de adquirir certo conhecimento a respeito, mas me aventuro em terrenos acerca dos quais tenho permanente consciência de que são habitados por profissionais. Não que eu viva no terror do erro, porém vivo no respeito às competências que nem sempre domino por completo. Portanto, vai me ocorrer ser meio hesitante, e até tartamudeante, mas por respeito a meu objeto...

A ideia desenvolvida por Corrigan e Sayer é que não existe antinomia entre certos traços culturais que podemos considerar arcaicos na tradição inglesa e o fato de que a Inglaterra tenha sido portadora do milagre inglês da Revolução Industrial. Generalizando, pode-se dizer que tampouco há antinomia entre o arcaísmo cultural do Japão e o milagre japonês. Um dos lugares-comuns da literatura sobre o Japão é indagar: como é possível haver, de um lado, um milagre tecnológico, e, de outro, esse folclore de Estado, esse conjunto cultural que fascina tanto os turistas e, com frequência, os observadores? Como é possível termos, de um lado, orientalistas — a palavra é terrível — e, de outro, economistas do Japão, uns não conhecendo e não reconhecendo os outros? Esse cisma faz parte das contribuições ao "efeito de cultura": de fato, o dualismo imposto pela divisão técnica/cultura faz parte dos caminhos invisíveis pelos quais se exerce uma dominação simbólica, caminhos pelos quais uma ordem social se defende contra os que gostariam de pensá-la. As divisões disciplinares ou as divisões em tradições intelectuais costumam ser lugares por intermédio dos quais se exerce a censura. Os orientalistas não são economistas do Japão, e vice-versa; da mesma maneira, o problema que acabo de formular não pode colocar-se nem a uns nem a outros, quando na verdade eles não falam senão disso.

O "milagre econômico" inglês do século xix ou o milagre japonês de hoje não são, de jeito nenhum, antitéticos à existência de todos os tipos de arcaísmos. Essa tese paradoxal, em rompimento com a doxa acadêmica, opõe-se à teoria weberiana da racionalização.[2] Essa teoria, amplamente difundida, admitida como óbvia, e que ressurge sob formas modernizadas (nos Estados Unidos, durante cerca de quinze anos falou-se de "teoria da modernização"),[3] supõe, sem dizê-lo abertamente, que há uma unidade do processo histórico que conduz ao presente, processo tacitamente orientado para um télos, para a "felicidade inglesa", como dizia Nietzsche[4] (hoje se diria a "felicidade americana"). Portanto, de um lado há um télos, e, de outro, uma unidade, uma marcha rumo a um fim que tem coerência. Não retomarei aqui toda a teoria weberiana da racionalização, mas, para os que a conhecem, uma das ideias centrais de Weber é que o direito que ele chama de racional é um direito que está de acordo com uma economia racional: uma economia racional não poderia funcionar sem um direito racional capaz de garantir a essa economia o que ela exige acima de tudo: os dois critérios da racionalidade, a saber, a calculabilidade e a previsibilidade. Weber é consciente disso: ele distingue racionalidade formal e racionalidade material (um direito formalmente justo pode ser injusto, mas, em todo caso, é coerente).[5] Um direito racional, diz Weber, garante à economia a calculabilidade, e os advogados de negócios americanos podem prever as sanções em que a firma incorre quando pratica uma transgressão. Um direito racional é aquele que permite o cálculo e uma gestão econômica racional. Da mesma forma, Weber diria de uma religião racional ou racionalizada que ela é ou fundadora, ou compatível com uma economia racional. Idem quanto à ciência. Weber tem, portanto, a ideia de um processo unificado de racionalização em que os diferentes campos da atividade humana acompanham o processo de racionalização da economia se racionalizando. O que digo da racionalização em Weber é extremamente simplista, mas é para não me contentar com uma referência.[6] Pois para entender que o que dizem Corrigan e Sayer é um paradoxo, é preciso ter em mente a ideia de racionalização. Corrigan e Sayer têm o mérito de romper com essa espécie de filosofia dóxica que os sociólogos têm confusamente na cabeça: o mundo moderno se racionaliza, e de maneira unitária. Eles insistem no fato de que há defasagens, discordâncias, gaps inteligíveis — que não são necessariamente contradições — entre o desenvolvimento autônomo dos processos culturais (da cerimônia do chá, do *kabuki*, do teatro elisabetano) e o desenvolvimento econômico. Não é necessário que todos os setores da sociedade andem no mesmo passo para que a economia ande.

Lembrei as conclusões de nossos autores: os atrasos e as estranhezas culturais da Inglaterra não são obstáculos ao capitalismo, ao surgimento da Revolução Industrial; ao contrário, foi a integração cultural garantida por essas práticas aparentemente esparsas e disparatadas — que vão da tradição política à tradição da família real — que contribuiu para forjar a unidade do conjunto da população constitutiva da nação, unidade capaz de sobreviver aos conflitos, às contradições ligadas ao desenvolvimento da sociedade industrial. Em sua introdução de *De la Division du travail social*, Durkheim diz que o desenvolvimento econômico tem como contrapartida a anomia, a ausência de *nomos*, a ausência de um acordo sobre a lei fundamental e tudo o que disso decorre; entre os indicadores da anomia, ele cita a taxa de suicídio e de divórcio, os conflitos no mundo industrial e a ascensão das reivindicações socialistas.[7] Corrigan e Sayer questionam essa antinomia entre o desenvolvimento da sociedade industrial — e da divisão do trabalho, que é sua correlata — e a integração social em torno de um *nomos*. Para eles, ela é apenas aparente; na realidade, a ordem social é muito mais integrada do que se crê: ela é integrada em torno da cultura. A cultura é um instrumento de coesão, de unidade social, e a Revolução Industrial foi possível, em grande parte, porque havia forças de coesão capazes de opor-se às forças de dispersão. Essas forças de coesão estavam do lado da cultura, entendida no sentido restrito de cultura legítima, de cultura culta — Corneille, Racine —, mas também no sentido dos antropólogos — maneiras de viver, de servir o chá, de se comportar à mesa, [o que a tradição intelectual britânica reveste sob o nome de] "civilização". Aqui, estamos em absoluta ruptura com Elias, que a esse respeito é muito próximo de Weber: seu processo de civilização é completamente dissociado de todos os seus componentes políticos, como se o processo de civilização não tivesse contrapartida nem funções...

CULTURA E UNIDADE NACIONAL: O CASO DO JAPÃO

O livro de Corrigan e Sayer apresenta, portanto, uma questão muito importante: a do laço entre unidade nacional, integração social, cultura ou, correlativamente, [a do] laço entre cultura e nação, cultura e nacionalismo. É difícil, especialmente para franceses, pensar nesses termos. Por exemplo, pensar que a escola pode ser um lugar de instauração da nação e do nacionalismo é espantoso para um francês. É esse problema que enfrentarei, partindo dos casos mais favoráveis, a Inglaterra e o Japão, em que tal contraste salta aos olhos dos observadores, mesmo os mais superficiais. Para o Japão, peço-lhes, sem qualquer afetação, a indulgência de todos, porque não é fácil para mim, tanto mais que devo dominar um material empírico e construí-lo de forma diferente de como ele está construído. (Se se tratasse apenas de contar a história do Japão, eu levaria o tempo necessário e conseguiria, porém se trata de me servir de um material que não domino como um especialista, a fim de fazer algo completamente diferente daquilo que fazem os especialistas [do Japão]. E primeiro, exponho-me muito em especial aos especialistas, que dirão: "Ele só pode fazer tudo isso porque não é especialista...", fato em que não acredito. Penso que, muitas vezes, alguém se diz especialista para não refletir sobre certos problemas: alguém é orientalista para não levantar esses problemas sobre o Japão... Eu não deveria dizer coisas assim, mas, como as penso profundamente, elas saem, apesar dos pesares.)

Os marxistas japoneses brigaram para saber se existia uma via japonesa e por que os pobres japoneses não haviam tido uma Revolução Francesa.[8] Estavam impressionados com certas permanências que saltam aos olhos: observavam com desespero — não podiam esperar a "grande noite" — que seriam privados da revolução, já que não tinham todos os sinais pelos quais se reconhece a probabilidade de uma revolução. Observavam que o regime Meiji não resultou na abolição das relações de produção feudais na agricultura nem na derrubada da monarquia absoluta, já que o Japão conservava o regime imperial — dois elementos fundamentais pelos quais se reconhece uma revolução como não realizada. Disso resulta que a revolução Meiji não é uma verdadeira revolução. Eles observavam que o sistema de acumulação sobre o qual repousava a ordem econômica e social japonesa apoiava-se num sistema de imposição fundiária que não estava em verdadeira ruptura com a tradição feudal, e permanecia associado a vínculos de tipo feudal até no mundo moderno. Por fim, um terceiro traço os inquietava muito: a direção política da reforma Meiji não era, conforme a teoria, assegurada por burgueses urbanos como na Revolução Francesa, mas pela classe dos samurais, guerreiros eventualmente reconvertidos em letrados, e por pequenos nobres. Os marxistas japoneses indagavam, portanto, se essa revolução não era, na verdade, uma revolta nobiliária, como se diz de certas revoluções que ocorreram no Ocidente. A revolução não era uma revolução, já que não tinha como sujeito as pessoas que são os sujeitos normais de uma revolução, isto é, os pequenos burgueses revolucionários, mas sim guerreiros empobrecidos que procuravam, pela revolução, converter um capital nobiliário em capital burocrático. Ficamos impressionados com a analogia...

(Estou numa posição muito difícil: sei demais para me sentir perfeitamente à vontade à maneira dos filósofos que falam desses problemas, e não o suficiente para estar perfeitamente à vontade à maneira dos historiadores... Estou constantemente infeliz. Espero não dizer nada de falso. Espero e, pensando bem, afinal de contas, vocês me corrigirão. Os que não sabem estão alertados.)

Penso que é possível descrever a revolução Meiji como uma "revolução conservadora":[9] certas frações dos nazistas, precursores dos nazistas, eram revolucionários conservadores, isto é, pessoas que fazem uma revolução visando restaurar determinados aspectos de uma ordem antiga. A revolução Meiji apresenta muitas analogias com certas formas de reformas nobiliárias; remeto-os, sobre esse ponto, ao livro muito bonito de Arlette Jouanna, *Le Devoir de révolte*.[10] Aí ela estuda as revoltas da pequena nobreza ameaçada no século XVI pela ascensão da burguesia e que está em busca de liberdades para a pequena nobreza, podendo essas liberdades ser percebidas como liberdades para todos. Essa classe reivindica direitos civis e liberdades que podem, por isso, ter ares de "modernistas", mas na verdade são direitos e liberdades definidos do ponto de vista dos privilegiados, com toda a ambiguidade que isso implica. A Liga, por exemplo, é um movimento muito ambíguo em que estão lado a lado pequenos nobres e certas frações da burguesia mais ou menos em dificuldade...[11] A reforma Meiji é do mesmo tipo: são pequenos samurais que reivindicam direitos civis e liberdades, mas que, à medida que universalizam seus interesses particulares, pedem a ampliação do poder dos samurais aparentando reivindicar direitos universais.

Por que o paradoxo inicial chega ao auge no caso do Japão? Seria preciso refazer uma história da nobreza desde a época feudal até a Todai de hoje:[12] a nobreza de corte perpetuou-se continuamente desde o século VIII até nossos dias, embora fazendo reconversões permanentes no sentido de aquisição da cultura e da cultura associada à burocracia. Seria possível dizer do Japão antigo, do Japão feudal, o que Needham, o grande historiador da ciência, dizia a propósito da China:[13] que ele é um "feudalismo burocratizado". Desde o século VIII, o Japão é dotado de um Estado muito fortemente burocratizado, com todos os sinais atuais da burocratização no sentido de Weber: o uso da escrita, a divisão do trabalho burocrático, a delegação dos atos de Estado a funcionários, a divisão entre a casa e o escritório, a separação da casa do rei e do Estado etc. Associadas a essa burocratização, encontramos muito cedo pessoas que acumulam características de nobres guerreiros e de nobres letrados. Mas é sobretudo no século XVII que a ligação entre a nobreza e a cultura se opera muito nitidamente: perpetua-se o culto ao samurai com sua espada, porém justamente no momento em que ele desaparece, um pouco como hoje temos museus de artes e tradições populares no momento em que os camponeses desaparecem. O mito do samurai, as artes marciais, todo esse culto da civilização japonesa começa a se desenvolver no momento em que os samurais se reconvertem em burocratas e em letrados. Nos anos 1600, a grande maioria dos samurais eram iletrados e o chefe, o detentor da autoridade central, criou quantidades de escolas, e nos anos 1700 sabe-se que a grande maioria dos antigos soldados era instruída. A maioria estava integrada à burocracia, mas havia um excedente: os supranumerários. Os supranumerários são sempre muito interessantes: um dos grandes fatores de mudança histórica é a defasagem entre a produção do sistema escolar e os postos fornecidos.[14] É por isso que sou contra os *numerus clausus*, pois os supranumerários são um grande fator de mudança: as pessoas que são "a mais", que estão sobrando, ou se apropriam dos postos que não deveriam ocupar, ou transformam postos para poder ocupá-los. Nesse sentido, fazem todo um trabalho de mudança histórica. Esses supranumerários, esses excedentários, esses samurais cultos sem posição burocrática lançam-se nos negócios — encontramos as grandes dinastias de antigos samurais no topo dos grandes complexos industriais contemporâneos —, lutam pela liberdade e pelos direitos cívicos, exatamente como os pequenos nobres estudados por Arlette Jouanna; lançam-se em especial no jornalismo, tornam-se intelectuais marginais, "livres", com tudo o que daí decorre...[15]

BUROCRACIA E INTEGRAÇÃO CULTURAL

Para compreender o "milagre" japonês, deve-se levar em conta o fato de que o Japão é burocratizado há muito tempo, como a Inglaterra (Marc Bloch dizia que a Inglaterra teve um Estado muito cedo, bem antes da França). Não existe incompatibilidade entre originalidade cultural e burocratização, ao contrário. A burocratização se dá par a par com o interesse pela cultura como instrumento de acesso à burocracia. Weber observou isso, que vai bem além do que ele disse. Na França, muito cedo a acumulação do capital cultural torna-se uma via de acesso ao poder, desde o momento em que instituições burocráticas se instalam e exigem, senão uma competência, ao menos garantias escolares de competência. Há aí um vínculo que vemos instalar-se na França desde o século XII. Pessoas são, assim, associadas ao Estado e, na mesma ocasião, à escola e à cultura de escola — os magistrados na tradição francesa. Os samurais entram nessa categoria. Esse feudalismo burocratizado, e que se burocratiza cada vez mais, tem cada vez mais vínculos com os diplomas. Há poucos países em que a tirania dos diplomas se exerce tanto quanto no Japão; as perversões do sistema escolar são tamanhas que a taxa de suicídio por fracasso escolar é, nesse país, alucinante. O Japão é uma sociedade em que o diploma é um instrumento de ascensão e de consagração social de primeiríssima ordem. Quando se fala do "milagre japonês" se esquece um fator determinante, que é o papel do capital cultural acumulado com uma intensidade particular numa sociedade em que toda a tradição leva a essa acumulação. É algo relativamente pouco dito, em particular nos trabalhos dos economistas.

Esse trabalho de acumulação cultural, ao mesmo tempo individual e coletivo, acompanha-se de um imenso trabalho de construção de uma cultura. E pode-se dizer que o Estado japonês, como o Estado inglês e o Estado francês, se construiu construindo essa espécie de artefato que é a cultura japonesa, o qual se dá ares de natural, de original, o que é relativamente fácil na medida em que imita as situações antigas do Japão. Há todo um trabalho de naturalização da cultura, passando a naturalização pela evocação da antiguidade, de qualquer "memória perdida", como se dizia nas antigas compilações costumbristas. Essa cultura é, na verdade, um artefato histórico que se pode associar a autores, a inventores. [...] Essa cultura é um artefato construído integralmente por letrados; e o que eu não tinha visto antes de me confrontar com o problema do Estado é que essa cultura é legítima mas também nacional. Essa dimensão política da cultura me escapara, e, no fundo, tudo o que vou dizer consistirá em retomar certo número de análises antigas — o papel da cultura legítima, o da escola —, mas recolocando-as em seu contexto completamente político e associando essa cultura a suas funções de integração nacional, e não mais simplesmente, como dizia Durkheim, de integração social.

Assim, a cultura inglesa é construída contra o modelo francês. A *englishness* é definida contra a França: a cada adjetivo constitutivo da *englishness* é possível opor um adjetivo característico da francidade. A cultura japonesa é um artefato cultural construído contra o estrangeiro, com um propósito de reabilitação. O Japão é uma nação dominada mas não colonizada. Participava da submissão à dominação europeia sem por isso estar diretamente submetido a essa dominação, como estava a China. Da mesma forma, essa cultura se inspira numa finalidade de reabilitação, de "dignificação" diante do desprezo dos ocidentais. Remeto-os ao livro de Philippe Pons, correspondente do *Le Monde* no Japão: *D'Edo à Tokyo: Mémoire et modernité*.[16] Esse livro cai na cilada da mística orientalista, cilada em que os próprios japoneses caem — é isso a dominação simbólica —, mas dá uma boa apresentação dessa espécie de arsenal cultural.

Outro livro, *Tokugawa Ideology*, do sociólogo-historiador Herman Ooms, um dos raros a romper com a tradição orientalista, descreve a gênese histórica da ideia de japonidade a partir dos textos e dos autores da época.[17]

Um exemplo típico de invenção cultural, cuja intenção reabilitadora é evidente, é a proibição no século xix dos banhos públicos, que pertenciam à tradição japonesa; como o modelo ocidental levava a considerá-los estranhos, proibiu-se e excluiu-se da cultura legítima uma prática cultural tradicional, ao passo que se introduziram práticas que só existiam para pequenas frações da sociedade da corte e que foram constituídas como elementos da cultura geral. No início do século xx, assiste-se a uma reinvenção das artes tradicionais — artes marciais, caligrafia. O exemplo por excelência é a arte do chá: o *sadô* é produto de uma espécie de codificação erudita levada às raias da paródia, da constituição em obra de arte de uma prática diária — desse ponto de vista, o Japão é interessante como limite da *englishness*. Codificação, canonização e constituição de um "autêntico": a palavra é perigosa, pensem em Heidegger... O Japão [é o lugar da] constituição de uma "autêntica" cultura japonesa na qual se integram a tradição marcial, a divisão de uma violência extraordinária entre os sexos — poucas tradições opõem tão fortemente o feminino e o masculino.

No caso do Japão, o Estado se constrói construindo a definição legítima da cultura e impondo essa definição de maneira sistemática por meio de dois instrumentos: a escola e o exército. Costuma-se pensar o exército como instrumento de coerção (como vimos com Elias e Tilly), mas o exército é também instrumento de inculcação de modelos culturais, de adestramento. No caso do Japão, a escola e o exército são encarregados de difundir e inculcar uma tradição de disciplina, sacrifício, lealdade. Assim, tem-se uma espécie de cultura de Estado artefactual e cortada das tradições populares. Por exemplo, os espetáculos de teatro japonês são totalmente inacessíveis: os espectadores devem ler resumos antes de conseguir acompanhá-los... O artefato torna-se absolutamente artificial — o que não quer dizer que os espectadores não sintam um prazer sincero; isso quer simplesmente dizer que essas artes ditas tradicionais são despopularizadas, não podem ser perpetuadas senão pelo apoio do sistema escolar. Isso é apenas o limite do teatro clássico na França: se o sistema escolar parasse de ensinar Corneille e Racine, toda uma parte do repertório desapareceria por completo, e a necessidade, o prazer, a vontade de consumir desapareceriam igualmente... A escolarização japonesa da cultura exerce efeitos sobre o conteúdo da cultura e, ao mesmo tempo, é o que possibilita o consumo da cultura assim transformada. René Sieffert chama o *kabuki* de "teatro-museu",[18] acessível a um público de iniciados que, via de regra, consomem esses produtos no segundo ou no terceiro grau, com um dossiê de acompanhamento, comentários etc.

UNIFICAÇÃO NACIONAL E DOMINAÇÃO CULTURAL

Nesse exemplo, vê-se claramente o laço entre a cultura, a escola e a nação, e vê-se, talvez por ser um exemplo estrangeiro, que há um nacionalismo de escola, que o sistema de ensino é um instrumento do nacionalismo. Mas penso que isso é verdade em toda parte. Essa escola que se percebe como universal, sobretudo a escola francesa — fora da vontade, da consciência e da responsabilidade dos professores —, é um grande instrumento de constituição de emoções nacionais, dessas coisas "que somos os únicos a poder sentir", ou "que é preciso ter nascido no país para senti-las", pelas quais estamos dispostos a morrer, assim como pela ortografia.

Para encerrar esse ponto, diria que, tanto no caso japonês como no exemplo inglês, discerne-se claramente o papel a um só tempo construtor e unificador da cultura da escola, da cultura legítima, e também se vê que essa cultura da escola é uma cultura nacional, ou seja, que a escola e a cultura têm uma função de integração interna — o que Durkheim chama de integração social: todos os francesinhos têm um mínimo de adesão à cultura legítima e, se não têm o conhecimento da cultura, têm o reconhecimento da cultura. Não se supõe que alguém ignore a lei cultural: é, no fundo, o que ensina a escola. Quando fazemos entrevistas sobre os problemas culturais, é muito raro encontrar pessoas que repudiem a cultura; as pessoas mais incultas se esforçam em se conformar a uma legitimidade cultural que elas são absolutamente incapazes de satisfazer. Se o conhecimento da cultura é desigualmente distribuído, o reconhecimento da cultura é, em contrapartida, muito amplamente divulgado; e através disso, o reconhecimento de tudo o que a cultura garante: a superioridade das pessoas cultas em relação às que não são; o fato de que os formados pela Escola Nacional de Administração ocupem os postos do poder etc. — todas essas coisas são indiretamente garantidas pelo capital cultural. Uma coisa que eu esquecia em minhas análises é que a escola tem também uma função de integração nacional contra o que está fora, o que é externo: a instituição cultural é um dos lugares do nacionalismo. Agora, evocarei alguns problemas muito delicados.

Os Estados-nações constituíram-se de acordo com processos do mesmo tipo, por uma espécie de construção artificial de uma cultura artificial. Para certos Estados-nações, a cultura inicial, na qual eles podem beber para construir esse artefato, é religiosa: é o caso de Israel e dos países árabes. Como fazer uma cultura nacional, uma cultura no sentido oficial do termo, quando o material com que se deve trabalhar é essencialmente religioso? Como fazer uma cultura de pretensão universal com a particularidade de uma tradição histórica ou religiosa? Seria preciso desenvolver em detalhes todas as antinomias inerentes a essa questão. Evoco o caso muito singular da França, que, a esse respeito, está no oposto de Israel ou dos países árabes: ela faz parte dos Estados-nações que se constituem na ilusão da universalidade, cuja particularidade são a universalidade e a racionalidade. A particularidade dos franceses é a Razão; é esta sua imagem subjetiva, a qual, porém, não é destituída de fundamento objetivo. Desde antes de 1789, o trabalho revolucionário realizou-se sob o signo da Razão, isto é, sob o signo da universalidade. É uma tradição que se constitui na pretensão ao universal, que tem uma relação particular com o universal, o que explica a incapacidade dos pensadores franceses de pensar a particularidade do pensamento francês, e de se desprenderem desse pretenso internacionalismo nacionalista, assim como da posição tradicional da França nos conflitos.

Essa tradição nacional dos Direitos Humanos, da Razão, do Universal, à qual se pode acrescentar a tradição do intelectual, de Zola a Sartre — especialidade nacional, embora haja intelectuais em outras partes —, essa especialidade nacional do universal, do *would be* do universal, é uma das particularidades da situação francesa, com essa ideia de que a cultura nacional é uma cultura internacional, espontaneamente exportável e devendo ser exportada. Não se faz nenhum mal quando se exporta a cultura francesa; não se pode fazer nada melhor do que ir ensinar francês aos gregos — cito os gregos de propósito: o que seria se se tratasse dos bantus... Até a Segunda Guerra Mundial, essa pretensão à universalidade era baseada nos fatos. Havia uma dominação da cultura literária francesa no universo inteiro. Paris é um mito nacionalista, mas baseado na realidade: foi em Paris que se fizeram as carreiras de pintores; as revoluções artísticas na Alemanha se faziam por referência a Paris. Essa espécie de universalidade pretensa, presumida, se acompanhava de sinais de uma forma prática de universalidade, isto é, de dominação que se ignora como tal. Isso é algo muito profundamente arraigado no inconsciente francês; se temos reações de ultranacionalismo fascistoide, é porque somos grandes universalistas dominadores em declínio...

Fazendo o que fizeram os japoneses com a arte do chá, a saber, uma cultura artificial, os franceses tinham chances prováveis de êxito. Não era uma loucura nacional: existia mercado para isso... Ninguém levava um carão quando falava francês em Ankara: havia o tempo todo alguém para entender. Essa pretensão objetiva e sociologicamente fundada no universal implica um imperialismo do universal. E penso que a especificidade particularmente viciosa do imperialismo francês é seu imperialismo do universal. Hoje, esse imperialismo transferiu-se da França para os Estados Unidos;[19] a democracia americana substituiu-se à democracia francesa, com toda a boa consciência que isso implica. Seria preciso estudar o imperialismo do universal dos regimes comunistas de 1917 até não sei quando (isso acaba mais ou menos cedo, dependendo das pessoas), o imperialismo do universal podendo igualmente se enraizar nas mensagens comunistas, vindas dos "países da revolução"...

Tudo isso para dizer que, no caso mais aparentemente favorável ao imperialismo cultural e ao uso nacionalista da cultura, isto é, o caso dos imperialismos universais, vê-se bem que a cultura nunca é pura, que sempre tem dimensões não só de dominação mas também de nacionalismo. A cultura é um instrumento de legitimação e de dominação. Weber dizia da religião que ela dá aos dominantes uma teodiceia de seus próprios privilégios. Prefiro falar de sociodiceia: ela oferece uma legitimação da ordem social tal como ela é. Mas não é só isso. A cultura sucede à religião com funções perfeitamente semelhantes: dá aos dominantes a sensação de estarem fundamentados em sua dominação, e isso na escala de uma sociedade nacional, mas também na escala da sociedade mundial, podendo os dominantes ou os colonizadores, por exemplo, em perfeita boa consciência, sentirem-se portadores do universal. Assumo uma posição que parece simplesmente crítica, mas a questão é mais complicada que isso: as coisas seriam muito fáceis se o imperialismo do universal não fosse um pouquinho o que ele diz e o que ele acredita ser.

O processo que vou descrever, isto é, o processo de unificação pelo qual se constitui o Estado, não é destituído de ambiguidades: há regiões, direitos locais, costumes locais, línguas locais, e por um processo de concentração e unificação chega-se a um Estado único, com uma língua única, um direito único. Esse processo de unificação é também um processo de concentração. Havia exércitos de mercenários, há um exército [nacional]. Esse processo conduz à unidade, mas conduz também ao monopólio dos que dele se beneficiam, dos que produzem o Estado e estão em posição de dominar os benefícios que o Estado proporciona. Há a monopolização de tudo o que o Estado produz se produzindo e da legitimidade que esse monopólio proporciona, monopolização do universal, da razão. O processo de concentração que descrevi é como uma folha com verso e reverso: vai-se rumo a uma unidade universal maior, desloca-se, desparticulariza-se (na Cabília, cada aldeia tinha medidas diferentes), vai-se rumo a um Estado unificado com um metro-padrão, rumo ao mais universal. É possível compreender, cruzar as fronteiras, comunicar. Simultaneamente, no reverso, há concentração nacional, nacionalista; o avanço rumo ao universalismo é ao mesmo tempo um avanço rumo à monopolização do universal. Encontram-se na escala das relações entre os Estados os problemas que se encontram no interior do Estado.

Se há um pouco de universal na história, é porque pessoas têm interesse no universal, o que faz com que o universal seja geneticamente corrompido, mas o que nem por isso quer dizer que não seja universal. Poderia se tomar como exemplo hoje o que há de mais universal na cultura, nas conquistas da humanidade, a saber, a cultura matemática, e mostrar como os usos sociais das matemáticas podem possibilitar e justificar a exaltação tecnológica. Isso mostraria em que o formalismo, a formalização, a lógica pura, aos quais associamos espontaneamente a ideia de universalidade, estão ligados, sempre de acordo com a imagem do verso e reverso, a efeitos de dominação, de manipulação; dominação perfeita, já que é a dominação da razão; dominação implacável, já que não há nada mais a opor à razão além da razão, ou uma razão ainda mais razoável.

Corrigan e Sayer, que desencadearam esse discurso que eu não previra, erguem-se contra a tendência do marxismo em reduzir as formas de dominação aos aspectos mais brutais da dominação, à força militar. Com o exemplo extremo da matemática, introduzo a ideia de que há formas de dominação totalmente suaves, associadas às realizações mais elevadas da humanidade. Essas formas de dominação, que uma tradição filosófica chama de simbólica, são tão fundamentais que chego a me perguntar se uma ordem social poderia funcionar, inclusive em suas bases econômicas, sem a existência dessas formas de dominação. Em outras palavras, o velho esquema infraestrutura/superestrutura — esquema que fez muito mal à ciência social — deve ser rejeitado, mas caso se deseje mantê-lo é preciso ao menos virá-lo pelo avesso. Para compreender um milagre econômico, será que não se deve partir das formas simbólicas? O fundamento das coisas que nos parecem as mais importantes, as mais reais, as mais determinantes "em última análise", como dizem os marxistas, não está nas estruturas mentais, nas formas simbólicas, nas formas puras, lógicas, matemáticas?

[...] Depois de ter trabalhado muito sobre o Estado, a releitura, hoje, de meu artigo "Sobre o poder simbólico" me faz ver a que ponto eu mesmo era vítima do pensamento de Estado. Eu não sabia que escrevia um artigo sobre o Estado: pensava escrever um artigo sobre o poder simbólico. Vejo agora uma prova da força extraordinária do Estado e do pensamento de Estado.

Curso de 7 de fevereiro de 1991[1]

Os fundamentos teóricos de uma análise do poder estatal — O poder simbólico: relações de força e relações de sentido — O Estado como produtor de princípios de classificação — Efeito de crença e estruturas cognitivas — Efeito de coerência dos sistemas simbólicos de Estado — Uma construção de Estado: a programação escolar — Os produtores de doxa

OS FUNDAMENTOS TEÓRICOS DE UMA ANÁLISE DO PODER ESTATAL

Como anunciei na última vez, vou abordar o segundo conjunto de problemas apresentados pelo livro de Corrigan e Sayer: o dos fundamentos teóricos de suas análises sobre a constituição do Estado inglês. Antes de iniciar essa análise, talvez para melhor fazê-los sentir o objeto da reflexão que lhes proporei, gostaria de ler para vocês um texto pouco conhecido, tirado de um artigo de David Hume, "The First Principles of the Government" (de *Essays and Treaties on Several Subjects*, publicado em 1758):

Nada é mais surpreendente, para os que consideram os negócios humanos com um olhar filosófico, do que ver a facilidade com que o maior número é governado pelo menor número, e observar a submissão implícita com que os homens revogam seus próprios sentimentos e paixões em favor daqueles de seus dirigentes. Quando nos perguntamos por que meio essa maravilha, essa coisa espantosa é realizada, descobrimos que, como a força está sempre do lado dos governados, os governantes não têm nada para sustentá-los senão a opinião. É, portanto, somente na opinião que o governo está baseado. Essa máxima estende-se aos governos mais despóticos e aos mais militares tanto quanto aos mais livres e aos mais populares.[2]

Considero esse texto extremamente importante. Hume se espanta da facilidade com que os governantes governam, coisa que com muita frequência esquecemos porque estamos numa tradição confusamente crítica, da mesma forma como esquecemos com que facilidade os sistemas sociais se reproduzem.

Quando entrei para a sociologia, a palavra mais pronunciada pelos sociólogos era "mutação":[3] a mutação tecnológica, a mutação midiática etc., ao passo que a menor análise revela até que ponto os mecanismos de reprodução são poderosos. Da mesma forma, costumamos ficar impressionados com o aspecto mais fenomenal — as rebeliões, as subversões, as insurreições, as revoluções —, quando o assombroso, o espantoso, é o inverso: o fato de ser a ordem tão frequentemente observada. O que é problemático é aquilo que justamente não o é. Como é possível que a ordem social seja tão facilmente mantida, quando, como diz Hume, os governantes são pouco numerosos e os governados tão numerosos, e têm, portanto, a seu favor a força do número? É essa espécie de espanto que constitui o ponto de partida das reflexões rigorosas do tipo das que vou fazer. Parece-me que não é possível compreender verdadeiramente as relações de força fundamentais da ordem social sem que intervenha a dimensão simbólica dessas relações: se as relações de força fossem apenas relações de força físicas, militares ou mesmo econômicas, é provável que fossem infinitamente mais frágeis e facílimas de inverter. No fundo, é esse o ponto de partida de muitas de minhas reflexões. Ao longo de todo o meu trabalho tentei reintroduzir esse paradoxo da força simbólica, do poder simbólico, esse poder que se exerce de maneira tão invisível que até nos esquecemos de sua existência e que aqueles que o sofrem são os primeiros a ignorar sua existência já que ele só se exerce por se ignorar sua existência. É esse o tipo mesmo do poder invisível. O que hoje tentarei apresentar rapidamente são os fundamentos teóricos de uma análise que restitui seu lugar ao poder simbólico.

O PODER SIMBÓLICO: RELAÇÕES DE FORÇA E RELAÇÕES DE SENTIDO

Meu artigo "Sur le Pouvoir symbolique", publicado em 1977, tentava construir os instrumentos de pensamento indispensáveis para pensar essa eficácia estranha fundamentada na opinião, mas poder-se-ia igualmente dizer na crença. Como é possível que os dominados obedeçam? O problema da crença e o da obediência são um só. Como é possível que eles se submetam e, como diz Hume, se submetam tão facilmente? Para responder a essa pergunta difícil, é preciso superar as oposições tradicionais entre tradições intelectuais tão profundamente percebidas como incompatíveis que ninguém antes de mim tentou conciliá-las ou combiná-las — não digo isso para me fazer de original. Meu trabalho não se inspirou na intenção escolar ou escolástica de acumular essas tradições e de superar suas oposições; foi caminhando e trabalhando que pouco a pouco elaborei conceitos — poder simbólico, capital simbólico, violência simbólica — que superam essas oposições entre as diferentes tradições, e que mostrei, por motivos pedagógicos ex post, que era preciso conciliá-los para conseguir pensar o "poder simbólico".

(Isso é importante porque creio que as pessoas, sobretudo na França, costumam ter uma visão muito escolástica do pensamento teórico: agem como se houvesse uma partenogênese teórica, a teoria gerando teorias, e assim por diante. Na verdade, o trabalho não se faz de jeito nenhum dessa maneira; não é necessariamente lendo livros teóricos que se produz teoria. Dito isto, é verdade que se precisa de certa cultura teórica para ter a possibilidade de produzir teorias.)

Primeiro ponto desse procedimento: creio que convém tomar como ponto de partida o fato de que as relações de força são relações de comunicação, isto é, que não há antagonismo entre uma visão fisicalista e uma visão semiológica ou simbólica do mundo social. É preciso recusar a opção entre dois tipos de modelos entre os quais toda a tradição do pensamento social sempre oscilou, os modelos de tipo fisicalista e os modelos de tipo cibernético, que estiveram na moda em certo período: é uma alternativa totalmente imprópria, que mutila a realidade. As relações de força mais brutais — é o que diz Hume — são ao mesmo tempo relações simbólicas.

Sendo as relações de força inseparavelmente relações de sentido e de comunicação, o dominado também é alguém que conhece e reconhece. (Com sua famosa dialética do senhor e do escravo, Hegel tocou no problema; no entanto, como costuma acontecer, a análise exploratória, que abre caminho em determinado momento, bloqueia o caminho e proíbe pensar de modo completo. É por isso que a tradição do comentário teórico costuma ser mais esterilizante que fecunda.) O dominado conhece e reconhece: o ato de obediência supõe um ato de conhecimento, que é ao mesmo tempo um ato de reconhecimento. Em reconhecimento há, evidentemente, "conhecimento": isso quer dizer que quem se submete obedece, dobra-se a uma ordem ou a uma disciplina, opera uma ação cognitiva. (Digo-lhes as coisas de várias maneiras: atualmente, fala-se muito em ciências cognitivas; eu disse *cognitiva* para produzir um efeito de detonador e para fazê-los ver que a sociologia é, na verdade, uma ciência cognitiva, embora isso seja constantemente esquecido pelas pessoas que se ocupam dessas ciências, e não por acaso.) Os atos de submissão e de obediência são atos cognitivos que, como tais, empregam estruturas cognitivas, categorias de percepção, esquemas de percepção, princípios de visão e de divisão, todo um conjunto de coisas que a tradição neokantiana põe em primeiro plano. Nessa tradição neokantiana, inscreverei Durkheim, que — ele jamais escondeu — era um neokantiano, e até mesmo um dos neokantianos mais consequentes que existiram. Para compreender os atos de obediência, é preciso, pois, pensar os agentes sociais não como partículas num espaço físico — o que eles também podem ser —, mas como partículas que pensam seus superiores ou seus subordinados com estruturas mentais e cognitivas. Daí a pergunta: o fato de o Estado conseguir impor-se tão facilmente — sempre retomo a referência a Hume — não decorre de que ele está em condições de impor as estruturas cognitivas segundo as quais é pensado? Em outras palavras, creio que, para compreender essa virtude quase mágica que o Estado detém, é preciso se interrogar sobre as estruturas cognitivas e sobre a contribuição do Estado para sua produção.

(Emprego a palavra "mágica" de propósito, no sentido técnico do termo: uma ordem é um ato mágico — você age sobre alguém à distância; você lhe diz: "levante-se", e consegue que ele se levante, sem que você exerça a menor força física. Se você é um lorde inglês que lê seu jornal — é um exemplo tirado de Austin, um pragmático inglês —, diz: "John, não acha que está fazendo um pouco frio?", e John irá fechar a janela.[4] Em outras palavras, uma frase que constata, que não se expressa nem sequer como uma ordem, pode exercer um efeito físico. A questão é saber em que condições tal frase pode agir. A força da frase está na frase, na sua sintaxe, na sua forma? Ou está também nas condições de seu exercício? É preciso indagar quem a pronuncia, quem a ouve, de acordo com quais categorias de recepção quem a ouve recebeu a mensagem.)

O ESTADO COMO PRODUTOR DE PRINCÍPIOS DE CLASSIFICAÇÃO

O Estado, parece-me, deve ser pensado como produtor de princípios de classificação, isto é, de estruturas estruturantes capazes de serem aplicadas a todas as coisas do mundo, e em especial às coisas sociais. Estamos tipicamente na tradição neokantiana. Remeto-os a Ernst Cassirer, que generalizou a noção kantiana de forma com a noção de "forma simbólica", que engloba não apenas as formas constitutivas da ordem científica mas também as da língua, do mito e da arte.[5] Para os que ainda estão fechados em dicotomias patéticas perpetuadas pelo sistema escolar, lembrarei que Cassirer, numa pequena nota de um de seus últimos livros publicados nos Estados Unidos, *The Myth of the State*, escreve com todas as letras: "Quando digo 'forma simbólica', não digo outra coisa senão o que diz Durkheim quando fala de 'formas primitivas de classificação'".[6] Penso que isso fará os filósofos "puros" se sobressaltarem, mas, para todo espírito bem constituído, é evidente. O fato de que ele o tenha dito tem um pequeno valor probatório.

Essas formas simbólicas são princípios de construção da realidade social: os agentes sociais não são simplesmente partículas movidas por forças físicas, são também agentes conhecedores que portam estruturas cognitivas. O que Durkheim traz em relação a Cassirer é a ideia de que essas formas de classificação não são formas transcendentais, universais, como quer a tradição kantiana, mas formas historicamente constituídas, associadas a condições históricas de produção, e portanto arbitrárias, no sentido saussuriano do termo, isto é, convencionais, não necessárias, adquiridas em relação a dado contexto histórico. Para dizer as coisas de maneira mais rigorosa, essas formas de classificação são formas sociais socialmente constituídas e arbitrárias ou convencionais, isto é, relativas às estruturas de um grupo considerado. Se seguimos Durkheim um pouco mais longe, somos levados a nos interrogar sobre a gênese social dessas estruturas cognitivas: não podemos mais dizer que essas estruturas são, a priori, desprovidas de gênese. Durkheim, numa outra dimensão de seus trabalhos [feitos com Mauss], insiste no fato de que há uma genealogia da lógica e de que os princípios de classificação tais como os observamos nas sociedades primitivas devem ser relacionados com as próprias estruturas da ordem social em que as estruturas mentais são constituídas. Em outras palavras, a hipótese durkheimiana, uma hipótese extremamente forte, no sentido de arriscada mas também de muito poderosa, é de que há uma relação genética entre as estruturas mentais, isto é, entre os princípios a partir dos quais construímos a realidade social e física, e as estruturas sociais, retraduzindo-se as oposições entre os grupos em oposições lógicas.

Simplesmente lembrei as grandes linhas dessa tradição e ligo ao Estado o que acabo de dizer. Se se segue essa tradição, pode-se dizer que temos formas de pensamento produzidas pela incorporação de formas sociais, e que o Estado existe como instituição. (A palavra "instituição" é uma palavra particularmente mole da língua sociológica, à qual tento dar certo rigor dizendo que as instituições existem sempre sob duas formas: na realidade — o registro civil, o código civil, um formulário burocrático — e nos cérebros. Uma instituição só funciona quando há correspondência entre estruturas objetivas e estruturas subjetivas.) O Estado está em estado (se posso dizer) de impor de maneira universal, na escala de certa instância territorial, princípios de visão e de divisão, formas simbólicas, princípios de classificação, o que costumo chamar de um *nomos* — lembrando a etimologia proposta por Benveniste segundo a qual *nomos* vem de *nemo*, "partilhar", "dividir", "constituir partes separadas" por uma espécie de *diachrisis*, como diziam os gregos, de "divisão originária".[7]

EFEITO DE CRENÇA E ESTRUTURAS COGNITIVAS

O efeito mais paradoxal do Estado é o de crença, de submissão generalizada ao Estado, o fato de que as pessoas, por exemplo, parem majoritariamente no sinal vermelho, o que é espantoso. (Eu gostaria de comunicar a vocês esse espanto diante do fato de que haja tanta ordem — talvez seja um temperamento anárquico que me faça pensar isso... o que eu penso, aliás —, e ordem obtida sem o menor custo. Ficamos impressionados com as manifestações fenomenais de desordem, as quais nos levam a esquecer a enorme quantidade de ações que poderiam ser de outra forma, desordenadas, a enorme quantidade de ações de todos os dias que possibilitam um mundo vivível, previsível, que faz que se possa antecipar o que as pessoas vão fazer, salvo acidente. Poderíamos multiplicar os exemplos.)

Portanto, o Estado é essa instituição que tem o poder extraordinário de produzir um mundo social ordenado sem necessariamente dar ordens, sem exercer coerção permanente — não há um guarda atrás de cada automobilista, como se costuma dizer. Essa espécie de efeito quase mágico merece ser explicada. Todos os outros efeitos — a coerção militar, que Elias evocava, a coerção econômica pelos impostos [que Tilly evocava] — são, a meu ver, secundários em relação àquele. Penso que a acumulação inicial, contrariamente ao que sustenta uma tradição materialista (no sentido empobrecido), é uma acumulação de capital simbólico: todo meu trabalho tem como intenção fazer uma teoria materialista do simbólico que tradicionalmente se opõe ao material. As tradições materialistas empobrecidas que não abrem espaço para o simbólico custam a explicar essa espécie de obediência generalizada sem apelar para a coerção, e, por outro lado, não conseguem compreender o fenômeno da acumulação inicial. Não é por acaso que o marxismo fica tão embaraçado com o problema da acumulação inicial de capital estatal, porque penso que a forma primária da acumulação se realiza no plano simbólico: há pessoas que se fazem obedecer, respeitar, porque são letradas, religiosas, sagradas, saudáveis, bonitas... em suma, por uma profusão de coisas com as quais o materialismo, no sentido ordinário, não sabe o que fazer. O que não quer dizer, repito, que não haja uma análise materialista das coisas mais evanescentes...

Para entender essa espécie de milagre da eficácia simbólica — o fato de que o governo governe —, é preciso, portanto, situar-se nessa tradição neokantiana sociologizada e dizer — aqui, vou seguir Durkheim, embora ele não pensasse no Estado quando escrevia isso — que o Estado inculca estruturas cognitivas semelhantes ao conjunto dos agentes submetidos à sua jurisdição. O Estado — e aí cito Durkheim — é o fundamento de um "conformismo lógico" e de um "conformismo moral". Os agentes sociais corretamente socializados têm em comum estruturas lógicas, senão idênticas, pelo menos semelhantes, de sorte que eles são como mônadas leibnizianas, que não precisam necessariamente comunicar e colaborar para estarem de acordo. Os sujeitos sociais são, em certo sentido, mônadas leibnizianas.

(Vão dizer que sou Pangloss,[8] mas penso que é preciso correr o risco de dizer coisas assim para fazer com que se entendam coisas espantosas, sabendo muito bem que é preciso corrigi-las. Como sociólogo, sempre se tem — por uma vez na vida citarei o presidente Mao — que "torcer o bastão no outro sentido". A maioria das críticas bobas dirigidas aos trabalhos sociológicos que se esforçam em fazer o que tento fazer consistem em destorcer o bastão. O sentido comum adere ingenuamente a proposições que não são sequer apresentadas como tais, teses não téticas, e para fazer explodir essas proposições não propostas há que se fazer contrapropostas fortes, no outro sentido, exagerando um pouco. Quando todo mundo fala de "mutação do sistema social", é preciso dizer: "A coisa se reproduz…". A ruptura deve ser hiperbólica, para empregar o vocabulário cartesiano, pois as pessoas sempre acreditam demais nas aparências, e as aparências são sempre para as aparências. É preciso exagerar no sentido da ruptura, sabendo bem que não é tão simples. É esse um dos fatores de mal-entendido. Alguns conseguem uma pequena celebridade destorcendo um pouco o bastão e dizendo: "Mas, afinal, é meio exagerado!". Um exemplo: para explicar as desigualdades diante do sistema escolar, não basta levar em conta os fatores ecnômicos que deixam inexplicada uma grande parte da variância, também se devem levar em conta os fatores culturais, o capital cultural… E há alguém que virá dizer: "Cuidado, eles esqueceram o capital econômico!". Quando evoco Leibniz a propósito das relações com o Estado, sei que é perigoso, tenho consciência de que lhes digo alguma coisa um pouco excessiva, mas é apenas na medida das resistências inconscientes ao que estou dizendo. Nunca somos demasiado excessivos quando se trata de combater a doxa…)

Ao inculcar — em grande parte pelo sistema escolar — estruturas cognitivas comuns, tacitamente avaliativas (não se pode dizer preto no branco sem dizer tacitamente que branco é melhor que preto), ao produzi-las, ao reproduzi-las, ao fazê-las reconhecer profundamente, ao fazê-las incorporar, o Estado dá uma contribuição essencial à reprodução da ordem simbólica, que colabora de maneira determinante para a ordem social e para sua reprodução. Impor estruturas cognitivas e avaliativas idênticas é fundar um consenso sobre o sentido do mundo. O mundo do sentido comum de que falam os fenomenologistas é um mundo sobre o qual as pessoas se põem de acordo sem sabê-lo, fora de qualquer contrato, sem sequer saber que afirmaram o que quer que seja relativo a esse mundo. O Estado é o principal produtor de instrumentos de construção da realidade social. Nas sociedades pouco diferenciadas ou indiferenciadas, que são sem Estado, o que faz as vezes de todas as operações que o Estado realiza são os ritos de instituição — o que se chama impropriamente ritos de passagem.[9] O rito de instituição é um rito que institui uma diferença definitiva entre aqueles que se submeteram ao rito e os que não se submeteram. Em nossas sociedades, o Estado organiza uma profusão de ritos de instituição, como os exames. Todo o funcionamento do sistema escolar pode ser considerado como um imenso rito de instituição, embora ele não se reduza, evidentemente, a isso: ele também transmite a competência. Mas a representação que temos do sistema escolar como lugar de distribuição das competências e de diplomas que sancionam a competência é tão forte que se precisa de certa audácia para lembrar que aquele é igualmente um lugar de consagração, um lugar em que se instituem diferenças entre os consagrados e os não consagrados, entre os eleitos e os eliminados. São diferenças que pertencem à ordem da magia social, como a diferença entre masculino e feminino, e que são produzidas por um ato de constituição — tomado no sentido filosófico e no sentido do direito constitucional —, instaurando divisões duráveis, definitivas, indeléveis, com frequência insuperáveis porque inscritas nos corpos individuais e incessantemente lembradas aos corpos pelo mundo social (por exemplo, a timidez, que é muito desigualmente distribuída entre as classes e os sexos, não é algo de que nos livramos facilmente).

É o Estado que organiza em nossas sociedades os grandes ritos de instituição, como o rito da investidura do nobre na sociedade feudal. Nossas sociedades também estão cheias de ritos de investidura: a entrega de diplomas, as cerimônias de consagração de um edifício, de uma igreja… Seria preciso refletir no que significa ser consagrado. É um exercício que deixo para vocês. Por meio desses grandes ritos de instituição que contribuem para reproduzir divisões sociais, que impõem e inculcam os princípios de visão e de divisão social segundo os quais essas divisões são organizadas, o Estado constrói e impõe aos agentes suas categorias de percepção que, ao se incorporarem na forma de estruturas mentais universais à escala de um Estado-nação, conciliam e orquestram os agentes. O Estado é dotado de um instrumento de constituição das condições da paz interior, uma forma de isso-é-óbvio coletivo, de um *taken for granted* universal na escala de um país. Estou, aqui, na tradição neokantiana e durkheimiana que me parece indispensável para fundamentar a existência de uma ordem simbólica e, junto, de uma ordem social. Um dos exemplos que posso tomar é o do calendário: quando várias cidades se federam, o primeiro ato dos agentes públicos, dos sacerdotes, é estabelecer calendários comuns, harmonizar os calendários dos homens, das mulheres, dos escravos, e os das cidades diferentes, fazendo de modo que estejam de acordo sobre princípios de divisão do tempo. O calendário é o próprio símbolo de constituição de uma ordem social que é ao mesmo tempo uma ordem temporal e cognitiva, pois, para que se harmonizem, as experiências internas do tempo precisam ser ordenadas a um tempo público. A constituição do Estado coincide com a constituição de referentes temporais comuns, de categorias de construção das oposições fundamentais (dia/noite, horários de abertura e fechamento dos escritórios, períodos de feriados/períodos de trabalho, férias etc.). Mostrarei isso daqui a pouco, a respeito da programação escolar: vocês verão que essas oposições constitutivas da ordem subjetiva são também estruturantes dos cérebros que acham naturais ordens arbitrárias.

Isso me leva à questão da função dessa ordem. Se ficamos numa perspectiva neokantiana e durkheimiana, isto é, de integração social, percebemos que o Estado é um instrumento de integração social, estando a integração social baseada não apenas na solidariedade afetiva mas também na integração das estruturas mentais como estruturas cognitivas e avaliativas. Na verdade, para pensar a dominação do Estado, na qual a tradição marxista insiste, para pensá-la, nem sequer corretamente, mas para pensá-la pura e simplesmente, é preciso introduzir a tradição durkheimiana, pois o marxismo não tem os meios teóricos de pensar a dominação estatal, e de modo mais geral qualquer espécie de dominação. Paradoxalmente — e aqui eu torço o bastão —, o marxismo não sabe pensar aquilo de que apenas fala: para compreender essa espécie de submissão imediata que é mais forte que todas as submissões declaradas, para compreender essa submissão sem ato de submissão, esse ato de fidelidade sem ato de fidelidade, essa crença sem ato de fé, para compreender tudo o que faz o fundamento da ordem social, é preciso sair da lógica instrumentalista em que a tradição marxista pensa a ideologia, a ideologia sendo percebida como o produto da universalização do interesse particular dos dominantes, que é imposta aos dominados. (Seria possível evocar a noção de falsa consciência, porém em "falsa consciência" o que está sobrando é "consciência". Não há nada mais triste do que a reflexão marxista sobre esses problemas, porque permanecemos numa filosofia da consciência, da relação de submissão como relação de alienação fundada numa espécie de *cogito* político fracassado.)

EFEITO DE COERÊNCIA DOS SISTEMAS SIMBÓLICOS DE ESTADO

Eu dizia, portanto, que a tradição marxista não tinha os meios de compreender completamente os efeitos da ideologia que ela evoca em permanência. Para ir mais longe, apoiando-se na tradição neokantiana sociologizada, é necessário fazer intervir a tradição estruturalista (seria muito longo mostrar aqui em que a tradição neokantiana se opõe à tradição estruturalista). Mas para se compreender o cerne da oposição entre as tradições neokantianas e o estruturalismo, pego o exemplo da *Philosophie des formes symboliques*, de Cassirer. Quando ele fala de mitologia, insiste na função mitopoiética, no fato de que o agente humano é criador, gerador, e que produz representações míticas empregando estruturas mentais, formas simbólicas [que são estruturantes].[10] Inversamente, o estruturalismo não está nada interessado na dimensão ativa da produção mítica, não se preocupa com o *mythopoesis*; quando fala de mito, não se interessa pelo modus operandi, mas pelo *opus operatum*. Postula — é a contribuição de Saussure — que na língua, num mito ou num rito, há sentido, há lógica, há coerência. Trata-se de destacar essa coerência, de extraí-la e de substituir a "rapsódia dos fenômenos", como dizia Kant, por um conjunto de traços logicamente — deveria dizer-se *socio*-logicamente — interconectados, e isso sem esquecer que a lógica que habita os sistemas simbólicos não é a lógica da lógica.

A tradição estruturalista parece-me absolutamente indispensável para ir além da compreensão generativa proposta pelos neokantianos e para perceber uma das propriedades muito importantes dos sistemas simbólicos, a saber, sua coerência [como estruturas estruturadas]. Eu dizia que os marxistas não tinham os meios de explicar o próprio efeito das ideologias: é que ao aspecto durkheimiano há que acrescentar a dimensão estruturalista. Uma das forças das ideologias, sobretudo de tipo racional — como o direito racional —, decorre da eficácia simbólica da coerência. Essa coerência pode ser de tipo racional ou pseudorracional — como os produtos da ação histórica de agentes racionais de racionalização tais como o direito. Lembrar que os sistemas simbólicos não são simplesmente formas cognitivas mas também estruturas coerentes é dar-se o meio de compreender um dos aspectos mais ocultos, mais difíceis de captar da eficácia simbólica, notadamente da ordem simbólica do Estado: o efeito de coerência, de quase-sistematicidade, de falsa-sistematicidade. Um dos princípios da eficácia simbólica de tudo o que o Estado produz e codifica — sistema escolar, código de trânsito, código linguístico, gramática etc. — reside nessas espécies de coerências ou de falsas-coerências, nessas racionalidades ou falsas-racionalidades. Os sistemas simbólicos exercem um poder estruturante porque são estruturados, e um poder de imposição simbólica, de extorsão da crença porque não são constituídos ao acaso.

A partir daí, é possível traçar ramificações em todos os sentidos. Por exemplo, a etnometodologia, que está um pouco na moda neste momento em Paris com quinze anos de atraso em relação aos Estados Unidos, assim como a tradição neokantiana em que ela se situa sem saber (ela herda a fenomenologia e situa-se na tradição construtivista), coloca o ato de conhecimento na escala dos indivíduos; e fala-se de "construção social da realidade" — é o título do famoso livro de Peter L. Berger e Thomas Luckmann.[11] Diz-se que os agentes sociais constroem a realidade social, o que é um enorme progresso. Mas, dito isto, quem constrói os construtores? Quem dá aos construtores os instrumentos de construção? Vê-se a dificuldade do trabalho teórico. Se você está numa tradição que coloca o problema do Estado, em geral não lê os etnometodólogos, está no macro, nos problemas planetários. Ora, para apresentar adequadamente os problemas do Estado, é preciso fazer com que os etnometodólogos se comuniquem com as pessoas que pensam nos problemas planetários — Wallerstein, por exemplo.[12] E para estabelecer essa comunicação é preciso chegar a um nível de reflexão muito profundo que se pode chamar de filosófico. E vê-se então que os etnometodólogos jamais colocaram a questão de saber se havia uma construção estatal dos princípios de construção que os agentes aplicam ao mundo social. Isso se explica tendo em vista a gênese do pensamento deles. Da mesma forma que os fenomenologistas jamais se fazem a pergunta sobre as condições da experiência dóxica do mundo, eles jamais se perguntam como é possível que os agentes apliquem ao mundo tais categorias de modo que o mundo lhes pareça algo óbvio, omitindo, portanto, o problema de sua gênese. (É importante, quando somos jovens filósofos, saber aquilo de que nos privamos por sentido de altura filosófica.) Portanto, a questão das condições de constituição desses princípios de constituição não é abordada. E a partir dessa constatação seria possível definir os limites dos trabalhos etnometodológicos mais interessantes do próprio ponto de vista do problema de que estou tratando. O que não me proíbe de ler os etnometodólogos e de encontrar coisas formidáveis no que eles fazem. Por exemplo, os trabalhos de Cicourel sobre os regulamentos administrativos, sobre o que é um formulário administrativo,[13] são absolutamente apaixonantes, na medida em que desbanalizam o banal; mas de meu ponto de vista esses trabalhos param muito depressa, faltando-lhes enfocar a questão que enfoquei...

UMA CONSTRUÇÃO DE ESTADO: A PROGRAMAÇÃO ESCOLAR

Não é possível compreender a existência de uma ordem simbólica e de uma ordem social, e os efeitos de dominação que se exercem pela imposição dessa ordem simbólica, a não ser que se recorra simultaneamente às tradições neokantianas e às tradições estruturalistas para explicar o fato de que as estruturas cognitivas que aplicamos ao mundo social, e que lhe são ajustadas, são tanto construtivas como coerentes, de uma coerência histórica, ligada a uma tradição de Estado.

À guisa de sugestão, gostaria de apresentar a vocês uma análise sobre os efeitos da programação escolar, de autoria da psicóloga Aniko Husti.[14] Tomando como ponto de partida sua experiência, que é tanto científica como prática, a programação do tempo escolar e a divisão do dia em horas, ela ficou impressionada com a arbitrariedade dessa divisão do dia em horas. Como é possível que, qualquer que seja a disciplina, qualquer que seja o nível escolar, desde a escola primária até a faculdade, se encontre essa divisão? Em segundo lugar, por que essa divisão é tão unanimemente aceita? Quando alguém a questiona junto a professores ou alunos, descobre que eles a consideram absolutamente natural e que a ideia mesma de fazer de outro jeito lhes parece impensável. Ora, como não enxergar todos os constrangimentos e as frustrações gerados por essa programação do horário escolar? Os psicólogos falam de "efeito Zeigarnik"[15] para designar a frustração que as pessoas sentem quando se interrompe uma atividade que elas têm vontade de continuar. A agenda dos horários escolares deve reproduzir sem parar efeitos Zeigarnik: as pessoas estão motivadas, começam a esquentar, a pensar, e a coisa para, a fim de se passar a algo totalmente diferente; passa-se da filosofia à geografia etc. Outro efeito absolutamente estranho, que passa despercebido: as dificuldades associadas à divisão em horas, e que proíbe toda uma série de atividades, curtas demais ou longas demais, e que, de facto, sem que as pessoas que se privam delas se sintam privadas, desaparecem da programação escolar. Há também todo um conjunto de discursos justificativos: por exemplo, diz-se que uma hora é a duração máxima de atenção possível para as crianças, teoria baseada numa psicologia aproximativa…

E há igualmente fundamentos políticos na ordem escolar. O poder do diretor da escola se exerce pela manipulação do tempo dos professores: os velhos professores podem ter uma boa programação, como se diz; os jovens professores pegam os horários espalhados, dispersos, que ninguém quer. Os professores têm montes de interesses: por exemplo, têm aulas preparadas antecipadamente, para uma hora. Descobre-se toda uma profusão de coisas, de aderências a uma rotina que tem força justamente porque a força dessa adesão decorre do fato de que ela não é questionada. Assim que se instaura um "tempo móvel", como diz Aniko Husti — foram feitas as experiências (evidentemente, com a anuência dos diretores, que não eram os mais fáceis a converter) —, descobre-se que os professores são obrigados a negociar entre si para dar aulas de duas ou três horas, e que isso instaura comunicações necessárias; descobre-se que a famosa limitação de uma hora é absolutamente arbitrária. Husti entrevistou crianças que, depois de três horas de matemática, diziam: "Não consegui acabar...". As tarefas são organizadas diferentemente: o professor vai dar sua aula durante vinte minutos, ele começa a prepará-la, dá um exercício, retoma uma explicação; toda a estrutura da pedagogia muda e, uma vez que as pressões desapareceram, descobrem-se as liberdades. Os professores descobrem a liberdade que isso lhes dá em relação ao diretor, quando na verdade os professores, mesmo sendo progressistas, sempre são contra qualquer mudança... Eles descobrem essa liberdade em relação ao diretor, sentem-se liberados da pressão da aula, esse discurso monologado difícil de se manter.

Eis um exemplo do isso-é-óbvio cujo princípio não se pode dizer que esteja em outro lugar senão numa regulamentação do Estado: é possível descrever sua gênese histórica. Quando se consegue dar a três professores principais um tempo de três horas simultâneas (matemática, francês, história), os alunos podem escolher entre seguir uma ou outra dessas matérias, em função das sensações que têm de suas forças e de suas fraquezas. Essa imaginação organizacional, essa pequena revolução simbólica, é absolutamente excepcional, ao passo que, como Aniko Husti sugere, e com razão, todas as reformas que visam mudar os conteúdos e não se atribuem preliminarmente essa mudança das estruturas temporais estão fadadas ao fracasso. Em outras palavras, há uma espécie de inconsciente que é um dos fatores mais poderosos de inércia. Vocês estão vendo que, quando eu citava Hume, ao começar, não fazia uma especulação. O sistema escolar, que é incessantemente questionado, e que não cessa de se interrogar, está fundamentalmente ao abrigo do questionamento, em grande parte, dos mestres e dos alunos. Não tendo conhecido outro sistema escolar além daquele em que estão, eles reproduzem o essencial sem sabê-lo: o que eles mesmos suportaram, sem saber que o suportaram. Há, notadamente, todas as privações que descobririam se vissem por três minutos um sistema escolar estrangeiro. Não há nada mais extraordinário do que reproduzir as privações com alegria no coração. Isso vale para os professores, mas vale também para a classe operária e para muitas outras categorias.

OS PRODUTORES DE DOXA

Vê-se que a introdução, na análise da dominação, do modo de pensamento kantiano e durkheimiano permite compreender uma coisa absolutamente fundamental: que o *nomos*, o princípio de visão e de divisão do mundo, impõe-se de modo muito poderoso, bem além de tudo o que se pode subscrever por um contrato. Tudo o que estou dizendo é a antítese absoluta de todas as teorias do contrato. Os contratos mais seguros são os tácitos, inconscientes. Durkheim dizia, o que já era muito bom: "Nem tudo é contratual num contrato",[16] isto é, o essencial costuma ficar fora do contrato. Mas é preciso ir mais longe: os melhores contratos são os que não se assinam, os que não se percebem como tais. A ordem social repousa num *nomos* que é ratificado pelo inconsciente, de sorte que, no essencial, é a coerção incorporada que faz o trabalho. Em relação a Marx, Weber tinha o mérito de colocar a questão humiana: como é possível que os dominantes dominem? Ele evocava o reconhecimento da legitimidade, noção constituída sociologicamente por Weber. Numa perspectiva como a que estou elaborando, o reconhecimento da legitimidade é um ato de conhecimento que não é um: é um ato de submissão dóxico à ordem social.

Sempre se opõe o conhecimento, a lógica ou a teoria à prática. Há atos de conhecimento que não são cognitivos no sentido em que se entende habitualmente. É o caso, por exemplo, do sentido do jogo: um jogador de futebol faz a todo instante atos cognitivos, mas que não são atos de conhecimento — no sentido em que se entende correntemente a teoria do conhecimento. São atos de conhecimento corporal, infraconscientes, infralinguísticos: é desse tipo de ato de conhecimento que se deve partir para compreender o reconhecimento da ordem social, da ordem estatal. É o acordo entre essas estruturas cognitivas incorporadas, tornadas completamente inconscientes — por exemplo, os horários — e as estruturas objetivas que é o verdadeiro fundamento do consenso sobre o sentido do mundo, da crença, da opinião, da doxa de que Hume falava.

Dito isso, não se deve esquecer que essa doxa é uma ortodoxia. É aí que a gênese do Estado é importante: o que é hoje uma doxa — a programação escolar, o código de trânsito etc. — muitas vezes foi o produto de uma luta; foi instituída ao término de uma luta entre os dominantes e os dominados, como oponentes — é o caso do imposto, por exemplo, que enfocarei mais tarde. Não há coisas que são constitutivas do Estado a ponto de hoje parecerem óbvias que não tenham sido obtidas sem drama: tudo foi conquistado. Ora, a força da evolução histórica é remeter os possíveis laterais descartados, não ao esquecimento, mas ao inconsciente. A análise da gênese histórica do Estado, como princípio constitutivo dessas categorias universalmente difundidas em seu âmbito, tem como virtude permitir compreender ao mesmo tempo a adesão dóxica ao Estado e o fato de que essa doxa seja uma ortodoxia, de que ela represente um ponto de vista particular, o ponto de vista dos dominantes, o ponto de vista dos que dominam dominando o Estado, dos que, talvez sem se propor isso como fim, contribuíram para fazer o Estado a fim de poder dominar.

Isso nos leva a outro ramo da tradição teórica, a tradição weberiana. Weber deu contribuição decisiva sobre o problema da legitimidade. Mas a doxa não é o reconhecimento da legitimidade; é uma protolegitimidade. Weber insistiu no fato de que todos os sistemas simbólicos — ele não disse nesses termos, pois se interessava não pelos sistemas simbólicos em sua lógica interna, como fazem os estruturalistas, mas pelos agentes simbólicos, essencialmente pelos agentes religiosos — devem ser relacionados à [posição de] seus produtores, isto é, ao que chamo de campo religioso — que ele não chamava assim, o que fixa os limites de sua análise.[17] Teve o mérito de constituir os agentes religiosos, jurídicos, culturais — os escritores — como indispensáveis para compreender a religião, o direito, a literatura. Se, na tradição marxista, sempre é possível encontrar textos [que apontam nessa direção] — tal como o de Engels, em que ele diz que para compreender o direito não se deve esquecer o corpo dos juristas[18] —, resta que essa tradição sempre escotomizou e passou em silêncio a existência de agentes específicos de produção e de universos de produção específicos, universos e agentes que convém ter no espírito, cuja lógica autônoma de funcionamento se precisa compreender para compreender os fenômenos simbólicos. Torno a dizer isso de outra maneira, de modo mais simples: uma das contribuições de Weber é lembrar que, se queremos entender a religião, não basta estudarmos as forças simbólicas de tipo religioso, a estrutura imanente ao *opus operatum*, religião ou mitologia; há que indagar quem são os *mitopoietas* [os fabricantes de mitos], como eles são formados, que interesses têm, em que espaço de concorrência estão, como lutam entre si e com que armas o profeta excomunga, o padre canoniza o bom profeta e excomunga os outros. Para compreender os sistemas simbólicos há que compreender os sistemas de agentes que lutam a propósito dos sistemas simbólicos.

Mesma coisa para o Estado: para compreender o Estado há que ver que ele tem uma função simbólica. Para entender essa dimensão simbólica do efeito de Estado há que compreender a lógica do funcionamento desse universo de agentes de Estado que fizeram o discurso de Estado — os legistas, os juristas — e compreender quais os interesses genéricos que tinham em relação aos outros, e também quais interesses específicos tinham em função de sua posição no espaço de suas lutas — por exemplo, a nobreza de toga em relação à nobreza de espada.

Para ser perfeitamente completo, para explicar os efeitos de racionalidade, seria preciso compreender também por que essas pessoas tinham certo interesse em dar uma forma universal à expressão particular de seus interesses. Por que os juristas e legistas fizeram uma teoria do serviço público, da ordem pública, do Estado como irredutível à dinastia, da República como transcendente aos agentes sociais que o encarnam em determinado momento, ainda que se trate do rei etc.? Que interesse tinham em fazer tudo isso? E qual é a lógica de seu funcionamento, de seu recrutamento, do fato de que tinham privilégios, um capital — o direito romano — etc.? Compreendendo tudo isso, pode-se compreender como, produzindo uma "ideologia" (palavra que não quer dizer muito), justificadora de sua posição, eles construíram o Estado, o pensamento de Estado, o modo de pensamento público; e esse modo de pensamento público, que correspondia a seu modo de pensamento particular, que estava conforme a seus interesses particulares até certo momento, tinha uma força particular porque, justamente, era público, republicano, de aparência universal.[19]

Curso de 14 de fevereiro de 1991

A sociologia, uma ciência esotérica que tem jeito de exotérica — Profissionais e profanos — O Estado estrutura a ordem social — Doxa, ortodoxia, heterodoxia — Transmutação do privado em público: o aparecimento do Estado moderno na Europa

A SOCIOLOGIA, UMA CIÊNCIA ESOTÉRICA QUE TEM JEITO DE EXOTÉRICA

Gostaria de evocar muito brevemente — faço-o de vez em quando, ao sentir a necessidade subjetiva disso — o problema do ensino oral da sociologia, que se apresenta a mim em geral e, aqui, de modo particular. Evoco essa questão porque creio que pode facilitar a comunicação. A análise que lhes proporei não é um metadiscurso gratuito; creio que ela pode ter efeitos práticos na maneira de vocês escutarem e pode fazê-los compreender certas dificuldades que sinto em dizer o que tento dizer...

Muitas vezes assinalei que a sociologia depara-se com um problema que lhe é particular: mais que nenhuma outra ciência, ela apresenta problemas que dizem respeito a todo mundo, como se diz, e sobre os quais todo mundo se sente no direito de ter uma informação e até mesmo um julgamento. É uma

240

ciência totalmente esotérica e fechada, como tende a ser qualquer ciência, sobre suas próprias problemáticas, sobre suas conquistas acumuladas no correr do tempo, uma ciência esotérica mas que tem jeito exotérico. Isso permite jogos duplos de todo tipo: por exemplo, pessoas que se dizem sociólogas podem se dar ares de esotéricas quando são exotéricas, o que faz com que pesquisadores, que são realmente esotéricos mesmo que se deem ares exotéricos (como se é obrigado a fazer num ensino), possam ser confundidos com os que, sendo espontaneamente exotéricos, se dão ares esotéricos para ter a aparência científica. Este é um problema capital, com o qual o sociólogo deve contar. Com grande facilidade os jornalistas atribuem ao menor sociólogo dentre os sociólogos o jargão que, em muitos casos, só tem a função de manifestar uma distância e um capital simbólico, ao passo que eles recusam esses recursos [aos conceitos] que são indispensáveis ao progresso científico quando exigidos pela preocupação de acumular as conquistas.

Esse problema se apresentava especialmente em meu último curso, em que eu tentava, de maneira talvez um pouco monstruosa, juntar tradições teóricas que nunca são postas em relação, e que ninguém, ao que eu saiba, tentou juntar por motivos que são sociais. Juntando tradições sociologicamente incompatíveis e mostrando as contribuições de cada uma dessas tradições, eu fazia algo muito esotérico. Quando eu dizia que a etnometodologia omitia abordar a questão de saber quem constrói os construtores, penso que essa proposição era, para uma parcela de vocês, perfeitamente sem sentido, quando na verdade essa proposição podia dar lugar a horas de desenvolvimento, de discussões científicas, em especial com os etnometodólogos. Por que é que faço questão de dizer tudo isso? Não para recriar diferenças que tento, à custa de esforços por vezes laboriosos, superar, mas para tentar derrubar, notadamente entre os que chamo, junto com Pascal, de os semi-hábeis, as resistências que podem privá-los da completude da compreensão daquilo que tento transmitir.

(Num ensino como este, a dificuldade que sentem todos os professores do Collège de France resulta do fato de que suas plateias são extremamente dispersas. A lógica do sistema escolar estrutura não só o tempo mas também as idades; o sistema escolar nos inculca faixas de idade e, por meio das faixas de idade, categorias de memória. O magnífico livro de Maurice Halbwachs, *Les Cadres sociaux de la mémoire*, mostra que nossa memória é estruturada em grande parte por nosso currículo escolar: "Era a época em que eu estava no quinto ano, com fulano…". O sistema escolar estrutura não só nossa temporalidade mas também nossa memória, assim como, normalmente, as plateias. Alguém que se dirige a um público escolar sabe com quem está tratando; ainda que, dentro de uma classe, haja dispersões, essa dispersão não é tão extrema como no caso de um público que se pode chamar, sem ofensa, *ônibus*. Público *ônibus* mas, evidentemente, autosselecionado em função dos princípios de seleção que são igualmente observados na entrada dos museus ou nas galerias de pintura… Mesmo nesse caso, em presença de um discurso especializado, somos obrigados a registrar uma dispersão do ponto de vista da competência específica capaz de agir na recepção de um discurso com pretensão científica.

(Sinto muito fortemente essa dispersão, e parte do trabalho de elocução que tento fazer — é a razão pela qual não leio a aula que poderia ler, já que ela está escrita — decorre do fato de que creio perceber sinais na assistência… O discurso oral tem essa peculiaridade em relação ao discurso escrito, que é estarmos em presença de um público. Refiro-me a um modelo importante que introduziu uma revolução na compreensão dos poemas homéricos: é a ideia de que os poetas orais falavam em presença de um público; serviam-se de esquemas de improvisação — nunca se improvisa a partir do nada — e eles também improvisavam em presença dessa censura particular representada pela presença de um público que se tem diante dos olhos. Os trabalhos recentes do helenista Jean Bollack sobre os poetas pré-socráticos,[1] outros sobre as poesias das sociedades tradicionais, meu diálogo com Mouloud Mammeri, o grande escritor cabila,[2] mostraram que, nas sociedades em que o modo de comunicação das obras culturais é oral, os poetas e os criadores têm uma arte de jogar com a pluralidade dos públicos; sabem ter discursos a um só tempo esotéricos e exotéricos.

(Assim, havia um subespaço dos poetas berberes, uma espécie de escola de formação: na forja, as pessoas aprendiam a fazer versos… Não digo que havia um campo de poetas berberes, mas havia concursos poéticos, "espécies" de exames. Esses poetas, que eram semiprofissionais, e dedicavam grande parte de seu tempo a inventar poesia, sabiam falar tanto para seus pares como para certos ouvintes iniciados e, ao mesmo tempo, para a pessoa comum que podia ouvir o que eles diziam. Tomo um exemplo tirado dos trabalhos de Jean Bollack: Empédocles jogava com a palavra *phos*, que, em grego, normalmente quer dizer "luz", para o comum dos mortais da língua grega, e em certos casos muito particulares pode querer dizer o "mortal"; ele dava a seus versos duplos sentidos. Os poetas pré-socráticos empregavam processos muito requintados que consistiam em dar, como diz Mallarmé, que já citei, "um sentido mais puro às palavras da tribo", em retomar os ditados, os provérbios, as frases feitas da linguagem comum, submetendo-os a minúsculas alterações que podiam [se esconder] em simples entonações — o que faz com que na leitura de hoje se tenha muita dificuldade em percebê-las quando não se sabe que elas existem. Os helenistas não se preocupam com esse gênero de questões. Os poetas conseguiam falar, passando por cima da cabeça do ouvinte ordinário, a seus pares, empregando uma espécie de linguagem polissêmica, quase polifônica — como acordes musicais, simples ou mais raros.

(É assim que tento, um pouquinho, falar. Evidentemente, a poesia se presta melhor a isso do que o discurso científico. O trabalho que tento fazer costuma ser muito decepcionante subjetivamente porque demanda imenso esforço, e tenho constantemente a consciência da perda, do ponto de vista daqueles que têm os menores pré-conhecimentos em sociologia e para quem eu não soube encontrar o bom exemplo que os faria compreender de imediato, e daqueles que pensam que eu repito sempre a mesma coisa e que deveria ter dito tal coisa mil vezes mais depressa… Essa sensação de decepção que tenho, minha vontade é justificá-la para mim mesmo mas também para vocês, tentando que compreendam o esforço que faço: tento dizer as coisas cada vez que penso nisso, e posso não pensar nisso, pois quem está completamente embebido de uma problemática já não sente seu aspecto arbitrário, diz como sendo algo óbvio coisas que podem parecer perfeitamente extraordinárias para aqueles que não estão preparados…)

PROFISSIONAIS E PROFANOS

Vou rapidamente evocar os efeitos de recepção que essa linguagem polissêmica pode produzir; eliminei os piores, não sou masoquista… Primeiro, os profanos. "Profano", a palavra diz bem, vem da linguagem religiosa e designa alguém que não pertence ao campo, que não é iniciado, que não aprendeu a história própria ao campo, isto é, a história de uma problemática, que não sabe que Durkheim se opôs a Tarde e Spencer etc., que não tem esses pressupostos históricos que funcionam no mundo dos profissionais e que levam os profissionais a achar interessante um problema, ao passo que os não profissionais não veem aí nenhum interesse. Um dos efeitos maiores de um campo científico é definir coisas que são interessantes em certo momento, aquilo que é preciso procurar e encontrar. O profano diz: por que ele atribui tamanha importância ao problema do Estado? Se lhe atribui certa importância é porque, por exemplo, fala-se disso nos jornais ou porque uma reforma está em andamento. E, evidentemente, muitos semissociólogos, aqueles que criam mais efeitos de esoterismo fictícios, são justamente os que só acham interessantes os problemas quando todo mundo os acha interessantes. Por exemplo, eu falava recentemente com um responsável de projeto em Vaulx-en-Velin,[3] que me dizia ter visto chegarem políticos e sociólogos que se interessavam por Vaulx-en-Velin porque a cidade se tornara interessante para os meios de comunicação, portanto era interessante falar disso na mídia. A mesma coisa para Maio de 68: houve livros sobre Maio de 68 nos quinze minutos que se seguiram. Levei dez anos para fazer um trabalho sobre Maio de 68, que evidentemente já não estava na atualidade e não podia mais proporcionar lucros de interesse imediato.[4] Se digo a vocês: "Para mim, não é um sociólogo", vocês dirão: "É um golpe de força arbitrário, um ato autoritário de censor que procura a distinção". Então, dou a vocês critérios muito importantes. Um sociólogo profissional é alguém que acha interessantes os problemas que o campo científico constitui em determinado momento como interessantes e que às vezes coincidem com os que todo mundo acha interessantes, mas não necessariamente.

O que é verdade quanto à problemática é também quanto ao método. O profissional é alguém que se interroga sobre certos problemas ligados a uma história cumulativa e que se esforça em resolvê-los com certos métodos, eles mesmos produzidos pela história cumulativa. Os profanos que julgam os trabalhos de profissionais — isso acontece todo dia nos jornais, sendo os piores os semi-hábeis, que são duplamente profanos — se apressam em julgar os profissionais com critérios profanos para se legitimarem como pseudoprofissionais realmente profanos. O que é que os profanos consideram num trabalho científico, sobretudo nas ciências sociais? Em psicologia, as implicações são muito menos vitais. As outras ciências têm sorte, porque a maioria dos cidadãos não tem nada a fazer com seus resultados, ao menos em curto prazo — o que acontece nos laboratórios do Collège de France não faz as massas vibrarem, salvo por acidente. Quanto ao sociólogo, ele é submetido constantemente a um veredicto imediato, pois aquilo de que fala é importante espontaneamente para a maioria das pessoas. A maioria dos profanos, entre os quais os jornalistas, não têm sequer consciência de ser profanos na matéria; os melhores são os que sabem seus limites. Os profanos consideram os resultados. Reduzem um trabalho científico a teses, a tomadas de posição, que podem ser discutidas, que são objeto de opinião assim como os gostos e as cores, as quais todo mundo pode julgar com as armas ordinárias do discurso ordinário: toma-se posição sobre um trabalho científico como se toma posição sobre a Guerra do Golfo, em função da escala de opinião esquerda/direita etc., ao passo que o que conta são as problemáticas e os métodos; no máximo, o resultado é secundário. O mais interessante do ponto de vista da discussão científica é a maneira de consegui-lo: como o pesquisador procedeu para obter isso? Como fez sua investigação?

Tomo um exemplo no campo das ciências sociais, mas o mais afastado do político: o debate que ocorreu recentemente a respeito da obra de Georges Dumézil. Esse debate foi lançado desastrosamente pelo historiador italiano Carlo Ginzburg, que pegava o bastão de um imenso historiador, Arnaldo Momigliano. Diz respeito à relação entre a obra de Dumézil e o nazismo, os símbolos fascistas.[5] Periodicamente são retomadas as acusações lançadas pelos adversários de Dumézil, sem lembrar as condições em que seus trabalhos foram produzidos e sem ter em conta as respostas que ele forneceu. O que está em questão é a tríade indo-europeia.[6] O próprio princípio do erro, da injustiça desse gênero de acusações, é fazer como se Dumézil, ao escrever *Mitra-Varuna*,[7] se situasse no espaço político, como se ele tomasse uma posição sobre os problemas a respeito dos quais tomavam posição na época Daladier, Chamberlain ou Ribbentrop. Na verdade, ele se situava no fio de uma história relativamente autônoma num campo relativamente autônomo: pensava em Sylvain Lévi, em Émile Benveniste, em especialistas que se interrogavam, em termos estritamente científicos, numa lógica estritamente científica, sobre questões a respeito da origem e da unidade das línguas etc. Então, o que se poderia criticar nos cientistas é que, falando nesse tipo de problema, eles não pensam que outros pensem de forma diferente: é o erro frequente dos cientistas trancados em seu campo. Na problemática esotérica de um campo, o erro consiste em esquecer que os ingênuos podem interpretar isso de outra forma. Ter essa preocupação torna a vida muito difícil: salpicamos a própria escrita de aspas, fazemos parênteses; e depois nos criticam por sermos ilegíveis…

O erro de todo erudito é viver numa torre de marfim — a lógica autônoma de um campo que desenvolve, ele mesmo, de maneira autotética, seus próprios problemas — e, assim sendo, quando encontra problemas de seu tempo os encontra por acaso. Isso faz com que haja aí uma injustiça essencial. O que censuro aqui em Ginzburg ou Momigliano, que de resto são grandes eruditos, é não levarem em consideração a problemática específica para, aliás, obter proveitos simbólicos no campo científico: isso permite desacreditar um adversário... Momigliano deve ter lutado por dez anos com Dumézil sem jamais conseguir arranhá-lo, mas basta que diga "Cuidado, Dumézil é alguma coisa como nazista" para questionar seu trabalho. O que se faz quando se lê um erudito como se ele não estivesse inscrito na história específica de uma acumulação de problemas, de teses, de métodos? Lê-se Dumézil como se lê um filósofo de televisão, Régis Debray por exemplo, e todos os que responderam sobre o problema da Guerra do Golfo nestas últimas semanas, como pessoas que falam de democracia, de todos os problemas de que se fala na mídia, mas que falam como se fala na mídia, isto é, sem proceder ao corte [epistemológico], sem instituir toda uma série de rupturas. Se fiz preceder a exposição que começará a enunciar proposições positivas por vários anos de exposições que discorreram sobre o que eu chamo de "sociologia negativa", de ruptura com as prenoções, não foi por prazer; seria bem mais fácil apresentar logo de saída os resultados...

Os profanos também estão em perigo por ter confiança. Se minha empreitada for bem-sucedida, eles devem achar tudo isso muito natural, e às vezes se perguntar por que eu apresento de maneira tão patética problemas que eles acham muito simples, uma vez que os formulei. Eles me atribuem com demasiada facilidade certo número de teses que não são constituídas como teses. Se consigo encontrar bons exemplos, o equivalente correto, aquilo que em cada um dará um clique — peguei a programação do tempo escolar e não outro exemplo porque penso que uma parte importante dos ouvintes são antigos professores ou antigos alunos —, se encontro o clique certo, eles vão dizer: "O que ele nos disse não é tão abstrato, não eram apenas especulações — Kant, Durkheim, Cassirer —, isso toca em coisas muito imediatas", e ficarão convencidos. Isso quererá dizer, então, que tiveram acesso ao conhecimento que tento propor? Eu diria que não. Dizer que sim seria demagogia, porque eles não têm o domínio dos princípios geradores dos problemas, embora eu tente dar-lhes os elementos. O que não quer dizer que esse conhecimento não tenha nenhum interesse.

Esse perigo é um efeito, paradoxalmente, do isso-é-óbvio. Tendo dito: denunciarei [o fato] de que isso é óbvio, eu produzo outro efeito do isso-é--óbvio, um efeito de naturalidade que pode, por sua vez, ser recebido como uma espécie de doxa. Para os semi-hábeis que sabem um pouco de sociologia (sinto muito em me expressar assim, mas, afinal de contas, às vezes é mesmo preciso falar brutalmente), que leram sociologia, escrita por mim ou por outros, provavelmente por mim se eles estão aqui, esses podem ter uma sensação de *déjà dit*, de coisa conhecida, de coisa familiar... Ora, o que eu disse na semana passada, ao entrar na sala, não sabia totalmente que ia dizer. Não vejo onde eles poderiam tê-lo lido — isso não é de jeito nenhum para defender minha originalidade.

Essa sensação de déjà-vu e de *déjà connu*, que não estigmatizo mas que explicito, é uma proteção contra o esforço de pensamento que se precisa fazer em todas as ciências, e em especial na sociologia, para estar à altura daquilo que já se pensou. Se os sociólogos estivessem à altura das conquistas de todos os sociólogos anteriores, seriam formidáveis; mas pouquíssimos sociólogos estão à altura. Esse mitridatismo pelo semissaber tem efeitos terríveis de proteção contra o enfrentamento com o saber que se expõe, que assume riscos.

Os semi-hábeis têm também um sentimento de naturalidade, como os primeiros. Reforço essa ilusão recusando deliberadamente a busca da distinção professoral. Se eu dissesse doxa, vocês pensariam em disciplina, acreditariam que é a diferença com Foucault. Não gosto de praticar esse joguinho porque, se queremos praticá-lo de maneira completa, é preciso muito tempo para ser justo com as pessoas de quem nos diferenciamos, em relação às quais pensamos. Eu precisaria dar aulas e esclarecer que, quando digo doxa, me situo em relação a tal tradição teórica, e quando falo de legitimidade não é no sentido de Habermas. Ora, não gosto de fazê-lo na forma peremptória de afirmação autoritária de minha distinção. E não tenho os meios de fazê-lo, salvo de vez em quando, como no caso de Elias, em um modo completamente didático. Se eu desse um curso de mil horas por ano — Deus me livre — poderia me enquadrar no esotérico...

Restam os hábeis: vou bajulá-los, e espero que todos se reconhecerão... Os hábeis, que tinham lido o artigo em que me apoiei para dar uma nova partida, viram que eu passei de novo por todos os pontos que havia percorrido, porém mais em espiral do que na horizontal. Evoco uma metáfora muito pretensiosa que Proust emprega para caracterizar sua própria maneira de fazer romances:

há pessoas que são como automóveis, cuja energia se manifesta na horizontal, e outras como aviões, cuja energia se manifesta na vertical. Quanto a meu discurso a propósito desse texto, passo de novo por cima desses espaços, mas a partir de um ponto de vista que me era completamente desconhecido quando o escrevi. Eu disse, ao começar, que escrevendo "Sur le Pouvoir symbolique" não sabia que, na verdade, falava do Estado. O fato de saber que eu falava do Estado sem sabê-lo me permite dizer coisas tanto sobre o Estado quanto sobre aquilo que eu havia adquirido e que não estava contido no artigo. Evidentemente, se eu não tivesse escrito esse artigo não poderia falar do Estado como falo hoje. Os hábeis não têm apenas o prazer de ver conceitos serem elaborados de maneira um pouco mais satisfatória, mas também e sobretudo de encontrar esquemas de pensamento, hipóteses de pesquisa. As pessoas que estão nas pesquisas do mesmo tipo que as que eu faço repartem daqui, não com "discursos", ideias, mas com esquemas de pensamento, programas de pesquisa e de ação. (Desculpem-me fazer o que é ao mesmo tempo uma defesa e ilustração do que faço, uma espécie de apologia autolaudatória, mas eu precisava dizê-lo porque sentia mais que um mal-estar depois do último curso.)

O ESTADO ESTRUTURA A ORDEM SOCIAL

Muito depressa, para os hábeis que conhecem as ferramentas que manipulei, uma das conexões que estabeleci preparando o último curso, e que não tinha estabelecido antes, é a conexão entre Estado e rito de instituição, noção que elaborei há alguns anos em reação à noção de rito de passagem de Van Gennep.[8] Portanto, ela se situa tipicamente no campo, e não numa busca de distinção. Van Gennep, por trás da aparência de construir um conceito científico, que foi retomado universalmente, sanciona uma ideia de sentido comum: passa-se da juventude à velhice... Certos conceitos devem seu sucesso ao fato de que, justamente, não fizeram o corte [epistemológico]: para tornar válido cientificamente o conceito, eu o substituí pelo de rito de instituição. Eu tinha tomado o exemplo da circuncisão, mostrando que o importante, no rito de instituição, é que ele constitui uma diferença, não entre o antes e o depois da realização do rito, mas entre os que a ele se submetem e os que a ele não se submetem. Minha definição do rito de instituição foi construída pensando em ritos próprios às sociedades tradicionais.

Desde então, trabalhando com a educação, descobri progressivamente que o sistema escolar era talvez um imenso rito de instituição, e que se poderiam afinal considerar as etapas do currículo escolar como etapas de um currículo iniciático em que o iniciado, como nas lendas ou nos mitos iniciáticos, torna-se cada vez mais consagrado para chegar a uma consagração final, obtendo, no fim, o símbolo de sua eleição, que é o diploma escolar. De um lado, os ritos de instituição, o sistema escolar que realiza os ritos de consagração; de outro, o Estado, que faz funcionar o sistema escolar. Digo a mim mesmo: o Estado, organizando o sistema escolar e todos os ritos de instituição que se realizam por meio dele, institui ritos de instituição muito importantes que estruturam não só as hierarquias sociais — professor titular/professor não titular, formado/não formado pela Escola Nacional de Administração —, isto é, o que se lê nos manuais de sociologia da educação, mas também as estruturas mentais através das quais são percebidas essas estruturas sociais e essas hierarquias sociais. O sistema escolar não somente institui as pessoas objetivamente hierarquizadas, as divisões objetivas no mundo do trabalho, uma divisão do trabalho legítima, como institui, ao mesmo tempo, nos espíritos submetidos à sua ação princípios de visão e de divisão conformes a essas divisões objetivas. O Estado contribui tanto para produzir hierarquias como para produzir princípios de hierarquização conformes a essas hierarquias. Entre esses princípios de hierarquização: os "quadros sociais da memória", os sistemas de valores, a hierarquia das disciplinas, dos gêneros.

Portanto, o Estado não é simplesmente uma instância que legitima uma ordem estabelecida por uma ação de tipo "propaganda". O Estado não é simplesmente uma instância que diz: a ordem social é assim, é bom que seja assim. Não é simplesmente a universalização do interesse particular dos dominantes, que consegue se impor aos dominados (é a definição marxista ortodoxa). É uma instância que constitui o mundo social segundo certas estruturas. Seria preciso jogar com a noção de constituição. As oposições que o Estado produz não são uma superestrutura: aí está outra palavra que é preciso varrer da linguagem, com toda a metáfora arquitetônica da superestrutura, da infraestrutura, dos níveis, da sociedade como casa, com um porão, um sótão etc. (Isso é psicanálise para enobrecer; o que eu fiz na forma de brincadeira, Bachelard teria chamado de psicanálise do espírito científico.[9]) O Estado não é simplesmente um produtor de discurso de legitimação. Quando se pensa em "legitimidade", pensa-se em "discurso de legitimação". Não é um discurso de propaganda pelo qual o Estado e os que governam por meio dele justificam sua existência como dominantes, é muito mais que isso.

O Estado estrutura a própria ordem social — o uso dos tempos, o orçamento-tempo, nossas agendas, toda nossa vida é estruturada pelo Estado — e, junto, nosso pensamento. Essa espécie de pensamento de Estado não é um metadiscurso a respeito do mundo, ele é constitutivo do mundo social, está inscrito no mundo social. É por isso que a imagem da superestrutura, das ideologias como coisas que pairam acima, é absolutamente funesta, e por isso passei minha vida a lutar contra ela. O pensamento de Estado constitui — no sentido de que faz parte de — o uso do tempo, a vida escolar. O Estado é parte constituinte disso; ao mesmo tempo, o constitui como ele é, o faz ser como ele é. Isso vale para tudo o que o Estado produz. O Estado é constitutivo da ordem social nesse duplo sentido. *Nomos*/anomia é uma das palavras com que joguei para criar conexões para os que têm a cultura durkheimiana. Poder-se-ia jogar da mesma maneira com "constituição", no sentido do direito constitucional, e "constituição" no sentido dos filósofos.

DOXA, ORTODOXIA, HETERODOXIA

Esses atos constitutivos do Estado, na medida em que contribuem para constituir ao mesmo tempo a verdade objetiva e os sujeitos percebedores — resumo o que eu dizia da última vez —, contribuem para produzir uma experiência do mundo social como algo evidente, o que chamo de experiência dóxica do mundo social, fazendo intervir a tradição fenomenológica que eu corrijo. O mundo social se dá no modo da doxa, essa espécie de crença que nem sequer percebe a si mesma como crença. O mundo social é um artefato histórico, um produto da história que é esquecido em sua gênese em favor da amnésia da gênese que toca todas as criações sociais. O Estado é desconhecido como histórico e reconhecido por um reconhecimento absoluto que é o reconhecimento do desconhecimento. Não há reconhecimento mais absoluto do que o reconhecimento da doxa já que ela não se percebe como reconhecimento. A doxa é responder sim a uma pergunta que eu não fiz.

A adesão dóxica é a mais absoluta que uma ordem social possa conseguir, já que se situa além mesmo da constituição da possibilidade de fazer de outra maneira: é o que separa a doxa da ortodoxia. A ortodoxia aparece desde o momento em que há o hétero-: desde que há heterodoxos, os ortodoxos são obrigados a aparecer como tais; a doxa é obrigada a se explicitar como ortodoxia quando é questionada por uma heresia. Os dominantes em geral são silenciosos, não têm filosofia, não têm discurso; começam a tê-los quando nós os importunamos, quando lhes dizemos: "Por que vocês são como são?". Então, são obrigados a constituir como ortodoxia, como discurso explicitamente conservador, o que até então se afirmava, aquém do discurso, no modo do isso-é-óbvio. Aí eu jogo com conceitos que usei frequentemente: desconhecimento, reconhecimento, doxa. De passagem, evoco um exemplo para mostrar a força da doxa. Talvez vocês tenham a impressão de que a escola é questionada constantemente. É até mesmo o título de obras que lhe são dedicadas ("a questão escolar"). No entanto, penso que o funcionamento da escola é, no essencial, dóxico: no essencial ela não é questionada. A força do sistema escolar está em que, sendo capaz de produzir a incorporação das estruturas segundo as quais é organizado, ele arranca do questionamento o essencial mesmo de seus funcionamentos, postos aquém da própria defesa de interesses corporativos — pois os interesses corporativos costumam estar [ligados à] defesa do isso-é-óbvio, isto é, à defesa das estruturas mentais que permitem perceber o mundo como sendo algo óbvio. É por isso que as guerras escolares tornam-se guerras de religião, guerras de vida ou morte...

Eu tinha evocado, no final [do curso anterior], Max Weber e a pergunta: quem se aproveita do Estado? É por aí que, via de regra, se começa, e é [por isso] que não se compreende nada; se apresentamos os problemas dessa maneira, fazemos o que se chama "a crítica". Um dos dramas da sociologia é que ela costuma ser confundida com a crítica. Qualquer um pode denunciar a corrupção, a concussão etc.: volta e meia lê-se a sociologia como se lê o jornal *Le Canard Enchaîné*, que, pensando bem, é uma ótima leitura que fornece uma massa de informações ao sociólogo. Ocorre que a sociologia costuma enfrentar questões que o sentido comum põe em primeira linha, mas ela as apresenta de modo muito diferente. Por exemplo: quem se serve do Estado? Será que os que servem o Estado não se servem ao servir o Estado? Em outras palavras: não há proveitos privados da ordem pública? Interesses particulares na ordem pública? Há pessoas que têm especialmente interesse na ordem pública, que têm um monopólio da ordem pública?

Encontramos aqui a pergunta weberiana, que Weber não faz a respeito do Estado (vejam como é possível se servir de um autor contra ele mesmo). É a principal crítica que faço a Weber, mas fazendo, a respeito do Estado, uma pergunta weberiana que Weber não fez: a de saber quem se aproveita do Estado; ele fala de racionalização. Li Weber até nos interstícios de seus textos: Davidson chama isso de "princípio de caridade",[10] seria melhor dizer "princípio de justiça", [que consiste em] atribuir a um autor o mais possível de argumentos favoráveis à sua tese. Apliquei esse princípio de caridade a Max Weber (ver o último capítulo de *La Noblesse d'État*). Li Weber até nos parênteses. Sendo Weber um grande pensador, há parênteses que podem destruir tudo o que ele diz acessoriamente. Weber aflorou esse problema, mas sem torná-lo o princípio diretor de seu trabalho.

TRANSMUTAÇÃO DO PRIVADO EM PÚBLICO: O APARECIMENTO DO ESTADO MODERNO NA EUROPA

Isto pretendia ser uma breve introdução, e olhem que eu andei depressa... Volto ao início do começo de construção positiva de uma resposta à pergunta da gênese do Estado, que tentarei esboçar a partir do que consegui dominar de minhas leituras históricas. Não se trata de presunção nem de prudência acadêmica, trata-se da realidade: tendo em vista a problemática que pus nos braços, eu precisaria ter uma cultura histórica desproporcional às forças de um homem. Portanto, estarei constantemente aquém do que poderei provar. É um convite à assistência. Se vocês tiverem observações, críticas, referências, aceito comprá-las, com entusiasmo. Tentarei construir não uma descrição da gênese do Estado (seria preciso um curso de quinze anos), nem sequer um esboço de pesquisa dos fatores explicativos do aparecimento do Estado, mas um modelo simplificado da lógica pela qual — no meu entender e no entender da maioria dos autores, pois chegamos a coisas relativamente banais sobre as quais todos estão de acordo — me parece que o Estado foi constituído. Vou tentar construir esse modelo lógico de maneira um pouco mais sistemática, isto é, analisando o processo de concentração de diferentes espécies do capital, processo que se acompanha de um processo de transmutação. Já disse o essencial.

O Estado é o produto da acumulação progressiva de diferentes espécies de capital, econômico, de força física, simbólica, cultural ou informacional. Essa acumulação, que se realizou em favor do nascimento do Estado dinástico — cujas propriedades específicas será preciso caracterizar —, acompanha-se de uma transmutação. A acumulação não é simplesmente uma soma: ocorrem mudanças ligadas, por exemplo, ao fato de que a mesma instância acumula diferentes espécies de capital que normalmente não são acumuladas pelas mesmas categorias de pessoas. Portanto, tem-se um modelo de acumulação de diferentes espécies de capital, de sua concentração. Num segundo tempo — seria preciso fazer tudo ao mesmo tempo —, há um modelo da transmutação qualitativa dessas diferentes espécies de capital, associada à concentração. A segunda parte poderia ser: como se transformam os capitais privados em capitais públicos? Como se constitui alguma coisa como um capital público, se é que isso existe? Eis as grandes linhas de meu projeto.

Mais uma preliminar: o problema dos fatores específicos que podem explicar que o Ocidente seja um caso particular tratando-se do nascimento do Estado. Sobre esse problema, há toda uma literatura; os filósofos, e até certos sociólogos, interrogaram-se sobre a questão da especificidade da história europeia: Husserl, Valéry, Heidegger... Recentemente, Jacques Derrida procedeu a uma espécie de reavaliação sintética de toda essa tradição (na qual não me situo).[11] Até Max Weber levantou esse problema, que é um problema de época — o período entre as duas guerras — na famosa introdução de *L'Éthique protestante*, em que ele faz de todas as civilizações humanas outros tantos esboços da civilização europeia, como se os babilônios tivessem esboçado o cálculo etc.[12] Todas essas visões parecem-me perigosas e eurocêntricas. Apesar de tudo, a questão que formulo poderia parecer, ela também, eurocêntrica para muitos especialistas. Um pesquisador como Jacques Gernet[13] recusaria certas diferenças que vou apresentar, mas apresentando-as explicitamente exponho-me à crítica científica. Ele recusaria [provavelmente] a diferença entre os impérios e os Estados tais como aparecem no Ocidente. Mas para o debate científico interesso-me pela especificidade do Estado ocidental. É um debate muito complicado sobre o qual há imensa literatura. O mérito de Charles Tilly é ter tentado afastar a eterna dupla formada pelos casos francês e inglês da construção de um modelo da gênese do Estado, para estender essa construção à escala da Europa. Outros diriam que, apesar de seus esforços, Tilly permanece eurocêntrico, pois a maioria dos Estados dos países do mundo não foram gerados a partir do modelo dos Estados ocidentais... O debate costuma ser sobrecarregado de ideologia porque o primeiro começo é uma prioridade, e a prioridade é um privilégio: portanto, há implicações políticas por trás dos debates que deveriam ser puramente científicos.

Eu me apoiarei num historiador da Idade Média que me parece dar uma formulação clara com a qual concordo bastante: Joseph R. Strayer, autor de *Les Origines médiévales de l'État moderne*.[14] Esse livro deve ser lido. Ele dará a vocês as armas para criticar o que estou lhes dizendo, na medida em que propõe uma teoria da gênese do Estado que é bastante diferente, embora coincida parcialmente com a que vou lhes sugerir. Strayer insiste no fato de que os Estados ocidentais, francês e inglês essencialmente, não devem nada às [formas políticas] anteriores. Incontestavelmente, existiram Estados antes do aparecimento dos Estados ocidentais, na forma da *polis* grega, do Império chinês dos Han ou do Império romano. Mas segundo ele não é possível ver aí antecedentes, predecessores [do Estado de tipo ocidental], porque os homens que fundaram o Estado europeu ignoravam completamente — argumento de fato — o modelo asiático, conheciam muito mal o Império romano e não conheciam a *polis* grega senão por Aristóteles. E, sobretudo, argumento mais forte, os Estados europeus que aparecem depois de 1100 são radicalmente diferentes dos modelos anteriores e se distinguem dos impérios de fraca coesão.

O problema da especificidade da trajetória dos Estados ocidentais me preocupou muito porquanto, dependendo da maneira de responder a ele, podemos nos armar ou não de um comparatismo, na escala da história [global], ou limitar o exercício do comparatismo à escala da Europa. Evidentemente, isso muda muito a bibliografia e também a maneira de tratar os documentos. Não é uma questão anedótica mas uma verdadeira questão prévia: em que os Estados europeus se distinguem dos impérios (russo, chinês, romano)? Esses impérios, diz Strayer, gozavam da força militar que lhes dava um poder de controle muito extenso, mas não integravam verdadeiramente seus habitantes — ou uma ínfima parcela — no jogo político ou na atividade econômica que transcendesse os interesses locais imediatos. Esses impérios — e aí penso que muitos estariam de acordo — aparecem como uma superestrutura — nesse caso se pode dizer —, que deixava subsistir unidades sociais de base local relativamente independentes. Por exemplo, a Cabília foi submetida por séculos à dominação turca sem que as estruturas locais, de base clânica ou de aldeias, tenham sido, ainda que um pouco, afetadas pelo exercício de um poder central. Pode-se pagar um tributo, pode-se ser submetido a operações militares de repressão, em geral provisórias e pontuais, continuando porém a conservar estruturas não afetadas, por exemplo as autonomias nas aldeias, que conservam seus costumes. Tem-se assim uma espécie de verificação *a contrario*, quando o desmoronamento dos impérios — isso é verdade no caso do Império turco — não suscita grande resistência e não muda praticamente nada, tanto quanto se pode saber, na vida social das unidades de nível inferior.

Os historiadores costumam ser normativos. Para eles, essa estrutura de controle extensivo implica um desperdício considerável de recursos humanos. Os impérios têm uma força de mobilização relativamente reduzida, um rendimento mobilizador muito fraco. Paralelamente, suscitam uma lealdade muito moderada em relação ao Estado; mobilizam pouco objetiva ou subjetivamente. No oposto dos impérios, as cidades-Estados são pequenas unidades políticas que integram muito fortemente os cidadãos, e que os fazem participar muito estreitamente da vida política e de todas as atividades comunitárias. Por exemplo, com a instituição das liturgias, os cidadãos ricos participam das despesas culturais, que são as despesas mais estatais. Nas sociedades contemporâneas, a economia da cultura é uma economia completamente artificial, que não sobreviveria ao desaparecimento do Estado: todas as instituições — o TNP [Teatro Nacional Popular], os museus etc. — que oferecem cultura são deficitárias, só podem existir graças a uma instância capaz de recolher recursos e realocá-los; nenhum mecenato conseguiria manter uma orquestra sinfônica de província... É um exemplo de alquimia: o Estado transforma os impostos em cultura. Aí, vê-se bem que há uma autonomia relativa da lógica do Estado: caso se fizesse um referendo para saber se se devem manter os créditos da rádio France Culture, e caso o efeito da legitimidade cultural produzido pelo Estado não se exercesse, em outras palavras, se as pessoas respondessem em função de seu uso real da rádio France Culture, os créditos seriam cortados imediatamente. Com a liturgia, as pessoas participam dessas despesas a fundo perdido economicamente — restam lucros simbólicos — que são as despesas culturais...

Para Strayer, nas cidades-Estados a lealdade ao Estado é muito forte e assume formas que fazem pensar no nacionalismo moderno. É o que ele diz. Para mim, a priori, isso não é possível. Nem mesmo a palavra "patriotismo" convém: o amor do cidadão grego pela cidade não tem nada a ver com o patriotismo moderno, que é produto de um trabalho cujos agentes, como se sabe, na época não existiam (o sistema escolar). Essas cidades-Estados têm capacidades que os impérios não possuíam, mas não podem crescer além de certo limite, nem integrar novos territórios e populações diversas, ou garantir a participação de vastas populações à vida política; elas aplicam um *numerus clausus* porque só funcionam em pequena escala. Diante da prova do crescimento, a cidade-Estado torna-se o núcleo de um império, é anexada e sofre todas as contradições disso. É também o caso das cidades italianas anexadas ao Império austro-húngaro, que mantêm uma pequena dimensão e, militarmente fracas, são fadadas a ser anexadas.

Strayer escreve que os Estados europeus posteriores a 1100 combinam as capacidades e as virtudes dos dois modelos: têm ao mesmo tempo o poderio, a extensão, o alcance, a participação ampla e o sentimento de uma identidade comum. Aí, ele apresenta um problema muito importante. É uma definição muito construtiva. Strayer chama de Estado as instâncias que conseguiram resolver o problema da integração de vastas populações à custa de um trabalho específico, trabalho que faltava nas pequenas cidades, graças ao desenvolvimento de instâncias específicas de mobilização. O que se deve reter dessa distinção é que será preciso pensar na questão da relação entre o Estado e o território, entre o Estado e a população, entre o Estado e o controle que não é apenas exterior e militar, mas que é também controle da crença, da opinião (cai-se de novo em Hume), o que evoquei anteriormente a propósito da acumulação do capital simbólico.

Delimitei o campo de minha investigação: meu modelo vale para esses Estados prototípicos considerados essencialmente diferentes dos impérios e das cidades-Estados. Na próxima vez resumirei para vocês o artigo do historiador inglês Victor Kiernan, "State and Nation in Western Europe",[15] artigo de síntese que tenta descrever historicamente a diferença da Europa do ponto de vista dos Estados.

Curso de 21 de fevereiro de 1991

Lógica da gênese e da emergência do Estado: o capital simbólico — As etapas do processo de concentração do capital — O Estado dinástico — O Estado: um poder sobre os poderes — Concentração e desapossamento das espécies de capital: o exemplo do capital de força física — Constituição de um capital econômico central e construção de um espaço econômico autônomo

LÓGICA DA GÊNESE E DA EMERGÊNCIA DO ESTADO: O CAPITAL SIMBÓLICO

O artigo de Kiernan é interessante porque tenta enumerar uma série de fatores que podem explicar a particularidade, a singularidade dos Estados modernos no Ocidente: a existência de uma sociedade feudal especialmente forte que opunha ao rei resistências tais que ele era obrigado a construir uma administração; em seguida, a existência de um direito de propriedade mais bem definido do que na tradição otomana pelo fato da existência de um direito forte; outro fator, a existência de uma pluralidade de Estados mais ou menos equivalentes com um exército regular, e portanto a necessidade de rivalizar pela guerra com outros Estados, à diferença de Roma e da China, que sofreram, segundo Kiernan, com a ausência de qualquer rival equivalente; a existência de uma Igreja, corpo centralizado, disciplinado, monopolístico, que fornecia modelos. Este é um fator importante, sobre o qual todos os historiadores concordam: outros teóricos do Estado, como Michael Mann, [evidenciam] a importância da Igreja, não mais como corpo constituído mas como massa de fiéis, e [Mann] vê na mensagem cristã um fator ideológico importante da constituição da noção de cidadão.[1] Por fim, outro fator também enunciado por Kiernan, a cidade como corpo político total ou parcialmente autônomo, que entra numa dialética complexa com o Estado. Poderíamos acrescentar outros fatores; enumerei-os simplesmente para dar a vocês uma ideia desse tipo de reflexão — há uma vasta literatura desse gênero que tenta definir o conjunto dos fatores singulares que determinou a singularidade do Estado ocidental. Haveria que acrescentar a existência do direito romano sobre o qual insistem muito os historiadores franceses.

Eu queria simplesmente indicar a vocês uma via que não vou seguir. Meu objetivo não é dar uma contribuição à construção dos sistemas de fatores explicativos do nascimento do Estado, mas sim tentar construir uma espécie de modelo da lógica da gênese do Estado. O que tentarei apresentar é, portanto, uma espécie de modelo parcialmente original pelo fato da junção, e na verdade muito pouco original na medida em que as coisas reunidas foram ditas por numerosos autores. Analisando sucessivamente, uma a uma — o que é contraditório com a lógica específica do Estado, mas sou obrigado, pelas necessidades da análise, a examinar sucessivamente o nascimento do imposto, do direito etc. —, as dimensões pelas quais se operou a concentração de capital de tipo particular que está na origem do Estado, gostaria de mostrar tanto a lógica da gênese como a lógica da emergência — é uma palavra importante — de uma realidade irredutível à soma dos elementos que a constituem. Para falar desse processo, costuma-se empregar a metáfora da cristalização ou, de maneira mais rigorosa, a noção de emergência, a qual é útil por dizer que, por meio de uma acumulação contínua, podem-se produzir transmutações e mudanças de "ordem", para empregar uma expressão pascaliana: pode-se passar de uma lógica a outra. Vou indicar a vocês, muito depressa, o esquema global, as grandes linhas que seguirei, uma espécie de plano antecipado para que não se percam no detalhe das análises que serei levado a lhes propor. O que procuro mostrar, analisar, captar, é a lógica da acumulação inicial de diferentes espécies de capital que, ao se acumularem, sofrem uma transmutação. Faço intervir tacitamente a noção de espécie de capital sobre a qual me expliquei longamente em cursos anteriores, e portanto farei intervir o capital econômico, o capital cultural (ou, em sua forma mais geral, o capital informacional), o capital social e, por fim, o capital simbólico.

Digo duas palavras sobre o capital simbólico, que é a noção mais complexa e a mais necessária para a compreensão do que farei aqui.[2] Por capital simbólico entendo essa forma de capital que nasce da relação entre uma espécie qualquer de capital e agentes socializados de maneira a conhecer e reconhecer essa espécie de capital. O capital simbólico, como a palavra diz, situa-se na ordem do conhecimento e do reconhecimento. Para explicar, pego um exemplo simples que expus longamente nos anos anteriores: a força, assim como Pascal a analisa. A força age como tal, pelo constrangimento físico, mas também pela representação que aqueles que a sofrem têm dessa força; a força mais bruta e a mais brutal obtêm uma forma de reconhecimento que vai além da simples submissão ao efeito físico da força. Mesmo no caso mais extremo em que a espécie de capital é a mais próxima da lógica do mundo físico, não há efeito físico que não se acompanhe, no mundo humano, de um efeito simbólico. A estranheza da lógica das ações humanas faz com que a força bruta não seja jamais apenas força bruta: ela exerce uma força de sedução, de persuasão, que decorre do fato de que consegue obter certa forma de reconhecimento.

A mesma análise pode se aplicar ao capital econômico: a riqueza nunca age apenas como riqueza; há uma forma variável, conforme as sociedades e os momentos, de reconhecimento atribuído à riqueza que faz com que a força econômica mais bruta exerça, ademais, um efeito simbólico atribuído à riqueza pelo reconhecimento. O capital social e o capital cultural já implicam o simbólico. A propensão do capital cultural a funcionar como capital simbólico é tão forte que as análises científicas que constituíram o capital cultural como tal são particularmente difíceis, já que o capital cultural é identificado com um dom de natureza: aquele que detém o capital cultural da eloquência, da inteligência ou da ciência é espontaneamente percebido como detentor de uma autoridade legítima. É por isso que os poderes de tipo tecnocrático têm uma autoridade de outro tipo que não os poderes puramente militares, posto que a autoridade deles repousa numa espécie de capital espontaneamente reconhecida como legítima.

Os dirigentes que têm uma autoridade ligada à ciência ou à cultura são reconhecidos como dignos de exercer seu poder em nome de uma competência que aparece como fundada na natureza, na virtude ou no mérito. O capital social, como capital de relações, é espontaneamente predisposto a funcionar como capital simbólico. O capital simbólico é esse capital que todo detentor de capital detém como complemento.

Vou me fixar em formas quase puras de capital simbólico como a nobreza. Jogarei com a etimologia da palavra "nobre": *nobilis* quer dizer conhecido e reconhecido, ou notável. O campo político é o lugar por excelência de exercício do capital simbólico: é um lugar em que existir, ser, é ser percebido. Um político é, em grande medida, um homem conhecido e reconhecido; não é um acaso se os políticos são particularmente vulneráveis ao escândalo, sendo o escândalo gerador de descrédito, e o descrédito é o inverso da acumulação do capital simbólico. Garfinkel escreveu um artigo muito bonito sobre [as "cerimônias de degradação", entre as quais] os ritos de degradação militar — como se arrancam os galões do capitão Dreyfus —, que são o inverso dos ritos de consagração; eles consistem em retirar do detentor de títulos merecedor de reconhecimento seus sinais de reconhecimento e em reduzi-lo ao nível de simples cidadão anônimo destituído de capital simbólico.[3] Se eu não digo simplesmente "prestígio" é porque essa palavra não diz tudo isso. Assinalo-o para demonstrar a dificuldade que tive em construir isso. Sei a que ponto foi difícil, embrulhado. O que lhes digo aqui, em poucas frases, pareceu-me impensável durante muito tempo. Digo-lhes isso como garantia de que não o inventei por prazer...

AS ETAPAS DO PROCESSO DE CONCENTRAÇÃO DO CAPITAL

Tentarei mostrar a lógica dessa acumulação inicial de capital. O Estado se constrói concentrando primeiro em torno do rei — depois, é um pouco mais complicado — diferentes espécies de capital e cada uma delas. É esse duplo processo de concentração maciça de cada uma dessas espécies — poder físico, poder econômico etc. — e de concentração nas mesmas mãos das diferentes espécies — concentração e metaconcentração — que gera essa realidade absolutamente espantosa que é o Estado. Na verdade, esse processo de concentração também pode ser descrito como um processo de autonomização de um espaço particular, de um jogo particular, de um campo particular no qual se joga um jogo particular. Minha análise tem como finalidade descrever o processo de autonomização de um campo burocrático no interior do qual funciona uma razão de Estado, razão sendo tomada no sentido objetivo e subjetivo, isto é, uma lógica particular que não é a da moral, da religião, da política etc. Vou seguir quatro etapas que correspondem a uma ordem lógica e cronológica, pois a gênese do Estado passa por etapas que correspondem, grosso modo, a uma ordem de sucessão histórica, mas penso que não me contento em repetir uma cronologia.

Primeira fase: o processo de concentração e o processo de emergência que o acompanha. Analisarei as diferentes dimensões do capital de Estado que se acumula, mostrando que, para compreender a gênese do Estado, é preciso dar a prioridade ao capital simbólico. Isso derruba a visão materialista no sentido restrito do termo. A noção de capital simbólico tem como função permitir fazer uma teoria materialista do simbólico. Se se quer a todo custo caracterizar o que pretendo fazer, poder-se-ia se dizer que farei materialismo ampliado. Como eu ponho o capital simbólico antes do capital econômico, sei que alguns dirão que inverto a velha oposição infraestrutura/superestrutura, e portanto que sou tudo o que se quiser, idealista, espiritualista etc. É um erro, pois recuso essa dicotomia. Vou descrever analiticamente o processo de concentração, dimensão por dimensão, sabendo muito bem que é impossível ficar numa só dimensão: por exemplo, analisando a gênese do imposto, do sistema fiscal, serei levado a mostrar que isso só pode funcionar se simultaneamente se acumular o capital simbólico, inclusive no trabalho de arrecadação do imposto. Portanto, descreverei esse processo de concentração de cada espécie de capital e, ao mesmo tempo, me interrogarei sobre o sentido dessa concentração. Jogarei com a oposição universalização/monopolização: um processo de concentração pode ser descrito como processo de universalização — passa-se do local ao nacional, do particular ao universal — e, ao mesmo tempo, como processo de monopolização; mas será preciso manter os dois juntos.

Segundo tempo: a lógica do Estado dinástico. Tentarei, juntamente com alguns historiadores que insistem no fato de que não se pode falar de Estado antes do século XVII, caracterizar esse Estado patrimonial, em que a propriedade de Estado é uma propriedade pessoal. Tentarei, primeiro ponto, descrever a especificidade desse Estado dinástico, sua lógica própria, servindo-me de conceitos que elaborei para outra coisa, a saber, a ideia de estratégias de reprodução.[4]

Tentarei mostrar que a política de um Estado dinástico, como se vê nas guerras de sucessão, inscreve-se na lógica das guerras familiares em torno de uma herança. Pode-se, portanto, passar logicamente de modelos construídos em torno das políticas domésticas no campesinato ou nas grandes famílias nobres para um modelo que se aplica em escala estatal. A política dinástica é em grande parte uma política organizada segundo um sistema de estratégias de reprodução interdependentes. Em seguida, segundo ponto, examinarei as contradições específicas do Estado dinástico: na medida em que repousa em estratégias de reprodução de base familiar, o Estado dinástico é portador de contradições que favorecem a superação da política dinástica. É um problema que se apresenta aos historiadores. Por exemplo, Andrew Lewis indaga como se sai do Estado dinástico, como se passa do Estado identificado com os bens do rei ao Estado separado da pessoa do rei.[5] Penso que a lógica dinástica contém contradições, em especial a relação entre o rei e seus irmãos, que se observa na escala das unidades domésticas elementares que obrigam a sair do modelo puramente patrimonial.

Terceira etapa, que se poderia chamar "da casa do rei à razão de Estado".[6] Tentarei mostrar em que consiste o processo de concentração e de transformação. É muito difícil porque faltam observações precisas sobre os processos de transição que são interessantes para os sociólogos, porque mostram os conflitos entre dois princípios. Muitos conflitos sociais ocorrem entre os portadores de um modelo de reprodução antigo e os portadores de um modelo de reprodução novo. Mas no essencial esses conflitos permanecem tácitos, aquém da consciência dos agentes, e a fim de recuperar o que seria pertinente e indispensável para construir um modelo precisaríamos de observações muito finas. Uma das implicações centrais desse processo de transição é a passagem de um modo de reprodução de base familiar, o modo de sucessão que o Estado dinástico levou à perfeição, a um modo mais complicado de reprodução mais burocrático em que o sistema escolar intervém de maneira determinante.[7] O modo de reprodução familiar continua a agir tanto por meio do modelo escolar como ao lado do modelo escolar. As pessoas que estão associadas ao Estado burocrático, com poderes independentes do rei, também estão associadas ao modo de reprodução escolar e, por isso mesmo, são cada vez mais intolerantes [diante] do modo de reprodução de base familiar e hereditária. Grosso modo, já disse tudo a vocês. Estou errado em fazer isso porque acabo com o suspense, mas ao mesmo tempo é importante que saibam aonde eu quero chegar; do contrário vão pensar que me perco nos detalhes históricos sobre os quais não tenho certeza absoluta e que outros ensinam muito melhor que eu.

Há uma quarta fase, que apenas evoco, e que é a passagem do Estado burocrático ao Estado providência, e que traz o problema das relações entre o Estado e o espaço social, as classes sociais, a passagem de lutas para a construção do Estado a lutas pela apropriação desse capital absolutamente particular que é associado à existência do Estado. Há um processo de autonomização de uma lógica propriamente burocrática; é todo o sentido desse processo, mas não se está numa lógica hegeliana, simplesmente linear e cumulativa. O campo burocrático, como todos os campos, tem avanços e recuos; pode-se regredir para um Estado patrimonial por uma forma de Presidência da República de tipo régio, com todas as características do Estado patrimonial. Quando François Mitterrand chegou ao poder, em 1981, recortei artigos [de imprensa] nos quais se dizia: "Fulano de tal, nomeado presidente do Banco da França, amigo pessoal do presidente", o que era o título mais ostensivo da legitimidade da pessoa nomeada e da nomeação. Eis um exemplo que mostra que não se está numa lógica linear tal como o sugere o conceito weberiano de racionalização.

Não faço essa observação levianamente: é para evitar que vocês tenham em mente que existiria um processo cada vez mais formal, cada vez mais justo, cada vez mais burocrático, cada vez mais universal. É uma questão central que me coloco: podemos nos perguntar se o modelo burocrático, com a lógica da delegação, em especial do controle, não implica, quase inevitavelmente — como sociólogo, tenho horror a dizer isso —, mas quase inevitavelmente, como uma propensão muito poderosa, a ameaça do desvio de autoridade, do desvio de poder, em especial de todas as formas de corrupção. Será que a corrupção, habitualmente ligada ao estágio primitivo do Estado, dos Estados de tipo pessoal, desaparece à medida que se desenvolvem estruturas de tipo burocrático, ou ela não está inscrita na própria lógica da delegação burocrática? Há aí modelos apaixonantes elaborados por economistas contemporâneos. Por exemplo, Jean-Jacques Laffont propõe um modelo econométrico da corrupção,[8] pois a razão de Estado não consegue necessariamente se impor por completo, nem mesmo na esfera do Estado. No trabalho preparatório a este curso, eu tinha feito um longo desenvolvimento sobre o problema do desinteresse,[9] sobre as sanções jurídicas de que o Estado se dota para punir os que transgridem o imperativo do desinteresse. Se o Estado é verdadeiramente o que eu disse, isto é, um processo de concentração e de acumulação, compreende-se que seja tão difícil pensar, porque é preciso pensar montes de coisas ao mesmo tempo. E isso faz com que eu tenha constantemente a sensação de ser como a criança de que fala Platão, que quer agarrar três maçãs com duas mãos...

O ESTADO DINÁSTICO

Vou agora começar pelo começo, isto é, o Estado dinástico. Por que falar de Estado dinástico? Alguns historiadores especialmente vigilantes e preocupados em não cometer anacronismos (os historiadores costumam falar do passado com ideias do presente que eles não submetem ao crivo sociocrítico) observam que falar de Estado para os períodos antigos é cometer um anacronismo. Refiro-me ao livro de Richard J. Bonney, *The European Dynastic States* (*1494-1660*), e ao artigo tirado do livro coletivo do CNRS sobre a *Genèse de l'État moderne*.[10] Bonney insiste no fato de que, aplicando às formas elementares do Estado o conceito de Estado-nação no sentido moderno do termo, arriscamo-nos a deixar escapar a própria especificidade do Estado dinástico:

> Durante a maior parte do período que precede 1660 [e, para alguns, bem além], a maioria das monarquias europeias não eram Estados-nações tais como os concebemos, com a exceção um tanto fortuita da França. A maioria das monarquias eram conjuntos compósitos de territórios [o exemplo típico é o dos Habsburgo da Áustria e da Espanha], Estados unificados essencialmente na pessoa do príncipe.

É uma das propriedades dos Estados dinásticos. O laço maior, ao mesmo tempo objetivo e subjetivo, passava pelo amor ao príncipe, princípio elementar do patriotismo. Ele observa — o que muito me agradou — que diversas guerras, nesse estágio, são guerras de sucessão. E insiste no fato de que, na falta de distinguir claramente entre o Estado dinástico e o Estado-nação, nós nos proibimos de captar a especificidade tanto do Estado dinástico como do Estado moderno. A esse respeito, fiz, há alguns anos, um texto de ruptura sobre o esporte moderno.[11] Os que trabalham sobre o esporte, objeto dominado no espaço das ciências humanas, acreditavam-se obrigados — dou as razões antes de dizer o que faziam, mas para mim é inseparável —, para se enobrecer e enobrecer sua disciplina, a fazer a genealogia dos esportes modernos, portanto a procurar o ancestral do futebol na *soule*,* o ancestral do hóquei em tal jogo de malho do século xii etc. Eu tinha mostrado que era um erro histórico, pois houve um corte no século xix: os esportes modernos são o resultado de uma reinvenção ou de uma invenção em referência a um novo contexto — o desenvolvimento das *boarding schools* inglesas [pensionatos]. É o mesmo trabalho de ruptura que se precisa fazer para pensar ao mesmo tempo o Estado dinástico e o Estado moderno. Deve-se saber que em certo sentido o Estado moderno é tão pouco a continuação do Estado dinástico como o futebol é a continuação da *soule*.

Apoio-me em outro autor, Joachim Stieber, que chega a ponto de recusar o nome "Estado" ao que Bonney ainda aceitava chamar de Estado dinástico.[12] Segundo ele, não há Estado antes do século xvii. Ele insiste no poder limitado do imperador germânico como monarca designado por uma eleição que exigia o assentimento papal: toda a história alemã do século xv é marcada por políticas principescas, faccionais, caracterizadas pelas estratégias patrimoniais orientadas para a prosperidade das famílias e de seus patrimônios. Portanto, não existe aí nenhuma das características do Estado moderno. É somente na França e na Inglaterra do século xvii que aparecem os principais traços distintivos do Estado moderno em vias de emergência: um corpo político separado da pessoa do príncipe e corpos políticos incluídos nos limites territoriais da nação, inclusive a nobreza feudal e a Igreja. Para Sieber, uma propriedade essencial do Estado moderno é a existência de uma burocracia separada do rei e dos outros poderes: os feudais e a Igreja. Por outro lado, ele mostra que a política europeia dos anos 1330 a 1650 é marcada por uma visão de proprietário. Os príncipes têm uma visão de proprietário: tratam de seu governo e de suas possessões como de uma espécie de bem pessoal; por isso mesmo, gerem a política como quem gere um patrimônio. Segundo ele, o termo "Estado" aplicado antes do século xvii é, portanto, um anacronismo. Estou de acordo com os dois historiadores, mas é claro que eles são minoritários em sua corporação...

---

* Jogo muito praticado desde a Idade Média na Normandia e na Picardia, com uma bola de madeira ou de couro, lançada com os pés, as mãos ou bastões. Por ser muito agressivo e violento, foi proibido por Henrique ii. Hoje é praticado em festas folclóricas. (N. T.)

O ESTADO: UM PODER SOBRE OS PODERES

Para analisar a lógica específica do Estado dinástico como concentração das diferentes espécies de capital, volto à descrição desse processo de concentração.[13] Essas diferentes formas de acumulação de capital militar, econômico e simbólico são interdependentes e formam um todo, e é essa totalização que faz a especificidade do Estado. A acumulação, pelo mesmo poder central, de diferentes espécies de capital gera uma espécie de metacapital, isto é, um capital que tem a propriedade particular de exercer poder sobre o capital. Isso pode parecer especulativo e abstrato, mas é importante. Entre outras definições possíveis, poder-se-ia se dizer que o Estado é *meta*, que é um poder acima dos poderes. Analisar a acumulação das diferentes formas de capital é dar-se os meios de compreender por que o Estado é associado à possessão de um capital que tem poder sobre as outras espécies de capital. Refiro-me aqui a uma análise do economista François Perroux,[14] segundo quem, quando se fala de capital, há que distinguir dois estados do capital: o detentor do capital cultural que, por exemplo, tem um diploma de geografia, e o detentor de um capital que dá poder sobre esse capital — por exemplo, um editor de livros de geografia. Este último tem um tamanho metacapital que faz com que o detentor de um capital simples possa publicar ou não.

Essa distinção entre a posse de capital e a posse de um capital que dá poder sobre esse capital funciona em todos os campos. O Estado, à medida que acumula em grande quantidade diferentes espécies de capital, encontra-se dotado de um metacapital que permite exercer um poder sobre qualquer capital. Essa definição, que pode parecer abstrata, torna-se muito concreta se a ligamos à noção de campo do poder, lugar onde se enfrentam os detentores de capital, entre outras coisas sobre a taxa de câmbio entre as diferentes espécies de capital. Vou citar exemplos e vocês compreenderão imediatamente: a luta pela revalorização dos diplomas ou a luta a propósito de uma reforma da Escola Nacional de Administração. Resumindo, vocês têm uma profusão de lutas, com notícias interessantes que abundam no jornal *Le Monde* — cujos destinatários são coextensivos ao campo do poder — para os detentores de capital, e que podem ser lidas como atos da luta permanente exercida entre detentores de capital para definir as taxas de câmbio, as relações de dominação entre as diferentes espécies de capital e, na mesma ocasião, entre os diferentes detentores dessas espécies de capital. Ora, o Estado, como detentor de um metacapital, é um campo dentro do qual os agentes lutam para possuir um capital que dê poder sobre os outros campos. Suponhamos que se decrete que a idade da aposentadoria para os membros do Conselho de Estado não é mais setenta anos, e sim 65: seria uma medida estatal de formidável importância do ponto de vista da luta pelo capital — reforma que seguramente seria difícil de ser aprovada, porque põe em jogo uma profusão de coisas, em especial as relações de força entre gerações. Quando as pessoas frequentam as antessalas ou telefonam para o primeiro-ministro, no mais das vezes é para falar da promoção ou da conservação de uma espécie determinada de capital que poderia estar ameaçado por uma dessas medidas transcampos que redistribuem...

Outro exemplo, as equivalências [entre diplomas]. Laurent Fabius disse que os diplomados da Escola Normal Superior teriam equivalência com os da Escola Nacional de Administração.[15] É uma medida enorme do ponto de vista da lógica do campo do poder, pois toca na taxa de câmbio entre espécies de capital; é como se se dissesse: o dólar passa de cinco a três francos. Nesse caso, as ações dos *normaliens* passavam de três a cinco... O Estado pode tomar tais medidas transcampos porque se constituiu progressivamente como uma espécie de metacampo de um campo em que se produz, se conserva, se reproduz um capital que dá poder sobre as outras espécies de capital. Estabeleço aqui o laço, a relação, entre o campo do poder e o Estado: um dos princípios unificadores do campo do poder é que as pessoas que dele fazem parte lutam pelo poder sobre o Estado, por esse capital que dá poder sobre a conservação e a reprodução das diferentes espécies de capital. Era esta a "metaintrodução" destinada a dar a vocês um fio sobre o que estou fazendo...

CONCENTRAÇÃO E DESAPOSSAMENTO DAS ESPÉCIES DE CAPITAL:
O EXEMPLO DO CAPITAL DE FORÇA FÍSICA

Agora, volto às próprias coisas, isto é, à descrição das diferentes dimensões da acumulação. Começo pelo poder militar. Para saber como se constituiu o Estado, certos historiadores, que não esperaram por mim, enumeram alguns desses fatores que explicam a acumulação e que vou assinalar. Mas é muito raro que os articulem claramente [como farei] com uma teoria das formas de capital. Não digo isso para valorizar a originalidade de [minha análise]: é para que vocês não tenham uma impressão de déjà-vu [...]. Há uma espécie de definição mínima da gênese do Estado [que emergeria com] o poder militar e o sistema fiscal. Na verdade, é muito mais complicado que isso: o processo de concentração desse capital de força física se tornará posteriormente o que chamamos de força pública. Esse processo de concentração é ao mesmo tempo um processo de separação, constituindo-se o monopólio na base de um desapossamento. É sempre a ambiguidade que anunciei: concentração = universalização + monopolização. Constituir uma força pública é retirar o uso da força daqueles que não estão do lado do Estado. Da mesma forma, constituir um capital cultural de base escolar é relegar à ignorância e à barbárie os que não têm o capital; constituir um capital de tipo religioso é despachar para um estatuto de profano os não clérigos. É muito importante [assinalar] isso porque se costuma esquecer uma dessas faces — é o caso, em especial, dos modelos de Weber ou de Elias. O processo de concentração — nesse caso, Elias viu muito bem — implica um processo de separação, de desapossamento. Vejam o desenvolvimento de Elias sobre a regressão [secular] da violência. (Sou um ferrenho defensor do pensamento de Elias, mas começo a ficar irritado porque ele se beneficia hoje de uma espécie de sacralização... Na verdade, gosto dele menos pela sua contribuição do que pelo que esqueceu no caminho.)

O processo de concentração de força física pública se acompanha de uma desmobilização da violência ordinária. Elias escreveu textos muito bonitos sobre o nascimento do esporte moderno em ligação com esse processo pelo qual o Estado retira dos agentes individuais o direito de exercer a violência física.[16] Toda uma parte de Elias está contida na frase de Weber: o Estado tem o monopólio da violência legítima. Os que não são o Estado ou mandatados pelo Estado não podem exercer a violência, dar socos, fazer autodefesa... A violência física só pode ser aplicada por um agrupamento especializado, especialmente mandatado para esse fim, claramente identificado no seio da sociedade pelo uniforme, portanto um agrupamento simbólico, centralizado e disciplinado. A noção de disciplina, sobre a qual Weber escreveu páginas magníficas,[17] é capital: não se pode concentrar a força física sem, ao mesmo tempo, controlá-la, do contrário é o desvio da violência física, e o desvio da violência física está para a violência física assim como o desvio de capitais está para a dimensão econômica: é o equivalente da concussão. A violência física pode ser concentrada num corpo formado para esse fim, claramente identificado em nome da sociedade pelo uniforme simbólico, especializado e disciplinado, isto é, capaz de obedecer como um só homem a uma ordem central que, em si mesma, não é geradora de nenhuma ordem.

O conjunto das instituições mandatadas para garantir a ordem, a saber, as forças de polícia e de justiça, são, portanto, separadas pouco a pouco do mundo social corrente. Esse processo não deixa de ter regressões. Essa concentração da força física, na primeira fase do Estado dinástico, fez-se de início contra a ordem feudal: os primeiros ameaçados pela construção do monopólio da violência física são os feudais, os nobres, cujo capital específico repousava no direito e no dever de exercer a força militar. O monopólio estatutário da nobreza de espada sobre a função guerreira é ameaçado pela constituição de um capital de força física, de um exército profissional, sobretudo quando é formado por mercenários que podem, do ponto de vista estritamente técnico, ser superiores aos nobres no terreno por excelência da nobreza. Haveria uma análise a fazer sobre o aparecimento dos mestres de armas, plebeus que podem ser os mestres dos mestres estatutários das armas. Daí as questões que ensejavam debates casuísticos no século XVII: será que um plebeu que maneja muito bem as armas não é mais nobre que um nobre que não sabe manejar as armas? Vocês encontrarão isso em Elias. Tudo isso é consequência da concentração do capital físico.

Essa concentração do capital físico se realiza em um duplo contexto. O que é difícil na construção do modelo é manter juntas várias dimensões: certos [pesquisadores] veem muito bem uma dimensão mas não as outras. Os debates científicos costumam ser produto de uma visão monoideica, unilateral; muitas vezes basta manter juntas duas ou três coisas para fazer desaparecerem cem debates. Para uns, o desenvolvimento do exército profissional está ligado à guerra, assim como o imposto; mas há também a guerra interior, a guerra civil, a arrecadação do imposto como uma espécie de guerra civil. O Estado se constitui, portanto, em relação a um duplo contexto: de um lado, em relação a outros Estados atuais ou potenciais, isto é, os príncipes concorrentes — portanto, precisa concentrar capital de força física para travar a guerra pela terra, pelos territórios; de outro lado, em relação a um contexto interno, a contrapoderes, isto é, príncipes concorrentes ou classes dominadas que resistem à arrecadação do imposto ou ao recrutamento de soldados. Esses dois fatores favorecem a criação de exércitos poderosos dentro dos quais se distinguem progressivamente forças propriamente militares e forças propriamente policiais destinadas à manutenção da ordem interna. Essa distinção exército/polícia, evidente hoje, tem uma genealogia extremamente lenta, as duas forças tendo sido por muito tempo confundidas.

Para chegar a se espantar com esse processo que nos parece evidente, seria preciso fazer a comparação com sociedades ditas sem Estado, nas quais há os costumes, "direito" mas [não] força [especializada posta] a serviço da decisão justa. Nessas sociedades, o exercício da violência física é, pois, deixado a cargo da família, na forma da vingança. A ausência de uma instância *meta* (metadoméstica, metaclã) conduz a ciclos de vingança intermináveis, cada um sendo agarrado na lógica do desafio e do revide — que descrevi a respeito da Cabília.[18] Cada um dos ofendidos torna-se inevitavelmente ofensor, sob pena de perder seu capital simbólico, e o ciclo da violência continua indefinidamente porque não há instância para sustá-lo, ou, se há, ela não tem [a concentração do capital de] força física necessária [...]. Essas sociedades apresentam muito claramente problemas que nossas sociedades ocultaram, em especial problemas éticos ligados ao exercício da violência física como temos hoje diante dos olhos [na Iugoslávia]. Será que há poderes metanacionais, isto é, que possam intervir em nível internacional para impor um direito internacional?

A esse respeito, remeto-os, em *A Oréstia*, a tragédia de Ésquilo, ao que diz o coro a respeito de Orestes: como é possível que sejamos obrigados a recorrer ao crime para punir o crime? Como sair desse ciclo? O ato de Orestes, por mais justo que nos possa parecer, não é um crime, da mesma maneira que o crime que supostamente deve sancionar? A sanção não é um crime da mesma maneira que o crime que sanciona? São perguntas que o reconhecimento da legitimidade do Estado nos faz completamente esquecer, salvo quando se lançam debates um pouco pesados e patafísicos sobre a pena de morte. Eis um exemplo da adesão dóxica que atribuímos ao Estado, e que o retorno às situações originárias dos tempos pré-estatais permite despertar. Evidentemente, vê-se de imediato que a acumulação de capital físico não existe sem acumulação de capital simbólico, na medida em que a acumulação de capital físico repousa num trabalho de mobilização (não é por acaso que a palavra passou do exército à política), portanto de construção da adesão, do reconhecimento, da legitimidade. Fazer da acumulação do capital físico o primeiro motor da construção do Estado decorre de uma lógica monocausal totalmente ingênua. Não há acumulação de capital físico, portanto, sem acumulação simultânea ou prévia de capital simbólico.

CONSTITUIÇÃO DE UM CAPITAL ECONÔMICO CENTRAL E
CONSTRUÇÃO DE UM ESPAÇO ECONÔMICO AUTÔNOMO

Segundo fator: o sistema fiscal, que se costuma associar ao capital de força física para fazer entrar o dinheiro. A construção do Estado como metacampo, como poder de construção de todos os campos, [passa pela] construção de cada um dos campos. Digo a vocês coisas que lhes parecem muito especulativas, mas não é verbalismo. Em meu trabalho de elaboração da noção de campo, insisti neste processo que Durkheim, Weber e Marx descreveram, a saber: à medida que as sociedades avançam no tempo, diferenciam-se em universos separados e autônomos — é uma das únicas leis tendenciais sobre a qual, penso, podemos estar de acordo. Para Durkheim, as sociedades "primitivas" misturam tudo: a ordem religiosa, científica, econômica, ritual, política; há ações "multifuncionais" ou "sobredeterminadas", como diria Althusser (multifuncionais é melhor). À medida que as sociedades [evoluem], separam as ordens, criam universos que têm cada um seu *nomos* próprio, sua lealdade específica. Por exemplo, a economia como economia é tautologia: "Negócios são negócios"; ou ainda: "Amigos amigos, negócios à parte". Distingue-se uma ordem das trocas econômicas que não é a ordem doméstica, o que muitas sociedades não conseguem fazer.

A constituição do Estado está associada com esse processo de diferenciação e, ainda aí, é algo que eu não tinha entendido até data recente, e é por isso que insisto: constrói-se o Estado como instância metacampo contribuindo para a constituição dos campos. Por exemplo, no campo econômico a finalidade está ligada à construção de um capital econômico central, de um tesouro de certa forma central que dá ao detentor desse tesouro um poder: ele tem o direito de cunhar moeda, tem o direito de fixar as cotações, tem o direito de tomar decisões econômicas etc. A constituição desse poder econômico central dá ao Estado o poder de contribuir para a construção de um espaço econômico autônomo, para a construção da nação como espaço econômico unificado. Em *The Great Transformation*,[19] Polanyi (uma de minhas grandes admirações) mostra como o mercado não se fez sozinho, motu proprio, mas foi o produto de um trabalho, em especial do Estado, orientado muitas vezes pelas teorias mercantilistas. O Estado contribuiu voluntariamente para estruturar esse espaço que nos aparece como um dado, ao passo que é uma instituição. A gênese de um poder fiscal e de um poder econômico de base fiscal se passa junto com a unificação do espaço econômico e com a criação de um mercado nacional.

A tributação operada pelo Estado dinástico tem uma característica absolutamente particular que os historiadores observaram: ela se distingue nitidamente de todas as formas anteriores no sentido de que essa tributação que ele opera se aplica diretamente ao conjunto dos súditos e não, como a arrecadação feudal, a um certo número de súditos ligados ao príncipe por uma relação pessoal. Em outras palavras, passa-se de um modo de tributação de tipo feudal, no qual só pagam os dependentes, estando entendido que eles mesmos podem fazer seus descendentes pagarem, a algo mais universal, mais impessoal. Esse imposto de Estado, podemos encontrar seus predecessores. (Na literatura, a vanguarda sempre consiste em ir rumo ao futuro; entre os historiadores, consiste em ir rumo ao passado. Entre os historiadores essa regressão ad infinitum rumo ao passado é o homólogo da tentação da vanguarda entre os artistas. É um efeito de campo: os que estão no campo ficam tentados em dizer que isso já existe. Na verdade, não há jamais um primeiro começo.)

O desenvolvimento do imposto está ligado às despesas de guerra. Tem-se um laço entre as duas forças que separarei arbitrariamente: passa-se de arrecadações que estão na lógica do dom e do contradom a impostos burocráticos. Apoio-me aqui numa obra de Gerald Harris que analisa, no caso da Inglaterra, o aparecimento das formas elementares de tributação.[20] Harris insiste no fato de que os impostos feudais são percebidos como *dona*, "espoliações livremente aceitas". Eis uma matéria de reflexão para a fraude fiscal de hoje em dia... Estamos mais uma vez na ordem da crença, da obediência, da submissão, da boa vontade, portanto do capital simbólico, portanto da legitimidade. A troca de dons se distingue do toma lá dá cá pelo fato de que é um toma lá dá cá que não se percebe como tal: eu dou e você me devolve quando puder; se você me devolve imediatamente, é um toma lá dá cá, isso quer dizer que você recusa [meu dom; ou então] você estabelece um intervalo, você me convidará de novo daqui a quinze dias... Há sempre um trabalho social para transformar uma troca econômica em troca simbólica como troca econômica negada. No sistema feudal, as trocas entre o príncipe e seus fiéis se compreendem na lógica do dom, trocas econômicas que não se assumem como tais. É a forma que assume um imposto econômico no caso em que a relação entre aquele que tributa e aquele que é tributado é uma relação pessoal de dependência implicando um reconhecimento pessoal.[21]

Essa lógica de tributação pré-capitalista é substituída por uma lógica de tributação de aparência capitalista: os tributos se tornam obrigatórios, regulares, com prazos fixos. Na economia cabila, a pior coisa é estipular o prazo: fica-se no vago, e se há limites reais ninguém os diz. São as mulheres que, não tendo honra, portanto não tendo preocupação com o capital simbólico, podem se permitir dizer: "Você me devolverá em tal dia", sem por isso se desmoralizarem. Nas unidades domésticas contemporâneas a divisão do trabalho econômico também prossegue com esse modelo quando o homem diz à mulher: "Você deveria perguntar o preço…". O imposto é cobrado "sem limite de tempo além daquele que o rei lhes fixa regularmente": é uma instância central que define a regra do jogo; o imposto se aplica direta ou indiretamente a todos os grupos sociais. Evidentemente, o desenvolvimento desse imposto racional e formal se acompanha do nascimento de uma administração fiscal e de um conjunto de construções, que supõe o escrito: a acumulação de capital econômico é inseparável da acumulação de capital cultural, da existência de escribas, de registros, de investigações. A invenção da investigação é capital: se não houvesse investigações estatais destinadas a arrecadar o imposto, os historiadores não teriam mais nada o que fazer. A arrecadação do fisco supõe a contabilidade, a verificação, o arquivamento, a arbitragem, a adjudicação dos diferendos, as técnicas de avaliação dos bens, portanto a investigação.

O nascimento do imposto é simultâneo a uma acumulação de capital detido pelos profissionais da gestão burocrática e à acumulação de um imenso capital informacional. É o vínculo entre Estado e estatística: o Estado está associado a um conhecimento racional do mundo social. Temos aí relações de causalidade circular — A causa B que causa A — entre a construção de um exército e a construção do imposto, a construção do imposto e a acumulação de capital informacional. Essa relação de interdependência é particularmente visível durante a arrecadação sistemática, na escala de um território, do imposto, que está ligada à existência de um exército capaz de cobrá-lo, pois a cobrança dos impostos é uma espécie de guerra civil legítima. Para Yves-Marie Bercé, "o imposto está necessariamente ligado à força que o funda e que o possibilita",[22] embora, à medida que a relação dóxica com o Estado se instaura, o uso da força física só seja necessário em situações extremas. A institucionalização do imposto é o desfecho de uma espécie de guerra interior travada pelos agentes do Estado contra as resistências dos sujeitos. Os historiadores se perguntam, com muita razão, em que momento aparece o sentimento de pertencer a um Estado, que não é necessariamente o que se chama de patriotismo, o sentimento de ser um dos sujeitos do Estado. A experiência do pertencimento a uma unidade [territorial] definida está muito fortemente ligada à experiência da tributação. Nós nos descobrimos como sujeitos descobrindo-nos como tributáveis, contribuintes. Há uma invenção extraordinária de medidas jurídico-policiais destinadas a fazer pagarem os maus pagadores, que são a ordem de prisão e a responsabilidade *in solidum.*

Um último ponto para mostrar a interdependência entre todos os fatores e a dependência da acumulação de capital econômico em relação à acumulação de capital simbólico: o exercício da violência física necessária para arrecadar o imposto não é completamente possível senão na medida em que a violência física se disfarça em violência simbólica. A burocracia não cria somente arquivos, ela também inventa um discurso de legitimação: é preciso haver impostos para poder fazer a guerra; a guerra diz respeito a todos nós, é preciso se defender contra o inimigo estrangeiro. Em seguida, passa-se dos impostos cobrados em situação de guerra aos impostos cobrados em permanência para a defesa nacional; passa-se do descontínuo ao contínuo, o que supõe um trabalho de construção simbólica muito importante. A construção do Estado é em grande parte uma invenção mental. Para o exercício mesmo do trabalho de cobrança dos impostos, o uso da força simbólica é muito importante.

Os historiadores, como todos os eruditos, não percebem como importantes certos objetos ou temas senão na medida em que foram constituídos como relevantes por um historiador que lhes parece importante. Entre as duas guerras mundiais, Schramm constituiu o tema do simbolismo do poder real.[23] Desde então, houve trabalhos sem fim sobre os ingressos régios, a sagração, a coroação, isto é, sobre todo o simbolismo central: é o efeito do autofortalecimento da importância dos súditos devido à rotina burocrática que é um grande fator de inércia científica. Com isso, esquecem-se outros fenômenos igualmente importantes. Um historiador [Yves-Marie Bercé] insiste no fato, que pode parecer secundário, de que para poder cobrar o imposto foi preciso dar librés, roupas especiais àqueles que são mandatados pelo rei.[24] Alguns deviam cobrar os impostos por conta própria. (O problema se coloca também em matéria de caridade.)

A metáfora de Elias dizendo que o Estado não passa de uma extorsão legítima é mais que uma metáfora. Trata-se de criar um corpo de agentes encarregados da coleta e capazes de operá-la sem desviá-la em proveito próprio. Era preciso que os agentes e os métodos de cobrança fossem facilmente identificados com a pessoa, a dignidade do poder, fosse ele da cidade, do senhor ou do soberano. Os meirinhos precisavam usar sua libré, ter autorização de portar seus emblemas, notificar suas ordens em nome dele.[25] Precisavam ser percebidos como mandatários tendo a *plena potentia agendi*, e que essa delegação se manifestasse não só por uma ordem assinada como também por uma libré que expressasse a dignidade e, ao mesmo tempo, a legitimidade de sua função. Essa delegação, que é problemática — todo mandatário pode desviar em benefício próprio os proveitos que pode tirar do poder que lhe foi delegado —, implica um controle dos mandatários; portanto, precisa-se de controladores dos cobradores de imposto. Para que os mandatários exerçam seu ofício sem ter de recorrer cada vez à violência física, a autoridade simbólica deles precisa ser reconhecida; faz-se referência tácita à ideia de que a cobrança do imposto é legítima; a autoridade de quem mandata as pessoas exercendo essas extorsões de fundos deve ser legítima, mesmo quando essas extorsões de fundos parecem injustas.

Um dos princípios da gênese da ideia do Estado como instância transcendente aos agentes que a encarnam pode estar ligado ao fato de que se opôs à injustiça dos agentes a justiça do rei — "Não é possível que o rei queira isso"; [nos dias de hoje] é a "carta ao presidente da República", isto é, a ideia de uma instância superior e irredutível às suas manifestações empíricas no mundo sensível. Haveria uma bela historiografia a fazer da indignação contra os prevaricadores, os maus mandatários do rei, indignação que implica essa irredutibilidade do rei. Vê-se o vínculo com a gênese de um direito que transcende os direitos particulares através dos processos de apelação, sendo o rei aquele a quem se apela em última instância — ideia que encontramos em Kafka. Essa última instância pode estar ligada à experiência primária do camponês medieval que descobria o Estado sob a forma daquelas pessoas que iam lhe pedir dinheiro em nome de outra coisa... A transcendência [do Estado] pode ser compreendida a partir daí.

Curso de 7 de março de 1991

Resposta às perguntas: conformismo e consenso — Processo de concentração das espécies de capital: as resistências — A unificação do mercado jurídico — A constituição de um interesse pelo universal — Ponto de vista estatal e totalização: o capital informacional — Concentração do capital cultural e construção nacional — "Nobreza de natureza" e nobreza de Estado

RESPOSTA ÀS PERGUNTAS: CONFORMISMO E CONSENSO

Tentarei responder a uma pergunta, a cujo autor agradeço, mas que me consterna porque me faz medir a incompreensão de que [minhas análises podem] ser objeto... Vou lê-la em parte para tentar responder um pouquinho:

O senhor sublinhou que o marxismo vê o Estado como opressão e o senhor o vê como consenso... [Não foi o que tentei dizer.] Não crê que o marxismo é muito mais complexo? Basta ver Gramsci. O fundamental no marxismo não é considerar a sociedade como o fundamento pressuposto do Estado? O senhor considera o Estado como um fundamento da sociedade civil?

Essa pergunta mostra a força das problemáticas habituais impostas que resistem aos questionamentos mais metódicos. Aconteceu-me com frequência ter a sensação de me repetir, de ir devagar demais, embora pensando que, tratando-se de transmitir o que eu queria transmitir, nunca se ia lentamente demais porque se tratava de desenraizar modos de pensamento convencionais. Uma pergunta como essa me faz pensar que ainda vou rápido demais. E gostaria de lembrar o que disse longamente apoiando-me em Marx, Durkheim, Weber e alguns outros: tentei mostrar como, para compreender o Estado moderno, era preciso superar a oposição entre essas três grandes tradições e seus prolongamentos na ciência atual, para pensar o Estado como um instrumento de organização social capaz de fundamentar um conformismo lógico e um conformismo moral e, até mesmo, um consenso, mas em um sentido muito especial. Insisto no fato de que essa integração lógica e moral produzida pelo Estado é a condição mesma da dominação que o Estado é passível de exercer a serviço dos que podem se apropriar do Estado. Não há alternativa entre os dois, pois ambos estão articulados de maneira efetivamente complexa. A desgraça dos pensamentos complexos é que são difíceis de articular e muito fáceis de desarticular...

Este curso é o penúltimo deste ano. Evidentemente, estou muito atrasado em relação a meu programa — como todos os anos — por motivos que decorrem da defasagem entre o que tenho no espírito e as condições de transmissão. Toda vez sou levado a fazer dissertações para desenvolver os preâmbulos, e, por isso, avanço menos depressa do que gostaria. Da última vez anunciei uma espécie de plano antecipado do que ia lhes contar e penso que é importante que vocês o tenham em mente para atenuar a decepção dessa interrupção antes do término, e para que voltem a isso a fim de ter uma ideia do que eu queria fazer e que farei em um outro ano.

PROCESSO DE CONCENTRAÇÃO DAS ESPÉCIES DE CAPITAL: AS RESISTÊNCIAS

Vou, portanto, tentar hoje ir ao fim da descrição do processo de concentração que eu tinha esboçado na última vez, de maneira a reservar a última sessão para descrever, ao menos em suas grandes linhas, as propriedades do Estado dinástico. Evoquei duas dimensões desse processo de concentração: 1. a concentração do poder físico, militar e de polícia; 2. a concentração do capital econômico através da instituição do monopólio do imposto. Mostrei que, a meu ver, esses processos de concentração de força física ou de força econômica tinham como condição prévia uma concentração de capital simbólico. Para mim, o capital simbólico é o fundamento. Para justificar essa proposição, indiquei que a invenção do imposto no sentido moderno se acompanhara de um trabalho considerável de justificação, de legitimação do imposto. Apoiando-me em citações de historiadores contemporâneos, indiquei que a tributação do imposto tinha sido o desfecho de uma espécie de guerra civil; evoquei a analogia que fazia Elias entre o imposto e a extorsão. É preciso ter em mente que o imposto é uma extorsão legítima, isto é, desconhecida como tal, portanto reconhecida como legítima. Mas, nas origens, essa ambiguidade do imposto é lembrada muito claramente pelo fato de que as pessoas se perguntam por que lhes cobram dinheiro, e elas não têm certeza de que aqueles que cobram o dinheiro possuem procuração para fazê-lo, [e] desconfiam de que o dinheiro cobrado não vai para o bolso dos que o cobram.

Corrigan e Sayer adiantam a ideia, volta e meia esquecida, de que a construção do Estado se chocou com formidáveis resistências, que aliás não estão mortas. Hoje ainda há formas de insurreições populares. Da mesma maneira, hoje a constituição de um Estado europeu transnacional suscita resistências, entre as quais algumas dizem respeito aos impostos. Para enfrentar essas resistências, os responsáveis políticos devem realizar um duplo trabalho. Primeiro, um trabalho de justificação: vê-se elaborar-se, essencialmente por parte de juristas que estão entre os inventores do Estado, um discurso justificador dos empreendimentos de "espoliação oficial" que os agentes do rei devem operar. O segundo trabalho consiste em instalar órgãos de arrecadação eficazes tecnicamente, a um só tempo capazes de manter as contas — o que supõe a escrituração — e de se impor como legítimos. A esse respeito, evoquei a importância da invenção das librés, de um simbolismo do Estado de base, do homem de Estado, isto é, do funcionário, aquele que é um mandatário legítimo, um delegado legítimo, que tem o direito de dizer que detém a *plena potentia agendi* em nome do Estado, que tem o pleno poder de agir em nome do Estado. Supõe-se que ninguém acredite na palavra dele, e portanto ele deve apresentar seus títulos; o uniforme ou a libré é o emblema que, assim como os brasões para o nobre, atesta a legitimidade do funcionário.

Era preciso que os simples contribuintes fossem capazes de reconhecer as librés dos guardas, os pequenos painéis das guaritas. Eles distinguiam os guardas das *fermes*,* agentes financeiros detestados e desprezados, dos cavaleiros reais, arqueiros dos marechais, do prebostado e da prefeitura ou dos guarda-costas, reputados inatacáveis por causa de sua casaca nas cores régias.[1]

Eis um exemplo de força simbólica que contribui para a força física; o simbolismo do poder real associa esse poder a algo sagrado, o sagrado como tal constituindo uma força de execração. "Desde as *fermes* concluídas, segundo as regras, com o Tesouro Real até o último sub*fermier* encarregado da cobrança local, toda uma cascata de contratos e de sub*fermes* se interpunham, fazendo surgir sem cessar a suspeita da alienação do imposto e da usurpação da autoridade".[2] O Estado, essa entidade misteriosa, encarna-se numa série de indivíduos hierarquizados que são mandatários uns dos outros, de sorte que o Estado é sempre o término de uma regressão ad infinitum; é o paradigma kafkiano do Estado como última instância, que encontramos de apelação em apelação.[3] Encontraremos ainda mais claramente esse modelo a respeito do direito. Essa cascata de delegados faz surgirem duas suspeitas permanentes: a suspeita de que os mandatários não são verdadeiros mandatários, e de que, se são, não entregam o produto de suas cobranças aos mandantes. Remeto-os a dois livros: *La Psychologie sociale de l'impôt*[4] e *Psychologie des finances et de l'impôt.*[5]

Há uma enormidade de trabalhos sobre a corrupção, um dos problemas mais importantes do ponto de vista da compreensão da gênese do Estado. Farei alusão num futuro próximo a um trabalho muito bonito de um sinólogo francês sobre a corrupção no Império chinês, sendo a China uma espécie de imagem aumentada do que se observava no Ocidente nas origens do Estado.[6] Perguntamo-nos se a corrupção é uma característica inevitável, inerente a todos os processos de delegação, ou se decorre dos habitus, das disposições e dos sistemas de controle. A pequena administração é realmente muito corrompida e concentra toda a revolta contra o sistema fiscal. Traduzo aproximadamente um artigo de Hilton:[7]

---

* Espécie de coletoria de impostos anterior à Revolução Francesa em que o *fermier* entregava previamente uma quantia ao rei e tinha como salário a diferença entre essa quantia e o que conseguia arrecadar nas redondezas. (N. T.)

Havia toda uma rede de pequenos funcionários, subcoletores de imposto, os oficiais do xerife, os bailios; esses funcionários, como se observa geralmente nas sociedades, eram corretamente organizados e corretamente pagos, mas eram corruptos, e era conhecido que eles eram corrompidos, tanto por suas vítimas como pelos funcionários de mais alto nível da monarquia.

Eram duplamente estigmatizados; essa corrupção geralmente conhecida e reconhecida podia ser um dos princípios da dissociação do Estado real e do Estado teórico, do Estado encarnado nos funcionários e do Estado transcendente aos funcionários e encarnado pelo rei.

Levanto a hipótese de que o povo conseguiu conceber a ideia do Estado como irredutível às suas encarnações, transcendendo suas encarnações na forma do rei, porquanto o rei podia ser a encarnação dessa última instância à qual se podia recorrer. Essa referência a um Estado transcendente, já presente no direito, é um passo no caminho da construção de uma entidade estatal impessoal, pura e que conduz à ideia moderna de Estado como entidade abstrata, irredutível a suas encarnações. Os observadores insistem também no fato de que, de modo geral, o reconhecimento da legitimidade do imposto ou a aceitação da submissão ao imposto se desenvolvem em correlação com a emergência de uma forma de nacionalismo, de chauvinismo. Hilton indica que é pelo desenvolvimento da sensação de que os impostos eram necessários para a defesa do território que, pouco a pouco, desenvolve-se a ideia de patriotismo, sendo essa ideia de patriotismo o principal elemento justificador da arrecadação do imposto.

A UNIFICAÇÃO DO MERCADO JURÍDICO

O que eu queria desenvolver rapidamente é o processo de unificação do mercado jurídico. Na origem, em torno do século XII na Europa, observa-se a coexistência de vários direitos mutuamente exclusivos: as jurisdições eclesiásticas, as "cortes de cristandade"; as jurisdições laicas — entre as quais a justiça do rei propriamente dita; as justiças senhoriais; as justiças dos comuns ou das cidades; as justiças das corporações; as justiças do comércio. Remeto-os a dois autores, Adhémar Esmein e Marc Bloch. [Esmein é autor de uma] *Histoire de la procédure criminelle en France et spécialement de la procédure inquisitoire, depuis le XIIe siècle jusqu'à nos jours.*[8] Esse livro, sem nenhuma pretensão teórica, é ex-

280

tremamente interessante porque permite ver como, através da instauração dos processos de apelação, as jurisdições outras que não a do rei, em especial senhoriais, são despossuídas do poder de julgar. Na origem, a justiça senhorial, como o poder militar senhorial, é uma justiça pessoal: o senhor tem um direito de justiça sobre seus vassalos, mas só sobre eles, isto é, sobre todos os que residem em suas terras, inclusive os vassalos nobres, os homens livres e os servos, cada um estando submetido a regras diferentes. O rei só tem jurisdição sobre o domínio real. Espécie de grande senhor, ele só decide os processos entre seus vassalos diretos e entre os habitantes de suas próprias senhorias. A competência da jurisdição real cresce à medida que o domínio cresce. Cito Marc Bloch, o segundo autor:

> A justiça real pôs-se a se insinuar na sociedade por inteiro. [A penetração da justiça real] foi relativamente tardia; pode-se dizer grosso modo que não começou antes do século XII; foi lenta; sobretudo, fez-se sem plano de conjunto, sem textos legislativos, e, se posso dizer, pegando de tudo um pouco.[9]

Já citei esse texto no ano passado para sugerir a vocês a filosofia da história a que recorri em minha análise do Estado, essa espécie de processo de construção de aparência aleatória cujo produto tem, no entanto, uma necessidade. Essa fórmula de Marc Bloch é muito interessante. É a ideia de que a gênese tem uma lógica que não é a da lógica, embora se concluindo em produtos que têm uma lógica. Um aparelho judiciário transenhorial cria-se pouco a pouco: é o aparecimento dos prebostes, dos bailios, do Parlamento etc. Não entro nos detalhes, tento dar a lei geral desse processo que se vê muito bem a respeito do direito, mas é um processo muito geral, e que é ao mesmo tempo um processo de diferenciação, com o campo jurídico se constituindo como tal, num universo separado, autônomo, obedecendo a suas próprias leis, irredutíveis às dos universos coexistentes. E, por outro lado, tem-se, sem que isso seja contraditório, um processo de concentração: assiste-se à formação do monopólio real do poder judiciário em relação ao dos senhores. Os dois processos, aparentemente antagônicos, são solidários: é por meio da unificação do mercado jurídico que se realiza a concentração.[10]

A concentração não deve ser imaginada como um processo de acumulação capitalista simples: joga-se bola de gude e todas as bolas se concentram perto do rei. A concentração é a constituição de um jogo único: ali onde havia vários jogos — justiças senhoriais, justiça das cidades — há um só jogo, de sorte que todos os jogadores são instados a se situar nesse espaço de jogo. Evidentemente, esse campo pode ser dominado; a concentração monopolística do poder jurídico resulta do fato de que o Parlamento e, por seu intermédio, o rei tendem a dominar o campo jurídico; mas, para que essa capacidade de dominação possa exercer-se, o campo jurídico precisa ser unificado e constituído como tal.

Tendo dito o princípio, vou evocar rapidamente as grandes linhas do processo pelo qual essa concentração se opera. Remeto-os ao livro publicado recentemente, organizado por Jacques Revel e André Burguière, e dedicado ao nascimento do Estado. O capítulo sobre a Idade Média é de Jacques Le Goff.[11] A justiça real concentra pouco a pouco as causas criminais que eram antes atribuídas ao senhor ou à Igreja. O livro de Faustin Hélie, *Traité de l'instruction criminelle*, mostra como as jurisdições reais estendem progressivamente suas competências:[12] os "casos reais" que desrespeitam os direitos da realeza são reservados aos bailios reais, como por exemplo os crimes de lesa-majestade, os dos falsos moedeiros, que consistem em se apropriar de uma propriedade [monopolizada pelo] rei, e dos contrafatores do selo [*sybillum authenticum*], que é a encarnação material da realeza, equivalente da sigla para as associações, encarnação simbólica de uma entidade coletiva, de uma corporação, de uma entidade que só existe no papel. Apropriar-se do poder simbólico do rei é o tipo mesmo de crime contra o sagrado. A jurisdição real se apropria de todos os casos régios e, pouco a pouco, se apropria também dos casos senhoriais ou eclesiásticos graças à teoria da apelação desenvolvida pelos juristas. É um belo exemplo de interesse pelo universal: os juristas estão associados à unificação do mercado jurídico porque é o mercado deles; têm interesse no desinteresse, na universalização.

A CONSTITUIÇÃO DE UM INTERESSE PELO UNIVERSAL

Para compreender o aparecimento de instituições universais, ou formalmente universais, ou formalmente referidas ao respeito pelo universal, como o Estado, a justiça, a ciência, pode-se supor que há um interesse pelo universal, que pessoas têm como interesse particular fazer o universal avançar. Os juristas tinham, evidentemente, interesse na unificação do direito, como produtores de tratados de direito, como vendedores de serviços jurídicos; nessa qualidade, eram funcionários, soldados dedicados ao universal. Desenvolvem a teoria da apelação e insistem em que as cortes feudais não são soberanas; elas o eram, não são mais. Admite-se que todo julgamento feito por um senhor justiceiro pode ser deferido ao rei pela parte agravada se esse julgamento for contrário aos costumes do país. Esse procedimento é chamado "procedimento de suplicação"; se a apelação já é um procedimento formal, a suplicação ainda permanece um ato feudal. Gostaria de descrever essa fase bastarda em que palavras como "suplicação", que soam feudais, já funcionam como universal, impessoal. O procedimento das suplicações se transforma aos poucos em apelação que submete ao rei todas as jurisdições do reino; pouco a pouco os julgadores, jurados espontâneos das cortes feudais, desaparecem para dar lugar a juristas profissionais, os oficiais de justiça. A apelação segue a regra da instância: passa-se de relações pessoais com um feudal a relações territoriais, o território sendo evidentemente hierarquizado; apela-se do senhor inferior ao senhor hierárquico superior, do duque ao conde, e finalmente ao rei. Não é possível pular etapas. Constitui-se um espaço unificado e hierarquizado, que não se percorre em qualquer direção. A realeza se apoia nos interesses específicos dos juristas que criam, no mesmo momento, todas as espécies de teorias legitimadoras pelas quais o rei representa o interesse comum e deve a todos segurança e justiça; os juristas desenvolvem teorias legitimadoras pelas quais o rei restringe a competência das jurisdições feudais e as subordina. O processo é o mesmo com as jurisdições eclesiásticas; por exemplo, o direito estatal tende a circunscrever o direito de asilo que pertencia à Igreja e limita progressivamente esses direitos até reduzi--los a nada.

Paralelamente à constituição do campo jurídico, desenvolve-se o corpo judiciário. O interesse da noção de campo é que, muito frequentemente, as descrições da gênese de um campo se limitam à descrição da gênese de um corpo. A diferença é considerável: se um campo não existe sem um corpo, se o campo religioso não existe sem um corpo sacerdotal com os profetas, um campo não se reduz a um corpo.[13] Um texto de Engels costuma ser evocado para justificar a existência de uma teoria da autonomia relativa do direito na tradição marxista; nesse texto, ele nota que vemos aparecer os corpos de juristas.[14] Na verdade, a existência de um corpo judiciário não basta para constituir um campo jurídico. Dito isto, à medida que o campo jurídico se constitui como um espaço unificado dentro do qual os negócios só podem ser tratados juridicamente (os campos são sempre tautologicamente definidos), em conformidade com a definição dominante do direito, isto é, em conformidade com a definição estatal do direito, constitui-se um corpo de pessoas que têm interesse na existência desse campo e que devem sua existência legítima à existência desse campo.

Esse corpo judiciário se organiza, se hieraquiza: os prebostes, os bailios, os senescais; eles se tornam sedentários, e sua competência garantida pelo Estado é inseparável de sua instância. É uma definição moderna do funcionário: funcionário é aquele que tem uma competência institucionalmente garantida, válida nos limites de certa instância; além dessa instância ela expira e não pode mais ser exercida. Eles deixam de ser seu próprio mandatário para se tornarem lugares-tenentes de *plena potentia agendi*: o mandatário que tem função, que faz as vezes de autoridade superior; os oficiais de justiça tornam-se irrevogáveis.

Paralelamente à constituição de um corpo, assiste-se a uma codificação e a uma formalização dos procedimentos: a unificação se acompanha de uma padronização, de uma homogeneização, como se vê a respeito dos pesos e medidas, sendo o limite a criação do padrão universal. São criados padrões universais jurídicos e procedimentos jurídicos formais muito análogos a procedimentos algébricos. A lei jurídica deve ser válida para toda pessoa no conjunto de uma jurisdição, segundo especificações que são elas mesmas formalmente definidas. Assiste-se a um processo de concentração e de codificação que, historicamente, parece encerrado pelo decreto de 1670, que ratifica as conquistas progressivas dos juristas: 1. a competência do lugar de delito torna-se a regra (laço entre competência e jurisdição); 2. a precedência dos juízes régios sobre os dos senhores; 3. a enumeração dos casos régios; 4. a anulação dos privilégios eclesiásticos e comunais, os juízes de recursos sendo sempre régios. A competência delegada aos lugares-tenentes pelo poder real em determinada instância toma o lugar da dependência pessoal e direta. Esse processo, que conduz do pessoal ao impessoal, nós o encontramos em todos os processos de concentração.

PONTO DE VISTA ESTATAL E TOTALIZAÇÃO: O CAPITAL INFORMACIONAL

Outra dimensão desse processo é a concentração do capital que se pode chamar cultural, ou melhor, informacional, para lhe dar toda sua generalidade, pois o capital cultural é apenas uma dimensão do capital informacional. Essa concentração é simultânea à unificação do mercado cultural: por exemplo, o diploma nacional, título que vale em todos os mercados. Desde a origem (isso é atestado em todas as tradições — Roma antiga, China), o aparecimento de uma instância estatal se acompanha de um esforço dos poderes públicos para medir, contar, avaliar, conhecer. O nascimento do Estado é inseparável de uma imensa acumulação de capital informacional. Por exemplo, os serviços secretos, dimensão essencial dos Estados modernos, se desenvolvem com o Estado. Os poderes públicos operam investigações sobre a situação dos recursos destinados a serem "estimados". Georges Duby indica que em 1194 procede-se à "estimativa dos sargentos", um recenseamento feito pelos sargentos: "O cadastro dos carretos e dos homens armados que 83 cidades e abadias reais devem fornecer quando o rei reunia seu *ost* [exército]". Vê-se bem o laço entre a acumulação do capital informacional e a acumulação do capital militar. Outro exemplo tirado de Duby: em 1221, ele observa o aparecimento de um primeiro embrião de orçamento, com a divisão receitas/despesas: o Estado não se contenta em concentrar a informação, ele a trata e a redistribui (é um recurso raro) e a redistribui de modo diferencial.[15]

Esse trabalho de concentração é um trabalho de unificação; essa unificação é teórica. Gosto muito de citar a frase de Virginia Woolf sobre as ideias gerais: "As ideias gerais são ideias de general". Essa bela frase lembra aos teóricos o que eles são. Se a teoria tem um tamanho poder de sedução sobre um jovem pensador, é porque ele sonha em ser general... Essa análise do espírito científico faz parte da socioanálise das pulsões específicas que podem nos inspirar: é importante saber que uma certa visão global, total, do alto, englobante, téorica — *theorein* é "contemplar", "ver", "ver do alto", "[aceder a] um ponto de vista" — está ligada ao Estado. É com o Estado que aparece uma profusão de coisas que nos parecem ser óbvias: o mapa geográfico, por exemplo. Tive de fazer um trabalho teórico para desconstruir, em minha cabeça de jovem etnólogo debutante, a ideia de mapa. Eu fazia mapas de casas, de aldeias;[16] não sabia que fazia um ato de general. O fato de pensar esse ato como um ato de general me permitiu liberar-me do que [isso implicava], do que essa construção muito particular me impedia ver, a saber, que as pessoas não se deslocam segundo mapas mas segundo itinerários, como dizem os fenomenologistas; elas [evoluem] em um espaço hodológico, um espaço de caminhamento. Como cientistas, quando fazemos genealogias fazemos atos de general; a acumulação do capital simbólico pelo

Estado se acompanha do esforço em fazer genealogias: designam-se funcionários da genealogia dos nobres. A genealogia é um ato elementar de antropólogo e não há antropólogo que não faça genealogias, mas o antropólogo não sabe que faz o que fazia o rei... A maioria das declarações, o plano, o mapa, a genealogia, são atos que se realizam de um ponto de vista superior, elevado, do alto de uma colina. Os *Actes de la Recherche* publicaram um artigo muito bonito da historiadora da arte Svetlana Alpers sobre uma teoria da pintura holandesa inspirada na cartografia, a pintura holandesa adotando um ponto de vista de cartógrafa.[17]

O Estado é um unificador teórico, é um teórico; ele opera uma unificação de teoria; toma um ponto de vista central e elevado, o da totalização. Não é por acaso que o instrumento por excelência do Estado é a estatística: ela permite totalizar as informações individuais e obter, pela totalização, uma informação que nenhum dos indivíduos que forneceram a informação elementar detém. A estatística é justamente uma técnica transcendente que permite operar uma totalização (tudo o que eu digo sobre o Estado valeria para a estatística), mas ter os meios de "levantar" as informações não é fácil. Antigamente, os coletores de impostos deviam ter uma libré; hoje, se vocês querem fazer uma pesquisa de consumo, devem mostrar a credencial do instituto de pesquisa, as pessoas resistem ao fornecimento de informações. O Estado deve ter os meios de fazê-lo; ele diz que é obrigatório, que a gente tem de responder. Em seguida, ele deve ter os meios de registrar a informação, de tratá-la (computadores, contabilistas), de pensá-la e dela extrair regularidades estatísticas, relações que são transcendentes aos indivíduos e inconscientes (os indivíduos não as dominam). O Estado se outorga um controle, pela totalização do mundo social, que os agentes sociais não possuem. Outra operação estatal típica: o memorando de síntese; quanto mais você sobe na hierarquia administrativa, mais é sintético.

O Estado está associado à objetivação e a todas as técnicas da objetivação: trata os fatos sociais como coisas, os homens como coisas — é durkheimiano antes do tempo. É por isso que Durkheim tinha como teoria do Estado o Estado interiorizado; como funcionário do Estado que não se pensava como funcionário do Estado, ele se sentia como peixe dentro d'água no Estado; tinha uma teoria objetivista do mundo social, que é a percepção implícita que o Estado tem de seus sujeitos. O Estado é o ponto de vista unitário, em sobrevoo, de um espaço unificado teoricamente e homogeneizado pelo ato de construção. No fundo, é o espaço cartesiano. Se quiséssemos fazer sociologia do conhecimento, poderíamos dizer que há um laço entre o nascimento de uma filosofia do espaço de tipo cartesiano e o nascimento do Estado; eu evitaria levantar essa hipótese, mas agora que a formulei, façam dela o que quiserem...

O ponto de vista do Estado é o ponto de vista da escrita, que é o instrumento de objetivação e de acumulação por excelência: é o que permite transcender o tempo. Remeto-os a Jack Goody e a seu livro *La Raison graphique*:[18] pensando bem, um etnólogo pode se separar de seus informantes essencialmente porque escreve e pode, portanto, totalizar o que os informantes não totalizam, porque estes não têm os meios de fazê-lo. Vocês têm uma ideia, mas se não têm nada com que escrever, uma ideia expulsa a outra e vai embora; é o que se passa sem a escrita. Talvez as sociedades sem escrita desenvolvessem competências que nós perdemos; dito isso, a totalização é especialmente difícil sem escrita. A superioridade do pesquisador em relação ao pesquisado decorre do fato de que o pesquisador sabe o que procura (pelo menos deveria saber), ao passo que o pesquisado não sabe; além disto, o pesquisador tem os meios de totalizar tudo o que o pesquisado vai lhe dizer em diferentes momentos. Por essa totalização, ele se confere uma apreensão sintética e sinóptica que costuma constituir o todo da compreensão.

(Thomas Bernhard tem uma frase terrível sobre o Estado: "Somos todos estatizados".[19] Tomo o exemplo da ideia de amostragem nacional. Precisei chegar à minha idade e a esse trabalho sobre o Estado para pensar que a amostragem nacional supunha a ideia de Estado. Diz-se: "A amostragem é representativa e nacional", mas por que não fazer uma amostragem da Beauce, da Picardie? Portanto, há um quê implícito extraordinário no fato de se pegar uma amostragem nacional. A respeito das teorias estatísticas, sempre digo que os erros teóricos mais importantes vêm do fato de que a atenção e a reflexão, assim como as armadilhas simbólicas, são atraídas, como o faz o prestidigitador, para um ponto secundário, de tal modo que nos escondem o essencial. Os grandes erros epistemológicos são desse tipo. Dizem-nos: "O que é importante é a taxa de representação, a representatividade; é preciso fazer um cálculo do erro, [controlar] a qualidade da amostragem". Esquecem de dizer: "Cuidado, o que é importante é a urna da qual se tira...". Você pode tirar magnificamente, de acordo com todas as regras, uma amostragem, se há somente bolas pretas dentro da sua urna, ou se fez um recorte da Picardie, quando tinha de fazer um recorte da

França. Pelo fato de aceitarmos a amostragem nacional nós nos deixamos impor uma definição absolutamente fundamental do objeto.)

CONCENTRAÇÃO DO CAPITAL CULTURAL E CONSTRUÇÃO NACIONAL

Portanto, o escrito é o instrumento estatal por excelência, o instrumento de totalização: os primeiros signos escritos são associados à manutenção dos registros, em especial registros de contabilidade. Ele é, pois, o instrumento específico da acumulação cognitiva; possibilita a codificação, isto é, a unificação cognitiva que permite a centralização e a monopolização em proveito dos detentores do código. A codificação constituída pela gramática é também um trabalho de unificação inseparável de um trabalho de monopolização.

Seria preciso desenvolver o laço entre a concentração do capital cultural e o nascimento do Estado; sugeri esse tema a respeito do Japão e da Inglaterra. Vou retomá-lo em termos mais gerais. A construção do Estado é inseparável da construção de um capital cultural nacional, que é, ao mesmo tempo, um capital simbólico nacional: por exemplo, toda construção do Estado acompanha-se da construção de um Panteão dos grandes vultos. O Panteão é um ato estatal por excelência: é o túmulo dos grandes homens selecionados, que designa ao mesmo tempo os homens que merecem a admiração (é também o caso dos funerais nacionais) e, sub-repticiamente, os princípios de seleção dos grandes homens. E como os princípios estão ocultos nos produtos selecionados, eles se impõem mais sutilmente ainda.

Em matéria de cultura, o Estado está para os mecenas assim como a justiça régia está para a justiça senhorial: o Estado se atribui o monopólio da ação cultural e, com isso, desapossa os simples particulares do poder de gastar seu dinheiro a fundo perdido em favor da cultura. Se deploramos a ausência de mecenato — do que me [felicito], pois o mecenato é uma forma terrível de dominação sobre o mundo cultural —, ou a dificuldade de desenvolver o mecenato no caso da França, é justamente porque o processo de monopolização do exercício da cultura foi particularmente concentrado, e isso de modo particularmente precoce. Vou lhes passar uma simples observação histórica que anotei para que vocês compreendam. É no mesmo ano [1661] que Luís XIV instaura seu poder pessoal e prende Nicolas Fouquet, o último dos grandes mecenas. Imediatamente, ele pega a seu serviço todos os artistas que eram protegidos por

Fouquet, [o pintor Charles] Le Brun, [o jardineiro André] Le Nôtre etc. Não há que esquecer que é um monopólio estranho, um monopólio de despesa a fundo perdido. Uma das características da economia da cultura é que ela é não econômica no sentido restrito do termo. Mas as despesas econômicas se encontram no plano simbólico, do contrário não haveria despesas culturais… Portanto, só pode existir prática cultural sem público, como é a maioria das práticas cultas, porque há despesas a fundo perdido garantidas pelo Estado. Paradoxalmente, o Estado assegura o monopólio dessas despesas, o que pareceria contraditório se não se percebesse que a concentração dessas despesas é inseparável da concentração dos lucros na lógica cultural e dos retornos simbólicos pelos quais são pagas as despesas a fundo perdido, pois todas as sociedades recompensam simbolicamente os atos realizados em transgressão da lei do interesse econômico. Portanto, o Estado concentra a cultura e seria necessário retomar aqui o tema da unificação das estruturas mentais, o fato de que o Estado se apropria das estruturas mentais, e de que produz um habitus cultural unificado cuja gênese e, ao mesmo tempo, a estrutura ele domina.

"NOBREZA DE NATUREZA" E NOBREZA DE ESTADO

Pela concentração do capital jurídico evoquei a concentração do capital simbólico, na medida em que se pode considerar o direito como uma dimensão do capital simbólico. Descrevo rapidamente o processo de concentração das honras e, no fundo, a linha que seguirei é esta: passa-se da honra às honras — [a honra em questão é] a honra hereditária, do nobre por exemplo, aquela dos gentis-homens espanhóis citados por Kiernan, que são "nobres por natureza", por oposição aos nobres por Estado. Esse processo de concentração do capital simbólico operado pelo Estado e que leva ao poder de nomeação, ao poder de outorgar condecorações, diplomas escolares, títulos de nobreza burocrática — Legião de Honra, por exemplo — ou escolares, nós o percebemos muito bem na evolução do tratamento da nobreza que o Estado realiza passando do modelo senhorial ao modelo que se chama erradamente de absolutista e que se deveria chamar de centralista, aquele de Luís XIV.

Pouco a pouco, o Estado torna-se o banco central do capital simbólico, no momento em que só há nobreza de Estado. [Nos dias de hoje], é a Escola Nacional de Administração que designa os nobres, escolhendo entre estes últimos, de preferência, nobres de sangue: 5% a 6%. A ENA não pode fazer mais que isso.* É o momento em que não há instância de consagração que não tenha, de uma forma ou de outra, interesses comuns com o Estado. Uma das dificuldades maiores do campo intelectual ou científico é, então, conseguir instaurar uma legitimidade independente do Estado. Em qualquer época, sobretudo recentemente, no governo de esquerda, o Estado faz esforços para intervir e impor sua jurisdição às instâncias jurídicas específicas, a fim de conceder prêmios de pintura, de fotografia etc. Os ministros da Cultura são muito "intrusivos", como diriam os anglo-saxões, em matéria de julgamento artístico; sempre tendem a contestar a pretensão dos intelectuais de dizer quem é intelectual, [e a] dos artistas de dizer quem é artista etc. É esse processo que eu gostaria de evocar.

A antiga nobreza era uma "nobreza de natureza", como diziam os gentis-homens de Aragão, isto é, uma nobreza baseada na hereditariedade e no reconhecimento público: um nobre é alguém que os nobres reconhecem como nobre, porque ele é filho de nobre, neto e bisneto de nobre etc. — portanto, é nobre há muito tempo. É a forma de consagração feudal, pessoal. Desde que se instala, o poder central estatal irrompe nessa gestão autônoma da nobreza para instituir os nobres de Estado: entre 1285 e 1290, Filipe, o Belo, consagra plebeus. Nessa época, ninguém se inquieta porque os notáveis não tinham tanta necessidade das cartas régias para entrar na nobreza; podiam entrar de fato pelo casamento, e porque os enobrecidos, em especial na França meridional, não tiravam grande proveito de seus títulos enquanto não obtivessem o reconhecimento dos outros nobres. Em outras palavras, vê-se que a lógica do campo relativamente autônomo da nobreza é bastante forte para que o Estado não consiga agir (a analogia com o campo intelectual de hoje funcionará durante toda a minha análise).

Remeto-os ao livro de Arlette Jouanna, *Le Devoir de révolte: La Noblesse française et la gestation de l'État moderne* (*1559-61*),[20] que muito me inspirou. É um livro que, sob aparências monográficas, apresenta problemas gerais — é isso o belo trabalho científico, a meu ver — e estuda um caso particular de tal maneira que apresenta magnificamente problemas muito gerais. Ela analisa a concentração progressiva, nas mãos do rei, do poder de criar os nobres. Esse

---

* De acordo com Remi Lenoir, um dos organizadores deste livro, a antiga nobreza representa na França 1% a 3% do conjunto da população. Portanto, ela está sobrerrepresentada entre os alunos da ENA, escola que leva às posições mais elevadas do Estado republicano francês. (N. T.)

processo tende a substituir a honra estatutária, que era herdada mas devia ser defendida, e as honras atribuídas pelo Estado. Havia um trabalho específico de manutenção desse capital: a proeza, o desafio, o revide; e não é por acaso se o desafio era a prova maior a que a honra se submetia, e se o revide em torno da questão de honra por causa de uma ofensa à honra era o imperativo maior que se impunha ao nobre [como em] todas as civilizações da honra. [De agora em diante], as honras são atribuídas pelo Estado e, cada vez mais, os cargos são concebidos como recompensas implicando a nobreza: vemos a lógica da honra ser substituída pela do *cursus honorum*; há um *cursus honorum* da nobreza assim como há um *cursus honorum* burocrático. A nobreza se burocratiza por meio da imposição do monopólio real do enobrecimento, isto é, da distribuição do capital simbólico garantido pelo Estado. Mais uma vez, aqui Elias viu e não viu: a "curialização" da nobreza salta aos olhos, ao passo que o que é muito mais sutil é o mecanismo pelo qual se retêm os nobres.[21] Por que eles eram obrigados a ir à corte? Por que, se não fossem, estavam perdidos? Por que um ministro da Cultura faz os intelectuais irem à sua corte? E por que os que não vão estão em perigo? A analogia é perfeita...

A submissão da nobreza ao poder real é ao mesmo tempo uma burocratização e uma clericalização, isto é, os nobres se tornam remunerados, nomeados e não autodesignados. Um indício disso: na época de Luís XIV, o Estado procede a cadastros e recenseamentos, e também faz recenseamentos da nobreza. Colbert, que está na origem de todas as ações estatais, cria a Academia: tem fichados os escritores, tem fichados os nobres. O decreto de 1666 ordena "a instituição de um catálogo contendo os nomes, sobrenomes, moradas e armas dos verdadeiros gentis-homens"; os intendentes são encarregados de passar a nobreza no pente-fino. O Estado se instaura como juiz da qualidade dos nobres, o que era o problema dos nobres. (A mesma coisa para os intelectuais hoje em dia, que estão sempre brigando para saber quem é realmente intelectual, e que estão divididos entre si: se o Estado se mete no assunto, basta que jogue uns contra os outros e diga: "Sou eu que direi quem é realmente intelectual". Uma das únicas maneiras de mobilizar os intelectuais talvez seja dizer-lhes: "Cuidado, o Estado se meterá nisso". Mas infelizmente eles não são lúcidos o suficiente. Os nobres compreenderam muito mais depressa que os intelectuais.) Portanto, os intendentes passam no pente-fino os títulos de nobreza, criam-se genealogistas, juízes para os brasões que estão em conflito etc. Aqui, seria preciso analisar a entrada da nobreza de toga, que é interessantíssima porque é uma transição entre a nobreza à antiga, feudal, e a nobreza moderna, que é a das grandes escolas de prestígio. É uma nobreza designada pelo Estado, mas numa base de Estado: os diplomas do ensino.

Portanto, passa-se progressivamente (o processo que descrevo se desenrola em séculos) de um capital simbólico difuso, fundamentado no reconhecimento coletivo, mútuo, a um capital simbólico objetivo, codificado, delegado, garantido pelo Estado, isto é, burocratizado: há armas, brasões, hierarquias, títulos com graus de descendência, genealogias. É possível captar esse processo por meio de algo em que quase ninguém, ao que eu saiba, refletiu: as famosas leis suntuárias, que regulam os sinais externos de riqueza simbólica, a qualidade externa das fachadas das construções, as roupas. A meu ver, essas leis suntuárias podem ser compreendidas como uma das intervenções do Estado no campo do simbólico. O Estado define quem tem o direito de usar o que e define o sistema das diferenças. Em nossa sociedade, os jogos da distinção obedecem à lei do mercado: cada um se vira como bem entende, ao passo que, ali, eles são administrados, estabelecidos pelo Estado, que diz: "Você tem direito a três fileiras de arminho, e não a quatro; se puser quatro, é uma usurpação de libré". Remeto-os ao artigo de Michèle Fogel, "Modèle d'État et modèle social de dépenses: Les Lois somptuaires en France de 1545 à 1560",[22] em que ela mostra como o Estado administra as diferenças entre os nobres e os plebeus, e mais exatamente entre os diversos graus de nobreza. A vontade dos membros do Parlamento de Paris e, por trás deles, de todos os oficiais, de terem sua parte na suntuosidade do Estado, as reivindicações da nobreza, entre outras nos Estados de 1559, mas também o jogo da alta nobreza contra a pequena nesses tempos de crise da aristocracia, são sinais da intervenção do Estado. O Estado regulamenta o uso dos tecidos e dos ornamentos de ouro, de prata e de seda; fazendo isso, defende a nobreza contra as usurpações dos plebeus, mas ao mesmo tempo estende e reforça a hierarquia dentro da nobreza. É uma maneira de controlar a exibição do capital simbólico, que só existe pela exibição; portanto, controlar a exibição do capital simbólico é controlar o capital simbólico.

Terminarei com um texto muito bonito do [historiador do direito Frederic William] Maitland em *The Constitutional History of England*. É uma história constitucional, uma das leituras mais enfadonhas que se possam imaginar, mas nela encontramos coisas absolutamente extraordinárias, como por exemplo de que maneira se institui o poder de remunerar e demitir os altos oficiais do Estado. [Maitland] escreve: "O rei tem um poder muito geral de nomear não só aqueles de quem falamos como constituindo coletivamente o ministério, mas todos ou quase todos que ocupam posições públicas de primeira importância. [William] Blackstone chama o rei de 'a fonte de honras, de ofícios e de privilégios'".[23] Em outras palavras, é a fonte única de todo poder simbólico: "A nomeação de cavaleiros e de baronetes, a invenção de novas ordens de cavalaria, a outorga da precedência cerimonial não são muito importantes". Mas o poder de nomear os pares é muito importante: "Olhem toda a estrutura legal da sociedade e verão que os detentores de ofícios públicos importantes são remunerados pelo rei e mantêm comumente seu posto só durante o tempo que ele quiser".[24] [Maitland] descreve o que se chamou de "absolutismo", esse poder de fazer e desfazer as posições e os ocupantes dessas posições, que é o poder de Estado. Ele descreve com extrema minúcia os processos de delegação muito sutis, em especial a delegação de assinatura, pelos quais se concentra e se compõe esse poder de delegação: o rei assina, o chanceler contra-assina, aquele que contra-assina ratifica que é a assinatura do rei e, paralelamente, também controla o rei; se o rei assinou uma bobagem, é ele o responsável; depois, o vice-chanceler contra-assina o ato assinado pelo chanceler. Há assim toda uma cadeia de delegação em cascata, cada vez mais anônima na aparência. O poder simbólico é concentrado e, ao mesmo tempo, espalha-se e penetra em toda a sociedade (metáfora da fonte, do jorro). A tirania sobrevém quando esse poder central acaba por perder o controle de si mesmo.

Curso de 14 de março de 1991

Digressão: um golpe de força no campo intelectual — A dupla face do Estado: dominação e integração — Jus loci e jus sanguinis — A unificação do mercado dos bens simbólicos — Analogia entre o campo religioso e o campo cultural

DIGRESSÃO: UM GOLPE DE FORÇA NO CAMPO INTELECTUAL

Excepcionalmente, falarei do programa de ontem sobre os intelectuais, porque é um fenômeno socialmente importante, embora intelectualmente nulo.[1] Eu me havia estabelecido como regra jamais falar dessas produções semi-intelectuais. E me lembro de ter desaprovado Gilles Deleuze quando ele escreveu um panfleto contra os novos filósofos, pois penso que ele realmente lhes prestava uma grande homenagem.[2] Dito isto, creio que esse pequeno acontecimento que se tornará, é claro, um grande acontecimento midiático, *et pour cause*, merece duas palavras. Acho que essa espécie de discurso que seria escrito por Alain Decaux e pronunciado no tom de Frédéric Mitterrand* tem impor-

---

* Alain Decaux é um historiador francês que tinha um programa de tevê muito popular de

tância porque representa uma das estratégias pelas quais a autonomia do campo intelectual é cada vez mais ameaçada, autonomia que não é necessariamente a dos intelectuais, já que há sempre, em um campo intelectual autônomo, intelectuais mais autônomos que outros e outros mais heterônomos que outros.

A autonomia do campo intelectual é uma conquista histórica que foi extremamente longa, difícil.[3] De maneira bastante sistemática, há certo tempo essa autonomia está ameaçada por uma convergência de ações [oriundas] do campo político e de ações jornalístico-midiáticas, nas quais intervêm "intelectuais midiáticos" que se fazem de servidores da heteronomia. Certas revistas — *Le Nouvel Observateur, L'Évènement du Jeudi* — procedem a designações de pessoas consideradas como merecedoras do título de intelectuais: esse efeito de lista de prêmios é uma usurpação de poder, posto que cabe aos intelectuais dizer quem é intelectual, ainda que discutam entre si a respeito, assim como cabe aos matemáticos dizer quem é matemático.[4] Há uma série de golpes de força dos quais o acontecimento de ontem é um limite: trata-se, tipicamente, de um golpe de Estado específico. Em outros tempos, meus predecessores, neste local, protestavam contra Napoleão III.[5] Tinham um adversário à altura. Infelizmente, sou obrigado a protestar contra adversários infinitamente mais irrisórios; mas o perigo é o mesmo, senão pior. É o mesmo, mas é pior porque tem uma aparência menos perigosa.

Essas intervenções são golpes de Estado. Muitas vezes me referi à teoria pascaliana da tirania.[6] Para Pascal, a tirania consiste no fato de que uma ordem impõe sua norma própria a outra ordem: a ordem militar impõe sua força à ordem intelectual; a ordem da graça, à ordem da caridade etc. Um campo sofre a tirania quando é objeto de coações que não são as suas — sendo a autonomia, segundo a definição kantiana, a obediência às leis que prescrevemos a nós mesmos, e a heteronomia, a submissão a pressões externas que obedecem a outros princípios, tais como a visibilidade midiática, a difusão e, por trás de tudo isso, o dinheiro, o sucesso, o índice de audiência etc. Esses constrangimentos ameaçam muito profundamente certo tipo de produção e de trabalho intelectuais e certo tipo de intelectuais. É nessa qualidade que me permito servir-me desta

---

vulgarização de episódios históricos; Frédéric Mitterrand, que seria ministro da Cultura de 2009 a 2012, no governo Sarkozy, na época também tinha um programa cultural na tevê, em que falava num tom anasalado e intimista que ficou famoso. (N. T.)

tribuna para alertar contra esse perigo. É um golpe de Estado específico no sentido de que se servem de uma força externa à lógica do campo intelectual para exercer um golpe de força. Quando é Pinochet, compreende-se imediatamente, mas quando o golpe de força é falso-intelectual, é menos visível, e, por isso mesmo, muitas pessoas podem se deixar enganar segundo os efeitos da *allodoxia*. A desgraça desses intelectuais é, como numa história famosa, que eles sabem a melodia da vida intelectual, mas não sabem as suas letras...

O intelectual — o paradigma é Zola — é alguém que, a partir de uma autoridade específica adquirida nas lutas internas do campo intelectual, artístico, literário, conforme os valores inerentes a esses universos relativamente autônomos, intervém no campo político com base em uma autoridade, uma obra, uma competência, uma virtude, uma moral.[7] O que não é o caso daqueles de quem falo neste momento já que eles têm muito poucas obras, autoridade, competência, moral, virtude... Esse golpe de Estado é perigoso, primeiro porque afeta a representação que os jovens pesquisadores podem ter do trabalho intelectual. É possível dedicar vinte anos a uma obra sem se apresentar nos meios de comunicação, ao passo que há cada vez mais pessoas que fazem obras para se apresentar, no outono seguinte, na televisão. Isso ameaça certa autoridade específica dos intelectuais, adquirida por lutas, e que é muito útil. É uma conquista histórica que está ameaçada, e que ameaça a possibilidade de que haja intelectuais conformes à definição que acabo de formular, essa que autoriza notadamente falar em nome de uma obra e de valores associados a essa obra e de intervir na vida política. Essas intervenções, que são úteis, estão ameaçadas. É por isso que esse problema é também politicamente muito importante.

A DUPLA FACE DO ESTADO: DOMINAÇÃO E INTEGRAÇÃO

Volto à conclusão parcial de meu curso, de modo a que vocês tenham uma primeira ideia da totalização rumo à qual desejo me encaminhar. Vimos com muita frequência, em especial nos trabalhos críticos sobre meus próprios trabalhos — holandeses, ingleses, alemães —, uma oposição entre duas teorias das funções do sistema escolar no mundo social moderno: de um lado, a que reconhece no sistema escolar uma função de dominação, de manutenção da ordem social e simbólica; e, de outro, a que insiste em suas funções de integração, de unificação, e que liga estreitamente o nascimento da educação de massa, [a começar pela] educação primária obrigatória, ao desenvolvimento do Estado. Vê-se aí uma antinomia entre dominação e unificação-integração. Gostaria de mostrar que essa antinomia não é entre duas teorias, mas inerente à realidade do mundo social e inerente ao próprio funcionamento do Estado. O Estado é uma realidade de dupla face. Podemos dizer que o desenvolvimento do Estado moderno pode ser descrito como um progresso na direção de um grau de universalização superior (deslocalização, desparticularização etc.) e, no mesmo movimento, como um progresso rumo à monopolização, à concentração do poder, portanto à constituição das condições de uma dominação central. Em outras palavras, esses dois processos são [tanto ligados como] antinômicos. Em certa medida, poder-se-ia dizer que a integração — que se deve entender no sentido de Durkheim, mas também dos que falavam da integração da Argélia, e à qual se associa a ideia de consenso — é a condição da dominação. É, no fundo, a tese central que eu gostaria de desenvolver. A unificação do mercado cultural é a condição da dominação cultural: por exemplo, é a unificação do mercado linguístico que cria o dialeto, o sotaque errado, as línguas dominadas.[8] Essa falsa antinomia é muito forte na consciência comum e gera falsos problemas.

Essa tese marca uma ruptura radical com Weber — e seu processo de racionalização — e Elias — e seu processo de civilização. Posso percorrer um trecho do caminho com esses dois autores, que são os mais importantes tratando-se do Estado, mas eles perdem um aspecto do processo de universalização: ocultam — ou ocultam de si mesmos — o fato de que a unificação é ao mesmo tempo monopolização. O segundo processo, que descreverei em outro ano, é a passagem do Estado pessoal ao Estado impessoal (ou parcialmente impessoal), do Estado dinástico encarnado pelo rei ao Estado que chamo de semiburocrático na medida em que restam no Estado burocrático tal como o conhecemos — é outra ruptura com Weber — traços do Estado dinástico. É por isso que chamei meu último livro de *La Noblesse d'État*: restam, nas sociedades burocratizadas, mecanismos de transmissão do patrimônio econômico e cultural pela mediação da família, que não deixam de ter semelhança com os mecanismos que eram a condição da reprodução do Estado dinástico.

Tendo fornecido a tese para que as coisas sejam claras, vou agora argumentar. Em que o processo de unificação pode ser descrito como um processo de universalização? A construção de campos diferenciados e relativamente autônomos (campo econômico, campo cultural) se acompanha de uma unificação dos espaços correspondentes (mercado econômico, mercado cultural) e da construção de um espaço unificado. A construção do próprio Estado, como detentor de um metacapital que permita dominar parcialmente o funcionamento dos diferentes campos, se acompanha da construção de um espaço social unificado. Quando, em meu artigo "Espaço social e gênese das 'classes'",[9] eu falava de espaço social global (por oposição aos campos) como espaço dos espaços, campo dos campos, na verdade falava do espaço social nacional que se constrói ao mesmo tempo que o Estado se constrói, que o Estado constrói se construindo.

A gênese do Estado dinástico a partir dos principados feudais pode ser descrita como a transformação dos feudos de base pessoal em província de base local, dos poderes diretos de base pessoal entre o senhor e seus dependentes em um poder indireto, via de regra exercido por intermédio de delegados, de base territorial. A constituição do Estado dinástico se acompanha de uma transformação das divisões preexistentes: ali onde havia províncias, entidades existindo em si mesmas e para si mesmas, umas ao lado das outras, tem-se províncias que se tornam partes do Estado nacional; ali onde havia chefes autônomos, tem-se chefes delegados que tiram seu poder do Estado central. Assiste-se a um duplo processo: o de constituição de um espaço unificado e o de constituição de um espaço homogêneo, de tal forma que todos os pontos do espaço podem ser situados uns em relação aos outros e em relação ao centro a partir do qual o espaço é constituído. Essa espécie de centralização atinge seu limite no caso francês (mas também vale para o Estado inglês ou para o Estado americano). Essa unificação do espaço, cujo desenvolvimento acompanha o nascimento de um poder central, implica a unificação e a uniformização do espaço geográfico e também do espaço social. Essa unificação se caracteriza negativamente: ela implica um trabalho de desparticularização. Fala-se de particularismos regionais e linguísticos; o próprio do trabalho de centralização é desparticularizar os modos de expressão dominantes, e tornar as culturas não oficiais formas mais ou menos perfeitas da definição dominante da cultura. Os particularismos associados à localização no espaço social ou geográfico são abolidos de modo que, de elementos autônomos pensáveis em si mesmos e para si mesmos, tornam-se elementos constituídos como parte que pode ser referida a uma norma central.

JUS LOCI E JUS SANGUINIS

Ao dizermos que a gênese do Estado se acompanha da constituição de um território unificado, não vemos completamente o que está englobado na ideia de território e no fato de que a constituição dos grupos já não tem por princípio as relações pessoais, o que se poderia chamar de *jus sanguinis*, o laço pessoal entre o chefe e os súditos, mas o *jus loci*, o direito ao lugar, o pertencimento ao mesmo território. Finalmente, o primo é substituído pelo vizinho. É uma mudança extraordinária. Na Cabília [sob o domínio colonial], havia um conflito, em escala local, entre dois princípios de unificação, o clânico e o territorial. A administração francesa, [a um só tempo] centralista, territorialista e localista, tinha imposto a unidade aldeia. E a aldeia sobre a qual trabalhei era composta de dois clãs de base agnatícia: todos os membros se pensavam como descendentes de um mesmo ancestral, como primos — os termos com que se dirigiam ao outro eram termos de parentesco —, tinham em comum genealogias mais ou menos míticas; ao mesmo tempo, a unidade aldeia reunia essas duas metades numa unidade de base territorial e, portanto, havia uma espécie de hesitação entre essas duas estruturas. Tive muita dificuldade para compreender isso porque, transportando em meu inconsciente a estrutura local, eu não tinha clareza sobre essa unidade territorial — a aldeia — que, afinal, não existia. Ao lado da família, do clã e da tribo, a unidade aldeia era um artefato que acabava por existir como consequência da existência de estruturas burocráticas — havia uma prefeitura... Em muitas sociedades, ainda se tem essa oscilação entre duas formas de pertencimento, o pertencimento a um grupo de linhagem e o pertencimento a um lugar. O Estado instaura, portanto, um espaço unificado e faz predominar a proximidade geográfica em relação à proximidade social, genealógica.

(As segregações sociais surgem quando os princípios sociais de distribuição conforme a renda e a cultura coincidem com os princípios locais de divisão. Um artigo muito inteligente e ao mesmo tempo ingênuo sobre a Quinta Avenida — é parecido com o Faubourg Saint-Honoré, em Paris — descreve uma unidade de base local que é a culminância de todos os campos possíveis e da interseção entre eles.[10] É muito frequente que os sociólogos caiam na armadilha, porque as unidades de base local, sancionadas pelos recortes administrativos e existindo na objetividade — os recenseamentos são feitos de tal forma que uma rua existe porque, na triagem postal, faz-se a triagem por rua — e na subjetividade, impedem que se vejam os verdadeiros princípios de construção da realidade, que são, quer de base genealógica como na sociedade pré-capitalista, quer de base social, estruturados em campos. Faço esse pequeno parêntese para lhes mostrar que o que acabo de dizer não era um "discurso" geral, abstrato e, no fundo, bastante banal. Por trás dessas coisas banais se escondem implicações teóricas importantes.)

A passagem do feudo à província se acompanha de uma mudança total dos mecanismos de dominação. O governo provincial — o que é verdade para os grandes impérios da Antiguidade, para o Império Chinês — não tem autonomia verdadeira em relação ao centro a não ser quando os impérios se desagregam, e nesse caso uma província pode voltar a ser um feudo autônomo. Em certos casos, a antiga província de um império pode continuar a jogar com o mito da legitimidade central para arbitrar as lutas entre os chefes de província. O governo provincial não tem autonomia verdadeira em relação ao centro cujas diretrizes ele executa. Com isso, os funcionários locais — é uma das grandes mudanças à medida que se constituem os grandes impérios — não devem ser de base local, mas são recrutados fora da alçada de seu poder. Era o caso da China; na França, a regra ainda está em vigor entre os bispos.

É um indício muito significativo de burocratização, que visa sustar de antemão as tentações de nepotismo, de particularismo e também a tentação de se apoiar nos recursos genealógicos de base local para contestar o poder central, em suma, de retransformar a província, mera parte de um todo, em feudo autônomo existindo em si mesmo e por si mesmo. É possível designar chefes locais deslocalizados, ou deslocalizar as populações, o que é algo que se praticou muito na Antiguidade: as deportações maciças tinham como objetivo romper essa relação genealógica em proveito da relação territorial. Tudo isso levaria a uma reflexão sobre a oposição *jus sanguinis/jus loci*, que é uma oposição muito importante e ainda muito viva, em especial nas discussões atuais — um tanto embaralhadas, notadamente pelos intelectuais midiáticos de quem eu falava no início — sobre a imigração, o véu islâmico ou a laicidade. Sempre se trata dessa dualidade do princípio de constituição de uma identidade: *jus sanguinis*, o fato de ser descendente de alguém que faz parte da nação segundo o modelo alemão, ou *jus loci*, o fato de ter nascido no território, como na França. No que diz respeito à primeira face do processo de estatização, a universalização, eu diria que em certo sentido o *jus loci* é mais progressista, mais universal que o *jus sangui-*

nis, posto que fornece critérios de pertencimento mais abstratos, mais formais, menos carregados da ideologia da terra e do sangue... Dito assim, isso se acha perfeitamente no nível do que critiquei no início; mas se vocês têm em mente tudo o que eu disse em outras ocasiões e que não posso evocar sem formar uma enorme bolha que destruiria a lógica de meu discurso, poderão injetar substância por trás do que eu digo de maneira um pouco peremptória.

A UNIFICAÇÃO DO MERCADO DOS BENS SIMBÓLICOS

Assim, construindo-se, o Estado unifica e universaliza. Seria possível retraçar esse duplo processo para cada um dos espaços, e notadamente para o espaço econômico, com a criação de um mercado unificado. Polanyi insiste no fato de que a política do Estado — por exemplo, a política mercantilista — foi indispensável para impedir a tendência ao particularismo local dos mercados. Ele foi coautor de um livro muito bonito sobre o mercado encastrado (*embedded*) nas relações de parentesco ou nas relações sociais.[11] Aí descreve sociedades em que as relações de mercado não conseguem se constituir como universais, independentes dos agentes que subscrevem contratos, porque elas são sempre subordinadas aos imperativos sociais que regem o funcionamento dos mercados. O mercado tal como o conhecemos, aquele que os economistas aceitam como um dado universal, como uma natureza, é na verdade um artefato construído em grande parte pelo Estado. Uma das contribuições que a sociologia pode oferecer à economia, sem pretender corrigi-la ou questioná-la, é lembrar que uma noção tratada como natural pelos economistas é, de fato, uma construção histórica e social mais ou menos terminada.

Isso vale também para o mercado cultural. Insistirei um pouco mais nisso porque é aí que se pode ver a antinomia que eu evocava no começo, entre a face monopolização e a face universalização. Insistiu-se muito na existência de uma espécie de laço histórico, verificado por toda parte, entre a construção de uma sociedade nacional e a de um sistema de ensino fundamentado na ideia de educabilidade universal, que foi uma conquista progressiva da Reforma (todos têm o direito de ler e de escrever) e das Luzes. Essa ideia da educabilidade universal do indivíduo é solidária à de um igualitarismo decisório que consiste em tratar os indivíduos como iguais em direitos e deveres do ponto de vista cultural. Ela vai junto com a invenção de uma função atribuída ao Estado: a educação. O Estado deve dar a todos os cidadãos, para que sejam dignos desse nome, os elementos de educação que lhes permitam cumprir seus direitos [e deveres] de cidadãos de maneira esclarecida. E os grandes reformadores do século xix, Jules Simon por exemplo, insistiam no laço entre capacidade política mínima e educação.

(Esse laço foi completamente esquecido, tanto assim que, quando, há alguns anos, lembrei que a capacidade de formar opiniões conscientes e controladas estava estreitamente ligada ao nível de instrução, e que por conseguinte certas pesquisas de opinião realizavam uma espécie de golpe de força ao ignorar as não respostas, e ao fazer como se todos os sujeitos sociais fossem iguais perante a questão de opinião, desencadeei uma crise e um grande assombro simplesmente porque há uma espécie de amnésia da gênese:[12] esqueceu-se do que era objeto de debate no fim do século xix e das funções possíveis de perpetuação da ordem social atribuídas ao sistema escolar. O que é um objeto da luta consciente no momento da criação da instituição é esquecido rapidamente — às vezes, o sociólogo apenas desperta e organiza o retorno do que está recalcado.)

Portanto, há um vínculo entre a unificação do Estado nacional e o ensino obrigatório, vínculo que se estabelece por intermédio da ideia de educabilidade universal relacionada à ideia dos deveres do cidadão esclarecido, devendo o Estado superar a distância que pode existir entre as capacidades não educadas. Objeta-se, então, que a escola não é uma instituição de dominação mas de integração, pois tem como função dar a todos os instrumentos do cidadão, do agente econômico, a capacidade indispensável para [participar *a minima* dos] diferentes campos. Na verdade — será a segunda face —, eu diria que a escola é efetivamente um instrumento de integração, mas é essa integração que permite a submissão.

Portanto, eu resumo: o Estado é um instrumento de unificação que contribui para fazer com que os processos sociais concernidos (cultura, economia) acedam a um grau de abstração e de universalização superior: em todos os casos, ele contribui para arrancá-los da particularidade do local a fim de fazê-los aceder à escala nacional. Muitos debates atuais — sobre a nacionalidade, sobre a integração dos imigrantes etc. — têm a ver confusamente com esses problemas. Essa ambiguidade inerente ao Estado faz com que seja impossível tomar uma posição simplista sobre o problema do nacionalismo, pois os nacionalismos, assim como a nação, são sempre bifaciais: são regressivos e libertadores.

Essa conclusão política torna muito difícil a avaliação dos movimentos nacionais: eles têm nossa simpatia se foram libertadores, mas podem também trazer infelicidade. Tive uma discussão com [Eric] Hobsbawm, que não é suspeito de conservadorismo, que me dizia que não era mais possível apoiar os nacionalismos. Ele dizia isso ingenuamente, como quando a gente conversa entre amigos, no bar. Esse mal-estar que suscitam certos nacionalismos pode se basear nessa ambiguidade que estou descrevendo.

Primeira face [do Estado], portanto, a da integração universalizante; segunda face, a da integração alienante, como condição da dominação, da submissão, do desapossamento. E essas duas faces são inseparáveis. A unificação do mercado — cultural, econômico, simbólico — tem um reverso, uma contrapartida: ela provoca o desapossamento que está inscrito na imposição, no mercado unificado, da dominação reconhecida de um modo de produção ou de um produto. No plano econômico, compreende-se de imediato. Pego um exemplo para lhes mostrar que essas proposições, que podem lhes parecer especulativas, têm aplicações muito concretas. Estudei, num de meus primeiros trabalhos, o fenômeno do celibato dos homens no Béarn; desde então, isso se tornou um tema jornalístico na moda, mas na época era algo desconhecido nos lugares centrais. Observei que os camponeses de certa geração, até mesmo os proprietários relativamente grandes, já não conseguiam se casar; o que as mulheres mais velhas, encarregadas, na divisão do trabalho, de casar os filhos, deploravam. O pequeno baile de interior, que já evoquei, me parecera uma encarnação, uma realização material do mercado matrimonial. [Apesar do que dizem] os economistas, o mercado [concreto] da praça Maubert tem algo a ver com o mercado [abstrato] de que eles falam. Vi esse baile como uma encarnação do mercado matrimonial. Havia as moças que dançavam com os rapazes de aparência urbana, no mais das vezes paraquedistas do quartel vizinho ou empregados; e, ao redor, os camponeses (reconhecíveis por seu jeito e suas roupas) que olhavam sem dançar. Analisei [nesse] pequeno mercado o aparecimento de um produto de tipo novo: homens sabendo dançar, conversar com as moças, vestidos segundo a moda urbana, que pegavam dos camponeses seu "objeto tradicional".

Esse baile era a encarnação da unificação do mercado dos bens simbólicos no qual circulam as mulheres. Ainda hoje, em diversos meios, as mulheres são objetos que circulam, de preferência de baixo para cima: quem é mulher casa-se com alguém mais velho e mais alto socialmente. Esse mercado era a manifestação da unificação de um mercado de base local até então resguardado por uma espécie de protecionismo. Havia áreas matrimoniais locais que estudei por meio das genealogias: cada agente tinha um conjunto de parceiros potenciais, os "prometidos(as)" — a palavra é magnífica —, isto é, pessoas a quem estavam prometidos e que lhes eram prometidos segundo as leis estatísticas ajudadas pelas normas sociais e pelo trabalho das "casamenteiras" [que são] as mães. Esse mercado de prometidas aos prometidos, no qual os camponeses tinham um valor (seu *hexis* corporal, sua maneira de falar), era um mercado protegido. "É um belo camponês": isso queria dizer que tinha uma bela terra, e pouco importava o jeito como andava, como estava vestido, como falava... Esse mercado protegido viu-se englobado, com um sistema escolar e os novos meios de comunicação, num mercado mais vasto. Assim como aquele das cerâmicas feitas em casa viu-se suplantado por aquele da bacia de esmalte, assim também a unificação do mercado dos bens simbólicos matrimoniais pôs para escanteio, para a margem do baile, aqueles que só tinham a oferecer uma *hexis* corporal anterior à guerra, uma *hexis* camponesa. Não é por acaso que "caipira" tornou-se o insulto dos automobilistas. Os camponeses se tornaram caipiras "paspalhos"...

Eis um exemplo muito concreto do laço entre unificação e dominação: para que os camponeses se tornassem "caipiras", ou seja, para que perdessem nos mercados onde tinham um valor privilegiado, foi preciso que seu mercado fosse anexado ao mercado nacional, foi preciso que houvesse todo um trabalho de unificação realizado, em grande parte, pela escola, mas também pelos meios de comunicação. A submissão e o desapossamento não são antagônicos à integração, mas têm a integração como condição. Esse modo de pensamento um pouco distorcido é difícil porque temos de tal forma o hábito de pensar a integração como o contrário da exclusão, que nos custa entender que, tanto para ser excluído como para ser dominado, é preciso estar integrado. Se tomamos o exemplo da luta pela "Argélia francesa", por que os mais desfavoráveis à integração se tornaram, a certa altura, integracionistas? Foi porque, para dominar os árabes, era preciso integrá-los e fazer deles "*bougnoules*",* dominados e racialmente desprezados. Nada é simples no mundo social e não complico por prazer

---

* Termo muito injurioso para designar os árabes, sobretudo os da África do Norte. (N. T.)

— até mesmo costumo me arrepender, depois das aulas, por ter simplificado horrivelmente em relação ao que eu deveria ter dito.

Tomei o exemplo do mercado matrimonial, mas poderíamos pegar, da mesma forma, a unificação do mercado linguístico.[13] As maneiras de pronunciar percebidas como "deturpadas" são produto da unificação do mercado linguístico. Para fazer um trocadilho à Jacques Derrida, digamos que há um laço entre o capital e a capital, e que a capital, produzindo-se como lugar de concentração de todas as espécies de capital — o limite sendo o Faubourg Saint--Honoré —, produz a província. O provinciano é estigmatizado a priori: ele é atrasado, não está a par das coisas, tem um sotaque etc. A produção do Estado implica a produção da província como um ser menor, como privação de [tudo o que faz] a capital. Simultaneamente, o provinciano [vê-se dotado de] um capital simbólico inferior: para ter acesso a essa espécie de capital [que lhe falta], precisa tentar obtê-lo e, por isso, tem a aparência de macaqueá-lo.

A metáfora do macaco é muito pertinente. Há um texto muito bonito, que costumo citar, nos contos de Hoffmann: um chanceler alemão teve a ideia de educar um macaco; o macaco dançava o minueto, mantinha conversação com as damas, mas não conseguia deixar de se sobressaltar quando se quebrava uma noz... Eis o paradigma fundador do racismo: o provinciano sabe que é provinciano e se esforça em não sê-lo, e é por aí que se vê que ele é provinciano. A concentração do capital produz a capital, e então o provinciano se vê definido pela privação de todos os monopólios associados à residência na capital. A integração dos despossuídos de capital é a condição de uma forma de desapossamento e de uma forma de submissão.

ANALOGIA ENTRE O CAMPO RELIGIOSO E O CAMPO CULTURAL

Vou pegar rapidamente o paradigma da constituição do capital religioso, porque penso que é o paradigma de todas as formas de desapossamento. Não é por acaso que se diz "profanos" para falar dos não clérigos. Vê-se bem, nesse caso, que é a constituição da Igreja que gera o profano. Isso já está implícito em Weber, mas estranhamente ele nunca enxergou esse aspecto, por motivos que têm a ver com ele (mas viu tantas coisas que não temos de recriminá-lo, pois uma grande parte das coisas que posso discernir é graças a ele. Não quero bancar o esperto às custas dele...). Quando Weber descreve a construção do corpo dos clérigos, vê muito bem que ela se acompanha do desapossamento religioso dos laicos: em outras palavras, é o clérigo que constitui o laico. Não é possível alguém se tornar, segundo a expressão de Weber, um "virtuose religioso" sem constituir os outros como profanos e nulos em religião. A oposição religião/ magia que Durkheim evoca sem ver o que estou dizendo é a oposição masculino/feminino, dominante/dominado. Por exemplo, quando houve o *aggiornamento* [da liturgia católica] nos anos 1960, [os padres] não aboliam o rito, como por exemplo pôr um círio ou pegar água em Lourdes na fonte mágica, mas o transfiguravam pedindo aos vulgares laicos constituídos como profanos que o espiritualizassem. A analogia com a cultura é evidente.[14] Eu queria fazer um texto comparando pintura popular e religião popular: tem-se exatamente a mesma oposição, culto/inculto, clérigo/profano, expressando-se exatamente nos mesmos termos; e não é por acaso se o *aggiornamento* foi acompanhado de uma limpeza das igrejas conforme os cânones estéticos dos clérigos. A instituição da Igreja, da religião legítima, com um trabalho de codificação, de depuração, de racionalização, por parte dos clérigos, dobra a distância entre o profano e os clérigos — os clérigos detendo o monopólio da leitura dos textos sagrados. (Os marxólogos fazem a mesma coisa: o althusserismo foi, em grande parte, uma restauração do monopólio dos clérigos* sobre a leitura dos textos [de Marx], que, aliás, mais ninguém lê, a não ser os marxólogos.)

Seria preciso transferir tudo isso do campo religioso para o monopólio cultural [que a escola] se arroga. A escola significa para o campo cultural o mesmo que a Igreja significa para o campo religioso, e portanto tudo o que eu disse pode se transferir facilmente. A instituição escolar de Estado é detentora do monopólio da educação legítima, isto é, da transmissão da cultura legítima pela transmissão desse corpus segundo os modos legítimos (os clássicos são os autores canônicos da cultura), com a sanção legítima da aquisição desse corpus pelo exame. A escola, que é a forma mais avançada do monopólio no domínio cultural, tem também um reverso do desapossamento: o sistema escolar produz o inculto, o despossuído cultural. É uma coisa que as pessoas ligadas à escola não gostam de ouvir, eu em primeiro lugar, mas é assim. É preciso explicar por que é assim. Devido ao acesso desigual ao sistema escolar teoricamente encar-

---

* Pierre Bourdieu joga com a polissemia da palavra *clerc*, que também quer dizer "uma pessoa culta, erudita, um intelectual". (N. T.)

regado de inculcar universalmente a cultura que se pretende universal, a universalização das exigências culturais — o que temos o direito de pedir em matéria de cultura — não se acompanha da universalização do acesso aos meios de satisfazer essas exigências universais. Há uma defasagem entre a distribuição universal das exigências culturais e a distribuição muito particular dos meios de satisfazer essas exigências. É essa defasagem que faz com que a integração, no caso da escola, seja inseparável da dominação.

Vou também evocar o ensaísmo que cai com extrema violência, sem entender nada, sobre minhas análises da escola. Existem hierarquias das legitimidades culturais, [...] uma ordem social objetiva que faz com que quem cite Dalida no exame tenha zero e quem cite Bach tenha dezoito sobre vinte: é um fato acerca do qual não devo tomar partido. As pessoas confundem essa proposição que Weber chamava "proposição inspirada pela reverência aos valores" com um "julgamento de valor".[15] Há, na realidade, valores aos quais o sociólogo se refere e que ele registra: não conhecer e reconhecer essa hierarquia dos valores tornaria absurda a realidade. Confundindo a referência aos valores com os julgamentos de valor, atribuem-se ao sociólogo julgamentos de valor, quando na verdade ele só opera por referência aos valores [que existem na realidade]. Os que agem assim são pessoas particularmente envolvidas nas lutas pela legitimidade: são, com frequência, os "pobres brancos da cultura" — é assim que os chamo um pouco maldosamente, porque também é preciso se defender contra os que fazem especulações em ortodoxia cultural e suportam muito mal a objetivação das hierarquias culturais. Os artistas de vanguarda, quanto a eles, suportam muito bem a objetivação sociológica: e volta e meia, para desgraça dos sociólogos, dela se servem para fazer jogadas artísticas...

O processo de constituição do universal se acompanha de um processo de monopolização do universal e, conjuntamente, de um processo de desapossamento do universal, que temos o direito de descrever como uma espécie de mutilação. Se a sociologia da cultura tem uma dimensão crítica, se pode parecer muito violenta, é porque faz aparecer, para pessoas que se reivindicam como humanistas, que uma parte dos humanos são despossuídos de sua humanidade em nome da cultura. Se é verdade que a cultura é universal, não é normal que nem todo mundo tenha acesso ao universal, que não se universalizem as condições de acesso ao universal. Em vez de afirmar: "Bourdieu diz que Aznavour é tão bom quanto Bartók", é preciso dizer:

Bourdieu diz que a cultura de pretensão universal, universalmente reconhecida como universal nos limites de um universo determinado, é distribuída de tal modo que só uma parte dos destinatários legítimos em termos de norma ética (igualitarismo) tem realmente acesso a esse universal; uma parte muito importante da humanidade é despossuída das conquistas mais universais da humanidade.

É uma constatação e é normal fazê-la. Se eu assumisse uma posição normativa, diria:

> Sejam consequentes e não digam que Bourdieu quer tudo relativizar, que o cálculo integral não é melhor que a tábua de multiplicação; digam que Bourdieu afirma que caso se queira levar a sério as análises que constatam essas distribuições, é preciso trabalhar politicamente para universalizar as condições de acesso ao universal.

Ainda que os problemas reconhecidos como políticos possam ser colocados de maneira racional, ainda que isso não contribua em nada para fazer avançar a solução...

O que quis dizer hoje foi que a análise histórica do desenvolvimento do Estado faz surgir essa espécie de ambiguidade fundamental: a um só tempo negação do particularismo e do regionalismo (transcedência de tudo o que houver nisso de estreito, de mesquinho, de acanhado) e, no mesmo movimento, construção dos monopólios, por meio da unificação. Nem Weber nem Elias levantam a questão do monopólio do monopólio estatal, que é preciso levantar porque [é posto na] própria realidade: se o Estado tem o monopólio da violência legítima, quem tem o monopólio desse monopólio? Se é verdade que o processo de estatização é um processo de universalização, a concentração vai a par com uma monopolização por determinada categoria, por aqueles a quem chamo de nobreza de Estado. Os que estão em posição de se apropriarem de maneira privilegiada dos monopólios associados à existência do Estado têm, senão o monopólio, ao menos um poder de preempção sobre o monopólio estatal.

O Estado produz um nacionalismo dominante, o nacionalismo dos que têm interesse no Estado: ele pode ser discreto, bem-educado, não se afirmar de maneira desmedida. O Estado produz naqueles que são vítimas da segunda face do processo, naqueles que são despossuídos pela construção do Estado-nação, nacionalismos induzidos, reacionais: os que tinham uma língua e não têm mais do que um sotaque estigmatizado (como os occitanos). Muitas nações se constroem sobre a inversão de um estigma. Esses nacionalismos induzidos reacionais inspiram-me sentimentos ambíguos. É claro que são perfeitamente legítimos na medida em que tentam converter os estigmas em emblemas. Por exemplo, vocês podem pensar que o garçom basco que lhes serve em francês uma cerveja em Saint-Jean-de-Luz fala bem francês para um basco, ou pensar que ele fala francês com um sotaque horroroso... É uma mudança considerável. Mas, ao mesmo tempo, que fazer? É preciso ser basco? A ambiguidade dos dois nacionalismos é inerente ao processo de construção do Estado.

Esse processo que somos obrigados a registrar como inevitável — ele é associado a todos os exemplos de Estado conhecidos — é verdadeiramente universal? Não se podem imaginar, em virtude do direito à utopia controlada, baseada no estudo dos casos realizados, caminhos para o universal que não se acompanhem de uma monopolização? Essa pergunta foi feita pelos filósofos do século XVIII de maneira tão requintada como ingênua. Ofereço-lhes, para terminar, um texto muito bonito de Spinoza, à guisa de agradecimento, como dizia Lacan, pela assistência de vocês nos dois sentidos do termo:

> Por conseguinte, um Estado que, para garantir sua salvação, se entregasse à boa-fé de qualquer indivíduo que fosse, e cujos negócios não pudessem ser convenientemente geridos senão por administradores de boa-fé, repousaria sobre uma base bem precária. Deseja-se que ele seja estável? As engrenagens públicas deverão, então, ser agenciadas da maneira que se segue: supondo indiferentemente que os homens encarregados de fazê-las funcionar se deixem guiar pela razão ou pelos sentimentos, a tentação de não ter consciência ou de agir mal não deve poder oferecer-se a eles. Pois, para realizar a segurança do Estado, não importa o motivo que inspirou os administradores, contanto que administrem bem. Enquanto a liberdade, uma força interior, constitui o valor (*virtus*) de um particular, o Estado não conhece outro valor além de sua segurança.[16]

ANO 1991-2

Curso de 3 de outubro de 1991

Um modelo das transformações do Estado dinástico — A noção de estratégias de reprodução — A noção de sistema de estratégias de reprodução — O Estado dinástico à luz das estratégias de reprodução — A "casa do rei" — Lógica jurídica e lógica prática do Estado dinástico — Objetivos do próximo curso

UM MODELO DAS TRANSFORMAÇÕES DO ESTADO DINÁSTICO

Tendo descrito [nos dois anos anteriores] o processo de concentração das diferentes espécies de capital que acompanha o nascimento do Estado, gostaria agora de tentar retraçar a transformação, que se opera durante séculos, do poder pessoal concentrado na pessoa do rei aos poderes difusos e diferenciados, agora associados à ideia de Estado. O processo que descreverei hoje poderia se chamar, para dar a vocês um esquema de conjunto, "Da casa do rei à razão de Estado".[1] Como se passa de um poder concentrado numa pessoa, ainda que, desde a origem, se observem sinais de diferenciação, de divisão do trabalho de dominação, a um poder dividido, partilhado entre diferentes pessoas mantendo entre si relações de concorrência, de conflito dentro do que eu chamo "campo de poder"?[2]

Tentarei construir um modelo. Como eu disse várias vezes, não tenho, de jeito nenhum, a ambição de rivalizar aqui com os historiadores, e digo-o constantemente, sem falsa modéstia, que tenho consciência de não estar em condições de mobilizar a cultura histórica que seria necessária para validar por completo o modelo que proponho. Gostaria de construir ao mesmo tempo um modelo da lógica do Estado dinástico, do Estado identificado com a pessoa do rei e a linhagem régia, e um modelo do processo pelo qual esse Estado se transforma. Gostaria, portanto, de descrever ao mesmo tempo a lógica do Estado dinástico e as contradições inerentes a seu funcionamento, e que, parece-me, geram a superação do Estado dinástico rumo a formas de Estado mais impessoais.

Para construir o modelo do Estado dinástico, vou me apoiar no trabalho que realizei, há muito tempo, sobre os camponeses do Béarn. Se me autorizo a fazê-lo é porque, desde então, esse trabalho serviu de base a estudos históricos, e penso que certos historiadores, em especial Andrew Lewis, a quem me referirei, se apoiam em trabalhos antropológicos do tipo dos que eu fiz para pensar a lógica do funcionamento da família real. E — como dizê-lo sem arrogância? — meus trabalhos sobre o parentesco no Béarn[3] marcavam certa ruptura com a tradição dominante no momento em que eu trabalhava, que era a tradição estruturalista: esses trabalhos visavam mostrar que as trocas matrimoniais, longe de serem, como se pensava, o produto de regras conscientes ou de modelos inconscientes, eram produto de estratégias orientadas pelos "interesses" da casa. Desde esse trabalho, Lévi-Strauss e outros falam de "sistemas de casa"[4] para designar o tipo de relação de parentesco que se observa, em especial no Sudoeste da França. Essas sociedades de casa são sociedades em que o pai de família é chamado *capmaysouè*, "chefe da casa". O rei é um *capmaysouè*, voltarei a esse ponto, é um chefe de casa, e os chefes de casa são, de certa forma, os agentes de uma instância que lhes é transcendente, e que se chama a casa. Por exemplo, no Béarn designa-se uma pessoa por seu prenome, seguido do nome da casa. Dirão: Jean da casa *X*. O sujeito, de certa forma, das ações individuais e das ações matrimoniais é a casa, que tem interesses transcendentes aos dos indivíduos, e que deve ser perpetuada tanto em seu patrimônio material — as terras etc., cuja partilha, em especial, se deve evitar — [como em seu] patrimônio simbólico, ainda mais importante: o nome deve permanecer puro de qualquer mácula, deve escapar da degradação, da perda de nobreza.

Não por acaso, foram sociólogos e historiadores americanos que fizeram essa transferência para a realeza de um modelo elaborado em torno das camadas mais baixas da sociedade francesa. É que provavelmente havia resistências inconscientes dos historiadores [franceses] — se bem que sejam apaixonados por etnologia, que está muito na moda entre eles — em aplicar modelos elaborados a partir das regiões mais recuadas da França rural para pensar os píncaros do Estado. Havia outros obstáculos, e penso que diante desses problemas os historiadores costumam oscilar entre dois polos... Eu ia dizer dois erros: o que consiste em assimilar por um anacronismo inconsciente as sociedades antigas ou, ao contrário, em relegá-las ao exotismo absoluto. Na verdade, o exercício que se trata de praticar consiste simplesmente em ver que um modelo muito geral pode explicar fenômenos na aparência muito diferentes, segundo a lógica [que reza] que a mesma causa produza os mesmos efeitos. Quando se tem uma linhagem com um patrimônio material e um patrimônio simbólico — um patrimônio que chamaremos de "coroa", num caso, "casa", no outro caso —, e que se trata de perpetuar mais além do tempo, observam-se lógicas de práticas muito parecidas; e os agentes sociais, sejam eles reis da França ou pequenos proprietários de quinze hectares, vão ter comportamentos relativamente inteligíveis, segundo os mesmos princípios.

A NOÇÃO DE ESTRATÉGIAS DE REPRODUÇÃO

A partir desse modelo, construí a ideia de sistema de estratégias de reprodução sobre o qual gostaria de me explicar um pouco, porque é indispensável para compreender o uso que, em seguida, farei do modelo. Tentei dar-lhe uma formulação metódica em *La Noblesse d'État* (pp. 387-8), em que comento muito por alto o que entendo por sistema de estratégias de reprodução, insistindo, de um lado, na ideia de "sistema", e, de outro, no que é preciso entender justamente por "estratégias". "Sistema", primeiro: penso que para compreender os comportamentos das casas reais ou não reais, mas mais geralmente o conjunto dos agentes sociais, é preciso constituir como formando um todo práticas que as ciências sociais estudam em ordem dispersa, práticas que são, em determinado momento, muitas vezes [atribuídas] às distintas ciências sociais: a demografia para as estratégias de fecundidade, o direito para as estratégias sucessórias, as ciências da educação para as estratégias educativas, a economia para as estratégias econômicas etc. Com a noção de habitus, que é um princípio gerador de comportamentos sistemáticos, e a noção de estratégias de reprodução, tento dar conta do fato de que, para compreender certos comportamentos humanos fundamentais orientados para a conservação ou para o aumento da posição ocupada por uma família ou um indivíduo no espaço social, é preciso levar em conta determinadas estratégias aparentemente sem relação, estratégias sem laço fenomenal [entre si].

Essas estratégias, vou enumerá-las.[5] Elas podem, primeiro, dizer respeito à fecundidade: são as estratégias de regulação dos nascimentos,[6] por exemplo, passíveis de ser exercidas por estratégias matrimoniais — aí, vê-se imediatamente o laço entre as diferentes estratégias. Sabe-se muito bem que, em diversas sociedades, uma das maneiras de regular os nascimentos é retardar a idade do casamento. As estratégias de fecundidade podem exercer-se de modo direto ou indireto: têm por função, na lógica da reprodução, antecipar os perigos da partilha; e o fato de limitar os nascimentos, por exemplo, tem uma relação evidente com as estratégias sucessórias. Em seguida, as estratégias sucessórias propriamente ditas, que costumam ser reguladas por costumes ou leis sucessórias. Por exemplo, nas famílias camponesas do Sudoeste da França, assim como nas famílias reais, o direito de primogenitura, ou morgadio, reserva a sucessão aos mais velhos em detrimento dos benjamins e obriga a encontrar soluções para arrumar a vida dos caçulas. Os caçulas da Gascogne eram as vítimas de uma lei sucessória que os fadava a ser, como se diz entre os camponeses do Béarn, os "domésticos sem soldo", sem salário, ou "emigrados". As estratégias sucessórias podem comandar as estratégias de fecundidade, pois as estratégias são interdependentes. Em seguida, as estratégias educativas, no sentido amplo: quando se fala do rei, pensa-se evidentemente na educação do delfim. No livro *La Famille capétienne et l'État*,[7] Andrew Lewis insiste muito, em função das estratégias sucessórias, no modo de sucessão, nos privilégios atribuídos ao herdeiro e nas compensações que é preciso terminantemente atribuir ao caçula: os apanágios etc. Mas como ele não tem — e aí está, creio, o interesse do esforço de modelização — ideia de um sistema estratégico sucessorial, não leva em conta, de jeito nenhum, as estratégias educativas.

Ora, para que funcione esse sistema que vou descrever e que Lewis disseca, os agentes precisam estar preparados para fazê-lo funcionar, ter as disposições conformes. Paradoxalmente, os herdeiros nem sempre estão espontaneamente dispostos a herdar — isso não surpreenderá os que me ouvem há muito tempo, mas os que entre vocês são recém-chegados ficarão surpresos em ouvir que um dos problemas das sociedades de herança é produzir herdeiros dispostos a aceitar herdar. Há alguns anos, fiz um longo comentário sobre *A educação sentimental*, de Flaubert,[8] cujo herói principal, Frédéric, tem a característica de ser um herdeiro que não quer herdar, e que, por isso, oscila o tempo todo entre a ruptura com a herança — ele quer se tornar artista — e a aceitação da herança. É um paradoxo que tendemos a esquecer, pois pensamos espontaneamente, numa visão ingenuamente crítica da ordem social, em que os herdeiros são muito felizes de herdar; mas isso não é nem um pouco verdade, há herdeiros indignos, e em todos os níveis da escala social: há, por exemplo, filhos de mineiros que não querem descer à mina, muito menos do que se pensaria, porque, justamente, o sistema de reprodução funciona; e há também filhos de rei que não têm vontade de herdar ou se comportam de maneira tal que não herdam verdadeiramente a herança, isto é, não são o que deveriam ser para ser dignos de herdar.

O papel das estratégias educativas é, portanto, absolutamente capital, pois é necessário um verdadeiro trabalho de inculcação para produzir um rei desejoso de herdar e digno de fazê-lo. Vê-se muito bem, quando se pensa na educação das moças nas sociedades em que o capital de honra é muito importante, a que ponto a educação delas é uma estratégia fundamental no sistema de estratégias de reprodução: é pelas moças que chega a desonra, que chega a ultrafecundidade etc. Nessas sociedades, o olhar obsessivo posto sobre a virtude das jovens é um elemento do sistema de reprodução fácil de entender. Falei de estratégias educativas, mas poderia, a cada vez, desenvolver longamente as relações entre as diferentes estratégias que enumero para as necessidades da análise, quando na verdade elas são todas interdependentes. As estratégias que chamei de *profiláticas* tornam-se muito importantes em certas sociedades, como as nossas: são estratégias visando garantir a perpetuação do bom estado biológico, de certa força, da linhagem. As estratégias médicas, por exemplo, como as despesas de saúde, são igualmente importantes: por elas se garantem a força de trabalho, a força de reprodução etc.

Chego agora às estratégias mais evidentes, nas quais se pensa de imediato: as estratégias econômicas propriamente ditas, como as estratégias de investimento, de poupança etc., que são um elemento do sistema. Já que a herança consiste em terras, em patrimônio material, as estratégias econômicas de perpetuação da casa não existem sem as estratégias de entesouramento, de investimento, de acumulação etc. Há também as estratégias de investimento e de acumulação de capital social, isto é, estratégias visando manter as relações já estabelecidas: por exemplo, em sociedades como a cabila, uma parte muito importante do trabalho feito pelos agentes é de manutenção das relações com o parentesco no sentido amplo, que se trate do parentesco estabelecido por alianças ou do parentesco estabelecido pela sucessão; esse trabalho, que consiste em visitas, em trocas de dons e presentes etc., é extremamente importante na medida em que é aquilo pelo qual se perpetua o capital simbólico da família. Ter uma grande família é, por exemplo, ser capaz de fazer um cortejo de trezentas pessoas, das quais duzentos homens disparando tiros. [Nessas sociedades] as procissões e todas as exibições de grupo são como as passeatas em nossas sociedades: são exibições de capital simbólico, isto é, de capital social acumulado por anos e anos de conversas, de trocas, de gentilezas etc., que é possível exibir quando necessário, por exemplo quando se trata de manifestar a solenidade de um casamento ou arranjar um casamento.

A acumulação de capital sucessório é, portanto, muito importante, e as estratégias sucessórias matrimoniais só são possíveis com base em estratégias de manutenção do capital social metódicas, astuciosas, contínuas etc., volta e meia sendo, aliás, atribuídas às mulheres. [...] Escrevi um texto sobre a dominação masculina[9] em que desenvolvi certas coisas nas quais não tinha pensado, [...] numa dimensão da divisão do trabalho entre os sexos, ainda muito forte em nossas sociedades: esta que consiste em delegar às mulheres o trabalho de manutenção das relações sociais, ao passo que os homens [se concentram nas] estratégias sucessórias. Essas estratégias de manutenção do capital social são atribuídas, pela divisão entre os sexos, prioritariamente às mulheres na maioria das sociedades, não ouso dizer em todas porque há sempre a possibilidade de uma exceção. Por exemplo, há trabalhos americanos muito divertidos que estudaram o estereótipo segundo o qual as mulheres passam o tempo ao telefone — é um estereótipo de todos os países modernos. Estudando as contas de telefone, seus autores observaram que, de fato, o estereótipo corresponde a uma realidade: as mulheres passam muito mais tempo ao telefone. Mas, como bons cientistas, eles não se contentaram em fazer constatações estúpidas como encontramos na sociologia espontânea das revistas que nos alimentam diariamente; tentaram compreender por que era assim e descobriram que, na maioria das famílias, e isso tão mais fortemente quanto mais se desce na hierarquia social, a manutenção das relações familiares é atribuída à mulher, inclusive as relações com a família do chefe de família: a mulher manda cartões de Natal, dá telefonemas nos aniversários e nas festas etc. Vê-se, portanto, que a noção de estratégia de investimento social é importante para dar um estatuto a todo esse trabalho invisível. Ora, os trabalhos femininos são sempre invisíveis... Os cabilas sempre dizem: "A mulher é como a mosca no leite, ela se agita e ninguém vê o que ela faz". O trabalho de manutenção das relações sociais não só é invisível como é tabu: "Ela passa o tempo ao telefone, o que é que ela está fazendo etc." [...].

Volto às estratégias matrimoniais propriamente ditas, que, é claro, são centrais. Não preciso desenvolver: em muitas sociedades elas são o principal investimento [da casa]; é pelo casamento que se pode aumentar o patrimônio material e, sobretudo, o capital simbólico — é possível adquirir aliados, por exemplo. As estratégias matrimoniais são, assim, objeto de investimentos constantes, de atenções extraordinárias, de sofisticação, de virtuosidade bem além da capacidade da maioria dos etnólogos — foi por isso que eles fizeram modelos matemáticos, mas era muito mais simples...

Em seguida, tenho uma última categoria, que chamo de estratégias de sociodiceia — e me explico rapidamente: trata-se de uma palavra que forjei a partir do modelo da palavra de Leibniz,[10] a teodiceia, que é a justificação de Deus; a sociodiceia é a justificação da sociedade. Essa noção designa estratégias que têm como função justificar as coisas pelo fato de serem o que são. É o que se põe vagamente dentro da noção de ideologia, que é tão vaga e obscura que prefiro suprimi-la e substituí-la por sociodiceia — é mais bárbaro, mas é mais preciso. As estratégias de sociodiceia designam todo o trabalho feito [para isso] por um grupo, da família ao Estado. [Esquecemos, mas] há todo um trabalho destinado a justificar a família por ser o que ela é, por ser como ela é: há uma ordem simbólica da família que é, sem parar, mantida por um discurso, por uma mitologia; há mitos de fundação oficiais como o casamento etc., mas também lendas familiares, álbuns de família — haveria um trabalho muito bonito a fazer sobre o álbum de família, o túmulo de família...

Recapitulo: estratégias de fecundidade, estratégias sucessórias, estratégias educativas, estratégias profiláticas, estratégias econômicas, estratégias de investimento social, estratégias matrimoniais, estratégias de sociodiceia. Isso perfaz uma grande enumeração, mas creio que importante. Se querem mais detalhes sobre as relações entre essas diferentes estratégias, remeto-os, pois, às páginas 387-8 de *La Noblesse d'État*.

A NOÇÃO DE SISTEMA DE ESTRATÉGIAS DE REPRODUÇÃO

[Voltemos] agora à noção de sistema. Um sistema quer dizer que essas diferentes estratégias participam de uma mesma intenção objetiva. Vistas de fora, por um observador, elas parecem o produto de uma intenção sistemática, e há uma afinidade de estilo, alguma coisa de comum... Costumo empregar uma analogia, que tiro de Merleau-Ponty:[11] a gente reconhece a letra de alguém, que ele escreva numa folha com tinta, com caneta-tinteiro, com pluma sergent--major, com lápis, no quadro-negro etc.; há uma unidade de estilo pela qual se reconhece uma letra, há uma espécie de fisionomia. Creio que os produtos de um habitus são desse tipo, têm uma afinidade de estilo ou, como diz Wittgenstein, um "ar de família".[12]

Todas as estratégias que acabo de evocar, quando realizadas por uma família, têm um ar de família no sentido de que se inspiram nas mesmas intenções aparentes. Por quê? Porque têm como princípio o mesmo habitus gerador e os mesmos constrangimentos ou os mesmos fins objetivos. No caso dos camponeses do Béarn ou da família real, trata-se de perpetuar a casa ou a coroa, isto é, perpetuar uma realidade transcendente aos indivíduos, irredutível aos indivíduos, cujos indivíduos são a encarnação provisória, e que se deve perpetuar justamente além dos indivíduos. A palavra "estratégia" costuma dar lugar a mal--entendidos, porque é fortemente associada a uma filosofia finalista da ação, à ideia de que estabelecer uma estratégia equivaleria a determinar fins explícitos em relação aos quais a ação presente se organizaria. Na verdade, não atribuo de jeito nenhum esse sentido à palavra; penso que as estratégias remetem a sequências de ação ordenadas em relação a um fim, sem que tenham como princípio o fim objetivamente atingido, sem que o fim objetivamente atingido seja explicitamente colocado como fim da ação.

É um problema muito importante que nada tem de detalhe. [...] Lewis, com justa razão, ataca esses historiadores que [adotam] uma má filosofia da ação: somos espontaneamente intencionalistas, sobretudo quando se trata dos outros, e em especial, é claro, quando se trata da família real, que parece não ter tido outro fim senão aumentar o reino, para que ele chegasse ao nível em que nos deixaram. [Lewis salienta] — digo isso de maneira tolamente pitoresca, ele o formula de modo muito mais nobre — que não se deve fazer da construção da França um projeto que teria sido levado adiante pelos reis sucessivos. Foi o exemplo que acrescentei de minha própria lavra, mas há historiadores que tomam partido sobre a instituição dos apanágios — os apanágios são compensações dadas ao caçula que foi deserdado em favor do mais velho; esses historiadores condenam os apanágios e dizem: "É desagradável, pois isso leva ao desmembramento do Estado real, é uma pena, a França seria maior se não tivesse sido obrigada a dar um pedacinho para o duque de Borgonha". Em outras palavras, a filosofia finalista da ação, que é a tendência espontânea a pensar a ação humana, pode ser reforçada por investimentos inconscientes, interesses ingênuos. Essa ingenuidade é varrida de imediato se temos no espírito que aí pode haver estratégia que tenha [explicitamente] finalidades. O tema das estratégias não é uma consciência que apresente explicitamente seus fins nem um mecanismo inconsciente, mas um sentido do jogo — é a metáfora que sempre emprego: um sentido do jogo, um sentido prático, [guiado por] um habitus, por disposições a jogar não segundo as regras, mas segundo regularidades implícitas de um jogo em que estamos imersos desde a mais tenra infância.

Por exemplo, li hoje de manhã o relato de uma cena em que Francisco I reúne um leito de justiça:[13] *o chanceler lhe diz em nome do Parlamento coisas que lhe desagradam e, bruscamente, contra todas as expectativas, ele se levanta e vai embora. Evidentemente, não se fornece nenhum detalhe, mas gostaria de saber se alguém lhe disse: "Majestade, é preciso partir", se ele se levantou porque pensava que sua dignidade régia fora ofendida e que ele não podia ouvir aquilo, pois, se ficasse, dava legitimidade àquelas palavras, que na verdade tendiam a aumentar o poder do Parlamento em relação ao seu etc. O historiador nem sequer se faz a pergunta e talvez tenha razão... Mas é certo que essa ação tem um princípio porque, em seguida, [Francisco I] se reúne com seu conselheiro e inventa uma estratégia para enfrentar o Parlamento e dar um sentido retrospectivo ao que talvez tenha sido um gesto de irritação — um gesto de irritação que é

---

* O leito de justiça era uma cama com dossel onde o rei se instalava quando dirigia uma sessão solene do Parlamento, podendo também ser a própria sessão. (N. T.)

um gesto de habitus, os gestos de habitus costumam se inscrever nas estratégias —, […] uma cólera sem razão, talvez também a estratégia daquele que não tem mais estratégia. Muitas vezes as cóleras são as estratégias do pobre, daquele que não pode revidar no plano das palavras… Não posso dizer mais que isso, mas [vocês vejam] que todas as ações, sejam elas de Francisco I ou as de um campo-nês que negocia a respeito do casamento do filho, podem ter as aparências do que seriam se fossem calculadas, e ser o produto não do cálculo, mas do que se chamaria irritação, sentido da dignidade etc.

Estratégias, depois sistemas de estratégias, creio que esclareci as duas no-ções principais. Resta aquela de reprodução, [que faz referência a] sistemas de estratégia orientados para a perpetuação da posição da entidade social referida, no espaço social.

O ESTADO DINÁSTICO À LUZ DAS ESTRATÉGIAS DE REPRODUÇÃO

Tendo estabelecido o instrumento da análise, posso agora passar bem por alto à descrição do Estado dinástico, que é um Estado em que as estratégias de reprodução são o essencial do que faz esse poder. Por exemplo, as guerras de sucessão inscrevem-se numa estratégia sucessorial: [estão ligadas à] fecundida-de e, como os grandes rituais de exibição simbólica, à reprodução do capital simbólico. Depois de estabelecer o modelo, penso que é possível explicar, de maneira sistemática e econômica, o conjunto de comportamentos das potên-cias governantes em determinado momento, em determinado estágio do de-senvolvimento do Estado.

Volto ao livro de Andrew Lewis, *Le Sang royal*: dou-lhes um resumo sim-ples a partir do qual me prolongarei. Ele critica a visão teleológica fundamenta-da na "ilusão retrospectiva", como dizia Bergson, que consiste em atribuir à França um projeto que seria conduzido pelos reis sucessivos. Sua tese é que fa-mília real e sucessão ao trono estão inextricavelmente ligadas e indissociáveis; em outras palavras, é o modo de sucessão, o que eu chamo de modo de repro-dução, que define o reino. A verdade de todo o mecanismo político está na lógi-ca da sucessão.

A realeza é um *honor* hereditário, e o Estado é redutível à família real. Cito Lewis: "Numa sociedade que não tinha unidade étnica nem unidade territorial, nacionalismo significava vassalagem ao rei e à coroa; a exaltação da linhagem real era, portanto, suscetível de se confundir com a louvação do povo francês".[14] O modelo dinástico instaura-se, pois, numa espécie de consagração da família real, e essa consagração acarreta certas consequências: para que a família real se perpetue, constante ou aumentada, é preciso haver a transmissão hereditária em linhagem agnatícia, isto é, uma transmissão pelos homens, pela primogenitura, pelo morgadio, e pela prioridade dada à transmissão do patrimônio em relação a qualquer outro imperativo. Segundo Lewis, esse modelo teria sido inventado progressivamente na família real e se generalizado pouco a pouco entre os outros feudais porquanto fornecia uma solução cômoda para um problema comum: o de perpetuar o patrimônio evitando, tanto quanto possível, as divisões. Entre os camponeses do Béarn, era uma obsessão, precisava-se a todo custo evitar a partilha: uma das maneiras [de conseguir] era ter um filho único, ou ter um menino para o patrimônio e uma menina para as trocas — é o ideal...

Se fosse possível controlar a fecundidade, todos gostariam de ter tido um menino primeiro e uma menina depois, o menino para herdar e dar uma herdeira, e depois uma caçula na família para manter as relações com outra família, casando-se com um herdeiro. Mas os acasos da fecundidade fazem com que, por exemplo, alguns homens tenham seis filhas, o que é uma catástrofe do ponto de vista das estratégias e do sentido do jogo dinástico, sobretudo se a pessoa se obstina a qualquer preço em ter um herdeiro; um excelente jogador pode conseguir se safar, pode conquistar várias alianças, mas é um jogo muito ruim. E há famílias que pagam durante quatro ou cinco gerações as más estratégias de fecundidade, os jogos do amor e do acaso que deram a um pai seis filhas. Vê-se que, com muita frequência, as estratégias sucessoriais estão aí para recuperar os fracassados das estratégias de fecundidade. Recentemente, li o artigo de um demógrafo japonês que se inspirava nesse modelo e estudou, por métodos estatísticos muito sofisticados, o laço entre as estratégias de fecundidade e as estratégias sucessórias no Japão[15] — e isso funciona bem. Não é possível compreender esses fenômenos de pura demografia sem pô-los em relação com as outras estratégias.

O direito de primogenitura é uma maneira evidente de proteger o patrimônio contra o desbaratamento, mas é preciso dar compensações aos mais moços: os apanágios eram essa compensação, destinada a garantir a concórdia entre os irmãos contra a ameaça da divisão. Aí também seria preciso desenvolver. Havia outras soluções: a partida para o exército ou para a Igreja, no caso das famílias nobres; a emigração, no caso das famílias camponesas; ou ainda a solução, produto extremo da educação, que faz com que o caçula, ou sobretudo a caçula, fique na família e sirva de doméstico gratuito, ame os filhos de seu irmão como aos seus etc. Existem discursos muito bonitos sobre isso, penso que haveria muito a desenvolver sobre os fenômenos de dominação dentro da unidade doméstica. Eu dizia há pouco que existe uma sociodiceia interna à família — um caçula que fica na família, que trabalha para seu irmão, é um dos êxitos mais extraordinários dessa ideologia —, tudo isso se expressando na forma do amor, do amor à família, do amor aos filhos, do amor aos filhos do irmão, do sentido de solidariedade etc. O apanágio, no caso das famílias reais, era, portanto, essa compensação destinada a limitar os conflitos dentro da unidade doméstica. E esse problema das relações entre irmãos é muito candente em diversas sociedades: nas sociedades árabes, que têm um sistema de partilha em partes iguais compensada pela indivisão, a relação entre irmãos é um dos pontos sensíveis da estrutura social, em tal nível que o casamento com a prima paralela [paterna, isto é, com a irmã do irmão do pai], que é uma espécie de exceção no universo das trocas matrimoniais possíveis, é, parece-me, um dos meios de perpetuar a coesão entre os irmãos, mais além das causas de conflitos ligados às potencialidades da partilha etc.

Assim, os apanágios constituíam uma solução… Contrariamente a esses historiadores que, com uma visão teológica do crescimento de uma França maior, deploram os apanágios, Lewis mostra que os apanágios são absolutamente indispensáveis para perpetuar a unidade da família real. Voltarei a isso, pois é uma das contradições que todos os Estados nascentes devem superar: por um lado, a contradição nascida do conflito entre irmãos, herdeiros legítimos segundo a lógica dinástica, e, por outro, as contradições entre os herdeiros legítimos e os detentores do poder técnico, que o herdeiro principal costuma apoiar contra seus irmãos. É o grão-vizir, se quiserem. O grão-vizir — se pensam em Iznogoud,[16] não é uma boa referência… pensem em Bajazet,[17] já é melhor — é aquele que tem um poder vitalício que morrerá com ele, e que portanto é muito poderoso, é aquele a quem se pode delegar a potência, pois ele não poderá transmiti-la, e é [a quem ela é delegada] para impedir que os outros, se a tivessem, a transmitissem pelo fato de tê-la. Voltarei a isso daqui a pouco. Portanto, as contradições dentro da dinastia são extremamente importantes e são o princípio da dinâmica de onde sairá a superação da dinastia.

Retorno ao livro [de Lewis] e às estratégias familiares dos capetos: o *honor* principal e as terras patrimoniais vão para o filho mais velho, constituído como herdeiro; depois, proveem os mais moços com territórios, os apanágios, que são territórios adquiridos (e não tirados do patrimônio). Os gregos tinham duas palavras para dizer isso: aquilo que era retido como propriedade hereditária e aquilo que foi adquirido com o chefe de família em vida. As novas aquisições eram dadas na forma de apanágio. O livro de Lewis é muito importante, mas do ponto de vista do sistema das estratégias de sucessão é um pouquinho sumário porque se atém, no fundo, essencialmente às estratégias sucessoriais: faz como se o centro de todas as ações de perpetuação do patrimônio fossem as estratégias sucessoriais, ao passo que há todas as outras, o que vou desenvolver. Tendo, pois, resumido esse livro que vocês lerão se desejarem, tentarei desenvolver, inspirando-me nele, um modelo um pouco mais complexo do Estado dinástico.

A "CASA DO REI"

Uma das propriedades do Estado dinástico é que a empresa política não é separada da unidade doméstica. É uma distinção que faz Max Weber a respeito do nascimento do capitalismo: ele insiste no fato de que o nascimento do capitalismo se acompanha da separação da empresa e da casa, uma separação que costuma se traduzir por uma diferença espacial. Uma das propriedades do Estado dinástico é que a empresa política e a empresa doméstica não são separadas — daí a expressão "a casa do rei" —, e isso até um estágio muito avançado. Por exemplo, no livro *Seigneurie française et manoir anglais* Marc Bloch diz da senhoria medieval que ela é fundamentada "na fusão do grupo econômico e do grupo de soberania";[18] da mesma maneira, Georges Duby, a respeito da propriedade medieval, afirma: "O poder é encerrado no doméstico"[19] — essa palavra, "encerrado", faz pensar na palavra *embeddment*, empregada por Karl Polanyi para dizer que, nas sociedades pré-capitalistas, a economia está imersa nas relações de parentesco, no doméstico. Ou seja, nesse modelo a potência paterna é ao mesmo tempo o centro de toda a estrutura de poder e o modelo segundo o qual é pensado todo o poder. Por exemplo, na Cabília antiga a política não era constituída como tal, tanto assim que empregar a palavra "política" é um anacronismo na medida em que toda relação possível, até o nível da confederação, que era uma espécie de reunião das tribos, era pensada no modelo das relações de parentesco, no modelo das relações

325

pai/ filho ou da relação entre os irmãos. Ou seja, ali o modelo da família é o princípio de construção de toda realidade social possível.

Aqui, de novo — refiro-me a Duby —, o poder repousa nas relações pessoais e nas relações afetivas, socialmente instituídas: é um tema absolutamente clássico dos durkheimianos. Há um artigo muito famoso de Marcel Mauss sobre o riso e as lágrimas,[20] [que mostra que] as relações afetivas são socialmente estruturadas. E Duby pega o exemplo de três noções: a fidelidade, o amor e o crédito — três virtudes, poder-se-ia se dizer, três disposições que estão na base da ordem estatal originária tal como ele a descreve. Ele mostra que essas três noções são ao mesmo tempo socialmente construídas e socialmente mantidas. Por exemplo, o crédito deve ser mantido por larguezas, pela generosidade — isso foi dito cem vezes: a generosidade aristocrática é cálculo econômico no campo do simbólico.

O Estado confunde-se, pois, com a casa do rei — cito de novo Duby: "O rei é ainda um chefe de linhagem". Duby emprega essa expressão a propósito de Filipe, o Belo: é um chefe de linhagem cercado por sua parentela próxima. A família é dividida em câmaras, que são serviços especializados que acompanham o rei em seus deslocamentos. Obviamente, o poder tende a ser tratado como um patrimônio hereditário segundo a lógica doméstica, e o princípio de legitimação dominante é a genealogia. A genealogia é a ideologia de uma unidade de tipo doméstico. Os traços mais característicos do modelo que é possível construir desse tipo de funcionamento decorrem, todos, dessa unidade do poder como casa: o chefe da casa é socialmente mandatado para realizar o que se poderia chamar de uma "política de casa" — "política" devendo ser posta entre aspas. As estratégias matrimoniais, que são o centro disso, têm como função aumentar o patrimônio da linhagem, na forma tanto material como simbólica.

Pode-se então explicar o mistério da transcendência da coroa em relação a seu detentor, o que deu muito o que falar. Há um texto muito famoso de Kantorowicz intitulado *Les Deux Corps du roi*.[21] Admiro muito esse livro, que citei cem vezes, pois põe o dedo em algo muito importante: na verdade, tendo a pensar cada vez mais que o mistério dos dois corpos do rei é pura e simplesmente o mistério da transcendência da casa em relação aos que a habitam — a casa, como *domus*, como edifício, dura além de seus habitantes. Quem quer trabalhar sobre a sociologia do consumo da casa carrega tudo isso: quando as pessoas compram uma casa,[22] não é, afinal, a mesma coisa que um automóvel, embora os psicanalistas ponham muitas coisas na compra de um automóvel.

Uma casa é carregada de um inconsciente histórico enorme, em grande medida porque a casa é uma morada, algo que deve durar, que garante a duração da família e que só pode durar se a família durar; vocês encontrarão aqui o álbum de família, o túmulo da família etc. O chefe da casa é, de certa forma, a encarnação provisória dessa unidade transcendente que é a casa, e podemos compreender suas ações a partir desse princípio. Isso é óbvio para as estratégias matrimoniais que, no caso das famílias reais, costumam ser o princípio de anexações territoriais. Tomei o exemplo, no limite de minha cultura histórica, da dinastia dos Habsburgo, mas poderia ter pegado cem. É um lindo exemplo: ela aumenta seu patrimônio sem a menor guerra, por uma série de casamentos judiciosos: Maximiliano I adquire o Franco-Condado e os Países Baixos por seu casamento com Marie de Borgonha, filha de Carlos, o Temerário; seu filho, Filipe, o Belo — nesse caso, ele quer um capital simbólico a mais —, casa-se com Joana, a Louca, rainha de Castela, e isso resultará no Grande Império, em Carlos V etc.; mas infelizmente, depois de Carlos V, a lógica das partilhas recomeça, e a lógica sucessória desfaz o que a estratégia matrimonial fizera: após Carlos V, partilha entre Filipe II e o irmão de Carlos V, Fernando I etc. Todas as histórias de camponeses são cheias de histórias assim de partilhas...

Uma parte muito importante das estratégias matrimoniais decorre das estratégias de reprodução; da mesma maneira, as estratégias de sucessão — [...] remeto-os ao livro que citei uma infinidade de vezes, *Genèse de l'État moderne*, em que há um artigo de Richard Bonney[23] com uma longa lista de guerras de sucessão, que têm como princípio os conflitos associados à interpretação da lei sucessorial, sendo a guerra um meio de perpetuar estratégias sucessoriais por outros meios. A guerra, em muitos casos, é uma estratégia sucessorial que instala a violência. É possível entender uma parcela muito importante das estratégias das dinastias como estratégias de reprodução. [...] Dei antecipadamente o modelo, vocês mesmos podem aplicá-lo: é evidente que só se compreende, por exemplo, uma parte considerável das políticas educativas da realeza e da nobreza se for na lógica do sistema das estratégias de reprodução.

LÓGICA JURÍDICA E LÓGICA PRÁTICA DO ESTADO DINÁSTICO

O Estado dinástico tem uma lógica prática e se constitui pouco a pouco graças a invenções sucessivas que os historiadores podem datar: encontra-se a solução dos apanágios, que é nuançada, instaura-se a lei sálica. Paralelamente, é grande o interesse que apresentam os camponeses do Béarn para a análise, porque eles permitem observar as estratégias dinásticas não contaminadas pelo trabalho dos juristas que vou evocar: são estratégias dinásticas no estado prático, que são até mesmo feitas contra o trabalho dos juristas, já que os camponeses do Béarn conseguiram perpetuar sua estratégia até o século xx contra o Código Civil que proibia o direito de primogenitura: conseguiam driblar a lógica jurídica.

As estratégias dinásticas da realeza são teorizadas e racionalizadas pelos legistas — aqui, depois de ter lido muitos trabalhos de historiadores que põem no mesmo saco as estratégias no estado prático e as regras explícitas do direito que regem os costumes sucessoriais, penso que é preciso fazer uma distinção importante, e considero que é na passagem de uma lógica prática para uma ideologia explícita que se poderia ver a diferença entre um Estado dinástico e um Estado absolutista. (Os que sabem devem pensar que sou de uma imprudência extrema, e os que não sabem [não devem ver] o interesse disso. Fico um pouco constrangido, mas há um grande debate a respeito do absolutismo: para mim, o absolutismo, quer dizer, o que se designa como absolutismo, talvez seja o fato de se ter transformado, com o auxílio do direito romano que se prestava a isso, uma lógica prática de tipo dinástico em lógica jurídica com o direito do sangue etc.)

Os juristas são interessadíssimos nesse trabalho [de racionalização], estão envolvidos nisso, já que, nas formas elementares de divisão do trabalho de dominação, um dos primeiros agentes externos à família real é o jurista: portanto, têm total interesse tanto em legitimar como em se legitimar, e em se autonomizar em favor do poder de legitimação que têm. Vão se servir do poder que têm de legitimar a realeza para se legitimar como capazes, por exemplo, de fazer admoestações ao rei: "Aquilo em nome do que eu te justifico me justifica para dizer que tu não tens justificativa de fazer isso…". Mas uma parte do trabalho jurídico é um trabalho de acompanhamento do exercício do poder: o direito romano permite legalizar, de certa forma, o princípio dinástico e expressá-lo em linguagem estatal — quando digo "estatal", já quero dizer universalizado em linguagem estatal, essa do direito romano que se prestava a isso pelo fato, por exemplo, da noção de sangue, de direito de sangue. Desde os capetos vemos aparecer, de certa forma, os primeiros sinais desse trabalho de racionalização jurídica da prática da linhagem: começa a ser constituída a família real como entidade juridicamente garantida pelo Estado. É aí que começam a ser inventados os "príncipes das flores-de-lis", os "príncipes de sangue real", e, no século XV, os "príncipes de sangue". A metáfora do sangue real, que se ampara nos princípios do direito romano, torna-se central como ideologia justificadora, e, paradoxalmente, essa ideologia justificadora torna-se cada vez mais indispensável — desenvolverei [esse ponto] da próxima vez. Uma das contradições da lógica dinástica é que ela deve coexistir e compor com uma lógica não dinástica: os juristas não se reproduzem hereditariamente — quer dizer, ao menos oficialmente, mas há a hereditariedade como a temos ainda hoje, pelo sistema escolar. Apesar de todas as espécies de fenômenos, tais como a compra dos cargos etc., tem-se a coexistência de dois modos de reprodução: o modo de reprodução régio, que é portanto fundamentado no direito de sangue, e o modo de reprodução dos funcionários reais, em particular dos juristas, que é de outra natureza. Esse conflito, que os juristas ajudam a resolver e sobre o qual se interrogam, para sua própria existência, parece-me ser um dos fatores — há outros — de mudança da evolução de um Estado dinástico para um Estado — por ora não tenho palavra para nomeá-lo — mais "despersonalizado".

OBJETIVOS DO PRÓXIMO CURSO

Tentarei, da próxima vez, descrever mais precisamente as contradições e fazer uma espécie de fenomenologia... É extremamente difícil e muito imprudente, mas, afinal de contas, fiz uma espécie de fenomenologia desse processo sobre o qual temos muita dificuldade para pensar, porque todas as nossas categorias de pensamento são o produto dele: o que é a delegação de assinatura, por exemplo? O que é a aposição de um selo? O que é um *garde des sceaux*?* Tentarei analisar essa espécie de divisão progressiva do trabalho de dominação... Infelizmente os historiadores não atentam para isso, a não ser os historiadores do direito, que têm o mérito de ser mais atentos a isso — penso em Maitland, de quem muito me sirvo.[24] Esses historiadores descobriram o papel do simbólico, por exemplo, no exercício do poder (costumo dizer que a história, com seus ares triunfantes, é uma ciência muito dominada pelas outras ciências sociais).

---

* Originariamente, o guardião dos selos, ou chanceler, era o alto funcionário real responsável pelos selos da França. Hoje é o ministro da Justiça. (N. T.)

Houve artigos canônicos que serviram de base a uma profusão de trabalhos, e penso que, infelizmente, eles não têm interesse intelectual para construir o que, parece-me, deveria ser construído, a saber, essa espécie de cotidiano da burocracia de Estado, da grande burocracia de Estado: o rei assina, o guarda dos selos contra-assina; o que quer dizer contra-assinar? Quem é o responsável?

Em seguida, gostaria de descrever essa espécie de gênese, essa criação de uma cadeia de assinaturas garantindo assinaturas, essa cadeia de agentes que são concomitantemente controladores e controlados, desresponsabilizados e responsáveis. O que vou lhes contar é arriscado, mas talvez sirva de programa para estes ou aqueles de vocês que tiverem vontade de examinar os documentos, porque penso que há [material] a examinar... Portanto, vou dizer coisas incertas no prolongamento do que disse hoje.

Curso de 10 de outubro de 1991

O modelo da casa contra o finalismo histórico — As implicações da pesquisa histórica sobre o Estado — As contradições do Estado dinástico — Uma estrutura tripartite

O MODELO DA CASA CONTRA O FINALISMO HISTÓRICO

Gostaria de retomar minha fala onde parei e tentar mostrar a vocês por que me parece interessante e importante construir o funcionamento da instituição real como casa.

O modelo da casa é importante por dois motivos: permite colocar de maneira clara a questão da gênese do político a partir do doméstico e, em segundo lugar, permite explicar as estratégias dinásticas no campo político. Gostaria de apontar dois problemas. O primeiro era evocado no livro de Andrew Lewis, que lhes citei da última vez, problema que pode parecer ingênuo mas que, contanto que seja reformulado, reveste-se de certa necessidade: quem é o sujeito do processo de concentração das diferentes espécies de capital que descrevi para vocês no ano passado? Será que o sujeito desse processo é ingenuamente o rei, como sugerem certos historiadores, ou se trata de um sujeito transcendente à pessoa do rei? Gostaria de dar a referência de um livro: *Histoire de l'administration monarchique en France*, de Cheruel.[1] É um enorme corpus, muito útil, aliás, pelas informações que fornece. Mas o autor assume muito ingenuamente a posição que descrevo: coloca a vontade do rei, dos capetos e de seus sucessores, de construir o domínio real na origem do processo de construção do Estado, e não vai além dessa explicação pelas intenções monárquicas de fazer a França. E até nos trabalhos mais recentes sobre a França, organizados por um coletivo de historiadores,[2] vê-se em estado implícito essa ideia permanente de que há uma espécie de sujeito que fez a França. Perguntamo-nos então, pura e simplesmente, se pontos tão ingênuos como esse, subjacentes a trabalhos históricos, não devem ser questionados para fazer surgirem certos problemas que eles dissimulam.

Nesse caso particular, creio que para compreender o processo de concentração é preciso fazer intervirem dois fatores maiores. O primeiro é o que se poderia chamar o "pensamento casa", como se falava do "pensamento Mao": a maneira de pensar em termos de casa é um princípio explicativo, creio, de todo um conjunto de estratégias aparentemente disparatadas — aquilo que eu tinha dito da última vez a respeito do sistema de estratégias de reprodução. E esse modo de pensamento nada tem de natural, pois é um modo de pensamento histórico desenvolvido em certas tradições mais que em outras. Por exemplo, eu estava lendo um livro sobre uma casa japonesa, livro que acaba de ser publicado na coleção Terre Humaine:[3] ele descreve de maneira admirável toda a história de uma família japonesa, cujos princípios de funcionamento são perfeitamente do tipo daquele que analisei da última vez — o pensamento em termos de casa, sendo a casa uma realidade transcendente aos que a ocupam, a um só tempo uma construção, o patrimônio, o conjunto da linhagem etc. Essa espécie de entidade transcendente aos indivíduos pode ser o sujeito de certas ações que se prolongam na duração; uma das propriedades da casa, e isso é tão óbvio que esqueci de dizer, é que a casa é duradoura: a principal propriedade da própria casa é pretender perpetuar-se no existir, é pretender durar; e toda uma parte das ações que ela [exige] dos que a habitam é justamente [que eles ajam] além de seus interesses temporais, além de suas próprias existências.

Essa espécie de entidade transcendente — e o tipo de pensamento que inculca aos que dela fazem parte — parece-me, portanto, ser o verdadeiro sujeito do processo de concentração, e não a vontade do rei. Mas para compreender que essa vontade transcendente ao rei tenha conseguido se realizar na história, é necessário, parece-me, abordar a questão dos trunfos particulares de que o rei dispunha. Estranhamente — talvez seja um efeito de minha ignorância —, não vi essa questão claramente colocada. [Os historiadores dizem] sempre: "O rei da França, quer dizer, aquele que se tornou rei da França, venceu os outros feudais"; interrogamo-nos sobre os trunfos econômicos etc., mas penso que não fazemos claramente a pergunta para saber em que o fato de ser o rei podia ser um trunfo na luta contra os feudais que tinham essa particularidade de não serem o rei. Em outras palavras, o princípio explicativo que proponho — que pode parecer irrisório já que é puramente simbólico —, um dos princípios explicativos do sucesso do rei é que simplesmente ele era o rei, ou seja, ocupava esse lugar particular no jogo que é o lugar do rei — e portanto chamarei esse tema de o lugar do rei. Gostaria de explicitar [esse ponto] porque é menos evidente do que parece.

Eu disse há pouco que ninguém, a meu ver, tinha apresentado claramente esse problema. Há, porém, uma exceção: é Norbert Elias; e lhes citarei uma passagem em que ele tem o mérito de levantar o problema. Mas penso que a resposta que dá é meramente tautológica — como não estou absolutamente certo do que digo, tratando-se de um imenso pensador, vou ler o texto dele para vocês, que julgarão. Elias chama isso de "lei do monopólio":

> Quando, numa unidade social de certa extensão, um grande número de unidades sociais menores que, por sua independência, formam a grande unidade dispõem de uma forma social mais ou menos igual e podem por isso, livremente, sem serem atrapalhadas pelos monopólios já existentes, rivalizar para a conquista das oportunidades de potência social, em primeiro lugar dos meios de subsistência e de produção, é forte a probabilidade de que uns saiam vencedores, os outros vencidos desse combate, e que as oportunidades acabem por cair nas mãos de um pequeno número, ao passo que os outros são eliminados ou caem sob a dependência de uns poucos.[4]

Portanto, ele diz: quando há vários que lutam, há um que ganha, e o poder se concentra. Por que se concentra? Porque se concentra... Vocês poderão reler: "... é forte a probabilidade de que uns saiam vencedores, os outros vencidos desse combate, e que as oportunidades acabem por cair nas mãos de um pequeno número, ao passo que os outros são eliminados ou caem sob a dependência de uns poucos". É a lei de bronze das oligarquias…[5] Penso que a solução de Elias não é muito satisfatória, mas Elias tem o mérito considerável de levantar a questão e talvez sem ele eu não poderia ter feito essa pergunta.

Portanto, tem-se uma espécie de campo feudal, um conjunto de agentes sociais em concorrência, com trunfos mais ou menos semelhantes em termos de recursos, de capital militar, econômico etc., para enumerar novamente as espécies de capital que eu havia enunciado. Mas eles têm um ponto de inferioridade: em relação ao capital simbólico, falta-lhes justamente [essa propriedade que os distingue dos outros], que os singulariza, a saber, de poder dizerem que são o rei. Cito Duby no prefácio que escreve para o livro de Lewis: "O rei detinha um poder de natureza semilitúrgica, que punha o soberano à parte de todos os outros potentados, seus rivais".[6] A expressão importante para mim é "à parte". Sem dúvida, o "poder de natureza semilitúrgica" é importante, o rei tinha um poder de direito divino, mas os outros também, eles eram sempre ungidos, sagrados e consagrados. Dito isto, penso que, se aceitamos que havia uma especificidade litúrgica, esta era eficiente porque se aplicava especialmente a alguém que era distinguido e cuja particularidade se marcava pelo fato de que recebia uma unção particular. Logo, o que me parece importante e que Duby assinala é o fato de que o soberano se encontra à parte dos outros.

Desculpem-me, eu deveria tê-los enunciado ao começar: além do argumento que chamo "o lugar do rei", há outros. O rei, evidentemente, tem outros trunfos que foram sublinhados pelos historiadores: ele acumula a soberania — na lógica do direito romano, essa que os canonistas lhe conferem — e a suserania. Pode, assim, jogar uma espécie de jogo duplo. Pode jogar como monarca da lógica feudal, isto é, reivindicar a submissão feudal, e além disso reivindicar a particularidade que lhe dá, dentro da lógica feudal, o fato de ser diferente dos outros. Portanto, pode se servir da própria lógica do jogo feudal para mudar o jogo feudal, o que é um paradoxo perfeitamente banal: é preciso se servir de um jogo para mudar a regra do jogo. Portanto, ele pode se servir da lógica feudal transformada em lógica dinástica, como eu havia indicado da última vez, para acumular patrimônio e aumentar sua diferença. Mas, a esses argumentos via de regra utilizados, acrescento o fato de que ele conseguiu uma acumulação inicial de capital simbólico ligada ao efeito de distinção: o rei é, assim, um chefe feudal que tem essa propriedade particular de conseguir, com chances razoáveis de sucesso, ver sua pretensão de ser rei socialmente reconhecida. Ou seja, para empregar o vocabulário weberiano, o rei é aquele que pode pretender, com chances de acreditarem nele, que ele é rei — e o capital simbólico, se vocês se lembram, é um capital que repousa na crença. Portanto, pode dizer que é rei com uma chance de ser aceito. Aqui vou me referir a uma descoberta recente dos economistas que, para descreverem um fenômeno como o que acabo de descrever, falam de "bolhas especulativas": são situações em que um agente social tem motivos para fazer o que faz porque sabe que os outros agentes reconhecem que ele é o que pretende ser e que tem o direito de fazer o que faz; é uma espécie de jogo de espelhos. A lógica do simbólico é sempre desse tipo.

Como são raciocínios bastante complicados, vou desenvolvê-los lentamente ao ler meu texto: o rei tem motivos para se crer rei porque os outros acreditam que ele é rei — é racional, há uma racionalidade da economia do simbólico. Em outras palavras, basta uma pequena diferença para criar uma distância máxima na medida em que essa pequena diferença o diferencia de todos os outros. E essa diferença simbólica, já que é conhecida e reconhecida, torna-se uma diferença real posto que cada um dos feudais deve contar com o fato de que os outros feudais contam com o fato de que o rei é o rei. Digo de novo essa frase porque ela está resumida: cada um dos feudais, portanto, cada um dos outros que não o rei, é definido simplesmente pela privação, pelo fato de não ser o rei; cada um dos feudais deve, pois, contar com o fato de não ser o rei e de os outros contarem com o fato de que o rei é o rei.

(Creio que é um modelo muito geral e, se refletirmos, em muitos universos que funcionam com o simbólico, como o campo intelectual por exemplo, vocês podem fazê-lo funcionar: por que Jean-Paul Sartre era o intelectual dominante no campo intelectual dos anos 1950? Porque os outros deviam contar com o fato de que os outros contavam com o fato de que Sartre era o intelectual dominante. Portanto, são processos muito complicados, que compreendemos mal como se instalam… Costumo empregar um paradigma para descrever as lutas entre os intelectuais. Vou expô-lo porque é bastante divertido: é uma experiência de [Köhler], um psicólogo que trabalhou muito sobre a inteligência dos macacos. [Köhler] conta que um dia teve a ideia de pendurar uma banana fora do alcance dos macacos: [um dos mais espertos] a certa altura [empurra outro] para debaixo da banana, trepa em cima dele e agarra a banana; e em seguida todos os macacos estão ali, com uma pata no ar para tentar subir em cima dos outros, mas ninguém mais quer ficar embaixo, já que todos compreenderam que devem ficar em cima...[7] Isso me parece uma metáfora das lutas intelectuais... Quando vocês assistirem a esses debates intelectuais, se tiverem essa metáfora em mente, ela lhes dará muita satisfação e também muita liberdade, porque não serão tentados a levantar a pata, ficarão muito mais controlados. O campo intelectual é desse tipo: cada um diz que gostaria de poder contar com o fato de que os outros contam com o fato de que ele é o primeiro. Esses processos, que são círculos sem fim, a certa altura chegam a parar: há fenômenos de acumulação inicial, há pessoas que acumulam, acumulam, e a partir daí não precisam mais levantar a pata: está entendido que elas acumularam...)

Creio que esse modelo é muito geral; e não é por acaso se o paradigma do rei é tão poderoso nos inconscientes: todos sabem o papel surpreendente que desempenha o paradigma do rei, na medida em que o rei é quem consegue impor aos outros a representação que tem de si mesmo. É o sonho de todos os homens que os outros pensem de si o que cada um pensa de si [...]. Ora, o rei é aquele que, como também diria Weber, pode pensar com chances de sucesso que ele é o rei; é um louco que pensa que é rei com a aprovação dos outros. Há uma espécie de circularidade... *Homo homini lupus, homo homini deus...*[8] O rei é aquele que tem esse poder divino de impor sua própria representação. Aqui, seria possível refletir sobre o papel da arte, ou mais exatamente sobre as relações entre a arte e o poder: é característico do rei poder ter estátuas equestres, isto é, poder impor representações objetivadas de si mesmo que impõem seu ponto de vista sobre si mesmo e um ponto de vista dominante — ele está a cavalo etc. Ele constrói e impõe sua própria construção como universal; está em posição de universalizar seu ponto de vista particular sobre si mesmo, o que é um formidável privilégio, muito parecido com o privilégio divino: ele é para si mesmo sua própria percepção. Não vou desenvolver mais esse paradigma, é difícil fazê-lo no modo da improvisação, mas é verdade que haveria que desenvolver todo um simbolismo que quase se deduz desse modelo — o Rei-Sol etc. Seria preciso desenvolver toda uma análise do rei como o lugar em que se detém a infinidade de julgamentos que os homens fazem uns sobre os outros: é o lugar em que a verdade sobre si, a verdade subjetiva e a verdade objetiva coincidem. O rei é essa espécie de última instância, de instância de apelação: aquele que está sempre acima do acima, além do além.

Para mostrar a vocês que esse modelo não é simplesmente especulativo, e que corresponde a uma realidade, ocorre que um de meus ouvintes aqui me deu gentilmente uma bibliografia relativa aos problemas da realeza nas Índias, e, num dos livros, encontrei uma aplicação muito precisa desse modelo do lugar do rei.[9] Nesse livro, do qual não posso fazer um resumo porque não o domino como seria necessário, [Muzzafar Alam] descreve o declínio do Império Mongol. Suponho [que ele] contradiga a tradição da historiografia da Índia, que habitualmente apresenta o declínio do império como um processo de fragmentação política associada ao declínio econômico. Para [Muzzafar Alam], essa visão pessimista oculta um processo de emergência de uma nova ordem, de uma nova estruturação, e essa nova estruturação repousaria na permanência do lugar do rei, se bem entendo, no sentido de que os chefes locais que lutam uns contra os outros, e que de certa forma se aproveitam do enfraquecimento e da decadência da autoridade imperial para reforçar sua autoridade e sua autonomia local, continuam, na verdade, a perpetuar uma referência a — traduzo — "o que é pelo menos a aparência de um centro imperial". Em outras palavras, o que sobrou do império foi a ideia de que há um império e de que o império tinha um centro. Por isso, o ocupante do lugar central vê-se em posição superior: para se legitimar, para legitimar uma conquista, para legitimar um abuso de poder, os feudais são obrigados a se referirem, de certa forma, a esse centro, que permanece o lugar de legitimação. Cito:

> Nas condições de aventureirismo militar e político sem limites que acompanharam e seguiram o declínio do poder imperial, nenhum dos aventureiros [não sei se se pode traduzir assim] era suficientemente forte para conquistar a vassalagem dos outros e substituir o poder imperial. Todos lutavam separadamente [é a ideia da metáfora dos macacos que levantam a pata] para fazer a própria fortuna e ameaçavam mutuamente sua posição e seu êxito. Só alguns deles podiam, todavia, estabelecer sua dominação sobre os outros, quando procuravam a validação ou a legitimação institucional de suas rapinas; e para isso precisavam de um centro a fim de legitimar suas aquisições.

É uma ilustração: se o rei não existisse, seria preciso inventá-lo.

Parece-me que é o que mostra essa história: quando os poderes rivais se confrontam, o fato de que entre esses poderes haja um que consiga se afirmar como eminente, como diferente, basta para constituí-lo como referência obrigatória; e essa espécie de efeito é um elemento importante para explicar o processo de concentração que eu havia estudado anteriormente. Eu disse a vocês: há uma relação entre a capital e o capital; também poderia ter dito: há uma relação entre centro e concentração. Mas eu não tinha encontrado essa hipótese: o processo de concentração resulta parcialmente do fato de que há um centro. Isso tem ares de tautologia, mas penso que não é a mesma que em Elias: o fato de ser o centro dá uma vantagem na luta pela concentração — de ser o centro no sentido em que eu disse, isto é, o centro reconhecido, e não apenas central no sentido geográfico; mas ocorre que ser central no sentido geográfico confere, a meu ver, vantagens adicionais. Pois é, esta era a primeira questão que eu queria levantar, e acho que o pensamento em termos de casa, combinado com o modelo do lugar do rei, mais as explicações tradicionais dos historiadores que evoquei rapidamente (suserania, soberania etc.), tudo isso permite compreender por que pôde ocorrer de, fora de toda vontade centralista do rei, a centralização se produzir em favor do rei.

AS IMPLICAÇÕES DA PESQUISA HISTÓRICA SOBRE O ESTADO

Gostaria de apresentar um segundo conjunto de problemas, que é mais central do ponto de vista da lógica [do modelo]: por que é interessante estudar, como faço há vários anos, a gênese do Estado e qual é a implicação dessa pesquisa histórica? O que está em jogo é uma contribuição para se explicar a gênese do Estado, isto é, a gênese do político como lógica específica. Afirmar que a casa real, até uma data avançada da história da França e da Inglaterra, tinha como política estratégias domésticas, significa que descrevemos como políticas coisas que não são políticas, que ainda não estão constituídas como políticas; afirmar que uma guerra de sucessão é a estratégia sucessória de uma casa é dizer que a guerra não está constituída como política; afirmar que as estratégias matrimoniais são inspiradas pela preocupação de perpetuar uma casa é dizer que o corte entre a pessoa e a família real e o aparelho de Estado não está operado etc. É importante levar até o limite a hipótese do funcionamento como casa para tentar ver o que não pode ser explicado assim. [No exemplo de] Luís xiv, [trata-se] de pegar tudo o que ele fez (em política externa, em política interna etc.) e ver tudo o que o modelo do funcionamento como casa me permite explicar, sendo o resíduo, a meu ver, a primeira manifestação do propriamente político — aquilo que não poderei explicar é o que chamarei de "propriamente político". Para expor as coisas de outra maneira, eu tinha lhes dito da última vez que o que propunha poderia se chamar "Da casa do rei à razão de Estado"...

Há um livro, que comentarei com vocês, de Étienne Thuau sobre a razão de Estado,[10] sobre a gênese do discurso da forma "razão de Estado" como discurso de legitimação que faz intervir o princípio estatal como justificação dos comportamentos do rei; o aparecimento desse discurso é baseado numa ruptura com a lógica da casa. Voltarei a esse livro, que mostra como a noção de razão de Estado aparece entre os juristas que se apoiam, de um lado, em Tácito, numa tradição da história pessimista, e de outro, em Maquiavel, para tentar dar justificativas da política estatal que não sejam puramente pessoais, estatais ou éticas. Posto que, por exemplo, a lógica da casa é uma lógica ética, uma moral — vou dizer coisas brutais e simplistas: o que classificamos como moral é a meu ver, em 90%, o pensamento doméstico —, para inventar uma lógica política, foi preciso romper com o pensamento doméstico e dizer: "Nesse caso, não basta obedecer, o rei não pode se contentar em obedecer a seus sentimentos; ele teria, por exemplo, vontade de perdoar De Thou,[11] mas deve executá-lo". A razão de Estado é mais forte que a razão doméstica, mais forte que o sentimento, a piedade, a caridade, o amor feudal etc. Portanto, é esse processo que eu gostaria de tentar descrever me situando nesse período de transição extremamente longo que começa no século XII.

Na última vez citei textos em que os historiadores mostravam que, desde o século XII, via-se surgir um pensamento de tipo jurídico que começava a escapar à lógica tradicional da casa, quando nada porque o racionalizava. Uma parte do discurso jurídico consistiu em revestir o pensamento casa com o direito romano. Mas dar razões de obedecer ao pensamento casa já é romper com o pensamento casa. Há uma frase muito bonita de Merleau-Ponty a respeito de Sócrates: Sócrates é incômodo porque ele dá razões de obedecer, e se alguém dá razões para obedecer é porque é possível desobedecer.[12] Dar razões de pensamento casa já é, portanto, situar-se num ponto a partir do qual o pensamento casa deve ser justificado: o fato de justificá-lo já é abrir a porta à possibilidade de uma heresia, de uma transgressão. É a diferença entre doxa e ortodoxia. No fundo, o pensamento casa à moda do Béarn, se posso dizer, é um pensamento dóxico, pois o contrário é impensável; as teses da doxa são teses cujo contrário não existe: é assim, é a tradição, não há o que contestar, "é assim, de memória perdida", como diziam as compilações costumbristas do Béarn — mais além da memória humana já era assim. O tradicionalismo começa quando a tradição deixa de ser óbvia: tão logo se diz que é preciso que haja tradição ou que é preciso respeitar a tradição, é porque a tradição deixa de ser óbvia; tão logo se começa a falar de honra, isso quer dizer que a honra está perdida; tão logo se fala de ética é porque o éthos não funciona mais — o éthos tem a ver com o "isso-é-óbvio"...

Esse trabalho, no qual os juristas desempenham um papel capital fazendo passar da doxa à ortodoxia, lembra que o direito é uma ortodoxia: é uma doxa da qual se diz que ela é direita, é um direito do qual se diz que ele é direito, é um dever-ser que não se afirma simplesmente pelo fato de ser, no modo do "deve se fazer", é um "deve se fazer" que se afirma no modo do "devendo ser feito". Essa passagem da doxa à ortodoxia, em que colaboram fundamentalmente os juristas, acaba por construir alguma coisa totalmente diferente; e esse totalmente diferente é a razão de Estado. Há um livro muito bonito de Pierre Vidal-Naquet que se chama *La Raison d'État*,[13] escrito durante a guerra da Argélia, em que ele se interroga sobre a questão de saber se o Estado tem motivos, em certos casos, de invocar sua própria razão, que supostamente está além da moral, para transgredir a moral, praticar a tortura etc. A razão de Estado é essa espécie de razão que vai além da razão moral — e é este todo o problema —, isto é, além da razão doméstica. É isso.

O que vou estudar, não nos detalhes porque isso mereceria, evidentemente, horas e horas de análise, é o princípio dessa longuíssima transição que leva da "razão casa" à razão de Estado. Esse processo de transformação esbarra com dificuldades formidáveis: tem-se a impressão de que a lógica específica do Estado não se livra nunca da lógica da casa... E não é só isso: quando se fala de corrupção, de nepotismo, de favoritismo, vê-se a que ponto a razão pública enfrenta dificuldades. Quando intitulo meu livro *La Noblesse d'État*, é para dizer que o Estado pode ser apropriado pelas pessoas que usam o Estado como se usa um patrimônio e que têm o Estado como patrimônio. Há sempre uma tentação de regressão da razão de Estado para a "razão casa". As grandes transgressões da moral pública são quase sempre ligadas a estratégias de reprodução: é para meu filho, para meu tio, para meu primo. E a "razão casa" é sempre o pano de fundo obscuro da razão de Estado. É isso que eu gostaria de analisar (mas, evidentemente, fazer a análise histórica do detalhe do processo não é de minha competência; há aqui professores para ensinar isso). Vou tentar levantar a questão desse processo, que não tem nada de evidente, e embora dê a impressão de estar me repetindo e andando devagar, penso que ainda assim vou rápido demais: estamos tão habituados com tudo isso que não nos espantamos o suficiente com a dificuldade que há em fazer essa passagem. De vez em quando, diz-se a respeito dos Estados africanos: "Ah! os novos Estados, é terrível, eles não conseguem sair da casa, não há razão de Estado", e chamamos isso de "corrupção"...

Essa dificuldade extraordinária da constituição de uma lógica estatal específica [remete ao] processo de autonomização do campo literário, do campo científico etc. Toda vez, é um joguinho novo que se instala, no qual regras extraordinárias começam a funcionar — quando digo "extraordinárias" [entendo] *extra-ordinárias* no sentido de Weber: regras que não são as do mundo ordinário. No fundo, o problema da razão de Estado é o problema da constituição de um mundo à parte arrancado das leis do mundo ordinário. No mundo ordinário, é preciso ser bonzinho com os pais, é preciso apoiar os filhos etc. Inversamente, [... é sabido que] "a administração não brinca em serviço", não é indulgente: enquanto nas relações pai/filho, por exemplo, um bom pai deve ser indulgente, e reciprocamente, isso na ordem pública é uma transgressão. O que está em jogo é a invenção de um campo cujas regras do jogo estão em ruptura com as regras do jogo do mundo social corrente: no mundo público, não se é indulgente; no mundo público, já não se tem irmão, nem pai, nem mãe — em teoria... No mundo público (ou nos Evangelhos), repudiam-se os laços domésticos ou os laços étnicos pelos quais [se manifestam] todas as formas de dependência, de corrupção. Tornamo-nos uma espécie de sujeito público, cuja definição é servir essa realidade transcendente aos interesses locais, particulares e domésticos, que é o Estado.

Portanto, é isso que quero tentar descrever. Quais são os fatores [...] que conseguiram agir para favorecer essa passagem da razão doméstica à razão de Estado? O primeiro é o fato de que a própria lógica da casa tem algo que lhe cria uma afinidade com a lógica do Estado. E para compreender o famoso paradoxo dos dois corpos do rei analisado por Kantorowicz, é possível se servir somente da lógica da casa: há a casa e há o rei. Em outras palavras, já que a casa é uma espécie de corpo — no sentido em que se fala de grandes corpos, por exemplo: *corpus corporatum* como dizia a escolástica, uma corporação —, por meio do pertencimento a uma casa adquire-se a lógica do "pensamento da casa", da dedicação à casa, a uma entidade transcendente aos agentes. Em certa medida, durante todo o período de transição — a casa do rei tornando-se o Estado —, a ambiguidde da casa provavelmente favoreceu, até na cabeça do rei, desvios da dedicação à casa real, à dinastia, que é ao mesmo tempo a coroa, o Estado etc. Em outras palavras, a ambiguidade mesma da noção de casa como realidade transcendente à pessoa deve ser levada em conta para se compreender a passagem a essa constituição de uma entidade transcendente. Penso na frase famosa, que seguramente é apócrifa: "O Estado sou eu". Isso equivale a dizer: "O Estado é minha casa". Esse pensamento em termos de casa é [em seguida] objetivado, canonizado, codificado pelo discurso jurídico. Vou acelerar um pouco, mas penso que esse fator é decisivo. Li para vocês [num curso anterior a este sobre o Estado] um texto de D'Aguesseau,[14] um grande magistrado, um desses personagens de quem lhes falarei das próximas vezes, um desses grandes inventores do Estado — são pessoas que fizeram o Estado porque tinham interesse em fazer o Estado —, e no texto dele fiquei impressionado, no mesmo momento em que o lia (mas eu mesmo não o compreendia), com o fato de que ele passava sem parar de uma lógica moderna — falava de República, de coisa pública, de público etc. — a formas que eu sentia que eram pré-modernas, dando à noção de Estado significados que eu achava arcaicos: é que havia justamente, em sua própria cabeça, essa transição entre as duas lógicas.

AS CONTRADIÇÕES DO ESTADO DINÁSTICO

Hoje, gostaria simplesmente de insistir no que se poderia chamar de contradições específicas do Estado dinástico [...]. Para dizer as coisas francamente [...] a lógica da casa encerra contradições que geram a superação do pensamento dinástico.

[...] Tendo em vista sua filosofia da história da França, sua posição política etc., Roland Mousnier era atento a coisas que os historiadores mais jacobinos, mais "Revolução Francesa" não viam, e ele percebeu, nas instituições da França, até num período muito tardio, a sobrevivência de modelos de ação tipicamente patrimoniais, tipicamente domésticos.[15] Por exemplo, ele insiste muito na relação entre o protetor e a criatura — nós o compreendemos imediatamente porque isso continua a existir: ser a criatura de alguém quer dizer [dever] sua existência social, sua carreira burocrática a uma outra pessoa. A relação protetor/criatura é um desses exemplos da tendência do pensamento doméstico a se generalizar e a anexar o político. O pensamento dinástico não vale simplesmente como princípio de conduta visando perpetuar a linhagem real e seu patrimônio; ele se torna o modo de pensamento geral que se aplica a tudo: toda relação humana tende a ser pensada segundo o modelo doméstico, como relação de fraternidade, por exemplo, ou como relação de paternidade pai/filho etc. A relação protetor/criatura é um exemplo desse anexionismo do pensamento doméstico que se torna o princípio de todo pensamento político. Não há relações sociais que não sejam subsumíveis dentro dessas categorias domésticas. Aliás, vê-se isso muito bem ainda hoje com os movimentos aparentemente mais livres de qualquer pensamento dinástico, como os movimentos sindicais etc., [e o uso que fazem] dos conceitos de fraternidade ou de solidariedade feminina: essas noções domésticas invadem e, ao mesmo tempo, proíbem que se constituam noções políticas como tais (como a de cidadão…).

Cito aqui um texto absolutamente apaixonante [de Richard J. Bonney] sobre a relação de apadrinhamento e de clientela que é consubstancial ao Estado dinástico muito avançado: "Era o sistema de apadrinhamento e de clientela que constituía a força agindo por trás da fachada do sistema oficial de administração, decerto mais fácil de descrever". Em outras palavras, temos as aparências de uma burocracia moderna. "Pois, por conta de sua natureza, as relações de apadrinhamento escapam ao historiador." Elas não permanecem nos textos, ao passo que o burocrático está associado ao escrito, ao direito etc.

> No entanto, a importância de um ministro, de um secretário de Estado, de um intendente das finanças ou de um conselheiro do rei dependia menos de seu título do que de sua influência — ou da de seu patrão. Essa influência decorria em grande parte da personalidade do personagem, mas mais ainda do apadrinhamento.[16]

O apadrinhamento, aí também, é um capital, que se constitui em torno de um nome próprio. As lógicas familiares são subjacentes à estrutura burocrática — e, na verdade, é aí que eu quero chegar —, contribuem, pelas contradições que geram, para favorecer o processo de burocratização.

Vou enunciar muito depressa duas contradições maiores do Estado dinástico. A primeira: o rei expropria os poderes privados em proveito de um poder privado. Daí a necessidade de universalizar esse caso particular. Uma das funções dos legistas e dos juristas, que agirão como ideólogos do rei, será universalizar esse caso particular e dizer: "Esse caso particular, esse privado não é um privado como os outros, esse privado é público". E fazendo isso, por essa espécie de piedosa hipocrisia — a noção de "piedosa hipocrisia", eu disse ao menos cem vezes aqui, é extremamente importante para compreender o mundo social:[17] poder-se-ia dizer, como os teóricos da ideologia, que os juristas mistificam porquanto para mistificar é preciso se mistificar, e que a hipocrisia é piedosa — eles contribuem para elaborar um discurso que é a negação mesma do que eles legitimam, isto é, que se é preciso desprivatizar o privado para legitimá-lo é porque o não privado é melhor que o privado. Aí está a ambiguidade desses discursos ideológicos: o público se inventa no esforço para resolver a contradição da propriedade privada das propriedades privadas despossuídas.

Segunda contradição, a mais importante: o rei e a família real perpetuam um modo de reprodução de tipo doméstico, um modo de reprodução de base familiar (transmite-se o patrimônio de pai para filho etc.), num universo em que outro modo de reprodução está se instalando: o modo de reprodução dos funcionários, que passa pelo sistema escolar. Muito cedo, desde o século XII, os primeiros funcionários do Estado são diplomados que podem evocar sua competência contra a autoridade de tipo dinástico. Vê-se assim instaurar-se no cerne do Estado uma oposição que é homóloga a uma oposição clássica na história das empresas, formulada por Berle e Means:[18] a teoria da separação entre os proprietários e os *managers*. Berle e Means desenvolveram a ideia de que se passava da era dos proprietários de empresa à era dos *managers* e de que as empresas eram objeto de uma luta entre donos e técnicos ou funcionários. Tem-se no coração da estrutura estatal uma oposição desse tipo, que não se deve evidentemente reificar. Portanto, de um lado há os herdeiros cujo poder repousa no princípio dinástico, no sangue, na natureza, na transmissão essencialmente pelo sangue, e de outro, há os *managers*, isto é, aqueles que, para assentar sua autoridade, devem evocar outros princípios de autoridade, a saber, o mérito e a competência.

Encontrei em minhas notas o que diz Bernard Guenée, em *L'Occident aux XIVe et XVe siècles*: até o final do século XIV, os funcionários se gabam de sua fidelidade, estamos na lógica da dependência pessoal, das relações políticas concebidas no modelo das relações domésticas; e mais adiante, eles começam a se gabar de sua competência[19] — a competência sendo um princípio de autoridade autônoma, quer dizer, dotado de sua lógica própria. A partir de determinado momento, na verdade desde a origem, os detentores de um poder dinástico, para triunfarem sobre seus rivais dinásticos, são obrigados a contar com os serviços de detentores de competências militares, técnicas, burocráticas etc.; portanto são obrigados, para defender o princípio dinástico, a se apoiar em pessoas cuja existência repousa num princípio não dinástico. Paradoxalmente, eu dizia há pouco que a lógica dos partidos (na qual é possível enxergar uma sobrevivência de uma lógica doméstica em estado político) leva o rei a se servir de recursos públicos para comprar líderes de partidos; em outras palavras, o Tesouro Real serve para fazer doações. Isso demonstra que a lógica burocrática não só é inevitável — ela é aquilo que a dinastia não pode dispensar — como é, ao mesmo tempo, aquilo que em seu princípio é antagônico à dinastia.

Se vocês têm boa memória, vão lembrar que o texto de D'Aguesseau é perfeitamente surpreendente: ele esboça uma espécie de teologia, uma ideologia do funcionário cujo poder não é aquele do sangue mas o da competência. E nesse texto ele se desloca sem parar [de um princípio ao outro]: essa nobreza de toga pode ao mesmo tempo ser uma nobreza [de espada], portanto ela também evoca o sangue; ficamos dando voltas nas contradições extraordinárias que são, parece-me, constitutivas da divisão do trabalho de dominação.

UMA ESTRUTURA TRIPARTITE

Vou lhes expor em poucas palavras um esquema que me pareceu muito esclarecedor e que poderei muito simplesmente desenvolver. Vê-se, pois, uma estrutura com o rei, os irmãos do rei, e todos os rivais dinásticos, isto é, os outros feudais etc.

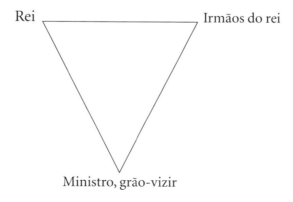

Aqui [temos os irmãos do rei cujo] princípio de legitimação é a família, a lógica do sangue, da natureza, sendo o modo de reprodução o modo de reprodução doméstica. Ali, temos o ministro do rei, poder-se-ia dizer um delegado, um mandatário cujo princípio de legitimação costuma ser a escola como garantia de competência. De um lado, a competência, o mérito, as conquistas, e de outro, a natureza. Finalmente, tem-se uma espécie de triângulo, de tripartição à Dumézil,[20] que encontramos em todos os grandes impérios. O rei precisa dessas pessoas [os ministros] para firmar seu poder diante [de seus irmãos, mas estes] podem voltar-se contra o rei tanto com a competência que o rei lhes pede para pôr a seu próprio serviço como com a legitimidade que essa competência lhes garante.

Há, então, soluções de todo tipo que vou descrever muito rapidamente. Por exemplo, com muita frequência [os ministros do Estado dinástico] são fadados ao celibato, o limite sendo os eunucos, que estão impedidos de reprodução: estes, como o vizir, têm poder, mas poder não reprodutível, poderes vitalícios. Outros são parcial ou totalmente excluídos do poder, mas podem se reproduzir. Ou seja, temos os reprodutíveis impotentes e os poderosos não reprodutíveis. E vê-se muito bem por que o problema da sucessão é importante, e por que é importante pensar em termos de reprodução. De um lado há os herdeiros, e de outro há o que chamo os "oblatos", os que foram dados à Igreja, em geral pobres que as famílias ofereciam à Igreja desde a infância. Os oblatos são os que devem tudo ao rei, que pode obter deles uma grande dedicação. É essa uma "lei de bronze", creio, de todas as organizações. Os partidos, em especial os partidos comunistas, ofereciam grandes carreiras aos oblatos. É uma lei dos aparelhos que os aparelhos não promovam as pessoas que tenham capital fora dos aparelhos; isso vale tanto para a Igreja quanto para os partidos; as Igrejas gostam dos oblatos porque os oblatos, devendo tudo à Igreja, são totalmente devotados à Igreja. E os bispos, por exemplo, com muita frequência são oblatos de quem a Igreja pode tudo tirar.

Essa estrutura triádica tem, creio, um efeito explicativo muito poderoso; ela permite compreender, por exemplo, por que, em muitos impérios antigos, havia burocracias de párias: é muito corrente que os burocratas sejam párias, isto é, que sejam excluídos da reprodução política. São eunucos, padres votados ao celibato — "reprodução proibida", sempre —, estrangeiros sem laço de parentesco com as pessoas do país — por exemplo, [nas] guardas pretorianas dos palácios, [nos] serviços financeiros dos impérios, em que os judeus costumavam estar nessa situação —, [são] escravos que constituem propriedade do Estado e cujos bens e posto podem voltar a qualquer momento ao Estado.[21] Poderia dar milhares de exemplos, mas [o interesse de uma estrutura é que ela] permite prescindir a exibição da cultura histórica e os limites dessa cultura... Poderia pegar um exemplo no Egito antigo, na Assíria antiga, [onde], por exemplo, o funcionário chamado *wadu* é tanto o escravo como o funcionário: a palavra vale para os dois.[22] Ou ainda entre os persas do Império Aquemênida: os altos funcionários costumavam ser os gregos. No Império Otomano, como mostra o livro muito bonito de Mantran, há, depois do século XV, uma solução radical para esse problema: faz-se desaparecerem os irmãos do rei [...] desde sua ascensão.[23] A arbitrariedade do princípio de transmissão doméstico desaparece, já que quanto a isso o rei não tem mais concorrente, e não lhe resta mais que o problema do grão-vizir [os ministros], que ele trata a seu modo [...]: o problema é resolvido empregando estrangeiros como funcionários, isto é, essencialmente cristãos renegados mas islamizados que têm acesso às posições de altos dignitários.

[...] Portanto, há uma lei fundamental que é a divisão do trabalho de dominação. Se, ademais, voltamos à história da realeza francesa, vemos que, muito cedo, as posições importantes são ocupadas pelos que se chamavam os *homines novi*, os homens novos, oblatos que devem tudo ao Estado, e que têm uma inquietante competência especializada. [...] Vê-se bem que o Estado se constrói contra a natureza, que o Estado é o *antiphysis*:[24] nada de reprodução, nada de hereditariedade biológica, e nada de transmissão, nem mesmo da terra, ao passo que o rei e sua família estão do lado do sangue, da terra, da natureza.

A primeira medida que está no princípio do Estado moderno é, pois, a recusa de qualquer possibilidade de sucessão e de qualquer possibilidade de se apropriar duravelmente — isto é, além da vida — dos meios de produção e, em especial, da terra à qual sempre está ligado o estatuto de meio de produção, mas também o estatuto de garantia de um estatuto social. Por exemplo, no Império Otomano atribui-se aos grandes funcionários a renda das terras, mas nunca a propriedade das terras. Outra medida: os cargos hereditários; aqui estamos na ordem da vitaliciedade, com duas temporalidades [antagônicas], [a do herdeiro e a do] funcionário. Por exemplo, uma pesquisa que dirigi, sobre os funcionários,[25] [comportava as] perguntas "Você conhece seu predecessor?" e "Você pode influenciar sobre a nomeação de seu sucessor?". Esse é um dos grandes cortes: o pensamento em termos de predecessor e de sucessor é, ao menos oficialmente, excluído do pensamento burocrático. Simultaneamente, um funcionário tem uma relação muito especial com sua posição: uma relação amputada da sucessão e, do ponto de vista das estruturas de percepção, do futuro. Da mesma forma, Max Weber, na sua sociologia religiosa, tentava [descobrir] para cada uma das grandes posições do espaço social o tipo de religiosidade que ela favorece[26] — há religiões de comerciantes etc. Penso que para compreender a filosofia da história, a filosofia religiosa dos funcionários, há que ter em mente a estrutura constitutiva da própria temporalidade da posição deles. [...]

Seria preciso desenvolver o papel das minorias especializadas. O livro de Gellner sobre o Estado evidencia o papel dos grupos párias na constituição do Estado burocrático — creio que é a única ideia interessante nesse livro. Por exemplo, ele insiste longamente no fato de que

> os judeus, visto que eram conhecidos por sua fiabilidade profissional e sua capacidade de prestar serviços precisos e fornecer uma mercadoria precisa numa data precisa, eram indispensáveis nessa estrutura, mas evidentemente deviam ficar impotentes militarmente mas também politicamente para poder ser autorizados a manipular instrumentos que, em outras mãos, seriam perigosos, contra aquele mesmo que os confia a eles.[27]

O caso dos mercenários é apenas uma aplicação particular desse modelo geral. Da próxima vez, tentarei ir mais longe na [análise desse] processo de transição.

Curso de 24 de outubro de 1991

Recapitulação da lógica do curso — Reprodução familiar e reprodução estatal — Digressão sobre a história do pensamento político — O trabalho histórico dos juristas no processo de construção do Estado — Diferenciação do poder e corrupção estrutural: um modelo econômico

RECAPITULAÇÃO DA LÓGICA DO CURSO

Vou ressituar rapidamente a lógica de minha exposição. Num primeiro tempo, tentei destacar a lógica específica do Estado dinástico e mostrar em que sentido o Estado dinástico devia certas características ao fato de que se organizava segundo um princípio fundamental, a saber, a existência de estratégias de reprodução na base da linhagem. Num segundo tempo, analisei o princípio da dinâmica que levava à passagem do Estado dinástico a um Estado mais impessoal conforme o conhecemos. Na última vez, descrevi o que se poderia chamar de contradição específica do Estado dinástico, a saber, o fato de ser ele objeto de tensões estruturais entre duas categorias de agentes e, na verdade, entre dois modos de reprodução: um grupo de agentes — a família real — que se reproduz por um princípio de transmissão de base biológica, e outro que se reproduz por mediações, sendo a principal, evidentemente, o sistema escolar. E penso que a contradição entre essas duas categorias de agentes é um dos motores fundamentais da história do Estado, o que permite compreender como se passou de um poder de tipo pessoal e diretamente transmissível hereditariamente a um poder mais impessoal e, digamos, em parte transmissível hereditariamente. Foi esse o procedimento que segui.

Hoje, gostaria primeiro de insistir naquilo que faz a contradição entre esses dois modos de reprodução, porque só é possível compreender coisas aparentemente muito afastadas desde que se capte inteiramente o princípio dessa oposição. Sem pretender desordenar o conhecimento, penso que se compreenderia muito melhor a Revolução Francesa caso se visse que ela talvez seja o triunfo do modo de reprodução impessoal sobre o modo de reprodução pessoal. Por fim — digo isso para que vocês tenham logo o intuito geral de minha exposição —, as categorias que possuem mais interesse [pela Revolução] são aquelas cuja perpetuação [de suas posições de] poder depende do sistema escolar, do capital cultural etc.; elas têm interesse em promover uma definição do Estado mais universal que as categorias sociais cujo poder e cuja transmissão só dependem da hereditariedade. Termos no espírito o conflito entre esses dois princípios permite compreender muitas coisas. Por exemplo, da próxima vez falarei a vocês a respeito de um livro muito bonito de uma historiadora americana sobre o leito de justiça do rei[1] — essa espécie de cerimônia muito solene durante a qual o rei chegava ao Parlamento e exercia, em situação extrema, seu poder de legislador. Ela traça uma história desse cerimonial, e veem-se de maneira absolutamente espantosa os estágios e as etapas dessa luta entre o poder de base dinástica e o poder de base não genealógica, de base de competências, [notadamente] jurídicas. O último capítulo de seu livro descreve o período derradeiro do reino de Luís xv: a autora opõe o cerimonial da corte instalado na época de Luís xiv, em que se vê o rei erguido numa espécie de trono sobrelevado e cercado por toda a família real, tendo diante de si os súditos, e, do outro lado, a situação do leito de justiça, em que o rei está também nessa posição sobrelevada, mas tendo à sua volta as pessoas cuja autoridade tem base jurídica. Ela opõe as duas imagens contrastadas, que são uma espécie de materialização perceptível dessa oposição [entre dois modos de reprodução]. Eis o que posso dizer para lhes dar um pouco a perspectiva em que gostaria de me situar.

REPRODUÇÃO FAMILIAR E REPRODUÇÃO ESTATAL

A hipótese que eu tinha em mente é que um dos motores principais das mudanças de que o Estado moderno é o desfecho é esse antagonismo entre os princípios diferentes de reprodução: um sendo, caso se queira, a família, e o outro, [a competência cultural ou escolar]. Esses dois princípios continuam a funcionar e, ainda hoje, o Estado é percorrido por essa tensão entre os herdeiros e os recém-chegados. O sistema escolar, que, na fase que eu estudo, aparecia como um princípio de reprodução independente e oposto ao princípio dinástico, também se tornou, pela lógica de seu funcionamento, um princípio de reprodução quase dinástico e servindo de fundamento a uma nobreza de Estado, que é uma espécie de síntese dos dois princípios de reprodução indicados anteriormente. Portanto, estamos lidando com dois modos de reprodução que se combinam, que fundamentam dois princípios de fidelidade ou de lealdade dos grupos unidos por duas formas de laços muito diferentes. Evidentemente, o pressuposto de tudo o que eu avanço a respeito dos modos de reprodução é que o poder é animado por uma espécie de *conatus*, para falar como Spinoza, de uma tendência a se autoperpetuar, de uma tendência a perseverar no existir. (Quando se faz sociologia, este é um postulado que somos obrigados a admitir explicitamente para compreender como funciona o mundo social; não é de jeito nenhum como se fosse um princípio metafísico: somos obrigados a supor que as pessoas que detêm um poder, um capital, agem, quer saibam ou não, de maneira a perpetuar ou aumentar seu poder e seu capital.) Esse *conatus*, que é o movimento permanente pelo qual o corpo social é sustentado, leva os diferentes corpos que detêm o capital a se enfrentarem e a instalarem os poderes que detêm nas lutas destinadas a manter ou a aumentar esse próprio poder.

Eis as linhas gerais em que me situo. Agora, detalharei as características desses dois modelos de reprodução. Esse período de transição é extremamente longo; podemos datá-lo já da origem, pois desde o início da Idade Média os detentores de um poder vitalício, os recém-chegados, que costumam ser os doutos, os letrados, e depois, os juristas laicos etc., enfrentam-se aos herdeiros dinásticos. [Esse período de transição] vai desde o século XII até a Revolução Francesa. Ele é interessante porque, à medida que o campo do poder se diferencia, observamos a existência de um modo de reprodução contraditório e ambíguo. A contradição nasce do fato de que o modo de reprodução que não seja pela linhagem é por si só, apenas por sua lógica, uma crítica do modo de reprodução hereditário. São dois modos de reprodução intrinsecamente antagônicos: o modo de reprodução burocrática, na medida em que está ligado ao sistema escolar, mina por sua própria existência os fundamentos do modo de reprodução por linhagem; mina-o em sua própria legitimidade. O desenvolvimento da instrução e o crescimento do número de funcionários, cuja autoridade é baseada na competência, provocam, mesmo fora de qualquer elaboração ideológica, um questionamento da hereditariedade fundada nos laços do sangue. E pode-se dizer, em certo sentido, que a nobreza de Estado — essa nobreza da competência cuja encarnação seria a nobreza de toga — expulsa a antiga nobreza.

As coisas são menos simples porque, como mostraram os historiadores, a nobreza de sangue permanece a nobreza legítima, e a nobreza de toga é dividida. O livro de Françoise Autrand sobre a história da nobreza de toga nos séculos xiv e xv é absolutamente apaixonante:[2] vê-se como a nobreza de toga está de certa forma dividida entre os interesses coletivos dos corpos e os interesses privados, os interesses coletivos levando a nobreza de toga a afirmar sua diferença em relação à nobreza de sangue e os interesses privados levando os nobres de toga a se fundirem na nobreza de sangue por aliança. Portanto, os historiadores contestariam minha construção, com razão, penso eu, e diriam: "Esse esquema é simples demais. Você opõe dois modos de reprodução mas eles são, na verdade, muito misturados; o que se chama nobreza de toga comporta 40% de pessoas que, na realidade, são nobres de espada que fizeram estudos etc.". De fato, à medida que a reprodução pelo sistema escolar se impõe, uma parte dos nobres de sangue se reconverte e reconverte seu capital de nobreza de sangue em capital de nobreza de toga pela aquisição de títulos escolares. As coisas são de fato muito mais complicadas. Isso não quer dizer que o modelo não seja verdadeiro, mas que os agentes sociais detentores de uma ou outra espécie de capital nobiliário vão jogar o melhor possível com seus interesses particulares e coletivos para maximizar os lucros associados à posse da espécie de capital nobiliário que eles detêm.

Essas duas formas, nas quais eu insistira da última vez, são incompatíveis. [Com] a casa do rei e o conjunto dos dignitários detentores de propriedades nobiliárias herdadas, inatas, estamos do lado da natureza, do dom, do transmissível naturalmente, e a ideologia profissional dessa categoria é uma espécie de ideologia naturalista. Posto que toda ideologia visa naturalizar um privilégio, a nobreza fornece sempre o modelo de todas as ideologias. [...] Ao contrário, os funcionários têm um capital adquirido, estão do lado do vitalício, do provisório, do mérito, ainda se invocam o dom — a noção de dom é muito importante. O carisma está do lado do nobiliário, e se a transmissão pelo sangue é legitimadora, é porque, através do sangue, se transmitem propriedades extraordinárias, propriedades carismáticas: por exemplo, a capacidade de curar as escrófulas, entre outras.[3]

Assim sendo, tem-se, de um lado, uma ideologia carismática da transmissão pelo sangue, em especial de dons, e, de outro, uma ideologia que também se tornará carismática — como todos sabem, a ideologia escolar é tipicamente carismática, pois repousa na ideia do dom, do dom da natureza que nada deve à aquisição. Mas nessa época as coisas são ainda mais nitidamente opostas: de um lado, o inato, de outro, o adquirido; de um lado, o sangue, de outro, o mérito, e sobretudo o direito. Não é por acaso que os portadores da reivindicação universalista são juristas que, diante de sua autoridade graças ao direito, porão sua competência jurídica a serviço da universalização de seus interesses particulares de possuidores de um capital particular de jurista. Os juristas desempenham, é evidente, um papel fundamental na construção do Estado porque são ao mesmo tempo juiz e parte interessada: são os que podem legitimar o monarca — as teorias do absolutismo, que justificam a transmissão dinástica da maneira mais radical, são produzidas por juristas. O que não exclui que os juristas, pondo-se cada vez mais a funcionar como um campo, também estejam divididos, e que outros juristas ponham sua competência jurídica a serviço da defesa de um outro fundamento possível da autoridade, a saber, a autoridade de base constitucional. E eles são os primeiros, nas lutas permanentes contra a realeza, a tentar avançar a necessidade para o rei e para os nobres de encontrar outro fundamento para se legitimar que não a simples transmissão hereditária.

(Este é o cenário tal como o vejo, e, a esses dois princípios antagônicos que se enfrentam, são evidentemente associados interesses e grupos de agentes. Com muita frequência, [...] tem-se toda uma série de textos de juristas propondo sejam justificativas do Estado monárquico, sejam críticas mais ou menos inspiradas por Rousseau. Os historiadores que produzem livros desse gênero tendem a tratar os textos em si mesmos e por si mesmos, sem relacioná-los a seus produtores. Segundo o princípio que sempre lembro aqui, creio que, para compreender qualquer texto, sempre devemos saber que temos, de um lado, um espaço de textos e, de outro, um espaço de produtores de textos, e que somos obrigados a ligar a estrutura do espaço dos textos à estrutura do espaço dos produtores de textos para compreender por que os textos são o que são. Para entender por que tal jurista interiorano desenvolve teses rosseauístas num panfleto contra a monarquia, é importante saber que se trata de um pequeno advogado oriundo de uma grande família, que seu primo ocupa uma posição muito importante na cidade de Bordeaux, ao passo que ele pertence ao ramo fracassado da família etc. É importante saber tudo isso, a posição que ele ocupa no campo jurídico, a autoridade que detém, se é parisiense ou interiorano, chanceler do Parlamento de Paris ou pequeno advogado sem causa no Sudoeste etc.; portanto, é preciso relacionar o espaço dos textos com o espaço dos produtores de texto.)

À medida que o poder se diferencia, há, pois, um conjunto de protagonistas: os que estão associados ao direito e ao poder vitalício, e os que estão associados ao sangue e à hereditariedade. Por sua vez, esses dois [conjuntos de] protagonistas se diferenciam, e aqueles que se enfrentam são agentes envolvidos nas lutas de concorrência dentro de cada campo e de campo a campo. Essas lutas muito complexas são geradoras de práticas inovadoras, de invenções. Por exemplo, nos tribunais de justiça, por meio de astúcias e lutas, as pessoas do Parlamento [impõem o porte de uma] toga vermelha, o que nos parece ridículo, mas é uma conquista muito importante, pois se elas conseguem ter assento com uma toga vermelha em vez de uma toga preta, é uma conquista simbólica que as coloca no mesmo plano deste ou daquele descendente pela via dinástica. [Assiste-se assim] a lutas de todo tipo, ao mesmo tempo práticas e simbólicas; as lutas simbólicas, evidentemente, estão sobretudo ligadas aos que se encontram do lado do vitalício, do direito, do discurso: eles tanto têm a capacidade de obter mudanças nas práticas (nas precedências, nas hierarquias, no interior dos cerimoniais etc.) como [a capacidade de travar] lutas simbólicas e [produzir] teorias. E uma parte das teorias políticas que se estudam nos institutos de ciências políticas são diretamente saídas das lutas pelas quais os diferentes grupos envolvidos na divisão do trabalho de dominação se esforçam para fazer seus peões avançarem.

DIGRESSÃO SOBRE A HISTÓRIA DO PENSAMENTO POLÍTICO

Penso que se deveria refazer toda a história do pensamento político (infelizmente, não tenho tempo nem competência para isso). Quando digo "refazer" é "fazendo-se", pois há trabalhos muito bonitos sobre os quais me apoiarei, e que estão a meio caminho. Explico-me em poucas palavras: é importante que vocês compreendam o contexto do que exponho. Há uma história das ideias políticas tradicionais, [ilustrada pelo] livro de Chevallier,[4] por exemplo, que comporta um capítulo por autor (Platão, Bodin etc.), sem que se saiba muito bem, à maneira de todos os autores da história da filosofia, como eles foram designados.

Felizmente, começa a haver estudos de sociologia da filosofia ou de sociologia da literatura que não se contentam em aceitar um corpus e a fazer a sociologia das pessoas que estão no corpus, mas que fazem a sociologia "do corpus": por que esse corpus é o que ele é? Como é possível que, na França, Kant seja inevitável, e Descartes ainda mais, quando, numa tradição anglo-saxônica, Hume ou Locke ocupem um lugar muito maior? Em outras palavras, [trata-se de refletir] sobre a constituição do "*palmarès* histórico". O mesmo trabalho deve ser feito com a filosofia política: descobre-se que, ao lado de Bodin, há uns quinze personagens que também produziram teorias do Estado, teorias do governo, e que caíram no esquecimento. Se se vai mais longe, se se estudam, como fez Sarah Hanley, as posições públicas do chanceler, do Parlamento, do secretário cujas transcrições se possuem, percebe-se que essas pessoas também eram produtores de teorias do Estado, do governo e dos poderes. Descobre-se que essas grandes figuras que a história da filosofia política reteve se destacam, tendo ao fundo um universo em construção. Esse tipo de reflexão [permite] descobrir que a filosofia política é gerada na ação política, no trabalho político, e que faz parte do próprio objeto. Por exemplo, um dos historiadores, que era um escrivão e foi um dos primeiros a fazer uma história do leito de justiça, armou uma jogada estratégica: reconstituiu uma espécie de ficção da história dos leitos de justiça que, em certa medida, tornou-se real, pois um dos reis, leitor de seus trabalhos, levou-o a sério e o leito de justiça seguinte foi construído segundo o modelo desenvolvido por esse autor.[5]

Em outras palavras, a construção teórica dos filósofos políticos faz parte da construção da realidade que os próprios historiadores estudam. Não é simplesmente um discurso de acompanhamento. É por isso que a noção de ideologia é muito perigosa: ela leva a crer que há uma infraestrutura e, depois, discursos. Não é verdade: o discurso faz parte da realidade e, nesse caso particular, os mestres do discurso, isto é, os juristas, têm esse trunfo formidável de poder fazer crer no que eles dizem; têm uma autoridade, têm a capacidade, primeiro, de dizer, e de dizer com autoridade; e, tendo essa capacidade, podem fazer crer que o que é conforme a seus interesses é verdade. Fazendo crer que é verdade a pessoas que têm o poder de fazer existir o verdadeiro, isto é, os poderosos, eles podem tornar real o que dizem. As pesquisas de opinião hoje lembram um pouco isso... Vocês refletirão, estou indo depressa, mas há casos em que o discurso é uma potência que mais ou menos se autoverifica. Todo esse *excursus* é importante para mudar nossos modos de pensamento. Costumo repetir que o marxismo é "insuperável",[6] mas com a condição de superá-lo. O marxismo nos encheu a cabeça de falsos problemas, de oposições insuperáveis ou de diferenciações impossíveis. Essa diferenciação ideologia/realidade é uma dessas divisões dramáticas que nos impede de compreender processos como o que vou descrever e que são, justamente, passagens permanentes do discurso à realidade do ritual.

Queria evocar o fato de que o Estado foi o produto de milhares de pequenas ações infinitesimais. Nos livros de história, podem-se ver, por exemplo, cenas da reunião do Parlamento de Paris: há uma multidão de gente, e o rei no alto. Cada um desses personagens existe muito concretamente: antes de entrar ali, na sessão solene, um deles disse a seu vizinho: "Temos o direito de fazer admoestações!". Depois, enviaram uma delegação junto ao rei, este a despachou, mas, afinal, fez uma concessão. "Entre as cinco admoestações, só farei uma", diz ele, sobre a pobreza, por exemplo. Não tem a menor graça ser obrigado a lembrar ao rei, que é por definição o protetor dos pobres, que ele não se ocupou dos pobres... Deixam as quatro outras [admoestações] de lado etc. Todas essas negociações, esses milhares de pequenas ações que são deixadas no estado de relato sem pé nem cabeça, devem ser integradas em modelos teóricos sociologicamente válidos.

Para explicar realmente a gênese do Estado, seria preciso fazer uma crônica construída de todos esses atos, dessas pequenas ações, desses grupos de pressão que se constituem, dessas astúcias por meio das quais se introduz uma pequena variante num ritual, e entre as quais os discursos teóricos que se estudam são apenas uma manifestação. Infelizmente, não poderei fazer o trabalho até o fim, mas posso dar o princípio dele... Penso que os discursos de Bodin devem ser postos no mesmo plano da pequena frase que tal chanceler disse a seu vizinho antes de entrar na sessão do rei: são golpes, são estratégias. [Não se trata de] desacreditar, de desqualificar as grandes teorias, mas acho que somos obrigados a torcer o bastão no outro sentido: estamos tão habituados a respeitar Maquiavel, mais que o mexerico, que sou obrigado a acentuar no outro sentido.

O TRABALHO HISTÓRICO DOS JURISTAS NO PROCESSO DE CONSTRUÇÃO DO ESTADO

Volto à minha exposição. Temos, portanto, princípios de reprodução opostos, agentes sociais cujos interesses são mais ou menos ligados a um ou outro princípio de reprodução. Esses agentes estão eles mesmos agarrados em jogos extremamente complexos — o jogo jurídico, o jogo dinástico etc. —, em que tais interesses coletivos de nobres de toga ou de nobres de espada se especificam, se dividem, se fragmentam; e cada uma dessas pessoas joga, aí dentro, joguinhos extremamente complexos, com seus trunfos e seus instrumentos. Os juristas, a meu ver, são os motores do universal, da universalização. Têm a seu favor o direito, isto é, esse discurso de pretensão universal, e essa capacidade particular, que é sua capacidade profissional, de explicar a razão, de dar as razões, de produzir razões, portanto de apresentar as coisas que são da ordem do fato — "É assim", "Não é possível", "É intolerável" etc. — à ordem da razão, por duas vias: pela evocação dos princípios jurídicos universais — não há Estado sem Constituição, por exemplo — e pelo recurso à história. Os juristas foram os primeiros historiadores do direito constitucional, os primeiros a tentar encontrar precedentes, a escrutinar os arquivos. [É interessante notar] que as pessoas mais envolvidas nas batalhas para saber se os membros do Parlamento podiam usar vermelho, as mais envolvidas nesses microcombates, fizeram trabalhos inesquecíveis de historiadores: foram vascular os arquivos para saber se, no primeiro leito de justiça no século XIII, o rei entrara precedido de alguém ou não, pusera os pares na primeira fila etc. Esse trabalho de historiador fazia parte da construção do Estado. O que quero dizer, simplesmente, é que essas pessoas, por suas características, por sua posição, para fazerem avançar seus interesses eram obrigadas a fazer avançar o universal. Era uma característica delas, não podiam se contentar em dizer: "É assim". Mesmo quando serviam o rei e o absolutismo, davam razões àquilo que se pode afirmar de maneira arbitrária, eram os que davam as razões, a fortiori quando queriam fazer avançar seus próprios interesses.

Aí está, portanto, o esquema e o próprio princípio de minha maneira de ler os documentos, de ler os historiadores, mas por motivos que ignoro essas coisas não são ditas. Dou-lhes os resultados de minha pesquisa, de meu trabalho, do que li, e aí tentei dizer-lhes a filosofia da história, se é que se trata de uma, que orienta minha leitura — poderia lhes dizer isso de modo um pouco didático: as oposições entre estrutura e história, entre agente individual e agente coletivo, racionalidade individual e racionalidade coletiva, todas essas oposições de que nossa cabeça está repleta não têm o menor sentido... Penso que não há ação tão anedótica que não tenha um sentido em um sistema de ação complexa. É este o sentido desse *excursus*.

Temos, pois, dois modos de reprodução conflitivos. E o rei, como na última vez que mostrei em meu esquema, é um terceiro: ele está de certa forma acima dessa oposição entre os vitalícios e os herdeiros. Pode mesmo servir-se desse antagonismo para reinar — dividir para reinar. Isso quer dizer que pode se servir da competência dos vitalícios para desacreditar a autoridade dos irmãos ou dos primos; e inversamente, pode repor em seu lugar os vitalícios restabelecendo-os em seu nível segundo o sangue. Para compreender totalmente o exercício da ação do rei, é preciso saber, como eu tinha mostrado no ano passado, que o primeiro tempo da construção do Estado é um processo de acumulação de diferentes espécies de capital entre as mãos do rei. Em outras palavras, ele é uma pessoa que se encontra detentora do poder de gerir esse capital, isto é, essencialmente de redistribuí-lo. Isso foi dito cem vezes, em especial pelos antropólogos que estudaram a gênese do Estado: por exemplo, nas sociedades africanas, a primeira forma de acumulação de poder legítimo aparece em associação com a redistribuição. Ainda assim é preciso analisar o que se entende por "redistribuição". Os historiadores insistiram muito, no caso da realeza francesa ou inglesa, sobre a redistribuição material, isto é, sobre o fato de que o rei, à medida que o Estado se constitui, está em condições de redistribuir, segundo vias que ele determina, os produtos do sistema fiscal. O dinheiro acumulado pelo imposto é redistribuído a categorias bem determinadas de sujeitos: na forma de soldo para os militares, de salário para os funcionários, para os detentores de oficinas, administradores, pessoas da justiça etc.

Os historiadores insistiram no fato de que a gênese do Estado é indissociável da gênese de um grupo de pessoas que têm interesses em comum com o Estado e cuja existência está ligada ao Estado. Seria preciso desenvolver esse ponto para compreender os comportamentos dos agentes, para compreender por que hoje certas pessoas orientam seu voto neste ou naquele sentido em ligação com o que se chamaria, por exemplo, suas "convicções religiosas". Como explicar o vínculo entre as convicções religiosas e certas posições políticas? É muito frequente que se veja uma conexão direta, simples: ser católico significa votar na direita. Talvez seja verdade em certa época, mas a relação é, pensando bem, muito mais complexa. Para compreender o que faz com que certa afiliação religiosa leve a determinada posição política, deve-se compreender o que é ser ligado à existência da Igreja: é preciso indagar, por exemplo, quais são as pessoas cuja vida seria mudada se a Igreja desaparecesse. Pensem nos comerciantes de velas, que podem não ser católicos... Não vou me prolongar.

Quanto ao Estado é a mesma coisa. Quem tem interesse no serviço público? Se se estabelecesse um questionário sobre o civismo diário e se fizessem perguntas para saber quem põe ou não põe seu cachorro para defecar no meio-fio, quem joga no lixo objetos de plástico etc., seria possível perguntar-se quais são os princípios capazes de diferenciar as pessoas, e não é simples. Pessoalmente, eu tenderia a me interrogar sobre coisas do mesmo tipo daquelas que implicitamente evoquei com o produtor de velas: quais são as pessoas que têm interesse na ordem pública? Elas recebem salários públicos? Cursaram a escola pública? Seria preciso buscar desse lado aí. É o tipo de coisa que se deve pôr dentro da noção de "interesse". As pessoas vão se dividir de uma maneira aparentemente anárquica. A hipótese que o sociólogo levanta é a de que, sob essa aparente anarquia, há a necessidade: as pessoas não são loucas, não fazem qualquer coisa, elas têm "interesses". Não falo de interesses à Bentham, não são interesses materiais ou econômicos simples, são interesses muito complexos, de pertencimento: *inter esse* quer dizer "pertencer", "ser de". Quem "é de" quando se trata de público? Quem se sente perturbado quando se suprime um canal de televisão pública? É provável que isso não seja completamente independente do estatuto de funcionário. Os historiadores têm razão de [ligar] o Estado aos soldos, aos salários etc. Mas por trás de tudo isso há o surgimento de um corpo de pessoas mais ou menos numerosas que têm uma associação com o Estado. Estudar a dimensão material da construção do Estado já é, pois, estudar alguma coisa diferente; o fato de receber um salário instaura uma forma de pertencimento, de dependência, que não se pode compreender como servilismo. Diz-se: "Os funcionários se contentam em obedecer"; na verdade, isso não é servilismo, são interesses profundos que estão aquém da consciência, e que só se revelam nos períodos críticos. O comerciante de velas só descobriria seus interesses se a Igreja desaparecesse de verdade. Em outras palavras, há formas de afiliação, de pertencimento, de ligação, que é preciso captar. E um salário é uma forma de dependência, um laço que se poderia dizer moral.

Remeto-os ao artigo de Denis Crouzet para fazê-los ver a diferença em relação ao que acabo de lhes expor: "La Crise de l'aristocratie en France au XVIe siècle".[7] Nesse artigo, Denis Crouzet pega a visão materialista mais corrente: mostra como as lutas que cercam o poder são lutas de influência tendo como implicação a ocupação das posições principais, isto é, as posições próprias a proporcionar vantagens financeiras. Ele diz muito claramente que, se essa luta é tão intensa, é porque, para perpetuar seu padrão de vida, isto é, seu status, os nobres precisam de dinheiro. A partir dessas lutas em torno da redistribuição, pode-se, pois, compreender o que se passa. Ele dá exemplos: a adesão do duque de Nevers a Henrique II, a adesão do duque de Guise a Henrique IV contra 12 milhões de libras destinadas a saldar suas dívidas etc. Aí estão casos em que vemos bem que o poder do Estado se exerce essencialmente através da distribuição de recursos. Em suma, e é nisso que eu queria insistir, a dependência em relação ao poder estatal ultrapassa amplamente a dependência material... Eis o primeiro ponto.

Segundo ponto: o Estado, redistribuindo recursos materiais, produz um efeito simbólico. É uma coisa extremamente simples, que se vê muito bem nas sociedades pré-capitalistas em que as formas primitivas de acumulação são baseadas justamente na redistribuição. Hoje se sabe que coisas que apareceriam como desperdício — o fato de redistribuir cobertores ou inhames — são, na verdade, uma forma de acumulação. A alquimia simbólica consiste justamente na redistribuição: eu recebo dinheiro e, ao dá-lo de novo, o transfiguro em doação criadora de reconhecimento — podendo a palavra "reconhecimento" ser tomada nos dois sentidos do termo, no de gratidão e no de reconhecimento de legitimidade. A lógica da centralização leva assim, através da redistribuição, a uma nova forma de acumulação: uma acumulação de capital simbólico, de legitimidade. Vê-se muito claramente esse trabalho de redistribuição alquímica no que é o privilégio real por excelência, a saber, o poder de nomeação.

Eu tinha insistido muito, nas primeiras análises que apresentei aqui,[8] na necessidade de nos espantarmos diante de coisas tão banais como: "Ele foi nomeado professor". A nomeação é justamente um desses atos que supõe a concentração de um capital simbólico e a capacidade de distribuí-lo segundo vias determinadas. Há uma frase de [William Blackstone][9] que diz: "O rei é a fonte das honras". Essa imagem do rei como fonte de todos os benefícios, e em especial dos benefícios simbólicos, isto é, dos benefícios que se poderiam dizer de identidade, [encontra--se quando o rei decide quem é] nobre ou [quem não] é nobre, [quem é] chanceler ou [quem não] é chanceler. O poder de nomeação é um poder de criação social, que faz a pessoa nomeada existir conforme a nomeação. É um poder quase mágico. A redistribuição material que os historiadores descrevem com muita razão se desdobra, assim, em efeitos sociais de fidelidade — que eu tentava evocar há pouco — e de reconhecimento. Ou seja, a redistribuição é produtora de legitimidade.[10] Dito isto, esse processo é muito ambíguo. É um processo de acumulação em que o capital vai ao capital já que, mesmo quando redistribui, o rei não para de acumular. Até a redistribuição é uma das formas por excelência da acumulação, pela transmutação do capital econômico em capital simbólico. Mas essa espécie de acumulação realiza-se em proveito de uma pessoa: é uma espécie de "patrimonialização", no sentido de Weber, de um bem público. O rei se serve dos recursos públicos acumulados pelo Estado na forma de impostos, na forma de títulos, na forma de privilégios, e se serve deles para si mesmo.

DIFERENCIAÇÃO DO PODER E CORRUPÇÃO ESTRUTURAL: UM MODELO ECONÔMICO

O processo de construção do Estado — é um ponto que desenvolverei da próxima vez — acompanha-se de uma diferenciação do corpo dos dirigentes. Pela lógica da delegação, o rei é levado a conferir parte do poder que detém a outros, que podem ser membros de sua linhagem ou pessoas competentes (juristas, funcionários etc.). Criam-se então cadeias de dependência e, a cada um dos elos da corrente, institui-se a possibilidade de um desvio. Em outras palavras, o que o rei faz para si mesmo, cada mandatário pode também fazê-lo para si. Assim como o rei pode desviar [o processo] em seu proveito pela doação de capital simbólico que ele tira da redistribuição, assim também o intendente de Nancy pode se servir da autoridade que recebeu do rei para acumular um poder e um prestígio, em especial por algum privilégio, que poderá eventualmente reverter contra o rei. Portanto é preciso imaginar o processo de desenvolvimento do Estado como um processo de cissiparidade: há um indivíduo, e depois [o poder] se corta, se divide; há cada vez mais agentes detentores de parcelas de poder, que são interconectados, que costumam ser hierarquizados por processos de delegação. Analisarei na semana que vem o processo de delegação de assinatura, que é uma das coisas mais interessantes historicamente — cada um assinando, contra--assinando, sendo contra-assinado etc. Esse processo de delegação é acompanhado, portanto, de uma espécie de multiplicação do poder e faz surgir a potencialidade do desvio de poder a cada articulação do poder. Assim, a corrupção, que foi alvo de inúmeros trabalhos, em especial a respeito dos grandes impérios, da China etc., está de certa forma [inscrita] na própria estrutura: a potencialidade da corrupção é simplesmente o que faz o rei, mas reproduzido em escala inferior; é o desvio, em proveito da pessoa, dos proveitos propiciados por uma autoridade de que a pessoa é depositária e que ela recebeu de uma delegação.

Pode-se imaginar o modelo de maneira simples [para explicar] a potencialidade do desvio, isto é, do saque direto. Normalmente, um rei todo-poderoso, realmente absoluto, deveria ser capaz de controlar todo o processo de concentração e todo o processo de redistribuição. Ele não deveria deixar nada se acumular que não passasse por ele, não deveria deixar nada se redistribuir que não fosse redistribuído por ele; nesse caso, não haveria perda de poder. Todo o capital econômico, por exemplo, seria transmudado em capital simbólico depositado na conta do rei. Na verdade, há vazamentos no circuito: em cada uma das malhas dessa rede extremamente complexa que constitui o Estado, os personagens em posto podem fazer um saque direto, isto é, podem obter proveitos diretos que não sobem até o rei, e podem também fazer um desvio simbólico dessas retiradas redistribuindo diretamente, eles mesmos, na escala da província etc. Então, um dos problemas que se apresentam em todos os impérios e em todos os sistemas [políticos] é o da relação entre o chefe da província e a província. Por exemplo, ainda hoje, na Igreja, um bispo não deve ser nomeado para uma diocese da qual é oriundo nem para as dioceses vizinhas; é uma regra que encontramos em muitos regimes ou impérios: insiste-se muito no corte, porque se supõe que a existência de um laço direto pode levar a um saque direto e a uma redistribuição direta, portanto a um curto-circuito. E esse curto-circuito é a corrupção.

362

A concentração estatal, que dá ao rei um poder sobre todos os outros agentes que participam da dominação, tem limites. Na própria medida em que, para concentrar capital, o rei precisa de auxiliares, ele está numa lógica de compromisso. Direi duas palavras sobre esse ponto, para concluir, a respeito do problema dos intermediários, que foi muito bem estudado por economistas a partir de modelos, essencialmente por dois economistas cujos nomes lhes dou — não tenho as referências por uma razão simples: são textos que recebi e que ainda não estão publicados: Jean-Jacques Laffont, professor de economia em Toulouse e na École des Hautes Études en Sciences Sociales, autor de um artigo sobre "Les Jeux cachés dans les hiérarchies",[11] e Jean Tirole, que analisa a lógica do favoritismo[12] que, mal ou bem, eu tentava descrever. Apresentarei em duas palavras o modelo deles e, da próxima vez, voltarei à realidade histórica. Os economistas, contrariamente aos etnógrafos que descrevem sem muito analisar, têm essa virtude, mas com muita frequência eles modelizam sem conhecer a realidade. Penso que a construção de modelos históricos realistas supõe um espírito de modelização capaz de se subordinar à complexidade dos fatos históricos, com o perigo evidente de decepcionar os dois: os modelizadores puros e os historiógrafos ousados.

O modelo deles é muito interessante porque partem de uma teoria que se chama a teoria dos contratos — não a detalho porque isso me arrastaria, por regressão, até o infinito. Eles diferenciam três níveis em toda interação, correspondendo a três categorias de agentes: há o que chamam de "principal" — é, por exemplo, o empreendedor que tem capital e quer obter trabalho —, há, no outro extremo, os trabalhadores individuais; e entre os dois, há o *supervisor*, o contramestre, o intermediário. O modelo deles é extremamente interessante porque eles mostram que o principal, que pode ser o rei, no caso particular deve, por exemplo, fazer entrar dinheiro — coletar os impostos — ou então conseguir a obediência — recrutar soldados. Ele não pode pessoalmente se ocupar da supervisão, o que é demasiado custoso. Portanto, é obrigado a se reportar a contramestres, a intendentes, a mandatários. O mandatário fica, então, numa posição muito forte — a teoria dos contratos sempre pensa em termos de informação — porque há toda uma parte da informação que o principal só pode obter graças a ele. [Imaginemos] três operários, dois que não fazem nada e um que trabalha e que o rei gostaria de recompensar: se o rei quiser saber, só o *supervisor* poderá dizer quem trabalha e quem não trabalha; [o *supervisor*] tem, portanto, uma informação que [o rei] não tem. Mas o *supervisor* tem a possibilidade de não fornecê-la e de fazer aliança com os operários dizendo-lhes: "Não direi quem trabalha e quem não trabalha, mediante o que vocês me darão dinheiro".

O intermediário pode, portanto, auferir lucros da posse desse recurso raro que é a informação. Enquanto o principal vê apenas o resultado do trabalho dos trabalhadores, o montante global, o *supervisor*, de seu lado, sabe quem trabalhou bem e se o resultado depende da sorte ou de outra coisa. Por conseguinte, o *supervisor* está em posição muito forte, contrariamente às aparências: seria possível pensar que ele está imobilizado entre duas formas, mas na verdade está em posição estratégica já que pode ameaçar os trabalhadores de dizer a verdade ou escondê-la do principal. E se o rei tiver de se opor às tendências inerentes ao lucro inerente à posição de contramestre, de *supervisor*, deverá inventar incitações mais fortes que os lucros que o contramestre conseguir tirar do jogo duplo com seus dois interlocutores. Deverá, então, instalar sistemas de recompensas para [chamar a si] os intermediários. Mas para isso deverá lhes fazer concessões. O que o modelo dos economistas não diz é que, em certo nível de concessão, os intermediários podem [desempenhar o papel] do principal: para obter do intermediário que ele faça o que tem de fazer, por exemplo controlar ou exercer a justiça, é preciso contar com essa potencialidade de dissidência baseada na capacidade de utilizar as possibilidades estratégicas fornecidas por uma situação ambígua, por uma posição entre-uma-coisa-e-outra; e para opor-se a essa potencialidade de dissidência, ele deve fazer concessões que podem ser tais que seu próprio poder de delegação seja questionado. Se vocês pensarem no caso do rei [da França] e do Parlamento, este último está exatamente nessa posição, [...] com agentes que puxam de um lado e de outro: "Somos como o Parlamento inglês, expressamos o povo", ou "Estamos do lado do rei".

Sem dúvida, o modelo é sobremodo simples, seria preciso complicá-lo, mas [mostra] essa contradição que eu gostaria de tentar elaborar, porque é aí, parece-me, que está a dinâmica [de emergência do Estado], inclusive da Revolução Francesa, e talvez além disso. Todo o processo da evolução do Estado está inscrito nessa contradição; a corrupção é estrutural, tanto mais que mesmo os vitalícios têm famílias, e só sonham em se tornar dinásticos, seja se aliando à nobreza de sangue, seja obtendo a venalidade dos ofícios ou sua transmissão. Os vitalícios têm interesses de reprodução que os levam a explorar as potencialidades que lhes oferece sua posição estrutural na rede de delegações: a corrupção é, pois, inerente. Como encontrar incitações estatais capazes de se opor a essa propensão à corrupção? Instaurando controles dentro das redes? Pois corruptores e corruptos potenciais [se entrecontrolam]. Mas a lógica centralista descrita pelos economistas é muito perigosa e o rei está nesta contradição: ele não pode conceder sem gerar um poder capaz de destruí-lo. Observa-se por exemplo um processo de avanço e de recuo — a história das relações com o Parlamento é, a esse respeito, muito divertida: o rei cede um pouco demais para obter sua fidelidade e a vassalagem em circunstâncias difíceis, quando está fraco, quando é jovem, ou em caso de regência. As relações são, evidentemente, flutuantes; as estruturas da relação variam justamente conforme a força particular do rei: sua idade, sua autoridade, suas vitórias etc.

Sinto-me um pouco triste porque gostaria de tentar modelizar a realidade histórica sem mutilá-la demais, isto é, contando ao mesmo tempo a história, e é muito complicado… mas tentarei fazer algo melhor da próxima vez.

Curso de 7 de novembro de 1991

Preâmbulo: as dificuldades da comunicação em ciências sociais — O exemplo da corrupção institucionalizada na China, 1: o poder ambíguo dos sub-burocratas — O exemplo da corrupção institucionalizada na China, 2: os "puros" — O exemplo da corrupção institucionalizada na China, 3: jogo duplo e duplo "eu" — A gênese do espaço burocrático e a invenção do público

PREÂMBULO: AS DIFICULDADES DA COMUNICAÇÃO EM CIÊNCIAS SOCIAIS

[Antes de começar, tentarei responder a duas perguntas], a primeira sobre o espaço social e a segunda sobre uma observação que fiz de passagem, a respeito do marxismo, quanto às relações entre ideologia e infraestrutura.

Primeiro, um aviso: essas perguntas me fazem tomar consciência mais uma vez do fato de que estou lidando com um público que vai "a velocidades variadas", como se diz hoje, e é uma das razões que torna a tarefa de ensinar nesta instituição particularmente difícil... Temos, lado a lado, pessoas que seguiram meus cursos desde o início, isto é, há quase dez anos, que [...] entendem os pressupostos do que eu digo, e outras que, como se diz, "chegam de paraque-

366

das", o que não é uma crítica mas um fato com o qual devo contar. Há também os que têm graus de formação em sociologia muito desiguais e podem pensar que o que eu digo de maneira peremptória é uma tese improvisada, quando na verdade isso repousa sobre trabalhos, análises etc. Eu dizia outro dia, a respeito dos problemas da comunicação entre as ciências sociais e o mundo social, que o mais difícil de comunicar são as problemáticas: os ouvintes de um sociólogo que fala na televisão, quando isso acontece, interpretam o que ouvem em função de uma problemática volta e meia implícita, que é quase sempre política; portanto, reduzem as análises a teses, isto é, a ataques ou a defesas. Penso que é menos o caso aqui, mas, tudo indica, esse ainda é um pouco o caso.

Digo tudo isso para explicar por que — não sou o único — todos os meus colegas desta instituição sentem como extremamente difícil a experiência do ensino, quando a maioria deles ensinou inúmeras vezes em diversas instituições. Penso que uma das razões dessa dificuldade extrema vem do fato de que não se podem reintroduzir a qualquer momento todos os pressupostos que estão necessariamente envolvidos num discurso, ao contrário do que é possível fazer quando se escreve, por exemplo. Por isso, somos permanentemente levados a fazer recuos, parênteses etc.; temos a sensação de insatisfação em todos os sentidos, isto é, nunca podemos dizer tão depressa e tão bem quanto gostaríamos o que tínhamos previsto dizer, e sem por isso dizer tão cabal e necessariamente o que deveríamos dizer para que o que tínhamos previsto dizer seja completamente inteligível. É uma sensação muito sofrida. Digo isso porque é uma maneira de, ao mesmo tempo, ajudar a vocês e ajudar a mim mesmo a transmitir, e também porque [...] isso me faz bem...

Essas duas perguntas me fizeram pensar nisso porque, evidentemente, referem-se a coisas muito fundamentais: as relações entre campo e espaço. Dediquei um curso de um ano ou dois, creio, à noção de campo,[1] com a esperança, aliás, de publicá-lo nesse meio-tempo. (É outra contradição dessas instituições: aqui acumulamos coisas que não temos tempo de publicar porque já precisamos preparar um curso para o ano seguinte.) Desenvolvi longamente [esse ponto] e não posso em poucas frases retomar os próprios fundamentos da noção de campo. Pego aqui o campo burocrático como se fosse algo óbvio, em especial no que se refere às relações entre campo e espaço: são dois termos que emprego de maneira alternada e que são, em certos casos, equivalentes, em outros não. Portanto, vou fazer algo que não deveria: [estou prestes a publicar] com um de meus estudantes que está nos Estados Unidos um livro nascido de perguntas.[2] Fui à Universidade de Chicago e os estudantes americanos, que são formados em condições diferentes dos estudantes franceses, e que são muito mais técnicos, muito mais impertinentes, muito mais rigorosos, me receberam com 120 perguntas saídas de uma leitura que tinham feito em grupos de vários, muito seriamente, senão sobre o conjunto de minha obra, ao menos sobre tudo o que havia disponível em inglês, e respondi oralmente a essas 120 perguntas: isso me tomou muito tempo, pois elas foram transcritas, retrabalhadas etc., e esse trabalho será brevemente publicado pela editora du Seuil com o título *Réponses*.

Se me permito remetê-los a esse livro não é para fazer publicidade de minhas obras, mas para lhes dar instrumentos cômodos, já que essas perguntas são, aí, evidentemente abordadas. Tento nesse livro responder a essas objeções [que são numerosas] porque os estudantes fizeram um trabalho considerável: recensearam todas as resenhas críticas de meus trabalhos em todas as línguas etc. Com isso fizeram uma espécie de totalização, o que é assustador para o receptor de todas as objeções feitas em todos os países. É provável que as objeções de vocês estejam subsumidas nessa lista. Por outro lado, fiz nessa ocasião esclarecimentos extremamente densos, creio, e simples sobre a noção de campo, a noção de habitus, a noção de capital, as relações entre as diferentes espécies de capital etc. Eu precisaria recomeçar a cada ano para garantir a transição; então é melhor remetê-los a esse livro.

Quanto à segunda pergunta que me foi feita, sobre o problema do marxismo, é mais complicado, porque [...] em geral [eu apenas o evoco, de passagem], não termino minhas frases, e digo: "Vejam aonde quero chegar...". Dou a entender que disse demais a respeito, porque sei que disse demais, tendo em vista as condições de recepção e as condições de transmissão. Se eu [dissesse] totalmente o que [quero] dizer, precisaria de um ano de curso; ao mesmo tempo, parece-me importante fazer pequenos sinais muito rápidos, de relance, porque penso que uma das virtudes do ensino oral é permitir dizer muito depressa coisas que, justamente, somos obrigados a desenvolver in extenso no escrito. Portanto, eu disse de passagem: "Cuidado, o marxismo, que tem a aparência de falar desses problemas, é na verdade um obstáculo para a construção desses problemas". Era pouco demais. A prova é que me perguntam:

Mas será que o marxismo não abordou o problema que o senhor evoca das relações entre a infraestrutura e a superestrutura, entre a realidade social e as representações ditas ideológicas etc., por exemplo as relações entre o direito, a filosofia e a arte, três instâncias que Marx evoca sempre ritualmente quando fala de ideologia?

Claro, esses problemas foram abordados. E me perguntam: "Será que eles não estão resolvidos? Será que a noção de dialética…?". Aí, novamente vou dizer as coisas de maneira um pouco peremptória e abrupta: penso que não. Penso que a palavra "dialética" é um tapa-sexo teórico, que costuma ser, como dizia Spinoza, um asilo da ignorância, e que não se resolveu um problema por simplesmente tê-lo designado — embora haja muito mérito em tê-lo designado, é claro. É um pouco o que eu queria dizer outro dia, de passagem, muito depressa, e me afundei em análises detalhadas, o que era uma maneira prática de responder a esse problema que a tradição marxista não resolve.

Volto, portanto, a outro problema que se apresenta constantemente a mim. Vou lhes falar na semana que vem de um livro que se chama *Le Lit de justice* — fiz alusão a ele outro dia. Se eu tivesse lido esse livro há cinco anos, não teria entendido nada ou teria dito: "São relatos anedóticos sobre as relações entre o rei e o Parlamento". Por virtude erudita, o teria lido até o fim, ao passo que hoje penso que poderia falar dele muito longamente. Será que o que lhes direi vai transmitir-lhes o que faz com que eu possa lhes dizer o que vou lhes dizer? É um verdadeiro problema. Não bancarei o grande iniciado que tem dificuldade em transmitir seu saber aos [profanos], mas é verdade que o problema é muito difícil, que se precisaria de muito tempo, e não é certo que o público que vocês formam tenha a paciência necessária para entendê-lo. Num seminário de pesquisa, pode-se ir muito menos depressa, pode-se se dar ao luxo de retomar esta ou aquela página… Volta e meia sou obrigado a lhes pedir que acreditem em mim sob palavra. Quando lhes digo que alguma coisa é importante, por exemplo, ou quando lhes peço para acreditarem na minha palavra, para mim é muito constrangedor: gostaria de, toda vez, ter tempo para dizer as razões disso.

Pois é. Não respondi a nenhuma das duas perguntas, mas tentei explicar por que não podia fazê-lo, o que não deve desencorajá-los de me fazer perguntas porque é possível que eu consiga responder…

O EXEMPLO DA CORRUPÇÃO INSTITUCIONALIZADA NA CHINA, 1: O PODER AMBÍGUO DOS SUB-BUROCRATAS

Volto ao que eu dizia da última vez. Para recapitular: insisti no fato de que o processo de concentração descrito no ano passado servia de fundamento para um processo muito complexo de redistribuição, e sugeri bem simplesmente que a concentração dos recursos nas mãos de um só, encarnado pelo rei, podia autorizar um processo de redistribuição inteiramente controlado por um só. Esse ideal é realizado — bem, ao menos depois dos trabalhos antropológicos — em muitas sociedades arcaicas, com os sistemas de *potlatch*, por exemplo: temos sociedades nas quais a redistribuição pode ser quase controlada por um só, o qual pode, portanto, recolher a totalidade dos proveitos simbólicos garantidos pela transmutação dos recursos em capital simbólico garantidos pela redistribuição. Mas mostrei que, à medida que os sistemas políticos se diferenciam, a redistribuição não é mais controlada por um só: há, de certa forma, vazamentos nos circuitos de redistribuição, cada um desses vazamentos representando um pequeno lugar de transformação de capital econômico em capital simbólico, ou de capital jurídico ou de capital burocrático em capital simbólico, retirado de passagem pelo detentor de uma autoridade delegada. A série desses vazamentos é, a meu ver, uma das coisas que se deploram quando se fala de burocracia.

Esses vazamentos no circuito de redistribuição são particularmente marcados em certos sistemas e [a esse respeito] gostaria de lhes resumir rapidamente um artigo que me parece exemplar sobre a burocracia na China e sobre a corrupção. Houve uma farta literatura histórica sobre a corrupção praticamente em todos os sistemas políticos, mas este me parece muito interessante, talvez porque o caso chinês seja exemplar, mas talvez também porque o sinólogo é exemplar. (É um problema muito importante quando lemos trabalhos: tendemos a imputar a singularidade de uma descrição à singularidade do país, mas ela também pode se dever à singularidade do analista. Pode se tratar de um analista mais lúcido, mais esperto, que vê melhor as coisas, que portanto desmonta melhor os mecanismos e por isso é particularmente interessante, porque em seguida se consegue reinterrogar realidades malvistas e mal ditas, se consegue reinterrogá-las mais completamente a partir de outro ponto de vista, mais lúcido.) Esse artigo é de Pierre-Étienne Will, que acaba de ser eleito para o Collège de France.[3]

O artigo ilustra o modelo de corrupção estrutural fabricado pelos economistas que descrevi a vocês da última vez, esse modelo segundo o qual o executante das ordens pode se servir da posição de intermediário para auferir lucros nos dois sentidos. Um dos temas centrais do artigo é o conflito que encontraremos daqui a pouco entre os interesses da família e os interesses do Estado. Como é possível conciliar os imperativos do serviço do Estado e os imperativos do serviço da família? Will mostra como todo um conjunto de teóricos chineses, inspirando-se em Confúcio mas se opondo a ele, tentou construir a ideia de uma lealdade ao Estado, irredutível à lealdade à família. A tradição confuciana é problemática para os inventores de uma ordem pública na medida em que recomenda a lealdade à família, em especial a lealdade filial, e faz da lealdade filial o modelo de toda espécie de lealdade ao mesmo tempo que a lealdade prioritária. Portanto, os teóricos deviam contar com uma autoridade que criava obstáculo a essa constituição: todo um conjunto de pensadores que [P.-É. Will] chama de "legalistas", todo um conjunto de homens de Estado nos Estados guerreiros no século IV antes de nossa era tentaram sustar a evocação dessa devoção filial como instrumento de justificação da corrupção. E tentaram inventar um discurso dando prioridade à obediência ao imperador em relação à obediência aos deveres familiares. Evidentemente, de modo geral propuseram uma solução de compromisso entre os dois, que se traduz nas normas regulamentares, por exemplo, no que se chama a "lei de evitamento" — lei que evoquei na última vez, e que proíbe nomear um funcionário em seu lugar de origem para evitar a corrupção.

Ora, observa-se que, estranhamente, essa lei destinada a evitar a corrupção a favorece, pois ali a pessoa está muito mais bem colocada para explorar as outras quando estas não são suas congêneres — as astúcias da razão doméstica são inúmeras. Na China imperial, há funcionários relativamente mal pagos e em pequeno número na cúpula: os que passaram pelo sistema dos concursos mandarinais; e depois, há muitos pequenos funcionários subalternos que vivem do que retiram ali onde vivem. Will, ao descrever essa estrutura, fala de "corrupção institucionalizada", no sentido de que todo mundo sabe que os funcionários inferiores não podem viver senão desses saques ilícitos.

Evocarei mais tarde um artigo sobre a burocracia inglesa que tende a mostrar — é algo que eu ignorava, foi meu amigo Eric Hobsbawm que me assinalou — que na burocracia inglesa, até meados do século XIX, era admitido que os altos funcionários retirassem seus recursos — recursos privados — de sua circunscrição.[4] O sistema de burocracia pública, em que os funcionários são assalariados, é, pois, uma invenção extremamente recente e relativamente circunscrita. Enquanto a tradição inglesa instaurou a nomeação pública pelo Estado muito mais cedo que a França, instaurou muito mais tarde a remuneração dos funcionários pelo Estado, no lugar da retirada direta de dinheiro.

[Para voltar à] China, tem-se um sistema de retirada direta, um "fluxo de fundos ilícitos que irriga todo o sistema de baixo para cima". Essa espécie de extorsão legal de fundos é destinada a pagar as despesas pessoais e profissionais dos funcionários e, mais que isso, os salários dos sub-burocratas que esses funcionários devem manter para poder exercer suas tarefas. Para descrever essa corrupção institucionalizada, [P.-É. Will] fala de "irregularidades regulares". Depois, tendo descrito a lógica global do sistema, ele chega ao que chama de descrição da estrutura da burocracia: mostra que os funcionários centrais são completamente cortados de suas raízes regionais por causa da lei de evitamento; em seguida, há colaboradores privados desses funcionários, mantidos em parte por esses funcionários e de certa forma adestrados para ser fiéis a seus patrões; e finalmente — e é isso o essencial — há uma "sub-burocracia", como ele a chama, que é extraída da sociedade das províncias, faz parte da sociedade provinciana, é estável nos postos, já que essa estabilidade lhe permite constituir redes, e não tem nem a obrigação da lealdade ao Estado nem a lealdade a um patrão, como os colaboradores privados. Esses subfuncionários, esses sub-burocratas têm, portanto, como objetivo extrair o máximo possível de dinheiro no menor tempo possível. O problema que se apresenta então é saber como fazer; é aí que se encontra o modelo dos economistas: eles podem fazê-lo porque, evidentemente, estão em posição de inferioridade em relação aos funcionários centrais que supostamente devem controlá-los e dirigi-los, mas estão em posição de superioridade real, já que a duração no posto lhes confere, primeiro, as redes que evoquei, e depois uma familiaridade com o terreno que lhes permite bloquear as ordens vindas de cima e a informação vinda de baixo. Essa espécie de posição de *gatekeeper*, de guarda, que lhes permite interceptar o que lhes arranja, só deixar passar o que lhes arranja, os coloca em posição de chantagem permanente diante dos dirigentes centrais.

Esse modelo, que parece muito afastado, aplica-se amplamente à sociedade francesa de hoje. Remeto-os ao número 81-2, que já citei várias vezes, da revista *Actes de la Recherche en Sciences Sociales*, que se referia à política imobiliária e aos problemas de economia da produção de casas, da venda de casas, com todos os problemas de alvará de construção etc.: aí encontramos fenômenos perfeitamente análogos, e os remeto ao último [artigo], que escrevi nesse número, e que se chama "Droit et passe-droit",[5] em que tento mostrar, conforme a mesma lógica, que sempre se esquece que o detentor de um direito pode tirar proveitos do fato de executar o direito de maneira ultracorreta, ou, ao contrário, de suspendê-lo e de conceder um privilégio.

Mas volto à China. O funcionário subalterno tem, assim, uma posição estrutural: essa posição de intermediário é, creio, muito geral. É por isso que o modelo dos economistas, embora sendo um pouco rígido, é extremamente excitante. Pode-se refletir num modelo de proveitos estruturais associados ao fato de alguém se situar entre as duas situações — como a pequena burguesia está entre a grande burguesia e as classes populares etc. Há inconvenientes estruturais de estar entre os dois; há propriedades estruturais, pessoas que são "nem... nem...", ou "e... e...", que têm uma profusão de características que não são ligadas às suas condições — sua condição de trabalho, seu salário etc. —, mas que são ligadas ao fato de estarem [num] entre-os-dois... Costumo falar de topologia social: aí é um caso típico em que se vê que há um aspecto topológico da análise sociológica, pessoas que não são nem um nem outro, [que são] neutras — em latim *neuter* —, que estão entre os dois, que não são "nem... nem...". Têm características comuns, e na análise é possível nos servirmos desse modelo para compreender uma multidão de coisas sobre a posição dos intermediários.[6]

Volto à China mais uma vez: o poder desses intermediários vem, de um lado, do fato de que podem vender ao superior um elemento de informação vital que detêm. Vocês se lembram do modelo, que consistia em dizer: o principal não sabe quem trabalha e quem não faz nada; o intermediário pode se negar ou aceitar dizê-lo. Os intermediários podem, portanto, desviar uma parte do poder controlando a informação que detêm e, por outro lado, podem exercer um poder bloqueando o acesso ao patrão, ao principal. É o caso típico do que em inglês se chama de *acess fees*, direitos de acesso: eu pago para ter uma entrevista, eu pago para ter uma conversa. Mutatis mutandis, as secretárias costumam estar nessa posição de intermediário. (Isso é para os sociólogos e para os que não o sabem: é conhecido que, para se obter uma entrevista, é melhor dirigir-se à secretária, é melhor seduzir a secretária do que o patrão, porque ela pode encontrar uma brecha na agenda, pode apresentar a coisa de tal maneira [que seu patrão] diga: "Sim, você é boazinha, tudo bem", ou, ao contrário, pode [mandá-lo] passear. Eis um exemplo de utilização de uma posição estrutural de intermediário. Os *access fees* podem ser dinheiro, mas também podem ser sorrisos, todo tipo de coisas…)

O EXEMPLO DA CORRUPÇÃO INSTITUCIONALIZADA NA CHINA, 2: OS "PUROS"

Vou resumir: os intermediários estão em condições de controlar a circulação da informação de baixo para cima ou de cima para baixo, mas também a circulação de vantagens associadas à informação (seria preciso desenvolver isso com análises concretas). Uma das contribuições interessantes do artigo de Pierre-Étienne Will sobre a China é indicada de passagem, talvez até mesmo em nota: é o perigo que constituem os "puros" em um sistema como este. Estranhamente, a indignação ética não é distribuída ao acaso no espaço social […]. Os "puros" costumam se espantar por não serem recompensados, e até por serem punidos… São coisas que a gente descobre progressivamente com a idade: aprende-se que a justiça imanente não pertence a este mundo… Não é só que a virtude não é recompensada, mas é que a gente deve se considerar feliz se não for punido quando age bem — creio que é uma boa fórmula! Hoje em dia, as pessoas que, por exemplo, fazem aquilo que o sistema escolar diz oficialmente que faz são uns desmancha-prazeres e costumam ser sancionados. A sociologia, que deve tudo compreender, deve entender isso. Esse caso é interessante porque temos aí um fenômeno de corrupção estrutural: Will fala de "corrupção institucionalizada", isto é, de corrupção estrutural oficialmente assumida pela instituição. Quanto a mim, falo de "corrupção estrutural": é uma corrupção que é inevitável, mas não está necessariamente inscrita na instituição, não é necessariamente reconhecida.

(Na instituição francesa, vocês sabem que hoje em dia, no clima de neoliberalismo, de culto ao mercado etc., é de bom tom nas altas esferas da burocracia do Estado denunciar […] as "rigidezes sindicais" por exemplo, as rigidezes dos trabalhadores afeiçoados às "vantagens adquiridas" — "vantagens adquiridas", isso realmente fica com jeito pequeno-burguês, fica parecendo uma idiotice […]. Mas a gente esquece que os mesmos que dizem isso são os detentores de gratificações extremamente altas cujo montante é muito difícil saber. Tentei:

conseguimos saber por que cada um denuncia a dos outros, mas mesmo assim é difícil. Em todo caso, nunca se encontra um papel, e se alguém o publica, nos dizem: "Mas que nada, não é verdade, você é um ingênuo, não é isso…". Aí também há corrupção institucionalizada, privilégio de Estado. E essa corrupção institucionalizada decorre dos denunciadores da corrupção dos intermediários. Não digo isso por acaso, porque o modelo que estou descrevendo reforçaria as afirmações à De Closets[7] — cito-o por uma vez porque é um fato social, ele é dessas pessoas que pegam um tema atmosférico que faz parte do clima social — nos colóquios de funcionários que se perguntam, por exemplo, como se poderia conseguir que os trabalhadores trabalhassem melhor; e esse tema é orquestrado com toda a força da mídia e torna-se uma força social real com a qual somos obrigados a contar. É perfeitamente ingênuo afastar o livro de De Closets com o pretexto de que é um mau livro. Esse modelo pode, evidentemente, servir para justificar uma visão tecnocrática contra os pequenos chefes, os pequenos chefes sindicais de preferência, mas também pode se tratar de pequenos chefes como os funcionários médios dos postos de telecomunicação, que não são suficientemente submetidos ao "espírito de empresa" como se diz hoje — donde a dificuldade de comunicar os resultados da ciência social. É preciso pensar que as pessoas do alto, os principais, têm meios de retirar ganhos de outra natureza e de outra ordem de grandeza, diferentes daqueles dos pequenos intermediários da base, que dão um jeitinho para enrolá-los em um determinado ponto…)

Volto aos "puros". Há um famoso mandarim de quem publicamos um perfil em *Actes de la Recherche*, e que se chamava Li Zhi. Era um mandarim antimandarinal:[8] um mandarim que denunciava, em livros absolutamente extraordinários — um deles se chamava *Un Livre à brûler*, o que é magnífico —, a corrupção mandarinal, a estrutura da reprodução mandarinal (a Escola Nacional de Administração é uma instituição totalmente mandarinal…). Esse gênero de personagem é perfeitamente intolerável para [o sistema]. Esses "puros" se encontram de preferência nas altas esferas: aí há condições sociais de acesso à pureza — Aristóteles dizia que a virtude exige certo desafogo…[9] Também há "puros" entre os subalternos, mas são mais vistos como ingênuos e não têm muita eficácia — são transferidos. *Actes de la Recherche* publicará em sua próxima edição, como se diz, a entrevista que fiz com uma responsável por projetos de política urbana encarregada de gerir a pobreza nos lugares mais miseráveis da França, e que conta — é mais complicado que isso — que quanto mais ela é bem-sucedida, mais é punida, quanto mais faz o que lhe dizem para fazer, mais é sancionada... Eu resumo, creio, mas muito justamente: isso se chama "Uma missão impossível".[10] Outro caso que não foi publicado mas será: o de um juiz que foi transferido no momento em que fez o que lhe pediram para fazer — ele era encarregado de reinserir os presos etc.[11] Aí estão coisas que existem: para que vocês não pensem que tudo isso só acontece na China. Dito isso, seja como for, peguei a China como guarda-chuva mandarinal...

Os "puros" — e é Will que diz — destroem, pois, o equilíbrio ligado à corrupção funcional, porque a integridade sem compromisso tem um efeito revelador: seu resultado é denunciar toda a verdade da estrutura, e funcionar como crítica para todos os outros. O que é criticado no "puro" é ser uma crítica viva: dizer [tacitamente] aos outros que eles são pavorosos. O "puro" é aquele que levanta a lebre, aquele que trai, em especial o grupo de seus pares. Na história recente, vocês têm gente de todo tipo a quem acontecem desventuras porque eles fazem, simplesmente, o que é dito que os outros fazem, mas que os outros não fazem; pelo simples fato de fazê-lo mostram de maneira exemplar o que os outros não fazem. [Enquanto se trata de] denunciantes externos, pode-se dizer: "É ressentimento, é má-fé, falta de informação etc."; mas quando é feito na própria situação por alguém que é mandatado para fazer o que ele faz, isso tem um efeito de profecia exemplar e de ruptura perfeitamente espantoso. O que é interessante é que esses puros, no discurso, na ideologia, são alvo de um tratamento muito especial: são [primeiramente] suspeitos — e a gente pensa: "Não é possível que um puro seja puro".

(Um sociólogo, por profissão, tem o mesmo tipo de reação e sempre se pergunta o que há por trás da pureza: embora fique radiante que haja "puros", é obrigado, por profissão — o que os outros não compreendem, pois pensam que o sociólogo é malvado, desconfiado, que está inspirado pelo ressentimento —, a supor que há sempre razões para o que as pessoas fazem, portanto é obrigado a se perguntar: "Por que ele é puro?", "O que tem de especial que o torna tão particularmente 'puro'?". A sociologia espontânea faz isso. Se a sociologia científica é difícil, é porque é obrigada a fazer o que, na vida cotidiana, cada um faz para seus adversários [...]: nós todos somos ótimos sociólogos para nossos adversários porque temos interesse em ver o que eles não veem por si só ou o que escondem.)

Os "puros" são, portanto, suspeitos, combatidos, difamados e, ao mesmo tempo, admirados, porque não é possível deixar de reconhecer que prestam homenagem, ainda que hipocritamente, às virtudes que todos celebram oficialmente...

O EXEMPLO DA CORRUPÇÃO INSTITUCIONALIZADA NA CHINA, 3: JOGO DUPLO E DUPLO "EU"

Outra observação: essa situação de corrupção institucional deixa os funcionários numa situação de ambiguidade permanente, Will fala de "esquizofrenia permanente" e de "hipocrisia institucionalizada". Penso que é algo central: uma característica, talvez universal, dos burocratas. A respeito da burocracia, escrevi um artigo sobre a delegação que se aplica aos delegados sindicais, [aos representantes] políticos, aos mandatários etc.[12] Tentei mostrar, apoiando-me em diferentes argumentos e documentos, que há uma espécie de hipocrisia estrutural do delegado que pode sempre falar duas linguagens: pode falar em seu próprio nome ou em nome da instituição que ele representa. É uma espécie de jogo duplo e de duplo "eu". É Robespierre que diz: "Eu sou o povo", e é a forma por excelência da impostura mandarinal. Nietzsche, que ficou muito furioso com a impostura clerical — esse tipo de impostura é típica dos clérigos em geral, não só dos clérigos da Igreja, mas também dos intelectuais —, [escreveu que] a impostura clerical consiste em usurpar uma personalidade legítima para poder realizar os interesses da personalidade real.[13] E essa espécie de prosopopeia permanente — "Eu sou a França", "Eu sou a República", "Eu sou o Estado", "O Estado sou eu", "Eu sou o serviço público" — é constitutiva da posição de mandatário, de delegado, e também é típica dos funcionários, que são sempre funcionários do público, portanto do universal. Essa espécie de esquizofrenia, a encontramos [...] há um ou dois anos [no] artigo de Gordon,[14] um americano, que contava como os *lawyers* [juristas, advogados] americanos, que não têm nada de santinhos, ostentavam uma espécie de duplo discurso: ao lado de sua prática extremamente realista, tinham toda uma construção ideológica sobre o ideal profissional, a deontologia etc. [O autor] empregava exatamente a expressão esquizofrenia. Penso que [Gordon e Will] não se leram mutuamente, mas o fato de que encontrem a mesma imagem mostra que com certeza captaram algo importante e em contextos extremamente diferentes.

Com isso quero dizer que a burocracia é alvo de uma dupla imagem que contribui para sua esquizofrenia: é vista ao mesmo tempo como racional, transparente, e corrompida; todos os discursos que Will relata manifestam essas duas imagens. Ao mesmo tempo, os funcionários têm uma imagem desdobrada de si mesmos, os puros sendo aqueles que, levando as coisas à sua simplicidade, fazem explodir as contradições que o jogo duplo permanente com os outros e sobretudo consigo mesmo [esconde] — o jogo duplo sendo a má-fé sartriana: o fato de alguém mentir a si mesmo, de contar a si mesmo que age para o universal quando na verdade se apropria do universal para seus interesses particulares. Aqui, novamente, lembro um tema que abordei no ano passado: essa apropriação privada do universal, que tendemos a considerar como um abuso de poder, [...] é apesar de tudo alguma coisa que faz progredir o universal. É um tema que eu sempre lembro, porque é melhor uma transgressão que [assume a] máscara do universal do que uma transgressão pura e simples. Eu jamais teria dito isso há alguns anos. A transgressão que se mascara em nome do universal contribui um pouco para fazer avançar o universal [na medida em que] será possível utilizar o universal contra ela para criticá-la... Lembro aqui, em poucas frases brutais, análises que fiz longamente no passado.[15] Minha introdução era útil porque me permite dizer isso, do contrário eu a teria censurado.

Creio que lhes disse o essencial desse artigo. [P.-É. Will] dá ótimos exemplos dos meios de preservar, nessa lógica, os direitos e os privilégios. Eu tenho um direito, estou por exemplo numa prefeitura francesa, sou alguém que concede os alvarás de construção. Há invariâncias, [penso] na China: eu posso transmitir o pedido ou não transmitir; posso transmitir depressa ou devagar; e posso, evidentemente, auferir lucros, posso pedir ajudas... Por exemplo, as transações entre os figurões e os burocratas: é uma das grandes transações sobre as quais repousa o funcionamento do serviço público. [Peguem o caso] de um vereador que vai ver o sujeito encarregado dos alvarás de construção: como é possível que o sujeito encarregado dos alvarás de construção o conceda imediatamente quando trata com um vereador? É porque há trocas entre eles, de longa data, e não são necessariamente trocas de dinheiro: há trocas de respeitabilidade, eles se encontraram em coquetéis; ou então, em troca de uma proteção no caso X o outro dará uma proteção no caso Y; em troca de uma indulgência etc.

Outro exemplo: uma das dimensões importantes de tudo isso é o tempo. Sempre se fala da "inércia burocrática": são palavras com virtudes dormitivas, que não explicam nada. A lógica que tento evocar, a do direito e do privilégio, consiste em usar o leque de todos os comportamentos possíveis entre o rigorismo e o laxismo. É isso: há uma regra e posso jogar e ter lucros em ser ultrarrigorista ou ultrapermissivo, com todas as posições que há por trás desse leque de estratégias oferecidas a qualquer detentor de um direito; mesmo quem está atrás de um guichê tem um pouco esse poder. Convém não esquecer que, quando só se tem esse poder, é um bocado tentador usá-lo. Esse poder de gerir as entradas e saídas é um poder sobre o tempo, que costuma se traduzir em tempo — há muito tempo fiz todo um discurso sobre Kafka[16] [a respeito desse] jogo sobre a estrutura do tempo —, é uma ação sobre a estrutura temporal inerente ao poder — e eu tinha feito todo um curso durante um ano sobre "tempo e poder", sobre o fato de que, em muitos casos, o poder dava um poder sobre o tempo dos outros… Há um exemplo chinês muito bonito para compreender as invariâncias da burocracia: trata-se das anotações de que dependem as promoções, as exonerações etc. Elas são uma ocasião de capitalizar a influência, de acumular o capital simbólico, porque, nessa ocasião, exercendo um controle, é possível acumular capital pela indulgência ou pela severidade.

Seria preciso entrar nos detalhes, mas tenho a impressão de que vocês pensariam que me estendo, quando, na verdade, o trabalho começa aí onde eu paro, na análise precisa de situações, de casos. Evidentemente — digo-o de passagem, porque há uma espécie de retorno à moda da fenomenologia sob a aparência da etnometodologia —, vê-se bem que essas análises finas são ao mesmo tempo análises de estrutura, e que não se trata apenas de descrever finamente as interações: trata-se de descrever finamente interações sob pressão estrutural.[17] A etnometodologia costuma abstrair as pressões estruturais. Por exemplo, há em Cicourel,[18] que é um dos etnometodólogos que sempre ponho à parte porque ele tem ao menos a intuição de que existem estruturas, algumas análises muito bonitas do que significa preencher um formulário burocrático: o que é preencher um formulário quando "burocracia" equivale a "formulário", o que quer dizer um formulário, o que é preenchê-lo, a quem ele se dirige, o que se espera de quem preenche um formulário, o que ele deve saber sobre o que é um formulário para ter a ideia mesma que tem ao preenchê-lo etc. Dito isto, a análise fenomenológica mais fina da experiência de preencher um formulário não leva de jeito nenhum à verdade do formulário porque é necessária toda a história da burocracia, do Estado, das estruturas, e também dos modelos como os que estou apresentando a vocês para descobrir o que é o poder e a experiência do poder. Mais especificamente, fazer uma fenomenologia da temporalidade burocrática é algo que pode ser muito chique, mas isso não leva a nada se não se fez esse tipo de desvio pela China...

A GÊNESE DO ESPAÇO BUROCRÁTICO E A INVENÇÃO DO PÚBLICO

Agora esboçarei outro tema. Tentei mostrar como, a partir da ideia de poder concentrado e das pessoas que estão em condições de redistribuí-lo, a própria redistribuição podia ser a ocasião de acumulação de poderes subsidiários. Evidentemente, antecipei a descrição e a construção da gênese desse espaço burocrático dentro do qual vão se produzir todos esses efeitos de saques indevidos. E é o que eu gostaria de tentar fazer agora. Desenvolverei três pontos sucessivamente [...].

Primeiro, o problema do alongamento dos circuitos de interdependência: no início, tem-se o rei e os súditos — é um esboço, isso jamais existe assim, pois logo de saída o poder é, afinal, um pouco diferenciado, [mas] se traça a hipótese de que há um [agente] principal e agentes correntes... Então é preciso ver como esse núcleo inicial se diferencia e como se criam cadeias de dependência, como se cria pouco a pouco um campo de poder: ali onde havia uma pessoa vai haver um conjunto de agentes ao mesmo tempo cúmplices e adversários — cúmplices no uso do poder e adversários na concorrência pelo monopólio do poder e na concorrência pelo monopólio do uso legítimo do poder, ou pelo monopólio de uma forma particular de poder que se reivindica como a única legítima: será o conflito entre o Parlamento e o rei, e assim por diante. [É preciso estudar] como as redes se alongam e como se apresenta, em favor dessa diferenciação, o problema das relações entre os poderosos: com as guerras palacianas etc.

Em segundo lugar, tento analisar como, junto com esse processo de diferenciação, realiza-se um trabalho coletivo — cujos [lineamentos] já forneci a respeito desses legistas chineses que tentavam conciliar Confúcio com a lógica burocrática — de constituição [do] público; como se realiza um trabalho de invenção da lógica pública por oposição à lógica privada. É com certeza uma das invenções humanas mais difíceis, já que é preciso inventar alguma coisa que contradiz ao mesmo tempo os interesses singulares, egoístas no sentido ingênuo do termo, e os interesses ligados ao pertencimento ao grupo primário, isto é, a família etc.

Em terceiro lugar, tendo descrito como se alongavam as redes, tendo descrito como se inventava o público, tentarei mostrar qual é a lógica dos conflitos que opõem os agentes inseridos, em diferentes posições, nessas redes que constituem a estrutura do poder.

Muito rapidamente — hoje só indicarei o tema — poderíamos descrever em parte o processo de constituição do Estado como um processo de "desfamilização" — crio um neologismo, mas é por comodidade. Trata-se de sair da lógica do familiar, do doméstico, e ir para outra lógica, que não se sabe muito bem o que é. Podemos dizer as coisas de outra maneira. Vocês conhecem o título famoso de Malraux, *La Monnaie de l'absolu*, a respeito da arte:[19] ele quer dizer que a arte se tornou o substituto da religião — é uma ideia ultrabanal, que foi dita em vezes antes dele, como a maioria das ideias de Malraux em estética; era uma espécie de sentido comum erudito que ele orquestrava com certo talento. Portanto, seria possível dizer, como para fazer um jogo de palavras — mas os jogos de palavras são úteis, sempre foram utilizados pelos sábios para transmitir seu saber porque são como as balas muito duras, podemos chupá-las muito tempo, e neles podemos encontrar muitas coisas —: o Estado é a moeda miúda do absolutismo; há o rei, que é a peça [maior], e há toda uma profusão de gente miúda... Penso que é um esquema importante porque resume bem a intenção do que vou dizer.

O que direi é extremamente trivial na literatura sobre o Estado, mas não tenho certeza de que o seja para todos vocês que me escutam. Sempre se fala de processo de "desfeudalização" — evoquei esse problema no ano passado, [mas insisti] no fato de que o nascimento do Estado se acompanha de uma ruptura dos "laços naturais" de parentesco — evidentemente, os laços de parentesco são laços sociais — e da substituição de um modo de reprodução baseado no sangue por um modo de reprodução mediatizado por instituições, sendo a principal a instituição escolar. Portanto, em três pontos essenciais o Estado opõe-se à família. Em primeiro lugar, substitui as lealdades primárias familiares por lealdades formais, e condena o nepotismo. Em segundo lugar, substitui a sucessão direta e familiar por uma reprodução de base escolar. Em terceiro lugar, substitui a autodesignação dos chefes ou dos subchefes, ou sua designação por instâncias locais, por uma nomeação central; ele concentra o poder de nomeação.

O que eu gostaria de mostrar muito depressa é que esses três processos são reais e observáveis. Gostaria de evocar em que consistem, mas também mostrar por que são intermináveis: jamais se acaba com a família e com o modo de pensamento familiar na própria lógica do funcionamento do mundo social. Podemos tomar de imediato, porque é o mais conhecido, o exemplo da escola. A ilusão do século XIX foi pensar que, com a escola, tratava-se com o mérito e com o dom — [a palavra] já é um pouco suspeita, mas se dizia sobretudo "mérito" — e que, por conseguinte, a escola cortava o cordão umbilical com a reprodução familiar. Ora, sabe-se pelos trabalhos dos sociólogos que, através da escola, a hereditariedade social e a transmissão do patrimônio entre as gerações se realizam com perdas, mas [que são] no fundo estatisticamente insignificantes: embora sejam dramáticas na escala da vivência individual, no final das contas não são dramáticas de um ponto de vista estatístico.

Indico [isso] muito rapidamente, já que é o mais banal do que tenho a dizer, e poderei assim ir mais depressa da próxima vez: apoio-me no livro de Corrigan e Sayer que citei no ano passado:[20] eles mostram como, na Inglaterra, o corte entre a reprodução simples, de base familiar, e a reprodução mediada pelo Estado se operou muito cedo; e mostram, por exemplo, como as nomeações para os cargos locais — xerife, oficiais reais etc. — são assumidas pelo Estado desde o século XIII ou XIV. O *public office*, a posição pública, distingue-se muito cedo do feudo, e o detentor dessa posição torna-se muito cedo um oficial real assalariado, e não mais um personagem hereditário que é, de certa forma, identificado com seu próprio feudo. Em outras palavras, a coroa resiste a todos os processos que tendem a parcelar o poder e a instituir governantes locais [oriundos] do universo local. Este é um problema central, e lhes mostra que os modelos gerais são importantes. Todas as discussões atuais em torno da descentralização têm a ver com esse problema: será que o que se ganha em proximidade da base em relação ao poder não se perde em universalidade do poder? É ambíguo, os processos jamais são simples, costumam ter uma dupla face: será que em muitos casos não é uma regressão para formas menos universais de gestão do poder?

Outro processo citado por Corrigan e Sayer: a passagem do nível central para o nível local. O xerife é, creio, o personagem significativo na análise: ele é assalariado e não autodesignado ou hereditariamente designado. No nível central, Corrigan e Sayer situam aproximadamente nos anos 1530 a passagem generalizada do grupo de pessoas da casa (*household*) para formas democráticas de governo; insistem, então, no fato de que a aristocracia se desmilitariza. Mesma coisa na França: aqui, a partir dos séculos XII-XIII, a unidade central, que era a *curia regis* [a corte do rei, o conselho real], se divide; e vê-se nascer pouco a pouco uma administração com o Grande Conselho, os conselhos do governo, os conselhos de justiça etc. Os mesmos historiadores insistem no processo paralelo que acompanha essa diferenciação, a saber, o nascimento de uma lei comum, de um espaço jurídico, de um direito constitucional que faz com que todas as relações de autoridade sejam mediadas pela referência ao universal; elas não podem mais ser exercidas de maneira simples e direta.

Eis mais ou menos o que eu queria dizer; da próxima vez tentarei descrever um pouco mais precisamente o processo de divisão da autoridade.

Curso de 14 de novembro de 1991

Construção da República e construção da nação — A constituição do público à luz de um tratado de direito constitucional inglês — O uso dos selos reais: a corrente das garantias

CONSTRUÇÃO DA REPÚBLICA E CONSTRUÇÃO DA NAÇÃO

[Retomo as] reflexões que fiz da última vez para que vocês não percam a linha geral. O objetivo que persigo lentamente através das análises, tão detalhadas quanto possível, que lhes apresento é a questão da gênese de um poder público: como se constituiu um poder desprivatizado, desfeudalizado, despersonalizado? Ao fazer isso, tento destacar dois processos a um só tempo entremeados historicamente e relativamente independentes: de um lado, o processo de constituição de uma realidade pública contida na palavra "República"; de outro, o processo de constituição de uma realidade nacional. Poder-se-ia dizer que tudo o que exponho há anos é um longo comentário da fórmula "República Francesa"... Como se constituem essas duas realidades? Trata-se de realidades simbolizadas por uma sigla, "RF" — e voltarei à importância da palavra "sigla" —, por uma bandeira, pelo símbolo de Marianne etc., por pessoas, como o presidente da República Francesa. Esse conjunto de realidades é o produto de um trabalho histórico extremamente complexo.

Num primeiro momento, insistirei na constituição da República. Num segundo momento — e irei mais depressa porque penso que é mais fácil, mais fácil tanto de entender como de transmitir —, tentarei mostrar como se constrói a ideia de nação, como se produz e reproduz a nação e, através dela, o nacionalismo. Uma das questões políticas ou filosóficas apresentadas pela relação entre esses dois processos é a da necessidade do laço entre eles: é possível ter a República sem ter a nação? É possível ganhar, de certa forma, nas duas frentes? É possível ter os proveitos de universalização trazidos pelo Estado sem ter as perdas, os custos de particularização, de nacionalização e de nacionalismo que são historicamente inseparáveis da construção de uma coisa pública e de um Estado?

Para se situar explicitamente no terreno normativo, pode-se descrever a passagem do feudalismo ao absolutismo como o acesso a um grau de universalização superior; trata-se, portanto, de um progresso [no campo] do universal. Mas esse progresso se acompanha da construção de uma nação tanto nas estruturas sociais objetivas quanto nos espíritos. Como eu disse várias vezes, a construção do público se acompanha quase inevitavelmente, em todo caso nos exemplos historicamente atestados, de uma apropriação privada do público. Há proprietários — o que chamo de nobreza de Estado hoje — que operam uma apropriação, uma patrimonialização do público. Penso que é aí que se articulam os dois processos — é uma hipótese que avanço e à qual voltarei no final. Podemos indagar se não é através da apropriação privada do público que se opera o desvio para o nacionalismo daquilo que pode haver de universal ou de universalista no Estado. Será que os portadores dos nacionalismos não costumam ser os que têm um interesse privado na apropriação de um público? Falarei disso de novo a respeito de um livro importante, e que se chama *Les Communautés imaginaires*.[1]

Está demonstrado que, com muita frequência, os movimentos nacionalistas têm por princípio social pequenos portadores de capital cultural: autores de dicionários, autores de gramáticas. Isso é importante porque os pequenos portadores de capital cultural são também os que escrevem sobre as nações, sobre os nacionalismos, e não é por acaso se eles sempre se isentam das descrições históricas e se, finalmente, nos esquecemos de que há interesses particulares por formas de construção de pretensão universal. Eis a questão que queria apresentar para que vocês vejam aonde quero chegar; não que o ponto aonde eu queira chegar seja determinado por isso — vocês teriam uma visão falsa, creio, de minha análise. Por ora, vou estudar a gênese extremamente difícil, e que exigiria horas de análise detalhada, dessas realidades a que chamamos públicas e que se tornaram parcialmente evidentes, e que são óbvias — se déssemos como tema de dissertação "A República Francesa", não sei o que obteríamos, mas certamente não isso que estou contando. Na verdade, quero mostrar-lhes que há dois processos dos quais por ora tento estudar o primeiro, reservando o segundo para mais adiante.

A CONSTITUIÇÃO DO PÚBLICO À LUZ DE UM TRATADO DE DIREITO CONSTITUCIONAL INGLÊS

Agora me esforçarei para entrar numa descrição bastante detalhada — na semana passada, tracei a história da China, nesta semana vou traçar a do direito constitucional inglês. (Como veem, a *hybris* do sociólogo não tem limite...) Digo isso para que vocês saibam a que ponto estou pisando em ovos: sei muito bem que, a respeito do que lhes falarei, há especialistas que passaram a vida nisso. Arrisco-me a dizer coisas imprudentes, mas creio que a análise que faço dos textos em que me apoiarei é fundada — com os pequenos erros que posso cometer, entre outros porque, por exemplo, as fontes em que me escoro talvez não reflitam o mais recente nível de pesquisa. (Parêntese: costuma acontecer, ao menos nos campos que estudei bem, e que me sinto dominando relativamente, que os autores antigos revelem coisas que a pesquisa recente ocultou, esqueceu. [Esses autores antigos] fazem surgir problemas considerados hoje como resolvidos; creio que é o caso aqui, mas não tenho certeza absoluta.) Vou tentar mostrar como se constituiu pouco a pouco um campo burocrático, um campo administrativo, como esse poder, que estava concentrado nas mãos do rei, aos poucos se dividiu, e como se constituiu essa rede de interdependência inicial a partir da qual paulatinamente se desenvolveu uma burocracia complexa de agentes ligados por interconexões complexas, nos dois sentidos de controle e de delegação. Poderei — e aliás o farei da próxima vez — descrever as grandes linhas desse processo, isto é, a constituição de campos autônomos: seria possível descrever o processo pelo qual a Igreja se separa do Estado ou o Estado da Igreja, pelo qual os juristas [se tornam independentes] etc.

Hoje, vou ler devagar, comentando-o, um tratado de direito constitucional inglês, terrivelmente enfadonho, do qual tirei duas passagens que me parecem importantes. Primeiro, vou lhes dar a referência: o autor, de quem já falei, se chama F. W. Maitland.[2] Trata-se da reedição de um tratado canônico, de um curso de história constitucional dado por Maitland. Começarei por uma descrição do processo de diferenciação dos dois tipos de dirigentes: os dirigentes dinásticos da casa do rei e os dirigentes burocráticos. Maitland descreve isso nos detalhes, e agora irei devagar porque acho que isso é importante para evitar ficarmos em oposições grosseiras. Vocês se lembram de que eu tinha oposto dois modos de reprodução: as pessoas que se reproduzem pelo sangue e as pessoas que se reproduzem pela mediação burocrática. Maitland [pretende] descrever a gênese daqueles que ele chama de "os grandes oficiais do Estado". Sempre houve tais personagens oficiais. E seria interessante, diz ele, pegar cada um desses grandes oficiais, um por um, mas não tenho tempo. Outrora, nos tempos antigos, os oficiais principais eram oficiais da casa do rei: havia o *steward* (o gerente, o intendente), o *butler* (o mordomo), o chefe de casa, o camarista, o *marshall* (o marechal) etc. A atividade dessas pessoas estende-se pouco a pouco ao exterior da casa do rei, difunde-se fora da casa, por todo o reino. E os maiores homens do reino sentem-se orgulhosos de manter os ofícios que, na origem, podem ser chamados de domésticos — "doméstico" costumando ser visto como "servil". [Maitland] também dá toda uma série de exemplos no Império Germânico: o conde palatino do Reno era *steward*, o duque de Saxe era *marshall*, o rei da Boêmia era *cup-bearer* — ou seja, o copeiro real, enquanto o margrave de Brandeburgo era camarista... Em outras palavras, os maiores podiam realizar funções servis, e [Maitland] insiste no fato de que todas essas funções eram hereditárias. A posição de *alto steward* era hereditária na casa de Leicester, o ofício de *constable* — condestável — era mantido por uma família etc.: funções [eram], assim, atribuídas a uma linhagem.

E é aí que a coisa se torna interessante: "Mas pouco a pouco, na Inglaterra, podemos apresentar como regra geral o fato de que um ofício que se torna hereditário passa a ser politicamente sem importância", [escreve Maitland].[3] Ou seja, o modo de reprodução pela linhagem cede, aos poucos, lugar a outro; [essas atribuições] tornam-se sem importância, tornam-se um ofício de show, de exibição ou de cerimônia. Em outras palavras, essas funções são relegadas ao aspecto simbólico. Isso é extremamente importante porque [os que as ocupam] não são pagos, estão do lado do simbólico, do lado do artístico das cerimônias — e [Maitland] dá exemplos. Hoje, os aristocratas costumam ser diplomatas ou apresentadores de televisão, estão do lado do show, e não por acaso. Estão do lado das cerimônias, do cerimonial, [do trabalho] de manutenção, pela exibição, do capital simbólico da realeza. Dizer que eles estão do lado do simbólico não é dizer que perdem importância — este é um erro do autor, um preconceito utilitarista ingênuo que deixa crer que o simbólico não é nada. Quando existe um valor equivalente a um franco simbólico, diz-se: "É simbólico", pensa-se que isso não custa nada, portanto que isso não vale nada. Na verdade, o simbólico custa e paga. O fato de que eles sejam pagos com um valor simbólico, com "belas palavras", caso se queira, não significa que não tenham importância, pelo contrário. Eu insisti muito na particularidade da realeza inglesa, também fiz a comparação com o Japão, com as sociedades em que a gestão do simbólico é uma dimensão importante da gestão do patrimônio coletivo e do Estado. Portanto, pouco a pouco eles se tornam personagens de exibição nas cerimônias, alguns recebem funções ad hoc, em especial nas cerimônias de coroação ou nos espetáculos pomposos, nas exibições. Maitland dá um exemplo: quando um *peer* é eleito por seus pares, é preciso que seja um personagem de alta dignidade pinçado nessa categoria de detentores de capital simbólico hereditário.

O que é interessante é que esses grandes ofícios são meramente honorários. Ainda aqui, "honorários", "meramente honorários" não quer dizer "chutados para escanteio"; [isso significa] que eles não preenchem mais o aspecto técnico da função e, portanto, que é preciso duplicar a função: todas essas pessoas são duplicadas por pessoas que fazem o trabalho real. Em vez de se aterem a uma visão tolamente utilitarista que diria: "É inacreditável, desperdiça-se dinheiro, pois há gente paga para fazer o que outras supostamente devem fazer", veem que acontece alguma coisa perfeitamente funcional em um nível mais complicado. [Maitland] dá exemplos: ao lado do grande camarista que não faz nada e não recebe nada, há um *Lord High Chamberlain* que tem deveres na casa real e que é pago, recebe um salário. Ele dá outros exemplos.

Tem-se assim, de um lado, o gratuito, o simbólico, o puro, o desinteressado, o nobre — são outras tantas palavras que querem dizer "nobre" — e, de outro, o doméstico, mas no sentido pejorativo do termo, que recebe um salário, que é mercenário — eu buscava essa palavra desesperadamente —, que preenche realmente as funções técnicas. Tendo feito essa descrição, Maitland prossegue: ao lado desses oficiais detentores de ofícios de alto nível surge pouco a pouco outro grupo de detentores de ofícios, mas ofícios não hereditários. Entre eles, há o *capitalis justitiarius Angliae* — não sei como traduzir isso.[4] É o primeiro funcionário assalariado e não hereditário. Da mesma forma, os dois mais antigos altos funcionários, cujo nome e títulos são sempre precedidos pelo de *Lord* por oposição aos outros — o chanceler e o lorde do Tesouro Real —, são os dois primeiros altos funcionários. Ele dá outros exemplos: na época dos Tudor, vemos aparecer paulatinamente pessoas que duplicam os personagens honoríficos ou se intercalam entre eles; vemos então surgirem homens de confiança, funcionários de confiança, confidenciais, que se intercalam entre o rei e seu chanceler. Por exemplo, há o *Lord Keeper of the Privy Seal*: o guardião do selo privado do rei. Há o rei, há o chanceler e, entre os dois, há aquele que guarda o selo do rei. Em seguida — isso se desenrola no tempo —, entre o rei e o guardião do selo privado do rei se interpõe outro personagem, que se chama o secretário do rei. Em 1601 — sim, é longo, comecei no século XII —, este se torna o principal secretário de Estado. Da mesma forma — poderíamos continuar —, na chancelaria: vemos surgirem secretários de Estado de acordo com o mesmo processo. Portanto, estamos lidando com um processo em que há dois pontos, *A* e *B*; em seguida, entre os dois, põe-se um terceiro ponto que conta um meio ponto; em seguida, põe-se um quarto, depois um oitavo, e assim por diante... Portanto, tem-se uma série de pontos descontínuos, que se tornam cada vez mais contínuos pela intervenção de personagens intermediários, que são explicitamente comissionados, mandatados para exercer funções, para responder a funções que os detentores oficiais iniciais da função deviam eles mesmos, supostamente, cumprir...

Passo adiante, embora isso merecesse ser lido nos detalhes. O importante é que esses servidores comissionados são juridicamente garantidos e juridicamente sancionados: estão submetidos à *Common Law*, o que não é o caso dos outros; estão submetidos à lei comum e têm poderes legais. Em outras palavras, o progresso no sentido da burocratização se acompanha do progresso no sentido da legalização: cada ato de *commissioning* se acompanha de uma explicação das regras pelas quais quem é comissionado é comissionado. Paralelamente, a função ou o posto se constituem juridicamente: opera-se uma descrição do posto — "Ele fará isso, e isso apenas, mas será obrigado a fazer isso e a fazê-lo cabalmente...". Portanto, há uma elaboração e uma explicitação.

Evidentemente, enquanto estamos na lógica dinástica, a imprecisão é a regra. A nobreza não suporta o rigor burocrático, [prefere] tudo o que é vago, o indeterminado, o simbólico (o simbólico sobrevive em nossa sociedade entre os intelectuais; tudo o que eu disse aqui se aplica ao campo intelectual). A definição, a delimitação, o jurídico são incompatíveis com a lógica específica da nobreza. Esse direito que pesa sobre o comissionado também pesa, portanto, sobre o comitente: o próprio rei é aos poucos envolto no direito, graças à legalização das relações que o unem aos que são encarregados de exercer o poder real por delegação. Suponhamos que a rainha queira atribuir certa quantia de dinheiro a alguém: é preciso tirar dinheiro do Tesouro Real e fazer uma negociação com o chanceler da administração das Finanças. Como proceder? Primeiro, o dinheiro precisa ser retirado explicitamente e a retirada deve ser garantida; portanto, há um avalista dessa retirada: a própria palavra do rei começa a já não ser suficiente. Alguém deve garantir que o dinheiro foi retirado segundo as regras. E como a garantia dada por essa pessoa não é suficiente por si só, a garantia deve, por sua vez, ser garantida por um selo: é o grande selo, ou selo privado. A ordem verbal do rei já não basta: para dar cem francos a um pobre, é preciso que alguém garanta e que aquele que garante seja, ele mesmo, garantido por um selo. Esse selo precisa, por sua vez, ser contra-assinado pelo secretário do selo. Portanto, é preciso que ele tenha o grande selo, mas também o pequeno selo que garante o grande selo... Pouco a pouco, [para fazer] essa operação — tirar dinheiro do Tesouro do rei —,

uma massa de leis se geram, se desenvolvem a respeito desse simples objeto. Para certos fins, o grande selo era indispensável; para outros, o selo privado bastava. Para outros ainda, era preciso o sinete guardado pelo secretário. Em alguns casos, a ordem oral do rei seria suficiente — por exemplo, ele pode dissolver o Parlamento por uma palavra de sua boca —, mas na maioria das situações, os atos, as ordens só se tornam eficientes mediante certas condições extremamente complexas, e, entre outras, graças à intervenção desses instrumentos de governo que são os selos.[5]

[Vocês podem se reportar aqui a] um dos cursos mais antigos que dei sobre esse problema, em torno da teoria de Kantorowicz referente à gênese dos corpos burocráticos modernos a partir do modelo dos corpos eclesiásticos.[6] Kantorowicz insistia no fato de que os corpos tinham historicamente interesses em comum com o que ele chamava de *sigillum authenticum*, isto é, o selo autêntico capaz de autentificar; um ato torna-se um ato de Estado quando leva o selo. E, finalmente, o selo, *sigillum*, é também a sigla: o selo ou a sigla "RF", por exemplo, são essa espécie de marca mágica que condensa toda a realidade estatal, e que transforma uma ordem privada, a qual [do contrário poderia] ser uma mania de um rei louco — trata-se de algo importante, os historiadores se debruçaram muito sobre isso: o rei pode ser louco, ou fraco, ou manipulado pelas mulheres (os chineses eram muito obcecados por esse problema: que fazer com um rei irresponsável?). O ato jurídico de uma ordem de pagamento só se torna legal, oficial, estatal, quando a ele se apõe um selo. De onde esse selo tira seu poder mágico? É verdade que é a mesma coisa para um diploma, pois se não há assinatura o diploma não é válido, e é possível fazer um recurso etc. De onde, então, o *sigillum* tira sua autoridade?

É um problema análogo ao que Mauss apresenta a respeito da magia — se vocês não leram o "Essai sur la magie",[7] saibam que é uma leitura absolutamente obrigatória. Nesse ensaio, Mauss indaga o que faz com que o mágico seja mágico, que seja reconhecido como mágico e seja eficaz, graças ao fato, essencialmente, de que é reconhecido como mágico? Serão os instrumentos que ele utiliza, será o selo, será o bastão de vedor, serão os outros mágicos? Ele apresenta toda uma série de questões e acaba por dizer que a eficácia mágica do mágico é o conjunto do universo dentro do qual se encontram o mágico, os outros mágicos, os instrumentos mágicos e os crentes que atribuem ao mágico o poder e que, por isso, contribuem para fazê-lo existir... É a mesma coisa com o ato de Estado: o que faz com que o selo, *sigillum authenticum*, tenha esse poder mágico de transformar uma pessoa qualquer em professor, por exemplo, pelo ato de nomeação? É justamente essa rede complexa ao extremo, que vai se encarnar no *sigillum*, cuja manifestação será o selo.

[Apresentei] um aspecto do mecanismo, mas este é mais complicado que isso. Há, no início, essas duas categorias antagônicas: eu insistira muito na oposição entre a casa do rei e os funcionários, mostrando que eram dois princípios de dominação antagônicos, concorrentes, conflitivos, e que o rei podia jogar uns contra os outros etc. Creio que é uma invariância que encontramos em todos os sistemas estatais nascentes. Hoje, tento mostrar como os dois poderes vão aos poucos se diferenciar, uns sendo enviados para o lado simbólico, outros para o lado técnico. Mas o que Maitland não diz é que a divisão não implica a separação absoluta: seria ingênuo descrever esse processo como o enfraquecimento do poder dinástico em benefício do poder burocrático; pelo menos no caso da Inglaterra, os dois poderes continuam a funcionar num antagonismo complementar. E penso que em nossas sociedades, o presidente da República, para voltar a ele, é alguém em quem as duas linhas se reconciliam, e que é ao mesmo tempo técnico e simbólico.

O USO DOS SELOS REAIS: A CORRENTE DAS GARANTIAS

Chego agora à segunda dimensão desse processo que Maitland descreve; posso indicar-lhes as páginas para os que gostariam de ir ver — seria bom, pois vi apenas por alto: páginas 390-5, para o que acabo de dizer. Agora, o que vou lhes expor se refere a um capítulo que se chama "A doutrina dos selos reais", páginas 202-3 do mesmo livro. Esse capítulo é sobre as relações entre o rei e seu conselho, mas são problemas que encontraremos nas relações entre o rei e o Parlamento... Quais são os poderes que o rei pode exercer sobre os conselhos e quais são os poderes que os conselhos podem exercer sobre o rei? [Maitland] apresenta um problema geral: na origem, os únicos poderes que um conselho pode exercer são os poderes do rei; ele é um mandatário puro e simples, e finalmente — evocarei isso a seguir — a luta entre o rei e os parlamentos na Inglaterra e na França era justamente sobre esse ponto. Será que os parlamentos são apenas o braço do rei, a expressão da vontade do rei, ou será que têm uma autonomia relativa em relação ao rei? Será que podem voltar contra ele essa autoridade delegada pelo próprio rei? Na origem, o Parlamento só tinha o poder delegado pelo rei, e os poderes que qualquer conselho podia exercer eram pura e simplesmente os poderes do rei. Na verdade, esse princípio teórico encontra seu limite, diz Maitland, na prática relativa aos selos reais; ele então descreve como o uso dos selos reais pouco a pouco introduziu um limite ao poder do rei — o que é também uma diferenciação que quero descrever.

Primeiro tempo: a gênese dessa corrente de responsáveis que evoquei no texto precedente. Desde o tempo dos reis normandos até nossos dias, a vontade real se expressava por atos, por cartas, por cartas-patentes, cartas fechadas etc., todos eles atos selados pelo selo real. O grande selo do rei era confiado ao chanceler, que era o chefe do secretariado. Ele era o secretário de Estado para todos os departamentos. No fim da Idade Média, e até os Tudor, o chanceler é o primeiro-ministro do rei. O que simboliza seu papel eminente é a posse do selo real. Pouco a pouco vemos aparecerem outros selos ao lado do grande selo real. O chanceler tem tantas atividades diversas a cumprir, em especial no campo jurídico (ele deve agir como juiz etc.), é tão ocupado pela rotina cotidiana da burocracia que, para matérias que se referem diretamente ao rei, vemos aparecer o selo privado que evoquei há pouco: com o selo privado, o rei dá instruções ao chanceler, diretivas referentes ao uso do grande selo. Já é um ponto intermediário que se interpõe. Ao mesmo tempo, esse selo privado é entregue à guarda de um oficial, de um funcionário: o guardião do selo privado. Em seguida, com o passar do tempo, [esse próprio guardião precisa de um secretário], que é chamado "secretário de Estado". Chega-se ao estágio final, à rotina que então se estabelece — seria possível desenhar o esquema, a sucessão de atos, a grande corrente.

(Faço um pequeno parêntese [a respeito de] um livro muito famoso sobre a história das ideias, de Lovejoy, que se chama *La Grande Chaîne de l'être*.[8] É um livro muito bonito que mostra que, em obras muito diferentes — desde as de Platão, Plotino, até as de Shakespeare, isto é, autores de toda espécie —, encontramos a mesma visão que é possível chamar de "emanatista", segundo a qual há no alto Deus, o Céu, e todas as criaturas não são mais que formas degradadas dessa forma suprema e completa. Há, é claro, a analogia com o rei, e é interessante porque esse modelo que estou descrevendo é talvez uma estrutura mental. Essa famosa grande cadeia do ser, que encontramos de fato nos textos, poderia ter fundamentos tanto metafísicos como políticos, conforme costuma acontecer. Em outras palavras, a grande cadeia do ser talvez seja uma ontologia política. O que aqui descrevo é a grande cadeia do ser cujo ápice é o rei; em seguida, de degradação em degradação, chega-se ao pequeno executante. Essa metáfora está, penso, no inconsciente de todos os homens das sociedades burocráticas. Todos temos no inconsciente essa visão das relações entre modelo e execução. Por exemplo — parecerei completamente maluco, mas apenas uso as liberdades associadas à minha função —, penso que se toda a teoria linguística, estruturalista etc., foi tão facilmente aceita, quando na verdade ela repousa por inteiro na oposição entre modelo e execução, língua e palavra — a palavra sendo apenas uma execução da língua —, talvez seja porque temos um inconsciente burocrático que nos faz aceitar a filosofia da grande cadeia do ser. Esse modelo teoria/prática encontra-se em muitos campos, e a exploração das estruturas burocráticas, como eu disse cem vezes, é uma exploração de nosso inconsciente... Fecho o parêntese.)

No estágio final, temos, portanto, algo como isto: uma rotina regular se estabelece, os documentos são assinados. Primeiro, há a palavra do rei, mas se tratando de alguém sério, uma ordem é escrita, assinada pela mão do rei e contra-assinada pelo secretário do rei, que é o guardião do selo do rei. É o secretário de Estado. Este é o primeiro nível, assinado pelo rei, e contra-assinado. Em seguida, o texto é assinado pelo guardião do selo privado e os atos referentes tornam-se instruções para o chanceler, que por sua vez põe o grande selo do reino; nesse momento, isso se torna um ato verdadeiramente autorizado. Volto ao texto de Maitland porque, nesses atos de delegação, acontece algo muito importante: o poder se divide — é o jogo de palavras ruim que fiz na última vez: é o dinheiro miúdo do absolutismo. O poder se fragmenta, é evidente, mas não há somente isso. Retorna-se ao problema do rei louco, que sempre preocupou os canonistas: quem contra-assina controla, e o próprio rei é controlado por quem o contra-assina; se o rei fez uma bobagem, quem contra-assina assume a bobagem e se torna culpado por não ter informado o rei de seu erro. Essa prática da contra-assinatura gera, assim, certa responsabilidade ministerial sobre os atos reais. É extraordinário porque, em certo sentido, o responsável postula a irresponsabilidade possível do rei. Não se trata simplesmente de uma divisão da autoridade real; trata-se da construção de uma autoridade delegada, e essa autoridade delegada volta-se contra quem a delega. Cada ato só vale se for contra-assinado e, em cada nível, quem contra-assina garante, por sua contra-assinatura, que se comprometeu com essa vontade do rei. [...] Quem é comissionado se compromete, quem está comprometido se compromete: "ele pode se enrascar", para dizer as coisas de modo trivial. Quando se diz que a burocracia tira o corpo fora, começamos a compreender: o burocrata que contra-assina controla e se compromete, e se expõe. Refiro-me a Maitland: os próprios ministros estão interessados na perpetuação dessa rotina; ficam felizes em contra-assinar mas também em ser contra-assinados porque assim estão cobertos por quem contra-assina, pois têm medo de ser questionados pelos atos do rei. Temem que, mais no alto da corrente, não consigam provas pelo fato de que são atos régios, e que, mais abaixo, sejam os últimos responsáveis. Em outras palavras, querem ser garantidos mais acima e mais abaixo.

Não ouso [continuar] porque vocês provavelmente pensam que estou me repetindo, ao passo que acho que estou indo muito rápido... No fundo, tento fazer uma espécie de fenomenologia histórica dos atos burocráticos: se eu fizesse uma análise da emoção, vocês achariam normal que eu me repetisse, que fosse lentamente, mas não estamos habituados a fazer isso com coisas políticas e jurídicas, que são formidavelmente complicadas e são, como as experiências vividas disto ou daquilo, ocultadas pela banalização, pela evidência. Creio que esse gênero de exercício era importante para restaurar o espanto que deveríamos ter diante de um médico que assina um certificado: o que é restituído por essa análise é o fato de que se isso funciona é porque todo mundo tem interesse nisso; [...] o que se perde em poder ganha-se em segurança, em garantia do poder.

Continuo rapidamente. Portanto, o chanceler e todos os ministros, todos os delegados — *ministerium* quer dizer mandatário. É outro tema de Kantorowicz: *mysterium, ministerium*. Ele mostra que, nos canonistas, é a mesma palavra; ele joga com as palavras: o "mistério do ministério".[9] No fundo, é o que estou descrevendo: o ministério como o exercício por uma pessoa de um poder que não é o seu, o que é o mistério do funcionário — o mistério do funcionário é justamente a delegação. O que o funcionário perde em poder ganha em segurança no exercício do poder e em garantias contra os questionamentos posteriores do poder: portanto, ele tem interesse nisso. O chanceler teme e hesita em apor o grande selo se não tiver um documento revestido do selo privado que ele pode apresentar como garantia. A outra palavra, "garantia", é muito importante: *warrant*. [Ele precisa de uma] garantia pelo fato de que a validade do ato que vai contra-assinar é garantida. Ele garante alguma coisa de garantido, e de garantido pelo Estado. Eu garanto de mais bom grado ainda na medida em que o que garanto é garantido. Quando vocês vão fazer a prova para obter um diploma, pedem-lhes para apresentar o diploma anterior. Penso que vemos os fundamentos do que é descrito pela crítica à burocracia — como sempre, a crítica corrente toca em coisas importantes mas toca de tal maneira que as oculta. Dizem: "Os burocratas se defendem", "Os burocratas tiram o corpo fora" etc.; é a crítica básica do funcionamento burocrático, que não tem o menor interesse porque ela [esquece] que, se é assim, não é por acaso: isso corresponde a funções formidáveis, e basta se pôr na lógica completa do processo para compreender que não há outra coisa a fazer.

Portanto, o chanceler teme apor o grande selo se não tiver um documento revestido do pequeno selo, do selo privado que ele possa apresentar como garantia. O guardião do selo privado está preocupado em ter a assinatura do rei garantida pelo secretário do rei. Para o rei, também é um arranjo interessante: grosso modo, todo mundo se dá bem. Isso é muito importante. O mecanismo social é, no geral, isto: todos, inclusive, e com frequência, os dominados, se dão bem. É algo que esquecemos. (Isso não quer dizer que seja preciso fazer funcionalismo, não me façam dizer o que não estou dizendo, mas como entre vocês há quem vá pensar isso, sou obrigado a dizer.) Para o rei, também é um bom negócio, porque é um arranjo útil: é dever de seus oficiais lembrarem-se dos interesses do rei; eles têm interesse em desposar os interesses do rei, [poderíamos também dizer] do serviço público, do interesse do Estado; têm interesse em saber em que pé estão os negócios do rei. E à medida que os negócios do rei se tornam múltiplos e complexos, a divisão do trabalho torna-se necessária, pois para estarem sempre informados dos negócios do rei há que ser vários, e vários que se garantam: encontramos, assim, uma corrente. (Se pensarem numa analogia com a ciência, pensem que todo mundo sabe que cada cientista trabalha cada vez mais sobre um ponto minúsculo de um espaço enorme. Um grande teórico da ciência insiste no fato de que o universo científico é baseado em uma imensa cadeia de delegações:[10] "Não sei julgar tal coisa, mas julgo aquele que julga, tenho confiança"; há uma série de avalistas em cadeia.) Finalmente, a burocracia é um campo do mesmo tipo: um campo em que é evidente que ninguém pode tudo garantir e ser garantido a respeito de tudo.

Retorno mais uma vez ao "tirar o corpo fora", ao fato de se cobrir, que é inerente a uma lógica cuja gênese descrevi. É inerente a um processo: desde o momento em que deixamos de ter um chefe carismático único, o qual pode decidir acerca de tudo na base do próprio carisma, isto é, de seu dom excepcional que se defronta com situações excepcionais etc., somos arrastados a um processo desse tipo, tendo evidentemente, em cada lugar da rede, mandatários que devem tirar partido de todas as garantias que o sistema produz. Mas o que esquecemos é que essas garantias são também condições de funcionamento. Continuo. Assim como se diz que os negócios do rei se tornam necessários, a divisão do trabalho se torna necessária: o que eu descrevo é a gênese de um universo, a gênese de uma divisão do trabalho de dominação. Portanto, deve haver aí um detentor de ofício à frente de cada departamento que zele para que o rei não seja enganado ou mal informado. E o perigo de que os interesses do rei sejam negligenciados decresce à medida que o processo de gestão dos negócios do rei se diferencia, se divide. Surge então o problema das variações: o que se descreve aqui é uma estrutura, mas essa estrutura conhece variações segundo o peso relativo das pessoas que ocupam as posições. Quando se tem um rei fraco, toda a estrutura jogará no sentido do desapossamento; ou então poderá haver também forças desiguais, agentes ocupando posições diferentes da corrente. Mas o que é importante nesse conjunto, contrariamente ao que percebem os historiadores que veem pedaços de cadeia sem ver a cadeia e sua lógica de conjunto, é essa rede global de pessoas que estão, cada uma, numa relação de controladora e de controlada em relação às outras. O rei está numa posição aparentemente excepcional, mas que se torna cada vez menos excepcional, e que a rigor passa a ser uma posição como as outras, à medida que a cadeia se diferencia e que o rei controla cada vez mais pessoas, mas também é controlado por cada vez mais pessoas.

Aí está, grosso modo, o processo que eu queria descrever. Que lição geral se pode tirar disso? Penso que, do ponto de vista do problema que estudo desde o início do ano, a descrição desse processo é importante para ver como se opera uma espécie de despersonalização do poder. O rei continua a ser "a fonte de honras, de ofícios e de privilégios", segundo a fórmula de Blackstone — a metáfora emanatista é muito importante —, continua a ser a fonte de tudo o que daí advém. Dito isso, o próprio exercício desse poder só é possível ao preço de uma espécie de enfraquecimento, em certo sentido, do poder absoluto: e esse enfraquecimento é, justamente, o nascimento do Estado, do público. É verdade que, aparentemente, o primeiro elo da corrente comanda todos os outros, mas na verdade a visão simples, linear (*A* comanda *B*, que comanda *C* etc.), transitiva, é absolutamente simplista já que, em cada estágio, a delegação se acompanha de uma concessão de controles. A rigor, pode-se perguntar se o primeiro elo, o governante, é governado ou governante — os homens políticos, quando falamos com eles, costumam dizer isso. É evidente que nas sociedades complexas o primeiro elo costuma estar na posição de *Jean-Christophe*:[11] é um romance que mais ninguém lê, em que um dos personagens principais dava ordens às nuvens; ele lhes dizia para ir no sentido em que elas iam — "Vá para o oeste!". (Volta e meia, os governantes estão nessa posição, o que nada tem de espantoso. O que é inquietante é que os governantes acreditem que comandam as nuvens e que consigam que os governados creiam nisso, com a cumplicidade de pessoas que fazem parte da rede, as quais hoje são os jornalistas, por exemplo, e que se inquietam com as pequenas frases, que fazem crer que as pequenas frases agem, e que, ignorando os mecanismos do tipo destes que descrevo, isto é, os esquemas de redes e de causas em que são agarrados os governantes, ignoram quase sempre as causalidades reais: [os jornalistas] então desviam [a atenção e privilegiam] uma visão personalista do poder e formas de contestação do poder, que são mal aplicadas quando se aplicam a pessoas.)

Peço-lhes desculpas por ter sido um pouco lento e repetitivo. [Eu estava me perguntando]: "Será que isso pode ser transmitido numa aula?". Hesitei muito, tinha vontade de passar a coisas mais fáceis de serem transmitidas e mais gerais, mas penso que no fundo é o essencial do que tenho a dizer. Não queria apenas comunicar uma ideia bastante simples sobre a passagem de um poder monopolizado por um só a um poder exercido por uma rede, a uma divisão complexa de controladores controlados; queria também que vocês sentissem o que significava fazer uma antropologia do que é o público, o Estado. Da próxima vez, tentarei descrever as coisas de maneira mais ampla, mais fácil, aliás, para mim: esse processo do qual descrevi um pedacinho é simplesmente a história dos selos do rei da Inglaterra, e é preciso se dar conta de que o Estado do qual somos a concretização é produto de milhares de pequenas invenções desse tipo — e ainda assim, trata-se de uma história muito simplificada. Esses milhares de pequenas invenções opõem, toda vez, as pessoas em concorrências de interesses, que são primeiro elaboradas em práticas, e depois teorizadas, ou que são às vezes teorizadas primeiro, quando começa a haver juristas, constitucionalistas, e são transformadas em práticas por pessoas que têm interesse nisso. Pode ocorrer de o rei se servir de grandes juristas para expressar de modo legal seu caráter arbitrário: há uma espécie de troca entre a teoria e a prática, em particular; é esse famoso livro [de Sarah Hanley] de que falei, *Le Lit de justice*, e de que falarei a vocês com mais precisão: ele mostra a existência de trocas, por exemplo, entre o exercício técnico do poder e o ritual do poder — do qual se diria: "Ele é puramente simbólico, não tem nenhuma importância". [E por fim, abordarei] a legitimação jurídica, isto é, simbólica, do poder.

Tentarei mostrar em que os juristas, que desempenharam um papel enorme até a Revolução Francesa incluída, são uma peça-chave porquanto representam ao mesmo tempo os que regulam as práticas de delegação e os que elaboram a teoria constitucional capaz de fundamentar essas práticas, muitas vezes operando uma simples transmutação, na ordem do discurso, de coisas que são inventadas na prática, com interesses particulares de juristas que não são nem o chanceler nem o guardião dos selos. São terceiras pessoas, e o jurista é aquele que está [em posição] de terceira pessoa; são árbitros, o que não quer dizer que, na qualidade de árbitros, não têm interesses; há um momento em que o árbitro tem vontade de ir jogar, e talvez a Revolução Francesa tenha sido um pouco isso...

Curso de 21 de novembro de 1991

Resposta a uma pergunta sobre a oposição público/privado — A transmutação do privado em público: um processo não linear — A gênese do metacampo do poder: diferenciação e dissociação das autoridades dinástica e burocrática — Um programa de pesquisa sobre a Revolução Francesa — Princípio dinástico contra princípio jurídico, através do caso dos leitos de justiça — Digressão metodológica: a cozinha das teorias políticas — As lutas jurídicas como lutas simbólicas pelo poder — As três contradições dos juristas

RESPOSTA A UMA PERGUNTA SOBRE A OPOSIÇÃO PÚBLICO/PRIVADO

[*Início do curso não gravado. Pierre Bourdieu responde a uma pergunta sobre a pertinência da oposição público/privado.*]

É uma pergunta complexa; posso remetê-lo ao trabalho que fiz há alguns anos sobre o patronato francês,[1] em que, pela análise estatística, entre outros instrumentos, surge uma das oposições principais do universo do patronato: a oposição proximidade/afastamento em relação ao público. E uma das dimensões principais segundo a qual se organiza o espaço patronal é justamente a oposição entre público e privado. Para responder muito sumariamente à pergunta que me é feita, posso dizer que o que se chama de privado é, em grande parte, habitado pelo público, em especial a empresa. Poderia mesmo dizer mais: pensando bem, não há privado. Expus muito longamente a teoria chamada das profissões,[2] teoria que se desenvolveu nos Estados Unidos com toda uma série de conceitos frouxos, como há muitos na sociologia anglo-saxônica. Mostrei que essa noção de profissão introduzia um erro fundamental, a saber, que se opunham as profissões ao Estado, ao passo que a própria existência das profissões repousa no Estado, entre outras razões porque as profissões são protegidas por formas diversas de *numerus clausus*, e em especial por essa que é constituída pelo diploma como direito de entrada garantido pelo Estado. Não é um acaso se as profissões fazem uma manifestação contra o Estado: [...] até mesmo os observadores mais ingênuos viram muito bem que havia algo estranho nesse ajuntamento unânime de pessoas tão diferentes. Penso, portanto, que a noção de profissão, tanto quanto a noção de patronato, remete a corpos que são divididos segundo a distância de cada um em relação ao público, e creio que não há setores da empresa que não sejam muito fortemente dependentes do Estado.

Todos os nossos discursos sobre o liberalismo são de grande ingenuidade, e o interesse do estudo do Estado é justamente mostrar a que ponto as sociedades diferenciadas são penetradas de um extremo a outro pela lógica estatal. Essa interpenetração tem, é óbvio, consequências, e a ambiguidade que existe nas estruturas objetivas está também nos espíritos, e nas estratégias ideológicas: um dos princípios das estratégias dos dominantes é, afinal, ter tudo e nada pagar, como afirma o sentido comum. O paradoxo de muitas estratégias políticas atuais, que reivindicam, por exemplo, ser do liberalismo, é que são estratégias que visam garantir aos dominantes os proveitos do liberalismo, os proveitos da liberdade, e os proveitos da dependência estatal... (É um pouco brutal e um pouco simples, mas tentarei argumentar de maneira mais elaborada em outra ocasião.)

([...] É evidente que não se pode falar de Estado sem entrar em respostas que se referem muito diretamente à vida política mais atual. Costumo deixar a vocês o cuidado de fazerem pessoalmente essa transferência, mas talvez eu esteja errado, porque vocês podem não fazê-la ou podem fazê-la de modo diferente de como eu faria. Ao mesmo tempo, penso, aliás, que meu trabalho sobre o "espaço público" — conceito detestável que nos vem da Alemanha[3] — é em parte ocupado por ideólogos, que falam muito, a torto e a direito, de democracia, de política, de Estado etc. Meu esforço visa a me situar em um nível muito diferente, para tentar justamente questionar tudo o que supostamente é conhecido, todos os problemas que supostamente são resolvidos pelos que falam a torto e a direito sobre o Estado, o público, o privado, mais Estado, menos Estado etc. Há uma espécie de ascese deliberada que não é de jeito nenhum uma fuga da política: é uma maneira de falar dela mais a sério, ou pelo menos de um modo totalmente distinto. Voltarei a isso talvez no final, [...] é um problema que se apresenta em termos de deontologia profissional: acaso se pode utilizar uma cátedra como tribuna? Não tenho certeza, não sei. Há limites que me imponho, talvez erradamente, mas digo-lhes que tenho consciência desses limites e convido-os a se perguntarem quais são as implicações políticas que as análises que posso fazer são passíveis de ter.)

A TRANSMUTAÇÃO DO PRIVADO EM PÚBLICO: UM PROCESSO NÃO LINEAR

Retorno, pois, à minha exposição. Como eu disse desde o início deste curso, tento analisar um processo que se desenvolve no tempo longo, de transmutação do privado em público; meu objeto é um longo período histórico, que se estende entre os séculos XII e XVIII, durante o qual se opera uma alquimia insensível da qual dei alguns exemplos. Por analogia, vou remetê-los (os que o conhecem compreenderão de imediato, para os que não o conhecem, é uma maneira de incitá-los a lê-lo) ao belíssimo livro de Cassirer que se chama *Individu et cosmos*,[4] uma magnífica história do pensamento no Renascimento. Aí ele descreve esse período crepuscular, inaugural do pensamento moderno, em que não sabemos bem se estamos na astronomia ou na astrologia, na química ou na alquimia, se Marsilio Ficino ou Pico della Mirandola — para dar alguns nomes dessa época — são os primeiros grandes cientistas modernos ou os últimos grandes escolásticos retóricos. E penso que, do ponto de vista do Estado, deparamos com uma situação do mesmo tipo, na qual temos avanços e recuos, lidamos com estruturas políticas equívocas que podem ser lidas de dois modos como gestalts ambíguas; podemos lê-las como sobrevivências feudais ou como primícias das formas modernas. Esse período ambíguo é muito apaixonante, porque é nesse trabalho histórico de depuração que, de certa forma — em todo caso, é minha hipótese, do contrário eu não me interessaria por isso —, temos talvez as chances de melhor compreender lógicas que, por causa de sua banalização, tornam-se [em seguida] obscuras e de difícil acesso.

Há, assim, um processo, e esse processo não é linear — isso é muito importante. E vou lhes falar hoje de dois livros, um sobre o leito de justiça, o outro sobre as ideologias pré-revolucionárias: nessas duas obras, vemos atestações do fato de que não temos um processo contínuo de depuração, de desfeudalização, de invenção, um processo contínuo que conduziria, como eu pareço dizer, do privado ao público. Temos avanços e recuos, e a história que lhes contarei, por exemplo, do leito de justiça mostra que houve uma espécie de avanço no século XVI rumo a uma teoria constitucional, uma elaboração de certas coisas públicas, *res publica*, de repúblicas, à qual, com a ascensão do que se chama o absolutismo, seguiu-se um recuo.

Primeira ideia: não se trata de um processo linear. Em segundo lugar, contrariamente ao que deixam crer os historiadores das ideias, eu já disse um dia — mas creio que é bom repetir — que, se na lógica da vanguarda artística ou filosófica é preciso sempre estar mais além, é preciso estar adiantado em relação à vanguarda, na lógica da história é o inverso: é preciso sempre descobrir uma fonte da fonte da fonte. Um exemplo: quem escreveu o primeiro romance? [Rousseau, com] *La Nouvelle Heloïse*, [Rabelais, com] *Pantagruel*, [Petrônio, com] o *Satyricon* [atribuído a ele]? E vamos subindo, assim por diante: sempre encontramos um predecessor do predecessor do predecessor. Penso que essa pesquisa do precedente é um dos vieses da pesquisa histórica, que conduz a erros: somos levados, parece-me, a datar de muito longe demais a primeira aparição de um fenômeno, porque é bom aparecer diante dos colegas como tendo descoberto alguma coisa ainda mais antiga — são efeitos de campo que são efeitos científicos. E é por isso que insisti no fato de que, pensando bem, essas questões de primeiros começos não têm nenhum sentido. Sempre se diz a respeito de [Ferdinand de] Saussure que ele liberou a linguística da questão da origem das línguas. Penso que, quase sempre, em todo caso nos campos que conheço, a questão do primeiro começo não tem o menor sentido: é uma questão de honra historicista que não tem maior interesse. E o fato de dizer, como acabo de fazê-lo rapidamente, que o que é interessante são essas grandes transições longas, com esses avanços e esses recuos, faz desaparecer o próprio problema: vê-se bem que não tem grande interesse saber se fulano pegou emprestado de beltrano.

Do que acabo de dizer resulta que fazem datar de muito longe as primeiras aparições do pensamento moderno. Quando observamos os trabalhos históricos, percebemos que a noção de público custou muito para decolar, que foi muito difícil de ser pensada. Por exemplo, [como vemos em] Maitland, que citei na semana passada, a distinção entre a capacidade pública e a capacidade privada do rei custou muito para ser feita. Da mesma maneira que a distinção entre a renda nacional da coroa e a renda privada do rei: são distinções que simultaneamente são feitas e não são feitas, que podem ser feitas em certos setores do pensamento mas não em outros; podem ser feitas na cabeça do grande chanceler e não na cabeça do rei. Portanto, há sempre regressões.

Da mesma forma, há em Maitland, às páginas 226-7, uma análise muito bonita da noção de traição, um conceito absolutamente central: quando se trai, quem se trai? Será que se trai o rei ou será que se trai a nação? Vê-se, aí também, que há uma espécie de confusão: por muito tempo a traição é essencialmente a traição ao rei; numa lógica dinástica, é uma espécie de ofensa pessoal ao rei, que o rei pode revogar, isto é, ele pode declarar que não se considera ofendido. E aí também, aos poucos, é que a traição se constitui como traição a algo abstrato. No caso Dreyfus, por exemplo, vê-se muito bem que a traição se dirige ao Estado; no momento do "Manifesto dos 121" a propósito da Guerra da Argélia,[5] o traidor é alguém que atenta contra a ideia de Estado. Esse processo, portanto, é muito longo. E a dissociação da casa e da *curia* — a cúria, como se dizia na Idade Média —, da casa e do *cabinet*, como se diz na tradição anglo-saxônica — a casa hereditária, a casa não hereditária —, faz-se muito lentamente, com recuos.

Tocamos aqui num ponto que me parece crucial: toda a história que lhes contarei hoje, apoiando-me nesses dois livros, é talvez dominada por uma contradição ligada à hereditariedade, que já evoquei várias vezes. Os detentores de ofícios estão numa contradição extraordinária porque sua ideologia, sua visão do mundo, seus interesses os levam a estar do lado do direito e da transmissão controlada pelo direito, ao passo que seus interesses como corpos de pretensão nobiliária, tencionando transmitir os ofícios com a venalidade dos ofícios, [...] os fazem pender para o lado da hereditariedade. Como podem eles ser críticos do modelo hereditário dinástico junto ao rei quando na verdade estão se constituindo como nobreza de toga e obtendo uma forma indireta de hereditariedade dos privilégios? Pode-se comprar uma posição no Conselho de Estado e em seguida transmiti-la hereditariamente. Portanto, estamos lidando com uma forma primitiva de transmissão do patrimônio cultural. Estando do lado do capital cultural, do lado da escola contra os detentores de títulos nobres, contra a nobreza de espada, que, por sua vez, se encontra do lado da natureza e do sangue, os detentores de ofícios estão em contradição quando começam a querer se tornar hereditários, quando querem que os ofícios sejam uma espécie de cargo transmissível pela lei do sangue e da natureza. As ambiguidades de sua estratégia em relação ao rei estão ligadas a essa contradição: "Finalmente, há lados positivos no princípio dinástico…". Eles não dizem assim, jamais lemos isso, mas vemos muito bem que a ambivalência deles não deixa de ter relação com o fato de que têm interesses ocultos no modelo.

A GÊNESE DO METACAMPO DO PODER: DIFERENCIAÇÃO E DISSOCIAÇÃO DAS AUTORIDADES DINÁSTICA E BUROCRÁTICA

Prolongarei aqui o que eu disse na última vez. Não tenho certeza de haver destacado o que era a ideia central de meu propósito; creio que a expressei, mas ela foi mais expressada pelos fatos que apresentei do que destacada como tal — portanto, vou relembrá-la. Descrevi para vocês dois processos. Primeiro, o processo de diferenciação: pela análise da delegação dos selos, do processo de divisão da assinatura, descrevi a constituição de um espaço diferenciado de direções; descrevi para vocês um processo de alongamento das cadeias de autoridade, pelo qual tentei descrever a gênese de algo como um público, isto é, uma força de poder em que cada detentor de poder é controlador e controlado. Eu tentava, portanto, descrever a gênese de uma estrutura, que é uma proteção relativa contra o arbitrário, pelo fato de que o exercício do poder é dividido entre pessoas interconectadas e unidas por relações de controle mútuo. O executante é, evidentemente, controlado por quem delega, ao mesmo tempo que é protegido, é a lógica do "jogo de empurra"; mas o executante controla quem delega, ele o protege e o garante. Insisti no fato de que o ministro devia proteger o rei contra o erro e, garantindo o rei, ao mesmo tempo o controla, o vigia. Paralelamente, pode alertar o rei para os ataques contra os interesses públicos. É o que veremos nas relações entre o rei e o Parlamento, que vou analisar: o Parlamento jogou com essa ambiguidade estrutural do mandatário, que acabo de descrever. O mandatário pode sempre usar o mandato contra quem o outorga; o mandatário pode virar contra o rei a autoridade que recebeu do rei. Esse é o primeiro processo. E disso resultava uma lei que mostrei por um exemplo concreto: sugeri que um dirigente moderno, a rigor, não dirige muita coisa, pois — aqui a lei pode ser enunciada —, quanto mais a rede [se estende], mais o poder cresce, mais a dependência das pessoas em relação a uma rede de retransmissores de poder aumenta. Em outras palavras, uma das consequências dessa diferenciação dos poderes é que, paradoxalmente, o dirigente é cada vez mais dirigido pelos que ele dirige — o que resulta nesses paradoxos da impotência do poder, mesmo se aparentemente for o mais absoluto.

Esse primeiro processo de diferenciação está ligado a um segundo processo, e eu mesmo tive muita dificuldade para enxergar o laço entre os dois, quando na verdade isso me parece absolutamente central: é a dissociação entre a autoridade dinástica — isto é, a casa do rei, os irmãos do rei, os herdeiros — e a autoridade burocrática, encarnada pelos ministros do rei. No caso da França, como veremos pela história do leito de justiça, parece-me que esse processo de dissociação foi parcialmente bloqueado em certo momento; o processo, que estava muito avançado no século XVI, ficou bloqueado, no fundo, a partir de Luís XIII e, evidentemente, na época de Luís XIV, com o retorno dos príncipes de sangue e do princípio dinástico fundado na natureza contra o princípio jurídico que começava a se instituir. Enquanto isso, parece-me que na Inglaterra — sob reserva de verificação — a dissociação do poder simbólico e do poder burocrático que Maitland relatava operou-se de maneira muito mais contínua. Aliás, ela se perpetua, já que, ainda hoje, um poder real acantonado no simbólico coexiste com um poder de governo acantonado no técnico. Essa diferença me parece importante para explicar [a diferença entre os regimes políticos francês e inglês], na lógica do famoso artigo de E. P. Thompson sobre as particularidades dos ingleses[6] — a identidade sendo sempre uma diferença...

Gostaria de tratar hoje do que resulta da interpenetração desses dois processos. Ali onde havia duas pessoas, o rei e o chanceler, vemos aparecerem aos poucos sete, oito, nove ou dez pessoas: vemos, portanto, um processo de fragmentação leibniziano, [um processo] de diferenciação. Para compreendê-lo em todas as suas implicações, há que ver que cada ponto — que eu chamo de elos —, cada elo é, na verdade, o topo de um campo: o processo de diferenciação que descrevi em torno dos selos refere-se, na realidade, a pessoas que estão, por sua vez, inseridas nos campos. A tese geral sobre a gênese do Estado moderno, que agora vou detalhar tão precisamente quanto possível com dados históricos, poderia se enunciar assim: assiste-se à constituição progressiva de um espaço diferenciado, de um conjunto de campos — campo jurídico, campo administrativo, campo intelectual, campo político propriamente dito, mas que aparecerá depois da Revolução —, e cada um desses campos é o lugar de lutas [específicas]. Aqui reside um dos erros, creio, que os historiadores cometem quando falam, por exemplo, de cultura jurídica: o que quer dizer "cultura jurídica"? Há juristas que lutam a propósito do direito, há um espaço de juristas que têm estratégias jurídicas diferentes, e, portanto, há um espaço diferenciado de textos jurídicos. Da mesma maneira, há um campo intelectual, um campo diferenciado de teses sobre a vontade geral etc. Assim sendo, temos um conjunto de campos que são, por sua vez, diferenciados e estão em concorrência entre si. Outro exemplo, o campo burocrático: no segundo livro de que lhes falarei, Keith Baker[7] analisa longamente um autor que expressa a revolta do campo jurídico contra o subcampo burocrático em vias de constituição; há uma espécie de crítica da burocracia, da tecnocracia, proveniente da região parlamentar.

Esses campos estão, pois, em concorrência uns com os outros, e é nessa concorrência que, de certa forma, se inventa o Estado, se inventa uma espécie de poder "metacampo", encarnado pelo rei enquanto há rei, mas que depois será o Estado. Cada campo quer agir sobre esse metacampo para triunfar simultaneamente sobre os outros campos e dentro de seu campo. Isso é abstrato, mas, quando eu lhes expuser a crônica histórica, vocês verão bem concretamente [que esse modelo] funciona muito bem. O que se constitui é, assim, um espaço de poder diferenciado, que chamo de campo do poder. No fundo, eu não sabia que fazia isso, mas o descobri ao fazê-lo: eu queria descrever a gênese do Estado e, na realidade, creio que descrevo a gênese do campo do poder, isto é, um espaço diferenciado dentro do qual os detentores de poderes diferentes lutam para que seu poder seja o poder legítimo. Uma das implicações das lutas dentro do campo do poder é o poder sobre o Estado como metapoder capaz de agir sobre os diferentes campos.[8]

Eu já disse isso no ano passado. Poderia dar exemplos. Há um muito simples: a idade da aposentadoria. Uma mudança da idade da aposentadoria diz respeito a todos os campos: obter uma baixa universal da idade da aposentadoria, por exemplo, é uma das maneiras de resolver lutas internas de cada campo: é "Abrir lugar para os jovens!", "Guerra à gerontocracia!". Outros exemplos: conseguir cotas para tal origem étnica ou sexual etc. é uma lei geral que logo terá efeitos específicos em cada um dos campos. Por conseguinte, as lutas de aparência universal, isto é, transcampos, devem ser compreendidas a partir das implicações que representam dentro da lógica de cada campo.

UM PROGRAMA DE PESQUISA SOBRE A REVOLUÇÃO FRANCESA

Eis, portanto, a linha geral, e se eu tivesse nove vidas é algo que gostaria muito de fazer: penso que se poderia fazer uma sociologia do Estado, do campo do poder na véspera da Revolução Francesa, e — isso é o cúmulo da *hybris* — penso que seria o verdadeiro discurso a se ter sobre a Revolução Francesa. É algo perfeitamente factível — só que exige muito tempo: haveria que estudar esse mundo de indivíduos que estão, cada um, situados num subcampo, que têm, cada um, propriedades — seria preciso saber se eram jansenistas, galicanos, se tinham feito estudos num colégio jesuíta ou em outros, se tinham lido Rousseau, se tinham uma posição no Parlamento ou em outro lugar. Seria preciso, como se faz em qualquer pesquisa corrente, ter todas as suas características pertinentes e, em seguida, juntar essas características pertinentes às declarações que eles fizeram, e que os historiadores das ideias estudam como se elas tivessem caído do céu, como se constituíssem uma cultura. (Certos historiadores agem como se se tratasse de uma cultura, o que não quer dizer rigorosamente nada, ou, ainda pior, como fazem alguns, que têm a pretensão de saber filosofia — a filosofia é a tara da França —, como se se tratasse de uma filosofia política. Quando os historiadores se põem a fazer filosofia, é realmente o fim de tudo. Penso no *Dictionnaire de la Révolution Française*:[9] François Furet e alguns outros estão inventando uma história sem história, em que a história das estratégias políticas se reduz à história das ideias. Meu pequeno programa é, portanto, um programa muito sério; infelizmente, não tenho a força de realizá-lo, do contrário creio que isso suprimiria certos discursos que habitam regularmente a revista *Le Nouvel Observateur.*)

Há um espaço de agentes que foram engajados na Revolução Francesa, que têm nomes próprios: Marat ocupa uma posição muito baixa no campo intelectual; ele acertou contas com Condorcet, ele lhe cortou o pescoço[10] (como hoje, muitos intelectuais que se aferram à polêmica guilhotinariam de bom grado alguns de seus rivais se tivessem essa oportunidade). A Revolução foi uma ocasião para acertar contas, pela violência física, que em geral se acertam pela violência simbólica. Portanto, há o campo intelectual, o campo religioso, o campo administrativo ou burocrático, o campo jurídico-parlamentar: cada um desses campos tem sua lógica e seria preciso situar os agentes nesses espaços e relacionar as teses que eles puderam formular (sobre o Parlamento, o direito constitucional, a vontade geral etc.) à sua posição nesses espaços e às características ligadas aos indivíduos que permitam definir a posição de cada um nesses espaços. Creio que também compreenderíamos muito melhor a genealogia histórica das ideias que chamamos de "republicanas" e que são o produto das lutas entre agentes que ocupam posições diferentes em espaços diferentes, visando definir conforme seus interesses essas entidades que são o Parlamento, o rei, o direito, a natureza, a cultura, a hereditariedade etc. É uma questão muito difícil; eu tenho um só programa de pesquisa a propor, mas os que estão suficientemente informados sobre a pesquisa podem ver que é um programa muito sério, e se um ou outro de vocês ou se um grupo entre vocês se decidir a fazê-lo, estou pronto para colaborar ou para dar tudo o que eu puder — penso que seria uma tarefa muito útil.

Volto agora aos trabalhos que vão nessa direção. Se eu pude lhes dizer o que disse, se encontrei a coragem de dizê-lo, foi porque há trabalhos que vão nessa direção, feitos por historiadores americanos, infelizmente, ou felizmente. (Quando digo "infelizmente", não é por nacionalismo, conforme já sublinhei várias vezes: quanto mais avanço em minha vida, e trabalho sobre Manet, sobre Flaubert, sobre a Revolução Francesa etc., mais leio apenas em inglês… Isso diz muita coisa sobre o estado da pesquisa francesa.) Os livros de que lhes falarei são de Sarah Hanley[11] e de Keith Michael Baker.[12] Esses dois livros, sobretudo o primeiro, são em meu entender obras-primas de trabalho histórico, com a pequena reserva que fiz, a saber, que os agentes principais não estão o suficiente e completamente caracterizados em suas propriedades sociais: embora [Sarah Hanley] rompa com o estudo do político e vá para o estudo dos agentes políticos e de suas ações, a autora não vai até o fim e não dá todas as informações pertinentes para analisar as condições sociais de possibilidade dos discursos ou das práticas que essas pessoas inventam — elas inventam novas práticas, novas maneiras de tratar o rei ou de tratar os problemas de sucessão: gostaríamos de saber mais, a partir de quê, a partir de qual tipo de interesse. Ela fornece muitos elementos, muito mais que de costume, mas não o suficiente.

PRINCÍPIO DINÁSTICO CONTRA PRINCÍPIO JURÍDICO, ATRAVÉS DO CASO DOS LEITOS DE JUSTIÇA

Por que esses dois livros me parecem importantes? Porque fazem, sobretudo o primeiro, uma espécie de crônica histórica das relações extraordinárias entre o rei e o Parlamento: digo bem "relações extraordinárias"... Posso fornecer-lhes a definição dada pelo *Dictionnaire des institutions de la France*, de Marion:[13] "Sendo os poderes das companhias de justiça uma delegação do soberano, eles cessavam quando o rei ia ele mesmo cumprir seu dever real de fazer justiça". O rei delega às companhias de justiça, isto é, ao Parlamento, poderes judiciários; esses poderes cessam quando o próprio rei vai até lá: ele anula a delegação ao ir pessoalmente ao próprio lugar do exercício da delegação. O leito de justiça é o fato, para o rei, de ir anular, de certa forma, a sua delegação. Por conseguinte, e isso é algo muito importante, não há definição possível de uma instituição como o leito de justiça. Se vocês o lerem, verão que o próprio interesse do livro é mostrar que se lutou durante seis séculos para dizer o que era esse leito de justiça, para conseguir impor a definição conforme os interesses do rei. Essa definição já é mais favorável ao rei, [embora se deva a] um historiador moderno favorável ao partido do rei, que acreditava cumprir uma tarefa positivista. O parlamentar diz: "De jeito nenhum! Quando o rei vem, ao contrário, é o momento em que exercemos junto com ele o poder legislativo, vamos lhe fazer admoestações, vamos cumprir nossa função de controle que está inscrita na delegação". Continuo a ler Marion: "Sendo os poderes das companhias de justiça uma delegação do soberano, eles cessavam quando o rei ia ele mesmo cumprir seu dever real de fazer justiça. Daí o hábito dos reis de irem a seus Parlamentos para ali fazerem registrar autoritariamente os éditos...". Dizem: "Eis o rei" — o que é muito surpreendente, pois é totalmente o ponto de vista do rei... Tendo o rei compreendido que a delegação cessava quando ele ia ao Parlamento, ele ia até lá para exercer o ato autoritariamente, isto é, para obrigar o Parlamento a se submeter. "Daí o hábito dos reis de irem a seus Parlamentos para fazerem registrar autoritariamente os éditos, declarações etc., aos quais estes resistiam; é o que se chamava de leitos de Justiça."[14]

O livro de Sarah Hanley é o contrário dessa definição, que no entanto é útil: trata-se da história de todos os conflitos a respeito dos leitos de justiça — deve haver uns cinquenta desde o século XVI. O primeiro ocorreu no reino de

Francisco I, em 1527, e desde essa data houve toda uma série. Toda vez, o que estava em jogo era saber quem, se o mandatário ou se o delegado, ia ganhar. E cada um tinha suas vantagens: o problema dos parlamentares, por exemplo, era recolher os proveitos simbólicos extraordinários que representavam a vinda do rei, o fato de estarem sentados ao lado dele, de toga vermelha etc., e sem ter os custos extraordinários que representava a violência inscrita na definição que acabo de ler, quando o rei retomava com uma das mãos o que tinha dado com a outra. Como, então, ter o proveito de estar sentado ao lado do rei sem perder o poder legislativo que estava implícito no estatuto do Parlamento? Não vou, evidentemente, lhes contar nos detalhes os diferentes leitos de justiça. Se abrirem o livro, verão os diferentes casos. Talvez eu esteja sendo um pouco redutor, é, mais uma vez, meu viés de sociólogo, mas me parece que, quando se tem o modelo das relações entre o rei e o Parlamento, podem-se praticamente deduzir as formas sucessivas que assumem os diferentes leitos de justiça. O que está em jogo nesses encontros entre o rei e o Parlamento é uma luta entre dois poderes no seio do campo do poder que está se constituindo, uma luta em que as relações de força variam segundo diferentes variáveis. Por exemplo, vê-se de imediato que certos leitos de justiça se organizam quando o rei [Luís XIV] tem quatro anos... Evidentemente, é capital saber quem vai levar o rei; balbuciam-lhe algumas palavras e interpreta-se o que ele diz: nesse caso, o poder real é particularmente fraco, mesmo se há uma regência...

Outro caso absolutamente interessante é o ponto de partida dos processos revolucionários: em 1715, o rei [Luís XV] é jovem demais para governar e o duque de Orléans quer ser reconhecido como regente legítimo. Como não dispõe por si mesmo de um princípio de legitimidade muito grande, faz uma concessão monstruosa ao Parlamento: "Vós me reconheceis..." — evidentemente, a coisa não acontece assim. O que é apaixonante no livro são todas as mediações, as negociações etc.: tudo é resolvido antes da exibição coletiva, pública e ritual. [O duque de Orléans] dá um jeito de dizer: "[Vós me reconheceis] e vos concedo o direito de admoestação",* o qual, evidentemente, o período absolutista tinha abolido — na época de Luís XIV não havia mais admoestação e o leito de justiça se tornara uma grande cerimônia versalhesca: era uma cerimônia de

---

* O direito de admoestação (*remontrance*) era o discurso no qual o Parlamento apresentava ao rei os inconvenientes de uma lei ou de um édito. (N. T.)

grande espetáculo, o chefe não era mais o grão-chanceler mas o mestre de cerimônias. O Parlamento vê-se, portanto, conceder o direito de admoestação em contrapartida do reconhecimento da legitimidade do regente, e, sobretudo, o que é concedido, mais que o direito de admoestação, é a pretensão maior do Parlamento, que era, afinal, ter sua palavra a dizer na nomeação do rei.

A história é bastante monótona quando se percebeu a implicação dessa luta simbólica, que é um dos problemas que se apresentam a todos os poderes. Max Weber, que teorizou as coisas em sua generalidade, mostra, por exemplo, que o poder carismático é o poder mais exposto em período de sucessão: o chefe carismático só consegue perpetuar-se destruindo-se como carisma — o que Max Weber chama "a rotinização do carisma".[15] O chefe carismático é extraordinário, sua legitimidade nasce de uma crise, ele é para si mesmo o fundamento de sua própria legitimidade; o chefe carismático é aquele que se mostrou extraordinário num período extraordinário. Então, como transformar esse carisma, essa espécie de propriedade extraordinária, em algo ordinário? Como transmiti-lo primeiro a alguém ordinário? Pode ser um filho, pode ser um delfim etc. Max Weber fez uma teoria das maneiras de resolver esse problema da sucessão — não se pode fazer uma teoria dos regimes políticos sem fazer uma teoria diferencial dos modos pelos quais um regime garante sua própria perpetuação. Mesmo um regime tradicional, como a realeza hereditária, deve resolver esse problema. E no século XVI, ao favor das crises — Francisco I teve problemas com o Império [o Santo Império Romano Germânico], sofreu derrotas militares, foi confrontado a traições —, o Parlamento, mandatado pelo rei para exercer o controle sobre o direito público, o direito constitucional e tudo o que diz respeito ao Estado, encontra-se em posição de força; está em condições de dizer: é o direito que decide e a transmissão [do poder] é garantida pelo direito.

O que está em jogo na luta é o seguinte: a sagração, por exemplo, é uma ratificação de um ato jurídico, ao passo que, nos períodos em que o rei é forte e o Parlamento está enfraquecido, é o princípio dinástico que triunfa, por oposição ao princípio jurídico; o rei é rei porque é filho do rei, e ele é o rei não por *nomos*, como diziam os gregos, "pela lei", mas pela natureza, ele é o rei por hereditariedade. Sarah Hanley mostra muito bem como o vocabulário muda: é uma pequena mudança de vocabulário, imperceptível, mas que muda tudo, e, evidentemente, nessas instâncias, luta-se pelas palavras, aparentemente se luta por nada, mas na verdade luta-se para se pôr uma palavra no lugar de outra. No

412

século XVI se diria: "Jamais o reino está vago"; no século XVII se diz: "O rei não morre jamais". Passa-se, portanto, do reino ao rei, da coisa pública à coisa privada dinástica. Paralelamente, todo o léxico no qual se expressa a transmissão passa de uma lógica de conotação jurídica a conotações naturais, com toda uma simbologia — a metáfora da fênix que renasce das cinzas, ou a metáfora do sol que renasce eternamente. "O rei está morto, viva o rei!": toda essa simbologia é uma espécie de orquestração do princípio dinástico fundado na natureza.

Acabo de enunciar-lhes o princípio, agora eu teria [de desenvolver]: não sei se é pertinente porque isso me tomará horas, mas tentarei fazê-lo muito rapidamente. Estamos lidando com a história, com altos e baixos, com vicissitudes de uma relação de forças entre dois poderes: um é o poder real baseado no princípio dinástico, tal como o descrevi na origem, com o princípio da linhagem, da hereditariedade pelo sangue, da família, dos irmãos do rei etc.; o outro é um princípio jurídico em que todos os atos devem ser garantidos pelo direito, e em especial esse ato inaugural do reino que é a sagração, ou a coroação, ou a nomeação. E esse período pode ser ínfimo: por exemplo, na morte, em 1610, de Henrique IV, critica-se muito o partido do rei por ter coroado seu sucessor [Luís XIII] quando Henrique IV ainda estava ali, em efígie. Esse período de interregno é um período perigoso de descontinuidade, em que os dois poderes se enfrentam de modo especial: os detentores do direito querem estar particularmente presentes nesses momentos, enquanto o partido do rei dá golpes de força, conformes à definição de Marion, para tentar evitar que se sobreponham a competência jurídica e a competência dinástica.

No período que Sarah Hanley chama de jurídico, haveria um processo que levaria de uma realeza jurídica a uma realeza dinástica autoritária. Parece-me que é um pequeno erro: conforme mostrei, a realeza foi logo de início pensada na lógica dinástica, e foi através das transações com os juristas que o princípio dinástico acabou sendo levado a fazer concessões ao princípio jurídico — em especial no século XVI, com esse retorno ao princípio dinástico, mas afirmado não mais como uma maneira de ser, como entre os capetos, e sim como uma "ideologia", tornando-se o princípio dinástico uma ideologia justificadora do poder real. Evidentemente, poderia [construir-se a sequência]: princípio dinástico 1, princípio jurídico, princípio dinástico 2; aí eu estaria de acordo, e seria possível reservar o nome de absolutismo ao princípio dinástico 2, isto é, ao momento em que se servem da ideologia dinástica para justificar um modo de transmissão. Enfim, são distinções sem importância, mas que, mesmo assim, me constrangem um pouco porque eu tinha dificuldade em acompanhar.

DIGRESSÃO METODOLÓGICA: A COZINHA DAS TEORIAS POLÍTICAS

Uma contribuição apaixonante de Sarah Hanley, de meu ponto de vista, é que em vez [de se contentar] em fazer o que fizeram diversos historiadores — por exemplo, a chamada Escola de Cambridge, com pessoas como Skinner[16] — que estudaram muito as teorias políticas, em especial do século XVI, [...] ela estuda também os [grandes rituais] políticos, em particular os leitos [de justiça] do rei ou as "sessões reais", isto é, as sessões em que o rei vai ao Parlamento, [e mostra que eles] têm duas funções. A primeira consiste em exibir, como em todas as cerimônias, uma estrutura social, uma hierarquia. (Quando trabalhei sobre o patronato, descrevi um grande enterro da família de Wendel, que tinha sido relatado no *Paris-Match*: vê-se que o cortejo fúnebre é a projeção no espaço de uma estrutura social.[17] Nas sociedades ditas "arcaicas", por exemplo nos cabilas, as procissões matrimoniais eram exibições de capital simbólico: faziam aparecer os pais, disparavam tiros de fuzil, exibiam seu capital simbólico — é o que fazem também muitos teóricos, as "teorias processionais" costumam ser ocasiões para exibir o capital simbólico...) Essas grandes cerimônias como o leito de justiça tinham, pois, como função exibir capital e distribuí-lo diferencialmente: eram uma projeção do espaço social na forma de protocolo, com pessoas de vermelho, de preto etc. Tudo isso era definido por lutas intermináveis, com assentos mais ou menos altos, com almofadas, sem almofadas, à direita, à esquerda, tudo trabalhado de maneira a expressar de modo sistemático uma hierarquia social. Sarah Hanley mostra que esses rituais eram muito importantes porque eram uma ocasião para os partidos em presença, a saber, os partidos do rei e os partidos parlamentares, se enfrentarem a fim de obter pequenas precedências. Nesses enfrentamentos, suas armas eram o discurso; portanto, eles produziam discursos. As estratégias retóricas destinadas a justificar os proveitos protocolares, isto é, simbólicos, eram estratégias de invenção de direito constitucional, de teoria constitucional, de produção de discursos políticos.

O interesse desse livro, embora a autora não o faça explicitamente, é mostrar o terreno em que nasceram todos esses tratados de política que se estudam no Instituto de Ciências Políticas ou em outros lugares. Bodin e companhia eram nutridos por esses discursos de chanceler, que, aliás, eles mesmos costumavam pronunciar; podiam ser encarregados de fazer o discurso inaugural de tal cerimônia. Isso é muito importante porque vocês vão pensar que eu aproximo coisas que não têm nada a ver. Um dos méritos do livro de Fritz K. Ringer sobre os mandarins alemães[18] o aproxima do livro de Sarah Hanley: querendo estudar a ideologia dos mandarins alemães entre os anos 1890 e 1930, ele pegou não só os textos oficiais — os textos de Heidegger etc. —, mas todos os que poderíamos chamar de triviais desses personagens: os discursos de outorga de prêmios, os discursos de inauguração, da Academia etc., isto é, a ideologia ordinária dessas pessoas. Ele mostra que problemas que nós todos sugamos nas tetas filosóficas ("explicar e compreender", "qualidade e quantidade" etc.) eram tópicos do discurso acadêmico banal, dessas coisas que discutimos entre professores, que fazem parte dos rituais escolares. Claro, há uma espécie de visão "celebrante": para os filósofos, Heidegger não está em seu discurso de reitorado. Mas, infelizmente, ele está, e me parece que não é de jeito nenhum pelo prazer de rebaixar, pelo prazer de ir para a cozinha — embora Heidegger gostasse sempre de citar a expressão de Heráclito: Heráclito está um dia na sua cozinha, chegam uns visitantes, que, encabulados, lhe dizem: "Mestre, flagramo-lo em sua cozinha…", e ele responde: "Não, não, mesmo aqui há deuses". Heidegger adorava citar essa anedota, mas na verdade não gostava nem um pouco que alguém fosse à sua cozinha, como todos os filósofos. Penso que é a imagem que se tem da sociologia, que rebaixa, [que assume] o ponto de vista da suspeita, todas essas idiotices que podemos ouvir sobre a sociologia.

Há um belíssimo livro publicado há quatro ou cinco anos em francês, uma coletânea de textos dos grandes filósofos alemães sobre a universidade.[19] Não é uma maldade, mas penso que os universitários universalizam sua visão da universidade. Com muita frequência eles lhes dizem: "Tudo vai mal, os bárbaros estão em nossas portas", e na verdade isso quer dizer que há muitos estudantes… Portanto, é muito importante, contrariamente, ressituar os discursos oficiais, quer dizer, os que são reconhecidos como tais, os discursos que são canonizados pelos *palmarès* escolares etc., no conjunto da produção [dos discursos], embora sabendo que cada discurso deve certas características suas às circunstâncias em que foi proferido e que não é possível tratar um discurso de outorga de prêmios como um *Tractatus philosophicus*, bem sabemos… Mas o que Sarah Hanley faz é extremamente importante porque ela mostra que esses discursos puros sobre a República de Bodin etc. são discursos de pessoas que estavam engajadas no século, que tinham alguma coisa a fazer com a República, que tinham interesses — não interesses no sentido utilitarista, mas implicações...

AS LUTAS JURÍDICAS COMO LUTAS SIMBÓLICAS PELO PODER

Volto a meu propósito. Durante esses encontros, nessas assembleias, os parlamentares, o chanceler, o ministro da Justiça, o primeiro presidente do Parlamento, todas essas pessoas se enfrentavam em grandes discursos que, evidentemente, tinham funções de legitimação, de estratégia política imediata no campo do poder e no subcampo jurídico do poder real. Quando lemos esse tipo de texto, não podemos deixar de saber, ou então só mesmo querendo parecer cego, que [a defesa da ordem pública em latim por tal chanceler] tem a ver com o fato [de que seu autor] está do lado do público, que isso é uma maneira de criticar a pretensão do rei em limitar as competências do Parlamento, uma maneira de criticar o rei que quer limitar a transmissão dos ofícios que os parlamentares também começam a praticar. Ou seja, não se pode deixar de perceber que essa reivindicação do universal tem algo a ver com interesses particulares de parlamentares que ocupam esta ou aquela posição no espaço dos parlamentares. Eis, portanto, o mérito principal do trabalho de Sarah Hanley.

Agora, muito depressa, tentarei em poucas frases lhes dizer as grandes linhas da história dos leitos de justiça, isto é, das relações de força entre os dois poderes que se enfrentam. [...]

Os juristas lutarão com as mesmas armas por fins opostos e, por exemplo, vão jogar com um pequeno número de fórmulas que vêm, seja do direito canônico, seja do direito romano, seja desse misto de direito canônico e de direito romano que se desenvolveu entre os séculos XII e XVI. Como nas lutas de inúmeras sociedades arcaicas, quem ganha é aquele que consegue virar a seu favor uma fórmula canônica. Na verdade, a lógica das lutas simbólicas consiste em ter a última palavra, em especial a respeito de uma palavra da tribo, isto é, uma palavra muito importante, diante da qual todos são obrigados a se inclinar. Há exemplos muito bonitos, no pensamento grego, de palavras que atravessam toda a história do pensamento, desde Homero até Aristóteles, e que todos os pensadores sucessivos trabalharam, porque se apropriarem dessa palavra constitutiva do pensamento é obter uma vitória. O que é muito interessante é que essas pessoas vão jogar e isso contribuirá para a confusão que eu mencionava: é uma transição muito confusa — como a da passagem da alquimia à química — porquanto são mudanças muito pequenas que, no mais das vezes, só são inteligíveis para as pessoas que estão no universo, o que é, de passagem, outra propriedade dos campos. Dentro de um campo as pessoas se matam por coisas imperceptíveis para as que estão na porta ao lado. Por exemplo, em relação aos nobres de espada — que estão presentes, embora a autora não os nomeie e os faça reaparecer no fim como vencedores graças ao retorno do absolutismo —, imagino que todos esses debates em latim não deviam transtorná-los, pois não eram cultos [o suficiente] para saber se era preciso dizer: "O rei está morto, viva o rei!".

Portanto, há essas pequenas lutas, a partir de um capital comum, de uma cultura comum. Penso que a palavra é justa. Para se lutar com alguém é preciso ter muitas coisas em comum, o que é outra propriedade dos campos: para lutar, é preciso ter em comum o latim, o reconhecimento do valor do latim, uma profusão de coisas. Em outras palavras, para que haja luta num campo é preciso que haja acordo sobre os terrenos de desacordos, sobre as armas legítimas e legitimamente empregadas na luta, sobre os próprios critérios do triunfo, o que faz com que se possa aparentemente falar de uma cultura. Mas todos esses instrumentos, que fazem o consenso, fundamentam o consenso para o dissenso. As diferenças infinitesimais operadas no correr do tempo são conquistas: [...] o público será o produto desses pequenos deslocamentos semânticos, dessas pequenas invenções infinitesimais que, em certo sentido, podem passar despercebidas até mesmo por aqueles que as inventam. Os que as inventam estão de tal forma envolvidos com os proveitos simbólicos conferidos pela vitória que eles não sabem que estão serrando o galho no qual estão sentados. Com muita frequência os dominantes podem contribuir para abalar os fundamentos de sua dominação, porque, tomados pela lógica do jogo, se podemos dizer, pela lógica das lutas em um campo, podem esquecer que vão um pouco longe demais e o que dizem pode ser retomado por um plebeu que não está no campo, não tem capital nobiliário nem capital erudito. Essa cegueira, ou ilusão, é o que chamo de *illusio*,[20] é essa cegueira ligada ao investimento num campo e que é um dos princípios explicativos do definhamento das elites. É outro grande problema histórico; vocês sabem que Pareto é o único, creio, a tê-lo colocado claramente: como é possível que o que ele chamava de uma "elite" definhe? Ele dizia que é porque [seus membros] estavam desmoralizados.[21] Penso, ao contrário, que, via de regra, um dos mecanismos pelos quais as elites se suicidam tem a ver com tal mecanismo do campo — isso parece inacreditável porque normalmente [se pensa em termos de desmoralização]. A paixão das lutas internas — como nas seitas trotskistas — faz com que a árvore esconda a floresta, e a última diferença com o inimigo mais próximo, isto é, o amigo, faz esquecer esse princípio de lógica elementar. [Remeto ao] provérbio cabila: "Meu irmão é meu inimigo, mas o inimigo de meu irmão é meu inimigo…".

Prolongo mais um segundo. A tese dinástica é abalada pela crítica jurídica, ao longo de todo o século XVI, pela pretensão dos juristas do Parlamento de estarem juntos com o rei, de dividirem com ele o trabalho legislativo e não só o trabalho judiciário. O poder real absoluto reafirmava a identidade da função e de seu detentor, quando o trabalho dos juristas consistia em operar essa dissociação, característica da burocracia moderna de acordo com Weber, e segundo a qual o funcionário não é sua função: o funcionário é independente da função, o funcionário é intercambiável. O enfraquecimento da tese dinástica se conclui, a partir do início do século XVII, [por uma reativação paradoxal de outros princípios]. Tem-se um princípio canônico no século XVI: *dignitas non moritur*. *Dignitas*: a posição não morre; o rei morre, mas a *dignitas* não morre. Dizer: *dignitas non moritur*, isso significa que há o rei, e mesmo dois corpos do rei — é a famosa teoria: há o rei dignitário, que é eterno, e há o rei biológico que, de seu lado, é mortal. Essa distinção será varrida pelo retorno ao princípio dinástico funcionando como ideologia e, de novo, se confundirá a função com seu detentor: "O reino jamais está vago", "A autoridade real não morre jamais". As formulações tornam-se, no século XVI: "O rei não morre jamais", ou: "O morto agarra o vivo", que é a fórmula dos juristas. E, paralelamente, a ordem monárquica é legitimada pela ordem jurídica: a visão de um Parlamento como instância relativamente autônoma, podendo se servir do poder que lhe delegou o rei para controlar o rei, quiçá para se opor a ele em nome de uma ordem pública que é de certa forma transcendente ao rei, e da qual os parlamentares são depositários, mesmo contra o rei, essa visão desaparece, e os juristas se veem reduzidos ao estatuto de instância de legitimição e de consagração da realeza.

AS TRÊS CONTRADIÇÕES DOS JURISTAS

Dito isto, e vou parar por aqui — mas mesmo assim gostaria de vir até aqui, para que minha exposição tenha uma certa coerência —, os juristas estão numa situação muito desconfortável, estão numa espécie de *double bind* permanente, num duplo constrangimento permanente que decorre de várias coisas. Primeiro, na qualidade de juristas eles estão, evidentemente, do lado do direito contra a natureza — por definição. Estão, no mínimo, do lado do direito como instrumento de legitimação daquilo que existe. O mínimo que pode fazer um jurista é dizer: "É bom assim, mas é melhor ainda se eu disser que isso deve ser assim". É o mínimo que um jurista pode fazer, do contrário ele se anula como jurista; se é a espada que diz o que é bom, é o fim do jurista. O jurista como tal está, portanto, do lado de uma reduplicação daquilo que existe por um enunciado do dever-ser cujo monopólio ele detém: é a função mínima da legitimação. Ele não pode aderir pura e simplesmente à fórmula dinástica da transmissão natural de pai para filho. Mas, como possuidor de privilégios, como possuidor de seu ofício, ele trabalha continuamente para adquirir o direito de transmitir hereditariamente seus ofícios. Como detentores de um capital cultural que os opõe aos nobres, os juristas estão do lado do mérito, do lado do que foi adquirido, por oposição ao inato, ao dom etc.; no entanto, começam a pensar em suas aquisições como numa espécie de inato devendo ser transmitido e, portanto, já estão numa contradição: não podem justificar a potência régia sem limitá-la de facto, pois já é uma limitação dizer que ela precisa ser justificada. Mas a fortiori, desde o momento em que começam a argumentar, a dar razões para se obedecer ao rei, eles amarram o rei pelas razões que dão de se obedecer ao rei. Esse é o primeiro ponto.

Segundo ponto, estão do lado do rei, mas são também de natureza nobre — a hereditariedade dos ofícios. Terceiro ponto — é a contradição dos juristas que acabo de evocar —, são detentores de uma competência técnica: uma competência que implica uma "alçada", portanto, que implica limites e um conflito de limites; e todas as grandes lutas no interior do campo do poder são lutas de competência. A palavra "competência" é importantíssima, é um conceito jurídico e ao mesmo tempo um conceito técnico: a competência é o direito de exercer uma competência técnica em certa alçada. As lutas de competência em que os juristas se afrontam com o rei são também lutas técnicas, mas têm uma dimensão simbólica já que não se pode legitimar o rei ou limitar sua competência sem afirmar sua diferença em relação ao rei — diferença que demanda ser reconhecida pelo rei. Isso começa desde a Idade Média: há trabalhos sobre os juristas em Bolonha [que mostram que eles] estão sempre nessa posição perfeitamente paradoxal; são obrigados a arrancar do rei um poder que pedem que o rei reconheça, isto é, arrancam do poder um poder de controle: esse poder só se torna legítimo se for reconhecido. Portanto, estão numa posição de *double bind* que vemos muito bem na relação deles com as gratificações simbólicas que o rei lhes dá. Na verdade, o leito de justiça é para eles uma contradição viva. Por exemplo, um dos problemas é saber se é o rei que vai a eles ou se são eles que vão ao rei. Acaso é o rei que vai ao Parlamento ou são eles que vão ao Palácio? Ir ao Palácio é tremendamente honorífico, então eles têm de negociar, legitimar, justificar; e todas essas contradições em que estão agarrados são geradoras de teorias — penso que as contradições são no princípio as invenções jurídicas mais milagrosas.

Último ponto: estão sempre tentados a esbanjar competência em matéria de controle contra o reconhecimento simbólico. E parece-me que é preciso ter no espírito essas três contradições para compreender as vicissitudes dos parlamentares. Os reis podem jogar com essas contradições, que são mais ou menos fortes segundo a força do rei — remeto ao que dizia há pouco sobre os problemas de transições de infância e de regência. E os reis podem jogar com essas contradições para rebaixar o Parlamento: é, portanto, um jogo extremamente complexo. Voltarei a isso na próxima vez e passarei ao segundo livro, que [trata dos] prelúdios da Revolução Francesa, no momento da grande crise de Maupeou, esta que é sempre contada, que toca na transmissão dos ofícios, e portanto no problema dinástico dos juristas.[22] O problema da transmissão dos ofícios é o seguinte: acaso o princípio dinástico aplica-se também aos ofícios? Maupeou tornou-se o pavoroso personagem que quis instaurar um princípio não dinástico para os juristas que eram críticos do poder dinástico, o que desencadeou uma revolta da nobreza de toga — e também toda uma série de trabalhos que estão muito próximos do que levou à Revolução Francesa...

Curso de 28 de novembro de 1991

*A história como objeto de lutas — O campo jurídico: um enfoque histó-
rico — Funções e funcionários — O Estado como fictio juris — O
capital jurídico como capital linguístico e como domínio prático — Os
juristas diante da Igreja: a autonomização de uma corporação —
Reforma, jansenismo e juridismo — O público: uma realidade sem
precedente que não termina de acontecer*

A HISTÓRIA COMO OBJETO DE LUTAS

[Na última sessão, analisei] essa história um tanto estranha das relações
entre o rei e o Parlamento a propósito da instituição chamada leito [de justiça].
Tentei mostrar que essa instituição era objeto de uma luta permanente entre os
dois personagens sociais que ali se confrontavam, e que essa confrontação se
referia ao próprio sentido da instituição. Creio que é um princípio muito geral
das coisas sociais: as entidades sociais, as instituições, são constantemente campos de luta entre os próprios agentes que participam dessas instituições, quanto
ao sentido, quanto ao uso etc. No caso particular do leito [de justiça] do rei, essa
instituição era objeto de uma luta de poder relativa simultaneamente aos deta-

lhes da prática, aos detalhes do protocolo, do cerimonial, e da própria história da instituição. O interesse dessa retrospectiva histórica é que ela leva o historiador a descobrir que o objeto da história é um campo de luta histórica, o que poucos historiadores sabem cabalmente. Eles costumam acreditar que contar uma história é contar o que é uma realidade histórica, quando na verdade as realidades históricas, como todas as realidades sociais, são realidades em que se trata da realidade que o cientista estuda. São entidades por si mesmas objetos de construção, e de construção conflitiva. Os dois historiadores [em quem me apoio], Sarah Hanley, de quem lhes falei, e Keith Baker, de quem vou lhes falar hoje, insistem muito — porque não podem deixar de ver — no fato de que as pessoas que se encontram envolvidas nessa luta a respeito das instituições utilizam constantemente a história como arma para pensar a instituição, mas também para impor sua construção da instituição e, através disso, seu poder sobre a instituição.

Por exemplo, Louis Adrien Le Paige, de quem falarei hoje, foi uma espécie de escrivão, cuja profissão tinha uma relação com a história, e que fez ressurgir toda uma história semirreal e semimítica da própria instituição do Parlamento. A história está, portanto, na própria história, é um instrumento e um objeto de luta, e penso que é uma lição importante que se deve ter no espírito quando se trabalha sobre um material histórico. Nessa luta, os dois partidos — o partido do rei e o partido do Parlamento — servem-se da história, e muito particularmente da história do direito, da história dos precedentes jurídicos, para tentar impor sua visão da instituição — o partido do rei vendo no Parlamento uma instituição puramente judiciária acantonada em funções de registro das decisões do rei, e o partido parlamentar vendo no leito [de justiça] do rei uma instituição que dá a ocasião aos parlamentares de exercerem o direito de admoestação e afirmarem assim seu estatuto de colegisladores, portanto seu poder legislativo e não mais apenas o judiciário. Os juristas estão divididos — como eu tinha indicado na última vez, mas insisto muito nisso hoje: eles começam, desde o século XVI, a constituir um campo, isto é, um espaço dentro do qual as pessoas lutam a respeito mesmo do que é o monopólio coletivo de quem está nesse espaço. Em outras palavras, um espaço jurídico é o lugar onde se trata constantemente de saber quem faz legitimamente parte do espaço e o que é preciso ser para participar desse espaço etc. Desde o século XVI, vê-se essa dispersão, e uma das críticas que farei a esses trabalhos — que, do contrário, acho absolutamente notáveis, senão eu não falaria deles — é que tendem a esquecer esse espaço ou a descrevê-lo de maneira parcial e simples demais. Se os juristas estão em posição difícil nessa luta — e é uma coisa muito importante, creio, embora seja um fenômeno social muito geral —, se estão a um só tempo divididos entre si mas também divididos em cada um deles, se cada um deles está dividido, é, portanto, porque sua posição é estruturalmente ambígua.

Para fazer compreender essa divisão em si e entre si, eu poderia pegar o exemplo dos professores. Há alguns anos fiz uma pesquisa sobre as transformações da universidade por ocasião do movimento de Maio de 68,[1] e fiquei impressionado de ver, por exemplo, que os professores, dependendo das perguntas, respondiam segundo princípios diferentes — é algo que todo mundo sabe, mas que é preciso perceber claramente para avaliar sua importância. Eles podiam responder como pais de alunos e eram, nesse momento, muito severos diante do ensino; podiam responder como professores, e então eram muito indulgentes; podiam responder também como cidadãos e podiam até assumir uma terceira posição. Em outras palavras, essa espécie de divisão do eu, que costumamos verificar e resulta em contradições nas tomadas de posição, em especial em matéria política, corresponde ao fato de que, volta e meia, os agentes concernidos ocupam posições contraditórias num campo, ou pertencem a um campo que, em si mesmo, é atravessado por contradições. [No caso presente], um professor é ao mesmo tempo usuário do sistema de ensino, como pai de aluno, e agente do sistema de ensino como professor. Os juristas estão exatamente na mesma posição, conforme mostrei na última vez. Uma das contradições dos juristas decorre do fato de que, como detentores de um cargo que desejam que seja transmissível a seus sucessores, estão do lado do princípio dinástico; e como juristas e detentores de um poder cultural baseado na instituição e no arbitrário, estão do lado do direito: podem, portanto, estar divididos contra si mesmos. E essas divisões de cada um para cada um são redobradas por divisões ligadas a posições diferentes no espaço jurídico, ele mesmo dividido. É isso.

Não contei o fim do livro de Sarah Hanley. Ela insiste no fato de que, no final do século XVIII, a reforma de Maupeou, da qual falei, que tocava justamente num ponto sensível — é uma reforma estatal que tocava naquilo que justamente lhes fazia mal, isto é, no problema de sua própria reprodução —, é uma reforma perfeitamente canhestra: se o objetivo era ter todos os juristas contra si, acertou-se em cheio… (Pode-se encontrar o equivalente se vocês pensarem nos professores: é facílimo ter todos os professores contra si; por isso é que determinadas reformas do sistema de ensino jamais são feitas…) Portanto, a reforma de Maupeou tocava num ponto sensível dos juristas e os jogava, em sua ambiguidade, para o lado do polo jurídico, por oposição ao polo dinástico. Por conseguinte, a oposição tradicional que os erguia contra o rei foi reforçada e redobrada.

O CAMPO JURÍDICO: UM ENFOQUE HISTÓRICO

Esqueci de lhes dizer que na fase absolutista, nos reinos de Luís XIII e Luís XIV, em certa medida o partido do rei foi aumentado com o partido dos escritores. É algo extremamente importante para compreender a história do campo literário. Vocês conhecem provavelmente o livro de Alain Viala, *Naissance de l'écrivain*: ele mostra como, no século XVII, aparece o escritor como profissão reconhecida.[2] Mas, contrariamente ao que por vezes Viala sugere, o campo literário não é constituído no século XVII, porquanto os artistas pagam seu reconhecimento como profissão, como escritores, com a renúncia à autonomia, que é a condição do funcionamento como campo. Em outras palavras, os escritores, para serem reconhecidos verdadeiramente como tais, com os benefícios aferentes, isto é, com pensões, cargos, honrarias, deviam fazer concessões muito importantes do ponto de vista da autonomia. E os escritores — Racine entre outros, o que a história literária esquece — estavam do lado do partido do rei: costumavam contribuir para a hagiografia real como historiógrafos — a história sendo mais uma vez instrumento de luta entre os dois partidos.

Volto ao livro de Baker que lhes citei na última vez, *Inventing the French Revolution*. Baker traz um complemento de informação interessante em relação ao livro anterior; ele atribui, por exemplo, papel considerável a um personagem chamado Louis Adrien Le Paige, citado no livro de Hanley, a qual dizia ter partido da preocupação de questionar a mitologia desenvolvida no início do século XVIII, em especial na pluma de Le Paige, e segundo a qual o leito do rei é uma instituição muito antiga datando da Idade Média. Essa mitologia era, de certa forma, a ideologia profissional dos parlamentares que, para fundamentar sua autoridade, atribuíam-se uma genealogia antiga e diziam ter sempre existido como corpo legislativo independente do rei — o Parlamento vendo-se como uma síntese dos Estados Gerais e do Parlamento. Essa mitologia de Le Paige, que o livro de Hanley quer questionar, constituiu-se na véspera da Revolução Francesa; e o livro de Baker descreve essa cultura política que se inventa no período 1750-80, com determinados agentes principais, entre eles Le Paige, que é o porta-voz, ou ideólogo, do Parlamento. Então, o mérito do livro de Baker, a meu ver, é esboçar uma análise do espaço jurídico como campo: quero dizer que, enquanto fala de cultura jurídica em geral, ele distingue [várias categorias de juristas] de uma maneira um pouco arbitrária e, em meu entender, bastante superficial. É, antes, uma classificação: ele leu autores na Biblioteca Nacional e precisava classificá-los; colocou-os em três categorias, o que já é melhor que pô-los todos em bloco. Tenta mostrar que os diferentes ideólogos que pensam em construir uma filosofia constitucional, todos esses filósofos, historiadores ou juristas distribuem-se em três posições principais que correspondem a três posições no espaço do campo do poder. Diferencia, assim, três tipos de discurso: está nas páginas 25-7 de seu livro.

A ideia central do livro é a seguinte: há nesse período pré-revolucionário (1750-60) uma desagregação dos atributos tradicionalmente indivisos da autoridade monárquica. A autoridade monárquica repousava em três princípios: a razão, a justiça e a vontade, e esses três princípios vão se dissociar quando postos em ligação com o surgimento de três grupos de interesse. De um lado, o Parlamento, que tem um discurso jurídico acentuando a justiça; de outro lado, o que se poderia [designar como] o "povo", mas que na verdade se trata do baixo clero jurídico, com um discurso político acentuando a vontade geral (são os rousseauístas); e, por fim, um discurso administrativo que acentua a razão. [Baker] ilustra esses três discursos pela análise dos trabalhos que lhe parecem os mais representativos de cada uma dessas formas de discursos. Como [a autora do] livro anterior, ele reencontra a luta acerca do passado. Mostra-o em particular a respeito de Louis Adrien Le Paige, um jansenista que, pela primeira vez, tenta reconstituir uma história total do Parlamento: ele é guardião dos arquivos, aproveita seu estatuto para levar ao nível político uma espécie de história imaginária do Parlamento e forjar uma espécie de representação ideal da função do Parlamento e fundá-la na história. Tentarei ler para vocês, rapidamente, os grandes temas de sua exposição. Le Paige é descrito por Baker como o teórico representativo das reivindicações dos parlamentares, e torna-se o ideólogo dos parlamentares.[3] Para Baker, ele é muito mais importante na época do que Montesquieu, embora Montesquieu tenha proposto uma ideologia conhecida e familiar aos parlamentares, como D'Aguesseau, que eu citei aqui e que se referia constantemente a Montesquieu. Le Paige, de seu lado, insiste na identidade moderna do Parlamento de Paris, com as assembleias deliberativas e judiciárias dos francos: faz, portanto, datar o Parlamento das origens da monarquia e insiste na dupla função do tribunal real, do Parlamento. O Parlamento, para ele, é ao mesmo tempo um tribunal real, com o leito de justiça, e uma assembleia nacional como os Estados Gerais; portanto, essa assembleia está lá para limitar o poder real: não só registrar, mas também admoestar, criticar. Nesse contexto, a referência ao Parlamento inglês, que está do lado do modelo da admoestação, é muito importante e compreende-se por que, no século XVIII, faz-se tanta referência a ele nesses meios. Le Paige representa, assim, a posição parlamentar. Em seguida, sempre na mesma obra, Baker analisa rapidamente três outros autores — há muito mais, mas escolhi esses três autores porque são os mais representativos das posições caracterizadas pelo autor. O primeiro é Malesherbes, o segundo é Turgot, o terceiro é Guillaume-Joseph Saige. Vou lhes dizer rapidamente o que ele escreve (isso não os dispensa de ler o livro, mas permito-lhes poupar essas observações).

Malesherbes escreveu um livro intitulado *Les Remontrances de la cour des aides*, da qual ele foi o primeiro presidente.[4] Ele tem o discurso judiciário do mesmo tipo daquele que tinha Le Paige, mas numa lógica sincrônica: enquanto Le Paige tentava fundamentar a especificidade do Parlamento na história, Malesherbes insiste no estado presente e desenvolve longamente as capacidades e as funções de controle e de limitação, que incumbem ao Parlamento. Para Baker, Malesherbes é o representante do polo judiciário nessa tripartição que ele desenhou no início, ao passo que o representante do polo burocrático é Turgot; este, no *Mémoire des municipalités*,[5] desenvolve um discurso justificador do absolutismo burocrático. Baker é um pouco vítima de suas taxinomias, o que ele mesmo reconhece, porque o discurso é mais complexo do que sugere a categoria restrita em que Turgot é classificado: ele tem declarações complicadas, de dominante administrativa, mas também há toda uma dimensão que se encontra entre os parlamentares... Mas, no final, Baker vê em Turgot o representante do discurso administrativo.

Terceira categoria: o discurso que está do lado da vontade. Baker o encontra em Guillaume-Joseph Saige, que escreve um livro intitulado *Catéchisme du citoyen*,[6] representativo do que ele chama discurso político, acentuando a vontade — a vontade do cidadão, a vontade popular, a vontade geral, para falar o vocabulário de Rousseau. Saige é o único a ser caracterizado sociologicamente: é oriundo de uma grande família parlamentar de Bordeaux, mas é do ramo fracassado dessa grande família — é por isso que há pouco eu falava de uma espécie de *lumpenproletariat* jurídico, de baixo clero jurídico. Seu primo e rival é prefeito de Bordeaux, ocupa posições muito importantes, é proprietário de uma manufatura de objetos de vidro etc., e ele é o ramo morto da família, portanto levado a se fazer de porta-voz das vontades coletivas, da vontade popular etc., segundo essa aliança trans-histórica entre a "intelligentsia proletaroide", como diz Max Weber, e as classes populares. [Saige] desenvolve, assim, uma crítica à burocracia, e mesmo ao parlamentarismo, crítica que se desenvolve muito fortemente numa literatura de panfletos que floresce, em especial, depois da reforma de Maupeou. [Becker] reúne toda uma série de críticas à burocracia, mais ainda em Mercier,[7] sobre o despotismo burocrático específico. Ao preço de um contrassenso histórico, Baker lê Max Weber nesses panfletos, mas penso que, por meio das próprias citações que ele propõe, essa crítica à burocracia não tem nada a ver com uma análise da burocracia tal como Weber a propõe. E pararei aqui no resumo desse livro, cujo interesse é ir para uma análise do mundo dos magistrados em termos de campo, isto é, de espaço diferenciado.

Encontramos isso num livro de Donald R. Kelley, que se chama *The Beginning of Ideology*,[8] em que há uma história bem interessante da profissão jurídica desde a Idade Média até o século XVI, mas [também] os elementos para analisar o mundo jurídico em termos de campo — ele dá até mesmo um princípio de codificação: vê-se muito bem como seria preciso codificar os juristas para fazer uma análise estatística fina. Esse autor tende a privilegiar uma fração dos juristas: ele os vê como os partidários do absolutismo, o partido do rei, isto é, vê a contribuição dos juristas para a construção do Estado autoritário, o que é uma realidade, mas que representa apenas uma fração do campo jurídico.

Tendo dado a vocês a referência e tendo dito que a maioria dos autores têm em comum ver o mundo jurídico como um todo, como um corpo, gostaria de insistir no fato de que, desde o século XVI, o corpo jurídico é um campo: o mundo jurídico é um campo que pode exercer os efeitos de corpo — é uma distinção que desenvolvi longamente num curso dos anos anteriores.[9] […] Não é possível compreender os efeitos políticos que os juristas exerceram historicamente se não vemos que estão estreitamente ligados ao fato de terem funcionado muito cedo como um campo. Em especial, não se consegue compreender a história da Revolução Francesa ou da Reforma sem ligá-la aos juristas. E aí, dou-lhes outra referência: William Farr Church, *Constitutional Thought in Sixteenth--Century France*,[10] um livro sobre a história das ideias constitucionais que fornece uma profusão de indicações sobre o campo jurídico tal como ele funciona desde o século XVI. Nesse livro, Church analisa o pensamento de uma série de autores: Claude de Seyssel, Charles Dumoulin, Jean Bodin, Guy Coquille — que é muito interessante, pois é um provinciano, de Toulouse, com posições contestatárias —, Guillaume Budé e alguns outros. Ele dá informações não só sobre o conteúdo de seus pensamentos, como o faz tradicionalmente a história das ideias, mas também sobre as posições sociais desses autores, tanto no espaço social — suas origens etc. — como no espaço jurídico; faz intervir, por exemplo, a hierarquia das universidades que ensinam o direito. Podem-se, pois, ligar as posições de cada um sobre o problema constitucional às posições no espaço jurídico e no espaço social, e pode-se ver que há um laço inteligível entre as posições ocupadas no subespaço jurídico e no espaço social e as tomadas de posição sobre os problemas constitucionais. Ele insiste, por exemplo, no fato — é bastante evidente mas ainda assim é preciso dizê-lo, pois há evidências de que, desde que são enunciadas, mudam completamente a maneira de pensar as coisas que se pensam — de que os juristas com um discurso absolutista são quase sempre ligados ao poder real, ao poder central. Enquanto Kelley, que eu lhes citava há pouco, dizia que os juristas são absolutistas, Church mostra que há uma propensão [a adotar as teses absolutistas].

Grosso modo, seria possível fazer uma escala e criar um índice de proximidade com o poder real, que corresponderia a um índice de proximidade com as teses absolutistas. Sem dúvida, é um pouquinho simples, os espaços sociais nunca são unidimensionais, têm sempre várias dimensões, mas é provável que isso fosse a primeira dimensão, o primeiro fator explicativo, e em seguida haveria fatores secundários, que deveriam ser estudados. Por exemplo, [Church] insiste em que o discurso absolutista tido pelas pessoas próximas do poder central sempre tende a estabelecer uma distinção clara entre o rei e os súditos, entre os dirigentes e os dirigidos, e a abolir toda referência aos poderes intermediários numa lógica constitucionalista — poderes intermediários tais como os Estados Gerais, os Parlamentos etc. Os próprios membros do Parlamento são ambíguos, o Parlamento é um subcampo dentro do campo, e há entre os parlamentares, dependendo da posição ocupada no Parlamento, pessoas que pendem mais para o lado do rei ou mais [para os outros poderes]. É isso, não sei se vocês imaginam esses espaços e esses subespaços, mas é preciso pensá-los como um espaço de várias dimensões:[11] as coisas se mexem umas em relação às outras e as pessoas ocupam posições nessas coisas que se mexem, e suas posições sobre a coisa que se mexe, ali onde elas estão, e sobre as outras coisas que se mexem em torno delas dependem da posição que ocupam em cada espaço. (Bastaria que eu fizesse uma analogia com o campo universitário para que vocês compreendessem imediatamente.) Quanto ao primeiro ponto, é isso que eu queria lhes dizer hoje.

FUNÇÕES E FUNCIONÁRIOS

Nessa longa transição que descrevi, nessa passagem do absolutismo a uma [forma de] juridismo, os diferentes agentes são, portanto, ambíguos e divididos em relação a si mesmos. Eu gostaria de lhes citar aqui um texto que evoquei na semana passada, mas que não estava à mão, pois não o encontrava. É um texto muito bonito de Denis Richet, um grande historiador do período que estou estudando, e os remeto ao seu livro *La France moderne: L'Esprit des institutions*. É um texto absolutamente fundamental que deveria ser relido nessa época em que se fala a torto e a direito da Revolução Francesa e de suas origens. [Richet] insiste no fato de que, durante o processo de autonomização de um espaço burocrático, os agentes são ligados por aderências; há uma espécie de aderência da pessoa à função… Vou rápido demais. Max Weber insiste em que a lógica burocrática se impõe idealmente — no "tipo ideal", como ele diz —, quando o funcionário é completamente dissociado da função, quando a pessoa não aporta mais nada à função e não tira mais nada da função: por exemplo, não tira mais carisma da função, não se serve do prestígio ligado à função para exercer efeitos pessoais — é uma espécie de estado puro, de estado-limite. No período que estudo — insisti nisso mil vezes, fazendo a aproximação com Cassirer —, estamos numa espécie de estado pastoso em que os agentes são justamente misturados com sua função: estão investidos em sua função e sua função os investe.

Vou lhes ler este trecho do livro de Denis Richet:

O que chamamos de "função pública" formava de tal modo um só corpo com seu titular que é impossível retraçar a história de tal conselho ou de tal posto sem escrever a dos indivíduos que o presidiram ou ocuparam. Era uma personalidade que dava a um cargo, até ele secundário, uma importância excepcional, ou, ao contrário, fazia passar ao segundo plano uma função antes capital em razão de seu antigo titular. O homem criava a função em proporções hoje impensáveis.[12]

Há também um artigo, publicado numa revista obscura, em que ele analisa essa dinastia de grandes funcionários que, cercados por toda uma clientela, agiam como proprietários de suas funções.[13] É muito importante para compreender uma das coisas que quero elucidar agora, a saber, a lógica específica do funcionamento dessa nobreza de Estado que está se constituindo na época e que hoje continua a existir. E se insisto tão longamente nessa ideia de transição, é porque a transição não acabou, ainda estamos no processo de transição que tentei descrever, ao término do qual teríamos esse funcionário puro totalmente dissociado de sua função e sem tirar proveito pessoal de sua função.

O ESTADO COMO *FICTIO JURIS*

Chego ao que queria dizer principalmente hoje, isto é, uma espécie de balanço da contribuição que esse corpo estranho que se chama nobreza de toga levou para a gênese do Estado moderno. É uma maneira de resumir o que fiz até agora: vou fazer uma espécie de história de longa duração, a grandes saltos, da ascensão do corpo dos funcionários, da ascensão dos magistrados, isto é, também da ascensão do capital cultural por oposição ao capital nobiliário como forma particular de capital simbólico. No fundo, o principal corpo independente do poder real, fora da burguesia de negócios que na época só existe muito pouco e que, aliás, costuma ser ela mesma ligada à toga, o único poder ou o único contrapoder, se se pode dizer, relativamente constituído, é ligado aos magistrados. Descrever a ascensão dos magistrados é, pois, descrever a constituição progressiva de um novo poder e de um novo fundamento do poder — um poder fundado no direito, na escola, no mérito, na competência, e capaz de se opor a poderes fundados no nascimento, na natureza etc. Vou a passos largos, seria preciso remontar ao século XII, e aqui lembro as coisas que eu disse nos anos anteriores.

Os historiadores da Idade Média mostram a que ponto, desde a origem, os clérigos foram instrumentos da racionalização do poder: são eles que introduzem o rigor, a escrita, a anotação, o registro, todas as operações identificadas com a burocracia — a burocracia é o escritório, o escritório é a escritura, são as contas, o escrito. Desde o século XII, os clérigos têm o monopólio de uma categoria dos recursos extremamente eficazes nas lutas internas ao campo do poder no estágio nascente — a saber, o direito. Vamos analisar rapidamente o direito do ponto de vista dessas lutas internas no campo do poder, dessa competição para o exercício da dominação: o direito é muito poderoso porque fornece uma espécie de reserva de técnicas de pensamento e de técnicas de ação. Os detentores do capital jurídico são detentores de um recurso social constituído essencialmente de palavras ou conceitos — mas as palavras e os conceitos são instrumentos de construção da realidade e, em particular, da realidade social. Por exemplo — Kantorowicz mostrou muito bem —, os juristas, em especial os canonistas, tiram do direito canônico, do direito religioso ou do direito romano, uma noção como a de *corporatio*. A noção de *corporatio* está na origem de nossa noção de corpo, e de toda uma teoria do corpo social, da relação entre o corpo social e o porta-voz, que é extremamente moderna; penso que um dos discursos mais poderosos é o dos canonistas. Antes analisei o papel da sigla, *sigillum authenticum*. Quando lemos historiadores como Kantorowicz, não sabemos se é preciso lê-los como historiadores de instituições antigas ou como pensadores, sociólogos ou especialistas de ciências políticas fornecendo em primeira pessoa instrumentos para pensar o mundo social de hoje. Os canonistas são inventores e os juristas são detentores de um capital de palavras e de conceitos: com muita frequência, quando se trata de inventar o social, de ter a palavra, já é fazer a coisa.[14]

Para resumir a linha geral do que vou lhes contar hoje, o Estado, como se disse muitas vezes, é uma *fictio juris*. É verdade, mas é uma ficção de juristas, dando a *fictio* o sentido forte do termo, de *fingere* ["construir", "fabricar"]: é uma fabricação, uma construção, uma concepção, uma invenção. Quero, portanto, descrever hoje a contribuição extraordinária que os juristas deram coletivamente ao trabalho de construção do Estado, em especial graças a esse recurso constituído pelo capital de palavras. No caso do mundo social, há uma célebre teoria da linguagem que se chama hipótese Sapir-Whorf, ou Humboldt-Cassirer,[15] dependendo se se é anglo-saxão ou alemão: as palavras não são simplesmente descritivas da realidade mas constroem a realidade. Essa hipóte-se, que é muito discutível quando se trata do mundo [físico], é fortemente ver-dadeira quando se trata do mundo social. É por isso que as lutas de palavras, as lutas sobre as palavras, são tão importantes: ter a última palavra é ter o poder sobre a representação legítima da realidade; em certos casos, impor a represen-tação é impor a realidade quando se trata de fazer a realidade. Se você nomeia algo que até então era inominável, você o torna público, publicável; o fato de poder dizer "os homossexuais" em vez de dizer "os veados" já é poder falar deles — no campo da sexualidade, é evidente. O fato de tornar nominável o inomi-nável é dar-se a possibilidade de fazê-lo existir, fazer conhecer e reconhecer, le-gitimar. Em inúmeros casos, o poder das palavras e o poder sobre as palavras são poderes políticos; a rigor, o poder político é em grande parte um poder pelas palavras, na medida em que as palavras são os instrumentos de construção da realidade. E já que a política é uma luta sobre os princípios de visão e de divisão do mundo social, o fato de impor uma nova linguagem a respeito do mundo social é, em grande parte, mudar a realidade. Lembro esses temas muito batidos que repeti cem vezes, mas eles servem de base ao que eu digo.

O CAPITAL JURÍDICO COMO CAPITAL LINGUÍSTICO E COMO DOMÍNIO PRÁTICO

Os juristas têm, assim, um capital de palavras, um capital de conceitos, e nessa condição podem contribuir para a construção da realidade.[16] Lembro também esse tema, prolongando certos trabalhos de tipo etnometodológico, e me separando muito fortemente dessas concepções que permanecem indivi-dualistas e subjetivistas: o trabalho de construção da realidade social é um tra-balho coletivo, mas nem todos contribuem para ele no mesmo grau. Há pessoas que têm mais peso que outras nas lutas simbólicas pelo poder de se construir a realidade social. O que estudo aqui é um caso em que os juristas (como corpo diferenciado), pelo fato do capital específico que detinham, exerciam no campo das lutas pela construção da realidade social uma influência desmedida em re-lação a outros agentes correntes. Esse capital de palavras, de conceitos, é tam-bém um capital de soluções e de precedentes, para as situações difíceis da expe-riência. Isso se vê muito bem nas sociedades ditas arcaicas, em que o poeta, que era o jurista espontâneo, não constituído, sem corpo de doutrina e sem disciplina — é uma grande diferença —, era aquele que tinha a última palavra quando ninguém sabia mais o que dizer; era a ele que iam consultar em caso de desespero, quando o grupo não sabia mais o que pensar, em especial nos casos em que, para se safar, o grupo precisava transgredir uma regra. Segundo a expressão dos cabilas, o poeta é aquele que diz: "Há sempre uma porta". Toda regra tem sua porta. É aquele que é capaz de enunciar, na linguagem da regra, a transgressão da regra: é este também um dos grandes papéis dos juristas. Para isso, é preciso conhecer especialmente bem a regra e, ademais, ser mandatado como detentor da regra, portanto ser o único legitimado para transgredi-la.

Esse capital de soluções nas situações difíceis é um capital de experiências em todos os sentidos do termo "experiência": de experiências válidas, de experiências homologadas, dando a essa palavra o sentido forte de *homologein*, que quer dizer "a mesma coisa" [em grego]. Trata-se de experiências que receberam uma homologação social, isto é, sobre as quais houve acordo social: "Estamos todos de acordo para dizer que", ou: "Todos pensam que", ou ainda: *Satis constat* ["É um fato bem estabelecido", "É certo que…"]. E, talvez o mais importante, é um capital de técnicas organizacionais — o que hoje se pede aos assessores de comunicação ou de organização etc. Em grande medida, desde o século XII essa função cabia aos juristas que podiam recorrer a um thesaurus imenso — direito romano etc. — de técnicas, de sistemas de procedimentos padronizados e socialmente validados para resolver os problemas. Isso é muito banal, mas via de regra não se pensa no direito assim: os juristas propõem fórmulas sociais — alguns de vocês talvez tenham assistido a enterros civis, há uma espécie de desespero do grupo, que não sabe o que fazer, até que uma pessoa inventa e diz: "Vamos pôr mais uma flor", e todo mundo repete, muito contente por alguém ter encontrado uma solução. Uma solução institucional, não é nada e é muito: "Há um padre para isso", ele vai dizer determinadas coisas, ele provavelmente cumpre outras funções mas cumpre [sobretudo] uma função organizacional, fornece soluções preparadas, experimentadas, codificadas, universalmente aceitas, e ninguém vai dizer: "Esse padre está maluco!". O jurista desempenhava, creio, o mesmo papel: permitia evitar o improviso, com todos os riscos de conflito das situações críticas.

Volto ao exemplo cabila dos casamentos entre famílias muito afastadas no espaço. São casamentos muito prestigiosos; quanto mais longe as pessoas se casam, mais é prestigioso, mas ao mesmo tempo é muito arriscado, pois não se conhecem… Nessas situações, a codificação, o protocolo torna-se absolutamente vital porque permite evitar todas as ocasiões de fricção, sobretudo quando a confrontação dos grupos é uma espécie de desafio àquele que tiver mais honra, mais homens, mais fuzis, mais *youyous** etc. — há, portanto, um prazer da especulação. Os escreventes são os que, nessa competição, têm esse conjunto de trunfos, esse capital que se pode chamar capital organizacional de base jurídica. (Eu talvez tenha ido muito longe nesse ponto, mas estou sempre dividido entre dizer as coisas como se fossem óbvias, isto é, como as vejo, e depois dizê--las de maneira a que sejam óbvias também para vocês, o que me obriga a fazer os desenvolvimentos que não tinha previsto, e isso me leva a estar sempre em atraso no que eu quero dizer.)

OS JURISTAS DIANTE DA IGREJA: A AUTONOMIZAÇÃO DE UMA CORPORAÇÃO

Volto, pois, à minha exposição. Desde a Idade Média, os juristas estão nessa posição de *juris peritus*, isto é, aquele que é especialista em direito e que, por isso, pode fornecer soluções aos problemas passados, para os quais há precedentes, mas também aos problemas inauditos, aos problemas sem precedente. Para prolongar rapidamente, a passos largos, essa história dos juristas, [é preciso ver que] têm muito cedo sua instituição específica, o Parlamento. Desde o século XIV recebem uma espécie de delegação permanente do rei para guardar a lei. Costumam ser enobrecidos; muito frequentemente, logo adquirem o direito de eleger seus sucessores — é o verme que se insinua no fruto, a natureza que se insinua no mundo do direito, da contranatureza. São portadores de um habitus racional — sobre esse ponto, apenas sigo Duby. São ligados à Reforma, ao jansenismo. Duby insiste longamente nas virtudes de prudência constitutivas do corpo [dos juristas] e que encontramos ainda hoje quando fazemos a sociologia dos magistrados: "Eles devem praticar o domínio das pulsões afetivas, devem agir lucidamente, à luz da inteligência, devem ter o sentido da medida. São homens probos".[17] Duby insiste demoradamente na cortesia como uma espécie de invenção dos clérigos: a cortesia, o amor cortês etc. [definem-se] por oposição às pulsões, por oposição à selvageria dos *juvenes*, essas espécies de cavaleiros errantes, mal civilizados.[18] Aqui, de passagem, podem-se confrontar

---

* Gritos agudos e modulados dados pelas mulheres árabes em certas circunstâncias, festivas ou não. (N. T.)

Duby e Elias para dar razão aos dois, o primeiro dizendo que é a cortesia que contribui para o Estado, ao passo que para o segundo é a gênese do Estado que faz a cortesia: vê-se logo que é um falso problema, que um faz o outro e reciprocamente. Chamaremos a isso "dialética", o que não quer dizer nada: na realidade, é um processo de luta nos campos...

Os clérigos, em parte, são ligados à Igreja, é o caso dos canonistas (vou dizer coisas peremptórias e um pouco rígidas, mas em torno das quais eu poderia, creio, argumentar). Na escala em que trabalho, sou obrigado a dizer coisas muito gerais, mas acho que elas são tão úteis porque, às vezes, não sei a razão, os historiadores não as dizem. No fundo, os juristas se servem da Igreja, de recursos fornecidos em grande parte pela Igreja para fazer o Estado contra a Igreja. É um modo de resumir trabalhos muito diversos, como os de Kantorowicz, por exemplo, e aqui seria preciso fazer uma história da emancipação dos clérigos, da ascensão deles ao poder, uma história da diferenciação do campo jurídico — depois, mais tarde, do campo intelectual — em relação ao campo religioso. Os problemas da laicidade, das relações entre o Estado e o privado, permanecem, até o século XIX, perfeitamente centrais, porque não passam do prolongamento de uma luta quase milenar dos clérigos com o Estado contra a Igreja. Seria preciso entrar nos detalhes, mas é possível mostrar, servindo-se em especial de Kantorowicz — embora haja muitos outros trabalhos —, que os Estados mais antigos são construídos a partir do modelo do Estado pontifical, e que, de certa forma, o Estado se constrói sobre o modelo da Igreja, mas contra ela: é uma espécie de pedaço da Igreja voltado contra a Igreja. Eu falava há pouco de cisão do eu a respeito dos professores ou a respeito dos juristas: entre as divisões que há em todo clérigo, não é por acaso se, desde Kant, os filósofos querem ser solteiros; seria preciso refletir sobre essa espécie de celibato autoimposto; há em todo clérigo, ainda hoje, alguém que é um homem de Igreja dividido contra a Igreja. (Digo aqui coisas peremptórias e abruptas, mas é unicamente para desencadear em vocês sentimentos que podem ser geradores de reflexão, mas não são de jeito nenhum boutades levianas, creio, e, sobretudo, não são profissões de fé.)

Pode-se, pois, dizer que a Igreja forneceu o modelo inicial não só com o direito romano e o direito canônico, mas também com as estruturas organizacionais. Há, por exemplo, toda espécie de trabalhos sobre o nascimento do modelo da Assembleia: para nós, é uma evidência, mas a Assembleia foi uma invenção extremamente difícil e é do lado da Igreja, e depois da Igreja reformada, que os historiadores procuram hoje as primeiras formas dessas coisas muito esquisitas: reúnem-se os homens num cômodo, eles discutem entre si, e em seguida votam, o que é absolutamente surpreendente e não tem nada de óbvio; será que vão votar por unanimidade? por maioria? Todas essas coisas foram inventadas em parte por pessoas que recorriam a um thesaurus de experiências quase sempre religiosas, embora rompendo [com a Igreja].

Volto a Kantorowicz: o essencial do que os clérigos, em ruptura com a Igreja, tiraram da Igreja é a ideia de corpo e de corpo místico, a ideia da *corporatio* como totalidade irredutível à soma de seus membros e não podendo ser expressa senão por uma pessoa. Hobbes, em contrapartida, é um pensador escolástico que bebeu nos modelos escolásticos. Sobre a escolástica, sou muito peremptório, mas poderia dar referências...[19] Seria preciso prolongar essa descrição do processo de confrontação conflitiva na interpenetração entre a Igreja e o Estado, que, penso, se prolonga ainda hoje, e está ainda presente em cada um dos homens de Estado, dos pensamentos de Estado, em cada um dos homens de Estado que somos porque temos o Estado na cabeça, para falar como Thomas Bernhard.[20]

Para ser um pouco mais completo sobre esse processo de separação progressiva, seria preciso lembrar muito rapidamente o papel das grandes rupturas religiosas na construção do Estado. Preparei o que vou dizer, mas os remeto a um livro considerado um clássico do que se chama a Escola de Cambridge: Quentin Skinner, *The Foundations of Modern Political Thought*.[21] Nessa imensa história, nessa imensa genealogia do pensamento político moderno que vai da Itália do século XII, com suas pequenas repúblicas autônomas, à Revolução Francesa, Skinner abre um espaço importante, em dois capítulos, primeiro à invenção, no Renascimento, do que chama "o humanismo cívico", à invenção de uma espécie de teoria política secularizada em que a Constituição toma o lugar do arbitrário real. Sobre esse ponto remeto-os a um livro de importância capital, do helenista Louis Gernet: *Les Grecs sans miracle*, um livro antigo que foi reeditado em 1983,[22] em que ele insiste muito na invenção grega da ideia de Constituição, ideia que voltará através do direito romano: ele mostra como a noção de Constituição só pode ser pensada por uma ruptura com a ideia de decreto divino, em relação à ideia de direito divino: é o próprio momento em que o político se afirma à parte do religioso, sendo o religioso, na origem, essencialmente uma questão de foro íntimo; a autonomia das duas funções cresce e cresce no sentido da liberdade… Em outras palavras, ele insiste nessa ideia de ruptura entre a transcendência e a imanência, ligada à noção de liberdade pessoal, de exercício pessoal da liberdade. Essa descoberta grega surge no Renascimento através desse humanismo cívico… É um livro enorme que não posso lhes resumir, mas estou contente de tê-lo citado para incitá-los a lê-lo.

Portanto, é nesse contexto que se inventa a ideia de uma autonomia do político, isto é, de uma ordem política específica: ainda aí, são os juristas que, com suas lutas dentro do campo jurídico, constituem uma espécie de metáfora prática do que se tornará o campo político, isto é, o universo relativamente autônomo dentro do qual se luta somente com armas políticas a respeito do mundo social. Evidentemente, o teórico da autonomia do político, historicamente, é sem dúvida Maquiavel, que pela primeira vez formula a ideia de que a política tem princípios que não são os da moral nem os da religião. O político é político. O que se chama "maquiavelismo" — o que é totalmente idiota porque a teoria de Maquiavel não tem nada a ver com o maquiavelismo — remete a uma ideia central: há uma lógica política que é indiferente aos fins éticos, e uma lógica do governo e das realidades governadas. Maquiavel não surgiu assim, sozinho: surgiu num espaço, num campo do pensamento humanista. No livro de Skinner, há um capítulo dedicado ao […] luteranismo, sobre os laços entre a Reforma e o desenvolvimento do pensamento constitucionalista, com o surgimento de teorias que questionam radicalmente todo princípio transcendente de governo, todo princípio de governo baseado na referência a uma autoridade transcendente. E, enfim, há um capítulo muito importante sobre o calvinismo e a invenção, pode-se dizer, do direito à resistência. É um problema que se apresentava aos calvinistas submetidos à perseguição e à repressão religiosas: como justificar o direito de resistir ao poder temporal? E em nome de quê?

REFORMA, JANSENISMO E JURIDISMO

Que reter de tudo isso? Primeiro, que é preciso ler esse livro; depois, outras coisas que vou lhes dizer do ponto de vista de minha demonstração — se é que se pode falar de demonstração. Reter a ideia de que essa invenção política fez intervir grandemente os juristas, e aí me refiro a outros trabalhos: não digo que é possível superpor completamente a Reforma ou os movimentos religiosos críticos como o jansenismo com os juristas, mas em todo caso a interseção é enorme, a ascensão dos clérigos e a ascensão paralela de um pensamento do político são dois fenômenos ligados. Remeto-os a outra referência (nunca dei tantas como hoje), trata-se de um livro organizado por Catherine Maire, *Jansénisme et révolution*:[23] é o resumo de um colóquio organizado na época dos colóquios sobre a Revolução — este era verdadeiramente interessante.

Nesse livro coletivo, há um artigo de Dale van Kley, que se chama "Du Parti janséniste au parti patriote".[24] Vocês observaram que Le Paige, de quem lhes falei há pouco, e que era o ideólogo do Parlamento, era jansenista. Esse livro diz explicitamente, na base de trabalhos históricos, que havia uma continuidade entre o partido jansenista, constituído de magistrados, advogados e membros do baixo clero dos anos 1750 — estudados também por Baker, que eu evocava há pouco —, e o patriotismo que aparece na véspera da Revolução Francesa na resistência às reformas de Maupeou. Dale van Kley emprega a expressão de "partido" e, ainda aí, penso que os conceitos sociológicos são importantes ("partido" no sentido histórico e de jeito nenhum no sentido moderno).[25] Ele insiste na proliferação de panfletos a que Baker também aludia, e analisa quinhentos panfletos patrióticos que, todos, apelam para a noção de opinião pública, uma das invenções desse período. Tenta caracterizar o jansenismo como "partido": para dizer depressa, é mais ou menos como se se tentasse caracterizar o esquerdismo e, para mim, o jansenismo é uma forma de esquerdismo, isto é, uma posição que só tem sentido relacionalmente; não se pode compreender o jansenismo senão em relação a um espaço — são noções que não estão no [artigo] — e aí encontramos, pois, um pouco de tudo, mas não qualquer coisa... Um pouco de tudo e não qualquer coisa: é perfeitamente a definição de um movimento como o esquerdismo, ou seja, uma combinação ideológica... Primeiro, encontramos um pouco de tudo tanto nas pessoas que se reúnem em torno desse movimento como em seu conteúdo ideológico. Lembro-me de que, em 1968, as pessoas diziam [que o movimento decorria da] influência de Marcuse; evidentemente, 90% das pessoas não tinham lido Marcuse, elas o reinventavam espontaneamente. O esquerdismo era um conjunto de posturas, de palavras muito vagas — "repressão", "repressivo", "antirrepressivo" etc. —, um conjunto de conceitos-slogans, isto é, de conceitos funcionando na lógica da participação mística muito mais que na lógica do pensamento lógico. Tentei caracterizar a propensão a estar do lado do esquerdismo em 1968 em *Homo academicus*: por que os sociólogos estavam mais do lado do esquerdismo em todos os países? É preciso levar [em conta] a posição da sociologia no espaço das disciplinas...

Os jansenistas não são de jeito nenhum um desvio inútil: é uma forma de tentar sair do substancialismo e dos falsos problemas, porque, sobre esse ponto, os historiadores podem se digladiar durante gerações dizendo: "Mas que nada, os jansenistas, realmente não são isso...", e jamais chegarão a um acordo nem sobre o conteúdo ideológico nem sobre a composição social do movimento. Na caracterização do jansenismo, pode-se dizer, honestamente: "Pois bem, sim, havia galicanismo", isto é, [os jansenistas] estavam mais do lado galicano que do lado papista; "Havia constitucionalismo": estavam mais do lado do Parlamento que do lado do rei; e depois, havia jansenismo propriamente religioso, em doses variáveis... As técnicas modernas de análises de correspondências [múltiplas] são muito úteis para estudar ao mesmo tempo esses espaços ideológicos, vagos e frouxos, e no entanto nem um pouco indeterminados, e também os grupos correspondentes. No mesmo artigo [de Dale van Kley] encontramos Le Paige, porta-voz do Parlamento, que é um pouco o Marcuse do movimento jansenista: é nele que encontramos, com a mais alta densidade, esse conjunto de elementos esparsos com que deparamos um pouco em todo canto, em outros lugares, em graus menores. Portanto, temos afinidades entre o mundo jurídico, os parlamentares e o jansenismo como, em outra época, com a Reforma. Digo-lhes logo a que quero chegar, para terminar.

O PÚBLICO: UMA REALIDADE SEM PRECEDENTE
QUE NÃO TERMINA DE ACONTECER

Essa longa e lenta ascensão dos clérigos não terminou. Nessa lógica, pode--se dizer que a Revolução Francesa nada tem de um corte: é uma etapa importante na ascensão dos clérigos, mas é um movimento importante perfeitamente em continuidade — o que não quer dizer que a Revolução Francesa não existiu, seria estúpido dizer isso. Quando eu criticava Furet, não era porque ele dizia que a Revolução Francesa não existiu — ele não diz isso, mas quase. Eu criticava o método, dizia que não é assim que se pode compreender [um tal acontecimento]; é preciso constituir os espaços nos quais [os fenômenos] se produzem... tudo o que tento fazer hoje, de forma acelerada. Portanto, não se trata de dizer que a Revolução Francesa aconteceu ou não aconteceu, trata-se de entender processos, e aí os remeto, para o que se segue ao que não contarei hoje, ao último capítulo de *La Noblesse d'État*, em que tentei fazer um relato construído, acelerado, desse processo que leva à constituição, dentro do campo do poder, de uma categoria de agentes sociais cujo poder específico nas lutas internas ao campo do poder repousa na possessão do capital cultural e, mais especialmente, dessa forma particular de capital cultural que é o capital jurídico, que não é simplesmente um capital de teorias — é o que eu gostaria de explicar a respeito de Skinner, mas já o mencionei várias vezes, por alto, nos cursos anteriores. É o grande interesse do livro sobre o leito de justiça mostrar que há uma espécie de vaivém permanente entre as inovações práticas — em matéria de protocolos, nas relações entre o rei e o Parlamento — e as inovações teóricas destinadas a legitimar essas pequenas conquistas práticas: almofada vermelha e toga vermelha etc. Há, portanto, um imenso trabalho de construção de práticas públicas, inseparável de um trabalho de construção de um discurso de serviço público, de um discurso destinado tanto a descrever como a construir, segundo a teoria Sapir-Whorf, essa realidade sem precedente — que não acaba de chegar à existência — que é o público.

Última coisa. [...] Skinner é importante para analisar as relações entre os clérigos e a religião, mas é importante contanto que seja lido como vou lhes dizer: ele expõe uma série de teorias que não são simplesmente teorias políticas sobre as quais é possível discutir como o fazem os filósofos. São teorias políticas que contribuíram para construir o mundo político em que falamos dessas teorias e no qual tomamos posição a partir de posições que foram criadas por essas teorias. Se hoje ainda há pessoas para dizer que Maquiavel é interessante — não citarei nomes — é porque há posições públicas, portanto pessoas que estão associadas a essas posições, mas que têm também liberdades aferentes a essas posições e que, por isso, ainda podem tomar posição sobre problemas que essas pessoas criaram. Mas elas não criaram apenas problemas, criaram posições a partir das quais é possível colocar esses problemas. É o que faz com que a análise seja muito difícil. Lembrem-se, passei um ano, muito decepcionante sem dúvida para meus ouvintes, a dizer: não se pode entrar no Estado assim, porque o Estado está em nossos pensamentos, é preciso [semear] uma dúvida radical a propósito do Estado... Espero que vocês comecem a compreender um pouco por quê: toda essa história é a história de nosso pensamento dessa história.

Curso de 5 de dezembro de 1991

Programa para uma história social das ideias políticas e do Estado — O interesse pelo desinteresse — Os juristas e o universal — O (falso) problema da Revolução Francesa — O Estado e a nação — O Estado como "religião civil" — Nacionalidade e cidadania: a oposição do modelo francês e do modelo alemão — Lutas de interesses e lutas de inconscientes no debate político

PROGRAMA PARA UMA HISTÓRIA SOCIAL DAS IDEIAS POLÍTICAS E DO ESTADO

Hoje, eu gostaria de recapitular brevemente o que tentei apresentar da última vez, e dar-lhes uma espécie de descrição por alto do processo de construção da nação além do período revolucionário. Retracei essa ascensão progressiva dos letrados, isto é, do capital cultural como condição de acesso ao poder e como instrumento de reprodução do poder. No fundo, o que se instala progressivamente é um espaço social, do tipo daquele que conhecemos hoje, cuja estrutura repousa em dois grandes princípios: o princípio econômico e o princípio cultural. Em outras palavras, pela ascensão dos clérigos afirma-se a ascensão do capital cultural como instrumento de diferenciação e de reprodução. Evoquei da última vez as lutas internas entre os letrados, e sugeri que uma parte importante das produções jurídicas, e mais amplamente das produções culturais, podia e devia se compreender em relação com o espaço dos produtores dessas representações. Indiquei como o campo jurídico estava se constituindo, com uma diferenciação de um espaço de posições a que corresponde um espaço de tomadas de posição. Quis mostrar também como um espaço burocrático começava a se constituir a partir do próprio campo jurídico. Evoquei rapidamente as intersecções entre o campo religioso, o campo burocrático e o próprio campo jurídico. E, por fim, indiquei, de passagem, que, para compreender esse processo de construção de representações de que o Estado é um elemento, era preciso levar em conta o campo literário nascente, que ao menos no período absolutista, e provavelmente em seguida, por intermédio dos filósofos por exemplo, contribuía para essa construção.

Sugeri que para entender esse processo de invenção de que o Estado é o desfecho, e do qual participa a invenção das teorias do Estado, era preciso ou seria preciso — é mais um programa [de pesquisa] do que uma constatação — descrever e analisar de modo muito fino as diferentes propriedades dos produtores e relacioná-las com as propriedades dos produtos. Indiquei também como essas teorias do Estado, que são ensinadas na lógica da história das ideias, e que certos historiadores hoje empreendem estudar em si mesmas e por si mesmas, sem ligá-las às suas condições sociais de produção, são duplamente vinculadas à realidade social: não tem o menor sentido estudar ideias como se elas passeassem numa espécie de céu inteligível, sem referência aos agentes que as produzem nem, sobretudo, às condições em que esses agentes as produzem, isto é, particularmente às relações de concorrência em que estão entre si. Elas são, portanto, ligadas ao social por esse lado, e por outro lado são absolutamente determinantes no sentido de que contribuem para construir as realidades sociais tais como as conhecemos. Hoje assistimos a um retorno das formas mais "primitivas" da história das ideias, isto é, a uma espécie de história idealista das ideias, como a história religiosa da religião, por exemplo. Nessa regressão metodológica, retemos muito bem a relação entre as ideias e as instituições, mas esquecemos que essas próprias ideias são oriundas de lutas dentro das instituições, e que é só vendo que elas são a um só tempo o produto de condições sociais e produtoras de realidades sociais, construtoras da realidade social, que podemos compreendê-las por completo.

Em outras palavras, a história da filosofia tal qual a esboçaria um sociólogo distingue-se da história da filosofia política tal qual se pratica comumente. [Tomem] o caso desse tratado ridículo que apareceu na França, o tratado de François Châtelet, Olivier Duhamel e Évelyne Pisier, o qual atualmente desempenha funções importantes:[1] é um tratado impensável, de meu ponto de vista, que dá a impressão de que as ideias políticas são o produto de uma espécie de partenogênese teórica, como se as ideias teóricas nascessem de ideias teóricas e gerassem pequenas ideias teóricas... Na verdade, uma certa história social da filosofia política e, mais geralmente, da filosofia não se pratica assim: existe uma história da filosofia tal como a preconizo, mas que está em seus inícios.[2] É a mesma coisa para o direito: a filosofia e o direito são duas disciplinas que conservaram o monopólio de sua própria história e que, por isso, fazem uma história interna, uma história sem agentes. Essa história [social] da filosofia política é uma história que leva em conta o espaço no interior do qual se produzem as ideias políticas, com tudo o que evoquei: de um lado, com as lutas entre o rei e o Parlamento, as lutas entre os parlamentares, as lutas entre os diferentes setores do campo jurídico-burocrático e, de outro lado, essa história da filosofia política que é reintegrada na história pura e simples. Um dos dramas da história tal como praticada [em nossos dias] é que ela aceitou a divisão em disciplinas e deixou-se amputar da história das ciências, da história das técnicas, da história do direito. E a famosa Escola dos Anais, que pretende reintegrar [essas dimensões], não o faz de jeito nenhum: aceita de facto essa divisão, sendo a história das ciências uma especialidade separada — que é muito mais carregada, aliás, de epistemologia, isto é, de reflexão pretensiosa sobre a prática da ciência do que a verdadeira história das ciências.

O que digo aqui é programático, mas é um programa relativamente importante, já que se trataria de fazer a história da filosofia, a história do direito, a história das ciências, estudando as ideias como construções sociais, que podem ter uma autonomia em relação às condições sociais de que elas são o produto — não nego —, mas que são passíveis de ser relacionadas a condições históricas, mas de jeito nenhum, como dizem os historiadores das ideias, na forma de influência: elas intervêm de maneira muito mais poderosa. É por isso que a concessão que eu fazia à história das ideias era uma falsa concessão — não lhes concedo muita coisa —, porque as ideias intervêm como instrumentos da própria construção da realidade. Elas têm uma função material: tudo o que eu disse ao longo desses cursos repousava na ideia de que as ideias fazem as coisas, de que as ideias fazem o real, e de que a visão [do mundo], o ponto de vista, o *nomos*, todas essas coisas que evoquei cem vezes são construtoras da realidade, a tal ponto que as lutas mais puras, as mais abstratas, que se podem desenrolar no interior dos campos relativamente autônomos, como o campo religioso, o campo jurídico etc., têm sempre uma relação, em última instância, com a realidade, a um só tempo em sua origem e em seus efeitos, que são extremamente poderosos. E penso que não se pode fazer uma história do Estado se relacionamos diretamente o Estado tal como o vemos às condições econômicas em que ele funciona, segundo uma certa tradição marxista rudimentar.

Tudo isso, portanto, para dizer que o que esbocei, que o programa que dei, está para ser feito e implica outra forma de história. [...] Disse-o cem vezes: os historiadores são os menos reflexivos dos eruditos e voltam muito pouco para si mesmos a ciência histórica que conseguem adquirir; um outro interesse por uma outra história desse tipo [seria escrever uma] história reflexiva, uma história de nosso próprio pensamento. O que chamo habitus é uma espécie de "transcendental histórico": nossas "categorias de percepção", como dizia Kant, são historicamente construídas, e é evidente que fazer a história da gênese das estruturas estatais é fazer a história de nosso próprio pensamento, é portanto fazer a filosofia verdadeira de nossos próprios instrumentos de pensamento, de nosso próprio pensamento. Ou seja, é, creio, realizar de fato um dos programas indiscutíveis da tradição filosófica... O que lamento é não poder lhes apresentar esse programa. Talvez ele se fará, mas é evidentemente imenso: é muito mais fácil dissertar sobre categorias a priori do que tentar analisar a gênese histórica dessas categorias, que, todas, têm a aparência do a priori em razão da amnésia da gênese, a qual faz parte dos próprios efeitos de qualquer aprendizagem. Uma aprendizagem bem-sucedida é uma aprendizagem que se faz esquecer. Eis um pouco a filosofia, se se pode dizer, do que fiz a respeito da gênese do Estado, e é a primeira conclusão de minhas análises.

O INTERESSE PELO DESINTERESSE[3]

Segunda conclusão: essas teorias do Estado que contribuem para a construção do Estado, e portanto para a realidade do Estado tal como a conhecemos, são o produto de agentes sociais situados no espaço social. Como indiquei várias vezes nos cursos anteriores, os magistrados e os juristas são pessoas que têm a ver com o Estado e que, para fazer triunfar seus interesses, devem fazer triunfar o Estado: eles têm interesse pelo público e pelo universal. Essa ideia de que certas categorias sociais têm interesse no universal é um materialismo que nada retira do universal. Penso que é uma forma de ingenuidade idealista querer a todo custo que as coisas puras sejam o produto de atos puros. Quem é sociólogo aprende que as coisas mais puras podem ter seu princípio nas pulsões absolutamente impuras. O exemplo por excelência é a ciência, em que é evidente que os cientistas, que sempre são tratados de maneira dicotômica — ou são glorificados ou são anulados —, são pessoas como as outras, que entraram num jogo em que não é fácil entrar, em que é cada vez mais difícil entrar; mesmo nesse jogo são obrigados a jogar segundo as regras, que são regras de desinteresse, de objetividade, de neutralidade etc.[4] Ou seja, para expressar suas pulsões — o que Kant chamava o "eu patológico" —, eles precisam sublimar. Um campo científico, um campo jurídico ou um campo religioso é um lugar de sublimação, com uma censura: "Que ninguém entre aqui se não for geômetra".[5] [...] Mostrei isso a respeito de Heidegger:[6] ele tinha a dizer coisas nazistas mas não podia expressá-las senão de tal maneira que elas não tivessem essa aparência; aliás, pensava que não o eram e atacava Kant...

A lógica dos universos puros, desses jogos puros, é uma espécie de alquimia que faz algo puro com o impuro, que faz algo desinteressado com o interesse, porque há pessoas que têm interesse no desinteresse: um cientista é alguém que tem interesse no desinteresse. Pode-se até mesmo pensar, do ponto de vista de um pesquisador que busca sempre uma razão, que as ações mais desinteressadas, as ações humanitárias, todas essas coisas que celebramos são sempre passíveis da pergunta: qual o interesse que existe em fazer isso? Por que ele o faz? Evoquei, há alguns anos, o problema do *salos* [o louco], um personagem muito estranho estudado por meu amigo Gilbert Dagron,[7] um personagem que, na Bizâncio do século x, agia contra todas as normas morais numa espécie de desafio ético ao farisaísmo ético. Por receio de se apossar dos benefícios da respeitabilidade, da honorabilidade, da virtude — isto é, dos benefícios típicos do farisaísmo de que muitos intelecuais se apropriam diariamente —, ele se punha numa situação impossível, fazia coisas pavorosas, comportava-se como um porco etc. É essa espécie de paradoxo da pureza na impureza que faz surgir muito concretamente a pergunta: acaso ele faz o bem? Qual bem ele tira do fato de fazer o bem? Acaso não há um modo vicioso de afirmar sua integridade, sua pureza, sua nobreza, sua dignidade, numa certa ostentação de rigorismo, por exemplo?

Eis as perguntas que são históricas e sociológicas. Isso não leva necessariamente ao cinismo; isso leva a se dizer que o angelismo não é necessariamente o princípio das ações mais generosas. Há uma espécie de realismo ensinado pela ciência social... Acho que é muito mais tranquilizador que os homens façam coisas boas porque são forçados a isso, acho que é muito mais tranquilizador. Aliás, Kant dizia que talvez nenhuma ação moral foi jamais realizada: ele via muito bem que, se as únicas forças com que podemos contar para reproduzir ações morais devem ser tiradas de nós mesmos, não iremos muito longe. O que está subjacente nas análises que fiz é uma espécie de filosofia realista do ideal, uma filosofia que é talvez a única maneira de defender de forma realista um ideal; e não é de jeito nenhum o cinismo: para que o ideal aconteça, é preciso que estejam dadas as condições, que muitas pessoas tenham interesse pelo ideal. Isso implica consequências [em termos de] estratégias políticas se quisermos, por exemplo, que a corrupção desapareça nos partidos... Não desenvolverei, é apenas para fazer compreender a filosofia subjacente a essas análises.[8]

OS JURISTAS E O UNIVERSAL

Esses juristas fizeram, pois, o universal avançar: inventaram determinadas formas sociais e de representações explicitamente constituídas como universais. Quis mostrar que eles tinham interesses diferentes no universal, e [diante disso], constituíram um universo, o universo jurídico, no qual, para triunfar, havia que se invocar o universal. Precisavam ser capazes de mostrar que as teses e propostas que avançavam eram mais facilmente universalizáveis que as dos outros — [isso corresponde aos] critérios kantianos —, isto é, que elas dependiam menos dos interesses privados: "Se digo isso, é bom para todos os homens e não só para mim". Evidentemente, quem diz isso é imediatamente submetido à crítica marxista: "Será que o seu discurso não é ideológico?", "Será que você não se contenta em universalizar seu interesse particular?". Os profissionais do universal são virtuosos na arte de universalizar seus interesses particulares: produzem ao mesmo tempo o universal e as estratégias de universalização, isto é, a arte de imitar o universal e de fazer passar por universais seus interesses particulares. Eis o problema: não mais estamos nessas [posições categóricas]. O mundo social […] é um mundo em que é muito difícil pensar de maneira maniqueísta, e é por isso que muito poucas pessoas são bons sociólogos: a sociologia requer um pensamento que não é comum na vida corrente, que não é espontâneo…

Esses juristas têm, portanto, interesse no público. Por exemplo, todo mundo notou que, bem antes da Revolução de 1789, eles começam a lutar para fazer reconhecerem sua precedência, isto é, seu capital cultural. Associam essa precedência, que é também um privilégio, à ideia de serviço público, à ideia de virtude cívica. Finalmente, lutando para derrubar a hierarquia das ordens, para fazer passar os nobres de toga na frente dos nobres de espada, fazem avançar as ideias associadas à competência jurídica, à ideia de universal: são pessoas que têm um interesse privado pelo interesse público. Essa questão pode ser apresentada em termos muito gerais… Evidentemente, apenas farei a pergunta, mas às vezes penso que é útil fazer a pergunta mesmo se não sabemos responder a ela completamente; faço-a a respeito de um caso particular, mas penso que seria preciso fazer em toda a sua generalidade a pergunta do interesse pelo público. Como se distribui numa sociedade diferenciada o interesse pelo público? Será que, por exemplo, os ricos têm mais interesse pelo público que os pobres, ou é o inverso? Será que há uma relação estatística significativa entre o interesse pelo interesse geral e a posição no espaço social? Há soluções místicas a essa pergunta: o proletariado como classe universal é uma resposta a essa pergunta; os mais desprovidos, os mais despossuídos, estando despossuídos de tudo, têm interesse pelo universal. Como sempre com Marx, é quase verdade… Digo "quase verdade" porque [isso foi, se não infirmado, ao menos nuançado por] certos economistas que trabalharam muito sobre os interesses públicos, sobre o que é o interesse público, sobre a especificidade dos bens públicos e sobre a lógica específica do consumo de bens públicos.

(Um desses economistas, James Buchanan, num artigo que achei apaixonante, sobre os clubes, sobre o interesse de funcionar como clube,[9] escreve: "O tamanho ótimo do clube para qualquer quantidade de bens tenderá a se tornar cada vez menor à medida que a renda real de um indivíduo crescer". Em outras palavras, quanto mais os seus rendimentos são elevados, mais você tem interesse em clubes restritos: "Os bens que [manifestam um caráter público (*publicness*) quando os rendimentos são baixos tendem] a se tornar privados à medida que os níveis de renda progridem".[10] [Buchanan] pega como exemplo as cooperativas e mostra que elas são mais frequentes entre os grupos de baixa renda que nos grupos de alta renda, quando todos os outros parâmetros são iguais. Ou seja, o que era público tende a se tornar privado: só se faria público quando não se pode fazer de outro jeito... Há outro artigo, mais antigo, de Samuelson, na revista *Economics and Statistics*, de 1954, sobre a teoria dos bens públicos.[11] Esse artigo contém um começo de resposta para a pergunta que formulei em sua forma mais geral. Seria possível dizer que o individualismo — de que muito se fala hoje em dia — tende a crescer quando a renda cresce e, inversamente, que a solidariedade tende a crescer quando a renda decresce, quando a pobreza cresce. É simplesmente uma hipótese: as associações de pobres são associações forçadas entre pessoas mais dispostas que as outras à associação, que têm habitus mais associativos, porque submetidas em seu período de formação, e mais além, à necessidade de se associarem para sobreviver. Portanto, pode-se pensar que o recurso à associação tende a desaparecer assim que é possível dispensá-lo, isto é, à medida que se têm os meios de dispensá-lo — o que não quer dizer que seja uma progressão linear: há associações de pobres mas há também associações de ricos. [...] As associações de ricos, que são associações eletivas, como os clubes, são independentes, são associações de pessoas que dobram seu capital associando-se com pessoas que têm capital — portanto elas não são determinadas pela necessidade. Nos trabalhos que fiz para *La Distinction*, pude observar a que ponto a construção de clubes, essas empresas de criação de capital social e simbólico coletivamente controlado, é gerida de maneira quase racional: precisa-se de padrinhos, precisa-se de todo um trabalho de seleção, de eleições dos membros[12] — uma outra lógica [diferente das associações comuns]... Era simplesmente um parêntese para que vocês tenham esse problema no espírito. Volto à Revolução Francesa.)

O (FALSO) PROBLEMA DA REVOLUÇÃO FRANCESA

A Revolução Francesa... Hesito muito em falar nesses termos. Não quero tomar uma decisão sobre a Revolução Francesa em quinze minutos (é mais ou menos o tempo que terei para lhe dedicar), mas quero simplesmente dizer que, na lógica do que fiz até agora, é possível fazer determinadas indagações a respeito da Revolução Francesa às quais posso responder, creio, em quinze minutos... Uma das perguntas é justamente saber em que esse processo de longa duração que evoquei se expressa na Revolução Francesa. E como se pode inscrevê-lo nesse processo? Como já disse, penso que a Revolução Francesa se inscreve nesse processo de longa duração. Provavelmente ela marca um limiar, mas em todo caso não marca uma ruptura: é uma etapa desse processo de afirmação, dessa ascensão dos letrados, dos magistrados, e marca no fundo o triunfo dos magistrados. Em outras palavras, é mais a conclusão de um processo de longa duração que começa no século xii do que um começo absoluto... Digamos, ao menos, tanto uma conclusão quanto um começo. Essa nobreza de toga que, muito tempo antes da Revolução, elaborou uma nova visão do Estado, criou todo um universo de noções — como a noção de República —, se tornará categoria dominante, nobreza de Estado, fazendo o Estado territorial e a nação unificada. Em outras palavras, seu triunfo é o triunfo do Estado moderno, do Estado nacional, do Estado-nação. Essa nobreza de Estado vai, pois, tanto produzir essa nova instituição como se apropriar do quase-monopólio dos benefícios específicos associado a essa instituição.

Na semana passada, mencionei Denis Richet que, a respeito do século xviii, falava de capitalismo fiscal: ele mostrava como o Estado, à medida que se desenvolvia, gerava uma nova espécie de capital, um capital estatal específico, tanto material como simbólico, funcionando como metacapital, como uma espécie de poder sobre as outras espécies de capital; é um capital que dá poder sobre as outras espécies de capital, inclusive o econômico. Paralelamente, esse capital público, esse capital de interesse geral ou esse poder público é a um só tempo um instrumento de luta social e um objeto de lutas sociais de primeira grandeza. O Estado "pós-revolucionário" — ainda aqui, se eu pudesse poria aspas em todas as palavras que digo — é o lugar de uma luta, é tanto o instrumento como o objeto de uma luta permanente para a apropriação dos benefícios específicos que ele proporciona, isto é, em especial, para a redistribuição desse metacapital que ele concentra. Isso foi muito dito a propósito do capital econômico e da redistribuição dos lucros econômicos, sob a forma de salários etc., mas [é preciso também analisar a] redistribuição do capital simbólico na forma de crédito, de confiança, de autoridade etc.

Todos os debates sobre a Revolução Francesa como revolução burguesa são falsos debates. Penso que os problemas que Marx levantou a respeito do Estado, da Revolução Francesa e da Revolução de 1848 são problemas catastróficos, que se impuseram a todos os que refletiram sobre o Estado em todos os países: vemos os japoneses se perguntarem se tiveram verdadeiramente uma Revolução Francesa; vemos os ingleses dizer: "Nós com certeza não tivemos, não é possível". Em todos os países as pessoas se diziam: "Mas se não tivemos Revolução Francesa é porque não somos modernos...". A problemática marxista impôs-se ao universo marxista e mais além como problemática absoluta, e todas as revoluções foram medidas com o metro da Revolução Francesa, com uma espécie de etnocentrismo absolutamente inacreditável. Quero dizer que creio que se podem afastar esses problemas, em todo caso tenho essa convicção, portanto digo-a a vocês, o que não quer dizer que não haja outras questões além daquelas que tento apresentar. Mas penso que esses tópicos marxistas ocultaram a questão que quero levantar, que é saber se os fundadores do Estado moderno não ficaram em posição de se garantir um monopólio, se não monopolizaram o monopólio que estavam constituindo.

Max Weber diz que o Estado é o monopólio da violência legítima. E eu o corrijo dizendo: é o monopólio da violência física e simbólica legítima. As lutas a respeito do Estado são lutas pelo monopólio desse monopólio, e penso que os fundadores do Estado moderno ficaram bem colocados na luta por esse monopólio — como o atesta a permanência no tempo do que chamo de nobreza de Estado. Publiquei *La Noblesse d'État* em 1989 para mostrar que a Revolução Francesa, no essencial, não tinha mudado nada... A monopolização do capital jurídico e do capital estatal, através da condição de acesso ao capital estatal que é o capital cultural, permitiu a perpetuação de um grupo dominante cujo poder reside em grande parte no capital cultural — daí a importância de todas as análises que mostram a relação entre a distribuição do capital cultural e a posição no espaço social. Todas as análises da escola são na verdade análises do Estado e da reprodução do Estado. Não desenvolvo esse tema, desenvolvi-o no ano passado, mas é uma maneira de concluir um pouco as análises anteriores.

O ESTADO E A NAÇÃO

Dito isto, esses magistrados diretamente interessados na construção do Estado fizeram, no entanto, o Estado avançar para a universalidade: se nos lembramos da oposição que eu fazia, o princípio dinástico foi substituído pelo princípio jurídico da forma mais brutal, mais decisiva: eles o guilhotinaram... Muito se dissertou sobre a morte do rei: a morte física do rei era talvez o corte simbólico indispensável para afirmar a irreversibilidade da imposição de um princípio de tipo jurídico diante de um princípio de tipo dinástico. [Os juristas], por sua luta interessada, produziram — dissemos cem vezes — o Estado-nação, o Estado unificado contra as regiões e as províncias, mas também contra as divisões em classes: fizeram um trabalho de unificação a um só tempo trans-regional e "transclasses", se posso dizer, "transocial". O que quero descrever aqui, rapidamente, são as três contribuições mais decisivas: o surgimento da noção de Estado, da nação no sentido moderno do termo, e vou explicar o que isso quer dizer; em seguida, o nascimento de um "espaço público" — digo "espaço público", vejam os automatismos verbais, tenho horror a essa expressão e ela saiu de minha boca —, [o aparecimento] de um campo político específico, de um campo político legítimo; por fim, a gênese da noção de cidadão por oposição àquela de súdito. (Para mim, este é seguramente o curso mais difícil de ministrar, porque eu roço sem parar nas coisas triviais que todo mundo disse cem vezes, e tenho uma impressão de déjà-vu, de algo já dito, a cada palavra, quando na verdade tento dizer coisa totalmente diferente, sem ter certeza absoluta disso... Digo a vocês meus estados de espírito para que compreendam minhas hesitações.)

[Os juristas] fazem o Estado-nação; é ir um pouco depressa demais: fazem um Estado que eles encarregam de fazer a nação. Penso que [esse ponto é] absolutamente original; farei a comparação daqui a pouco com a situação alemã. O modelo alemão é muito interessante porque é um modelo romântico (enquanto o modelo francês é muito século XVIII): há, primeiro, a língua, a nação, Herder,[13] e em seguida há o Estado, e o Estado exprime a nação. Os revolucionários franceses não fazem nada disso: fazem o Estado universal, e esse Estado fará a nação pela escola, pelo exército etc. Há uma frase de Tallien que se poderia pôr como epígrafe: "Os únicos estrangeiros na França são os maus cidadãos".[14] É uma ótima fórmula, uma fórmula político-jurídica tipicamente francesa: é cidadão qualquer um que estiver conforme à definição do bom cidadão, isto é, qualquer um que for universal; ora, todo homem tem direitos humanos, portanto todo mundo é cidadão. Essa visão jurídico-política e universalista é evidentemente conforme tanto à competência quanto aos interesses dos juristas, é um pensamento de jurista... mas é preciso explicitar sua analogia. Evoquei várias vezes um livro de Benedict Anderson, que se chama *Imagined Communities*,[15] um livro importante que descreve as comunidades, as nações como entidades imaginárias criadas pelo trabalho coletivo de determinados agentes, entre os quais os escritores, os linguistas, os gramáticos. Em outras palavras, as nações são em grande parte uma construção de intelectuais que — sou eu que acrescento isso — têm interesse na nação. Os intelectuais têm algo a ver com tudo o que diz respeito ao capital cultural: ora, o capital cultural é tanto mais nacional na medida em que é mais ligado à língua nacional, e tanto mais internacional na medida em que é mais independente da língua nacional — os juristas e os professores de francês são mais nacionais que os matemáticos e os físicos.

Os intelectuais têm, pois, interesses comuns com o capital cultural nacional em graus diversos, segundo sua especialidade, e têm, paralelamente, muito mais do que se crê, interesses nacionais e nacionalistas. [...] Por exemplo, o nacionalismo ucraniano de que hoje muito se fala é um caso de gramáticos: são com frequência pequenos intelectuais que Max Weber chamaria de "intelectuais proletaroides", pouco reconhecidos pelas instâncias centrais do império ou da nação, e que, para fazer valer seu pequeno capital específico destinado a se tornar nacional — de gramáticos, de autores de dicionários, de folcloristas etc. —, constituem como devendo existir uma entidade social perfeitamente conforme a seus interesses e que justifica sua existência... É bom saber que as querelas nacionais são sempre um pouco querelas de gramáticos... Fico estupefato, desde que li esse livro, de descobrir isso por toda parte: é muito mais verdadeiro do que jamais imaginei.

As comunidades imaginárias são o produto de um trabalho de construção: basta retomar esse tema e vinculá-lo a outro que desenvolvi várias vezes, no início deste ano, para ter uma teoria mais ou menos correta da nação. Insisti muito na ideia de *nomos*, nos princípios de visão e de divisão [do mundo social], na ideia de que o Estado repousaria num determinado número de pressupostos relativos à maneira de construir a realidade social. O Estado está em condições de universalizar, nos limites de um território, essas categorias de percepção. Segundo essa lógica, uma nação é o conjunto de pessoas que têm as mesmas categorias de percepção de Estado e que, tendo sofrido a mesma imposição e inculcação pelo Estado, isto é, pela escola, têm princípios de visão e de divisão [comuns] sobre certos problemas fundamentais bastante vizinhos. Tanto assim que a noção de "caráter nacional", que estava muito na moda no século XIX, aparece na verdade como a simples ratificação de estereótipos nacionais, de preconceitos nacionais: ela deve ser completamente varrida do espaço teórico — é uma forma de racismo apenas sublimada. Dito isto, ela indica alguma coisa que existe indiscutivelmente: o produto, nos cérebros, do trabalho de inculcação de categorias de percepção e de apreciação comuns, que se realiza por meio das inúmeras influências, mas, entre outras, por meio da ação da escola, da ação dos manuais escolares, e em especial da ação dos manuais de história. Falei há pouco dos grandes construtores da nação; [na França] o Estado faz a nação: ele a faz pela escola. Por exemplo, a Terceira República é a República de Lavisse,[16] dos manuais de história etc.

O ESTADO COMO "RELIGIÃO CIVIL"

O Estado é, pois, o centro do que se chamava uma "religião civil".[17] Um sociólogo americano, Robert Bellah,[18] falou disso a propósito do cerimonial de que a vida americana está repleta — esses rituais religiosos, ético-político-cívicos [...]. Há um trabalho de produção de uma disposição cívica pela religião civil, as cerimônias, os aniversários, as celebrações, e evidentemente a história, que joga um papel determinante.

Aqui, bem rapidamente, gostaria de resumir um livro muito importante de um grande especialista do nazismo: George Mosse. Mosse é um desses emigrados alemães que passaram o resto da vida a se perguntar como o nazismo pôde acontecer, e deu contribuições de primeira ordem à compreensão dos movimentos de massa nazistas. Em [*The Crisis of German Ideology*] ele se interroga sobre a crise da ideologia alemã e as origens intelectuais do Terceiro Reich, com uma análise do que chama de processo de "nacionalização das massas" — isto é, como se constituem as massas em nação.[19] Propõe uma tese um pouco paradoxal à primeira vista, mas que acho perfeitamente fundada: o nazismo é apenas o limite das democracias do ponto de vista desse trabalho de religião civil, pois levou até o extremo um trabalho de inculcação de representações coletivas homogêneas, que é também atuante nas sociedades democráticas. Ele insiste, pois, no fato de que, desde a época napoleônica, os ideais nacionais burgueses deram origem a um imaginário público; e com a Primeira Guerra Mundial apareceu uma nova ordem política fundada na autorrepresentação nacional mediada pela "liturgia de uma religião civil".[20] Em outras palavras, em linguagem mais simples: as nações dão-se a si mesmas em espetáculo e se fazem existir objetivando-se pelo espetáculo que dão a si mesmas de si mesmas; elas se fazem existir numa e por uma liturgia cívica, pela liturgia da religião civil. Nessa liturgia do poder intervém a especificidade do nazismo; [Mosse] mostra como essa liturgia do poder tem afinidade com o irracionalismo de uma política de massa que visa à afirmação prática de uma espécie de vontade geral rousseauísta. No fundo, o nazismo, segundo ele, é filho de Rousseau (é muito paradoxal, ele não o diz nesses termos. Sinto muito, eu não deveria nunca falar assim, mas é muito difícil dizer isso, e demandaria muito tempo…).

Mosse quer dizer que essa vontade geral mítica, que só existe no papel, e que foi problemática para todos os comentaristas de Rousseau, pode se tornar palpável, de certa forma, por meio das grandes exibições coletivas de unanimismo. [A vontade geral é assim] exibida na emoção coletiva. A emoção, justamente, é ao mesmo tempo causa e efeito da exibição: é o produto da exibição que supõe um trabalho coletivo de construção. As unidades emocionais afetivas costumam ser reservadas a pequenas seitas, a pequenos grupos, mas essa construção social de uma unidade emocional pode se produzir na escala de todo um povo, e não somente na escala de pequenos grupos. Esse trabalho, o nazismo o levou até seus últimos limites. Pode-se dizer que ele é uma passagem ao limite de tendências que estão também presentes em certo tipo de cerimonial democrático. A nação é uma encarnação imaginária do povo, uma autorrepresentação nacional, e essa autorrepresentação repousa na exibição do que o povo tem em comum: língua, história, paisagem etc. E, finalmente, o Estado fascista, diz Mosse, é um Estado-espetáculo que estetiza a política e politiza a estética por uma espécie de religião civil que se pretende intemporal utilizando símbolos pré-industriais, símbolos eternos. O texto de Mosse é um pouco extremo já que descreve a realização de um processo que começa com a Revolução Francesa, mas tem o mérito de mostrar como um certo tipo de construção coletiva da nação encerra potencialidades extremas que tenderíamos a situar em outro espaço…

Primeiro passo, portanto: fazendo o Estado, [os juristas] fizeram, não a nação, mas as condições sociais de produção da nação. Aqui, seria preciso retomar (mas já disse isso) todo o trabalho de construção e consolidação da nação em que os historiadores republicanos do século XIX, como Augustin Thierry, Jules Michelet, Ernest Lavisse, desempenham um papel muito importante. Seria preciso também lembrar o papel da escola e do exército… Segundo ponto, eu pulo — retornarei ao Parlamento, à construção de uma política legítima —, para abordar de imediato o terceiro ponto, o problema do cidadão, a fim de que minha exposição de hoje tenha certa unidade; voltarei atrás da próxima vez.

NACIONALIDADE E CIDADANIA: A OPOSIÇÃO DO MODELO FRANCÊS E DO MODELO ALEMÃO

Vocês sabem que hoje se discute muito a respeito da cidadania e da emigração: perguntamo-nos justamente quem tem direito ao estatuto de cidadão... Muito rapidamente — ainda aqui serei superficial e programático, mas gostaria ao menos de lhes deixar o problema na cabeça, de maneira que, da próxima vez, eu possa ir mais longe —, falou-se a propósito da construção do Estado moderno de "territorialização da regra". Entendia-se por isso que, a partir da construção um pouco utópica de um Estado jurídico — não de um Estado de direito, como se diz hoje, mas de um Estado jurídico —, a partir dessa representação jurídica de um Estado puramente jurídico, fomos intimados a realizar na escala de um território o espaço jurídico, a encarnação do direito, de certa forma. E essa construção ia par a par com a invenção da noção de cidadão — o cidadão sendo essa entidade jurídica que existe como alguém que mantém relações de direito e de dever com o Estado. No fundo, o cidadão é alguém que estabelece relações jurídicas com o Estado, que tem deveres com o Estado e está no direito de pedir contas ao Estado. Por exemplo, a história do Welfare State, que costuma ser descrita como uma espécie de nova descontinuidade [com os direitos do cidadão], a meu ver está absolutamente em continuidade... Ainda aqui, foi Marx, com a oposição direitos humanos/direitos do cidadão, que introduziu em nossos espíritos a ideia de descontinuidade. Ora, a ideia de Welfare State já está contida na noção de cidadão: o Welfare State é um Estado que dá ao cidadão aquilo a que ele tem direito, isto é, mais que os direitos do cidadão, a saber, os direitos humanos, o direito ao trabalho, o direito à saúde, o direito à segurança etc. O cidadão é, portanto, definido por seus direitos, e aqui encontramos a inspiração jurídica da Revolução Francesa: a nacionalidade, no sentido francês do termo, não é sinônimo de cidadania; ela pode ser definida em termos etno-culturais, pela posse de uma língua, pela posse de uma tradição cultural, pela posse da história etc. Nem tudo o que está na tradição romântica alemã da nacionalidade é a cidadania. O cidadão é definido de maneira puramente jurídica: a nação como qualidade etnocultural, que pode ser legalmente definida, é diferente da cidadania tal como é enunciada pela Constituição [francesa]. Eu citava a frase de Tallien, que é muito típica dessa definição: a rigor, o cidadão é aquele que é reconhecido como tal pela Constituição; e não há mais nada a dizer, ele não precisa ter propriedades particulares ligadas, por exemplo, ao sangue (*jus sanguinis*).

Essa cidadania abstrata deve se encarnar pelo trabalho político: por exemplo, a unidade linguística não é condição da unidade estatal, ela será seu produto... Estou constrangido porque penso sem parar na oposição França/Alemanha, que ainda não enunciei [claramente] a vocês: no caso da França, o Estado faz a nação, isto é, todos os cidadãos da nação X têm de falar a linguagem X; é preciso, portanto, pô-los em condições de aprendê-la. No modelo alemão, é a nação que se expressa no Estado e, com isso, todos os germanófonos são cidadãos da Alemanha: todos os que têm as mesmas propriedades étnicas, linguísticas, culturais são cidadãos da Alemanha — o que, a respeito dos problemas de reunificação, esclarece muitas coisas.[21] [No modelo francês], a unidade política é colocada: é uma unidade jurídico-territorial, é um território constituído como tal por um enunciado de direito, é o âmbito sobre o qual é válida uma certa constituição, e o cidadão é aquele que pertence a esse âmbito. Ele pode falar línguas regionais, pode ter tradições culturais diferentes, costumes diferentes, mas cabe ao Estado criar essa unidade pelo trabalho de inculcação, como por exemplo pela unidade linguística. Finalmente, a filosofia do político proposta pelos revolucionários é uma filosofia universalista, portanto assimilacionista: é universalista porque ela mesma se pensa universal e, por isso, não pode nada oferecer de melhor a um homem, qualquer que seja ele, do que assimilá-lo. Trata-o como homem, portanto lhe confere o que confere a todo homem, isto é, o acesso à dignidade de cidadão, subentendido francês; em seguida, para que as condições de exercício desse direito do cidadão sejam cumpridas, é preciso dar a esses cidadãos os meios reais, que podem ser meios culturais (a unidade da língua) ou meios econômicos.

A via alemã é muito diferente — descrevo-a rapidamente, vou fazer filosofia da história selvagem. Se o modelo inglês saiu dos juristas do século XVI, pode-se dizer que o modelo alemão saiu dos pensadores românticos do século XIX, corrigido pelos reformadores prussianos — é absolutamente simplista, mas é útil para se localizar. O modelo francês é o modelo das Luzes: cosmopolitismo, racionalismo, universalismo, universalismo abstrato, formal. Aí, Marx tem razão, é a filosofia da assimilação, concebida como universalização, isto é, como identificação de todo homem — identificação a priori e, se possível, a posteriori — com esse cidadão universal que é o cidadão francês. A via alemã é, de seu lado, ligada ao século XIX, ao romantismo; seria preciso evocar tudo, o tema da nação, do obscuro, do profundo, da *Kultur* contra a *Zivilisation* etc. A nação, nessa perspectiva, é uma individualidade enraizada historicamente, organicamente desenvolvida, e unida por um *Volksgeist*, por um espírito do povo comum que o distingue das outras nações e que se exprime numa linguagem, num costume, numa cultura e no Estado. É evidente que o Estado pode ratificar juridicamente tudo isso, mas ele é mais uma expressão, é mais produto que produtor. Claro, esta é uma oposição-limite, mas concluo neste ponto e volto ao problema dos imigrantes, em duas palavras.

Seria possível basear todo o problema [das relações entre nação e cidadania] a partir dessa oposição. Na prática, franceses e alemães tratam os imigrantes mais ou menos da mesma maneira, isto é, igualmente mal, mas em direito os tratam muito diferentemente; e para compreender essa diferença penso que essa evocação da filosofia do Estado das duas tradições não é inútil. A visão político-jurídica universalista, cosmopolita, século XVIII, da França, conduz ao *jus soli* [direito do solo]: o Estado é um território, isto é, o âmbito de uma certa lei. É, portanto, uma comunidade de base territorial: para se tornar cidadão basta ter nascido nesse solo; é a naturalização automática, numa lógica assimilacionista em que o Estado deve fazer a nação, por um trabalho de integração etc. No que se refere à Alemanha, o Estado remete à filosofia romântica do século XIX, ao espírito de um povo etc., concepção que se pode chamar etnocultural ou etnolinguístico-cultural, que leva ao *jus sanguinis* [direito de sangue]. [A cidadania aqui] é ligada à hereditariedade, ao sangue, à transmissão "natural" tanto quanto histórica. Portanto, temos comunidades de base linguística e cultural: os germanófonos têm vocação para se tornarem alemães, e os estrangeiros nascidos na Alemanha não são alemães; não há integração ou assimilação automáticas. Concretamente, a partir dessas duas filosofias do Estado, tem-se assim duas políticas muito diferentes de imigração: embora os tratamentos reais sejam muito parecidos — os turcos são tratados mais ou menos como os argelinos —, em direito há uma grande diferença.

LUTAS DE INTERESSES E LUTAS DE INCONSCIENTES NO DEBATE POLÍTICO

O que complica todo esse debate é que, nos dois casos, os intelectuais que falam de todas essas coisas têm *vested interests*, interesses escondidos investidos em todas essas coisas: têm interesses de poetas, de músicos, de juristas ou de filósofos. É importante ligar o que eu disse começando [este curso] com o que digo agora para compreender a que ponto, em problemas como esses, é esclarecedora a sociologia diferencial das tomadas de posição a serem postas em relação com as posições. Assim que vocês ouvirem alguém lhes falar desses problemas, perguntem-se sempre: qual é o interesse que ele tem em me dizer o que me diz? Como se dizia depois de 1968: de onde ele fala? No sentido muito preciso: será que é um discurso de professor de matemática, de professor de direito? Será que é um discurso de intelectual de primeira geração ou de terceira geração? Quando eu digo "interesse", sempre o explico, não é o interesse no sentido dos utilitaristas, não é o interesse material direto; trata-se de interesses muito mais complicados, do tipo dos que evoquei na última vez quando lhes dizia: ter interesse é estar associado a alguém. É, por exemplo, o fato de que ser funcionário ou filho de funcionário predispõe a ficar, mesmo sem sabê-lo, do lado do público — como uma espécie de inconsciente.

Para ligar o que eu disse começando ao que digo terminando, esses debates extremamente confusos e pesados, em que as pessoas investem os valores últimos, se esclarecem (eles seriam muito mais claros se eu tivesse desenvolvido, mas me fixei como regra terminar na semana que vem e, portanto, sou obrigado a lhes dar uma visão acelerada de coisas que poderia ter desenvolvido com mais tempo) [caso se guarde] no espírito que é preciso manter junto a história social da problemática em relação à qual tomamos posição: é preciso saber que há uma história inglesa, uma história francesa, uma história americana, uma história alemã do Estado, e que há lógicas comuns a essas histórias, do contrário não haveria teoria possível da gênese do Estado (relativa ao papel dos juristas etc.). Dito isto, há filosofias diferentes, sobretudo para o período que começa na Revolução Francesa. Primeiro ponto: os filósofos divergem. Segundo ponto: sobre os problemas assim constituídos, isto é, historicamente constituídos, tomamos posição em função das posições que ocupamos em relação a esses problemas, no espaço em que são produzidos, no espaço em que são discutidos. A confusão extrema e a violência das discussões sobre esses problemas decorrem do fato de que são lutas de inconscientes: as pessoas não sabem o que dizem quando falam desses problemas. Tentei [fazer alguma coisa] muito difícil, porque, a todo instante, tenho associações censuradas que eu gostaria de enunciar para dissipar os mal-entendidos, para destruir as simplificações, pois, sobre esses problemas, jamais somos o suficiente prudentes. Infelizmente, a lógica do debate político não tem nada a ver com a lógica do debate científico. E estamos longe do momento em que poderemos fazer de modo que os políticos tenham interesse pela virtude...

Curso de 12 de dezembro de 1991

A construção do espaço político: o jogo parlamentar — Digressão: a televisão no novo jogo político — Do Estado de papel ao Estado real — Domesticar os dominados: a dialética da disciplina e da filantropia — A dimensão teórica da construção do Estado — Questões para uma conclusão

A CONSTRUÇÃO DO ESPAÇO POLÍTICO: O JOGO PARLAMENTAR

Vou iniciar a última aula, que não é a mais fácil, já que gostaria de tentar prolongar até a época atual as análises históricas que fiz e tentar destacar, se não todas as conclusões, ao menos algumas de todas as análises que apresentei até aqui.

Na última vez, insisti no nascimento simultâneo, de um lado, do Estado jurídico, do Estado como território juridicamente regulado por um processo que um autor chamou de "territorialização da regra" e, de outro, do cidadão como personagem completamente novo em relação à noção de súdito. Mas para que a análise seja completa, convém evocar outro processo extremamente importante que, no caso da França, produz-se ao mesmo tempo: o nascimento de um espaço político, social e juridicamente constituído, a saber, o Parlamento, no sentido anglo-saxão do termo, a Câmara dos Deputados etc. Para me colocar sempre numa grande perspectiva de comparatismo histórico, acho muito interessante que certas dimensões do Estado moderno, que surgiram em outros países, como na Inglaterra por exemplo, tanto de maneira mais orgânica, isto é, mais contínua e mais lenta, como ao mesmo tempo mais dispersa no tempo, tenham aparecido simultaneamente na França com a Revolução Francesa. Penso que a singularidade da Revolução Francesa — que existe, apesar de tudo — e o efeito simbólico extraordinário que exerceu e continua a exercer poderiam consistir no fato de que esses diferentes processos se realizam concomitantemente. Em especial, o que me parece como as duas condições da produção do cidadão, a saber, a constituição de um Estado como território juridicamente regulado e a constituição de um lugar de exercício regulado dos direitos associados ao pertencimento ao Estado (o Parlamento), surgem ao mesmo tempo. Desenvolvo muito rapidamente este segundo ponto: ao lado do surgimento de um espaço jurídico como conjunto de cidadãos ligados por direitos e deveres ao Estado e entre si, é preciso ter em conta o aparecimento do Parlamento como local de um consenso organizado, ou melhor, como local de um dissenso regulado.

Certos autores insistiram no fato de que o Parlamento, em especial o Parlamento inglês, é uma invenção histórica que, se refletirmos, nada tem de evidente: é um lugar em que as lutas entre os grupos, os grupos de interesses, as classes, se quisermos, vão se travar segundo as regras do jogo, fazendo com que todos os conflitos externos a essas lutas tenham algo de semicriminoso. A respeito dessa "parlamentarização" da vida política, Marx fazia uma analogia com o teatro: ele via no Parlamento e no parlamentarismo uma espécie de engodo coletivo em que os cidadãos se deixavam agarrar; essa espécie de teatro de sombras ocultaria, na verdade, as verdadeiras lutas, que se travam em outros lugares.[1] Penso que é o erro sistemático de Marx. Disse-o cem vezes aqui, é sempre o mesmo princípio: a crítica marxista, que não é falsa, torna-se falsa desde o momento em que se esquece de integrar na teoria aquilo contra o que a teoria é construída.[2] Não haveria por que dizer que o Parlamento é um teatro de sombras se as pessoas não acreditassem que ele é outra coisa. E não haveria sequer nenhum mérito em fazê-lo. Em certo sentido, Marx diminui seus próprios méritos esquecendo que aquilo contra o que ele afirmou sua teoria sobrevive à sua teoria: o Parlamento pode ser esse lugar de debates regulados, em certo sentido um pouco mistificado e mistificador, mas essa mistificação faz parte das condições de funcionamento dos regimes e, em particular, das condições de perpetuação dos regimes que chamamos de democráticos. Portanto, o Parlamento é, de fato, esse lugar de consenso regulado ou de dissenso em certos limites, que pode excluir simultaneamente objetos de dissenso, e talvez, sobretudo, maneiras de expressar o dissenso. Pessoas que não têm as boas maneiras para expressar o dissenso são excluídas da vida política legítima.

DIGRESSÃO: A TELEVISÃO NO NOVO JOGO POLÍTICO

Para ir mais depressa, é possível transpor [essa análise] para a televisão, que se tornou, infelizmente, um dos substitutos do Parlamento. Digo assim uma frase um pouco levianamente, mas os que querem se convencer de que é mais complicado, convido-os a ler o livro de Patrick Champagne, que se chama *Faire l'Opinion*,[3] em que é mostrado que o espaço político contemporâneo engloba coisas que não estamos acostumados a levar em conta numa descrição das esferas políticas: a saber, os institutos de sondagem, a televisão, os programas políticos de televisão etc., que são elementos [agora maiores] do espaço político real. Se analisamos muito rapidamente a lógica dos debates televisionados, como isso foi feito na revista *Actes de la Recherche en Sciences Sociales* em várias ocasiões,[4] logo vemos que se trata de debates perfeitamente conformes à definição que acabo de dar do Parlamento: são debates regulados [de tal maneira] que, para ter acesso a eles, é preciso possuir certas características, é preciso ser legítimo, é preciso ser porta-voz — o que já é uma formidável limitação. De vez em quando, chama-se a "sociedade civil", como se diz, isto é, personalidades não políticas que recolhem uma larga aprovação por parte da população, mas é a exceção que confirma a regra e que, na verdade, a reforça. Na realidade, é preciso ser arcebispo de Paris, presidente de partido ou secretário-geral de um movimento, o que constitui uma limitação. Em seguida, entre as condições clássicas, há também o acesso a uma certa linguagem, um certo modo de falar... Basta refletir sobre os incidentes criados pelos poucos casos em que cidadãos furiosos, por exemplo, invadem os estúdios da televisão: logo se tira do ar o programa etc.

[Essa analogia entre o Parlamento e a televisão visa] mostrar que tais definições aparentemente formais que enuncio não são anódinas: uma das virtudes, e daqui a pouco a explicitarei de modo mais cabal, das análises genéticas é desbanalizar o banal, e essas definições nos parecem anódinas justamente porque interiorizamos tanto seus pressupostos que isso nos parece algo óbvio. Gostaria simplesmente de fazê-los sentir a que ponto a definição parlamentar do Parlamento é arbitrária e a que ponto, em certo sentido, toda uma parte dos jogos é feita desde o momento em que o jogo é definido como tal — não é de jeito nenhum antiparlamentarismo, é óbvio. Para fazê-los sentir isso, eu teria de desenvolver a fundo coisas para as quais simplesmente lhes dou indicações, esperando que vocês mesmos as desenvolverão.

DO ESTADO DE PAPEL AO ESTADO REAL

O Parlamento é, pois, essa instituição, esse espaço jurídico constituído e juridicamente controlado, dentro do qual os conflitos são regulados, e pode-se dizer que a política oficial é o que pode ser discutido no Parlamento. É claro que essa definição tácita tende a ser esquecida como tal: toda definição é uma delimitação, e acabamos por esquecer tudo o que é excluído por essa definição, tudo o que é excluído pelos limites inerentes a essa definição, isto é, todos os conflitos que, de certa forma, são criminalizados pelo fato de não ser conformes às normas, se posso dizer exagerando um pouquinho. É um problema que obcecou o mundo operário durante todo o século XIX: acaso se deve aderir ao jogo parlamentar ou ficar fora dele? Essas discussões mereceriam, aliás, uma análise histórica desbanalizadora como a que tentei fazer: será que se entra no jogo ou será que não se entra no jogo? Será que se recorre à greve e à manifestação ou será que se recorre à mediação de parlamentares?[5] Esses debates foram esquecidos, mas o que deles resulta permanece em nosso inconsciente e em nossas instituições.

Essas duas instituições, inventadas simultaneamente no caso da França, isto é, o Estado como espaço jurídico e o Parlamento, são de certa forma o fundamento da cidadania: para se ter o cidadão no sentido moderno da palavra, há que se ter essas duas coisas, que nada têm de óbvias. O cidadão é aquele que tem direito ao jogo político, tal como foi definido anteriormente, e que tem em certo sentido o dever de participar do jogo político — a obrigação de votar sendo apenas, por exemplo, uma conclusão consequente da definição do cidadão. Essa instituição nova que é a República Francesa, e que se pensa universal

— já insisti na ambiguidade —, define-se na verdade como nacional, embora, no caso da França e da Revolução Francesa, essa constituição do nacional se acompanhe do sentimento de universalidade. Como eu já disse, não é possível entender a lógica específica do colonialismo francês e da descolonização, que assumiu formas particularmente dramáticas, se não se sabe que a França, devido à peculiaridade de sua história, devido à peculiaridade de sua Revolução, sempre se pensou como portadora de um universal. De sorte que mesmo seu imperialismo se vive como um "imperialismo do universal". E creio que ainda hoje, por exemplo, os intelectuais franceses têm uma arrogância insuportável diante da maioria das nações estrangeiras porque, para o melhor e para o pior, eles se pensam como portadores do universal. O intelectual total, à maneira de Sartre, é também uma encarnação disso:[6] não se trata somente dos políticos, de uma ilusão gaullista, trata-se de um elemento do inconsciente nacional de que participam também os intelectuais que se sentem no direito de dar lições [ao resto do] universo. Haveria que refletir sobre isso a respeito da Europa, mas não digo mais nada...

Essa República Francesa é uma instituição jurídica que repousa numa Constituição. Um dos problemas maiores é, então, realizar o direito — isso foi, afinal, o trabalho de todas as gerações que se seguiram à Revolução Francesa. Como fazer para que essa República Francesa se torne o que ela pretende ser, como fazer para que esse dever-ser, esses deveres do cidadão se tornem reais? Poder-se-ia, aliás, para resumir o que vou dizer, propor uma fórmula simples: como fazer para que o "povo", no sentido de classe popular, faça parte do "povo francês"? A palavra "povo", como todos sabem, tem dois sentidos maiores.

(Minha tendência é acentuar as continuidades, primeiro porque penso que é verdade, e depois porque penso que um dos efeitos fáceis que os intelectuais logram é introduzir rupturas: o chique é sempre anunciar que "acabou" — acabou o marxismo, acabou o social, ou "é a volta de" ou "o fim de". É uma estratégia profética elementar que faz com que se cometam muitas bobagens. Os sociólogos, especialmente os franceses, sempre anunciaram as novas classes, as novas rupturas, as mutações etc. Minha profissão é ver a que ponto essas rupturas e essas mutações são difíceis, a que ponto são raras... É uma espécie de viés profissional que talvez seja reforçado pela experiência que tive de todos esses descobridores do inaudito.)[7]

Um dos problemas, pois, é tornar real essa República de direito. Para isso é preciso fazer um trabalho de construção da nação. Não basta, assim, reconstituir o Estado no papel — pois o Estado dos juristas, o Estado da Revolução Francesa, é um Estado de papel; é preciso fazer o Estado real. Para ir bem depressa — passo da Revolução Francesa, num pulo, a 1935, mas voltarei a esse período intermediário —, o Welfare State está em continuidade perfeita: ele apenas realiza num ponto essencial, a saber, nas condições econômicas do acesso ao direito do cidadão, o que está implícito na Declaração dos Direitos do Homem. Marx estabelecia a diferenciação entre os direitos humanos e os direitos do cidadão, ou ainda entre a igualdade formal e a igualdade real; ele dizia: a Revolução Francesa deu os direitos do cidadão, não deu os direitos do homem. Um dos problemas é fazer de modo que os direitos do homem sigam os direitos do cidadão, e para isso é preciso conseguir, de certa forma, que o "povo" entre no jogo. A expressão é boa: fazer entrar no jogo quer dizer, em certo sentido, deixar-se prender pelo jogo, mas também lhes dar um papel no jogo. Toda a dialética, que não se deve descrever em termos maquiavélicos ou em termos ingênuos de "teoria do complô", não consiste em dizer: "Vai-se dar ao povo justo o suficiente para que ele entre no jogo"? Ninguém pensa assim... O problema é fazer de modo que o povo entre no jogo e se deixe encantar pelo jogo, deixe-se encantar pela ilusão política — mas para se encantar com o jogo político é preciso ter um mínimo de chances no jogo.

É uma lei fundamental da teoria dos campos: se você não tem um mínimo de chances no jogo, não joga. É preciso um mínimo de chances no jogo para ter vontade de jogar. Se você joga bola de gude com seu filho, tem de deixá-lo ganhar de vez em quando, do contrário ele lhe dirá: "Não jogo mais com você, você ganha sempre...". Pode-se dizer que em certo sentido todo o século XIX é uma espécie de trabalho em torno dessa fronteira: como dar o suficiente para que eles nos deixem em paz? O suficiente para que participem mas não demais, para que nos deixem em paz? É, de novo, uma lei muito geral: as categorias "modestas" sempre colocam esse problema — aliás, a palavra "modesta" é interessante. No século XIX, outro exemplo, como dar aos mestres do ensino primário instrução para que sejam mestres, mas não o suficiente para que pretendam ser professores? Era um dos problemas da gestão do mestre, problema que, aliás, continua a se apresentar. Como dar o suficiente às pessoas para que elas invistam no jogo, para que se invistam no jogo? É um modelo muito geral, [que se pode transpor, por exemplo, à] famosa "participação" nas empresas. Como dar o suficiente para que [os assalariados] participem, para que se invistam, para que se envolvam, acreditem nela, para que façam o que têm de fazer, para que se dediquem?

DOMESTICAR OS DOMINADOS: A DIALÉTICA DA DISCIPLINA E DA FILANTROPIA

O Welfare State é o produto [desse dilema]. Evidentemente, ninguém apresenta o problema nesses termos. No Instituto de Ciências Políticas, por exemplo, há alguns anos, ensinava-se isso, mas agora passou-se a [outros assuntos] e não se fala mais disso. Há, portanto, o problema de saber como gerir o social. Tudo [parece] contraditório, a cada vez pode-se dizer uma coisa e seu contrário, sem que seja contraditório: vai-se fazer o Estado com o povo, mas também contra o povo. Vai-se, por exemplo, trabalhar na "domesticação dos dominados" — não sou eu que digo, cito Max Weber. (Os especialistas em Max Weber nunca leem bem Max Weber, que foi a grande arma contra Marx, ao passo que Max Weber se dizia marxista, o que perturba tanto os marxistas quanto os weberianos.) Max Weber falava de "domesticação dos dominados": uma parte do trabalho do Estado está orientada para essas classes perigosas que é preciso domar, que é preciso fazer entrar no jogo. Ao mesmo tempo, também é possível dizer que se trata de assistir os dominados, arrancá-los do estado insuportável de miséria em que estão. Os filantropos tiveram, assim, um papel capital na invenção do Estado moderno, em especial do Estado-providência, para o qual foram o que os juristas da Idade Média foram para o Estado revolucionário tal como o descrevi a vocês: os filantropos eram pessoas que, em absoluta boa-fé, atrapalhavam os dois... As teorias de Elias e Foucault me irritam um pouco porque retêm unicamente o aspecto disciplina do Estado. Ora, o Estado não funcionaria de jeito nenhum se fosse somente domesticação; ele é também assistência, filantropia etc.

Construir a nação, construir o Estado, construir a nação a partir do Estado é favorecer a "integração" dos dominados. Integração: eis mais uma dessas palavras que foi muito empregada em contextos políticos diversos, e que hoje ressurge mas quer dizer duas coisas. É um movimento para o centro, é uma participação no *illusio* (entrar no jogo) e, ao mesmo tempo, integração se opõe a secessão, ao fato de sair do Estado. Algo que se esquece, e que ressurge, por exemplo, quando os movimentos contra o Estado assumem a forma nacional, é que uma das alternativas nas lutas é a alternativa da integração/assimilação e da secessão, podendo a secessão assumir a forma de uma ruptura. Temos diante dos olhos a dissolução de um Estado:[8] todo meu trabalho consistiu em mostrar como um Estado se constitui, mas o trabalho poderia ter sido feito, quase igualmente bem, a partir da dissolução do Estado. A gênese e a involução, como diziam certos evolucionistas, têm as mesmas virtudes de desbanalização: a dissolução de um Estado permite ver tudo o que é implícito na função de um Estado e que é óbvio, como as fronteiras e tudo o que é unitário. A dissolução de um Estado permite ver que a construção da unidade nacional se faz contra tendências secessionistas, que podem ser regionais, mas podem [provir] também das classes [sociais]. É possível haver secessões do tipo guerra civil, mas também uma secessão de fato, quando, por exemplo, o gueto de Chicago se vê em estado de secessão: a polícia não vai mais lá, é um Estado dentro do Estado, é um não Estado no Estado;[9] há formas de delinquências que são formas de secessão...

Volto ao ponto central. Fazer o Estado, fazer a nação é gerir, de certa forma, dois conjuntos de fenômenos relativamente independentes. Primeiro, gerir as consequências das interdependências entre os dominantes e os dominados — vou me referir aqui, muito rapidamente, ao trabalho de um antropólogo, sociólogo e historiador holandês, Abram de Swaan, que estudou o papel que desempenharam, no nascimento do Estado, as grandes epidemias.[10] Resumo, pois é um livro complexo que exigiria ao menos uma boa hora de exposição, mas digo-lhes o esquema: as epidemias, assim como os acidentes nucleares — a analogia é interessante —, não têm fronteiras de classes. Os acidentes nucleares cruzam as fronteiras, e é talvez deles que se pode esperar o Estado universal, porque todo mundo tem universalmente interesse — pelo menos, todos os dirigentes de todos os países têm bastante consciência e bastante interesse — em limitar a difusão dos perigos, e deles podemos esperar o que devemos parcialmente às epidemias. É às epidemias que devemos, por exemplo, a rede de esgotos. (Eu esquematizo, peço-lhes desculpas, esses parecem slogans um pouco simplistas.) A rede de esgotos, intervenção típica do Estado, é uma resposta coletiva organizada diante do fato de que as classes perigosas são objetivamente perigosas: são portadoras de micróbios, de doenças etc.

Na política conforme ao interesse bem compreendido dos filantropos do século XIX, havia sempre uma parte disto: as classes perigosas, as classes dominadas, são objetivamente perigosas porque portadoras de miséria, de contágio, de contaminação etc. Penso que no inconsciente coletivo essas coisas ainda estão presentes: basta evocar isso quando se fala de "aids mental";[11] quando a extrema direita manipula a metáfora da doença, desperta vestígios de todas essas coisas que permanecem, penso, muito profundamente enterradas no inconsciente coletivo. As classes dominadas são objetivamente perigosas e o interesse bem compreendido leva ao que se chamou de "coletivização dos riscos": trata-se de responder por medidas coletivas a perigos que atacam universalmente. Portanto, pode-se dizer que um dos motores da filantropia e, paralelamente, do Welfare State — e isso sempre foi uma das dimensões do papel dos filantropos, que se interessavam pela política da saúde ou pela política da manutenção da ordem econômica e simbólica — [consistiu em] domesticar os dominados, ensinar-lhes o cálculo, a poupança. Um papel importante da escola do século XIX consistia em minimizar a periculosidade — como se diz hoje — dos dominados. Um dos meios de minimizar essa periculosidade era justamente levar em conta todos os casos em que os interesses dos dominantes e dos dominados são interdependentes, como por exemplo o cólera.

Segunda dimensão, os dominados também são perigosos porque se mobilizam, porque protestam, porque fazem motins da fome, porque ameaçam não só a saúde pública como a segurança coletiva e a ordem pública. Assim sendo, há interesses de ordem, que evidentemnte são tanto maiores quanto mais se sobe na hierarquia social, mas que jamais são nulos: Albert Hirschman mostrou que sempre se tinha a escolha entre *exit* (sair) e *voice* (protestar)[12] — uma alternativa um pouco evidente mas útil. Os dominados têm a opção entre sair, excluir-se, fazer dissidência, fazer secessão, ou protestar, o que é uma maneira de estar no sistema. Essa alternativa esquece, porém, que os dominados têm custos de secessão associados à perda dos benefícios da ordem; e os benefícios da ordem, repito, jamais são nulos. De certo modo, os dominados forçam os dominantes a fazerem concessões, e em grande parte essas concessões, associadas à ameaça de secessão, são sobre o que se chama de social e de vantagens sociais.

(Os filantropos do século XIX, que de certo modo são a esquerda da direita ou a direita da esquerda, são pessoas extremamente ambíguas e, nesse sentido, absolutamente apaixonantes. Por exemplo, o patronato protestante exerceu esse papel em certos contextos, os burgueses judeus em outros etc. Costumam ser dominantes-dominados, que têm características de dominantes mas com propriedades secundárias que os colocam do lado dos dominados — também costuma ser o caso de intelectuais que são dominantes-dominados. Esses filantropos — que evocarei muito depressa, mas é realmente uma história a passos largos — produziram um discurso integrando as duas propriedades: a saber, a interdependência dos dominantes e dos dominados, o que impõe, na lógica do interesse bem compreendido, concessões aos dominados. Se vocês pensarem no problema da imigração hoje, verão que o que eu digo se aplica, parece-me, de modo muito direto: "De qualquer maneira, eles estão aí, temos de viver com eles, portanto é preciso lhes dar o mínimo para que fiquem tranquilos". Encontramos essa interdependência dos dominantes e dos dominados e a antecipação das violências potenciais, a antecipação dos perigos. Os filantropos são, pois, pessoas que estão sempre numa espécie de discurso descritivo e normativo. Os filantropos costumam ser cientistas; os sociólogos são espontaneamente filantropos... É isso, era a isso que eu queria chegar, fecho o parêntese.)

Os filantropos, como vanguarda dos dominantes, eles mesmos dominados entre os dominantes, fazem-se de profetas da unificação: são sempre os profetas da unificação de todos os mercados e, em particular, do mercado cultural. [Nessa perspectiva], é preciso dar acesso à cultura ao maior número, porque o acesso aos códigos nacionais, à língua nacional, por exemplo, é percebido como uma condição de acesso ao exercício dos direitos do cidadão; a instrução elementar é, assim, considerada como uma condição do acesso ao exercício dos direitos do cidadão. Os filantropos fazem-se de profetas das duas formas de redistribuição: querem que se redistribua o acesso aos códigos nacionais, em particular à língua nacional, à escrita etc.; e querem que se redistribuam as condições econômicas e sociais mínimas do exercício dos direitos do cidadão, possibilitado pelo acesso aos códigos nacionais — pedem, portanto, a participação política, a participação aos meios, como o salário mínimo garantido. Pode-se dizer que é um trabalho extremamente complexo e sobredeterminado de integração à ordem central, um trabalho de moralização dos dominados — os filantropos são muito moralistas. É um trabalho de politização — poder-se-ia dizer de nacionalização. É um trabalho que visa a criar um habitus nacional, que pode implicar a adesão, pela religião civil, a valores nacionais, e até mesmo nacionalistas — seria preciso desenvolver aqui tudo o que diz respeito à dimensão moralizadora, que ressurge hoje, de vez em quando, quando se fala de famílias sobre-endividadas, por exemplo. Mas no século XIX, é uma obsessão dos filantropos e, por intermédio deles, do sistema escolar: como dar aos dominados os meios elementares de gerir a economia doméstica? Isto é, como fazer os dominados acederem ao cálculo econômico racional, à gestão racional do tempo, por meio da poupança, da renúncia ao desejo de ter mais, de ter tudo, imediatamente: aprenderem a se moderar, poupar, regular os nascimentos… todas essas coisas que não deixam de ter uma ligação entre si e que têm, todas, como fundamento uma atitude em relação ao tempo, e uma perspectiva diante do tempo.[13] Seria preciso desenvolver tudo isso, mas apenas o indico. Em compensação, gostaria de insistir um pouco mais — embora já o tenha dito no essencial, implicitamente, em tudo o que disse há pouco —, numa dimensão ideal, conceitual e teórica da construção do Estado moderno como Estado-providência.

A DIMENSÃO TEÓRICA DA CONSTRUÇÃO DO ESTADO

Gostaria de evocar muito depressa essa dimensão teórica importante por várias razões: primeiro, porque creio que ela é importante para entender o que são nossos Estados modernos; e também para entender o que se passa hoje, isto é, talvez, a destruição dessa construção centenária.[14] Eu precisaria fazer um trabalho sobre esse ponto, o equivalente do que fiz para os juristas. Há alguns trabalhos que vão nessa direção, por exemplo, os trabalhos de juristas americanos, [trecho inaudível]: é um estudo da evolução do direito das indenizações, das compensações; é um estudo muito bonito, que na verdade é de filosofia política, sobre a gênese de uma filosofia da gestão das culpas e das misérias. Será que a miséria é uma falta? Pergunta típica do século XIX mas que volta à moda. A miséria é imputável à liberdade dos indivíduos — anuncia-se o retorno do indivíduo, do liberalismo e da liberdade — ou é passível de tratamento coletivo por ser ligada a causas coletivas? Eis as perguntas feitas por todo um conjunto de teóricos, de filantropos, de filósofos. Vou simplesmente, muito superficialmente, lembrar o contexto.

Uma das questões centrais, do ponto de vista da construção do Estado no século XIX, era a da responsabilidade das faltas: de quem é a culpa? E não é por acaso se os filósofos e sociólogos franceses do fim do século XIX dissertavam tanto sobre a responsabilidade: será que a responsabilidade é um problema privado ou público? Será que a responsabilidade cabe aos indivíduos ou será que incumbe a instâncias públicas assumir as responsabilidades? Porque, finalmente, são essas autoridades públicas que têm a responsabilidade das verdadeiras causas, dissimuladas sob as responsabilidades aparentes dos agentes. Segundo modo de fazer a pergunta: deve-se criticar o culpado ou deve-se compreender o culpado? E será que um certo tipo de teorias liberais, que reflorescem hoje, mas contra as quais toda essa filosofia do Welfare State se desenvolveu, não tem como função coletiva deixar em posição de criticarmos as vítimas, e dizer: "eles são pobres, mas a culpa é deles"?[15] Sobre a aids, por exemplo, vê-se muito bem a espécie de tentação montante, endêmica, permanente da consciência comum... Haveria que fazer uma história social dessa revolução ética que se operou, creio, no século XIX, tomando os indicadores, em especial o sistema jurídico que, evidentemente, é central. É o velho preceito durkheimiano: quando vocês querem estudar a moral, peguem o direito.[16] Haveria que partir do direito e ver como se passou de uma lógica da repreensão social a uma lógica do custo social — a noção de custos sociais se tornou absolutamente banal, quando na verdade é uma invenção extraordinária. Há um trabalho de Remi Lenoir publicado em *Actes de la Recherche en Sciences Sociales* sobre os acidentes de trabalho:[17] para simplificar, um acidente de trabalho é imputável ao trabalhador, àquele que é seu sujeito aparente, ou às estruturas em que ele está inserido? Na fase nascente do capitalismo, as próprias vítimas da industrialização suportavam o custo dos efeitos da industrialização, segundo uma lógica que se poderia chamar de princípio da repreensão, princípio da culpa: a vítima é responsável por seu próprio erro, pelo que lhe acontece. Seria possível, seguindo o direito, ver como essa lógica da culpa e da negligência foi substituída progressivamente por uma lógica do interesse público e do risco coletivo: a negligência está do lado do indivíduo, o risco é um dado objetivo que se pode medir em termos de probabilidades, que joga um papel muito importante nos seguros, notadamente. Portanto, será que o acidente remete ao indivíduo ou à capacidade coletiva de pagar, isto é, aos custos sociais?

Há entre vocês quem seguramente conhece melhor que eu essa história, mas penso que teríamos de reler a história do direito não mais no primeiro e sim no segundo grau, pegando cada acontecimento do direito como um indicador de outra coisa e como o produto objetivado de todas essas discussões em que a dimensão teórica [da construção do Estado] é extremamente importante. O que eu queria dizer é que os filantropos estão para o Welfare State assim como os juristas estão para o Estado pré-revolucionário, a saber, que [suas visões do

Estado] não são apenas teorias: são teorias que fazem a realidade. O que eu disse dos juristas aplica-se aos filantropos. As ciências sociais são, evidentemente, parte ativa [desse processo]. Na fase crítica deste curso sobre o Estado, fiz um preâmbulo que durou muito tempo, em que tentei mostrar todas as aderências que havia em nós, todas as confusões que podíamos ter a propósito do Estado e, em especial, todo o inconsciente que podíamos arrastar, em consequência do fato de que a própria sociologia participara do nascimento do Estado. Dediquei, creio, quatro cursos a uma história social das relações entre o Estado e as ciências sociais. As ciências sociais desempenharam um papel capital, pode-se dizer que elas têm a ver com a socialização dos riscos, com o social, com o público, e é por isso que são detestadas nos períodos como este em que estamos... Citarei um sociólogo que é um dos fundadores da sociologia mas é um sociólogo liberal, Spencer, que ninguém mais lê: "O indivíduo é uma criatura eficiente".[18] O indivíduo é uma criatura eficaz, normalmente dona de seu próprio destino e, assim, responsável por sua situação na vida: eis a definição do indivíduo, é a definição pura do liberalismo que não ousa se afirmar. Os ensaístas falam hoje de "retorno do indivíduo": os ensaístas são sempre pessoas performativas, é o inverso dos filantropos, e os ensaístas contemporâneos desfazem o que os filantropos fizeram. Quando eles dizem "retorno do indivíduo" é tanto uma constatação como uma profecia; é um modo de dizer: "O retorno ao indivíduo responsável, tomara!", criatura causalmente eficiente, normalmente dona de seu próprio destino e, assim, responsável por sua própria situação na vida, isto é, uma criatura que se pode repreender quando ela é vítima, a quem se pode criticar pelo déficit da Seguridade Social etc.

De um lado, as ciências sociais se construíram contra essa filosofia do individualismo, e houve uma espécie de frente comum de todas as ciências sociais até as ciências biológicas. Há um artigo muito bonito que associa o desenvolvimento do pensamento em termos de risco coletivo à descoberta do micróbio, a Pasteur:[19] a descoberta do micróbio estava do lado da coletivização dos riscos; se há micróbios, então os indivíduos não são responsáveis por suas próprias doenças. Na época, a descoberta do micróbio era um argumento do lado da socialização dos riscos e da dissolução no social das responsabilidades individuais — seria possível fazer uma analogia com a genética hoje. Acabo de escrever o prefácio para o livro de um sociólogo americano, Troy Duster:[20] esse livro mostra um uso [social] da genética, do qual os geneticistas não são responsáveis. O pensamento genético se difunde hoje cada vez mais nas camadas dominantes [nos Estados Unidos] e cada vez mais frequentemente vemos evocadas explicações pelos fatores genéticos para dar conta da miséria, do fracasso escolar, da delinquência etc.

As ciências sociais estão associadas à dissolução do indivíduo em benefício dos sistemas de relações em que ele está preso. Se vocês pedem a um sociólogo, mesmo muito ruim, para estudar um desastre de ônibus na estrada Paris-Avignon, ele vai imediatamente chegar à conclusão de que não é culpa do motorista — o que é o modo simples e monocausal de pensar — porque a estrada estava escorregadia, porque era o retorno das férias, havia muito trânsito, porque os motoristas são mal pagos e são, portanto, obrigados a andar muito e estão cansados etc.; ele vai substituir uma explicação em termos de responsabilidade direta, imputável ao indivíduo livre, por um sistema de fatores complexos cujo peso é preciso avaliar... As ciências sociais tiveram um papel muito importante na construção de um estado de espírito e de uma filosofia que fizeram o Welfare State. Digo tudo isso para mostrar que o Welfare State não nasceu abruptamente depois da grande crise [de 1929]: estava preparado fazia muito tempo, pelo trabalho de todos esses ideólogos, de todos esses juristas, de todos esses filantropos etc. Seria preciso procurar, da mesma maneira, os princípios dessa transformação ético-filosófica na empresa.

Há um livro famoso e clássico de Burnham, que descreve algo que em seguida foi vulgarizado e repetido por todo mundo: a passagem dos *owners* (proprietários) aos *managers*, da empresa possuída por um só, em que o chefe era o proprietário, à empresa administrada por um conjunto de pessoas.[21] No nível do direito das empresas, no nível também da lógica do funcionamento das empresas, há todo um trabalho que acompanha o processo que mencionei há pouco, isto é, a passagem de sistemas aparentemente imputáveis a um só a sistemas complexos em que há interpenetração do público e do privado, decisões, decisores e decididos etc. Todas essas mudanças também se encontram no nível do Estado; seria preciso desenvolver isso, mas vou adiante... No fundo, o que eu queria dizer com esse esboço de programa de pesquisa é que o Estado-providência, como o chamamos, foi preparado por todo um conjunto de transformações reais das instituições, que, elas mesmas, estavam numa relação performativa do tipo daquela que descrevo tratando-se das relações entre os juristas e o Estado, com transformações teóricas, transformações do modo de pensamento.

No final, não se pode compreender o Estado moderno sem compreender essa espécie de revolução cultural — penso que a expressão não é exagerada — que é extraordinária, e vai contra todos os hábitos de pensamento. Quando evoquei, deliberadamente, a culpa do motorista, foi para lembrar que, espontaneamente, pensamos assim: o pensamento corrente, mesmo entre os sociólogos, quando eles estão irritados, é monocausal, simplista, [contém] todos os erros contra os quais são construídas as metodologias científicas. Os agentes ordinários os cometem espontaneamente, sobretudo em situação de crise: diante do acidente, diante da catástrofe etc., procuramos os culpados. E é verdade que uma das dificuldades da prática da história [como disciplina] é que os historiadores devem sempre superar a tentação de procurar o culpado. Em vez de procurar, por exemplo, qual era a estrutura das relações na época da Terceira República ou na época de Pétain, eles costumam ser instados, por seu inconsciente e pela demanda do público, a responder à pergunta: mas quem é verdadeiramente culpado? Segundo o bom método, essa pergunta deve ser expelida — o que não quer dizer que não haja pessoas mais responsáveis que outras.

Evoquei esse processo pré-revolucionário que levou de uma responsabilidade privada a uma responsabilidade pública — eu precisaria desenvolver o que apenas indico. Esse processo está ligado, por uma relação de causalidade circular mais que dialética — é mais claro e mais rigoroso dizer assim —, ao desenvolvimento de um processo de seguros. Há belíssimos trabalhos sobre o nascimento dos seguros, o pensamento em termos de probabilidades, de riscos, de riscos calculáveis, riscos capazes de ser partilhados e assumidos coletivamente.[22] Seria preciso analisar aqui o desenvolvimento da mentalidade que se pode chamar "segurancial". O seguro pode ser tanto social — é o seguro dado pelo Estado — como individual — o Estado podendo tornar obrigatório o seguro individual. Essa filosofia coletiva nada tem de anódina, como tentei mostrar em meu livro sobre Heidegger,[23] quando este ataca a noção de seguro social — *Soziale Fürsorge* —, que era o conceito fundamental da teoria do tempo em Heidegger, e que se traduz por "previdência" ou "preocupação antecipada", "antecipação" etc. Essa noção está ligada a um conceito como o de seguro coletivo, contra o qual a filosofia de Heidegger se constrói: todo o discurso heideggeriano sobre a autenticidade, a liberdade etc. é uma espécie de exaltação ao indivíduo spenceriano, que é dono de suas ações e não delega a ninguém, muito menos ao Estado, o cuidado de administrar seu futuro. O indivíduo heideggeriano é o indivíduo ideal da tecnocracia contemporânea, é o indivíduo que enfrenta com resolução os riscos contra a segurança, contra tudo o que a Seguridade Social garante, inclusive a morte. Essa filosofia que se elaborou coletivamente tornou-se uma parte do inconsciente, até mesmo das pessoas que hoje combatem essa filosofia: aí também seria divertido ver como a filosofia do Welfare State entra nos discursos dos individualistas metodológicos e outros etnometododólogos — o que é um outro rosto atrás do qual o individualismo retorna.

QUESTÕES PARA UMA CONCLUSÃO

Tenho cinco minutos para tentar destacar algumas conclusões. Primeiro, muito depressa, por que era preciso fazer uma regressão histórica tão longa? Por que era preciso praticar essa interrogação genética um pouco interminável embora muito superficial? Penso profundamente que jamais terminamos de nos libertar da evidência do social; e entre os instrumentos de produção de evidência, de sentimento de evidência, o Estado é seguramente o mais poderoso. Citei-lhes um texto magnífico de Thomas Bernhard que diz, em *Les Maîtres anciens*, que todos nós temos o Estado na cabeça. Fazer esse longo desvio pela gênese é dar-se algumas chances de escapar ao pensamento de Estado, o que é uma das maneiras empíricas de praticar a dúvida radical. É, a meu ver, a função maior da história: fornecer instrumentos para desbanalizar e desnaturalizar [...]. O próprio de uma socialização bem-sucedida é fazer esquecer a socialização, é dar a ilusão de caráter inato ao que é adquirido — o que eu chamo amnésia da gênese. Seria possível proceder de outra forma e tomar a dissolução dos Estados — pode-se tomar a União Soviética de hoje, mas pode-se tomar tudo o que aconteceu no momento da separação da França e da Argélia, um território que era tratado como participante do território nacional. Tudo o que é natural, tudo o que está excluído da discussão torna-se, abruptamente, uma questão: a questão das fronteiras, a questão de saber quem é cidadão e quem não é, a questão das condições da cidadania. As guerras de secessão são outro exemplo em que se poderia pensar nessa lógica: as guerras de secessão são guerras sociológicas, espécies de experimentação sociológica que fazem surgir na consciência e no discurso todo o impensado que a ordem corrente supõe como algo adquirido e admitido. E se as guerras de secessão estão entre as mais violentas — podemos pensar na Iugoslávia, por exemplo — é sem dúvida porque questionam as estruturas mentais.

Há sempre uma dimensão simbólica nas revoluções. As revoluções simbólicas são, por exemplo, as grandes revoluções religiosas. Maio de 68 era [talvez] uma falsa revolução, mas foi percebida como uma verdadeira revolução, o que não para de produzir efeitos, porque tocou nas estruturas mentais de todo o corpo acadêmico, no mundo inteiro. As revoluções simbólicas desencadeiam violências terríveis, porque atentam contra a integridade dos cérebros, porque atingem as pessoas no que elas têm de mais essencial: é uma questão de vida e de morte. As revoluções simbólicas aparentemente anódinas, como a que Manet operou na pintura (uma revolução que eu estudo e sobre a qual publicarei talvez um dia), [podem levar a] indagarmos por que isso deu lugar a tamanha violência, pois é apenas uma revolução na pintura. Na verdade, atribuí-me a missão de compreender por que uma revolução aparentemente simbólica — no sentido de que "é um franco simbólico", ou seja, "isso não conta" —, por que uma revolução tão aparentemente anódina conseguiu desencadear violências verbais ao menos tão grandes como todos os discursos de Marx: Manet foi tão violentamente detestado, tão vomitado, tão odiado, tão estigmatizado como Marx. Penso que todos esses casos são revoluções que tocam nas estruturas mentais, isto é, nas categorias fundamentais de percepção, nos princípios de visão e de divisão, no *nomos*: essas revoluções fazem-nos dizer que o que está perto está longe, que o que é alto é baixo, que o que é masculino é feminino etc. É porque essas revoluções tocam na integridade mental que elas são geradoras de grandes violências. O interesse das revoluções associadas à secessão, ou seja, revoluções que atentam contra a unidade nacional — como é o caso da Iugoslávia[24] — é que operam como experimentações que trazem à luz as mesmas coisas que a análise genética faz aparecer.

Tendo justificado o recurso ao método genético, gostaria [de lembrar] suas contribuições do ponto de vista do que é o Estado. Não retomarei hoje todas as conclusões relativas ao que é a estrutura do Estado porque creio que as enunciei à medida que fui dando [o curso], a respeito, por exemplo, do monopólio da violência simbólica. Gostaria simplesmente de lembrar o que se pode compreender sobre o funcionamento atual do Estado a partir dessa reconstituição histórica da gênese.

Antes de tudo, a propósito do que se pode chamar de campo burocrático, isto é, de espaço dos agentes e das instituições que têm essa espécie de metapoder, de poder sobre todos os poderes: o campo burocrático é um campo que está sobrelevado em relação a todos os campos, um campo no qual se decretam intervenções que podem ser econômicas como as subvenções, que podem ser jurídicas como a instauração do regulamento sobre a aposentadoria etc. O campo burocrático, como campo no qual se editam normas referentes aos outros campos, é ele mesmo um campo de luta, em que se encontra o vestígio de todas as lutas anteriores. Creio que é uma coisa extremamente importante. Por exemplo, faz-se constantemente uma distinção, até mesmo no curso de ciências políticas, entre os ministérios financiadores e os ministérios gastadores, distinção que é um vestígio da história: os ministérios gastadores são, grosso modo, os ministérios do Estado-providência, nasceram do processo que descrevi hoje a passos largos, é o lugar em que são depositados, de certa forma, os vestígios das conquistas — se queremos chamá-los de outra maneira: são os ministérios sociais. E os agentes que estão envolvidos nesse universo estão em luta dentro do Estado, no qual encontramos todas as divisões da sociedade. As lutas em torno do Estado, as lutas para se apropriar dos metapoderes que o Estado detém travam-se também no Estado — aqui, tento descrever de maneira muito insolente coisas muito complicadas. O essencial das lutas políticas envolve agentes externos ao campo burocrático, mas que estão numa relação de homologia com os agentes inscritos no campo burocrático e nas lutas inerentes ao campo burocrático.

Vou reexplicar isso muito depressa. O Estado é um espaço. Tomemos um exemplo que atualmente Remi Lenoir estuda:[25] parto desse exemplo porque todos vocês o têm em mente, graças aos romances policiais. Nos romances policiais, sempre vemos o delegado e o juiz: duas categorias de agentes do Estado. Se fizermos uma descrição do espaço social, eles são relativamente próximos. No entanto, estão separados por um conjunto de diferenças sistemáticas: os delegados são de origem social mais baixa, de preferência provincianos (costumam ser do Sudoeste) de primeira geração; os juízes são mais burgueses, mais parisienses, mais católicos. Será um pouco direita/esquerda, mas não uma grande direita/grande esquerda. Vão lutar entre si e haverá uma pequena "guerra civil" no Estado — eu poderia pegar o exemplo do sistema de ensino, é a mesma coisa — em que os protagonistas terão armas de Estado, instrumentos de Estado: um vai utilizar o regulamento, o outro vai empregar o uso regulamentar do tempo; um vai arrastar as coisas, o outro vai acelerar etc. Todas essas lutas no microcosmo do campo burocrático são homólogas: isso quer dizer que têm a mesma estrutura. Para resumir, haverá um Estado da mão direita e um Estado da mão esquerda.[26] Peguem as classificações das turmas formadas pela Escola Nacional de Administração: se você está entre os primeiros colocados, torna-se inspetor de Finanças, está do lado do Estado de direita; se teve uma classificação ruim, ficará nos ministérios sociais, ou na Educação etc. A hierarquia das classificações dos formados pela escola reflete a hierarquia social e, portanto, há no Estado uma luta permanente dentro desses dois Estados que são o Estado da mão direita e o Estado da mão esquerda. Não é uma frente simples, é toda uma série de subcampos.

No trabalho que fiz sobre a política governamental de habitação, e que lhes citei várias vezes, construí um espaço de pessoas que participaram das comissões encarregadas de promulgar novos regulamentos pelos quais se recebem empréstimos do Estado quando se quer construir. O que está em jogo é extremamente importante, pois isso implica notadamente a escolha entre um habitat coletivo e um habitat individual. Nesse espaço, havia exatamente o que acabo de lhes descrever: havia inspetores de Finanças que, no início da pesquisa, estavam do lado do Estado, mas volta e meia, no fim da pesquisa, estavam num banco privado — o que me criava problemas de codificação; havia engenheiros da Escola de Minas, engenheiros da Escola de Ponts et Chaussées, que nesse caso encarnavam o Estado de esquerda, porque tinham interesses em comum com o coletivo, com os HLM etc. — se a lei fosse mudada, era a posição deles no Estado que se enfraquecia; havia os políticos eleitos etc. Todas essas pessoas constituíam um campo, um espaço de jogo em que se injuriam, se insultam, se armam golpes, em que evocam autoridades superiores, em que fazem lobby, em que escrevem ao presidente da República etc. Esse espaço de jogo é ele mesmo, em sua estrutura, homólogo ao espaço social; e os interesses dos mais desfavorecidos que têm algo a ver com os HLM eram defendidos por pessoas que estavam associadas aos interesses dos dominados, porque estavam em instituições que deviam sua existência às lutas dos dominados ou à ação dos filantropos falando pelos dominados.

O Estado da mão esquerda é sempre ameaçado, e está particularmente ameaçado neste momento, num governo de esquerda. Penso que haveria que desenvolver isso e eu poderia retomar cada ponto que estudei sobre o nascimento da filosofia do Estado-providência, no direito, nas ciências sociais, na empresa e no Estado; poderia mostrar, em cada um desses pontos, como os últimos vinte anos desconstruíram tudo o que foi construído desde o século XVIII. Há um trabalho sistemático do qual os ideólogos que lemos muito na imprensa participam consideravelmente; há todo um trabalho de desconstrução de uma moral coletiva, de uma moral pública, de uma filosofia da responsabilidade coletiva etc. Determinados sociólogos participam disso, o que é um paradoxo já que a sociologia, quase *per definitionem*, está do lado do coletivo. Mas há pessoas que realizam essa mágica de fazer uma sociologia em contradição com os postulados fundamentais da disciplina, sociologia que está do lado dos demolidores, pode-se dizer, de tudo o que era associado ao público, ao serviço público, a essa forma de universalização pelo público.

Vou terminar — desta vez é realmente o fim, mas não consigo acabar, porque ainda tenho muito a dizer e poderia falar ainda muito tempo. Li recentemente um artigo de Hellmut Brunner sobre a crise do Estado egípcio antigo, intitulado "La Réponse de la religion à la corruption en Égypte".[27] Passo-lhes simplesmente o essencial desse artigo: a partir da heresia de Amarna,[28] vê-se aparecer uma espécie de dissolução do espírito de serviço público, da ideia de vontade divina associada à ideia do Estado. A dissolução da convicção de que o Estado é justo, de que exprime o divino, acompanha-se de dois fenômenos aparentemente sem ligação: de um lado, o desenvolvimento da corrupção e, de outro, o desenvolvimento da devoção pessoal. Hoje, muito se fala do "retorno do religioso", e eu mesmo pude verificar que, nas regiões sinistradas pela crise, como a região de Longwy, onde as pessoas perderam toda esperança de qualquer recurso político, sindical,[29] veem-se formas de retorno ao religioso, que, segundo esse artigo dedicado ao Egito, são uma das formas como se manifesta o desespero, não em relação à política, conforme se diz hoje, mas ao Estado. Nas bancas, vemos as revistas *Le Nouvel Observateur*, *Le Point*, anunciando o "retorno ao religioso", o "retorno ao indivíduo" etc.: será que todos os discursos dóxicos [sobre esses fenômenos], que nem sempre são falsos, não devem uma parte de sua eficácia ao fato de que designam mal coisas um pouco verdadeiras? Será que todos esses fenômenos que nos descrevem sobre o modo profético não têm uma relação com a dissolução de uma parte das coisas que tinham se construído progressivamente? Será que não é uma espécie de desespero relativo ao Estado, uma espécie de desespero que se expressa tanto na corrupção, que toca aqueles que, participando do Estado, supostamente deveriam manifestar no mais alto grau o espírito de serviço público, como também nas atitudes dos que, não participando do Estado, não têm mais recurso temporal e se fecham numa forma de devaneio dirigida ao espiritual? Será que o "retorno do religioso" não é, na realidade, um efeito da retirada do Estado?

ANEXOS

Resumos dos cursos publicados no Anuário do Collège de France

1989-90

Nas aulas que dediquei ao problema do Estado, num primeiro tempo prolonguei a crítica preliminar das representações dessa instituição que, como "fiduciária organizada e dotada de automatismos, e de independência das pessoas" (Valéry), tem a estranha propriedade de existir também e sobretudo através das representações. Portanto, fixei-me na análise da noção de oficial como ponto de vista do *officium*, isto é, da instituição investida do monopólio da violência simbólica legítima, ou do funcionário, titular do *officium* que fala e age ex officio, como pessoa legal mandatada para agir em nome de uma "comunidade ilusória" (Marx). Apoiando-me nas análises empíricas do funcionamento das comissões que, no início dos anos 1970, elaboraram uma nova política de ajuda à moradia, tentei captar a lógica do trabalho de oficialização, que tende a constituir um ponto de vista particular como legítimo, isto é, universal. Isso me levou a analisar os procedimentos mais característicos da retórica do oficial que se impõe aos "oficiais", e em certa medida a todos os que devem enfrentar um "público" ou uma "opinião pública", encarnações do "*generalized other*" (G. H. Mead), que funciona como uma censura lembrando os valores universais, isto é, oficialmente professados pelo grupo. A prosopopeia é a forma por excelência da "feitiçaria evocatória" pela qual um agente oficial encena o referente imaginário (a nação, o Estado etc.), em nome do qual ele fala e que ele produz falando, mas de acordo com as formas. Para se tornar eficaz simbolicamente, ela deve se acompanhar de uma teatralização do grupo consensual e consentidor e do interesse pelo interesse geral de quem pretende encarná-lo, isto é, de seu desinteresse. A análise das condições do cruzamento da fronteira entre o privado e o público, da publicação no sentido mais amplo do termo (condições que a lógica do escândalo, como atentado contra a imagem oficial dos "oficiais", desvenda em toda a sua claridade), leva ao princípio do fetichismo propriamente político: fundado numa inversão das causas e dos efeitos, esse fetichismo específico faz com que se veja o Estado entendido como o conjunto dos agentes ou das instituições que exercem uma autoridade soberana sobre o conjunto de um povo fixado num território para a expressão legítima desse agrupamento humano.

Uma vez colocadas essas premissas críticas, é possível orientar-se para o programa de pesquisa que elas abrem, isto é, para uma sociologia genética (ou uma história social) da instituição estatal que deveria, por sua vez, conduzir posteriormente a uma análise da estrutura específica dessa instituição. Mas em terreno tão intensamente explorado, não se podem enfrentar diretamente os trabalhos históricos sem exame prévio dos grandes trabalhos de história comparativa ou de sociologia histórica que foram dedicados à sociogênese da formação dos Estados. Sem pretender esgotar o universo dos trabalhos realizados nessa direção, apresentei um quadro crítico dos autores que me parecem propor as soluções mais interessantes ao problema cogitado (isto é, Shmuel Noah Eisenstadt, Perry Anderson, Barrington Moore, Reinhard Bendix, Theda Skocpol). Com duas intenções: destacar as hipóteses gerais capazes de orientar a análise dos trabalhos históricos, e submeter à crítica diferentes maneiras de compreender e de pôr em funcionamento o método comparativo. Esse exame crítico leva ao partido metodológico de restringir a análise ao estudo da gênese do Estado na Inglaterra e na França, dois casos singulares tratados como casos particulares do universo dos casos possíveis. Isso, com um duplo projeto: de um lado, destacar a lógica da gênese de uma lógica estatal, ou, em outros termos, da emergência desse universo social específico que chamo de campo burocrático; de outro, estabelecer como se constitui essa "força social concentrada e organizada" (Marx) a que chamamos Estado, ou, em outras palavras, como se concentram as diferentes espécies de recursos propriamente burocráticos que são a um só tempo os instrumentos e as implicações das lutas cujo campo burocrático é o lugar e também o que está em jogo (no campo político notadamente).

1990-1

Antes de apresentar o modelo da gênese do Estado que eu desejava propor, afigurou-se indispensável analisar três tentativas precedentes, que me pareciam absolutamente exemplares, até em seus limites: a de Norbert Elias, que no prolongamento de Max Weber descreve bem a concentração dos instrumentos de violência e de arrecadação do imposto nas mãos de um dirigente e de uma administração únicos e a extensão do território através da competição vitoriosa com os chefes concorrentes, mas que ignora a dimensão simbólica desse processo de concentração; a de Charles Tilly, que, se permanece muito próximo de Weber e Elias, no essencial, demanda uma espécie de análise multivariada que explique a um só tempo os traços comuns e as variações observadas no processo de constituição do Estado, ou seja, a concentração do capital físico de força armada, ligada à burocracia de Estado, e a concentração de capital econômico, ligada à cidade; a de Philip Corrigan e Derek Sayer, que têm o mérito de romper com o economicismo dos dois modelos anteriores e evocar a verdadeira "revolução cultural" que estaria, segundo eles, no princípio do Estado moderno, isto é, a construção desse conjunto de "formas" legítimas e codificadas que regem a vida social (língua nacional, formas parlamentares, tribunais de justiça etc.).

Para ultrapassar, integrando-os, esses modelos parciais, é preciso articular heranças teóricas tradicionalmente vistas como exclusivas. Um dos efeitos maiores da ação do Estado é, de fato, a imposição do princípio de visão e de divisão comum (*nomos*) que fundamenta um conformismo lógico e um conformismo moral (segundo as palavras de Durkheim) e um consenso sobre o sentido e o valor do mundo. O Estado é o principal produtor dos instrumentos de construção da realidade social: é ele que organiza os grandes ritos de instituição que contribuem para produzir as grandes divisões sociais e inculcar os princípios de divisão segundo os quais elas são percebidas. Esse código comum, conjunto oficial de instrumentos estruturados de conhecimento e de comunicação (como a língua e a cultura nacionais), está em afinidade com as estruturas do Estado, portanto em acordo com os que o dominam.

Com base nessas reflexões prévias, pôde-se em seguida abordar a construção de um modelo da gênese do Estado como processo de concentração de diferentes espécies de capital (físico, econômico, cultural e simbólico) que conduz à emergência de uma espécie de "metacapital", capaz de exercer um poder sobre as outras espécies de capital, e do Estado como campo em que se desenrolam lutas tendo por objeto o poder sobre os outros campos, notadamente aquele que se encarna no direito e em todas as espécies de regulamentação de validez universal (na escala de um território). Pela concentração do capital simbólico, do qual a concentração do capital jurídico é um aspecto, e que tende por exemplo a substituir à honra estatutária da casta nobiliária as honras atribuídas pelo poder central, o Estado institui-se progressivamente como banco central de capital simbólico, investido do poder de *nomeação*, e como "*fountain of honour, of office and of privilege*", segundo a expressão de Blackstone (citado por Maitland).

Assim se revela o caráter ambíguo do processo de onde saiu o Estado moderno e desse próprio Estado: o processo de concentração (e de unificação) é sempre, simultaneamente, um processo de universalização e um processo de monopolização, sendo a integração a condição de uma forma particular de dominação, esta que se realiza na monopolização do monopólio estatal (com a nobreza de Estado).

1991-2

Tendo descrito o processo de concentração do capital (sob suas diferentes formas), tentamos construir um modelo da gênese do Estado. Fixando-nos primeiro em compreender a lógica da acumulação inicial de capital simbólico e, em especial, os trunfos inscritos no lugar ocupado pelo rei, *Primus inter pares.* O Estado dinástico, organizado em torno da família real e de seu patrimônio, como casa, é o lugar de uma contradição específica ligada à coexistência de um poder pessoal e de uma burocracia nascente, isto é, de dois princípios contraditórios de dominação (encarnados pelos irmãos do rei e pelos ministros do rei) e de dois modos de reprodução pela família ou pela escola. São os conflitos fundados nessa contradição que levam da *casa do rei* à *razão de Estado*, garantindo pouco a pouco o triunfo do princípio "estatal" sobre o princípio dinástico. Numerosas instituições que tendem a impedir os processos de reprodução natural da nobreza (das quais o fato de confiar o poder burocrático a técnicos estrangeiros ou a escravos representa o limite) têm como efeito romper os laços de apropriação pessoal das instituições estatais e dos benefícios que elas propiciam, fazendo do Estado uma espécie de *antiphysis* (isso se vê muito bem quando se analisam os processos progressivamente instalados para impedir a tendência à corrupção, que está inscrita na lógica burocrática).

A invenção da nova lógica estatal é o produto de um trabalho coletivo de construção desse conjunto de realidades sociais totalmente novas que são as instituições participantes da ideia de *público*. O corpo dos agentes que, como os juristas, têm interesses comuns com a lógica estatal, mais "universal" (ou universalista) em seu princípio do que a lógica dinástica, representa um papel determinante na construção da *coisa pública* e do espaço (o campo burocrático) em que se inventam as instituições burocráticas (o escritório, o secretário, a assinatura, o selo, o decreto de nomeação, o certificado, o atestado, o registro etc.). Uma análise do processo, ao término do qual se acha definida a longa cadeia dos agentes encarregados da gestão dos *royal seals*, permite destacar a lógica da gênese da divisão do trabalho de dominação, que leva à transmutação da autoridade dinástica em autoridade burocrática baseada na delegação limitada entre agentes se garantindo e se controlando mutuamente.

O processo pelo qual o poder de início concentrado nas mãos de um pequeno número de pessoas se diferencia e se distribui entre agentes ligados pela solidariedade orgânica, implicada na divisão do trabalho de dominação, leva à constituição de um campo burocrático relativamente autônomo, que é o lugar de lutas de concorrência tendo por objeto o poder propriamente burocrático, que se exerce sobre todos os outros campos. Essas lutas que, como os debates em torno do "leito [de justiça] do rei" permitem observar, podem se referir a detalhes da prática burocrática (de seu cerimonial, por exemplo), ou à história das instituições, são uma das ocasiões em que se realiza o trabalho de construção coletiva das instituições "públicas". A ascensão progressiva dos adeptos do princípio burocrático, dos funcionários cuja autoridade é baseada no capital cultural, em detrimento do princípio dinástico, conhece uma aceleração decisiva, no caso da França, com a Revolução, em que se afirmam inseparavelmente os princípios universais da nova república burocrática e o direito privilegiado dos detentores do capital cultural à apropriação do universal: a nobreza de Estado se afirma como tal no próprio movimento pelo qual ela faz o Estado territorial e a nação unificada e se arroga o controle do capital público e o poder de controlar esse capital e redistribuir seus benefícios.

É ainda no tempo longo que se pode apreender o trabalho coletivo de construção pelo qual o Estado faz a nação, isto é, o trabalho de construção e de imposição de princípios de visão e de divisão comuns, em que o exército e sobretudo a escola têm um papel determinante. (Entre parêntese, a construção social da realidade de que tratamos aqui não é redutível a uma agregação mecânica de construções individuais, mas se realiza nos campos submetidos à coerção estrutural das relações de força em vigor.) A construção da nação como território juridicamente regulado e a construção do cidadão ligado ao Estado (e aos outros cidadãos) por um conjunto de direitos e deveres vão par a par. Mas o campo burocrático é sempre mais o lugar e o objeto das lutas, e o trabalho necessário para garantir a participação do cidadão na vida pública — e em particular na política oficial, como dissenso regulado — deve se prolongar numa política social, esta que define o Welfare State, visando garantir a todos as condições mínimas econômicas e culturais (com a iniciação aos códigos nacionais) do exercício do direito do cidadão, assistindo, econômica e socialmente, e disciplinando. A edificação do Welfare State supõe uma verdadeira revolução simbólica, que tem como centro a extensão da responsabilidade pública no lugar da responsabilidade privada.

Sabendo que o campo burocrático traz em si o vestígio de todos os conflitos do passado, compreendem-se melhor as lutas das quais ele é o lugar e as relações que elas mantêm, na base das homologias de posição, com as lutas de que ele é objeto e cujas implicações são os poderes que ele controla.

Situação do curso *Sobre o Estado* na obra de Pierre Bourdieu

Entre os cursos que Bourdieu proferiu ao longo dos vinte anos em que ocupou a cátedra de sociologia do Collège de France, alguns já foram publicados, revistos e corrigidos por ele mesmo, em especial seu último curso que versou sobre "a ciência da ciência".[1] Este volume é o primeiro de uma série futura, que se propõe a publicar não só as aulas inéditas no Collège de France mas também os numerosos seminários que ele ministrou nos anos 1970 na École Pratique des Hautes Études (EPHE) e depois na École des Hautes Études en Sciences Sociales (EHESS). O presente livro contém o curso in extenso dedicado ao Estado, que se distribuiu em três anos letivos universitários (dezembro de 1989-fevereiro de 1990; janeiro-março de 1991; outubro-dezembro de 1991).

Nada leva a supor que Bourdieu quisesse fazer deles um livro, não tendo iniciado a preparação de uma edição nesse sentido. Sem dúvida, ele publicou vários textos distintos dedicados à emergência do campo jurídico,[2] ao funcionamento do campo administrativo a partir de uma pesquisa sobre a política de habitação na França,[3] bem como à gênese e à estrutura do campo burocrático.[4] A isso devemos acrescentar intervenções orais pontuais (conferências, entrevistas).[5] Em seu artigo "De la Maison du roi à la raison d'État" (1977), ele redige no início uma nota a respeito do texto e daquilo que, a seu ver, é apenas uma transcrição ligeiramente corrigida de um conjunto de cursos do Collège de France: sumário provisório destinado antes de tudo a servir de instrumento de pesquisas, [o texto] inscreve-se no prolongamento da análise do processo de concentração das diferentes espécies de capital que leva à constituição de um campo burocrático capaz de controlar os outros campos.[6]

Encontrar em Pierre Bourdieu um programa de sociologia do Estado é, pois, um pouco inesperado. Com efeito, se se considera o conjunto de seus livros científicos, a palavra só aparece em sua obra no início dos anos 1980, durante sua aula inaugural no Collège de France.[7] Mesmo quando suas pesquisas se referiam, desde a segunda metade dos anos 1960, ao que na França é quase sempre associado ao Estado — a "ideologia dominante", a "representação política", a "eficácia da ação política", as "ciências de governo" e, mais geralmente, os "modos de dominação"[8] ou as "estratégias de reprodução",[9] no prolongamento de seus trabalhos sobre as estruturas e as funções do sistema de ensino francês[10] —, ele não empregava a palavra senão nas suas acepções mais correntes como as de "Estado-providência" ou "Estado-nação", sem fazer do Estado a menor análise crítica. Bem mais, as pesquisas que impulsionara, a partir do fim dos anos 1970, no Centre de Sociologie de l'Éducation et de la Culture sobre a estrutura das classes dominantes — o patronato (1978),[11] o episcopado (1982),[12] a alta função pública e o sistema das grandes escolas —,[13] ligavam-se às frações das classes superiores que tinham um papel estruturante e efetivo no "campo do poder".[14]

Em 1982, o livro *Ce que Parler Veut Dire* reuniu um conjunto de estudos sobre a eficácia simbólica dos discursos de autoridade, e notadamente o artigo "Décrire et Prescrire: les Conditions de possibilités et les limites de l'efficacité politique".[15] Mas nunca o Estado era aí assimilado ao campo político, cujo funcionamento era estudado em artigos sobre as pesquisas de opinião[16] e sobre a representação política.[17] Essa confusão era, porém, mantida pela maioria dos juristas que o estudam em si e por si e, no oposto, pelos teóricos marxistas que o reduzem a um instrumento ou "aparelho" a serviço da classe dominante, qualquer que seja sua história, em especial a dos agentes que o produziram e a dos fatores econômicos e sociais que determinam suas funções e suas estruturas.

A palavra "Estado" é usada somente em 1984, em *Homo academicus*, definida lapidarmente como "instância oficial, reconhecida como legítima, isto é, como detentora do monopólio da violência simbólica legítima".[18] Em seguida, é plenamente assumida no próprio título de seu livro *La Noblesse d'État*, publicado em 1989 para celebrar "de outra forma" o bicentenário da Revolução Francesa, bem como num conjunto de textos analisando a "ciência do Estado",[19] os "espíritos de Estado"[20] ou a "magia de Estado"[21] — locuções um pouco enigmáticas quando não se sabe que, depois de seus trabalhos sobre o campo do poder, Bourdieu utiliza o termo "Estado" para designar instituições e agentes sociais que são ao mesmo tempo, e inseparavelmente, produtores e produtos do Estado.

Nessas fórmulas, a noção de Estado remete ao que, na França, é consubstancialmente associado ao Estado, e mais especificamente ao serviço burocrático, a saber, às noções de "serviço público", de "bem público", de "interesse público", e de desinteresse, cuja genealogia e cujos mecanismos Bourdieu retraça em seus cursos no Collège de France dos anos 1986-92.[22] Por fim, a noção de Estado é mais frequentemente utilizada em *La Misère du monde*, cuja elaboração se desenrola nos anos 1990-1 e que é publicado em 1993, mas do qual certos trechos (uma entrevista a respeito é citada duas vezes em seu curso)[23] já são introduzidos e propostos num número de *Actes de la Recherche en Sciences Sociales*. Nesse livro, que conhece imediato sucesso editorial, largamente amplificado pelas posições públicas de Bourdieu a favor dos grevistas durante o movimento de dezembro de 1995 contra a reforma das aposentadorias, ele analisa os efeitos das políticas neoliberais em termos que fazem eco às suas aulas: "demolição da ideia de serviço público", "retirada e demissão do Estado",[24] "desmantelamento da coisa pública" e desvalorização da "dedicação obscura ao interesse coletivo".[25]

Vê-se assim a posição central, volta e meia não percebida pelos comentaristas, que ocupa os três anos deste curso na sociologia de Bourdieu. A focalização progressiva de seu trabalho sobre o Estado deve, porém, menos à multiplicação de suas intervenções no universo político[26] do que a seus trabalhos sobre a gênese e as estruturas dos campos que ele estudou sucessivamente na perspectiva de uma teoria geral do espaço social. Numa entrevista em 1988, ele declarou que as pesquisas que fazia desde *La Distinction* (1979) sobre os campos literário, artístico, universitário, intelectual, patronal, religioso, jurídico e burocrático resultavam da lógica normal de (seu) trabalho e, em especial, da "busca de compreensão do processo de gênese de um campo".[27] É também o caso do campo das instituições estatais: o Estado é um campo que ocupa uma posição tal na estrutura dos campos que ele condiciona em boa parte o funcionamento destes últimos.

Bem mais, o Estado pode mesmo aparecer como o campo por excelência e até, segundo sua expressão, como um "metacampo" porque "o Estado é meta", um campo no qual as lutas têm como objeto a determinação da posição que os diferentes campos (econômico, intelectual, artístico etc.) devem legitimamente ocupar uns em relação aos outros. De sorte que se poderia avançar a ideia de que o Estado é o produto quase necessário de um duplo processo: de um lado, a diferenciação das sociedades em campos relativamente autônomos e, de outro, a emergência de um espaço que concentra os poderes sobre estes últimos e em que as lutas são lutas entre os próprios campos, esses novos agentes da história.

Em sua comunicação perante a Association des Sociologues de Langue Française, em outubro de 1982,[28] Bourdieu explicitara as razões epistemológicas e sociológicas pelas quais o Estado devia ser analisado como "campo das instituições públicas" e como "setor do campo do poder".[29] O campo burocrático,

> como todos os campos, é o resultado instituído em determinado momento das lutas e dos enfrentamentos passados e presentes de interesses contraditórios de agentes que estão no campo ou fora do campo, mas todos encontrando no campo posições, apoios e meios, notadamente jurídicos, para defendê-los segundo a lógica própria do campo [...]. O campo das instituições estatais — e aí está o fundamento do efeito de neutralidade real e ideológica que ele produz — tende a abrir um espaço cada vez maior a instituições que são o produto da transação entre as classes e que são em parte, ou pelo menos parecem, situadas além dos interesses de classe [...].

E ele esclarecia:

> Sem ser o funcionário do universal que Hegel o tornava, o campo das instituições estatais, pelas próprias lutas de que ele é o lugar, pode produzir políticas relativamente autônomas em relação ao que seria a política estreita e diretamente conforme ao interesse dos dominantes: isso porque oferece um conjunto de poderes e de meios específicos, institucionalizados, como o poder de cobrar o imposto ou o dever de impor regulamentos (por exemplo, as proteções alfandegárias ou a regulamentação do crédito), ou ainda o poder, propriamente econômico, de garantir um financiamento direto (como nossos subsídios) ou indireto (como a construção da rede rodoviária, das estradas de ferro).[30]

Bourdieu anuncia aqui o programa que seguirá a partir da segunda metade dos anos 1980, e que culminará nos três anos de cursos explicitamente dedicados ao Estado. A problemática do curso repousa em três pesquisas anteriores e às quais Bourdieu não cessa de retornar a fim de aclarar a perspectiva histórica do curso: há, em primeiro lugar, suas pesquisas feitas na Cabília, durante as quais elaborou a noção de capital simbólico, noção central de sua obra; em segundo lugar, sua antiga pesquisa sobre as estratégias matrimoniais e sucessoriais dos camponeses do Béarn, à qual se refere para compreender as estruturas e o funcionamento do Estado dinástico; e, por fim, as pesquisas sobre a alta função pública feitas sob sua direção pelos membros do Centre de Sociologie Européenne, assim como as conduzidas por ele mesmo e suas colaboradoras, notadamente sobre a política de moradia nos anos 1970-80 (mais particularmente sobre a produção de casas individuais).

A fim de elaborar um modelo genético do Estado, Bourdieu apoia-se em diversos trabalhos de que temos um resumo na bibliografia final: historiadores, mas também autores que os historiadores, no mais das vezes, "não levam a sério", e que apresentam "o interesse de fazer as perguntas que os historiadores não se fazem".[31] Assim, ele parte novamente da definição que Max Weber dá do Estado como monopólio da violência física legítima, mas estende sua ação a toda a atividade simbólica, que ele coloca então no princípio do funcionamento e da legitimidade das instituições estudadas nas aulas anteriores, dedicadas ao direito, aos fundamentos antropológicos da noção de interesse e de interesse público "que se outorga como lei oficial a obrigação do desinteresse".[32]

A importância do curso sobre o Estado reside, por fim, na atenção propriamente sociológica que Bourdieu dava a todas as formas de dominação. Ora, em cada campo, tanto em sua gênese como em seu funcionamento, o Estado está presente, e a teoria geral que ele projetava fazer com o Estado exigia uma análise que lhe fosse especificamente dedicada. O Estado não se reduz a um aparelho de poder a serviço dos dominantes nem a um lugar neutro de reabsorção dos conflitos: ele constitui a forma de crença coletiva que estrutura o conjunto da vida social nas sociedades fortemente diferenciadas. Isso demonstra a importância deste curso na obra de Bourdieu — curso do qual ele queria, como diz numa de suas últimas entrevistas, "que reste alguma coisa".[33]

Notas

NOTA DOS EDITORES [pp. 15-7]

1. Ver infra, pp. 164, 176, 242, 368.

2. Pierre Bourdieu, "Prologue". In: *Questions de sociologie*. Paris: Minuit, 1984, p. 7.

3. Id., "Comprendre". In: Pierre Bourdieu (Org.); *La Misère du monde*. Paris: Seuil, "Points", 1998 [1993], pp. 1418-9.

4. Ver pp. 489-93.

ANO 1989-90

Curso de 18 de janeiro de 1990 [pp. 29-53]

1. O tema do desinteresse foi abordado no curso do ano anterior (1988-9) e retomado em "Un Acte désinteressé est-il possible?". In: *Raisons pratiques: Sur la Théorie de l'action*. Paris: Seuil, 1994, pp. 147-73; ver também: Pierre Bourdieu, "L'Intérêt du sociologue". In: *Choses dites*. Paris: Minuit, 1987, pp. 124-31.

2. Pierre Bourdieu, "Sur le Pouvoir symbolique". *Annales*, 3, maio/jun. 1977, pp. 405-11; também em *Langage et pouvoir symbolique*. Paris: Seuil, 2001, pp. 201-11.

3. Max Weber, *Économie et société*. Trad. de Julien Freund et al. Paris: Plon, 1971, pp. 57-9; reed.: "Pocket", 1995, pp. 96-100; e *Le Savant et le politique*. Trad. de Julien Freund. Paris: UGE, "10/18", 1963 [1959; 1919], p. 29.

4. Émile Durkheim, *Les Formes élémentaires de la vie religieuse*. Paris: PUF, 1960 [1912]; reed.: "Quadrige", 1994, p. 24.

5. Antonio Gramsci, *Cahiers de prison*, 3, *Cahiers* 10, 11, 12 e 13. Trad. de Paolo Fulchignoni et al. Paris: Gallimard, 1978 [1975].

6. Louis Althusser, "Idéologie et appareils idéologiques d'État (Notes pour une recherche)", *La Pensée*, 151, jun. 1970; republicado em: Louis Althusser, *Positions (1964-1975)*. Paris: Éditions Sociales, 1976, pp. 67-125.

7. Alain, *Le Citoyen contre tous les pouvoirs*. Paris: Sagittaire, 1926.

8. Sobre esse ponto, ver: Pierre Bourdieu, *Homo academicus*. Paris: Minuit, 1984, p. 229.

9. Pierre Bourdieu costumava fazer referência, em seus seminários, ao "funcionalismo do pior", que designa uma visão teleológica pessimista do mundo social. Sobre essa noção, ver o seminário de Chicago de 1987, publicado em Pierre Bourdieu (com Loïc Wacquant), *Réponses: Pour une Anthropologie réflexive*. Paris: Seuil, 1992, pp. 79-9:

> Sou muito hostil à noção de aparelho, que é para mim o cavalo de Troia do funcionalismo do pior: um aparelho é uma máquina infernal, programada para alcançar certos objetivos. (Esse fantasma do complô, a ideia de que uma vontade demoníaca é responsável por tudo o que se passa no mundo social, obceca o pensamento "crítico".) O sistema escolar, o Estado, a Igreja, os partidos políticos ou os sindicatos não são aparelhos, mas campos. Num campo, os agentes e as instituições lutam, segundo as regularidades e as regras constitutivas desse espaço de jogo. [...] Os que dominam num campo dado estão em posição de fazê-lo funcionar em proveito próprio, mas devem sempre contar com a resistência, a contestação, as reivindicações, as pretensões, "políticas" ou não, dos dominados.

10. Émile Durkheim, op. cit., pp. 31-66.

11. Maurice Halbwachs, *Les Cadres sociaux de la mémoire*. Paris: Mouton, 1976 [1925].

12. Pierre Janet ocupou a cátedra de psicologia experimental e comparada no Collège de France de 1902 a 1934. Pierre Bourdieu faz talvez alusão a seu livro *L'Évolution de la mémoire et de la notion du temps*. Paris: Chahine, 1928.

13. Lucien Febvre, *Le Problème de l'incroyance au XVIᵉ siècle: La Religion de Rabelais*. Paris: Albin Michel, 1968 [1947].

14. Jürgen Habermas, *L'Espace public: Archéologie de la publicité comme dimension constitutive de la société bourgeoise*. Trad. de Marc B. de Launay. Paris: Payot, 1978 [1962].

15. Philip Corrigan e Derek Sayer, *The Great Arch: English States Formation as Cultural Revolution*. Oxford-Nova York: Blackwell, 1985, p. 3.

16. Pierre Bourdieu, *Ce que Parler Veut Dire: L'Économie des échanges linguistiques*. Paris: Fayard, 1982, pp. 71-126. Republicado em *Langage et pouvoir symbolique*, op. cit., pp. 107-31 e 159-86.

17. Pierre Bourdieu e Monique de Saint Martin, "Les Catégories de l'entendement professoral", *Actes de la Recherche en Sciences Sociales*, 1 (3), pp. 69-93, maio 1975.

18. Sobre esse ponto, ver: Pierre Bourdieu, "Le Racisme de l'intelligence". In: *Questions de sociologie*, op. cit., pp. 264-8; e *La Noblesse d'État: Grandes Écoles et esprit de corps*. Paris: Minuit, 1989, em especial pp. 198-9.

19. Karl Marx, *L'Idéologie allemande*. Trad. de Renée Cartelle e Gilbert Badia. Paris: Éditions Sociales, 1971 [1845-6].

20. Max Weber, *Économie et société*, op. cit., cap. 3, seção 2 (pp. 291-301 da edição Pocket, 1995).

21. Marc Bloch, *Seigneurie française et manoir anglais*. Paris: Armand Colin, 1960 [1934].

22. Sobre o performativo, ver: Pierre Bourdieu, "Le Langage autorisé: Les Conditions d'efficacité du discours rituel", *Actes de la Recherche en Sciences Sociales*, 5-6, 1975, pp. 183-90; republicado notadamente em *Langage et pouvoir symbolique*, op. cit., pp. 159-73.

23. Ver o número 81-2 de *Actes de la Recherche en Sciences Sociales*, mar. 1990, sobre "L'Économie de la maison"; republicado em: Pierre Bourdieu, *Les Structures sociales de l'économie*. Paris: Seuil, 2000.

24. Vários relatórios foram encomendados pelo governo em meados dos anos 1970, a fim de instaurar uma nova política de habitação, que se expressa na lei de 3 de janeiro de 1977, inspirada no relatório da comissão presidida por Raymond Barre, e afirma a redução da "ajuda à pedra" em proveito da ajuda à pessoa.

25. Marc Bloch, *Apologie pour l'histoire, ou Métier d'historien*. Paris: Armand Collin, 1997 [1949].

26. Essa passagem remete à análise factorial do artigo de Pierre Bourdieu e Rosine Christin, "La Construction du marche", *Actes de la Recherche en Sciences Sociales*, 81-2, pp. 65-85, 1990.

27. Joachim Hirsch, *Staatapparat und Reproduktion des Kapitals*. Frankfurt-am-Main: Suhrkamp, 1974.

28. Sobre a noção de indivíduo sociologicamente construído, ver: Pierre Bourdieu, *Homo academicus*, op. cit., pp. 36-9.

29. Robert Lion (1934-), alto funcionário socialista e responsável associativo, dirigiu a Caisse des Dépôts et Consignations de 1982 a 1992. Na virada dos anos 2010, foi eleito conselheiro regional da Île-de-France, por uma lista do partido Europe Écologie.

30. Para uma apresentação sintética do espaço social construído em *La Distinction, critique social du jugement* (Paris: Minuit, 1979), ver: Pierre Bourdieu, "Le Nouveau Capital". In: *Raisons pratiques*, op. cit., pp. 37-51.

31. Pierre Bourdieu, "Droit et passe-droit: Le Champ des pouvoirs territoriaux et la mise en oeuvre des règlements", *Actes de la Recherche en Sciences Sociales*, 81-2, pp. 86-96, 1990.

Curso de 25 de janeiro de 1990 [pp. 54-79]

1. Erving Goffman, *La Mise en Scène de la vie quotidienne*. Paris: Minuit, 1973 [1959]. t. I: *La Présentation de soi*. Trad. de Alain Accardo; t. II: *Les Relations en public*. Trad. de Alain Kihm.

2. Edward Palmer Thompson, "Patrician society, plebeian culture", *Journal of Social History*, 7 (4), Berkeley, pp. 382-405, verão 1974.

3. Joseph Gusfield, *The Culture of Public Problems: Drinking-Driving and the Symbolic Order*. Chicago-Londres: University of Chicago Press, 1981. Tradução francesa posterior ao curso: *La Culture des problèmes publics: L'Alcool au volant: La Production d'un ordre symbolique*. Trad. de Daniel Cefaï. Paris: Economica, 2009.

4. Alfred Schütz, *Der sinnhafte Aufbau der sozialen Welt: Eine Einleitung in der verstehende*

Soziologie. Viena: Springler-Verlag, 1932. No momento do curso, um livro acabava de ser traduzido em francês a partir dos *Collected papers* (Haia: Martinus Nijhoff, 1962-6, 3 t.): *Le Chercheur et le quotidien: Phénomenologie des sciences sociales*. Trad. de Anne Nischis-Gilliéron. Paris: Klincksieck, 1987.

5. G. H. Mead, *L'Esprit, le soi et la société*. Trad. de Jean Cazeneuve et al. Paris: PUF, 1963 [1934].

6. Pierre Bourdieu se apoia aqui em seus trabalhos feitos na Cabília. Ver: *Esquisse d'une théorie de la pratique*, precedido de *Trois Études d'ethnologie kabyle*. Genebra: Droz, 1972, pp. 9-151 (versão revista e aumentada: Paris: Seuil, "Points", 2000), e em especial o capítulo "La Parenté comme représentation et comme volonté" (pp. 83-215 da edição "Points").

7. Mouloud Mammeri e Pierre Bourdieu, "Dialogue sur la poésie orale en Kabylie", *Actes de la Recherche en Sciences Sociales*, 23, Paris: Collège de France et de l'École des Hautes Études en Sciences Sociales, pp. 51-66, 1978.

8. Sobre essa noção, ver: Pierre Bourdieu, "Le Point de vue scolastique". In: *Raisons pratiques*, op. cit., pp. 219-36.

9. Gabriel Naude, *Considérations politiques sur les coups d'État*. Paris, 1667 (reed.: Paris: Le Promeneur, 2004); Charles Loyseau, *Traité des ordres et simples dignités*, Châteaudun, 1610.

10. Pierre Bourdieu faz aqui referência à polêmica em torno da lei nº 89-462 de 6 de julho de 1989, sobre o inquilinato, chamada Lei Mermaz, que visava estabelecer um teto para o aumento dos aluguéis quando um inquilino ia embora.

11. Ernst Hartwig Kantorowicz, "Mystère de l'État: Un Concept absolutiste et ses origines médievales (bas Moyen Âge)". In: *Mourir pour la Patrie et autres textes*. Trad. de Laurent Mayali e Anton Schütz. Paris: PUF, 1984 [1961], pp. 75-103.

12. Para outros desenvolvimentos sobre esse ponto por Pierre Bourdieu, ver: "La Délégation et le fétichisme politique", *Actes de la Recherche en Sciences Sociales*, 52-3, pp. 49-55, 1984. Republicado em: *Choses dites*, op. cit., pp. 185-202; "Le Mystère du ministère: Des Volontés particulières à la 'volonté générale'", *Actes de la Recherche en Sciences Sociales*, 140, pp. 7-11, 2001.

13. Sobre essa noção, ver Spinoza, *Traité politique* (II, 4: "Les Affaires qui dépendent du gouvernement des pouvoirs souverains"); e também Pierre Bourdieu, *Le Sens pratique*. Paris: Minuit, 1980, p. 112, nota 2, em que se faz referência ao trabalho de Alexandre Matheron (*Individu et communauté chez Spinoza*. Paris: Minuit, 1969, p. 349):

O termo de *obsequium* que Spinoza empregava para designar essa "vontade constante" produzida pelo condicionamento pelo qual "o Estado nos molda para seu uso e que lhe permite conservar-se", poderia ser reservado para designar os testemunhos públicos de reconhecimento que todo grupo exige de seus membros.

14. Raymond Aron, *Paix et guerre entre les nations*. Paris: Calmann-Lévy, 1962.

15. Maurice Halbwachs, *La Classe ouvrière et les niveaux de vie: Recherche sur la hiérarchie des besoins dans les sociétés industrielles contemporaines*. Paris: Gordon & Breach, 1970 [1912], pp. I-XVII e 387-455.

16. Paul Valéry, *Cahiers*. Paris: Gallimard, 1980 [1894-1914]. Bibliothèque de la Pléiade. t. II, pp. 1558-9.

17. Rodney H. Hilton, "Resistance to Taxation and to Other State Imposition in Medieval England". In: Jean-Philippe Genet; Michel Le Mené (Orgs.), *Genèse de l'État moderne: Prélèvement et redistribution*. Paris: Ed. du CNRS, 1987, pp. 167-77.

18. Émile Durkheim, *Leçons de sociologie*. Paris: PUF, 1990 [1922], pp. 79-141.

19. Pierre Bourdieu, que retomará mais adiante em seu curso o trabalho de Perry Anderson, faz talvez referência aqui à polêmica que opôs alguns anos antes Anderson a Edward Palmer Thompson. Ver: E. P. Thompson, *The Poverty of Theory and Other Essays*. Nova York: Monthy Review Press, 1978; e a resposta de Perry Anderson, "Socialism and Pseudo-Empiricism", *New Left Review*, 35, pp. 2-42, jan./fev. 1966; e depois, *Arguments within English Marxism*. Nova York: Schoecken, 1980.

20. Reinhard Bendix, *Max Weber: An Intellectual Portrait*. Berkeley: University of California Press, 1977 [1960].

21. Norbert Elias, *La Civilisation des moeurs*. Trad. de Pierre Kamnitzer. Paris: Calmann-Lévy, 1973 [1939], reed.: Agora, 1989; *La Dynamique de l'Occident*. Trad. de Pierre Kamnitzer, Calmann-Lévy, 1976 [1939]; reed.: Agora, 1990.

22. Ver em especial, entre as traduções disponíveis em francês de Max Weber, *L'Éthique protestante et l'esprit du capitalisme*. Trad. de Isabelle Kalinowski. Paris: Flammarion, 2000 [1920]; *Le Savant et le politique*, op. cit.; *Histoire économique: Esquisse d'une histoire universelle de l'économie et de la société*. Trad. de Christian Bouchindhomme. Paris: Gallimard, 1991 [1923].

23. Theda Skocpol, *States and Social Revolutions: A Comparative Analysis of France, Russia and China*. Nova York: Cambridge University Press, 1979.

24. Ver em especial Talcott Parsons, *Sociétés: Essai sur leur évolution comparée*. Trad. de Gérard Prunier. Paris: Dunot, 1973 [1966].

25. Gerald Holton, *L'Invention scientifique*. Trad. de Paul Scheurer. Paris: PUF, 1982.

26. Ver infra, pp. 126 ss.

27. E. Durkheim, *L'Évolution pédagogique en France*. Paris: PUF, 1969 [1938].

28. Barrington Moore, *Les Origines sociales de la dictature et de la démocratie*. Trad. de Pierre Clinquart. Paris: Maspero, 1983 [1966]; Shmuel Noah Einsentadt, *The Political System of Empires*, Nova York: Free Press of Glencoe, 1963; Perry Anderson, *Les Passages de l'Antiquité au féodalisme*. Trad. de Yves Bouveret. Paris: Maspero, 1977 [1974]; *L'État absolutiste: Ses Origines et ses voies*. Trad. de Dominique Niemetz. Paris: Maspero, 1978 [1975]. t. I: *L'Europe de l'Ouest*; t. II: *L'Europe de l'Est*.

Curso de 1º de fevereiro de 1990 [pp. 80-104]

1. Émile Benveniste, *Le Vocabulaire des institutions indo-européennes*. Paris: Minuit, 1969. t. I: *Économie, parenté, société*; t. II: *Pouvoir, droit, religion*.

2. John L. Austin, *Quand Dire, c'est faire*. Trad. de Gilles Lane. Paris: Seuil, 1970 [1955].

3. Pierre Bourdieu faz aqui referência aos textos de Max Weber publicados em 1920-1, *Gesammelte Aufsätze zur Religionssoziologie*. O capítulo 4, "Os profetas", foi traduzido em *Sociologie de la religion*. Trad. de Isabelle Kalinowski. Paris: Flammarion, 2006, pp. 167-71.

4. Claude Lévi-Strauss, *Tristes Tropiques*. Paris: Plon, 1955.

5. Jean Bollack, *Empédocle*. Paris: Minuit, 1965-69. 3 v.

6. Ernst Kantorowicz, "La Souveraineté de l'artiste. Notes sur quelques maximes juridiques et les théories de l'art à la Renaissance". In: *Mourir pour la Patrie et autres textes*, op. cit., pp. 31-57.

7. Pierre Bourdieu e Mouloud Mammeri, "Dialogue sur la poésie orale en Kabylie", op. cit.

8. Henri-François d'Aguesseau, *Oeuvres*. Paris: 1759, t. I, pp. 1-12, citado em Pierre Bourdieu, *La Noblesse d'État*, op. cit., pp. 545-7.

9. Referência ao último momento da "dúvida hiperbólica" em que Descartes imagina que uma potência superior pode induzi-lo a erro no que se refere às verdades mais racionais na aparência, como as matemáticas.

10. Pierre Bourdieu, "Un Fondement paradoxal de la morale". In: *Raisons pratiques*, op. cit., pp. 235-40.

11. Erving Goffman, *La Mise en Scène de la vie quotidienne*, op. cit., t. I: *La Présentation de soi*.

12. Id., "The Interaction Order", *American Sociological Review*, 48, pp. 1-17, 1983; ver também: *Les Rites d'interaction*. Trad. de Alain Kihm. Paris: Minuit, 1974 [1967].

13. Sobre esse ponto, ver: Pierre Bourdieu, *Le Sens pratique*, op. cit., p. 186.

14. Sobre esse ponto, ver: Pierre Bourdieu, "Un Acte désintéressé est-il possible?", op. cit., pp. 147-73.

15. "Há um ascetismo que, inerente a toda vida social, é destinado a sobreviver a todas as mitologias e a todos os dogmas; ele faz parte de toda cultura humana. E é ele, no fundo, a razão de ser e a justificação daquele que ensinara as religiões em todos os tempos." Émile Durkheim, *Les Formes élémentaires de la vie religieuse*, op. cit., p. 452.

16. Pierre Bourdieu, "Censure et mise en forme". In: *Ce que Parler Veut Dire*, op. cit., pp. 167-205; republicado em *Langage et pouvoir symbolique*, op. cit., pp. 343-77.

17. G. H. Mead, *L'Esprit, le soi et la société*, op. cit.

18. Sobre esse ponto, ver: Alban Bensa e Pierre Bourdieu, "Quand les Canaques prennent la parole", *Actes de la Recherche en Sciences Sociales*, 56, pp. 69-85, 1985.

19. Ver infra, p. 102.

20. Personagem de história em quadrinhos.

21. Sobre esse ponto, ver: Pierre Bourdieu, "La Force du droit: Éléments pour une sociologie du champ juridique", *Actes de la Recherche en Sciences Sociales*, 64, pp. 3-19, 1986; e o capítulo 5 de *La Noblesse d'État*, op. cit.

22. Max Weber, *Sociologie de la religion*, op. cit., pp. 152-73.

23. Alain Bancaud, "Une 'Constance mobile': La Haute magistrature", *Actes de la Recherche en Sciences Sociales*, 76-7, pp. 30-48, 1989.

24. Max Weber, *Économie et société*, op. cit., cap. 5, seção 5.

25. Pierre Bourdieu, *L'Ontologie politique de Martin Heidegger*. Paris: Minuit, 1988. Para uma curta apresentação, ver: "La Censure". In: *Questions de sociologie*, op. cit., pp. 138-42.

26. Johan Huizinga, *Homo ludens: Essai sur la fonction sociale du jeu*. Trad. de Cécile Seresia. Paris: Gallimard, 1951 [1938].

27. Sobre esse ponto, ver: Pierre Bourdieu, "L'Opinion publique n'existe pas". In: *Questions de sociologie*, op. cit., pp. 222-35; e desenvolvimentos mais amplos no capítulo 8 de *La Distinction*, op. cit., pp. 463-541.

28. A citação exata é: "O Grande Vigário pode sorrir diante de um propósito contra a Reli-

gião, o Bispo, rir abertamente, o Cardeal, acrescentar seu comentário". Nicolas de Chamfort, *Maximes et pensées*. Paris: [s.n.], 1795.

29. Dominique Memmi, "Savants et maîtres à penser: La Fabrication d'une morale de la procréation artificielle", *Actes de la Recherche en Sciences Sociales*, 76-7, pp. 82-103, 1989.

30. John David Yeadon Peel, *Herbert Spencer: The Evolution of a Sociologist*. Londres: Heinemann, 1971. William Alexander Mackinnon (1789-1870) teve uma longa carreira como membro do Parlamento britânico.

31. Percy Ernst Schramm, *Der König von Frankreich: Das Wesen der Monarchie von 9 zum 16. Jahrhundert. Ein Kapital aus Geschichter des abendlischen Staates*. Weimar: H. Böhlaud Nachf, 1939. 2 v.

32. Edward P. Thompson, "Patrician Society, Plebeian Culture", artigo citado.

Curso de 8 de fevereiro de 1990 [pp. 105-27]

1. Pierre Bourdieu, *Langage et pouvoir symbolique*, op. cit., pp. 155-7.

2. Leo Spitzer, *Linguistics and Literaty History, Essays on Stylistics*. Nova York: Russen & Russel, 1962.

3. Sobre esse ponto, ver: Pierre Bourdieu, "La Production et la reproduction de la langue légitime". In: *Ce que Parler Veut Dire*, op. cit., pp. 23-58; republicado em *Langage et pouvoir symboloque*, op. cit., pp. 67-98.

4. Pierre Bourdieu voltará a esse tema, em especial em *Méditations pascaliennes*. Paris: Seuil, 1997. pp. 340 ss.

5. Pierre Bourdieu faz aqui referência à fórmula da *Física, ananké stênai* ["É preciso parar"], em que Aristóteles afirma que a pesquisa das causas não pode ser infinita: é preciso parar nas causas primeiras que não têm outra razão senão elas mesmas, e em particular num "primeiro motor" que impulsiona o movimento sem ele mesmo recebê-lo.

6. Maurice Halbwachs, *La Classe ouvrière et les niveaux de vie*, op. cit.

7. Alusão aos trabalhos de George Weisz, que escreveu sobre Durkheim, a Sorbonne, a emergência da medicina e dos mandarins. Ver G. Weisz, "The Medical Elite in France in the Early Nineteenth Century", *Minerva*, 25 (1-2), pp. 150-70, 1987.

8. Georges Gurvitch, *La Vocation actuelle de la sociologie*. Paris: PUF, 1950. pp. 358 ss.

9. Pierre Bourdieu, *L'Ontologie politique de Martin Heidegger*, op. cit.

10. Pierre Bourdieu faz aqui alusão a Barrington Moore. Ele desenvolverá essa crítica mais adiante, na seção intitulada "O problema das três estradas segundo Barrington Moore".

11. Notadamente em Raymond Aron, *Les Étapes de la pensée sociologique*. Paris: Gallimard, 1976.

12. Ver em particular a seção 8 de *O capital* dedicada a "A acumulação primitiva".

13. Pierre Bourdieu faz alusão à *La Phénomenologie de l'esprit* [1807], de Hegel (ver em especial as pp. 160-2 da tradução de Jean Hyppolite. Paris: Aubier-Montaigne, 1939. t. I).

14. Marc Bloch, op. cit.

15. Karl Polanyi, *La Grande Transformation: Aux Origines politiques et économiques de notre temps*. Trad. de Catherine Malamoud e Maurice Angeno. Paris: Gallimard, 1983 [1944].

16. Tradução literal da obra publicada em francês com outro título: Karl Polanyi, Conrad

M. Arensberg e Harry W. Pearson (Orgs.), *Les Systèmes économiques dans l'histoire et dans la théorie*. Trad. de Claude e Anne Rivière. Paris: Larousse, 1975 [1957].

17. Karl August Wittfogel, *Le Despotisme oriental: Étude comparative du pouvoir total*. Trad. de Micheline Pouteau. Paris: Minuit, 1977 [1957].

18. Rushton Coulborn (Org.), *Feudalism in History*. Princeton: Princeton University Press, 1956. Com contribuições de Joseph R. Strayer, Williams F. Edgerton e Edwin O. Reischauer.

19. Referir-se notadamente a Talcott Parsons, "The Professions and Social Structure", *Social Forces*, 17 (4), pp. 457-67, 1939; e, do mesmo autor: *Éléments pour une sociologie de l'action*. Trad. de François Bourricaud. Paris: Plon, 1955. Para uma crítica por Pierre Bourdieu da noção de profissão, ver: Pierre Bourdieu (com Loïc Wacquant), *Réponses*, op. cit., pp. 212-3.

20. Sobre a ideia de autonomia do campo político, ver: Pierre Bourdieu, "La Délégation et le fétichisme politique", artigo citado; e *Propos sur le champ politique*, Lyon: PUL, 2000 (em especial pp. 52-60).

21. Max Weber, *Économie et société*, op. cit., pp. 295 ss.

22. Francisco Benet, "Les Marchés explosifs dans les montagnes berbères". In: K. Polanyi, C. M. Arensberg e H. W. Pearson (Orgs.), *Les Systèmes économiques dans l'histoire et dans la théorie*, op. cit., pp. 195-216.

23. Max Weber, "Enquête sur la situation des ouvriers agricoles à l'est de l'Elbe: Conclusions et perspectives", *Actes de la Recherche en Sciences Sociales*, 65, pp. 65-9, 1986.

24. Sobre a noção de *double bind*, ver: Pierre Bourdieu (com Loïc Wacquant), *Réponses*, op. cit., pp. 217-24. Para uma utilização sociológica dessa noção, ver: Pierre Bourdieu e Gabrielle Balazs, "Porte-à-faux et double cointrainte". In: P. Bourdieu (Org.), *La Misère du monde*, op. cit., pp. 249-56.

25. Pierre Bourdieu faz aqui referência a Thomas Kuhn, *La Structure des révolutions scientifiques*. Trad. de Laure Meyer. Paris: Flammarion, 1982 [1962].

26. Alexander Gerschenkron, *Economic Backwardness in Historical Perspective: A Book of Essays*. Cambridge: Belknap Press of Harvard University Press, 1962.

27. Marc Bloch, *Seigneurie française et manoir anglais*, op. cit., pp. 56-7 e 137-8.

28. Friedrich Engels, *Anti-Dühring*. Trad. de Émile Bottigelli. Paris: Éditions Sociales, 1956 [1878], cap. 10: "La Morale et le droit".

29. Sobre esse ponto, ver a comparação entre Japão e Alemanha desenvolvida por Barrington Moore em *Les Origines sociales de la dictature et de la démocratie*, op. cit., no cap. 5, "Le Fascisme en Asie: Le Japon", pp. 194-218; e "Synthèse théorique", pp. 331-83.

Curso de 15 de fevereiro de 1990 [pp. 128-49]

1. Monique de Saint Martin, "Les Stratégies matrimoniales dans l'aristocratie. Notes provisoires", *Actes de la Recherche en Sciences Sociales*, 59, pp. 74-7, 1985; republicado em *L'Espace de la noblesse*. Paris: Métailié, 1993, pp. 217-43.

2. Marc Bloch, *Seigneurie française et manoir anglais*, op. cit.

3. A posição de Durkheim na controvérsia famosa que o opôs ao historiador Charles Seignobos está exposta em "Débat sur l'explication en histoire et en sociologie", *Bulletin de la Société*

Française de Philosophie, 8, 1908, reed. In E. Durkheim, *Textes*. Paris: Minuit, 1975. t. I, pp. 199--217.

4. *L'Année Sociologique*, 6, 1903 (1901-2), reed. In: Marcel Mauss, *Oeuvres*. Paris: Minuit, 1969. t. II, pp. 13-89; e *Essais de sociologie*. Paris: Minuit/Points, 1971, pp. 162-230.

5. Sobre esse ponto, ver Pierre Bourdieu, "Le Démon de l'analogie". In: *Le Sens pratique*, op. cit., em especial pp. 426-39; e também "De la Règle aux stratégies". In: *Choses dites*. Paris: Minuit, 1987, p. 77.

6. Norman W. Storer, "The Hard Sciences and the Soft", *Bulletin of the Medical Library Association*, 55, 1967.

7. Pierre Bourdieu, *Homo academicus*, op. cit., pp. 97-169; "Les Catégories de l'entendement professoral", artigo citado, republicado em *La Noblesse d'État*, op. cit., pp. 48-81.

8. Pierre Bourdieu, *Le Sens pratique*, op. cit., em especial o capítulo I,5 sobre "La Logique de la pratique", pp. 135-65, e todo o livro II.

9. Françoise Autrand (Org.), *Prosopographie et genèse de l'État moderne*. Paris: École Normale Supérieure des Jeunes Filles, 1986; J.-Ph. Genet e B. Vincent (Orgs.), *État et Église dans la genèse de l'État moderne*. Madri: Casa de Velázquez, 1986; J-Ph. Genet e M. Le Mené (Orgs.). *Genèse de l'État Moderne*, op. cit.; *Culture et idéologie dans la genèse de l'État moderne*. Roma: École Française de Rome, 1985.

10. Sobre esse ponto, ver: Pierre Bourdieu, "La Codification". In: *Choses dites*, op. cit., pp. 94-105.

11. Ernst Cassirer, "Structuralism in Modern Linguistics", *Word*, 1 (2), 1945. Ver também: Pierre Bourdieu, "Structuralism and Theory of Sociological Knowledge", *Social Research*, 25 (4), pp. 681-706, 1968.

12. Sobre esse ponto, ver: Pierre Bourdieu, "Le Mort saisit le vif: Les Relations entre l'histoire réifiée et l'histoire incorporée", *Actes de la Recherche en Sciences Sociales*, 32-33, pp. 3-14, 1980.

13. Pierre Bourdieu se refere aqui ao caso dos tecelões exposto por Max Weber em *L'Éthique protestante et l'esprit du capitalisme*, op. cit., pp. 112-3.

14. Marc Bloch, *Seigneurie française et manoir anglais*, op. cit., pp. 85-6.

15. Esse tema é desenvolvido no curso no Collège de France do ano 1988-9 e em "Un Acte désintéressé est-il possible?", loc. cit.

16. Joseph Richmond Levenson, *Confucian China and its Modern Fate: A Trilogy*. Berkeley: University of California Press. 3 t., 1958-65.

17. Esse laço entre o capital e a capital será desenvolvido posteriormente por Pierre Bourdieu em "Effets de lieu". In: Pierre Bourdieu (Org.), *La Misère du monde*, op. cit., pp. 159-67.

18. Sobre a língua legítima e o processo correlativo do desapossamento, ver a primeira parte de Pierre Bourdieu, *Langage et pouvoir symbolique*, op. cit., pp. 59-131.

19. Ver a descrição dessa "cena inicial" no início de Pierre Bourdieu, *Le Bal des célibataires: Crise de la société paysanne du Béarn*. Paris: Seuil, 2002, pp. 7-14.

20. Pierre Bourdieu, "Reproduction interdite: La Dimension symbolique de la domination économique", *Études Rurales*, 113-4, pp. 15-36, 1989, republicado em *Le Bal des célibataires*, op. cit., pp. 211-47.

ANO 1990-1

Curso de 10 de janeiro de 1991 [pp. 157-73]

1. Michel Crozier, *État modeste, État moderne*. Paris: Seuil, 1987.

2. Gaston Bachelard, *La Formation de l'esprit scientifique: Contribution à une psychanalyse de la connaissance objective*. Paris: Vrin, 1938.

3. Blaise Pascal, "*Par l'Espace l'univers me comprend et m'engloutit comme un point; par la pensée je le comprends*" [Pelo espaço, o universo me compreende e me engole como um ponto; pelo pensamento, eu o compreendo], *Pensées*. Paris: Le Livre de Poche, 1972 (ed. Léon Brunschvicg, 1897, Br 348) [1670].

4. Theda R. Skocpol, *États et révolutions sociales*. Trad. de Noëlle Burgi. Paris: Fayard, 1985 [1979].

5. Peter Evans, Dietrich Rueschemeyer, Theda Skocpol (Orgs.), *Bringing the State Back in*. Nova York: Cambridge University Press, 1985.

6. Atul Kohli, "The State and Development", *States and Social Structures Newsletter*, Social Science Research Council, 6, pp. 1-5, 1988.

7. Ver o número 81-2 de *Actes de la Recherche en Sciences Sociales*.

8. Edward O. Laumann, *Bonds of Pluralism: The Form of Substance of Urban Social Networks*. Nova York: Wiley, 1973; Edward O. Laumann e Franz Urban Pappi, *Networks of Collective Action: A Perspective on Community Influence Systems*. Nova York: Academic Press, 1976; Edward O. Laumann e David Knoke, *The Organizational State*. Madison: University of Wisconsin Press, 1988 (ver: Pierre Bourdieu e Loïc Wacquant, *Réponses*, op. cit., pp. 87-9).

9. Sobre a noção de dupla pressão, ver: Gregory Bateson et al., "Towards a Theory of Schizophrenia", *Behavioral Science*, 1 (4), 1956; publicado em francês em Gregory Bateson, *Vers une Écologie de l'esprit*. Trad. de Fériam Drosso, Laurencine Lot e Eugène Simion. Paris: Seuil, 1977-80. 2 t.

10. Émile Durkheim, *L'Évolution pédagogique en France*, op. cit.

11. Sobre a noção de genealogia, ver: Michel Foucault, "Qu'est-ce que la Critique? Critique et *Aufklärung*", Conferência de 27 de maio de 1978 na Société Française de Philosophie, *Bulletin de la Société Française de Philosophie*, 84 (2), pp. 35-63, abr./jun. 1990.

12. Pierre Bourdieu, "Le Mort saisit le vif", artigo citado.

13. Pierre Bourdieu refere-se aqui ao curso que deu em 9 de fevereiro de 1989 sobre o desinteresse. O projeto de lei a que alude modifica o exercício das profissões jurídicas exigindo a posse de um diploma.

14. Ver o documento "Les Rectifications de l'ortographe", editado pelo Conseil Supérieur de la Langue Française no *Journal Officiel de la République Française*, Documents administratifs 100, 6 dez. 1990. A polêmica estava no auge no momento do curso: a Associação pela Proteção da Língua Francesa (ASLF), criada em dezembro de 1990, mobilizava notadamente prêmios Nobel franceses e membros da Academia de Ciências Morais e Políticas para intervirem nos meios de comunicação contra a reforma. Foi provavelmente um de seus membros que deixou a Pierre Bourdieu, na semana seguinte, um dossiê com o conjunto dos recortes de imprensa sobre o assunto, e em especial um artigo de Claude Lévi-Strauss publicado em *Le Figaro* de 3 de janeiro de 1991, intitulado "Tout reprendre à zéro".

15. Pierre Bourdieu, *La Distinction*, op. cit., pp. 164-5.

Curso de 17 de janeiro de 1991 [pp. 174-90]

1. Ernst Kantorowicz, *Mourir pour la Patrie et autres textes*, op. cit., pp. 105-41.

2. André Lalande, *Vocabulaire technique et critique de la philosophie*. Paris: PUF, 2006 [1926], pp. 303-4.

3. Richard J. Bonney, "Guerre, fiscalité et activité d'État en France, 1500-1600: Quelques Remarques préliminaires sur les possibilités de recherche". In: J.-P. Genet e M. Le Mené (Orgs.), *Genèse de l'État moderne*, op. cit., pp. 193-201.

4. Georges Duby, *Histoire de France*. Paris: Hachette, 1987. t. I: *Le Moyen Âge, de Hugues Capet à Jeanne d'Arc (987-1460)*; reed.: "Pluriel", 2009.

5. Essa ideia está exposta notadamente por Michel Serres em *Le Passage du Nord-Ouest*. Paris: Minuit, 1980.

6. Françoise Autrand, *Naissance d'un grand corps de l'État: Les Gens du Parlement de Paris, 1345-1454*. Paris: Publications de la Sorbonne, 1981.

7. Pierre Bourdieu remete aqui à definição de Estado como "comunidade humana que, nos limites de um território determinado, [...] reivindica com sucesso por sua própria conta o monopólio da violência física legítima" (Max Weber, *Le Savant et le politique*, op. cit., p. 29).

8. Norbert Elias, *La Dynamique de l'Occident*, op. cit., e em especial os capítulos 1 ("La Loi du monopole") e 4 ("La Victoire du monopole royal") da primeira parte.

9. Esse ponto é abordado por Norbert Elias no capítulo 6 de *La Dynamique de l'Occident*, dedicado a "La Sociogenèse du monopole fiscal", pp. 152 ss. Esse questionamento é em seguida retomado por Charles Tilly no capítulo 3 de *Coercion, Capital and European States, AD 990-1990*, intitulado "How War Made States, and *Vice Versa*", citado depois. Ver também, do mesmo autor: "War Making and State Making as Organized Crime". In: Theda Skocpol, *Bringing the State Back in*, op. cit. (tradução francesa: "La Guerre et la construction de l'État en tant que crime organisé". Trad. de Laurent Godmer e Anne-France Taidet, *Politix*, 13 (49), pp. 97-117, 2000).

10. Jacques Le Goff, "L'État et les pouvoirs". In: André Burguière e Jacques Revel (Orgs.), *Histoire de la France*. Paris: Seuil, 1989, t. 2, p. 36.

11. As citações de Norbert Elias são traduzidas por Pierre Bourdieu durante o curso a partir da edição alemã do tomo II de *Über den Prozess der Zivilisation*. Na edição francesa correspondente (*La Dynamique de l'Occident*, op. cit.) elas remetem mais especialmente ao capítulo 1 da primeira parte, intitulado "A lei do monopólio" (pp. 25-42 da edição Pocket).

12. Norbert Elias, *La Sociéte de cour*. Trad. de Pierre Kamnitzer. Paris: Calmann-Lévy, 1974; reed.: Flammarion, "Champs", 1984 [1969], p. 18: "A dominação do rei sobre o país não era senão uma extensão da autoridade do príncipe sobre sua casa e sua corte. Luís XIV, ponto culminante e giratório dessa evolução, não tinha, pois, outra ambição senão organizar o país como uma propriedade pessoal, como uma extensão de sua corte".

13. Norbert Elias, *La Dynamique de l'Occident*, op. cit., p. 26: "De agora em diante, as lutas sociais não têm mais como objetivo a abolição do monopólio da dominação, mas o acesso à disposição do aparelho administrativo do monopólio e a repartição de seus cargos e proveitos".

14. Charles Tilly, *Coercion, Capital and European States, AD 990-1990*. Cambridge: Black-

well, 1990 (tradução francesa posterior ao curso: *Contrainte et capital dans la formation de l'Europe, 990-1990.* Trad. de Denis-Armand Canal. Paris: Aubier, 1992).

15. Id., ibid., p. 88.

16. Pierre Bourdieu refere-se aqui a Rodney H. Hilton, "Resistance to taxation and to other State imposition in Medieval England". In: J.-P. Genet e M. Le Méné (Orgs.), *Genèse de l'État moderne*, op. cit., pp. 169-77.

17. Philip Corrigan e Derek Sayer, *The Great Arch*, op. cit.

Curso de 24 de janeiro de 1991 [pp. 191-207]

1. Raymond Ruyer, *L'Utopie et les utopies.* Paris: PUF, 1950.

2. Henri Bergson, *La Pensée et le mouvant.* Paris: Alcan, 1934, pp. 1-24.

3. Philip Corrigan e Derek Sayer, *The Great Arch*, op. cit. O artigo clássico de Edward P. Thompson intitula-se "The Peculiarities of the English". In: Ralph Miliband e John Saville (Orgs.), *The Socialist Register*, 1965, pp. 311-62; reed. in: Edward P. Thompson, *The Poverty of Theory*, op. cit.

4. Philip Corrigan e Derek Sayer, *The Great Arch*, op. cit., p. 2.

5. Id., ibid., p. 2.

6. Pierre Bourdieu, "Sur le Pouvoir symbolique", artigo citado, ao qual ele fará explicitamente referência mais adiante.

7. Émile Durkheim, *Les Formes élémentaires de la vie religieuse*, op. cit., p. 24.

8. Philip Corrigan e Derek Sayer, *The Great Arch*, op. cit., p. 191.

9. Ibid., p. 192.

10. Edward P. Thompson, "The Peculiarities of the English", op. cit.

11. Pierre Bourdieu faz provavelmente referência aqui à noção de "proxemia" desenvolvida por Edward T. Hall: "A System for the Notation of Proxemic Behaviour", *American Anthropologist*, 64, pp. 1003-26, 1963.

12. Douglas Hay, Peter Linebaugh, Edward P. Thompson (Orgs.), *Albion's Fatal Tree*. Londres: Allen Lane, 1975; e Edward P. Thompson, "Modes de domination et révolution en Angleterre", *Actes de la Recherche en Sciences Sociales*, 2-3, pp. 133-51, jun. 1976.

13. A expressão *Mother of the Parliament* designa o Parlamento de Westminster e, mais geralmente, o Reino Unido como modelo reconhecido e celebrado de regime político parlamentar.

14. Philip Corrigan e Derek Sayer, *The Great Arch*, op. cit., pp. 119-20.

15. Pierre Bourdieu, *Le Sens pratique*, op. cit., pp. 279-312.

16. Lênin, "De l'État", conferência de 11 de julho de 1919 na Universidade de Sverdlov. Texto integral disponível em: <www.marxists.org>: <http://www.marxists.org/francais/lenin/works/1919/07/19190711.htm>. Acesso em: 24 jun. 2013.

17. Émile Durkheim, *Leçons de sociologie*, op. cit., pp. 79 ss.

18. Philip Corrigan e Derek Sayer, *The Great Arch*, op. cit., p. 188.

19. Ibid., p. 202.

20. Ibid., p. 188.

21. Rodney H. Hilton, "Resistance to Taxation and Other State Imposition in Medieval England", loc. cit.

22. Sobre essa continuidade entre os magistrados, isto é, os homens da lei, e os tecnocratas, ver: Pierre Bourdieu, *La Noblesse d'État*, op. cit., 4ª parte, cap. 2, e 5ª parte.

23. Edward P. Thompson, *The Poverty of Theory*, op. cit.

Curso de 31 de janeiro de 1991 [pp. 208-22]

1. Pierre Bourdieu faz talvez alusão a Thomas Kuhn que, em *La Structure des révolutions scientifiques* (op. cit.), mostra como a "crise" de uma "ciência normal" produz, sob certas condições sociais, uma mudança de "paradigma".

2. Sam Whimster e Scott Lash (Orgs.), *Max Weber, Rationality and Modernity*. Londres: Allen & Unwin, 1987. Essa coletânea contém o texto de Pierre Bourdieu sobre a teoria da religião em Max Weber: "Legitimation and Structured Interests in Weber's Sociology of Religion", pp. 119-36.

3. Para uma crítica dessa teoria, ver: Pierre Bourdieu, "Structures sociales et structures de perception du monde social", *Actes de la Recherche en Sciences Sociales*, 1-2, pp. 18-20, 1975.

4. Friedrich Nietzsche, *Par-delà le Bien et le mal: Prélude d'une philosophie de l'avenir*. Trad. de Henri Albert. Paris: Mercure de France, 1948 [1886], p. 230.

5. Max Weber, *Sociologie du droit*, op. cit.

6. Para uma discussão aprofundada dos seis sentidos da noção de racionalidade em Max Weber, ler: Rogers Brubaker, *The Limits of Rationality: An Essay on the Social and Moral Thought of Max Weber*. Londres: Allen & Unwin, 1984.

7. Émile Durkheim, *De la Division du travail social*, op. cit.

8. Michio Shibata e Tadami Chizuka, "Marxist Studies of the French Revolucion in Japan", *Science & Society*, 54 (3), pp. 366-74, 1990; e Germaine A. Hoston, "Conceptualizing Bourgeois Revolution: The Prewar Japanese Left and the Meiji Restoration", *Comparative Studies in Society and History*, 33 (3), pp. 539-81, 1991.

9. Sobre a utilização dessa noção por Pierre Bourdieu, ver: *L'Ontologie politique de Martin Heidegger*, op. cit.

10. Arlette Jouanna, *Le Devoir de révolte: La Noblesse française et la gestation de l'État moderne (1559-1661)*. Paris: Fayard, 1989.

11. Nascida do combate contra o protestantismo durante as guerras de religião, a Liga Católica ou Santa União, dirigida pelo duque de Guise, evoluiu para um movimento insurrecional, evocando os estados gerais e as liberdades das províncias contra a realeza. Pierre Bourdieu dera como referência sobre esse tema Robert Descimon, *Qui Étaient les Seize? Mythes et réalités de la Ligue parisienne (1585-1594)*. Paris: Klincsieck, 1983.

12. Todai, situada em Tóquio, é a mais prestigiosa universidade do Japão; ela formou a maior parte das elites políticas do país.

13. Joseph Needhan, *La Science chinoise et l'Occident: Le Grand Titrage*. Trad. de Eugène Jacob. Paris: Seuil, 1973 [1969].

14. Ver a explicação que Pierre Bourdieu dá de Maio de 1968 em *Homo academicus*, op. cit. (em especial o capítulo 5: "Le Moment critique"). Esse mecanismo tem também um papel central na análise das estratégias de reconversão dos desclassificados da burguesia, decriptadas em *La Distinction* (op. cit., pp. 147-85), nas lutas intestinas entre membros "extraviados" e "desencami-

nhados" da classe dominante descritas em *La Noblesse d'État* (op. cit., pp. 259-64) e na "invenção da vida de artista" na França do final do século xix, retraçada em *Les Règles de l'art* (Paris: Minuit, 1992, pp. 85-105).

15. Para uma prolongação no caso da França do Segundo Império, ver: Pierre Bourdieu, *Les Règles de l'art*, op. cit., pp. 211-20. Para mais detalhes sobre as consequências: Pierre Bourdieu, "Comment Libérér les Intellectuels libres?". In: *Questions de sociologie*, op. cit., pp. 67-78.

16. Philippe Pons, *D'Edo à Tokyo. Mémoire et modernité*. Paris: Gallimard, 1988.

17. Herman Ooms, *Tokugawa Ideology, Early Constructs, 1570-1680*. Princeton: Princeton University Press, 1985.

18. Pierre Bourdieu faz talvez alusão a René Sieffert, "Le Théâtre japonais". In: Jean Jacquot (Org.), *Les Théâtres d'Asie*. Paris: Éd. du cnrs, 1968, pp. 133-61.

19. Pierre Bourdieu, "Deux Impérialismes de l'universel". In: Christine Fauré e Tom Bishop (Orgs.), *L'Amérique des Français*. Paris: François Bourrin, 1992. pp. 149-55.

Curso de 7 de fevereiro de 1991 [pp. 223-39]

1. A transcrição deste curso foi revista por Pierre Bourdieu.

2. Esse trecho, traduzido aqui por Pierre Bourdieu, pode ser encontrado em David Hume, *Essais et traités sur plusieurs sujets: Essais moraux, politiques et littéraires*. Trad. de Michel Malherbe. Paris: Vrin, 1999 [1758], 1ª parte, p. 93.

3. Ver Pierre Bourdieu e Jean-Claude Passeron, "Sociologues des mythologies et mythologies des sociologues", *Les Temps Modernes*, 211, pp. 998-1021, 1963.

4. John L. Austin, *Quand Dire, c'est faire*, op. cit.

5. Ernst Cassirer, *Philosophie des formes symboliques*. Trad. de Ole Hanse-Løve, Jean Lacoste e Claude Fronty. Paris: Minuit, 1972 [1953-7]. 3 t.

6. Ernst Cassirer, *Le Mythe de l'État*. Trad. de Bernard Vergely. Paris: Gallimard, 1993 [1946]. p. 33. Cassirer faz referência ao artigo de Durkheim e Marcel Mauss, "De Quelques Formes primitives de classification", loc. cit.

7. Émile Benveniste, *Le Vocabulaire des institutions indo-européenses*, op. cit., t. i: *Économie, parenté, société*, pp. 84 ss.

8. Em *Candide*, Voltaire parodia Leibniz nos traços de Pangloss, esse preceptor de "metafísico-teólogo-cosmolo-nigologia", que professa, apesar dos acontecimentos, que "tudo vai muito bem no melhor dos mundos".

9. Pierre Bourdieu, "Les Rites d'institution", *Actes de la Recherche en Sciences Sociales*, 43, pp. 58-63, jun. 1982, republicado em *Langage et pouvoir symbolique*, op. cit., pp. 175-86. Pierre Bourdieu aí critica explicitamente o livro de Arnold Van Gennep, *Les Rites de passage*. Paris: Émile Nourry, 1909; reed.: Paris: Picard, 1981. Ver adiante, p. 248.

10. Ernst Cassirer, *Philosophie des formes symboliques*, op. cit., t. ii.

11. Peter L. Berger e Thomas Luckmann, *La Construction sociale de la réalité*. Trad. de Pierre Taminiaux. Paris: Klincsieck, 1986 [1966].

12. Ver, por exemplo, Immanuel Wallerstein, *Le Systeme du monde, du XVe siècle à nos jours*. Paris: Flammarion, 1980 [1974]. 2 v.

13. Ver, entre outros, Aaron Cicourel, *La Sociologie cognitive*. Trad. de Jeffrey e Martine Ol-

son. Paris: PUF, 1979 [1974]. Remete-se também à tradução francesa de artigos reunidos posteriormente por Pierre Bourdieu e Yves Winkin: Aaron Cicourel, *Le Raisonnement médical: Une Approche socio-cognitive*. Paris: Seuil, 2002.

14. Aniko Husti, *Le Temps mobile*. Paris: INRP, 1985.

15. Do nome da psicóloga russa Bluma Zeigarnik (1900-88), que evidenciou o efeito de tensão gerado entre as crianças pelo não cumprimento das tarefas que lhes eram confiadas.

16. Émile Durkheim, *De la Division du travail social*, op. cit., p. 189.

17. Sobre a noção de campo religioso segundo Pierre Bourdieu, ver: "Une Interprétation de la théorie de la religion selon Max Weber", artigo citado; "Genèse et structure du champ religieux", *Revue Française de Sociologie*, XII, pp. 295-334, 1971; dois textos conexos: "Sociologues de la croyance et croyances de sociologues" e "La Dissolution du religieux", em *Choses dites*, op. cit., pp. 106-11 e 117-23.

18. Friedrich Engels, "Lettre à Conrad Schmidt", 27 out. 1890, em *Lettres sur* Le capital. Paris: Éditions Sociales, 1964, pp. 366-72.

19. Pierre Bourdieu, *La Noblesse d'État*, op. cit., pp. 539-48.

Curso de 14 de fevereiro de 1991 [pp. 240-56]

1. Jean Bollack, *Empédocle*, op. cit.

2. Pierre Bourdieu e Mouloud Mammeri, "Dialogue sur la poésie orale en Kabylie", artigo citado.

3. Seis meses antes, em seguida à morte de um motociclista durante uma blitz policial, Vaulx-en-Velin, no subúrbio de Lyon, acabava de viver violentos enfrentamentos entre jovens e forças policiais. Pierre Bourdieu tinha começado a pesquisa que será mais tarde publicada com o título *La Misère du monde* (op. cit.), e na qual figura a entrevista a que faz alusão: "Uma missão impossível", pp. 229-44.

4. Pierre Bourdieu, *Homo academicus*, op. cit., pp. 234 ss.

5. Arnaldo Momigliano, "Premesse per una discussione su Georges Dumézil", *Opus II*, 1983; Carlo Ginzburg, "Mythologie germanique et nazisme: Sur un Livre ancien de Georges Dumézil", *Annales ESC*, 4, pp. 695-715, 1985; Georges Dumézil, "Science et politique: Réponse a Carlo Ginzburg", *Annales ESC*, 5, pp. 985-9, 1985.

6. Georges Dumézil, *Mythe et épopée*. Paris: Gallimard, 1968; reed.: Gallimard, Quarto, 1995. t. I: *L'Idéologie des trois fonctions dans les épopées des peuples indo-européens*.

7. Georges Dumézil, *Mitra-Varuna: Essai sur deux représentations indo-européennes de la Souveraineté*. Paris: PUF, 1940.

8. Pierre Bourdieu, "Les Rites d'institution", artigo citado.

9. Gaston Bachelard, *La Formation de l'esprit scientifique*, op. cit.

10. O "princípio de caridade" foi primeiro forjado pelo filósofo Neil L. Wilson, depois teorizado por Willard van Orman Quine, *Le Mot et la chose*. Trad. de Joseph Dopp e Paul Gochet. Paris: Flammarion, 1977 [1960]. Foi notadamente retomado por Donald Davidson, em *Inquiries into Truth and Interpretation*. Oxford: Clarendon, 1984. Tradução francesa posterior ao curso: *Enquêtes sur la vérité et l'interprétation*. Trad. de Pascal Engel. Nîmes: Jacqueline Chambon, 1993.

11. Jacques Derrida, *L'Autre Cap*. Paris: Galilée, 1991.

12. Max Weber, *L'Éthique protestante et l'esprit du capitalisme*, op. cit.

13. Jacques Gernet é um sinólogo francês, que foi titular da cátedra de história social e intelectual da China de 1975 a 1992 no Collège de France. Publicou, entre outros, em 1997, um artigo no número 118 de *Actes de la Recherche en Sciences Sociales* dedicado à "Génèse de l'État moderne", com o título "Le Pouvoir d'État en Chine", pp. 19-27.

14. Joseph R. Strayer, *Les Origines médiévales de l'État moderne*. Trad. de Michèle Clément. Paris: Payot, 1979 [1970].

15. Victor J. Kiernan, "State and Nation in Western Europe", *Past and Present*, 32, pp. 20-38, jul. 1963.

Curso de 21 de fevereiro de 1991 [pp. 257-75]

1. Michael Mann, "The Autonomous Power of the State: Its Origins, Mechanisms and Results", *Archives Européennes de Sociologie*, 24, pp. 185-213, 1984. Ver também, do mesmo autor, *The Sources of Social Power*. Cambridge: Cambridge University Press, 1986-93. 2 v.

2. Sobre a noção de capital simbólico, ver, entre outros, Pierre Bourdieu, *Esquisse d'une théorie de la pratique*, op. cit., pp. 348-76; *Raisons pratiques*, op. cit., pp. 116-23; *Méditations pascaliennes*, op. cit., p. 125.

3. Harold Garfinkel, "Conditions of Successful Degradation Ceremonies", *American Journal of Sociology*, 61 (5), pp. 240-4, 1956.

4. Sobre essa noção, ver Pierre Bourdieu, "Stratégies de reproduction et modes de domination", *Actes de Recherche en Sciences Sociales*, 105, pp. 3-12, 1994.

5. Andrew W. Lewis, *Le Sang royal: La Famille capétienne et l'État, France, X^e-XIVe siècles*. Trad. de Jeannie Carlier. Paris: Gallimard, 1986 [1981].

6. Essa expressão será retomada posteriormente por Pierre Bourdieu no título de um artigo: "De la Maison du roi à la raison d'État: Un Modèle de la genèse du champ bureaucratique", *Actes de la Recherche en Sciences Sociales*, 118, pp. 55-68, 1997.

7. Esse esquema se encontra na base das análises de Pierre Bourdieu em "Le Patronat", *Actes de la Recherche en Sciences Sociales*, 20, pp. 3-82, 1978 (com Monique de Saint Martin), e em seguida em *La Noblesse d'État*, op. cit., cap. 4.

8. Jean-Jacques Laffont, "Hidden Gaming in Hierarchies: Facts and Models", *The Economic Record*, 67 (187), pp. 295-306, 1988.

9. Ver nota 1, p. 30.

10. Richard J. Bonney, *The European Dynastic States (1494-1660)*. Nova York: Oxford University Press, 1991; e "Guerre, fiscalité et activité d'État en France (1500-1660)", em J.-P. Genet e M. Le Mené (Orgs.), *Génèse de l'État moderne*, op. cit., pp. 193-201.

11. Pierre Bourdieu refere-se aqui a uma das conferências publicadas com os seguintes títulos: "Comment peut-on être sportif?". In: *Questions de sociologie*, op. cit., pp. 173-95; "Programme pour une sociologie du sport". In: *Choses dites*, op. cit., pp. 203-16.

12. Joachim W. Stieber, "Pope Eugenius IV, the Council of Basel, and the Secular and Ecclesiastical Authorities in The Empire: The Conflict Over Supreme Authority and Power in the Church". In: Heiko A. Oberman (Org.), *Studies in the History of Christian Thought*. Leiden: Brill, 1978, v. 13.

13. Pierre Bourdieu, "Esprits d'État: Genèse et structure du champ bureaucratique", *Actes de la Recherche en Sciences Sociales*, 96-97, pp. 49-62, mar. 1993; republicado em *Raison pratiques*, op. cit., pp. 101-33.

14. Ver, entre outros, François Perroux, *Pouvoir et économie*. Paris: Dunod, 1973.

15. Laurent Fabius, que foi primeiro-ministro do governo socialista (1984-6), é *normalien* [aluno ou ex-aluno da Escola Normal Superior].

16. Norbert Elias, "Sport et violence", *Actes de la Recherche en Sciences Sociales*, 6, pp. 2-21, 1976.

17. Max Weber, "The Meaning of Discipline". In: Hans H. Gerth e Charles Wright Mill, *From Max Weber: Essays in Sociology*. Nova York: Oxford University Press, 1946, pp. 253-64.

18. Pierre Bourdieu, "Le Sens de l'honneur". In: *Esquisse d'une théorie de la pratique*, op. cit., pp. 19-60.

19. Karl Polanyi, *La Grande Transformation*, op. cit.

20. Gerald L. Harris, *King, Parliament and Public Finance in Medieval England to 1369*. Oxford: Clarendon, 1975.

21. Pierre Bourdieu, *Esquisse d'une théorie de la pratique*, op. cit.

22. Yves-Marie Bercé, "Pour une Étude institutionnelle et psychologique de l'impôt moderne". In: J.-P. Genet e M. Le Mené (Orgs.), *Genèse de l'État moderne*, op. cit., p. 164.

23. Percy Ernst Schramm, *Kaiser, Rom und Renovatio: Studien und Texte zur Geschichte des römischen Erneuerungsgedankens vom Ende des karolingischen Reiches bis zum Investiturstreit.* Berlim: Teubner, 1929. 2 v.

24. Y.-M. Bercé, "Pour une Étude institutionnelle et psychologique de l'impôt moderne". In: J.-P. Genet e M. Le Mené (Orgs.), *Genèse de l'État moderne*, op. cit., p. 164.

25. Norbert Elias, *La Dynamique de l'Occident*, op. cit., cap. 4, "La Victoire du monopole royal".

Curso de 7 de março de 1991 [pp. 276-93]

1. Yves-Marie Bercé, "Pour une Étude institutionnelle et psychologique de l'impôt moderne", loc. cit., p. 164.

2. Ibid.

3. Pierre Bourdieu, "La Dernière Instance". In: *Le Siècle de Kafka*. Paris: Centre Georges--Pompidou, 1984, pp. 268-70.

4. Jean Dubergé. Paris: PUF, 1961.

5. Güter Schmolders, *Psychologie des finances et de l'impôt*. Trad. de Gisela Khairallah. Paris: PUF, 1973.

6. Pierre-Étienne Will, "Bureaucratie officielle et bureaucratie réelle: Sur Quelques Dilemmes de l'administration impériale à l'époque des Qing", *Études Chinoises*, VIII, pp. 69-141, primavera 1989. Pierre-Étienne Will coordenará mais tarde, com Olivier Christin e Pierre Bourdieu, um número de *Actes de la Recherche en Sciences Sociales* sobre a "Sciences de l'État" (133, 2000).

7. Rodney H. Hilton, "Resistance to Taxation and to Other State Imposition in Medieval England". In: J.-P. Genet e M. Le Mené (Orgs.), *Genèse de l'État moderne*, op. cit., pp. 173-4.

8. Adhémar Esmein, *Histoire de la procédure criminelle en France et spécialement de la procé-*

dure inquisitoire, depuis le XIIe siècle jusqu'à nos jours. Paris: Larose, 1882; reed.: Panthéon-Assas, 2010.

9. Marc Bloch, *Seigneurie française et manoir anglais*, op. cit., p. 85.

10. Ver: Pierre Bourdieu, "La Force du droit", artigo citado.

11. Jacques Le Goff, "L'État et les pouvoirs", loc. cit., p. 32.

12. Faustin Hélie, *Traité de l'instruction criminelle*, t. i. Paris: 1866.

13. Ver: Pierre Bourdieu, "Effet de champ et effet de corps", *Actes de la Recherche en Sciences Sociales*, 59, p. 73, 1985.

14. Friedrich Engels, "Lettre à Conrad Schmidt", loc. cit.

15. Georges Duby, *Histoire de France*, op. cit., t. i, pp. 283-4.

16. Ver o que relata Pierre Bourdieu de suas pesquisas em *Esquisse pour une auto-analyse.* Paris: Raison d'agir, 2004, pp. 64-102; e, para a prática, ver "La Maison ou le monde renversé". In: *Esquisse d'une théorie de la pratique*, op. cit., pp. 61-82.

17. Svetlana Alpers, "L'Oeil de l'histoire: L'Effet cartographique dans la peinture hollandaise au XVIIe siècle", *Actes de la Recherche en Sciences Sociales*, 49, pp. 71-101, 1983.

18. Jack Goody, *La Raison graphique: La Domestication de la pensée sauvage.* Trad. de Jean Bazin e Alban Bensa. Paris: Minuit, 1978 [1977].

19. Thomas Bernhard, *Maîtres anciens.* Trad. de Gilberte Lambrichs. Paris: Gallimard, 1988 [1985], p. 34.

20. Ariette Jouanna, *Le Devoir de révolte*, op. cit., passim.

21. Norbert Elias, *La Société de cour*, op. cit.

22. Michèle Fogel, "Modèle d'État et modèle social de dépenses: Les Lois somptuaires en France de 1545 à 1560". In: J.-P. Genet e M. Le Mené (Orgs.), *Genèse de l'État moderne*, op. cit., pp. 227-35.

23. Frederic W. Maitland, *The Constitutional History of England.* Cambridge: Cambridge University Press, 1948 [1908], p. 429. Sir William Blackstone (1723-80) era um jurista, membro do Parlamento britânico. Essa fórmula figura no capítulo 7 de seus *Commentaires sur les lois angloises.* Tradução francesa: Bruxelas, 1774-6 [1758].

24. Id., p. 429.

Curso de 14 de março de 1991 [pp. 294-309]

1. Pierre Bourdieu alude a um programa de televisão de 13 de março de 1991 no canal Antenne 2, intitulado *Les Aventures de la Liberté* e concebido por Bernard Henri Lévy, que, evocando o regime comunista instaurado nos países do Leste, se interroga: "Como os intelectuais dessa época puderam se acomodar com todos esses crimes, esses processos, esse arquipélago de sofrimento, esse pesadelo?".

2. Gilles Deleuze, "Supplément à propos des nouveaux philosophes et d'un problème plus général", *Minuit*, suplemento do número 24, maio 1977. Disponível em: <www.acrimed.org/article2989>. Acesso em: 24 jun. 2013.

3. Ver: Pierre Bourdieu, *Les Règles de l'art*, op. cit.; para um primeiro enfoque, ver também: "Champ intellectuel et projet créateur", *Les Temps modernes*, 246, pp. 865-906, 1966.

4. Pierre Bourdieu, "Le Hit-Parade des intellectuels français, ou qui sera juge de la légitimi-

té des juges?", *Actes de la Recherche en Sciences Sociales*, 52-53, pp. 95-100, 1984; republicado em *Homo academicus*, op. cit., pp. 275-86.

5. Pierre Bourdieu alude aqui à destituição do Collège de France de Jules Michelet, Edgar Quinet e Adam Mickiewicz, em 1852, em seguida ao golpe de Estado de Napoleão III, a quem eles se recusaram a prestar juramento.

6. Encontra-se uma explicitação em Pierre Bourdieu, *Méditations pascaliennes*, op. cit., pp. 149-50.

7. Sobre este ponto, ver: Pierre Bourdieu, "The Corporatism of the universal", *Telos*, 81, pp. 99-100, 1989, republicado em *Les Règles du jeu*, op. cit., pp. 544-58.

8. Sobre esse ponto, ver: Pierre Bourdieu, *Langage et pouvoir symbolique*, op. cit., pp. 59--131.

9. Pierre Bourdieu, "Espace social et genèse des 'classes'", *Actes de la Recherche en Sciences Sociales*, 52, pp. 2-14, 1984; republicado em *Langage et pouvoir symbolique*, op. cit., pp. 293-323.

10. Arthur Minton, "A Form of Class Epigraphy", *Social Forces*, 28, pp. 250-62, 1950.

11. Karl Polanyi, Conrad Arensberg e Harry W. Pearson (Orgs.), *Les Systèmes économiques dans l'histoire et dans la théorie*, op. cit.

12. Pierre Bourdieu, "L'Opinion publique n'existe pas", *Les Temps Modernes*, 318, pp. 1292--309, jan. 1973; republicado em *Questions de sociologie*, op. cit., pp. 222-35.

13. Pierre Bourdieu, "La Production et la reproduction de la langue légitime". In: *Ce que Parler Veut Dire*, op. cit., republicado em *Langage et pouvoir symbolique*, op. cit., pp. 67-98.

14. Para um desenvolvimento empírico dessa ideia, ver: Pierre Bourdieu e Yvette Delsaut, "Le Couturier et sa griffe: contribution à une théorie de la magie", *Actes de la Recherche en Sciences Sociales*, 1 (1), pp. 7-36, 1975.

15. Max Weber, *Essais sur la théorie de la science*. Trad. de Julien Freund. Paris: Plon, 1965; e *Le Savant et le politique*, op. cit.

16. Baruch Spinoza, *Traité de l'autorité politique*. In: *Oeuvres complètes*. Paris: Gallimard, 1954, p. 921.

ANO 1991-2

Curso de 3 de outubro de 1991 [pp. 313-30]

1. Pierre Bourdieu, "De la Maison du roi à la raison d'État", artigo citado.

2. Sobre essa noção, remetemos a Pierre Bourdieu e Loïc Wacquant, "From Ruling to Field of Power", *Theory, Culture & Society*, 10 (1), pp. 19-44, ago. 1993; e ao texto inédito de Pierre Bourdieu, "Champ du pouvoir et divison du travail de domination", *Actes de la Recherche en Sciences Sociales*, 190, dez. 2011.

3. Pierre Bourdieu, *Le Bal des célibataires*, op. cit.

4. Claude Lévi-Strauss, "L'Ethnologie et l'histoire", *Annales ESC*, 6, pp. 1217-31, 1983.

5. Essa enumeração será sistematizada num texto publicado em 1994: Pierre Bourdieu, "Stratégies de reproduction et modes de domination", artigo citado.

6. Pierre Bourdieu, "La Fin du malthusianisme?". In: Darras, *Le Partage des bénéfices: Expansion et inégalités en France*. Paris: Minuit, 1966, pp. 135-54 (com Alain Darbel).

7. Andrew W. Lewis, *Le Sang royal: La Famille capétienne et l'État, France, X^e-XIVe siècles*, op. cit.

8. Ver sobre esse ponto: Pierre Bourdieu, "L'Invention de la vie d'artiste", *Actes de la Recherche en Sciences Sociales*, 2, pp. 67-94, mar. 1975; e *Les Règles du jeu*, op. cit., pp. 19-81.

9. Pierre Bourdieu, "La Domination masculine", *Actes de la Recherche en Sciences Sociales*, 84, pp. 2-31, 1990.

10. Gottfried Wilhelm Leibniz, *Essais de théodicée: Sur la Bonté de Dieu, la liberté de l'Homme et l'origine du Mal*. Paris: Garnier-Flammarion, 1969 [1710].

11. Maurice Merleau-Ponty, "Le Langage indirect et les voix du silence". In: *Signes*. Paris: Gallimard, 1960, pp. 40-104. Republicado em *Oeuvres*. Paris: Gallimard, "Quarto", 2010, pp. 1474-512, em especial p. 1493. Ver também os capítulos 1, 3, e 1, 6 da *Phénoménologie de la perception*. Paris: Gallimard, 1945.

12. Ludwig Wittgenstein, *Investigations philosophiques*. Paris: Gallimard, 1961 [1953]. § 66-7.

13. Trata-se do livro de Sarah Hanley, *Le Lit de justice des rois de France: L'Idéologie constitutionnelle dans la légende, le rituel et le discours*. Trad. de André Charpentier. Paris: Aubier, 1991 [1983].

14. Andrew W. Lewis, *Le Sang royal: La Famille capétienne et l'État, France, X^e-XIVe siècles*, op. cit., p. 163.

15. Kojima Hiroshi, "A Demographic Evaluation of P. Bourdieu's 'Fertility Strategy'", *The Journal of Population Problems*, 45 (4), pp. 52-8, 1990.

16. Iznogoud é o herói de uma série de histórias em quadrinhos do mesmo nome, realizada por René Goscinny e Jean Tabary, em que o vizir do califa de Bagdá Haroun el-Poussah sempre tenta matar este último para se tornar "califa no lugar do califa".

17. Em *Bajazet* (1672), Racine inspira-se no assassinato perpetrado em 1635 pelo sultão otomano Murad iv (Amurat na peça) contra seus irmãos e rivais potenciais Bayezid (Bajazet) e Orcan.

18. Marc Bloch, op. cit.

19. Georges Duby, *Le Chevalier, la femme et le prêtre: Le Mariage dans la France féodale*. Paris: Hachette, 1981, reed. In: *Féodalité*. Paris: Gallimard, "Quarto", 1996, pp. 1161-381.

20. Marcel Mauss, "Salutations par le rire et les larmes", *Journal de Psychologie*, 21, 1922; e também "L'Expression obligatoire des sentiments", *Journal de Psychologie*, 18, 1921, republicado em *Oeuvres*, op. cit., pp. 269-79.

21. Ernst Kantorowicz, *Les Deux Corps du roi*. Trad. de Jean-Philippe e Nicolas Genet. Paris: Gallimard, 1989 [1957].

22. Ver *Actes de la Recherche en Sciences Sociales*, 81-2, mar. 1990, dedicado a "L'Économie de la maison", republicado em Pierre Bourdieu, *Les Structures sociales de l'économie*, op. cit.

23. Richard J. Bonney, "Guerre, fiscalité et activité d'État en France, 1500-1600", loc. cit.

24. Frederic W. Maitland, *The Constitutional History of England*, op. cit.

Curso de 10 de outubro de 1991 [pp. 331-48]

1. Adolphe Cheruel, *Histoire de l'administration monarchique en France depuis l'avènement de Philippe Auguste jusqu'à la mort de Louis XIV*. Genebra: Slatkine, 1974 [1855].

2. O trabalho desse coletivo de historiadores será exposto em Jean-Philippe Genet, "La Genèse de l'État moderne: enjeux et bilan d'un programme de recherche", *Actes de la Recherche en Sciences Sociales*, 118, pp. 3-18, jun. 1997.

3. Laurence Caillet, *La Maison Yamazaki: La Vie exemplaire d'une paysanne japonaise devenue chef d'une entreprise de haute coiffure*. Paris: Plon, 1991.

4. Norbert Elias, *La Dynamique de l'Occident*, op. cit., p. 31.

5. Alusão à famosa "lei de bronze da oligarquia" enunciada por Roberto Michels em *Les Partis politiques: Essai sur les tendances oligarchiques des démocraties*. Trad. de Samuel Jankélévitch. Paris: Flammarion, 1914 [1911].

6. Georges Duby, prefácio de *Le Sang royal*, de Andrew W. Lewis, op. cit., p. 9.

7. Wolfgang Köhler, *L'Intelligence des singes supérieurs*. Trad. de P. Guillaume. Paris: Alcan, 1927 [1917], p. 42.

8. Literalmente: "O homem é o deus do homem", paráfrase da famosa citação de Hobbes: "O homem é o lobo do homem" (*homo homini lupus*). Em sua aula inaugural no Collège de France, Pierre Bourdieu já tinha avançado que "é também porque o homem é um Deus para o homem que o homem é um lobo para o homem" (Pierre Bourdieu, *Leçon sur la leçon*. Paris: Minuit, 1982, p. 52).

9. Muzaffar Alam, *The Crisis of Empire in Mughal North India: Awadh and the Punjab, 1707--1748*. Oxford-New Delhi: Oxford University Press, 1986, p. 17.

10. Étienne Thuau, *Raison d'État e pensée politique à l'époque de Richelieu*. Paris: Armand Colin, 1966; reed.: Albin Michel, 2000.

11. Alusão à decapitação de François-Auguste de Thou (*c.* 1607-42), conselheiro de Estado no reino de Luís XIII, executado por sua participação na conspiração de Cinq-Mars.

12. A citação de Maurice Merleau-Ponty é tirada de *Éloge de la philosophie*. Paris: Gallimard, 1960 [1953], p. 46. Essa referência está mais desenvolvida em *Leçon sur la leçon*, op. cit., p. 54:

> Pensa-se no que Merleau-Ponty dizia a respeito de Sócrates: "Ele dá razões para se obedecer às leis, mas já é demais ter razões para obedecer [...]. O que se espera dele é justamente o que ele não pode dar, o assentimento à própria coisa e sem considerandos". Se os que têm interesses em comum com a ordem estabelecida, qualquer que seja ela, não gostam da sociologia, é porque ela introduz uma liberdade em relação à adesão primária que faz com que a própria conformidade tome ares de heresia ou de ironia. Pierre Bourdieu, *Leçon sur la leçon*, op. cit., p. 54.

13. Pierre Vidal-Naquet, *La Raison d'État*, textos publicados pelo comitê Maurice-Audin. Paris: Minuit, 1962; reed.: La Découverte, 2002.

14. Ver supra, p. 85.

15. Roland Mousnier, *Les Institutions de la France sous la monarchie absolue* (*1598-1789*). Paris: PUF, 1974-80. 2 t. Esse historiador é em geral considerado pertencente à direita católica.

Como precursor da história social na Sorbonne, ele não pertencia nem à Escola dos Anais nem à corrente marxista.

16. Richard J. Bonney, "Guerre, fiscalité et activité d'État en France, 1500-1600", loc. cit., p. 199.

17. Pierre Bourdieu, "Les Juristes, gardiens de l'hypocrisie collective". In: François Chazel e Jacques Commaille (Orgs.), *Normes juridiques et régulation sociale*. Paris: LGDJ, 1991. pp. 95-9.

18. Adolf A. Berle e Gardiner C. Means, *The Modern Corporation and Private Property*. Nova York: Macmillan, 1933 [1932].

19. Bernard Guenée, *L'Occident aux XIVe et XVe siècles*. Paris: PUF, 1971, p. 230.

20. Georges Dumézil, *Mythe et épopée*, op. cit., t. I.

21. Pierre Bourdieu refere-se aqui a Keith Hopkins, *Conquerors and slaves*, Cambridge: Cambridge University Press, 1978.

22. Paul Garelli, Jean-Marie Durand, Hatice Gonnet et al. *Le Proche-Orient asiatique*. Paris: PUF, 1969. t. I: *De Ses Origines aux invasions des peuples de la mer*.

23. Robert Mantran, *L'Empire ottoman, du XVIe au XVIIIe siècle: Administration, économie, société*. Londres: Variorum, 1984; ver também: Robert Mantran (Org.), *Histoire de l'empire ottoman*. Paris: Fayard, 1989, pp. 27 e 165-6.

24. Do grego *physis*, "natureza".

25. Ver: Alain Darbel e Dominique Schnapper, *Les Agents du système administratif*, Les Cahiers du Centre de Sociologie Européenne. Haia: Mouton, 1969.

26. Max Weber, *Sociologie de la religion*, op. cit., cap. 1 [1913-4].

27. Ernest Gellner, *Nations et nationalité*. Trad. de Bénédicte Pineau. Paris: Payot, 1989 [1983], p. 150.

Curso de 24 de outubro de 1991 [pp. 349-65]

1. S. Hanley, *Le Lit de justice des rois de France*, op. cit.

2. Françoise Autrand, *Naissance d'un grand corps de l'État*, op. cit.

3. Alusão ao poder atribuído, a partir da Idade Média, aos reis, na França e na Inglaterra, de curar essa doença de origem tuberculosa. Ver: Marc Bloch, *Les Rois thaumaturges: Étude sur le caractère surnaturel attribué à la puissance royal, particulièrement en France et en Angleterre*. Paris: Gallimard, 1983 [1924].

4. Jean-Jacques Chevallier, *Histoire de la pensée politique*. Paris: Payot, 1979-84. 3. t.

5. Ver Sarah Hanley, *Le Lit de justice des rois de France*, op. cit.

6. Alusão à frase de Jean-Paul Sartre, "O marxismo é o horizonte filosófico insuperável de nosso tempo" ("Questions de méthode", introdução a *Critique de la raison dialectique*. Paris: Gallimard, 1960).

7. Denis Crouzet, "Recherches sur la crise de l'aristocratie en France au XVIe siècle: les dettes de la Maison de Nevers", *Histoire, économie et société*, 1982. 1, pp. 7-50.

8. Ver os desenvolvimentos que Pierre Bourdieu dedica ao tema da nomeação em *Langage et pouvoir symbolique*, op. cit., em especial pp. 307-21.

9. Ver supra, p. 293.

10. Sobre essa noção, ver: Pierre Bourdieu, "Les Modes de domination", *Actes de la Recherche en Sciences Sociales*, 2-3, pp. 122-32, 1976; e *Le Sens pratique*, op. cit., pp. 209-32.

11. Segundo sabemos, esse artigo jamais foi publicado em francês, mas certamente saiu anteriormente em inglês, em duas versões diferentes: Jean-Jacques Laffont, "Hidden Gaming in Hierarchies: Facts and Models", artigo citado; e "Analysis of Hidden Gaming in a Three-Level Hierarchy", *The Journal of Law, Economics, and Organization*, 6 (2), pp. 301-34, 1990.

12. O artigo em questão é coassinado com J.-J. Laffont: Jean Tirole e Jean-Jacques Laffont, "Auction Design and Favoritism", *International Journal of Industrial Organization*, 9, pp. 9-42, 1991. Em 1990, J. Tirole e J.-J. Laffont publicaram um artigo intitulado "The Politics of Government Decision Making: Regulatory Institutions", *The Journal of Law, Economics, and Organization*, 6 (1), pp. 1-32, 1990; e em 1991: "The Politics of Government Decision Making: a Theory of Regulatory Capture", *The Quarterly Journal of Economics*, 106, pp. 1089-127, 1991. Mais adiante eles coassinarão um livro essencial para a nova economia da regulação: *A Theory of Incentives in Procurement and Regulation*. Cambridge: MIT Press, 1993.

Curso de 7 de novembro de 1991 [pp. 366-83]

1. Pierre Bourdieu aborda, na verdade, a noção de campo em todos os cursos dados entre 1982 e 1986, mas mais particularmente entre 1982 e 1984.

2. Pierre Bourdieu e Loïc Wacquant, *An Invitation to Reflexive Sociology*. Chicago-Cambridge: University of Chicago Press-Polity Press, 1992 (tradução francesa parcial: Pierre Bourdieu, com Loïc Wacquant, *Réponses*, op. cit.).

3. Pierre-Étienne Will, "Bureaucratie officielle et bureaucratie réelle…", artigo citado.

4. Rodney H. Hilton, "Resistance to Taxation and to Other State Imposition in Medieval England", loc. cit.

5. Pierre Bourdieu, "Droit et passe-droit", artigo citado.

6. Sobre a posição de intermediário, ver: Pierre Bourdieu, "Condition de classe et position de classe", *Archives Européennes de Sociologie*, VII, 2, pp. 201-23, 1966.

7. O jornalista François de Closets conheceu nos anos 1980 um sucesso de livraria considerável com os livros *Toujours Plus!* (Paris: Grasset, 1982; vendeu quase 2 milhões de exemplares) e *Tous Ensemble: Pour en finir avec la syndicratie* (Paris: Seuil, 1985), que denunciavam os bloqueios da sociedade francesa, questionando em especial o suposto corporativismo dos funcionários e dos sindicatos.

8. Jean-François Billeter, "Contribution à une sociologie historique du mandarinat", *Actes de la Recherche en Sciences Sociales*, 15, pp. 3-29, 1977.

9. "É conveniente que os cidadãos tenham também fortuna, eles devem gozar de certo desafogo, pois a cidadania não pode prostituir-se nas manobras nem com as outras pessoas para quem a prática da virtude é desconhecida." Aristóteles, *Politique*. Paris: PUF, 1950, p. 78.

10. Ver supra, p. 244, nota 3.

11. Remi Lenoir, "Un Reproche vivant: Entretien avec un magistrat". In: Pierre Bourdieu (Org.), *La Misère du monde*, op. cit., pp. 465-92.

12. Pierre Bourdieu, "La Délégation ou le fétichisme politique", *Actes de la Recherche en*

Sciences Sociales, 52, 1984, pp. 49-55, republicado em *Choses dites*, op. cit., pp. 185-202; e *Langage et pouvoir symbolique*, op. cit., pp. 259-79.

13. Friedrich Nietzsche, *Par-delà le Bien et le mal*, op. cit., cap. 3.

14. Robert W. Gordon, "'The Ideal and the Actual in the Law': Fantasies and Practices of New York City Lawyers, 1870-1910". In: Gerald W. Gawalt, *The New High Priests: Lawyers in Post-Civil War America*. Westport: Greenwood, 1984.

15. Ver: Pierre Bourdieu, "Un Acte désintéressé est-il possible?", loc. cit., que retoma os elementos do curso no Collège de France de 1988-9.

16. Pierre Bourdieu, "La Dernière Instance", loc. cit.

17. Para um exemplo de tal análise, realizada pelo autor no mesmo período, ver: Pierre Bourdieu, Salah Bouhedja, Claire Givry, "Un Contrat sous contrainte", *Actes de la Recherche en Sciences Sociales*, 81, pp. 34-51, 1990; republicado em *Les Structures sociales de l'économie*, op. cit.

18. Aaron Cicourel, *La Sociologie cognitive*, op. cit.

19. André Malraux, *Psychologie de l'art*. Genebra: Skira, 1950. t. III: *La Monnaie de l'absolu*.

20. Philip Corrigan e Derek Sayer, *The Great Arch*, op. cit.

Curso de 14 de novembro de 1991 [pp. 384-99]

1. Benedict Anderson, *Imagined Communities: Reflections on the Origin and Spread of Nationalism*. Londres: Verso, 1983. Tradução francesa posterior ao curso: *L'Imaginaire national: Réflexions sur l'origine et l'essor du nationalisme*. Trad. de Pierre-Emmanuel Dauzat. Paris: La Découverte, 1996.

2. Frederic W. Maitland, *The Constitutional History of England*, op. cit.

3. Ibid., p. 391.

4. Ibid., p. 392. O *capitalis justitiarius* é o primeiro dos juízes do rei na Inglaterra: presidente da Corte do Banco do rei, ele é o guardião do reino em sua ausência.

5. Ibid., p. 394.

6. Ernst Kantorowicz, *Les Deux Corps du roi*, op. cit., pp. 145-72.

7. Marcel Mauss, "Esquisse d'une théorie générale de la magie", *L'Année Sociologique*, 1902-3, republicado em *Sociologie et anthropologie*. Paris: PUF, 1950. pp. 1-141.

8. Arthur Oncken Lovejoy, *The Great Chain of Being: A Study of the History of an Idea*. Cambridge: Harvard University Press, 1936.

9. Título de um artigo publicado posteriormente por Pierre Bourdieu: "Le Mystère du ministère: Des Volontés particulières à la 'volonté générale'". *Actes de la Recherche en Sciences Sociales*, 140, pp. 7-11, 2001. Esse tema já tinha sido abordado em *Ce que Parler Veut Dire*, op. cit., republicado em *Langage et pouvoir symbolique*, op. cit.

10. Pierre Bourdieu faz talvez referência aqui a Joseph Ben-David, *The Scientist's Role in Society: A Comparative Study*. Chicago: University of Chicago Press, 1971.

11. Romain Rolland, *Jean-Christophe*. Paris: Cahiers de la Quinzaine. 17 v., 1904-12.

Curso de 21 de novembro de 1991 [pp. 400-20]

1. Pierre Bourdieu e M. de Saint Martin, "Le Patronat", artigo citado.

2. Ver p. 115, nota 19.

3. Alusão a Jürgen Habermas, *L'Espace public*, op. cit.

4. Ernst Cassirer, *Individu et cosmos dans la philosophie de la Renaissance*. Trad. de Pierre Quillet. Paris: Minuit, 1983 [1927].

5. Petição assinada por 121 intelectuais e artistas franceses, em 5 de setembro de 1960, no momento da abertura do processo da "rede Jeanson", que eram os "carregadores de mala" acusados de traição por seu apoio aos militantes da Frente de Libertação Nacional (FLN) argelina; a posição deles em favor do direito à insubmissão e seu apelo ao fim dos combates desencadearam uma onda de censura e a suspensão dos universitários signatários.

6. Edward P. Thompson, "The Peculiarities of the English", artigo citado.

7. Keith M. Baker, *Inventing the French Revolution: Essays on French Political Culture in the Eighteenth Century*. Cambridge-Nova York: Cambridge University Press, 1990. Tradução francesa posterior ao curso: *Au Tribunal de l'opinion: Essai sur l'imaginaire politique au XVIIIᵉ siècle*. Trad. de Louis Évrard. Paris: Payot, 1993.

8. Ver sobre esse ponto o capítulo 4 de *La Noblesse d'État*, op. cit., e o texto inédito de Pierre Bourdie, "Champ du pouvoir et division du travail de domination", artigo citado.

9. François Furet e Mona Ozouf (Orgs.), *Dictionnaire de la Révolution Française*. Paris: Flammarion, 1988.

10. Condorcet, condenado por traição pela Convenção, na verdade morreu na prisão, em circunstâncias não elucidadas. Se o rancor, transposto para o terreno político, que lhe tinha Marat por causa da rejeição de seus trabalhos pela Academia de Ciências está atestado, este, doente, praticamente não desempenhava nenhum papel na Convenção no momento da desgraça do matemático e morreu assassinado um ano antes de Condorcet.

11. Sarah Hanley, *Le Lit de justice des rois de France*, op. cit.

12. Keith M. Baker, *Inventing the French Revolution*, op. cit.

13. Marcel Marion, *Dictionnaire des institutions de la France aux XVIIᵉ et XVIIIᵉ siècles*. Paris: Picard, 1972 [1923].

14. Ibid., pp. 336-7.

15. Max Weber, *Économie et société*, op. cit., cap. 3, seção 5.

16. Quentin Skinner, *The Foundations of Modern Political Thought*. Cambridge: Cambridge University Press, 1978. 2 t. Tradução francesa posterior ao curso: *Les Fondements de la pensée politique moderne*. Trad. de Jerome Grossman e Jean-Yves Pouilloux. Paris: Albin Michel, 2001.

17. Pierre Bourdieu e Monique de Saint Martin, "Le Patronat", artigo citado, p. 28.

18. Fritz K. Ringer, *The Decline of the German Mandarins: The German Academic Community (1890-1933)*. Cambridge: Harvard University Press, 1969.

19. *Philosophies de l'Université: L'Idéalisme allemand et la question de l'Université*, textos de Schelling, Fichte, Schleiermacher, Humboldt, Hegel, apresentados por Luc Ferry, Jean-Pierre Person e Alain Renaut. Paris: Payot, 1979.

20. Ver, entre outros, Pierre Bourdieu, *Le Sens pratique*, op. cit., pp. 11 ss.

21. Vilfrido Pareto. *Traité de sociologie générale*. Paris-Genebra: Droz, 1968 [1916]. *Oeuvres complètes*, v. 12. Encontramos essa problemática em outros livros, notadamente em *Les Systèmes socialistes*. Paris-Genebra: Droz, 1965 [1902]. *Oeuvres complètes*, v. 5; ver também a seleção de

textos: Vilfrido Pareto, *The Rise and Fall of Elites: An Application of Theoretical Sociology*. New Brunswick: Transaction, 1991.

22. Depois dos numerosos conflitos que opuseram o Parlamento de Paris aos tribunais superiores, Luís xvi e René Nicolas de Maupeou, seu chanceler e ministro da Justiça, reformaram em 1771 o sistema judiciário e notadamente o princípio de venalidade dos ofícios, condição da relativa independência dos parlamentares em relação ao poder real.

Curso de 28 de novembro de 1991 [pp. 421-40]

1. Sobre esse ponto, ver os desenvolvimentos de Pierre Bourdieu em *Homo academicus*, op. cit., pp. 209-50.

2. Alain Viala, *Naissance de l'écrivain: Sociologie de la littérature à l'âge classique*. Paris: Minuit, 1985.

3. Louis Adrien Le Paige, *Lettres historiques sur les fonctions essentielles du Parlement, sur le droit des pairs et sur les lois fondamentales du royaume*. Amsterdam: Aux dépens de la Compagnie, 1753-4. 2 v. Ver: Sarah Hanley, *Le Lit de justice des rois de France*, op. cit., pp. 11-23.

4. Malesherbes, *Très Humbles et Très Respectueuses Remontrances, que présentent au roi, notre très honoré souverain et seigneur, les gens tenants sa Cour des Aides à Paris*. [S.l.: s.n.], 1778. No Antigo Regime, as cortes das ajudas tratavam dos contenciosos em matéria fiscal.

5. Turgot, *Des Administrations provinciales: Mémoire présenté au Roi*, 1788.

6. Guillaume-Joseph Saige, *Catéchisme du citoyen, ou Éléments du droit public français, par demandes & réponses*. [S.l.: s.n.], 1788 [1775?].

7. Louis-Sébastien Mercier, *Tableau de Paris*, Amsterdam, 12 v., 1783 [1781?]-1788. No famoso testemunho dos costumes da época, um dos alvos de Mercier é o "autômato" ou o "ajudante de escriba".

8. Donald R. Kelley, *The Beginning of Ideology: Consciousness and Society in the French Reformation*. Cambridge: Cambridge University Press, 1981.

9. Ver: Pierre Bourdieu, "Effet de champ et effet de corps", *Actes de la Recherche en Sciences Sociales*, 59, p. 73, set. 1985; e também "La Force du droit", artigo citado.

10. William Farr Church, *Constitutional Thought in Sixteenth-Century France: A Study in the Evolution of Ideas*. Cambridge: Harvard University Press, 1941.

11. Sobre a multidimensionalidade do espaço social, ver o capítulo 2 de *La Distinction*, op. cit., em especial pp. 128-44.

12. Denis Richet, *La France moderne: L'Esprit des institutions*. Paris: Flammarion, 1973, pp. 78-80.

13. Denis Richet, "Élite et noblesse: La Fonction des grands serviteurs de l'État (fin XVIe--début XVIIe siècle)", *Acta Poloniae Historica*, 36, pp. 47-63, 1977.

14. Ernst Kantorowicz, *Les Deux Corps du roi*, op. cit., pp. 145-227.

15. A "hipotese Sapir-Whorf", segundo a qual as representações mentais derivariam das categorias linguísticas e seriam, portanto, relativas segundo as culturas, é assim chamada segundo os antropólogos Edward Sapir e Benjamin Lee Whorf. Atribui-se ao linguista Wilhelm von Humboldt e, em seguida, ao filósofo Ernst Cassirer a ideia comparável pela qual cada língua

conteria uma visão do mundo. Sobre o uso dessas hipóteses por Pierre Bourdieu, ver "Sur le Pouvoir symbolique", artigo citado.

16. Pierre Bourdieu, "La Force du droit", artigo citado.

17. Georges Duby, *L'Histoire de France*, op. cit., p. 288. t. I: *Le Moyen Âge*.

18. Os *juvenes* eram excluídos da partilha dos feudos.

19. Ver, por exemplo, Pierre Bourdieu, "La Délégation et le fétichisme politique", artigo citado.

20. Sobre essa alusão à crítica da onipresença do Estado pelo dramaturgo austríaco, ver notadamente Thomas Bernhard, *Maîtres anciens*. Trad. de Gilberte Lambrichs. Paris: Gallimard, 1988 [1985], p. 34.

21. Quentin Skinner, *Les Fondements de la pensée politique moderne*, op. cit.

22. Louis Gernet, *Les Grecs sans miracle*. Paris: Maspero, 1983. (Trata-se de uma coletânea de textos extraídos de diversas revistas e publicados entre 1903 e 1960.)

23. Catherine Maire (Org.), *Jansénisme et révolution*. Paris: Chroniques de Port-Royal, Bibliothèque Mazarine, 1990.

24. Dale van Kley, "Du Parti jansénisme au parti patriote. L'Ultime sécularisation d'une tradition religieuse à l'époque du chancelier Maupeou (1770-5)". In: ibid., pp. 115-30.

25. Um partido era um clã, uma facção, em geral de base familiar, defendendo os mesmos interesses.

Curso de 5 de dezembro de 1991 [pp. 441-59]

1. François Châtelet, Olivier Duhamel e Évelyne Pisier-Kouchner, *Dictionnaire des oeuvres politiques*. Paris: PUF, 1986. Em 1989, Évelyne Pisier foi nomeada diretora do Livro no Ministério da Cultura.

2. Ver: Pierre Bourdieu, "Les Sciences Sociales et la philosophie", *Actes de la Recherche en Sciences Sociales*, 47-8, pp. 45-52, 1983.

3. Para o conjunto dessa seção, ver: Pierre Bourdieu, "Un Acte désintéressé est-il possible?", loc. cit., mas também o post-scriptum de *Règles de l'art*, op. cit., "Pour un Corporatisme de l'universel", pp. 459-72.

4. Pierre Bourdieu, "Le Champ scientifique", *Actes de la Recherche en Sciences Sociales*, 2-3, pp. 88-104, 1976. Pierre Bourdieu voltará a esse ponto em seu último curso no Collège de France, em 2000-1, que será publicado com o título *Science de la science et réflexivité*. Paris: Raisons d'Agir, 2001.

5. Sentença que supostamente figurou acima da porta de entrada da Academia de Platão.

6. Pierre Bourdieu, *L'Ontologie politique de Martin Heidegger*, op. cit.

7. Gilbert Dagron, "L'Homme sans honneur, ou le saint scandaleux", *Annales HSS*, 4, pp. 929-39, 1998. Na Igreja ortodoxa, o *salos* designa o "louco em Cristo": o asceta que adota voluntariamente o comportamento e a linguagem do louco para alcançar uma perfeição ascética.

8. Ver: Pierre Bourdieu, "Un Fondement paradoxal de la morale". In: *Raisons pratiques*, op. cit., pp. 237-43.

9. James M. Buchanan, "An Economic Theory of Clubs", *Economica*, 32, pp. 1-14, 1965. Esse economista dos Estados Unidos recebeu em 1986 o prêmio Nobel de economia por seus traba-

lhos sobre a "teoria da escolha pública", que desenvolve uma crítica da intervenção pública, referindo-a aos agentes do Estado.

10. Ibid., nota 9.

11. Paul Samuelson, "The Pure Theory of Public Expenditure", *The Review of Economics and Statistics*, 36 (4), pp. 387-9, nov. 1954.

12. Pierre Bourdieu, *La Distinction*, op. cit., p. 182.

13. O filósofo e poeta Johann Gottfried von Herder, considerado o inspirador do movimento romântico *Sturm und Drang*, é também autor de uma definição da nação fundamentada no solo e numa língua comum.

14. A frase do jornalista e parlamentar Jean-Lambert Tallien é mais relatada nestes termos: "Não direi [...] que não há estrangeiro na França senão os maus cidadãos". (Sessão de 27 de março de 1795 da Convenção Nacional, cujos debates são reproduzidos em *Le Moniteur Universel* n. 190, 30 mar. 1795.)

15. Benedict Anderson, *L'Imaginaire national*, op. cit.

16. Os manuais escolares do historiador Ernest Lavisse (1842-1922), entre eles o famoso *Petit Lavisse* para o curso elementar, formaram gerações de escolares inculcando-lhes o espírito patriótico e cidadão celebrado pelos republicanos.

17. "De la Religion civil" é o título do capítulo 8 do livro IV do *Contrat social* de Jean-Jacques Rousseau.

18. Pierre Bourdieu faz talvez referência aqui à obra de Robert N. Bellah, *The Broken Covenant: American Civil Religion in Time of Trial*. Nova York: Seabury, 1975.

19. George L. Mosse, *The Crisis of German Ideology: Intellectual Origins of the Third Reich*. Nova York: Grosset & Dunlap, 1964 (tradução francesa posterior ao curso: *Les Racines intellectuelles du Troisième Reich*. Trad. de Claire Darmon. Paris: Calmann-Lévy, 2006). Ver também: George L. Mosse, *The Nationalization of the Masses: Political Symbolism and Mass Movements in Germany from the Napoleonic Wars through the Third Reich*. Ithaca-Londres: Cornell University Press, 1975.

20. Sobre esse ponto, ver: George L. Mosse, *Les Racines intellectuelles do Troisième Reich*, op. cit., em especial o prefácio de 1964 (pp. 7-13) e o capítulo 2, "La Foi germanique" (pp. 50-72).

21. Alusão à reunificação da Alemanha proclamada em 3 de outubro de 1990.

Curso de 12 de dezembro de 1991 [pp. 460-80]

1. Karl Marx, *Le 18 Brumaire de Louis Bonaparte*. Paris: Éditions Sociales, 1976 [1852].

2. Ver: Pierre Bourdieu, *Choses dites*, op. cit., pp. 27-9.

3. Patrick Champagne, *Faire L'Opinion: Le Nouveau jeu politique*. Paris: Minuit, 1990.

4. Ver notadamente: Pierre Bourdieu e Luc Boltanski, "'À Armes égales': La Parade de l'objectivité et l'imposition de problématique", *Actes de la Recherche en Sciences Sociales*, 2-3, pp. 70-3, 1976; Patrick Champagne, "L'Heure de vérité", *Actes de la Recherche en Sciences Sociales*, 71-2, pp. 98-101, 1988.

5. Ver: Pierre Bourdieu, "La Grève et l'action politique". In: *Questions de sociologie*, op. cit., pp. 251-63.

6. Ver: Pierre Bourdieu, "Pour un Corporatisme de l'universel", loc. cit., pp. 459-72.

7. Pierre Bourdieu e Jean-Claude Passeron, "Sociologues des mythologies et mythologies des sociologues", artigo citado.

8. O curso ocorre no momento do que será chamado posteriormente "as guerras nos Bálcãs" e que produziram, entre outras coisas, a dissolução da Iugoslávia: enquanto a guerra na Eslovênia ocorrera em junho-julho de 1991, a da Croácia tivera início em agosto do mesmo ano, e a guerra na Bósnia ia começar em abril de 1992.

9. Ver a esse respeito o número 124, 1998, de *Actes de la Recherche en Sciences Sociales*: "De l'État social à l'État pénal", e o texto de Loïc Wacquant sobre "L'Amérique comme utopie à l'envers". In: Pierre Bourdieu (Org.), *La Misère du monde*, op. cit., pp. 169-79.

10. Abram de Swaan, *In Care of the State: Health Care, Education and Welfare in Europe and in USA in the Modern Era*. Cambridge: Polity, 1988. Tradução francesa posterior ao curso: *Sous l'Aide protectrice de l'État*. Trad. de Laurent Bury. Paris: PUF, 1995.

11. Durante as manifestações dos alunos de liceu e estudantes contra o projeto de lei Devaquet, do qual uma das medidas consistia em aumentar o valor da inscrição na universidade, o fundador de *Figaro Magazine*, Louis Pauwels, diagnosticara nos jovens manifestantes uma "aids mental".

12. Albert O. Hirschman, *Exit, Voice and Loyalty: Responses do Decline in Firms, Organizations, and States*. Cambridge: Harvard University Press, 1970. Tradução francesa posterior ao curso: *Défection et prise de parole*. Trad. de Claude Besseyrias. Paris: Fayard, 1995.

13. Pierre Bourdieu, "La Société traditionelle: Attitude à l'égard du temps e conduite économique", *Sociologie du Travail*, 1, pp. 24-44, jan./mar. 1963. Republicado em: *Esquisses algériennes*. Paris: Seuil, 2008, pp. 75-98. Ver também: Pierre Bourdieu, *Algérie 60: Structures économiques et structures temporelles*. Paris: Minuit, 1977.

14. Encontra-se essa temática numa intervenção de Pierre Bourdieu por ocasião do movimento social de 1995: "Contre la Destruction d'une civilisation". In: *Contre-feux*. Paris: Raisons d'Agir, 1998. pp. 30-3.

15. Ver: William Ryan, *Blaming the Victim*. Nova York: Pantheon, 1971.

16. Émile Durkheim, "Morale et science des moeurs", em *Textes*, op. cit., t. II, pp. 255 ss.

17. Remi Lenoir, "La Notion d'accident de travail: Un Enjeu de luttes", *Actes de la Recherche en Sciences Sociales*, 32-33, pp. 77-88, 1980.

18. Pierre Bourdieu traduz provavelmente direto do inglês. Sobre as posições de Herbert Spencer a respeito do Estado, ver, por exemplo, *L'Individu contre l'État*. Trad. de J. Gerschel. Paris: Alcan, 1885 [1884]; e *Le Droit d'ignorer l'État*. Trad. de Manuel Devaldès. Paris: Les Belles Lettres, 1993 [1892].

19. Pierre Bourdieu faz provavelmente referência ao artigo de Gerald L. Geison, "Les À-Côtés de l'expérience", *Les Cahiers de Science & Vie*, sobre "Pasteur: La tumultueuse naissance de la biologie moderne", 4, pp. 69-79, ago. 1991. Alguns anos depois, esse autor publicará *The Private Science of Louis Pasteur*, Princeton: Princeton University Press, 1995, que será em seguida citado por Pierre Bourdieu em *Science de la science et réflexivité*, op. cit.

20. Troy Duster, *Backdoor to Eugenics*. Nova York: Routledge, 1990. Tradução francesa posterior ao curso: *Retour à l'eugénisme*. Trad. de Colette Estin. Paris: Kimé, 1992.

21. James Burnham, *L'Ère des organisateurs*. Trad. de Hélène Claireau. Paris: Calmann-Lévy, 1947 [1941].

22. Ver, por exemplo: Éliane Allo, "L'Émergence des probabilités", *Actes de la Recherche en Sciences Sociales*, 54, pp. 77-81, 1984; e "Un Nouvel art de gouverner: Leibniz et la gestion savante de la société par les assurances", *Actes de la Recherche en Sciences Sociales*, 55, pp. 33-40, 1984.

23. Pierre Bourdieu, *L'Ontologie politique de Martin Heidegger*, op. cit.

24. Ver nota 8, p. 467.

25. Remi Lenoir, "Un Reproche vivant", loc. cit.

26. Sobre esse ponto, ver: Pierre Bourdieu, "La Démission de l'État". In: *La Misère du monde*, op. cit., pp. 219-28. Para outros desenvolvimentos, ver: Pierre Bourdieu, "La Main droite et la main gauche de l'État". In: *Contre-feux*, op. cit., pp. 9-17.

27. Hellmut Brunner, "Die religiöse Antwort auf die Korruption im Ägypten". In: Wolfgang Schuller (Org.), *Korruption im Altertum*, Colóquio de Constance. Munique: Oldenburgo, 1982. pp. 71-7.

28. A heresia amarniana designa a reforma religiosa introduzida por Amenofis IV / Akenaton que, em luta contra o clero, impôs o culto exclusivo ao Deus Sol em detrimento do resto do panteão egípcio.

29. No momento do curso, Pierre Bourdieu provavelmente já começou a pesquisar nessa região siderúrgica muito prejudicada economicamente. Ver: Pierre Bourdieu (Org.), *La Misère du monde*, op. cit.

ANEXOS [pp. 481-93]

1. *Science de la science et réflexivité*, op. cit.

2. "Les Robins et l'invention de l'État". In: *La Noblesse d'État*, op. cit., pp. 539-48.

3. "L'État et la construction du marché". In: *Les Structures sociales de l'économie*, op. cit., pp. 113-53. Republicação do artigo "La Construction du marché", *Actes de la Recherche en Sciences Sociales*, 81-2, pp. 65-85, 1990.

4. "Esprits d'État: Genèse et structure du champ bureaucratique", artigo citado; "De la Maison du roi à la raison d'État: Un modèle de la genèse du champ bureaucratique", artigo citado; "Stratégies de reproduction et modes de domination", artigo citado.

5. Ver, por exemplo: "Espace social et pouvoir symbolique". In: *Choses dites*, op. cit., pp. 147-66. Conferência proferida na Universidade de San Diego, mar. 1986; *Réponses*, op. cit., pp. 86-90 (com L. Wacquant); "L'État et la concentration en capital symbolique" (Paris, jan. 1993). In: Bruno Théret (Org.), *L'État, la finance et le social: Souveraineté nationale et construction européenne*. Paris: La Découverte, 1995. pp. 73-105; e sobretudo a intervenção não publicada "Le Sociologue devant l'État", na Association des Sociologues de Langue Française, em outubro de 1982.

6. "De la Maison du roi à la raison d'État: Un modèle de la genèse du champ bureaucratique", artigo citado, p. 55, nota 1.

7. *Leçon sur la leçon*, op. cit.

8. "Les Modes de domination", artigo citado.

9. "Stratégies de reproduction et modes de domination", artigo citado.

10. "La Transmission de l'héritage culturel", em Darras, *Le Partage des bénéfices*, op. cit., pp.

135-54; e "Reproduction culturelle et reproduction sociale", *Informations sur les Sciences Sociales*, x (2), pp. 45-99, abr. 1971.

11. "Le Patronat", artigo citado (com Monique de Saint Martin).

12. "La Sainte Famille: L'Episcopat français dans le champ du pouvoir", *Actes de la Recherche en Sciences Sociales*, 44-45, pp. 2-53, nov. 1982 (com Monique de Saint Martin).

13. "Agrégation et ségrégation: Le Champ des grandes écoles et le champ du pouvoir", *Actes de la Recherche en Sciences Sociales*, 69, pp. 2-50, set. 1987 (com Monique de Saint Martin).

14. "Champ du pouvoir, champ intellectuel et habitus de classe", *Scolies*, 1, pp. 7-26, 1971. Em 1971 ele dá a seguinte definição: "O campo do poder é a estrutura objetiva das relações que se estabelecem entre os sistemas de agentes e as instâncias tendendo a manter a estrutura das relações estabelecidas entre as classes", *Seminários EPHE*. No prelo.

15. "Décrire et Prescrire: Les Conditions de possibilités et les limites de l'efficacité politique", *Actes de la Recherche en Sciences Sociales*, 38, pp. 65-79, maio 1981; *Ce que Parler Veut Dire*, op. cit. Esse livro foi reeditado com complementos em 2001, com o título significativo do objeto estudado: *Langage et pouvoir symbolique*, op. cit. (título da segunda subparte da versão anterior).

16. "L'Opinion n'existe pas", boletim *Noroit*, 155, fev. 1971, reed. In: *Questions de sociologie*, op. cit., pp. 222-5, e sobretudo "Questions de politique", *Actes de Recherche en Sciences Sociales*, 16, pp. 55-89, set. 1977.

17. "La Représentation politique: Éléments pour une théorie du champ politique", *Actes de la Recherche en Sciences Sociales*, 36-37, pp. 3-24, fev./mar. 1981; "La Délégation et le fétichisme politique", ou também "Le Mystère du ministère: Des Volontés particulières à la 'volonté générale'", artigo citado.

18. *Homo academicus*, op. cit., p. 42.

19. "Sur la Science de l'État", *Actes de la Recherche en Sciences Sociales*, 133, pp. 3-9, jun. 2000. Com Olivier Christin, Pierre-Étienne Will.

20. "Esprits d'État: Genèse et structure du champ bureaucratique", artigo citado.

21. "Le Mystère du ministère: Des volontés particulières à la volonté générale", artigo citado.

22. Ver "Pouvoir d'État et pouvoir sur l'État". In: *La Noblesse d'État*, op. cit., pp. 533-59; e os cursos que Bourdieu dedicou ao campo jurídico, ao campo burocrático e ao Estado no Collège de France (1986-92, no prelo), que vários artigos resumem: "La Force du droit: Éléments pour une sociologie du champ juridique", artigo citado; "Un Acte désintéressé est-il possible?", loc. cit.; "Esprits d'État: Genèse et structure du champs bureaucratique", artigo citado; "De la Maison du roi à la raison d'État: Un modèle de la genèse du champ bureaucratique", artigo citado.

23. "La Souffrance", *Actes de la Recherche en Sciences Sociales*, 98, dez. 1991.

24. *La Misère du monde*, op. cit., pp. 340 e 350.

25. "La Main gauche et la main droite de l'État", entrevista com Roger-Pol Droit e Thomas Ferenczi, *Le Monde*, 14 jan. 1992, reed. In: *Contre-feux*, op. cit., pp. 10 e 12.

26. *Interventions (1961-2001)*, *Sciences sociales et actions politiques*. Marseille: Agone, 2002.

27. *Le Sociologue et l'historien*. Marseille: Agone, 2010, p. 90. Com Roger Chartier.

28. "Le Sociologue devant l'État", Association des Sociologues de Langue Française, Paris, out. 1982.

29. Ver notadamente: "Le Mort saisit le vif", artigo citado, p. 7, para um primeiro desenvolvimento crítico sobre a noção de Estado.

30. "Le Sociologue devant l'État", artigo citado.

31. Quanto à relação que Bourdieu mantinha com os historiadores franceses no final dos anos 1980 e no início dos anos 1990, ver "Sur les Rapports entre la sociologie et l'histoire en Allemagne et en France: Entretien avec Lutz Raphael", *Actes de la Recherche en Sciences Sociales*, 106-7, pp. 108-22, mar. 1995.

32. Resumo dos cursos e trabalhos, *Annuaire du Collège de France*, 1988-9. Paris: 1989, p. 431.

33. "Entretien sur l'esprit de recherche, avec Yvette Delsaut". In: Yvette Delsaut e Marie--Christine Rivière, *Bibliographie des travaux de Pierre Bourdieu*. Pantin: Le Temps des Cerises, 2002, p. 224.

Referências bibliográficas

Esta bibliografia dos documentos usados por Pierre Bourdieu nos cursos sobre o Estado foi elaborada a partir de seus arquivos pessoais. Os textos disponíveis e referenciados foram acrescentados aos textos citados durante as sessões do curso.

1. TRABALHOS RELATIVOS AO ESTADO, AO CAMPO DO PODER OU À HISTÓRIA DAS IDEIAS POLÍTICAS

ACTES de la Recherche en Sciences Sociales, número especial "L'Économie de la maison", 81-2, 1990. Com contribuições de Rosine Christin, Salah Bouhedja, Claire Givry e Monique de Saint Martin.

CULTURE et idéologie dans la genèse de l'État moderne (Atas da mesa-redonda organizada pelo CNRS e pela École Française de Rome, 15-17 out. 1984). Roma: École Française de Rome, 1985. Com contribuições de Daniel Arasse, Attilio Bartoli Langeli, Jean-Louis Biget, Jean--Claude Hervé e Yvon Thébert, Marie-Thérèse Bouquet-Boyer, Alain Boureau, Roger Chartier, Michael Clanchy, Janet Coleman, Claudio Finzi, Michèle Fogel, Wilhem Frijhoff, Caria Frova, Claude Gau-Vard, Antonia Gransden, Martine Grinberg, Christian Jouhaud, Christiane Klapisch-Zuber, Jacques Krynen, Jean-Claude Maire-Vigueur, Christiane Marchello-Nizia, Cesare Mozzarelli, Claude Nicolet, Ezio Ornato, Michel Pastoureau, Armando Petrucci, Diego Quaglioni, Gérard Sabatier, Claude Tardits.

DAEDALUS, número especial, "The State", 108 (4), outono 1979. Com contribuições de Clark C. Abt, Hedley Bull, Harry Eckstein, James Fishkin, Richard Haas, Michael Howard, George Armstrong Kelly, Annie Kriegel, John Logue, Douglas Rae.

JOURNAL Officiel de la République Française (Le): Cent Ans au service des citoyens, Paris: Direction des Journaux Officiels, 1981.

NUOVI Argumenti, suplemento italiano-francês do Instituto Cultural Italiano de Paris, "La piazza et la città — La place et la ville", dez. 1985.

REVUE Internationale des Sciences Sociales, número especial "De l'État", 32 (4), 1980. Com contribuições de Nicos Poulantzas, Maurice Godelier, Shmuel N. Eisenstadt, Romila Thapar, Pierre Birnbaum, Aristide R. Zolberg, Guillermo O'Donnell, Issa G. Shirji, Immanuel Wallerstein, Silviu Brucan, Zevin Zalmanovich.

REVUE Nouvelle (La), número especial "Néo-libéralismes", 79 (3), mar. 1984.

ABRAMS, Philip. "Notes on the Difficulty of Studying the State". Journal of Historical Sociology, 1 (1), pp. 59-89, mar. 1988.

AGUESSEAU, Henri François D'. Œuvres. Paris: Les Libraires Associés, 1759.

ALAIN. Le Citoyen contre les pouvoirs. Paris: Sagittaire, 1926.

ALAM, Muzaffar. The Crisis of Empire in Mughal North India: Awadh and the Punjab, 1707-1748. Oxford-Nova Delhi: Oxford University Press, 1986.

ALPHANDÉRY, Claude et al. Pour Nationaliser l'Etat: Réflexions d'un groupe d'études. Paris: Seuil, 1968.

ALTHUSSER, Louis. "Idéologie et appareils idéologiques d'État (Notes pour une recherche)". La Pensée, 151, jun. 1970. Republicado em Positions (1964-75). Paris: Éditions Sociales, 1976. pp. 67-125.

ALTWATER, Elmar. "Some Problems of State Interventionism: The Particularization of the State in Bourgeois Society". In: HOLLOWAY, John; PICCIOTTO, Sol (orgs.). State and Capital: A Marxist Debate. Londres: Edward Arnold, 1978. pp. 40-3.

ALVESSON, Mats. "On Focus in Cultural Studies of Organizations". Scandinavian Journal of Management Studies, 2 (2), pp. 105-20, nov. 1985.

AMINZADE, Ronald, "History, Politics, and the State". Contemporary Sociology, 15 (5), pp. 695-7, 1986. Resenha de: BRIGHT, Charles; HARDING, Susan. Statemaking and Social Movements. Essays in History and Theory. Ann Arbor: University of Michigan Press, 1984.

ANDERSON, Benedict. Imagined Communities: Reflections on the Origin and Spread of Nationalism Londres: Verso, 1983. Tradução francesa posterior ao curso: L'Imaginaire national: Réflexions sur l'origine et l'essor du nationalisme. Trad. de Pierre-Emmanuel Dauzat. Paris: La Découverte, 1996.

ANDERSON, Perry. Les Passages de l'Antiquité au féodalisme. Trad. de Yves Bouveret. Paris: Maspero, 1977 [1974].

_____. L'État absolutiste: Ses origines et ses voies. Trad. de Dominique Niemetz. Paris: Maspero, 1978 [1975]. t. I: L'Europe de l'Ouest; t. II: L'Europe de l'Est.

_____. Arguments within English Marxism. Nova York: Schoecken, 1980.

ANTOINE, Michel. "La Monarchie française de François Iᵉʳ à Louis XVI". In: LE ROY LADURIE, Emmanuel (Dir.). Les Monarchies, Atas do Colóquio de Paris, 8-10 dez. 1981. Paris: PUF, 1986. pp. 185-208.

APTER, David E. "Notes on the Underground: Left Violence and the National State". Daedalus, 108 (4), "The State", pp. 155-72, outono 1979.

ARCHAMBAULT, Paul. "The Analogy of the 'Body' in Renaissance Political Literature". In: *Bibliothèque d'Humanisme et Renaissance.* Genebra: Droz, 1967. t. XXIX: *Travaux et documents,* pp. 21-53.

ARDANT, Gabriel, "La Codification permanente des lois: Règlements et circulaires". *Revue de Droit Public,* pp. 35-70, 1951.

_____. *Technique de l'État: De la Productivité au secteur public.* Paris: PUF, 1953.

_____. *Théorie sociologique de l'impôt.* Paris: SEVPEN, 1965. 2 v.

ARGYRIADES, Demetrios, "Neutralité ou engagement politique: L'Expérience de la fonction publique en Grande-Bretagne". *Bulletin de L'ITAP,* 38, pp. 277-308, abr./jun. 1978. Citado em: CHAGNOLLAUD, Dominique. *L'Invention des hauts fonctionnaires.* Lille: ANRT, 1989. p. 494n.

ARON, Raymond. *Paix et guerre entre les nations.* Paris: Calmann-Lévy, 1962.

ARRIAZA, Armand. "Mousnier and Barber: The Theoretical Underpinning of the 'Society of Orders' in Early Modem Europe". *Past and Present,* 89, pp. 39-57, 1980.

AUBY, Jean-Marie; DRAGO, Roland. *Traité de contentieux administratif.* Paris: LGDJ, 1984. 2 v.

AUTRAND, Françoise. *Naissance d'un grand corps de l'État: Les Gens du Parlement de Paris, 1345--1454.* Paris: Publications de la Sorbonne, 1981.

_____. *Genèse de l'État moderne: Prosopographie et histoire de l'État.* Paris: École Normale Supérieure des Jeunes Filles, 1986. Atas da mesa-redonda organizada pelo CNRS e pela École Normale Supérieure des Jeunes Filles, 22-23 out. 1984.

AYLMER, Gerald E. "The Peculiarities of the English State". *Journal of Historical Sociology,* 3 (2), pp. 91-107, jun. 1990.

BADIE, Bertrand. *Le Développement politique.* 2. ed. Paris: Economica, 1980.

_____. "Contrôle culturel et genèse de l'État". *Revue Française de Science Politique,* 31 (2), pp. 325-42, abr. 1981.

_____. BIRNBAUM, Pierre. "L'Autonomie des institutions politico-administratives: Le Rôle des cabinets des présidents de la République et des Premiers ministres sous la Cinquième République". *Revue Française de Science Politique,* 26 (2), pp. 286-322, 1976.

_____. *Sociologie de l'État.* Paris: Grasset, 1979.

BAKER, Keith M. *Inventing the French Revolution: Essays on Trench Political Culture in the Eighteenth Century.* Cambridge-Nova York: Cambridge University Press, 1990. Tradução francesa posterior ao curso: *Au Tribunal de l'opinion. Essai sur l'imaginaire politique au XVIIIe siècle.* Trad. de Louis Évrard. Paris: Payot, 1993.

BALAZS, Étienne. "Les Aspects significatifs de la société chinoise". *Asiatische Studien,* 6, pp. 79-87, 1952.

_____. *La Bureaucratie céleste: Recherches sur l'économie et la société de la Chine traditionnelle.* Paris: Gallimard, 1968.

BALIBAR, Étienne. "*Es gibt kein en Staat in Europa:* Racisme et politique dans l'Europe d'aujourd'hui". Intervenção no Kongress Migration und Rassismus in Europa, Hamburgo, 27--30 set. 1990, mimeo.

BANCAUD, Alain. "Considérations sur une 'pieuse hypocrisie': Les Magistrats de la Cour de cassation et l'exégèse", mimeo, [19--]. ["Considérations sur une 'pieuse hypocrisie': La Forme des arrest de la Cour de Cassation". *Droit et Société,* 7, 1987, pp. 365-78. Disponível em:

<www.reds.msh-paris.fr/publications/revue/html/ds007/ds007-05.htm>. Acesso em: 26 jun. 2013.]

BANCAUD, Alain. "Une 'Constance mobile': La Haute magistrature". *Actes de la Recherche en Sciences Sociales*, 76-7, pp. 30-48, mar. 1989.

BARBER, Bernard. "Some Problems in the Sociology of the Professions". *Daedalus*, 92, pp. 669-86, 1963.

BARRET-KRIEGEL, Blandine. *L'État et les esclaves*. Paris: Calmann-Lévy, 1979.

_____. *Les Chemins de l'État*. Paris: Calmann-Lévy, 1986.

BERCÉ, Yves-Marie. "Pour une Étude institutionnelle et psychologique de l'impôt moderne". In: GENET, Jean-Philippe; LE MENÉ, Michel (orgs.). *Genèse de l'État moderne*. Paris: Ed. du CNRS, 1987. Atas do Colóquio de Fontevraud, 16-17 nov. 1984.

BERGERON, Gérard. *Fonctionnement de l'État*. 2. ed. Paris: Armand Colin, 1965.

BERNARD, Yves; COSSÉ, Pierre-Yves. *L'État et la prévision macroéconomique*. Paris: Berger-Levrault, 1974.

BIEN, David D. "Les Offices, les corps et le crédit d'État: L'Utilisation des privilèges sous l'Ancien Régime". *Annales ESC*, 43 (2), pp. 379-404, mar./abr. 1988.

BILLETER, Jean-François. "Contribution à une sociologie historique du mandarinat". *Actes de la Recherche en Sciences Sociales*, 15, pp. 3-29, jun. 1977.

BIRNBAUM, Pierre. *La Fin du politique*. Paris: Seuil, 1975.

_____. "La Conception durkheimienne de l'État: L'Apolitisme des fonctionnaires". *Revue Française de Sociologie*, 17 (2), pp. 247-58, 1976.

_____. CHAZEL, François. *Sociologie politique*. Paris: Armand Colin, 1971.

BLOCH, Marc. *Seigneurie française et manoir anglais*. Paris: Armand Colin, 1960 [1934].

_____. *La Société féodale*. Paris: Albin Michel, 1968 [1939].

_____. *Les Rois thaumaturges: Étude sur le caractère surnaturel attribué à la puissance royale, particulièrement en France et en Angleterre*. Paris: Gallimard, 1983 [1924].

BLOCH-LAINÉ, François; VOGÜÉ, Pierre de. *Le Trésor public et le mouvement général des fonds*. Paris: PUF, 1961.

BLOCK, Fred; CLOWARD, Richard A.; EHRENREICH, Berbara et al. *The Mean Season: The Attack on the Welfare State*. Nova York: Pantheon, 1987.

BLUCHE, François. *Les Magistrats du Parlement de Paris au XIIIe siècle, 1715-1771*. Paris: Les Belles Lettres, 1960.

BONNEY, Richard J. "Guerre, fiscalité et activité d'État en France, 1500-1600: Quelques Remarques préliminaires sur les possibilités de recherche". In: GENET, Jean-Philippe; LE MENÉ, Michel (orgs.). *Genèse de l'État moderne*. Paris: Ed. du CNRS, 1987. pp. 193-201. Atas do Colóquio de Fontevraud, 16-17 nov. 1984.

_____. *The European Dynastic States (1494-1660)*. Nova York: Oxford University Press, 1991.

BORGETTO, Michel. "Métaphore de la famille et idéologies". In: *Le Droit non civil de la famille*. Paris: PUF, 1983. pp. 1-21.

BRAIBANT, Guy. *Le Droit administratif français*. Paris: Presses de la Fondation Nationale des Sciences Politiques, 1988. Notadamente o fascículo 1, 1982-3.

BRELOT, Claude J. *La Noblesse réinventée: Nobles de Franche-Comté de 1814 à 1870*. Paris: Les Belles Lettres, 1992.

BRUBAKER, William Rogers. "Immigration, Citizenship, and Nationhood in France and Germany: A Comparative Historical Analysis", Intervenção no Colóquio "Rethinking the Theory of Citizenship" da American Sociological Association, 1990, mimeo.

_____. "Rethinking Nationhood: Nation as Institutionalised Form, Practical Category, Contingent Event", Intervenção no Sociological Research Association Annual Banquet, Miami, 14 ago. 1993, mimeo.

BURAWOY, Michael. "Two Methods in Search of Science: Skocpol versus Trotsky", mimeo, [19--]. [*Theory and Society*, v. 18, n. 6, pp. 759-805, nov. 1989.]

BURDEAU, Georges. *L'État*. Paris: Seuil, 1970.

BURDILLAT, Martine. "La Difficile Démocratisation industrielle: L'Expérience des conseils d'administration des filiales du secteur public", Relatório do Groupement d'Intérêt Public "Mutations industrielles", 10, 15 out. 1987.

BURGUIÈRE, André; REVEL, Jacques (Orgs.). *Histoire de la France*. Paris: Seuil, 1989. t. II.

CARNEIRO, Robert L. "A Theory of the Origins of the State", *Science*, 169, 1970.

_____. "The Chiefdom: Precursor of the State". In: JONES, Grant D.; KAUTZ, Robert (Orgs.). *The Transition to Statehood in the New World*. Cambridge: Cambridge University Press, 1981.

CARNOY, Martin. *The State and Political Theory*. Princeton: Princeton University Press, 1984.

CARRÉ DE MALBERG, Raymond. *Contribution à la théorie générale de l'État*. Paris: Sirey; Ed. du CNRS, 1962 [1920-2].

CASSIRER, Ernst. *Le Mythe de l'État*. Trad. de Bernard Vergely. Paris: Gallimard, 1993 [1946].

CATACH, Nina. "La Bataille de l'orthographe aux alentours de 1900". In: ANTOINE, Gérald; MARTIN, Robert. *Histoire de la langue française, 1800-1914*. Paris: Ed. du CNRS, 1985. t. XIV.

CAZELLES, Raymond. *Société politique, noblesse et couronne sous Jean le Bon et Charles V*. Genebra--Paris: Droz, 1982.

CHAGNOLLAUD, Dominique. *L'Invention des hauts fonctionnaires*. Lille: ANRT, 1989.

CHANDLER, Alfred Dupont. *Strategy and Structure*. Cambridge: MIT Press, 1962. Tradução francesa: *Stratégie et structure de l'entreprise*. Trad. de Philippe Schaufelberger. Paris: Éditions d'Organisation, 1972.

CHAPUS, René. *Droit administratif general*. Paris: Montchrestien, 1987.

CHARLE, Christophe. "Les Grands Corps: Rouge, noir et or", mimeo, [19--]. [In: NORA, Pierre (Dir.). *Les Lieux de mémoire*. Paris: Gallimard, 1992. t. III: *Les France*, v. 2: *Traditions*, pp. 195-235.]

_____. Resenha de: KESSLER, Marie-Christine. *Les Grands Corps de l'État* (Paris: Presses de la Fondation Nationale des Sciences Politiques, 1986). *Annales ESC*, 42 (5), pp. 1177-9, 1987.

_____. "Où en Est l'Histoire sociale des élites et de la bourgeoisie?: Essai de bilan critique de l'historiographie contemporaine". *Francia: Forschungen zur Westeuropäischen Geschichte*, 18 (3), pp. 123-34, 1991.

CHARTIER, Jean-Luc. *De Colbert à l'Encyclopédie*. Montpellier: Presses du Languedoc-Max Chaleil Éditeur, 1988. t. I: *Henri Daguesseau, conseiller d'État, 1635-1716*.

CHARTIER, Roger; REVEL, Jacques. "Université et société dans l'Europe moderne: position des problèmes". *Revue d'Histoire Moderne et Contemporaine*, 25, pp. 353-74, jul./set. 1978.

CHAUNU, Pierre; GASCON, Richard. *L'État et la ville*. In: BRAUDEL, Fernand; LABROUSSE, Ernest (Orgs.). *Histoire économique et sociale de la France*. Paris: PUF, 1977. t. I: *De 1450 à 1660*, v. 1.

CHERUEL, Adolphe. *Histoire de l'administration monarchique en France depuis l'avènement de Philippe Auguste jusqu'à la mort de Louis XIV*. Genebra: Slatkine, 1974 [1855].

CHEVALLIER, Jean-Jacques. *Histoire de la pensée politique*. Paris: Payot, 1979-84. 3 t.

CHIROT, Daniel. "Ideology and Legitimacy in Eastern Europe". *States and Social Structures Newsletter*, 4, pp. 1-4, primavera 1987.

CHURCH, William Farr. *Constitutional Thought in Sixteenth-Century France: A Study in the Evolution of Ideas*. Cambridge: Harvard University Press, 1941.

CITRON, Suzanne. "Enseignement secondaire et idéologie élitiste entre 1880 et 1914". *Le Mouvement Social*, 96, pp. 81-101, jul./set. 1976.

CONSTANT, Jean-Marie. "Clans, partis nobiliaires et politiques au temps des guerres". In: GENET, Jean-Philippe; LE MENÉ, Michel (Orgs.). *Genèse de l'État moderne*. Paris: Ed. du CNRS, 1987. pp. 221-6. Atas do Colóquio de Fontevraud, 16-17 nov. 1984.

CORONIL, Fernando; SKURSKI, Julie. "Reproducing Dependency: Auto Policy and Petrodollar Circulation in Venezuela". *International Organization*, 36, pp. 61-94, 1982.

CORRIGAN, Philip; SAYER, Derek. *The Great Arch: English States Formation as Cultural Revolution*. Oxford-Nova York: Blackwell, 1985.

COULBORN, Rushton (Org.). *Feudalism in History*. Princeton: Princeton University Press, 1956. Com contribuições de Joseph R. Strayer, Williams F. Edgerton e Edwin O. Reischauer.

CROUZET, Denis. "Recherches sur la crise de l'aristocratie en France au XVIe siècle: Les Dettes de la Maison de Nevers". *Histoire, Économie et Société*, 1, pp. 7-50, 1982.

CROZIER, Michel. *État modeste, État moderne: Stratégie pour un autre changement*. Paris: Seuil, 1991 [1987].

_____. FRIEDBERG, Erhard; GRÉMION, Catherine; GRÉMION, Pierre; THOENIG, Jean-Claude; WORMS, Jean-Pierre. *Où Va l'Administration française?*. Paris: Éditions d'Organisation, 1974.

CUNÉO, Bernard. "Le Conseil d'administration et les rapports État/entreprise à Air France". Rapport du Groupement d'intérêt public "Mutations industrielles", 9, 15 set. 1987.

DALE, Harold E. *The Higher Civil Service of Great Britain*. Oxford: Oxford University Press, 1941.

DARBEL, Alain; SCHNAPPER, Dominique. *Les Agents du système administrative*. Haia: Mouton, 1969.

DAY, C. Rod. "The Making of Mechanical Engineers in France: The École des Arts et Métiers, 1903-1914". *French Historical Studies*, 10 (3), pp. 439-60, primavera 1978.

DE JASAY, Anthony. *The State*. Oxford: Basil Blackwell, 1985. Tradução francesa posterior ao curso: *L'État: La Logique du pouvoir politiquei*. Trad. de Sylvie Lacroix e François Guillaumat. Paris: Les Belles Lettres, 1993.

DESSERT, Daniel; JOURNET, Jean-Louis. "Le Lobby Colbert: Un Royaume ou une affaire de famille?". *Annales ESC*, 30, pp. 1303-36, 1975.

DEWALD, Jonathan. *The Formation of a Provincial Nobility: The Magistrates of the Parlement of Rouen, 1499-1610*. Princeton: Princeton University Press, 1980.

DOUGLAS, Mary. *How Institutions Think*. Siracusa: Syracuse University Press, 1986. Tradução francesa posterior ao curso: *Comment Pensent les Institutions*. Trad. de Anne Abeille. Paris: La Découverte; MAUSS, 1999.

DUBERGÉ, Jean. *La Psychologie sociale de l'impôt dans la France d'aujourd'hui*. Paris: PUF, 1961.

DUBY, Georges. *Le Chevalier, la femme et le prêtre: Le Mariage dans la France féodale*. Paris: Hachette, 1981. Reed. in: *Féodalité*. Paris: Gallimard, "Quarto", pp. 1161-381, 1996.

DUCCINI, Hélène. "Un Aspect de la propagande royale sous les Bourbons: Image et polémique". In: *Culture et idéologie dans la genèse de l'État moderne*. Roma: École Française de Rome, pp. 211-29, 1985. Atas da mesa-redonda organizada pelo CNRS e a École Française de Rome, 15-17 out. 1984.

_____. *Histoire de France*. Paris: Hachette, 1987. t. I: *Le Moyen Age, de Hugues Capet a Jeanne d'Arc (987-1460)*. Reed.: "Pluriel", 2009.

DUFOUR, Alfred. "De l'École du droit naturel à l'école du droit historique: Étude critique pour le bicentenaire de la naissance de Savigny". *Archives de Philosophie du Droit*, 26, [Paris, Sirey], 1981.

_____. "La Théorie des sources du droit dans l'école du droit historique". *Archives de Philosophie du Droit*, 27, [Paris, Sirey], 1981.

DUGUIT, Léon. *Traité de droit constitutionnel*. 3. ed. Paris: De Boccard, 1927. t. I.

DUMÉZIL, GEORGES. *Mitra-Varuna: Essai sur deux représentations indoeuropéennes de la souveraineté*. Paris: PUF, 1940.

_____. *Mythe et épopée*. Paris: Gallimard, 1968. t. I: *L'Idéologie des trois fonctions dans les épopées des peuples indo-européens*. Reed.: "Quarto", 1995.

DUPONT-FERRIER, Gustave. *La Formation de l'État français et l'unité française*. 3. ed. Paris: Armand Colin, 1946 [1934].

DUPUY, François; THOENIG, Jean-Claude. *Sociologie de l'administration française*. Paris: Armand Colin, 1983.

DURKHEIM, Émile. "L'État". In: *Textes*. Paris: Minuit, 1975. t. III, pp. 172-8.

ECKSTEIN, Harry. *Division and Cohesion in Democracy: A Study of Norway*. Princeton: Princeton University Press, 1966.

_____. "On the 'Scienc'" of the State". *Daedalus*, número especial "The State", 108 (4), outono 1979.

_____; APTER, David E. *Comparative Politics. A Reader*. Nova York: Free Press of Glencoe, 1963.

ECKSTEIN, Harry; GURR, Ted Robert. *Patterns of Authority: A Structural Basis for Political Inquiry*. Nova York: Wiley-Interscience, 1975.

EGRET, Jean. "L'Aristocratie parlementaire française à la fin de l'Ancien Régime". *Revue Historique*, 208, pp. 1-14, 1952.

EISENSTADT, Shmuel Noah. *The Political System of Empires*. Nova York: Free Press of Glencoe, 1963.

ELIAS, Norbert. *Über den Prozess der Zivilisation*. Basileia: Haus zum Falken, 1939. Tradução francesa: *La Civilisation des mœurs*. Trad. de Pierre Kamnitzer. Paris: Calmann-Lévy, 1973, reed.: "Pocket", 1989; e *La Dynamique de l'Occident*. Trad. de Pierre Kamnitzer. Paris: Calmann-Lévy, 1976, reed.: "Pocket", 1990.

_____. *La Société de cour*. Trad. de Pierre Kamnitzer. Paris: Calmann-Lévy, 1974 [1969]. Reed.: Flammarion, "Champs", 1984.

ELLIOT, John H. "Concerto Barroco". *New York Review of Books*, 34 (6), 9 abr. 1987. Resenha de: MAPAVALL, José Antonio. *Culture of the Baroque: Analysis of a Historical Structure*. Minneapolis: University of Minnesota Press, 1986.

ELSTER, Jon. "Négation active et négation passive: Essai de sociologie ivanienne". *Archives Européennes de Sociologie*, 21 (2), pp. 329-49, 1980. A propósito de: ZINOVIEV, Alexandre. *Les*

Hauteurs béantes. Lausanne: L'Âge d'Homme, 1977, e *L'Avenir radieux*. Lausanne: L'Âge d'Homme, 1978.

ENGELS, Friedrich. "Lettre à Conrad Schmidt". In: *Lettres sur* Le Capital. Paris: Éditions Sociales, 1964. pp. 366-72.

ESMEIN, Adhémar. *Histoire de la procédure criminelle en France et spécialement de la procédure inquisitoire, depuis le XIIe siècle jusqu'à nos jours*. Paris: Larose, 1882. Reed.: Panthéon-Assas, 2010.

EVANS, Peter B. *Embedded Autonomy: States and Industrial Transformation*. Princeton: Princeton University Press, 1995.

_____; RUESCHEMEYER, Dietrich; SKOCPOL, Theda (Orgs.). *Bringing the State Back in*. Cambridge: Cambridge University Press, 1985.

FERRARESI, Franco. "Le Élites periferiche dello Stato: Il Quadro comparative La burocrazia centrale", mimeo, [19--]. [Milão: Progetto, 1985.]

FINER, Samuel E. "State and Nation-Building in Europe: The Role of the Military". In: TILLY, Charles (Org.). *The Formation of National States in Western Europe*. Princeton: Princeton University Press, 1975. pp. 84-163.

_____. *Five Constitutions*. Brighton: Harvester Press, 1979.

FOGEL, Michèle. "Modèle d'État et modèle social de dépenses: Les Lois somptuaires en France de 1545 à 1560". In: GENET, Jean-Philippe; LE MENÉ, Michel (Orgs.). *Genèse de l'État moderne*. Paris: Ed. du CNRS. pp. 227-35, 1987. Atas do Colóquio de Fontevraud, 16-17 nov. 1984.

FOUCAULT, Michel. "La Gouvernementalité". *Actes. Les Cahiers d'Action Juridique*, 54, número especial "La Gouvememementalité. Foucault hors les murs", verão 1986.

FOUGEYROLLAS, Pierre. *La Nation: Essor et déclin des sociétés moderns*. Paris: Fayard, 1987.

FRANKEL, Boris. "Marxian Theories of the State: A Critique of orthodoxy". *Arena Monograph* (Melbourne), 3, pp. 1-64, 1978.

FRÊCHE, Georges; SUDREAU, Jean. *Un Chancelier gallican: D'Aguesseau, et un cardinal diplomate: François Joachim de Pierre de Bernis*. Paris: PUF, 1969.

FRIEDBERG, Erhard. "Generalized Political Exchange and Interorganizational Analysis", Workshop sobre "Political Exchange: between Governance and Ideology" organizado por Bernd Marin e Alessandro Pizzorno, Abadia Fiesolana. Florença, 15-18 dez. 1986, mimeo.

FRIJHOFF, Wilhem; JULIA, Dominique. "L'Éducation des riches: Deux Pensionnats, Belley et Grenoble". *Cahiers d'Histoire*, 21 (1-2), pp. 105-31, 1976.

_____. "Les Grands Pensionnats de l'Ancien Régime à la Restauration". *Annales Historiques de la Révolution française*, 243, pp. 153-98, jan./mar. 1981.

FURET, François; OZOUF, Mona (Orgs.). *Dictionnaire critique de la Révolution Française*. Paris: Flammarion, 1988.

FUSSMAN, Gérard. "Le Concept d'empire dans l'Inde ancienne". In: DUVERGER, Maurice (Org.). *Le Concept d'empire*. Paris: PUF, 1980. pp. 378-96.

_____. "Pouvoir central et régions dans l'Inde ancienne: Le Problème de l'empire maurya". *Annales ESC*, 4, pp. 621-47, jul./ago. 1982.

GARELLI, Paul; DURAND, Jean-Marie; GONNET, Hatice et al. *Le Proche-Orient asiatique*. Paris: PUF, 1969. t. I: *De ses Origines aux invasions des peuples de la mer*.

GAUDEMET, Paul-Marie. *Le* Civil Service *britannique*. Paris: Presses de la Fondation Nationale des Sciences Politiques, 1952.

GELLNER, Ernest. *Nations et nationalisme*. Trad. de Bénédicte Pineau. Paris: Payot, 1989 [1983].

GENET, Jean-Philippe; VINCENT, Bernard (Orgs.). *État et Église dans la genèse de l'État moderne*. Madri: Casa de Velázquez, 1986. Atas do Colóquio organizado pelo CNRS e a Casa de Velázquez, Madri, 30 nov./1 dez. 1984.

GENET, Jean-Philippe; LE MENÉ, Michel (Orgs.). *Genèse de l'État moderne: Prélèvement et redistribution*. Paris: Ed. du CNRS, 1987. Atas do Colóquio de Fontevraud, 16-17 nov. 1984.

GENET, Jean-Philippe (Org.). *L'État moderne, genèse: Bilans et perspectives*. Paris: Ed. du CNRS, 1990. Colóquio do CNRS, 19-20 set. 1988.

GERNET, Jacques. "Histoire sociale et intellectuelle de la Chine", mimeo, [19--]. [*Annuaire du Collège de France*, Paris, 1981-2, pp. 579-85.]

_____. "Fondements et limites de l'État en Chine", mimeo, [19--].

_____. "L'Homme ou la paperasse: Aperçu sur les conceptions politiques de T'Ang Chen, 1630--1704". In: EIKEMEIER, Dieter; FRANKE, Herbert (Orgs.). *State and Law in East Asia*. Wiesbaden: Harrassowitz, 1981. pp. 112-25.

_____. "Clubs, cénacles et sociétés dans la Chine des XVIᵉ et XVIIᵉ siècles". Conferência proferida durante a sessão pública anual de 21 de novembro de 1986. Paris: Institut de France, 1986.

GORDON, Robert W. "'The Ideal and the Actual in the Law': Fantasies and Practices of New York City Lawyers, 1870-1910". In: GAWALT, Gerard W. (Org.). *The New High Priests: Lawyers in Post-Civil War America*. Westport: Greenwood, 1984. pp. 51-74.

GOUBERT, Pierre. *L'Ancien Régime*. Paris: Armand Colin, 1963.

GRAMSCI, Antonio. *Cahiers de prison. 3, Cahiers 10, 11, 12 et 13*. Trad. de Paolo Fulchignoni et al. Paris: Gallimard, 1978 [1975].

GRAWITZ, Madeleine; LECA, Jean (orgs.). *Traité de science politique*. Paris: PUF, 1985.

GRÉMION, Pierre. *Le Pouvoir périphérique: Bureaucrates et notables dans le système politique français*. Paris: Seuil, 1976.

GRIFFIN, Larry J.; DEVINE, Joel A.; WALLACE, Michael. "Accumulation, Legitimation and Politics: Neo--marxist Explanation of the Growth of Welfare Expenditures in the United States since the Second World War", manuscrito, [19--]. ["Accumulation, Legitimation, and Politics: The Growth of Welfare Expenditures in the United States since the Second World War". *American Sociological Association*, Toronto, ago. 1981.]

GUENÉE, Bernard. "L'Histoire de l'État en France à la fin du Moyen Âge vue par les historiens français depuis cent ans". *Revue Historique*, 232, pp. 331-60, 1964.

_____. *L'Occident aux XIVᵉ et XVᵉ siècles: Les États*. 2. ed. Paris: PUF, 1981 [1971].

GUSFIELD, Joseph R. *The Culture of Public Problems: Drinking-Driving and the Symbolic Order*. Chicago-Londres: University of Chicago Press, 1981. Tradução francesa posterior ao curso: *La Culture des problèmes publics: L'Alcool au volant: la production d'un ordre symbolique*. Trad. de Daniel Cefaï. Paris: Economica, 2009.

HABERMAS, Jürgen. *Legitimation Crisis*. Trad. de Thomas McCarthy. Boston: Beacon, 1975 [1973].

HALL, John A. *Powers and Liberties: The Causes and Consequences of the Rise of the West*. Oxford: Basil Blackwell, 1985.

_____. (Org.). *States in History*. Oxford: Basil Blackwell, 1986.

HAMELIN, Jacques; DAMIEN, André. *Les Règles de la profession d'avocat*. Paris: Dalloz, 1987.

HANLEY, Sarah. "Engendering the State: Family Formation and State-Building in Early Modern France". *French Historical Studies*, 16 (1), pp. 4-27, primavera 1989.

_____. *Le Lit de justice des rois de France: L'Idéologie constitutionnelle dans la légende, le rituel et le discours*. Trad. de André Charpentier. Paris: Aubier, 1991 [1983].

HARRIS, Gerald L. *King, Parliament and Public Finance in Medieval England to 1369*. Oxford: Clarendon, 1975.

HARSANYI, John C. "Measurement of Social Power in n-Person Reciprocal Power Situations", *Behavioral Science*, 7 (1), pp. 81-91, jan. 1962.

HASKELL, Francis. "L'Art et le langage de la politique", *Le Débat*, 44, pp. 106-17, 1987.

_____. *Past and present in art and taste*. New Haven: Yale University Press, 1987.

HAY, Douglas; LINEBAUGH, Peter; THOMPSON, Edward P. (Orgs.). *Albion's Fatal Tree: Crime and Society in Eighteenth-Century England*. Londres: Allen Lane, 1975.

HEGEL, Georg Wilhelm. *La Phénoménologie de l'esprit*. Trad. de Jean Hyppolite. Paris: Aubier-Montaigne, 1939 [1807]. t. 1.

HELD, David (Org.). *States and Societies*. Nova York: New York University Press, 1983.

HÉLIE, Faustin. *Traité de l'instruction criminelle*. Paris: H. Plon, 1866. t. I.

HENRY, Louis. "Perspectives d'évolution du personnel d'un corps". *Population*, 2, pp. 241-69, mar./ abr. 1975.

HILTON, Rodney H. "Resistance to Taxation and to Other State Imposition in Medieval England". In: GENET, Jean-Philippe; LE MENÉ, Michel (Orgs.). *Genèse de l'État moderne*. Paris: Ed. du CNRS, 1987. pp. 169-77. Atas do Colóquio de Fontevraud, 16-17 nov. 1984.

HIRSCH, Joachim. *Staatsapparat und Reproduktion des Kapitals*. Frankfurt: Suhrkamp, 1974.

_____. "The State Apparatus and Social Reproduction: Elements of a Theory of the Bourgeois State". In: HOLLOWAY, John; PICCIOTTO, Sol (Orgs.). *State and Capital: A Marxist Debate*. Londres: Edward Arnold, 1978. pp. 57-108.

HIRSCHMAN, Albert O. "How Keynes Was Spread from America". *States and Social Structures Newsletter*, 10, pp. 1-8, primavera 1989.

HOPKINS, Keith. *Conquerors and Slaves*. Cambridge: Cambridge University Press, 1978.

HOSTON, Germaine A. "Conceptualizing Bourgeois Revolution: The Prewar Japanese Left and the Meiji Restoration". *Comparative Studies in Society and History*, 33 (3), pp. 539-81, 1991.

HUNT, Lynn. *Politics, Culture and Class in the French Revolution*. Berkeley-Los Angeles: University of California Press, 1984.

HUNTER, Floyd. *Community Power Structure: A Study of Decision Makers*. Chapel Hill: University of North Carolina Press, 1953.

HURST, James W. *The Growth of American Law: The Law Makers*. Boston: Little Brown, 1950.

JESSOP, Bob. "Putting States in Their Place: State Systems and State theory". Texto apresentado no Historical Sociology Workshop. University of Chicago, nov. 1988, mimeo.

JOBERT, Bruno; MULLER, Pierre. *L'État en action: Politiques publiques et corporatismes*. Paris: PUF, 1987.

JOBERT, Bruno; THÉRET, Bruno. "La Conversion républicaine du néolibéralisme". In: JOBERT, Bruno (Org.). *Le Tournant néo-libéral en Europe*. Paris: L'Harmattan, 1994. pp. 21-85.

JOHNSON, Terence J. *Professions and Power*. Londres: Macmillan, 1972.

JOUANNA, Ariette. *Le Devoir de révolte: La Noblesse française et la gestation de l'État moderne* (*1559-*
-1661). Paris: Fayard, 1989.

KANTOROWICZ, Ernst H. *Les Deux Corps du roi*. Trad. de Jean-Philippe e Nicole Genet. Paris: Gallimard, 1989 [1957].

_____. "*Pro Patria Mori* in mediaeval political thought". In: *Selected Studies*. Locust Valley: J. J.
Augustin, 1965.

_____. "Kingship under the Impact of Scientific Jurisprudence". In: *Selected Studies*. Locust
Valley: J. J. Augustin, 1965. pp. 151-66. Tradução francesa: "La Royauté médiévale sous
l'impact d'une conception scientifique du droit". *Philosophie*, 20, pp. 48-72, outono 1988.

_____. "Mysteries of State: An Absolutist Concept and its Late Mediaeval Origins". In: *Selected
Studies*. Locust Valley: J. J. Augustin, 1965. Tradução francesa: "Mystères de l'État: Un Concept absolutiste et ses origines médiévales, bas Moyen Âge". In: *Mourir pour la patrie et autres textes*. Trad. de Laurent Mayali e Anton Schütz. Paris: PUF, 1984 [1961].

_____. "La Souveraineté de l'artiste: Notes sur quelques maximes juridiques et les théories de
l'art à la Renaissance". In: *Mourir pour la patrie et autres textes*. Trad. de Laurent Mayali e
Anton Schütz. Paris: PUF, 1984. pp. 31-57.

KARPIK, Lucien. "Avocat: une nouvelle profession?". *Revue Française de Sociologie*, 26, pp. 571-600,
1985.

KATZNELSON, Ira; PIETRYKOWSKI, Bruce. "Rebuilding the American State: Evidence from the 1940s".
Studies in American Political Development, 5, pp. 301-39, outono 1991.

KEANE, John. *Public Life and Late Capitalism*. Cambridge: Cambridge University Press, 1984.

KELLEY, Donald R. *The Beginning of Ideology: Consciousness and Society in the French Reformation*.
Cambridge: Cambridge University Press, 1981.

KELSALL, Roger K. *Higher Civil Servants in Britain: From 1870 to the Present Day*. Londres: Routledge & Kegan Paul, 1955.

_____. "Recruitment to the Higher Civil Service: How Has the Pattern Changed?". In: STAN-
WORTH, Philip; GIDDENS, Anthony (Orgs.). *Elites and Power in British Society*. Londres:
Cambridge University Press, 1974.

KEOHANE, Nannerl O. *Philosophy and the State in France: The Renaissance to the Enlightenment*.
Princeton: Princeton University Press, 1980.

KIERNAN, Victor J. "State and Nation in Western Europe". *Past and Present*, 31, pp. 20-38, jul. 1963.

KINGSLEY, Donald J. *Representative Bureaucracy*. Yellow Springs: Antioch, 1944.

_____ ; STAHL, Glenn O.; MOSHER, William E. *Public Personnel Administration*. 3. ed. Nova York:
Harper, 1950. 5. ed., 1962.

KLEIMAN, Ephraïm. "Fear of Confiscation and Redistribution: Notes towards a Theory of Revolution and Repression". Comunicação apresentada no seminário do Institute for International Economic Studies, Estocolmo, 1983.

KLEIN, Jacques-Sylvain. "La Procédure des fonds de concours ou l'art de tourner les règles budgé-
taires". *La Revue Administrative*, pp. 466-71, set./out. 1981.

KOHLI, Atul. "The State and Development". *States and Social Structures Newsletter*, Social Science
Research Council, 6, pp. 1-5, 1988.

LAFFONT, Jean-Jacques. "Hidden Gaming in Hierarchies: Facts and Models". *The Economie Record*,
64 (187), pp. 295-306, 1988.

_____. "Analysis of Hidden Gaming in a Three-Level Hierarchy". *The Journal of Law, Economies, and Organization*, 6 (2), pp. 301-24, 1990.

LAITIN, David B.; LUSTICK, Ian S. "Hegemony, Institutionalization and the State", mimeo, [19--].

_____. "Hegemony and the State", *States and Social Structures Newsletter*, 9, pp. 1-8, inverno 1989.

lATTIMORE Owen. "Feudalism in History". *Past and Present*, 12, pp. 50-7, nov. 1957. Resenha de: COULBORN, Rushton. *Feudalism in History*. Princeton: Princeton University Press, 1956.

_____. *Studies in Frontier History*, Collected Papers *1928-1958*. Paris-Haia: Mouton, 1962.

LAUMANN, Edward O. *Bonds of Pluralism: The Form and Substance of Urban Social Networks*. Nova York: Wiley, 1973.

_____; PAPPI, Franz U. *Networks of Collective Action: A Perspective on Community Influence Systems*. Nova York: Academic Press, 1976.

LAUMANN, Edward O.; KNOKE, David. *The Organizational State*. Madison: University of Wisconsin Press, 1988.

LECA, Jean; BOUVIER, Jean; MULLER, Pierre; NIZARD, Lucien; BAREL, Yves; NICOLAI, André; HERMANN--ORIGET, Claude; LEYRAL, René; GOTTELMANN, Gabriele. "Recherches sur l'État: Élaboration d'un bilan interdisciplinaire des travaux concernant l'État français d'aujourd'hui". Relatório do Institut d'Études Politiques CERAT, Commissariat général du Plan, CORDES, 1980. t. I.

LEFF, Gordon. *History and Social Theory*. Londres: Merlin, 1969.

LEGENDRE, Pierre. "Histoire de la pensée administrative". In: AUBY, J. M. et al. *Traité de science administrative*. Paris: Mouton, 1966.

_____. "La Facture historique des systèmes: Notations pour une histoire comparative du droit administratif français". *Revue Internationale de Droit Comparé*, 23 (1), pp. 5-47, jan./mar. 1971.

LE GOFF, Jacques. "L'État et les pouvoirs". In: BURGUIÈRE, André; REVEL, Jacques (Orgs.). *Histoire de la France*. Paris: Seuil, 1989. t. II.

LENIN, Vladimir. "De l'État". Conferência de 11 de julho de 1919 na Universidade de Sverdlov. Texto integral disponível em: <marxists.org>.

lENOIR, Remi. "Un Reproche vivant: Entretien avec un magistrat". In: BOURDIEU, Pierre (Org.). *La Misère du monde*. Paris: Seuil, 1993. pp. 465-92.

LE PAIGE, Louis Adrien. *Lettres historiques sur les fonctions essentielles du Parlement, sur le droit des pairs et sur les lois fondamentales du royaume*. Amsterdam: Aux Dépens de la Compagnie, 1753-4. 2 v.

LE PORS, Anicet. *L'État efficace*. Paris: Robert Laffont, 1985.

lEVENSON, Joseph Richmond. *Confucian China and its Modern Fate: A Trilogy*. Berkeley: University of California Press, 1958-65. 3 t.

lEWIS, Andrew W. *Le Sang royal: La Famille capétienne et l'État, France, X^e-XIVe siècles*. Trad. de Jeannie Carlier. Paris: Gallimard, 1986 [1981].

LIEBERMAN, Jethro K. *The Tyranny of Experts: How Professionals are Closing the Open Society*. Nova York: Walker, 1970.

LINDBLOM, Charles E. *Politics and Markets*. Nova York: Basic Books, 1977.

LINDENBERG, Siegwart; COLEMAN, James S.; NOWAK, Stefan (Orgs.). *Approaches to Social Theory*. Nova York: Russell Sage Foundation, 1986.

LIPIETZ, Alain. "Crise de l'État-providence: idéologies, réalités et enjeux pour la France des années 1980", Intervenção no Congresso da Société Québécoise de Science Politique "Crise économique, transformations politiques et changements idéologiques", Trois-Rivières, maio 1983, Documento CEPREMAP, 8306, 1983.

LOWI, Theodore J. "The Reason of the Welfare State: An Inquiry into Ethical Foundations and Constitutional Remedies", mimeo, [19--].

LOWIE, Robert H. *The Origin of the State*. Nova York: Harcourt, Brace & Co, 1927.

LOYSEAU, Charles. *Traité des ordres et simples dignités*. Châteaudun, pour Abel L'Angelier, 1610.

MACPHERSON, Crawford B. "Do We Need a Theory of the State?". *Archives Européennes de Sociologie*, 18 (2), pp. 223-44, 1977.

MAIRE, Catherine (Org.). *Jansénisme et révolution*. Paris: Chroniques de Port-Royal, Bibliothèque Mazarine, 1990. Atas do Colóquio de Versailles realizado no Palais des Congrès, 13 e 14 out. 1989.

MAITLAND, Frederic W. *English Law and the Renaissance*. Cambridge: Cambridge University Press, 1901.

_____. *The Constitutional History of England: A Course of Lectures Delivered*. Cambridge: Cambridge University Press, 1948 [1908].

_____. *Equity: The Forms of Action at Common Law*. Cambridge: Cambridge University Press, 1913.

MANLEY, John. "Neopluralism: a Class Analysis of Pluralism I and Pluralism II". *American Political Science Review*, 77, pp. 368-84, 1983.

MANN, Michael. "States, Ancient and Modern". *Archives Européennes de Sociologie*, número especial sobre o Estado, 28 (2), pp. 262-98, 1977.

_____. "The Autonomous Power of the State: Its Origins, Mechanisms and Results". *Archives Européennes de Sociologie*, 25 (1), pp. 185-213, 1984.

_____. *The Sources of Social Power*. Cambridge: Cambridge University Press, 1986. vol. 1: *A History of Power from the Beginning to AD 1760*.

MANTRAN, Robert. *L'Empire ottoman, du XVIe au XVIIIe siècle: Administration, économie, société*. Londres: Variorum, 1984.

_____. (Org.). *Histoire de l'empire ottoman*. Paris: Fayard, 1989.

MARION, Marcel (Org.). *Dictionnaire des institutions de la France aux XVIIe et XVIIIe siècles*. Paris: Picard, 1972 [1923].

MARSCH, Robert M. "The Venality of Provincial Office in China and in Comparative Perspective". *Comparative Studies in Society and History*, 4, pp. 464-6, 1962.

MCCLELLAND, Charles E. "Structural Change and Social Reproduction in German Universities, 1870-1920". *History of Education*, 15 (3), pp. 177-93, 1986.

MEISEL, James H. *The Myth of the Ruling Class*. Ann Arbor: University of Michigan Press, 1962.

MEMMI, Dominique. "Savants et maîtres à penser: La Fabrication d'une morale de la procréation artificielle". *Actes de la Recherche en Sciences Sociales*, 76-7, pp. 82-103, mar. 1989.

MESNARD, Pierre. *L'Essor de la philosophie politique au XVIe siècle*. Paris: Vrin, 1969.

MICHELS, Roberto. *Les Partis politiques: Essai sur les tendances oligarchiques des démocraties*. Trad. de Samuel Jankélévitch. Paris: Flammarion, 1914 [1911].

MILIBAND, Ralph. *The State in Capitalist Society: An Analysis of the Western System of Power*. Nova York: Basic Books, 1978 [1969].

MILLER, Benjamin. "The Colonial Polo Club: An Examination of Class Processes in the Suburban--Rural Fringe". In: MULLINGS, Leith (Org.). *Cities of the United States*. Nova York: Columbia University Press, 1987. pp. 198-218.

MILLER, Delbert C. "Power, Complementary, and the Cutting Edge of Research". *Sociological Focus*, 1 (4), pp. 1-17, verão 1968.

MILLS, Charles Wright. *The Power Elite*. Nova York: Oxford University Press, 1956. Tradução francesa: *L'Élite du pouvoir*. Trad. de André Chassigneux. Paris: Maspero, 1959.

MOORE, Barrington. *Les Origines sociales de la dictature et de la démocratie*. Trad. de Pierre Clinquart. Paris: Maspero, 1983 [1966].

MOSSE, George L. *The Crisis of German Ideology: Intellectual Origins of the Third Reich*. Nova York: Grosset & Dunlap, 1964. Tradução francesa posterior ao curso: *Les Racines intellectuelles du Troisième Reich*. Trad. de Claire Darmon. Paris: Calmann-Lévy, 2006.

MOUSNIER, Roland. *La Vénalité des offices sous Henri IV et Louis XIII*. Rouen: Maugard, 1945.

_____. "Le Trafic des offices à Venise". *Revue Historique de Droit Français et Étranger*, 30 (4), pp. 552-65, 1952.

_____. *La Plume, la faucille et le marteau: Institutions et société en France du Moyen Âge à la Révolution*. Paris: PUF, 1970.

_____. "La Fonction publique en France du début du XVIᵉ siècle à la fin du XVIIIᵉ siècle". *Revue Historique*, 530, abr./jun. 1979.

_____. *Les Institutions de la France sous la monarchie absolue, 1598-1789*. Paris: PUF, 1974. t. I: *Société et État*; Paris: PUF, 1980. t. II: *Les Organes de l'État et la société*.

MÜLLER, Wolfgang; NEUSUSS, Christel. "The Illusion of State Socialism and the Contradiction between Wage Labor and Capital". *Telos*, 25, pp. 13-91, outono 1975.

MURRAY, Robin, "The Internationalization of Capital and the National State". *New Left Review*, 67, pp. 84-109, 1971.

NAUDÉ, Gabriel. *Considérations politiques sur les coups d'État*, 1667. Reed.: Paris: Gallimard, 2004.

NICOLAÏ, André. "Les Efficacités de la planification". In: NIZARD, Lucien; BÉLANGER, Pierre A. *Planification et société*. Grenoble: PUG, 1975. pp. 583-98.

NORDLINGER, Eric A. *On the Autonomy of the Democratic State*. Cambridge: Harvard University Press, 1981.

NOZICK, Robert. *Anarchy, State and Utopia*. Oxford: Basil Blackwell, 1974. Tradução francesa: *Anarchie, État et utopie*. Trad. de Evelyne d'Auzac de Lamartine et Pierre-Emmanuel Dauzat. Paris: PUF, 1988.

O'CONNOR, James. *The Corporations and the State*. Nova York: Harper & Row, 1974.

OFFE, Claus. "Laws of Motion of Reformist State Policies: An Excerpt from *Berufahildungs Reform eine Fall Studie über Reform Politik*, manuscrito, [19--].

_____. "Structural Problems of the Capitalist State: Class Rule and the Political System. On the Selectiveness of Political Institutions". In: VON BEYME, Claus (Org.). *German Political Studies*. Londres: Sage, 1974. v. 1, pp. 31-55.

_____. *Disorganized Capitalism: Contemporary Transformations of Work and Politics*. Cambridge: Polity Press, 1985.

OFFE, Claus; KEANE, John (Orgs.). *Contradictions of the Welfare State*. Londres: Hutchinson & Co, 1984.

OLESEN, Virginia; WHITTAKER, Elvi W. "Critical Notes on Sociological Studies of Professional Socialization". In: JACKSON, John A. (Org.). *Professions and Professionalization*. Cambridge: Cambrige University Press, 1970.

OOMS, Herman. *Tokugawa Ideology, Early Constructs, 1570-1680*. Princeton: Princeton University Press, 1985.

ORLOFF, Ann Shola; SKOCPOL, Theda. "Why Not Equal Protection?: Explaining the Politics of Public Social Spending in Britain, 1900-1911, and the United States, 1880-1920". *American Sociological Review*, 49 (6), pp. 726-50, dez. 1984.

ORY, Pascal (Org.). *Nouvelle Histoire des idées politiques*. Paris: Hachette, 1987.

PARETO, Vilfredo. *The Rise and Fall of Elites: An Application of Theorical Sociology*. New Brunswick: Transaction, 1991 [1901].

_____. *Les Systèmes socialistes*. Paris-Genebra: Droz, 1965 [1902]. *Œuvres complètes*, v. 5.

_____. *Traité de sociologie générale*. Paris-Genebra: Droz, 1968 [1916]. *Œuvres complètes*, v. 12.

PARSONS, Talcott. *Éléments pour une sociologie de l'action*. Trad. de François Bourricaud. Paris: Plon, 1955 [1937].

_____. *Sociétés: Essai sur leur évolution comparée*. Trad. de Gérard Prunier. Paris: Dunod, 1973 [1966].

PASCAL, Blaise. *Pensées*. Paris: Le Livre de Poche, 1972. Ed. Léon Brunschvicg, 1897 [1670].

PÉAN, Pierre. *Secret d'État: La France du secret, les secrets de la France*. Paris: Fayard, 1986.

PEREZ-DIAZ, Victor. *Estado, burocracia y sociedad civil: Discusión crítica, desarrollos y alternativas a la teoría política de Karl Marx*. Madri: Alfaguara, 1978. Tradução inglesa: *State, Bureaucracy and Civil Society: A Critical Discussion of the Political Theory of Karl Marx*. Londres-Nova York: Macmillan-Humanities, 1978.

_____. "El proyecto moral de Marx cien años después". In: ROJO, Luis Angel; PEREZ-DIAZ, Victor (Orgs.). *Marx, economía y moral*. Madri: Alianza Editorial, 1984.

PERLIN, Frank. "State Formation Reconsidered". *Modern Asian Studies*, 19 (3), pp. 415-80, 1985.

PERROUX, François. *Pouvoir et économie*. Paris: Dunod, 1973.

PETOT, Jean. *Histoire de l'administration des Ponts et Chaussées (1599-1815)*. Paris: Marcel Rivière, 1958.

PEUCHOT, Éric. *L'Obligation de désintéressement des agents publics*. Paris: Université de Paris-2, 1987. Tese de doutorado de Estado.

PIROTTE, Olivier. *Vivien de Goubert*. Paris: LGDJ, 1972.

PISIER-KOUCHNER, Évelyne. "Le Service public dans la théorie de l'État de Léon Duguit". *Revue Internationale de Droit Comparé*, 25 (4), pp. 970-1, 1973.

POCOCK, John Greville Agard. *The Machiavellian Moment: Florentine Political Thought and the Atlantic Republican Tradition*. Princeton: Princeton University Press, 1975. Tradução francesa posterior ao curso: *Le Moment machiavélien: La Pensée politique florentine et la tradition républicaine atlantique*. Trad. de Luc Borot. Paris: PUF, 1997.

POLLOCK, Sheldon. "From Discourse of Ritual to Discourse of Power in Sanskrit Culture". *Journal of Ritual Studies*, 4-2, pp. 315-45, verão 1990.

POST, Gaines. *Studies in Medieval Legal Thought*. Princeton: Princeton University Press, 1964.

POULANTZAS, Nicos. *Pouvoir et classes sociales*. Paris: Maspero, 1968. Tradução inglesa: *Political Power and Social Classes*. Londres: New Left, 1973.

PRZEWORSKI, Adam. *Capitalism and Social Democracy*. Cambridge: Cambridge University Press, 1985.

_____. "Marxism and Rational Choice". *Politics and Society*, 14 (4), pp. 379-409, dez. 1985.

_____; WALLERSTEIN, Michael. "Structural Dependence of the State on Capital", manuscrito, [19---]. [*American Political Science Review*, v. 82, n. 1, pp. 11-29, 1988.]

_____. "Corporatism, Pluralism and Market Competition", manuscrito, [19--].

PUTNAM, Robert D. *The Comparative Study of Political Elites*. Engliwood: Prentice Hall, 1976.

QUADAGNO, Jill. "Theories of the Welfare State". *Annual Review of Sociology*, 13, pp. 109-28, 1987.

RAMPELBERG, Renée-Marie. *Aux Origines du ministère de l'Intérieur, le ministère de la maison du Roi, 1783-1788*. Paris: Economica, 1974.

RÉV, Istvan. "The Advantages of Being Atomized". Comunicação apresentada no Institute for Advanced Study, Princeton, fev. 1986, mimeo.

RICHET, Denis. *La France moderne: L'Esprit des institutions*. Paris: Flammarion, 1973.

_____. "Élite et noblesse: La Fonction des grands serviteurs de l'État (fin XVIe-début XVIIe siècle)". *Acta Poloniae Historica*, 36, pp. 47-63, 1977.

RIKER, William H. "Some Ambiguities in the Notion of Power". *The American Political Science Review*, 63 (2), pp. 341-9, jun. 1964.

RINGER, Fritz K. *The decline of the German mandarins: The German Academic Community (1890-1933)*. Cambridge: Harvard University Press, 1969.

ROLLAND, Patrice. "L'Enjeu du droit". In: CHARZAT, Michel (Org.). *Georges Sorel*. Paris: Ed. de l'Herne, "Cahier de l'Herne", 1986. pp. 28-44.

ROSANVALLON, Pierre. *La Crise de l'État-providence*. Paris: Seuil, 1981.

ROSS, George. "Redefining Political Sociology". *Contemporary Sociology*, 15 (6), pp. 813-5, 1986. Resenha de: EVANS, Peter B.; RUESCHEMEYER, Dietrich; SKOCPOL, Theda (Orgs.). *Bringing the State Back in*. Cambridge: Cambridge University Press, 1985.

ROUQUIÉ, Alain. "Changement politique et transformation des régimes". In: GRAWITZ, Madeleine; LECA, Jean (Orgs.). *Traité de science politique*. Paris: PUF, 1985. p. 601.

ROUSSELET, Marcel. *Histoire de la magistrature française: Des Origines à nos jours*. Paris: Plon, 1957. 2 v.

RUBINSTEIN, William D. "Wealth, Elites and the Class Structure of Modem Britain". *Past and Present*, 76, pp. 99-126, 1977.

RUNCIMAN, W. Garry. "Comparative History or Narrative History". *Archives Européennes de Sociologie*, 21, pp. 162-78, 1980.

RUPP, Jan C. C.; DE LANGE, Rob. "Social Order, Cultural Capital and Citizenship: An Essay Concerning Educational Status and Educational Power Versus Comprehensiveness of Elementary Schools". *The Sociological Review*, 37 (4), pp. 668-705, nov. 1989.

RYAN, William. *Blaming the Victim*. Nova York: Pantheon, 1971.

SAIGE, Guillaume-Joseph. *Catéchisme du citoyen, ou Éléments du droit public français, par demandes & réponses*. [S.l.: s.n.], 1775.

SAINT MARTIN, Monique de. *L'Espace de la noblesse*. Paris: Métailié, 1993.

SALMON, J. H. M. "Venality of Office and Popular Sedition in Seventeenth-Century France: A Review of a Controversy". *Past and Present*, 37, pp. 21-43, jul. 1967.

SAMOYAULT, Jean-Pierre. *Les Bureaux du secrétariat d'État des affaires étrangères sous Louis XV*. Paris: Pedone, 1971.

SARFATTI, Larson Magali. *The Rise of Professionnalism: A Sociological Analysis*. Berkeley-Los Angeles: University of California Press, 1977.

SCHAPIRO, Meyer. Resenha de: SLOANE, Joseph C. *Between the Past and Present: Artists, Critics, and Traditions from 1848 to 1870* (Princeton: Princeton University Press, 1951). *The Art Bulletin*, 36, pp. 163-5, 1954.

SCHMITTER, Philippe. "Neo-Corporatism and the State". *Working Paper* 106, Florença, EUI, [1984].

SCHMOLDERS, Gunter. *Psychologie des finances et de l'impôt*. Trad. de Gisela Khairallah. Paris: PUF, 1973.

SCHRAMM, Percy Ernst. *Kaiser, Rom und Renovatio: Studien und Texte zur Geschichte des römischen Erneuerungsgedankens vom Ende des karolingischen Reiches bis zum Investiturstreit*. Berlim: Teubner, 1929. 2 v.

_____. *Der König von Frankreich: Das Wesen der Monarchie von 9 zum 16. Jahrhundert. Ein Kapital aus Geschichter des abendlischen Staates*. Weimar: H. Böhlaud Nachf, 1939. 2 v.

SEYSSEL, Claude de. *La Monarchie de France*. Éd. de Jacques Poujol. Paris: Librairies d'Argences, 1960 [1519].

SHIBATA, Michio; CHIZUKA, Tadami. "Marxist Studies of the French Revolution in Japan". *Science & Society*, 54 (3), pp. 366-74, 1990.

SHINN, Terry. "Science, Tocqueville, and the State: The Organization of Knowledge in Modern France". *Social Research*, 59 (3), pp. 533-66, outono 1992.

SKINNER, Quentin. *The Foundations of Modem Political Thought*. Cambridge: Cambridge University Press, 1978. t. 1: *The Renaissance*; t. 2: *The Age of Reformation*. Tradução francesa posterior ao curso: *Les Fondements de la pensée politique moderne*. Trad. de Jerome Grossman e Jean-Yves Pouilloux. Paris: Albin Michel, 2001.

SKOCPOL, Theda. *States and Social Revolution: A Comparative Analysis of France, Russia, and China*. Cambridge: Cambridge University Press, 1979. Tradução francesa: *États et révolutions sociales: La Révolution en France, en Russie, en Chine*. Trad. de Noëlle Burgi. Paris: Fayard, 1985.

_____. "Rentier State and Shi'A Islam in the Iranian Revolution". *Theory and Society*, 11, pp. 265-83, 1982.

_____. "Bringing the State Back in: Strategies of Analysis in Current Research". Versão de março de 1984 a ser publicada em: EVANS, Peter B.; RUESCHE-MEYER, Dietrich; SKOCPOL, Theda (Orgs.). *Bringing the State Back in*. Cambridge: Cambridge University Press, 1985.

_____. "Cultural Idioms and Political Ideologies in the Revolutionary Reconstruction of State Power: A Rejoinder to Sewell". *The Journal of Modern History*, 57 (1), pp. 86-96, mar. 1985.

_____. "Social History and Historical Sociology: Contrasts and Complementarities". Versão revisada de "Historical Sociology and Social History: A Dialogue", Annual Meeting of the Social Science History Association, Chicago, 23 nov. 1985; também na forma de: "Social History and Historical Sociology: Contrasts and Complementarities", *Social Science History*, 11 (1), pp. 17-30, primavera 1987.

SKOCPOL, Theda. "A Society without a 'State'? Political Organization, Social Conflict, and Welfare Provision in the United States". *Journal of Public Policy*, 7 (4), pp. 349-71, out./dez. 1987.

_____. (Org.). *Vision and Method in Historical Sociology*. Cambridge: Cambridge University Press, 1984.

_____; WEIR, Margaret. "State Structures and the Possibilities for 'Keynesian' Responses to the Great Depression in Sweden, Britain, and the United States". Versão de agosto de 1984 a ser publicada em: EVANS, Peter B.; RUESCHEMEYER, Dietrich; SKOCPOL, Theda (Orgs.). *Bringing the State Back in*. Cambridge: Cambridge University Press, 1985.

SKOCPOL, Theda; AMENTA, Edwin. "States and Social Policies". *Annual Review of Sociology*, 12, pp. 131-57, 1986.

SOCIAL SCIENCE RESEARCH COUNCIL. *States and Social Structures Newsletter*. Nova York. Dois números: "Hegemony and the State", inverno 1989; "The State and Development", inverno 1988.

SORMAN, Guy. *L'État minimum*. Paris: Albin Michel, 1985.

SPINOZA, Baruch. *Traité politique* [1677]. In: *Œuvres complètes*. Paris: Gallimard, 1954.

STANWORTH, Philip; GIDDENS, Anthony (Orgs.). *Elites and Power in British Society*. Londres: Cambridge University Press, 1974.

STEIN, Burton. "State Formation and Economy Reconsidered". *Modern Asian Studies*, 19 (3), pp. 387-413, 1985.

STEINMETZ, George. "The Myth and the Reality of an Autonomous State: Industrialists, *Junkers*, and Social Policy in Imperial Germany". Versão a ser publicada em: CALHOUN, Craig (Org.). *Comparative Social Research*, 12, 1990.

STIEBER, Joachim W. "Pope Eugenius IV, the Council of Basel, and the Secular and Ecclesiastical Authorities in the Empire: The Conflict over Supreme Authority and Power in the Church". In: OBERMAN, Heiko A. (Org.). *Studies in the History of Christian Thought*. Leiden: Brill, 1978. v. 13.

STONE, Deborah A. *The Disabled State*. Filadélfia: Temple University Press, 1984.

STONE, Lawrence. "Theories of Revolution". *World Politics*, 18 (2), pp. 159-76, jan. 1966.

STRAYER, Joseph R. "The Idea of Feudalism". In: COULBORN, Rushton (Org.). *Feudalism in History*. Princeton: Princeton University Press, 1956. pp. 3-11.

_____. *Les Origines médiévales de l'État moderne*. Trad. de Michèle Clément. Paris: Payot, 1979 [1970].

SULEIMAN, Ezra N. *Les Élites en France: Grands corps et grandes écoles*. Paris: Seuil, 1979 [1978].

_____. "Hauts Fonctionnaires: Le Mythe de la neutralité". *Le Monde*, 27 fev. 1986.

SUPIOT, Alain. "La Crise de l'esprit de service public". *Droit Social*, 12, pp. 777-83, dez. 1989.

SWAAN, Abram de. "In Care of the State. State Formation and the Collectivisation of Wealth Care. Education and Welfare in Europe and America during the Modern Era". Projeto proposto (14 páginas, incluindo um índice), seguido de uma tradução preliminar: "Introduction à une socio-genèse de l'État providence" (12 páginas).

SWEEZY, Paul M. "Marxian Socialism: Power Elite or Ruling Class". *Monthly Review Pamphlet Series*, 13, pp. 5-17, 1960 [1956].

TESSIER, Georges. *Diplomatique Royale française*. Paris: Picard, 1962.

"THE REASON of the Welfare State: An Inquiry into Ethical Foundations and Constitutional Remedies", mimeo, [19--].

544

THÉRET, Bruno. "L'État: Le Souverain, la finance et le social". Anteprojeto de seminário franco-
-europeu de pesquisa interdisciplinar de prospectiva, 25 mar. 1990, mimeo.

_____. "Néolibéralisme, inégalités sociales et politiques fiscales de droite et de gauche dans la
France des années 1980: Identité et différences, pratiques et doctrines", *Revue Française de
Science Politique*, 41 (3), pp. 342-81, jun. 1991.

_____. "Quel Avenir pour l'État-providence dans un contexte d'intégration des marchés natio-
naux?". Comunicação no Colóquio International "Amérique du Nord, Communauté européenne: intégration économique, intégration sociale?". Université du Québec, Montreal,
22-24 out. 1992.

THOENIG, Jean-Claude. *L'Ère des technocrates: Le Cas des Ponts et Chaussées*. Paris: Éditions d'Organisation, 1973.

THOMPSON, Edward P. "The Peculiarities of the English". In: MILIBAND, Ralph; SAVILLE, John (orgs.).
The Socialist Register. Londres: Merlin, 1965. pp. 311-62. Reed. In: THOMPSON, Edward P. *The
Poverty of Theory and Others Essays*. Nova York: Monthly Review Press, 1978.

_____. "Patrician Society, Plebeian Culture". *Journal of Social History*, 1 (4), pp. 382-405, 1976.

_____. "Modes de Domination et Révolution en Angleterre". *Actes de la Recherche en Sciences
Sociales*, 2-3, pp. 133-51, jun. 1976.

THUAU, Étienne. *Raison d'État et pensée politique à l'époque de Richelieu*. Paris: Armand Colin,
1966. Reed.: Paris: Albin Michel, 2000.

THUILLIER, Guy. *Bureaucratie et bureaucrates en France au XIXe siècle*. Genebra: Droz, 1980.

TILLY, Charles. "Major Forms of Collective Action in Western Europe 1500-1975". *Theory and Society*, 3, pp. 365-75, 1976.

_____. *Front Mobilization to Revolution*. Cambridge: Harvard University Press, 1986.

_____. "Cities and States in Europe, 1000-1800". *States and Social Structures Newsletter*, 7, pp.
5-9, primavera 1988.

_____. *Coercion, Capital and European States, AD 990-1990*. Cambridge: Blackwell, 1990. Tra-
dução francesa posterior ao curso: *Contrainte et capital dans la formation de l'Europe, 990-
-1990*. Trad. de Denis-Armand Canal. Paris: Aubier, 1992.

TILLY, Charles (Org.). *The Formation of National States in Western Europe*. Princeton: Princeton
University Press, 1975. Com contribuições de Gabriel Ardant, David H. Bayley, Rudolf
Braun, Samuel E. Finer, Wolfram Fischer, Peter Lundgreen, Stein Rokkan, Charles Tilly.

TIROLE, Jean; LAFFONT, Jean-Jacques. "The Politics of Government Decision Making. Regulatory
Institutions". *The Journal of Law, Economics, and Organization*, 6 (1), pp. 1-32, 1990.

_____. "The Politics of Government Decision Making: A Theory of Regulatory Capture". *The
Quarterly Journal of Economics*, 106, pp. 1089-127, 1991.

_____. "Auction Design and Favoritism", *International Journal of Industrial Organization*, 9, pp.
9-42, 1991.

TURGOT, Anne-Robert-Jacques. *Des Administrations provinciales: mémoire présenté au Roi*. Lausanne: [s.n.], 1788.

USEEM, Michael; KARABEL, Jerome. "Pathways to Top Corporate Management". *American Sociological Review*, 51 (2), pp. 184-200, 1986.

VAILLANT, Roger. *Éloge du Cardinal de Bernis*. Paris: Fasquelle, 1956.

VAN KLEY, Dale. "Du Parti janséniste au parti patriote: L'Ultime sécularisation d'une tradition religieuse à l'époque du chancelier Maupeou (1770-1775)". In: MAIRE, Catherine (Org.). *Jansénisme et révolution*, Atas do Colóquio de Versailles realizado no Palais des Congrès nos dias 13 e 14 out. 1989. Paris: Chroniques de Port-Royal, Bibliothèque Mazarine, 1990. pp. 115--30.

VIDAL-NAQUET, Pierre. *La Raison d'État.* Textos publicados pelo comitê Maurice-Audin. Paris: Minuit, 1962. Reed.: La Découverte, 2002.

WACQUANT, Loïc J. D. "De l'État charitable à l'État pénal: Notes sur le traitement politique de la misère en Amérique", mimeo [1989].

WALLERSTEIN, Immanuel. *The Modem World-System.* Nova York-Londres: Academic Press, 1974. v. 1: *Capitalist Agriculture and the Origins of the European World-Economy in the Sixteenth Century.* Tradução francesa: *Le Système du monde, du XVe siècle à nos jours.* Paris: Flammarion, 1980. t. I: *Capitalisme et économie-monde 1450-1640.*

WALZER, Michael. *Interpretation and Social Criticism.* Cambridge: Harvard University Press, 1987. Tradução francesa: *Critique et sens commun: Essai sur la critique sociale et son interpretation.* Trad. de Joël Roman. Paris: La Découverte, 1990.

WEBER, Max. *Gesammelte Aufsätze zur Religionssoziologie.* Tübingen: Mohr, 1978-1986 [1920--1921]. 3 v. Tradução francesa: *Hindouisme et bouddhisme* [1916]. Trad. posterior ao curso: Isabelle Kalinowski e Roland Lardinois. Paris: Flammarion, 2003; *Confucianisme et taoïsme* [1916]. Trad. posterior ao curso: Catherine Colliot-Thélène e Jean-Pierre Grossein. Paris: Gallimard, 2000; *Le Judaïsme antique.* Trad. de Freddy Raphaël. Paris: Plon, 1970 [1917--1918]; *L'Éthique protestante et l'esprit du capitalisme.* Trad. de Jacques Chavy. Paris: Plon, 1964 [1920]; *Sociologie de la religion* [1910-1920]. Trad. posterior ao curso: Isabelle Kalinowski. Paris: Flammarion, 2006.

_____. *Le Savant et le politique.* Trad. de Julien Freund. Paris: UGE, "10/18", 1963 [1959; 1919].

_____. *Histoire économique: Esquisse d'une histoire universelle de l'économie et de la société.* Trad. de Christian Bouchindhomme. Paris: Gallimard, 1991 [1919-20].

_____. *Économie et société.* Trad. de Julien Freund et al. Paris: Plon, 1971 [1921].

_____. *Essais sur la théorie de la science.* Trad. de Julien Freund. Paris: Plon, 1965 [1922].

WICKHAM, Chris. "Historical Materialism, Historical Sociology". *New Left Review*, 171, pp. 63-78, set./out. 1988.

WILL, Pierre-Étienne. *Bureaucratie et famine en Chine au XVIIIe siècle.* Paris-Haia: EHESS-Mouton, 1980.

_____. "Bureaucratie officielle et bureaucratie réelle: Sur Quelques Dilemmes de l'administration impériale à l'époque des Qing". *Études Chinoises*, VIII, pp. 69-141, primavera 1989.

_____. Resenha de: BARTLETT, Beatrice S. *Monarchs and Ministers: The Grand Council in Mid--Ch'ing China, 1723-1820* (Berkeley-Los Angeles: University of California Press, 1991). *Harvard Journal of Asiatic Studies*, 54 (1), pp. 313-37, jul. 1994.

WILLIAMS, Mike. "Industrial Policy and the Neutrality of the State". *Journal of Public Economics*, 19, pp. 73-96, 1982.

WITTFOGEL, Karl August. *Le Despotisme oriental: Étude comparative du pouvoir total.* Trad. de Micheline Pouteau. Paris: Minuit, 1977 [1957].

WITTGENSTEIN, Ludwig. *Tractatus logico-philosophicus*, seguido de *Investigations philosophiques.* Trad. de Pierre Klossowski. Paris: Gallimard, 1961 [1953].

WITTROCK, Björn; WAGNER, Peter; WOLLMANN, Hellmut. "Social Science and the Modern State: Knowledge, Institutions, and Societal Transformations". Versão a ser publicada em: WAGNER, Peter; WEISS, Carol H.; WITTROCK, Björn; WOLLMANN, Hellmut (orgs.). *Social Sciences and Modern States. National Experiences and Theoretical Crossroads.* Cambridge: Cambridge University Press, 1991.

WOOLLEY, John T. "The Politics of Monetary Policy in Western Europe". Comunicação na Assembleia Anual da American Political Science Association, Chicago, 1983.

WRIGHT, Erik O. *Class, Crisis and the State.* Londres: Verso, 1979.

ZEITLIN, Maurice; NEUMAN, W. Lawrence; RATCLIFF, Richard E. "Class Segments, Agrarian Property and Political Leadership in the Capitalist Class of Chile". *American Sociological Review*, 41, pp. 1006-29, 1976.

ZELDIN, Theodore. *The Political System of Napoleon III.* Londres: Macmillan, 1958.

ZELLER, Gaston. *Les Institutions de la France au XVIᵉ siècle.* Paris: PUF, 1987 [1948].

ZOLBERG, Aristide R. "Interactions stratégiques et formation des États modernes en France et en Angleterre". *Revue Internationale des Sciences Sociales*, 32 (4), pp. 737-67, 1980.

_____. "L'Influence des facteurs 'externes' sur l'ordre politique interne". In: GRAWITZ, Madeleine; LECA, Jean (Orgs.). *Traité de science politique.* Paris: PUF, 1985. pp. 567-98.

2. TRABALHOS NÃO DIRETAMENTE LIGADOS AO ESTADO

ALPERS, Svetlana. "L'Œil de l'histoire: L'Effet cartographique dans la peinture hollandaise au XVIIᵉ siècle". *Actes de la Recherche en Sciences Sociales*, 49, pp. 71-101, 1983.

ANDERSON, Perry. "Socialism and Pseudo-Empiricism". *New Left Review*, 35, pp. 2-42 jan./fev. 1966.

ARON, Raymond. *Les Étapes de la pensée sociologique.* Paris: Gallimard, 1976.

AUSTIN, John L. *Quand Dire, c'est faire.* Trad. de Gilles Lane. Paris: Seuil, 1970 [1955].

BACHELARD, Gaston. *La Formation de l'esprit scientifique: Contribution à une psychanalyse de la connaissance objective.* Paris: Vrin, 1938.

BALAZS, Étienne. "Les Aspects significatifs de la société chinoise". *Asiatische Studien*, VI, pp. 79-87, 1952.

BATESON, Gregory et al. "Towards a Theory of Schizophrenia". *Behavioral Science*, 1 (4), 1956. Tradução francesa in: BATESON, Gregory. *Vers une Écologie de l'esprit.* Trad. de Férial Drosso, Laurencine Lot e Eugène Simion. Paris: Seuil, 1977-80. 2 t.

BEN-DAVID, Joseph. *The Scientist's Role in Society: A Comparative Study.* Chicago: University of Chicago Press, 1971.

BENDIX, Reinhard. *Max Weber: An Intellectual Portrait.* Berkeley: University of California Press, 1977 [1960].

BENET, Francisco. "Les Marchés explosifs dans les montagnes berbères". In: POLANYI, Karl; ARENS-BERG, Conrad M.; PEARSON, Harry W. (Orgs.). *Les Systèmes économiques dans l'histoire et dans la théorie.* Trad. de Claude e Anne Rivière. Paris: Larousse, 1975 [1957]. pp. 195-216.

BENVENISTE, Émile. *Le Vocabulaire des institutions indo-européennes.* Paris: Minuit, 1969. t. I: *Économie, parenté, société*; t. II: *Pouvoir, droit, religion.*

BERGER, Peter L.; LUCKMANN, Thomas. *La Construction sociale de la réalité.* Trad. de Pierre Tami-niaux. Paris: Klincksieck, 1986 [1966].

BERGSON, Henri. *La Pensée et le mouvant.* Paris: Alcan, 1934.

BERLE, Adolf A.; MEANS, Gardiner C. *The Modern Corporation and Private Property.* Nova York: Macmillan, 1933 [1932].

BERNHARD, Thomas. *Maîtres anciens.* Trad. de Gilberte Lambrichs. Paris: Gallimard, 1988 [1985].

BLOCH, Marc. *Apologie pour l'histoire, ou Métier d'historien.* 2. ed. Paris: Armand Colin, 1952 [1949].

BOLLACK, Jean. *Empédocle.* Paris: Minuit, 1965-9. 3 v.

BRUBAKER, Rogers. *The Limits of Rationality: An Essay on the Social and Moral Thought of Max Weber.* Londres: Allen & Unwin, 1984.

BURNHAM, James. *L'Ère des organisateurs.* Trad. de Hélène Claireau. Paris: Calman-Lévy, 1947 [1941].

CAILLET, Laurence. *La Maison Yamazaki: La Vie exemplaire d'une paysanne japonaise devenue chef d'une entreprise de haute coiffure.* Paris: Plon, 1991.

CASSIRER, Ernst. *Individu et cosmos dans la philosophie de la Renaissance.* Trad. de Pierre Quillet. Paris: Minuit, 1983 [1927].

_____. *Philosophie des formes symboliques.* Trad. de Ole Hanse-Love, Jean Lacoste e Claude Fronty. Paris: Minuit, 1972 [1953-7]. 3 t.

_____. "Structuralism in Modern Linguistics". *Word,* 1 (2), 1945.

CHAMFORT, Nicolas de. *Maximes et pensées.* Paris, 1795 [Paris: Gallimard, 1999].

CHAMPAGNE, Patrick. *Faire l'Opinion: Le Nouveau jeu politique.* Paris: Minuit, 1990.

CICOUREL, Aaron. *La Sociologie cognitive.* Trad. de Jeffrey e Martine Oison. Paris: PUF, 1979 [1974].

COL. *Philosophies de l'Université: L'Idéalisme allemand et la question de l'Université,* textos de Schelling, Fichte, Schleiermacher, Humboldt, Hegel apresentados por Luc Ferry, Jean--Pierre Person e Alain Renaut. Paris: Payot, 1979.

DAVIDSON, Donald. *Inquiries into Truth and Interpretation.* Oxford: Clarendon, 1984. Tradução francesa posterior ao curso: *Enquêtes sur la vérité et l'interprétation.* Trad. de Pascal Engel. Nîmes: Jacqueline Chambon, 1993.

DELEUZE, Gilles. "Supplément à propos des nouveaux philosophes et d'un problème plus général". *Minuit,* suplemento do n. 24, maio 1977.

DERRIDA, Jacques. *L'Autre Cap.* Paris: Galilée, 1991.

DESCIMON, Robert. *Qui Étaient les Seize? Mythes et réalités de la Ligue parisienne, 1585-1594.* Paris: Klincksieck, 1983.

DUMÉZIL, Georges. "Science et politique: Réponse à Carlo Ginzburg". *Annales ESC,* 5, pp. 985-9, 1985.

DURKHEIM, Émile. *De la Division du travail social.* Paris: PUF, 1960 [1893].

_____. "Débat sur l'explication en histoire et en sociologie". *Bulletin de la Société Française de Philosophie,* 8, 1908. Reed. in: *Textes.* Paris: Minuit, 1975. t. 1, pp. 199-217.

_____. *Les Formes élémentaires de la vie religieuse.* Paris: PUF, 1960 [1912].

_____. *Leçons de sociologie.* Paris: PUF, 1990 [1922].

_____. *L'Évolution pédagogique en France.* Paris: PUF, 1969 [1938].

DURKHEIM, Émile; MAUSS, Marcel. "De Quelques Formes primitives de classification: Contribution à l'étude des représentations collectives". *Année Sociologique*, 6, pp. 1-72, 1901-2.

ELIAS, Norbert. "Sport et violence". *Actes de la Recherche en Sciences Sociales*, 6 (2), pp. 2-21, dez. 1976.

FEBVRE, Lucien. *Le Problème de l'incroyance au XVIe siècle: La Religion de Rabelais*. Paris: Albin Michel, 1968 [1947].

FEYERABEND, Paul. *Realism, Rationalism and Scientific Method: Philosophical Papers*. Cambridge: Cambridge University Press, 1985. Tradução francesa posterior ao curso: *Réalisme, rationalisme et méthode scientifique*. Trad. de E. M. Dissaké. Chennevières-sur-Marne: Dianoïa, 2005. v. 1.

FOUCAULT, Michel. "Qu'est-ce que la Critique? Critique et *Aufklärung*". *Bulletin de la Société Française de Philosophie*, 84 (2), pp. 35-63, abr./jun. 1990. Conferência de 27 de maio de 1978, proferida na Société Française de Philosophie.

GARFINKEL, Harold. "Conditions of Successful Degradation Ceremonies". *American Journal of Sociology*, 61 (5), pp. 240-4, 1956.

GERNET, Louis. *Les Grecs sans miracle*. Paris: Maspero, 1983.

GERSCHENKRON, Alexander. *Economic Backwardness in Historical Perspective: A Book of Essays*. Cambridge: Belknap Press of Harvard University Press, 1962.

GINZBURG, Carlo. "Mythologie germanique et nazisme: Sur un Livre ancien de Georges Dumézil". *Annales ESC*, 4, pp. 695-715, 1985.

GOFFMAN, Erving. *La Mise en scène de la vie quotidienne*. Paris: Minuit, 1973 [1959]. t. I: *La Présentation de soi*, trad. de Alain Accardo; t. II: *Les Relations en public*, trad. de Alain Kihm.

_____. *Les Rites d'interaction*. Trad. de Alain Kihm. Paris: Minuit, 1974 [1967].

_____. "The Interaction Order". *American Sociological Review*, 48, pp. 1-17, 1983.

GOODY, Jack. *La Raison graphique: La Domestication de la pensée sauvage*. Trad. de Jean Bazin e Alban Bensa. Paris: Minuit, 1978 [1977].

GURVITCH, Georges. *La Vocation actuelle de la sociologie*. Paris: PUF, 1950.

HABERMAS, Jürgen. *L'Espace public: Archéologie de la publicité comme dimension constitutive de la société bourgeoise*. Trad. de Marc B. de Launay. Paris: Payot, 1978 [1962].

HALBWACHS, Maurice. *La Classe ouvrière et les niveaux de vie: Recherche sur la hiérarchie des besoins dans les sociétés industrielles contemporaines*. Paris: Gordon & Breach, 1970 [1912].

_____. *Les Cadres sociaux de la mémoire*. Paris: Mouton, 1976 [1925].

HIROSHI, Kojima. "A Demographic Evaluation of P. Bourdieu's 'Fertility Strategy'". *The Journal of Population Problems*, 45 (4), pp. 52-8, 1990.

HOLTON, Gerald. *L'Invention scientifique*. Trad. de Paul Scheurer. Paris: PUF, 1982.

HUIZINGA, Johan. *Homo Ludens: Essai sur la fonction sociale du jeu*. Trad. de Cécile Seresia. Paris: Gallimard, 1951 [1938].

HUME, David. *Essais et traités sur plusieurs sujets: Essais moraux, politiques et littéraires*. Trad. de Michel Malherbe. Paris: Vrin, 1999 [1758].

HUSTI, Aniko. *Le Temps mobile*. Paris: INRP, 1985.

JANET, Pierre. *L'Évolution de la mémoire et de la notion du temps*. Paris: Chahine, 1928.

KÖHLER, Wolfgang. *L'Intelligence des singes supérieurs*. Trad. de P. Guillaume. Paris: Alcan, 1927 [1917].

KUHN, Thomas. *La Structure des révolutions scientifiques.* Trad. de Laure Meyer. Paris: Flammarion, 1982 [1962].

LALANDE, André. *Vocabulaire technique et critique de la philosophie.* Paris: Alcan, 1926. Reed.: PUF, 2006.

LEIBNIZ, Gottfried Wilhelm. *Essais de théodicée: Sur la Bonté de Dieu, la liberté de l'homme et l'origine du Mal.* Paris: Garnier-Flammarion, 1969 [1710].

LÉVI-STRAUSS, Claude. *Tristes Tropiques.* Paris: Plon, 1955.

_____. "L'Ethnologie et l'histoire". *Annales ESC*, 38 (6), pp. 1217-31, 1983.

LOVEJOY, Arthur Oncken. *The Great Chain of Being: A Study of the History of an Idea.* Cambridge: Harvard University Press, 1936.

MALRAUX, André. *Psychologie de l'art.* Genebra: Skira, 1950. t. III: *La Monnaie de l'absolu.*

MATHERON, Alexandre. *Individu et communauté chez Spinoza.* Paris: Minuit, 1969.

MAUSS, Marcel. "Esquisse d'une théorie générale de la magie". *L'Année Sociologique*, 1902-3. Republicado em *Sociologie et anthropologie.* Paris: PUF, 1950. pp. 1-141.

_____. "L'Expression obligatoire des sentiments". *Journal de Psychologie*, 18, 1921. Republicado em *Œuvres.* Paris: Minuit, 1969.

_____. "Salutations par le rire et les larmes". *Journal de Psychologie*, 21, 1922.

_____. *Essais de sociologie.* Paris: Minuit, 1969. Reed.: Seuil, "Points", 1971.

MEAD, George H. H. *L'Esprit, le soi et la société.* Trad. de Jean Cazeneuve et al. Paris: PUF, 1963 [1934].

MERCIER, Louis-Sébastien. *Tableau de Paris.* Amsterdam, 12 vol., 1781-8.

MERLEAU-PONTY, Maurice. *Phénoménologie de la perception.* Paris: Gallimard, 1945.

_____. *Éloge de la philosophie.* Paris: Gallimard, 1960 [1953].

_____. *Signes.* Paris: Gallimard, 1960.

MINTON, Arthur. "A Form of Class Epigraphy", *Social Forces*, 28, pp. 250-62, 1950.

MOMIGLIANO, Arnaldo. "Premesse per una discussione su Georges Dumézil". *Opus II*, 2, pp. 329-41, 1983.

NEEDHAM, Joseph. *La Science chinoise et l'Occident: Le Grand Titrage.* Trad. de Eugène Jacob. Paris: Seuil, 1973 [1969].

NIETZSCHE, Friedrich. *Par-delà le Bien et le mal: Prélude d'une philosophie de l'avenir.* Trad. de Henri Albert. Paris: Mercure de France, 1948 [1886].

PARSONS, Talcott. "The Professions and Social Structure". *Social Forces*, 17 (4), pp. 457-67, 1939.

_____. "Professions". In: SILLS, David L. *International Encyclopedy of the Social Sciences*, 12. Nova York: Macmillan, The Free Press, 1968. pp. 536-47.

PEEL, John David Yeadon. *Herbert Spencer: The Evolution of a Sociologist.* Londres: Heinemann, 1971.

POLANYI, Karl. *La Grande Transformation: Aux Origines politiques et économiques de notre temps.* Trad. de Catherine Malamoud e Maurice Angeno. Paris: Gallimard, 1983 [1944].

POLANYI, Karl; ARENSBERG, Conrad M.; PEARSON, Harry W. (Orgs.). *Les Systèmes économiques dans l'histoire et dans la théorie.* Trad. de Claude e Anne Rivière. Paris: Larousse, 1975 [1957].

PONS, Philippe. *D'Edo à Tokyo: Mémoire et modernité.* Paris: Gallimard, 1988.

QUINE, Willard van Orman. *Le Mot et la chose.* Trad. de Joseph Dopp e Paul Gochet. Paris: Flammarion, 1977 [1960].

ROLLAND, Romain. *Jean-Christophe*. Paris: Cahiers de la Quinzaine, 1904-12. 17 v.

RUYER, Raymond. *L'Utopie et les utopies*. Paris: PUF, 1950.

SAINT-SIMON, Louis de Rouvroy de. *Mémoires*. Paris: Ramsay, 1978 [1788]. v. 13: 1717-8.

SARTRE, Jean-Paul. "Questions de méthode". Introdução de *Critique de la raison dialectique*. Paris: Gallimard, 1960.

SCHÜTZ, Alfred. *Der sinnhafte Aufbau der sozialen Welt: Eine Einleitung in der verstehende Soziologie*. Viena: Springer, 1932.

_____. *Le Chercheur et le quotidien: Phénoménologie des sciences sociales*. Trad. de Anne Noschis--Gilliéron. Paris: Klincksieck, 1987.

SIEFFERT, René. "Le Théâtre japonais". In: JACQUOT, Jean (Dir.). *Les Théâtres d'Asie*. Paris: Ed. du CNRS, 1968. pp. 133-61.

SPITZER, Leo. *Linguistics and Literary History: Essays in Stylistics*. Nova York: Russel & Russel, 1962.

THOMPSON, Edward P. *The Poverty of Theory and Others Essays*. Nova York: Monthly Review Press, 1978.

VALÉRY, Paul. *Cahiers*. Paris: Gallimard, 1980 [1894-1914]. Bibliothèque de la Pléiade, t. II.

VAN GENNEP, Arnold. *Les Rites de passage*. Paris: Picard, 1981 [1909].

VIALA, Alain. *Naissance de l'écrivain: Sociologie de la littérature à l'age classique*. Paris: Minuit, 1985.

WACQUANT, Loïc. Resenha de: COLLINS, Randall. *Three Sociological Traditions* (Nova York-Oxford: New York University Press, 1985). *Revue Française de Sociologie*, 28 (2), pp. 334-8, abr./jun. 1987.

WEBER, Max. "The Meaning of Discipline". In: GERTH, Hans H.; MILLS, Charles Wright. *From Max Weber: Essays in Sociology*. Nova York: Oxford University Press, 1946. pp. 253-64.

WHIMSTER, Sam; LASH, Scott (Orgs.). *Max Weber, Rationality and Modernity*. Londres: Allen & Unwin, 1987.

Índice onomástico

Aguesseau, Henri-François d', 85, 166, 342, 345, 426, 500

Akenaton, 524

Alain (Émile Chartier, dito), 32, 81

Alam, Muzaffar, 337, 515

Allo, Éliane, 524

Alpers, Svetlana, 286, 512

Althusser, Louis, 32, 120, 202, 271, 496

Anderson, Benedict, 451, 518, 522

Anderson, Perry, 20, 75, 79, 105, 117, 119, 121, 124, 125, 484, 499

Arensberg, Conrad M., 502, 513

Aristóteles, 25, 40, 109, 179, 254, 375, 416, 501, 517

Aron, Raymond, 69, 111, 498, 501

Austin, John Langshaw, 81, 226, 499, 508

Autrand, Françoise, 137, 180, 352, 503, 505, 516

Bachelard, Gaston, 132, 155, 163, 249, 504, 509

Baker, Keith Michael, 407, 409, 422, 424-7, 438, 519

Balazs, Gabrielle, 502

Bancaud, Alain, 96, 500

Barre, Raymond, 29, 47, 51, 58, 64, 68, 75, 497

Bateson, Gregory, 504

Baudelaire, Charles, 103

Bellah, Robert N., 453, 522

Ben-David, Joseph, 518

Bendix, Reinhard, 75, 76, 484, 499

Bentham, Jeremy, 359

Benveniste, Émile, 81, 84, 228, 245, 499, 508

Bercé, Yves-Marie, 273, 274, 511

Berger, Peter L., 234, 508

Bergson, Henri, 193, 322, 506

Berle, Adolf A., 344, 516

Bernhard, Thomas, 287, 436, 475, 512, 521

Billeter, Jean-François, 517

Bishop, Tom, 508

Blackstone, Willian, 293, 361, 397, 486, 512

Bloch, Marc, 20, 41, 49, 112, 121, 124, 132, 138, 141, 142, 215, 280, 281, 325, 497, 501-3, 512, 514, 516

Bodin, Jean, 179, 355, 357, 414, 416, 428

Bollack, Jean, 83, 242, 499, 509

Boltanski, Luc, 522

Bonney, Richard J., 178, 179, 264, 265, 343, 505, 510, 514, 516
Bouhedja, Salah, 518
Brubaker, Rogers, 507
Brunner, Hellmut, 479, 524
Brunschvicg, Léon, 504
Buchanan, James M., 447, 521
Budé, Guillaume, 428
Burguière, André, 282, 505
Burnham, James, 473, 523

Caillet, Laurence, 515
Carlos v, 327
Carlos, o Temerário (Carlos de Valois--Bourgogne, dito), 327
Cassirer, Ernst, 138, 139, 207, 227, 233, 246, 402, 429, 431, 503, 508, 519, 520
Chamberlain, Arthur Neville, 245, 388
Chamfort, Nicolas de, 101, 501
Champagne, Patrick, 462, 522
Châtelet, François, 443, 521
Chizuka, Tadami, 507
Christin, Olivier, 511, 525
Christin, Rosine, 497
Church, William Farr, 428, 520
Cicourel, Aaron, 234, 379, 508, 509, 518
Cinq-Mars, Henri Coiffier de Ruzé d'Effiat, marquês de, 515
Closets, François de, 375, 517
Cohn-Bendit, Daniel, 139
Colbert, Jean-Baptiste, 291
Condorcet, Jean Antoine Nicolas de Caritat, marquês de, 408, 519
Confúcio, 144, 371, 380
Coquille, Guy, 428
Corneille, Pierre, 212, 217
Corrigan, Philip, 22, 39, 190-1, 194, 197-206, 209-12, 221, 223, 278, 382, 485, 496, 506, 518
Coulborn, Rushton, 112, 502
Crouzet, Denis, 360, 516
Crozier, Michel, 153, 504

Dagron, Gilbert, 445, 521
Daladier, Édouard, 245
Darbel, Alain, 514, 516
Darwin, Charles, 192
Davidson, Donald, 252, 509
De Gaulle, Charles, 78, 82
De Thou, François-Auguste, 339
Debray, Régis, 246
Decaux, Alain, 294
Deleuze, Gilles, 294, 512
Delsaut, Yvette, 513, 526
Derrida, Jacques, 253, 305, 509
Descartes, René, 355, 500
Descimon, Robert, 507
Dreyfus, Alfred, 260, 404
Dubergé, Jean, 511
Duby, Georges, 179, 285, 325, 326, 334, 434, 435, 505, 512, 514, 515, 521
Duhamel, Olivier, 443, 521
Dumézil, Georges, 245, 246, 346, 509, 516
Dumoulin, Charles, 428
Durand, Jean-Marie, 516
Durkheim, Émile, 20, 29, 31, 34, 41, 74, 78, 89, 112, 132-4, 155, 165, 199, 200, 202-4, 208, 211, 216, 218, 226-7, 229, 237, 243, 246, 271, 277, 286, 297, 306, 485, 496, 499-504, 506-9, 523
Duster, Troy, 472, 523

Edgerton, Williams F., 502
Eisenstadt, Shmuel Noah, 20, 76, 79, 105, 115--9, 121, 125, 131, 484
Elias, Norbert, 21, 75, 153, 155, 174, 178, 181-7, 197, 199, 212, 217, 229, 247, 268, 269, 274, 278, 291, 297, 308, 333-4, 338, 435, 466, 485, 499, 505, 511-2, 515
Empédocles, 83, 98, 242
Engels, Friedrich, 122, 125, 238, 283, 502, 509, 512
Esmein, Adhémar, 280, 511
Ésquilo, 98, 270
Evans, Peter, 504

Fabius, Laurent, 267, 511
Fauré, Christine, 508
Febvre, Lucien, 37, 496
Fernando I de Habsburgo, 327
Ficino, Marsílio, 402
Filipe II de Espanha, 327
Filipe, o Belo (Filipe I de Castela, dito), 290, 327
Filipe, o Belo (Filipe IV, dito), 326
Flaubert, Gustave, 139, 317, 409
Fogel, Michèle, 292, 512
Foucault, Michel, 136, 166, 247, 466, 504
Fouquet, Nicolas, 288, 289
Francisco I, 321, 411, 412
Freud, Sigmund, 89
Furet, François, 408, 439, 519

Garelli, Paul, 516
Garfinkel, Harold, 260, 510
Geison, Gerald L., 523
Gellner, Ernest, 348, 516
Genet, Jean-Philippe, 137, 499, 503, 505, 506, 510, 511, 512, 514, 515
Gernet, Jacques, 253, 510
Gernet, Louis, 521
Gerschenkron, Alexander, 123, 502
Ginzburg, Carlo, 245, 246, 509
Giscard d'Estaing, Valéry, 52, 64
Givry, Claire, 518
Goffman, Erving, 56, 57, 87, 88, 497, 500
Gonnet, Hatice, 516
Goody, Jack, 287, 512
Gordon, Robert W., 377, 518
Gramsci, Antonio, 32, 197, 199, 276, 496
Guise, Carlos I, duque de, 360, 507
Guizot, François, 139
Gurvitch, Georges, 109, 501
Gusfield, Joseph, 59, 60, 61, 75, 76, 497

Habermas, Jürgen, 37, 247, 496, 519
Halbwachs, Maurice, 34, 70, 109, 241, 496, 498, 501
Hall, Edward T., 506

Hanley, Sarah, 355, 398, 409-10, 412-6, 422-5, 514, 516, 519-20
Harris, Gerald L., 272, 511
Hay, Douglas, 506
Hegel, Georg Wilhelm Friedrich, 60, 84, 145, 155, 168, 194, 225, 492, 501, 519
Heidegger, Martin, 81, 97, 110, 198, 217, 253, 415, 445, 474, 500-1, 507, 521, 524
Hélie, Faustin, 282, 512
Henrique II, 265, 360
Henrique IV, 360, 413
Heráclito, 100, 415
Herder, Johann Gottfried von, 451, 522
Hilton, Rodney H., 279, 280, 499, 506, 511, 517
Hiroshi, Kojima, 514
Hirsch, Joachim, 50, 497
Hirschman, Albert O., 468, 523
Hobbes, Thomas, 31, 436, 515
Hobsbawm, Eric, 303, 371
Hoffmann, Ernst Theodor Amadeus, 305
Holton, Gerald, 77, 499
Homero, 83, 97, 416
Hopkins, Keith, 516
Hoston, Germaine A., 507
Huizinga, Johan, 97, 500
Humboldt, Wilhelm von, 431, 519, 520
Hume, David, 223-6, 236, 237, 256, 355, 508
Husserl, Edmund, 192, 253
Husti, Aniko, 235, 236, 509

Janet, Pierre, 34, 496
Joana, a Louca (Joana I de Castela, dita), 327
Josquin des Prés, 144
Jouanna, Arlette, 214, 215, 290, 507, 512

Kafka, Franz, 105, 108, 275, 511
Kant, Immanuel, 140, 204, 207, 233, 246, 355, 435, 444, 445, 446
Kantorowicz, Ernst Hartwig, 68, 83-4, 93, 95, 175, 326, 341, 390, 395, 431, 435, 436, 498, 500, 505, 514, 518, 520
Kelley, Donald R., 427, 428, 520
Kiernan, Victor J., 256, 257, 258, 289, 510

Knoke, David, 504
Köhler, Wolfgang, 335, 515
Kohli, Atul, 504
Kuhn, Thomas, 502, 507

Lacan, Jacques, 309
Laffont, Jean-Jacques, 263, 363, 510, 517
Lalande, André, 65, 175, 177, 505
Lash, Scott, 507
Laumann, Edward O., 161, 162, 504
Lavisse, Ernest, 453, 454, 522
Le Brun, Charles, 289
Le Goff, Jacques, 184, 282, 505, 512
Le Mené, Michel, 137, 499, 503, 505, 510, 511, 512
Le Nôtre, André, 289
Le Paige, Louis Adrien, 422, 424-6, 438, 439, 520
Leibniz, Gottfried Wilhelm, 31, 107, 166, 230, 319, 508, 514, 524
Lênin, Vladimir Illich Ulianov, 203, 506
Lenoir, Remi, 36, 290, 471, 477, 517, 523, 524
Levenson, Joseph Richmond, 144, 503
Lévi, Sylvain, 245
Lévi-Strauss, Claude, 83, 314, 499, 504, 513
Lévy, Bernard Henri, 512
Lewis, Andrew W., 262, 314, 316, 320-5, 331, 334, 510, 514-5
Li Zhi, 375
Linebaugh, Peter, 506
Lion, Robert, 51, 497
Locke, John, 31, 355
Lovejoy, Arthur Oncken, 393, 518
Loyseau, Charles, 63, 64, 498
Luckmann, Thomas, 234, 508
Luhmann, Niklas, 116
Luís xiii, 406, 413, 424, 515
Luís xiv, 122, 186, 288, 289, 291, 338, 350, 406, 411, 505
Luís xv, 350, 411

Mackinnon, William Alexander, 91, 102, 501
Maire, Catherine, 438, 521

Maitland, Frederic William, 292-3, 329, 387-8, 391-2, 394, 404, 406, 512, 514, 518
Malesherbes, Chrétien-Guillaume de Lamoignon de, 426, 520
Mallarmé, Stéphane, 83, 97, 99, 243
Malraux, André, 381, 518
Mammeri, Mouloud, 63, 84, 242, 498, 500, 509
Manet, Édouard, 409, 476
Mann, Michael, 258, 510
Mantran, Robert, 347, 516
Mao Tsé-Tung, 229, 332
Maquiavel, Nicolau, 179, 339, 357, 437, 440
Marat, Jean-Paul, 408, 519
Marcuse, Herbert, 438, 439
Marie de Borgonha, 327
Marion, Marcel, 410, 413, 519
Marx, Karl, 20, 32, 41, 84, 111-2, 115, 117, 119, 122-5, 132, 143, 145, 199, 202-4, 206-7, 237, 271, 277, 306, 369, 447, 449, 455, 457, 461, 465, 466, 476, 483, 484, 497, 522
Matheron, Alexandre, 498
Mauss, Marcel, 134, 227, 326, 391, 503, 508, 514, 518
Maximiliano i de Habsburgo, 327
Mead, George Herbert, 59, 90, 483, 498, 500
Means, Gardiner C., 344, 516
Memmi, Dominique, 102, 501
Mercier, Louis-Sébastien, 427, 520
Merleau-Ponty, Maurice, 320, 339, 514, 515
Michelet, Jules, 454, 513
Michels, Roberto, 515
Mickiewicz, Adam, 513
Mitterrand, François, 263
Mitterrand, Frédéric, 294, 295
Momigliano, Arnaldo, 245, 246, 509
Montesquieu, Charles-Louis de Secondat, barão de la Brède e de, 179, 425, 426
Moore, Barrington, 20, 77, 78, 105, 121, 123, 126, 159, 188, 484, 499, 501, 502
Mosse, George, 453, 454, 522
Mousnier, Roland, 342, 515

Napoleão i, 71, 72

Napoleão III, 295, 513
Naudé, Gabriel, 63, 64
Needham, Joseph, 214
Nevers, Luís IV, duque de, 360, 516
Nietzsche, Friedrich, 143, 377, 507, 518

Offe, Claus, 158
Ooms, Herman, 217, 508
Ozouf, Mona, 519

Panofsky, Erwin, 207
Pappi, Franz Urban, 504
Pareto, Vilfredo, 111, 417, 519, 520
Parsons, Talcott, 33, 77, 115, 118, 119, 499, 502
Pascal, Blaise, 57, 104, 156, 202, 241, 259, 295, 504, 509
Passeron, Jean-Claude, 508, 523
Pasteur, Louis, 472, 523
Pauwels, Louis, 523
Pearson, Harry W., 502, 513
Peel, John David Yeadon, 102, 501
Perroux, François, 266, 511
Pétain, Philippe, 474
Piaget, Jean, 137
Pico della Mirandola, Jean, 402
Pinochet, Augusto, 296
Pisier, Évelyne, 443, 521
Pivot, Bernard, 144
Platão, 86, 264, 355, 393, 521
Plotino, 393
Polanyi, Karl, 112, 118, 271, 301, 325, 501, 502, 511, 513
Pons, Philippe, 216, 508
Poulantzas, Nicos, 44, 158, 159, 161
Proust, Marcel, 247

Quine, Willard van Orman, 509
Quinet, Edgar, 513

Rabelais, François, 37, 403, 496
Racine, Jean, 212, 217, 424, 514
Reischauer, Edwin O., 502
Revel, Jacques, 282, 505

Ribbentrop, Joachim von, 245
Richelieu, Armand Jean du Plessis, cardeal--duque de, 515
Richet, Denis, 429, 449, 520
Ringer, Fritz K., 415, 519
Rivière, Marie-Christine, 526
Robespierre, Maximilien de, 377
Rousseau, Jean-Jacques, 88, 353, 403, 408, 427, 454, 522
Rueschemeyer, Dietrich, 504
Ruyer, Raymond, 192, 506
Ryan, William, 523

Saige, Guillaume-Joseph, 426, 427, 520
Saint Martin, Monique de, 129, 496, 502, 510, 518, 519, 525
Samuelson, Paul, 448, 522
Sapir, Edward, 431, 440, 520
Sartre, Jean-Paul, 36, 92, 219, 335, 464, 516
Saussure, Ferdinand de, 138, 193, 233, 403
Sayer, Derek, 22, 39, 190-1, 194, 197-206, 209--12, 221, 223, 278, 382, 485, 496, 506, 518
Schmolders, Günter, 511
Schnapper, Dominique, 516
Schramm, Percy Ernst, 103, 274, 501, 511
Schütz, Alfred, 59, 497
Seignobos, Charles, 132, 502
Serres, Michel, 179, 505
Seyssel, Claude de, 428
Shakespeare, William, 393
Shibata, Michio, 507
Simon, Jules, 302
Skinner, Quentin, 436, 437, 440, 519, 521
Skocpol, Theda, 75, 76, 159, 161, 484, 499, 504, 505
Sócrates, 339, 515
Sófocles, 98
Spencer, Herbert, 102, 243, 472, 501, 523
Spinoza, Baruch, 68, 74, 145, 309, 351, 369, 498, 513
Spitzer, Leo, 107, 108, 501
Stieber, Joachim W., 265, 510
Storer, Norman W., 503

Strayer, Joseph R., 254, 255, 256, 502, 510
Swaan, Abram de, 467, 523

Tácito, 339
Tallien, Jean-Lambert, 451, 456, 522
Therborn, Göran, 158
Thierry, Augustin, 454
Thompson, Edward Palmer, 104, 197, 201, 204, 207, 406, 497, 499, 501, 506, 507, 519
Thuau, Étienne, 339, 515
Tillion, Germaine, 146
Tilly, Charles, 21, 22, 174, 182, 186-8, 190, 197, 199, 217, 229, 253, 485, 505
Tirole, Jean, 363, 517
Tocqueville, Alexis de, 149
Turgot, Anne Robert Jacques, 426, 520

Valéry, Paul, 52, 64, 71, 173, 253, 483, 498
Van Gennep, Arnold, 248, 508
Van Kley, Dale, 438, 439, 521
Viala, Alain, 424, 520
Vidal-Naquet, Pierre, 340, 515
Voltaire (François Marie Arouet, dito), 508

Wacquant, Loïc, 496, 502, 504, 513, 517, 523, 524
Wallerstein, Immanuel, 234, 508
Weber, Max, 20, 30, 41, 71, 75, 81, 84, 93, 95-7, 112, 118-9, 141, 181, 186-7, 193, 199, 202-4, 206-7, 210-2, 214-5, 220, 237-8, 251-3, 268, 271, 277, 297, 305-8, 325, 336, 341, 348, 361, 412, 418, 427, 429, 450, 452, 466, 485, 493, 495, 497, 499-500, 502-3, 505, 507, 509-11, 513, 516, 519
Weisz, George, 501
Whimster, Sam, 507
Whorf, Benjamin Lee, 431, 440, 520
Will, Pierre-Étienne, 370, 371, 372, 374, 376, 377, 378, 511, 517, 525
Wilson, Neil L., 509
Winkin, Yves, 509
Wittfogel, Karl August, 112, 502
Wittgenstein, Ludwig, 320, 514
Woolf, Virginia, 285

Zeigarnik, Bluma, 235, 509
Zola, Émile, 219, 296

Índice temático

Absolutismo, 19, 21, 109, 117, 122-3, 125, 127, 183, 205, 289, 293, 328, 358, 381, 385, 394, 403, 411, 413, 417, 424, 426-9, 442; moeda miúda do, 381; teorias do, 353

acumulação: de capital físico/militar, 267, 270, 285; do capital cultural/informacional, 215, 252, 273, 285; do capital político/simbólico, 111, 187, 229, 259, 260, 270, 274, 285, 334, 360, 486; inicial/primitiva, 20, 112, 118, 229, 25-60, 334, 336, 486, 501

adesão (à ordem estabelecida, à dominação), aderências, 31, 39, 52, 156, 168, 173, 175, 218, 236, 238, 250, 270, 360, 429, 469, 472, 515

admoestações, 328, 356, 410, 411, 412, 422, 426

Alemanha, 77, 116, 119, 122, 126, 127, 159, 161, 219, 456, 457, 502, 522

allodoxia, 296

ambiguidade, 25, 73, 129, 134, 139, 145, 148, 183, 199, 214, 268, 278, 302, 303, 308, 309, 342, 344, 377, 401, 405, 424, 464; do Estado, 183; do mandatário, 405; dos juristas, 423; *ver também* efeito Jano

amnésia da gênese, 166, 167, 168, 173, 250, 302, 444, 475

amusnaw, 63, 82, 83, 84, 93, 95, 98, 100; *ver também* cabila, Cabília

anacronismo, 144, 205, 264, 265, 315, 325; dos historiadores, 144, 167, 264

análise (sociológica), 29, 35-7, 44, 48, 55-8, 60-1, 65, 68, 71, 75, 80-1, 83, 85, 87, 89, 91-2, 95-6, 98, 105-6, 110, 112, 122, 125, 129-30, 132, 135, 141, 145, 147-8, 154-5, 160-2, 164--5, 169, 171, 174-5, 177-8, 182, 185, 187, 190, 197, 202-03, 206, 209, 222-4, 226, 229, 235, 237-8, 240, 258-9, 261, 266-7, 269, 281, 285, 290, 308, 317, 322, 328, 336, 340, 348, 373, 379, 382, 386, 395, 400, 404-5, 425, 427, 440, 453, 460, 462-3, 476, 483-5, 487, 490, 493, 497, 507, 518; da crença escolar, 98; da escola, 306; da interação, 162, 164; da linguagem, das línguas, 81; da nobreza, 129; das correspondências, 439; do capitalismo, 112, 122; do discurso, 44; do espelho, 85; do favoritismo, 363; do uso do tempo, 235; empírica, 164; estatística, 48, 400, 427; estrutural, 141,

197; fenomenológica, 379; filosófica, 84, 112; genética, 145, 165, 174, 175, 177, 190, 476; *ver também* gênese; histórica, 29, 58, 155, 308, 340; *ver também* História; materialista, 229; multivariada, 187, 485; socioanálise, 285

anarquia, anarquistas, 30, 32, 35, 68, 106, 107, 108, 359

antropologia, 36, 95, 105, 111, 112, 129, 133, 134, 202, 314, 370, 398, 493

apanágios, 23, 316, 321, 323, 324, 325, 328

aparelho, aparato, 104, 107, 202; aparelho ideológico de Estado, 32, 33; burocrático/de governo, 51, 64, 123; feudal, 125; fiscal, 189; interesses de, 87; judiciário, 281

arbitrário, 41, 52, 53, 114, 115, 166, 171, 173, 227, 232, 236, 243, 244, 358, 398, 405, 423, 425, 436, 463; dos começos, 166; real, 436

arbitrários, 110, 166

assinatura, 293, 329, 362, 391, 394, 396, 405, 487

atos de Estado (de instituição, *statements*), 39, 40, 52, 106, 198, 214

autonomia, autonomização, 107, 116-7, 147, 158-60, 255, 260-1, 263, 283, 295, 300, 337, 341, 392, 421, 424, 429, 434, 436, 437, 443, 502; das ideias, 443; direito à, 63; do campo intelectual, 295; do Estado, 158, 159, 160; do político, 116, 437; relativa, 255, 283, 392; *ver também* campo

autoridade, 20, 24, 39, 40, 45, 58, 64-5, 67-8, 81, 102-3, 109, 160, 168, 177, 202, 215, 259-60, 263, 275, 279, 284, 296, 337, 344, 350, 352-4, 356, 358, 361-2, 365, 370-1, 383, 391-2, 394, 405-6, 418, 424-5, 437, 449, 484, 487, 490, 505; dinástica e burocrática, 406, 487; discurso autoritário *ver* discurso; imperial, 337; pública, 40, 471; real, 394, 418; simbólica, 40, 275; soberana, 65, 177, 484

banco, banqueiros, 44-7, 67, 160, 163, 263, 478; banco central de capital simbólico, 175, 289, 486

bastidores, 26, 57, 65, 67, 86, 145

bem: comum, 25, 26, 31, 32; econômico, 42; simbólico, 148, 294, 301, 303, 304

bem público, 25, 32, 33, 129, 130, 134, 146, 361, 491

burocracia, burocrata, burocrática, burocrático, 21, 25, 41, 44-5, 51-3, 58-9, 62-3, 65, 67, 71-2, 78, 93, 101, 113, 115-6, 120, 134, 137, 141, 145, 147, 157, 162-3, 172, 176, 185-6, 206-7, 213-5, 228, 261-3, 265, 272-4, 289, 291, 297, 299, 330, 342-3, 345-6, 348, 352, 366-7, 370-2, 374, 377-80, 386-7, 390, 392-6, 400, 405-7, 409, 418, 426-7, 429, 431, 442, 443, 476-7, 484-92, 525; alquimia, 69; civil, 36; formalismo, 41; patrimonial, 186; revolução, 51; vanguarda, 51

cabila, Cabília, 68, 82, 84, 88, 91-3, 97-8, 101, 118, 135, 147, 195-6, 221, 242, 254, 270, 273, 299, 318, 319, 325, 414, 418, 433, 493, 498; *ver também* camponeses; poetas; casa

cadeia(s): de delegação/de autoridade, 40, 293, 396, 405; de dependência, 185, 187, 361, 380; de garantia, 392, 396; grande cadeia do ser, 393

calendário, 20, 34, 35, 36, 38, 231

campo(s): administrativo/burocrático/da função pública/estatal, 30, 49, 53, 137, 139, 162, 163, 185, 207, 261, 263, 367, 386, 407, 442, 476, 477, 485, 487, 488, 489, 492, 525; autonomia dos, 245, 290, 297, 341, 386, 443, 487; científico, 76, 97, 244, 246, 445; concorrência/relação entre os, 114, 407; cultural, 294, 297, 305, 306; *ver também* cultura; de poder, 313, 380; do poder, 30, 33, 50, 207, 266, 267, 351, 407, 411, 416, 419, 425, 431, 440, 490, 491, 492, 525; e corpo, 283; e espaço, 367; e jogo, 140, 141, 144, 260, 341, 478; econômico, 49, 271, 297; Estado como, 50, 176, 486; feudal, 334; histórico, 114, 139; *ver também* História; intelectual, 290, 294, 295, 296, 335, 336, 390, 407, 408, 409, 435; jurídico, 22, 281, 282, 283, 354, 393, 407, 409, 421,

424, 427, 428, 435, 437, 442, 443, 444, 445, 489, 525; literário, 139, 341, 424, 442; meta-campo (poder sobre os outros campos), 25, 267, 271, 400, 405, 407, 492; político, 21, 31, 49, 129, 260, 295, 296, 331, 407, 437, 451, 485, 490, 502; propriedades dos, 417; reli-gioso, 238, 283, 294, 305, 306, 409, 435, 442, 444, 445, 509; *ver também* censura; espaço; jogo; lutas; forma

camponês, camponeses, 36, 41, 68, 126, 127, 148, 149, 214, 275, 303, 304, 314, 316, 320, 322, 323, 327, 328, 493

canonistas, 68, 82, 94, 95, 334, 394, 395, 431, 435

capital: banco central de capital simbólico, 175, 289, 486; burocrático, 213, 370; cultu-ral, 23, 52, 71, 172, 218, 230, 259, 266, 268, 276, 284, 288, 350, 385, 405, 419, 430, 440, 441, 447, 450, 452, 487; cultural como forma do capital informacional, 259, 273, 284, 285; de força física, 257, 267, 268, 269; *ver tam-bém* Exército; e capital (cidade), 146, 305, 338; e coerção, 188, 189; econômico, 22, 26, 52, 75, 111, 187, 188, 189, 199, 230, 257, 259, 261, 271, 273, 274, 361, 370, 449, 485; esco-lar, 268; *ver também* escolar, sistema; estatal, 229, 449, 450; formas/espécies de, 50, 146, 253, 257, 259, 260, 261, 266, 267, 276, 305, 313, 331, 334, 352, 358, 449, 486, 490; jurídi-co, 289, 421, 431, 432, 440, 486; linguístico, 108, 146, 421, 432; metacapital (capital de poder sobre os outros capitais), 266, 267, 298, 449, 486; nacional, 288; nobiliário, 213, 417, 430; organizacional de base jurídica, 66, 434; político, 111; religioso, 111, 268, 305; simbólico, 86, 105, 175, 187, 204, 225, 229, 241, 257, 259-61, 270, 272-4, 278, 285, 289, 291, 292, 305, 318, 319, 327, 334-5, 360--2, 370, 379, 388, 414, 430, 449, 486, 493, 510; social, 259, 260, 318, 448; técnico, 51; *ver também* acumulação; concentração; monopolização

capitalismo, capitalista, 20, 23, 25, 89, 122, 123, 126, 127, 132, 141, 189, 190, 205, 206, 211, 273, 281, 325, 449, 471; pré-capitalista, 63, 118, 273, 300, 325, 360

carisma, 96, 353, 396, 412, 429; rotinização do, 96

carteira: de identidade, 38, 156; e ficha política, 291

casa: cabila, 196; chefe de casa, 314, 326, 327, 387; como transcendência, 320, 326, 327, 332; do rei, 186, 214, 262, 313, 325, 326, 339, 342, 352, 387, 391, 406, 486; individual, 42, 43, 44, 45, 46; lógica do funcionamento da, 339; modelo da, 331; pensamento casa 332, 339; sistemas de, 314

casamento, 54, 61, 62, 68, 69, 194, 202, 290, 316, 318, 319, 322, 324, 327; *ver também* estratégias matrimoniais

caso particular dos possíveis, 132, 133; *ver também* história social

categorias: de pensamento, 31, 198, 329; de percepção, 226, 231, 444, 452, 453; estatais, 37; *ver também* classificações; formas sim-bólicas

celibato/solteiro, 120, 148, 303, 346, 435; celi-bato dos padres, 120, 346

censor, 38, 198, 202, 244

censura, 26, 80, 90, 91, 92, 97, 114, 179, 202, 203, 210, 242, 445, 483, 519

centralização, 20, 117, 172, 176, 288, 298, 338, 360; *ver também* monopolização; unificação

centro, central, centralizado, 21, 36, 39, 48, 109, 177, 184, 185, 188, 215, 258, 268, 269; Estado, 177, 188, 203, 298; lugar, 107, 109, 184, 303, 337; poder, 23, 39, 65, 115, 177, 184, 206, 254, 266, 290, 293, 298, 300, 428; *ver também* local

China, 120-2, 126, 144, 214, 216, 258, 279, 285, 300, 362, 366, 370-4, 376, 378, 380, 386, 499, 503, 510

cidadão(s), 59, 66, 76, 176, 189, 198, 244, 255, 258, 260, 302, 343, 423, 427, 451, 455-7, 460, 461-5, 469, 475, 488, 517, 522

ciências sociais, 53, 55, 74, 93, 134-7, 142, 143,

561

154-5, 164, 190, 194, 195, 197, 205, 244-5, 315, 329, 366-7, 472-3, 478; *ver também* sociologia

circular, 58, 63; *ver também* formulário

civilização, civilizado, 102, 205, 212, 214, 253; processo de civilização, 75, 199, 212, 297

classe dominante, 20, 50, 195, 490, 508

classificação (atos/formas de), 22, 116, 223, 227, 228, 425, 478; *ver também* categorias; formas simbólicas

clientela, clientelismo, 343, 430

coação, 32, 204, 295

codificação, codificado, 38, 138, 198, 206, 217, 284, 288, 292, 306, 342, 427, 433, 478, 485

coerção, 20, 22, 25, 32, 46, 182, 187-9, 192, 197, 203-4, 209, 217, 229, 237, 488

coerência, 55, 120, 126, 210, 233, 235, 419; efeito de, 223, 232

comissão, 21, 40, 46, 49, 51, 56-65, 67-9, 75, 80-1, 93, 95, 101, 102, 141, 497

comparação, comparatismo, 19, 36, 41, 75, 121, 131, 132, 140, 142, 254, 270, 388, 451, 461, 502; campo e jogo, 140, 141; *ver também* história comparada

competência, 23, 24, 26, 41, 93, 136, 215, 231, 242, 260, 281, 283-4, 296, 340, 344-7, 351-3, 355, 358, 413, 419-20, 430, 447, 451; de uma jurisdição, 281-4; jurídica, 353, 413, 447

conatus, 351

concentração, 21-2, 105-7, 111, 117, 141, 146--7, 177, 182-5, 188-90, 220-1, 252-3, 257-8, 260-2, 264, 266-70, 276-8, 281-2, 284-5, 288-90, 297, 305, 308, 313, 331-2, 338, 362--3, 370, 485-6, 490; do capital simbólico, 106, 278, 289, 360, 485; do direito, 141, 282, 289, 486; processo de concentração dos recursos ou dos capitais, 106, 278, 288, 289, 361, 485; = universalização + monopolização, 268; *ver também* acumulação; centralização; monopolização; unificação

concorrência, 19, 43, 44, 45, 73, 160, 239, 313, 334, 354, 380, 407, 442, 487

confiança, 71, 246, 389, 396, 449; *ver também* fiduciário

confidências, 86, 88; em público, 86, 87, 88

conflito(s), 20, 31, 33, 61, 63, 82, 118, 119, 125, 158, 186, 199, 211, 219, 262, 291, 299, 313, 324, 327, 329, 350, 371, 380, 381, 410, 419, 433, 461, 463, 486, 488, 493, 520

conformismo, 200, 202, 229, 276, 277, 485; lógico, 200, 202, 229, 277, 485; moral, 200, 202, 229, 277, 485; *ver também* integração

conhecimento, 53, 74, 86, 87, 136, 155, 156, 159, 160, 166, 178, 179, 180, 209, 218, 226, 234, 237, 246, 259, 273, 287, 350, 485; *ver também* reconhecimento

consenso, 31, 33, 35, 38, 40, 62, 67, 100, 129, 145, 147, 197, 203, 204, 230, 237, 276, 277, 297, 417, 461, 462, 485

consentimento, 31, 33, 36, 40, 100; *ver também* adesão; constrangimento

constância do nominal, 144

constitucional, constitucionalista: Constituição, 436, 456, 464; direito, 231, 250, 357, 383, 384, 386, 387, 409, 412, 414; história, 387; lógica, 428; teoria, 399, 403, 414

constituição: ato de, 99, 231; de um campo, 147, 386, 487, 490; de um campo burocrático autônomo, 487, 488, 489, 490; de um capital, 257, 269, 271; do Estado, 19, 112, 134, 143, 180, 223, 232, 271, 298, 381, 485

constrangimentos, 41, 43, 76, 112, 125, 129, 197, 235, 259, 295, 320, 419; *ver também* *double bind*

construção: da economia, 271, 272, 273; da legitimidade, 204, 270; da realidade, 76, 227, 355, 431, 432, 443, 485; de modelos explicativos, 122, 127, 253, 258, 269, 352, 363, 485; do Estado, 24, 66, 74, 121, 176-8, 199-200, 206, 270, 271, 274, 278, 288, 308, 309, 332, 349, 353, 357-9, 361, 427, 431, 436, 444, 455, 460, 470-1; invenção sob constrangimento/ pressão estrutural, 143, 191, 192; *ver também* constituição; do objeto, 167, 208

construtivista, 59, 234; *ver também* estruturalismo genético

contrato, 43, 46, 87, 88, 89, 108, 112, 168, 230, 237, 279, 301; linguístico, 108; sob coerção, 46; social, 112; tácito, 87; teoria dos contratos, 363

convenções, 107, 168

corpo de Estado, 50, 67, 144, 162, 169, 238, 268, 274, 283, 284, 341, 351, 359, 361, 390, 404, 424, 430; constituído, 82, 258; de inspetores, 39; judiciário/jurídico, 283, 284, 427; político, 22, 258, 265; sacerdotal/eclesiástico, 283; técnico, 53

corpos do rei, 326, 418

corrupção, 23, 24, 251, 263, 279, 280, 340, 341, 349, 361-2, 364-6, 370-2, 374-7, 446, 479, 487; institucionalizada/estrutural, 24, 349, 361, 366, 370, 371, 372, 374, 375, 377; mandarinal, 375

corte epistemológico, 161, 162, 163, 246, 248; ruptura epistemológica, 246; vigilância epistemológica, 163; *ver também* prenoções; representações; sentido comum

cortesia, polidez, postura, 68, 148, 201, 434, 435

costumes, 58, 220, 255, 270, 283, 316, 328, 409, 456, 457, 520

crença, 20, 21, 31, 39, 71, 98, 103, 104, 120, 168, 201, 202, 223, 225, 228, 232, 234, 237, 250, 256, 272, 335, 493; protocrença, 168; *ver também* ilusão

crise, 62, 106, 162, 165, 292, 302, 412, 420, 453, 473, 474, 479, 507, 516

crítica, 32, 37, 39, 56, 69, 112, 164, 181, 202, 220, 224, 251-3, 307, 317, 352, 367, 376, 395, 407, 418, 427, 446, 461, 472, 483-4, 490, 501--2, 507, 521-2; análise sociológica e crença social, 202, 251

cultura, 72, 88-90, 115, 122, 146-7, 175, 202, 205, 210, 212, 214-21, 225, 250, 252, 255, 260, 288, 289, 298-9, 302, 306-8, 314, 327, 347, 407-9, 417, 425, 457, 469, 486, 500; dos problemas públicos, 59; e ascese, 89; e universalidade, 307; exigências culturais, 307; francesa, 219; *ver também* França; histórica, 252, 314, 327, 347; inglesa, 205, 216; *ver também* Inglaterra; japonesa, 216, 217; *ver também* Japão; jurídica, 407, 425; *ver também* direito; juristas; legítima, 146, 175, 212, 216, 217, 218, 306; nacional, 218, 219; *ver também* capital; campo

defasagem entre títulos e postos, 215, 307; *ver também* dominação; transformações

definição: de um problema público, 58, 59, 101; do Estado, 31, 32, 33, 64, 65, 74, 130, 154, 166, 191, 197, 203, 217, 249, 256, 266, 267, 350; do indivíduo liberal, 472; do leito de justiça, 410; do Parlamento, 462; legítima, 59, 65; oficial, 47, 60, 62, 73, 130; *ver também* oficial; provisória/prévia, 30, 31; weberiana do Estado, 30, 36, 178

delegação, 24, 45, 68, 87, 214, 263, 275, 293, 329, 356, 361, 362, 364, 377, 386, 390, 394, 395, 398, 405, 410, 434, 487; de assinatura, 329, 362; e corrupção, 279; em cadeia, 40, 293, 397

demissão (do Estado), 491

democracia, democrático, 66, 101, 102, 113, 121, 123, 126, 127, 220, 246, 382, 402, 453, 454, 462; *ver também* opinião

dependência/independência, 21, 71, 118, 119, 159, 160, 162, 163, 165, 184, 204, 272, 274, 284, 333, 341, 344, 360, 401, 406, 483, 520; teoria da dependência, 159, 160; *ver também* cadeias de dependência

desapossamento, 146, 147, 149, 257, 267, 268, 303, 304, 305, 306, 307, 397, 503; *ver também* submissão

desconhecimento, 250, 251; *ver também* reconhecimento

desinteresse, desprendimento, 23, 25, 26, 30, 80, 87, 88, 89, 104, 157, 263, 264, 282, 441, 445, 484, 491, 493, 495, 504; *ver também* interesse dialética, 22, 53, 119, 187, 225, 258, 369, 435, 460, 465, 466, 474

diferenciação, 19, 22, 37, 117, 118, 271, 281, 313, 356, 361, 380, 383, 387, 392, 400, 405, 406, 435, 441, 442, 465, 492; e cadeias de dependência, 185; *ver também* autonomização; campo

dinastia, 115, 215, 239, 324, 327, 342, 345, 430; Estado dinástico, 19, 21, 182, 253, 257, 261--2, 264-6, 269, 272, 297-8, 313-4, 322, 325, 327-9, 331, 342-3, 346, 349, 486, 493; *ver também* lógica dinástica

direito, 53, 56, 58, 60, 78, 80, 92, 125, 130, 140, 169-70, 231, 240, 250, 258, 269, 279, 281-4, 292, 309, 328-9, 334, 354, 357, 379, 386, 390, 404, 407, 412-3, 416, 419, 422, 430-1, 433-4, 436-7, 443, 455, 464, 470-1, 478, 486, 488, 519; à moradia, 58; canônico, 416, 431, 435; concentração/unificação do, 141, 221; constitucional, 231, 250, 357, 383, 384, 386, 387, 409, 412, 414; de acesso/de entrada (*access fees*), 136, 374, 401; de admoestação, 411, 412, 422; de primogenitura, 316, 323, 328; de resistência, 437; direitos sociais/do cidadão, 455, 456, 465, 469, 488; do solo/do sangue, 299, 328, 329, 457; do *ver também jus soli/ jus sanguinis*; e *doxa*, 340; e moral, 471; escrito, 58; feudal, 141, 172; internacional, 270; *jus sanguinis*, 294, 299, 300, 456, 457; *jus soli*, 457; racional, 211, 233; régio, 141; romano, 66, 74, 94, 125, 206, 239, 258, 328, 329, 334, 339, 416, 431, 435, 436; *Rule of law*, 202; *ver também* campo jurídico; constitucional; juristas; oficial; privilégio

disciplina, 32, 123, 127, 217, 226, 247, 258, 268, 269, 460, 466, 488; *ver também* coerção

discurso: análise do, 44, 52, 98, 414, 415, 458; científico/sociológico, 73, 113, 138, 168, 209, 242, 243, 475; de autoridade, 58, 68, 81, 160, 490; de vanguarda, 99; duplo, 98, 99; e autoridade monárquica, 425, 426, 427, 428; oficial, 88, 100, 106; performativo, 58, 60; público, 80, 94, 97; *ver também* legitimação

disposições, 32, 84, 139, 201, 279, 316, 321, 326, 453; *ver também habitus*

dissolução (de um Estado), 165, 467, 475, 479

distinção, 52, 172, 244, 247, 448; *ver também* capital; estratégia

divisão do trabalho entre os sexos, 88, 89, 318

dom, 89, 189, 259, 272, 318, 352, 353, 382, 396, 419; contradom, 189, 272; doação, 360, 361; *dona*, 189, 272

domesticação dos dominados, 22, 199, 466

doméstico/a, 23, 147, 262, 271, 273, 316, 324, 325, 326, 331, 340, 341, 342, 343, 344, 345, 346, 347, 381, 387, 388; e campesinato, 119, 316; economia, 89, 470; estratégias domésticas, 338; pensamento doméstico, 339, 342, 343; razão, 339, 341, 371; razão doméstica, 340; relações domésticas, 119, 344; unidade doméstica, 324, 325; vida doméstica, 129; *ver também* família; reprodução

dominação, 34, 119, 127, 136-8, 147-8, 183, 187, 202-5, 207-10, 216, 218-21, 232, 235, 237, 254, 266, 277, 282, 288, 294, 296-7, 300, 302-4, 307, 318, 324, 329, 337, 363, 391, 417, 431, 486, 493, 505; divisão do trabalho de, 19, 24, 313, 328, 345, 347, 354, 396, 487; modos de, 490; simbólica, 136, 203, 204, 209, 210

double bind, 119, 171, 419, 420, 502; *ver também* constrangimentos

doxa, 67, 156, 166, 168, 210, 223, 230, 237, 238, 247, 250, 251, 339, 340; e ortodoxia, 238, 339; proto-doxa, 168

dúvida radical, 440, 475; *épochè*, 55; *ver também* doxa; corte epistemológico

economia, econômica, econômico, 19-21, 32-3, 43, 45, 72, 76, 88-9, 111, 116, 118, 123, 141, 147-8, 185, 187-8, 190, 191, 197, 201, 203-4, 206, 208-11, 213, 221-2, 224, 229, 252, 254-5, 259-60, 266, 268, 271-3, 278, 289, 297-8, 301-3, 315-9, 322, 325-6, 333-4, 337, 359, 362-3, 373, 441, 444, 449, 456, 465, 468-70, 477, 486, 488, 490, 492, 517, 521 economicismo, 111, 187, 197, 485

efeito(s): de campo, 272, 403; de ciência/de teoria, 61, 63; de coerência, 223, 232; de crença, 223, 228; de distinção, 334; de dominação, 148, 203, 204, 221, 235; de Estado, 41, 42, 174, 175, 193, 202; de imposição simbólica, 165; de revelação/de profecia, 99, 376; do "é assim", 168; do oficial, 58, 70, 87, 108; do programa escolar/efeito Zeigarnik, 235, 236; efeito de cultura, 210; efeito escritório, 184; efeito Jano (dupla face do Estado), 146

elites, 23, 25, 26, 417, 418, 507

embedment, embedded/disembedded, 118, 301

englishness, 200, 201, 202, 204, 206, 216, 217; *ver também* Inglaterra

ensino, 39, 42, 54, 71, 73, 78, 113, 146, 162, 164, 240, 241, 292, 367, 368, 423, 465; e nacionalismo, 218, 301, 302; sistema de, 40, 423, 424, 477, 490

escândalo, 86, 87, 88, 99, 260, 484

escolar: sistema, 23, 38, 78, 103, 165, 172, 201, 215, 217, 227, 230-1, 236, 237, 241-2, 249, 251, 256, 262, 296, 302, 304, 306, 329, 344, 350-2, 374, 496; títulos escolares, 352; *ver também* capital escolar

escrito/oral, 58, 98, 163, 176, 240, 242

espaço: burocrático, 163, 366, 380, 429, 442; cartesiano, 287; de textos, 354; dos possíveis, 125, 153, 168, 169, 192, 193; e análises de correspondências, 439; e campo, 367; econômico, 257, 271, 272; *ver também embedded;* estruturado, 49, 50; jurídico, 383, 422, 423, 425, 428, 455, 463; objetivo, 48; político, 21, 245, 460, 461, 462; público, 30, 37, 401, 451; social, 24, 42, 52, 61, 118, 139, 161, 163, 176, 178, 184, 263, 298, 316, 322, 348, 366, 374, 414, 428, 441, 444, 447, 450, 477, 478, 491, 497, 520; teórico, 113

esquerdismo, esquerdista, 169, 438

Estado-providência *ver* Welfare State

estatística(s), 20, 23, 38, 41, 42, 52, 59, 61, 146, 198, 273, 286, 287, 304, 447

estilo, 19, 148, 320

estratégia(s): de condescendência, 162; de manutenção das relações, 318; de reprodução, 261, 262, 313, 315, 316, 317, 320, 322, 327, 332, 340, 490; dinásticas, 328, 331; matrimoniais/de fecundidade/sucessórias, 315, 316, 318, 319, 320, 323, 326, 327, 338, 493; proféticas, 464; profiláticas, 319; sistema das, 325, 327

estruturalismo genético, 128, 131, 132, 133, 134, 140

estruturas mentais, 22, 37, 39, 70, 78, 88, 94, 133, 165, 166, 170, 171, 173, 192, 209, 222, 226, 228, 231, 232, 233, 249, 251, 289, 475, 476; *ver também* categorias

estruturo-funcionalismo *ver* funcionalismo

etnologia, etnólogo, 61, 285, 287, 315, 319

etnometodologia, 234, 241, 379

ex instituto, 166

ex officio, 81, 82, 93, 95, 101, 483

Exército, 21, 36, 121, 182, 189, 209, 217, 221, 257, 269, 270, 273, 285, 323, 451, 454, 488; força/poder militar, 21, 182, 221, 254, 267, 268, 269, 281; Forças Armadas, 189, 190; polícia, 36, 189, 209, 269, 270, 277, 467; *ver também* capital de força física

extorsão, 24, 182, 183, 234, 274, 278, 372; *ver também* imposto

família, 21, 23, 62, 72, 112, 118, 120, 185, 194, 208, 211, 270, 297, 299, 314, 316, 318-24, 326-8, 332, 338, 344, 346-7, 349-51, 354, 371, 380-2, 387, 413, 414, 427, 486; álbum de, 319; ar de, 320; chefe de (*capmaysouè*), 314, 319, 325; como modelo, 262, 325; interesses da família contra interesses do Estado, 371, 381; real, 23, 211, 314, 320-4, 328, 338, 344, 349-50, 486; *ver também* fecundidade; herança; reprodução; estratégias

fecundidade, 62, 316, 322, 323

fenomenologia, 234, 329, 379, 380, 395

festas, 34, 35, 265, 319; cívicas, 34; religiosas, 34

fetiche, fetichismo (do Estado), 66, 175, 177, 200, 484

feudalismo, feudal, 22-3, 113, 117, 119-20, 122-5, 127, 132, 167, 181, 189, 206-7, 213-5, 231, 257, 265, 269, 272, 283, 290, 292, 334, 339, 385; e Revolução Industrial, 205; *ver também* absolutismo; Japão

ficção: coletiva, 20, 34, 71; jurídica (*fiction juris*), 57, 64, 72, 94; social, 60; *ver também* ilusão

fiduciário, 54, 71, 175, 483

filantropia, 460, 466, 468; *ver também* desinteresse

filosofia, filosófico, 52, 65-6, 81, 84, 87-8, 91, 95, 97, 104, 112, 115, 125, 127, 129-30, 136, 138, 140, 142-4, 161, 167, 176, 193, 196, 211, 221, 223, 231-2, 234-5, 251, 281, 287, 320-1, 342, 348, 355, 358, 369, 385, 393, 403, 408, 415, 425, 442-4, 446, 456-7, 470-5, 478-9, 516

finalismo, 142, 193, 331; *ver também* intenção

forma(s) simbólica(s), 38, 222, 227, 228, 233; Estado como forma cultural, 198

formalismo burocrático, 41

formulário, 44, 156, 157, 158, 228, 234, 379; *ver também* circular

França, 20, 22, 38, 41, 53, 65, 82, 85, 106, 113, 115, 121-2, 126, 131-2, 144, 159, 165, 167, 169, 178, 180-1, 186, 188, 190, 201, 206, 215--7, 219-20, 225, 263-5, 288, 290, 300, 314-6, 321-2, 324, 329, 332-3, 338, 342, 355, 364, 372, 376-7, 383, 392, 406, 408, 443, 451, 453, 456-7, 460-1, 463-4, 475, 484, 487, 489-91, 508, 516, 522

função pública, 30, 31, 51, 130, 137, 430, 490, 493

funcionalismo, 55, 58, 396; do melhor/do pior, 33; estruturo-funcionalismo:, 33, 76, 115, 117; neofuncionalismo, 116

funcionário: do Estado, 46, 65, 286, 344; real, 329; *ver também* burocrata

funções do Estado, 32-4, 38, 47, 51-2, 56, 58, 62, 71-2, 74-6, 83, 86, 91-3, 102, 105, 115, 125, 128, 142, 194, 197, 199, 209, 212, 216, 218, 220, 232, 239, 275, 302, 316, 388, 414, 418, 422, 425, 429-30, 433, 436, 467, 471; de legitimação, 202, 416, 419; função guerreira, 269

genealogia, 56, 73, 94, 113, 166, 170, 180, 227, 265, 270, 286, 326, 409, 424, 436, 491, 504

general (ideias e atos de), 285

gênese (análise genética, sociogênese), 21-2, 25, 31, 41, 47, 52, 54, 58-9, 66, 71-2, 74-5, 78-9, 93-5, 103, 106-7, 111-2, 116, 130-1, 133-4, 137-41, 143-7, 149, 153, 162, 166, 168-70, 172-4, 176-7, 181-4, 186-7, 191-2, 197-9, 217, 227, 234, 236, 238, 250, 252-4, 257-8, 261, 268, 271, 275, 279, 281, 283, 289, 298-9, 302, 330-1, 338-9, 356, 358-9, 366, 380, 384, 386-7, 390, 392, 396, 400, 405-7, 430, 435, 444, 451, 458, 467, 470, 475-6, 484--7, 489, 491, 493; *ver também* amnésia da gênese; história; estruturalismo genético

golpe de Estado, 63, 110, 168, 295, 296, 513

governo, 20, 31, 64-6, 70, 176, 177-80, 184, 224, 229, 265, 290, 295, 300, 355, 382, 383, 390, 406, 437, 478, 490, 497, 511

guerra(s), 74, 120, 171, 174, 183, 251, 253, 262, 264, 274, 322, 327, 380, 475, 507, 523; civil, 30, 77, 171, 269, 273, 278, 467, 477; da Argélia, 340, 404; de religião, 171, 251, 507; de secessão, 475; de sucessão, 264, 338; do Golfo, 170, 245, 246; e imposto, 180, 182, 272, 274; escolares/linguísticas, 171, 174, 251; *ver também* ortografia; guerras palacianas, 120; *ver também* imposto

habitus, 21, 48, 49, 78, 114, 124, 139, 279, 289, 316, 320, 321, 322, 368, 434, 444, 448, 469, 525; nacional, 469

hegemonia, 20, 32, 33, 37, 50

herança, herdeiros, 23, 51, 125, 262, 316, 317, 324, 344, 346, 351, 358, 406

História, 25, 34, 41, 53, 72, 77-8, 84, 94, 105, 111-3, 121, 124-5, 127, 130-1, 133, 137-9,

141-5, 153, 166-8, 178-80, 185, 192-3, 196, 212, 243, 250, 253-4, 265, 281, 329, 332, 338, 339, 342, 348-50, 352, 355, 358, 365, 386, 393, 398, 403-4, 408, 410, 413, 416, 421-2, 424, 428, 430, 440, 442-4, 453, 455-6, 458, 471, 474-5, 477, 492, 516; como objeto de lutas, 421, 422, 424; comparada, 41, 77, 112, 122, 132, 139; das ideias, 64, 179, 355, 393, 408, 428, 442, 443; historiadores, 19, 38, 75, 78, 107, 111, 113-5, 122-3, 133-4, 136, 137-8, 142, 144-5, 154, 167, 170, 176, 180-1, 183, 184, 193, 196, 206, 213, 255, 258, 261-2, 264, 265, 267, 272-4, 278, 314-5, 320-1, 324, 327-9, 331-4, 338-9, 342, 352-3, 355, 357-9, 361, 383, 391, 397, 403, 407-9, 414, 422, 425, 431, 435-6, 439, 442-4, 454, 474, 493, 515, 526; *ver também* gênese; invenção; modelo; regressão

historicização, 133

homossexualidade, 88, 99, 432

honra(s), 84, 317; fonte de, 293, 361, 397; homem de, 84, 89, 91; questão de, 291, 403; valores da, 84

hybris, 178, 386, 408

identidade, 44; de Estado, 38; social, 38, 40

ideologia, 32, 200, 204, 232, 239, 254, 301, 319, 324, 326, 328, 329, 344, 345, 352, 353, 356, 366, 369, 376, 404, 413, 415, 418, 424, 425, 453, 490; carismática, 353; justificadora, 329, 413; profissional, 352, 424; *ver também* legitimação

ilusão, 20, 34, 38, 41, 60, 128, 144, 175, 177, 193, 219, 247, 322, 382, 417, 464, 465, 475; bem fundamentada, 20, 34, 38; do nominal, 128, 144; *illusio*, 417, 466; retrospectiva, 144, 193, 322

imperialismo do universal, 220, 464

império(s), 24, 39, 115, 116, 118, 119, 120, 131, 167, 184, 188, 253, 254, 255, 256, 300, 337, 346, 347, 362, 452

imposto, 38, 111, 126, 134, 181-3, 198, 261, 269, 272-3, 275, 278-80, 485, 492; e extorsão,

183, 274, 278; e renda fundiária, 189; gênese do, 238, 258, 261, 273, 278; tributo, 189, 273; *ver também* guerra(s)

incorporação (das estruturas), 139, 228, 251; *ver também* disposições; habitus

indicadores, 51, 70, 211, 471

indivíduo, individualismo, individualista, 21, 48, 51, 52, 62, 78, 92, 100, 110, 119, 139, 142-3, 161, 172, 185, 200, 234, 279, 286, 301, 309, 314, 316, 320, 332, 362, 408-9, 430, 432, 447-8, 470-5, 479, 497

Inglaterra, inglês, 20, 22, 41-2, 56, 71, 75, 77-8, 80, 85, 91, 104, 112-3, 115, 118, 121, 123-4, 126, 131-2, 178-9, 187, 190, 191, 197, 200-7, 209-12, 215-6, 218, 223, 226, 253-4, 256, 265, 272, 288, 298, 338, 364, 368, 373, 382, 384, 386-7, 392, 398, 406, 409, 426, 456, 461, 484, 516-8, 523; *ver também englishness*

insulto, 39, 41, 58, 99, 106, 109, 304; *ver também* julgamento

integração lógica e moral, 277; *ver também* conformismo lógico/moral

intelectuais, 23-4, 38, 73, 200, 210, 215, 219, 225, 290-1, 294-6, 300, 335-6, 377, 390, 408, 452-3, 458, 464, 469, 512, 519; e ideal nacional, 200, 464; marginais/proletaroides, 215, 452; midiáticos, 24, 295, 300; *ver também* campo intelectual

intenção, 52, 142, 196, 320, 332; *ver também* finalismo; habitus

interações, 25, 56, 59, 161, 379; e estruturas, 162, 164, 379

interesse: coletivo, 25, 64, 352, 357, 491; de classe, 123, 125, 184, 195, 461; de corpo, 50; geral/público, 104, 447, 449, 471, 484, 491; particular, 74, 232, 249, 251, 282, 446; pelo desinteresse, desprendimento, 441, 444; pelo Estado e nacionalismo, 308, 452; pelo universal, 276, 282, 445

intermediário/a (posição, poder), 189, 363, 364, 371, 373, 374, 389, 428

invariantes, 49, 116, 132, 162

invenção: cultural, 217; do Estado, 157, 466; histórica, 56, 58, 156, 166, 206, 461
"isso-é-óbvio", 83, 86, 236, 247, 251, 340
Iugoslávia, 270, 475, 523

Japão, japoneses, 121-2, 126-7, 132, 201, 204--10, 212-7, 220, 388, 502, 507; comparação com a Inglaterra, 201, 204, 212, 288; e Revolução Francesa, 124, 204, 450
jogo: duplo, 102, 334, 364, 366, 377, 378; jogos de Estado, 163; político, 145, 254, 460, 462, 463, 465; regra(s) do, 31, 69, 97, 101, 140, 141, 144, 273, 334, 341, 461; teoria dos jogos, 136, 197; ver também campo
jornal: oficial, 69; satírico (Le Canard Enchaîné), 57
jornalismo, jornalistas, 172, 203, 215, 241, 245, 398
julgamento, 25, 26, 39, 40, 41, 90, 96, 110, 192, 196, 209, 240, 283, 290, 307; de valor, 192, 209, 307; ver também autoridade; oficial
juristas, 19, 23-5, 63-4, 66, 83, 92-6, 103, 169, 180, 239, 278, 282-4, 328-9, 339-40, 343-4, 349, 351, 353, 356-7, 361, 377, 386, 398-400, 407, 413, 416, 418-25, 427-8, 431-5, 437, 441, 444, 446-7, 451-2, 454, 456, 458, 465-6, 470-3, 487, 490; como ideólogos do rei, 343; lawyers, 60, 125, 377; ver também direito

legitimidade, legítimo/a, 26, 39, 74, 84, 96, 167, 181, 207, 218, 221, 237-8, 247, 249, 255, 263, 270, 272, 275, 278, 290, 300, 307, 321, 346, 352, 360-1, 411-2; cadeias de legitimação, 185; cultura/língua, 146, 212, 218, 503; ver também cultura; oficial; e imposto, 111, 126, 274, 278, 280; e monopólio, 221; e redistribuição, 361; e teatralização, 103; identidade, 38; política, 117, 129, 199, 454, 462; ver também autoridade; definição; doxa; insulto; juristas; representação; teoria; violência; visão
leito de justiça, 321, 350, 355, 357, 403, 406, 410, 414, 420, 426, 440

língua/linguagem, 33, 67, 76, 81-4, 88, 93, 104, 117, 119, 193, 206, 209, 243, 249, 328, 431-3, 453, 456-7, 462, 521; blá-blá-blá e função, 86; erudita, 103; legítima, 146, 503; oficial, 108; sociológica, 228
liturgia, 255, 306, 453, 454
local, 48, 49, 53, 143, 146, 200, 254, 261, 279, 298, 304, 337, 382; mercado local, 147, 148; organismos locais, 160; ver também central; nação
lógica/o, 16, 66, 78, 128, 134-5, 139-40, 142, 197, 227, 232-3, 252, 255, 258-9, 267, 281, 314, 329, 334, 338, 340-1, 349, 351, 380-1, 401, 408, 417, 438, 473, 491; burocrática, 134, 345, 429, 487; da culpa/da repreensão, 470, 471; da gênese, 484, 487; da sucessão, 322; dinástica, 262, 324, 334, 390, 404, 413, 487; do objeto, 135; feudal, 334; histórica, 135, 138, 143, 153, 193, 263, 270, 397, 403, 442; jurídica, 313, 327, 328; lógica prática, 140, 313, 327, 328; lógicas práticas, 134, 135, 136; ver também conformismo lógico; integração lógica e moral; família; casa; reprodução
lugar: central, 107, 109, 184, 337; da última diferença, 172; de gestão do universal, 149; direito do ver direito; e cidade, 188, 305; neutro, 29, 30, 31, 33, 493; ver também concentração; legitimidade; lutas; poder simbólico
lutas: capitais ou campos como objeto de, 48, 50, 70, 105, 169, 176, 302, 307, 351, 407, 409, 411, 412, 417, 421, 422, 431, 435, 449, 477, 485, 487; de classes, 50, 461; de competência, 419; e acumulação de recursos/capitais/poder, 119, 263, 266, 333, 360, 407; Estado como objeto de lutas, 50, 117, 266, 449, 461, 485, 488; intelectuais, 296, 336; políticas, 70, 117; simbólicas, 65, 106, 107, 354, 400, 412, 416, 432; transcampos, 408; ver também capital; campo; concorrência; jogo; imposto; lugar; monopólio; redistribuição

magia, 41, 231, 306, 391, 491

magistrados, 21, 22, 26, 206, 215, 427, 430, 434, 438, 444, 449, 450, 507; *ver também* nobreza de toga

mandato, mandatado, 26, 39, 45, 47, 58, 63, 65, 72, 80, 81, 82, 87, 93, 95, 96, 100, 129, 130, 268, 274, 326, 376, 389, 405, 412, 433

mão direita/mão esquerda (do Estado), 478

mapa: geográfico, 188, 201, 285; geográfico e ponto de vista superior, 286; intelectual, 113

marxismo, marxistas, 34, 115, 123, 124, 158, 197, 204, 205, 213, 221, 222, 229, 232, 233, 276, 356, 366, 368, 369, 450, 464, 466, 490, 516

mecenato, 255, 288; *ver também* filantropia

memória, 34, 35, 216, 241, 242, 249, 339, 345; *ver também* tempo

mercado, 29, 42, 46, 50, 52, 112, 118-9, 147-8, 172, 182, 220, 271-2, 280, 282, 292, 298, 301, 303-5, 374, 469; unificação do, 112, 148-9, 172, 276, 280-1, 285, 294, 297, 301, 303-5

mérito, 15, 23, 53, 114, 116, 122, 187, 206, 209, 211, 237, 238, 253, 260, 329, 333, 334, 344, 346, 353, 369, 382, 416, 419, 425, 430, 454, 461, 485

mexericos, 92, 357

microcosmo, 145, 477

ministérios, 47, 51, 70, 176, 477, 478; sociais, 51, 70, 477, 478

mistério, 41, 68; do ministério, 68, 395

modelo, modelização, 52, 114, 116, 122, 127, 132, 137, 160, 181, 186-7, 197, 217, 225, 254, 256, 258, 262-3, 268, 314-6, 319, 342, 351, 363, 379, 382, 436, 485; econômico, 349, 361; histórico, 206, 217, 289, 314, 323, 356, 404, 411, 426, 435, 451, 465

monopólio, monopolização, 149, 182, 183, 221, 261, 268, 288, 297, 307, 308, 309, 450, 486; da construção das representações legítimas, 73, 76, 111, 169, 172; da operação de nomeação, 106; da violência física/simbólica legítima, 19, 20, 30, 36, 71, 128, 178, 268, 269, 308, 450, 490, 493, 505; do oficial, 128; e

universalização, 261, 268, 301, 305; estatal, 182, 186, 308, 486; lei do monopólio, 182, 183, 333, 505; *ver também* acumulação; concentração; unificação

moral, moralidade, 20, 22, 31, 34, 72, 84, 87, 89, 90, 199, 203, 261, 296, 339, 340, 360, 437, 446, 471, 479; laica, 90; privada, 87; visibilidade e, 87

nação, 22, 103, 175-6, 200-1, 211-2, 218, 265, 271, 300, 302, 384-5, 404, 441, 449-54, 456--7, 465-7, 484, 488, 522; tradição nacional, 219

nacionalismo, nacionalistas, 177, 200, 212, 218-20, 255, 280, 302-3, 308-9, 322, 385, 409, 452, 469

naturalização, 166, 216, 457

nobreza: de espada, 239, 269, 405; de Estado, 25, 99, 129, 276, 289, 351, 352, 385, 430, 449, 486; de toga, 239, 292, 352, 404, 420, 430, 449

nomeação, 23, 26, 56, 67, 106, 107, 108, 129, 263, 293, 348, 361, 372, 381, 391, 412, 413, 487, 516; poder de, 106, 107, 289, 360, 361, 381, 486

nomos, 38, 211, 212, 228, 237, 271, 412, 444, 452, 476, 485

objetivação, objetividade, 35, 125, 143, 165, 166, 173, 192, 286, 287, 299, 307, 445

oblatos, 346, 347; *ver também* herdeiros

obsequium, 54, 68, 70, 84, 97, 498

officium, 81, 93, 483

oficial, 20, 41, 45, 54, 56, 58, 60-70, 73, 78, 80-2, 84-93, 96-7, 99-104, 106, 108, 128-30, 219, 278, 343, 382, 391, 393, 463, 483-5, 488, 490, 493; cerimônia, 56, 103; conformidade ao, 83; definição, 47, 62; e desinteresse, 88; encenação do, 58, 100; estar em regra com o, 97; força do, 66; relatório, 58, 64; retórica do, 80, 105; verdade, 60, 62, 63, 69, 73, 84; visão, 65

opinião, 60, 92; pessoal, 302, 356; política, 87,

245; privada, 85; pública, 80, 91, 96, 101, 102, 438, 483

ordem pública: estabelecida, 52, 68, 165, 249; jurídica, 85, 418; social, 31, 34, 40, 52, 61-2, 64, 67-9, 125, 143, 210, 212, 220-1, 224, 228, 230-2, 235, 237, 240, 248-50, 302, 307, 317

ortodoxia, 30, 31, 33, 34, 238, 240, 250, 251, 307, 339, 340; *ver também* doxa; direito

ortografia, 153, 157-8, 165, 168, 170-5, 191, 201, 218

outro generalizado/universal, 80, 90, 91, 92

padre/sacerdote, 95, 104, 117, 239, 433

párias, 120, 346, 348

Parlamento, parlamentos, 22, 110, 117, 139, 145, 166, 198-9, 281-2, 292, 321, 350, 354-7, 364-5, 369, 380, 390, 392, 405, 408-12, 414, 416, 418, 420-2, 424-6, 428, 429, 434, 438--40, 443, 454, 461-2, 463, 501, 506, 512, 520

patrimonialismo, 86, 189

pensamento, 19, 29-30, 64, 91, 113, 116, 126, 134, 155-7, 164-6, 175, 178-9, 186-7, 198, 209, 219, 222, 225, 228, 234, 237, 239, 247-8, 250, 268, 277, 304, 332, 338, 339, 341-3, 348--9, 355-6, 382, 402, 404, 416-7, 428, 431, 436-8, 440, 444, 447, 451, 472-5, 496, 504; categorias de, 198, 329; convencional, 277; convencional/corrente, 474; de Estado, 29, 155, 157, 164, 165, 175, 198, 209, 222, 250, 475; objeto de, 63; pensamento casa", 332, 339; político, 178, 179, 343, 349, 355, 436

performativo, noção de, 42, 58, 81, 497

pesquisa de opinião, 172

piedosa hipocrisia, 84, 92, 96, 344

poesia, poetas, 63, 71, 82, 83, 84, 93, 95, 97, 98, 99, 100, 103, 108, 242, 243, 432, 433, 458, 522

polícia, 36, 189, 209, 269, 270, 277, 467

político/a, 19-21, 23, 26, 39, 47, 50, 52, 62, 64, 72, 78, 81, 86-7, 99, 103-4, 106, 111, 115-8, 120, 123, 129-30, 139, 141, 145-6, 148, 153, 159, 162-3, 167, 170, 176, 195, 199, 202, 204--6, 211, 213, 216, 232, 245, 255-6, 260-2, 265,

270-1, 296, 301-3, 322, 325-6, 331, 337-9, 342-3, 345-6, 355, 359, 367, 373, 375, 393, 401-2, 408-9, 414, 416, 423, 425-6, 432, 436--8, 440-1, 443, 451, 453-4, 456-9, 461-3, 465, 467-70, 478-9, 483-4, 488-90, 492-3, 497, 506, 519; teorias políticas, 354, 400, 414, 436, 440

porta-voz, 26, 63, 81, 82, 100, 159, 425, 427, 431, 439, 462

posição central, 184, 491

postulados, 115, 194, 195, 351, 479

prenoções, 29, 246; *ver também* corte epistemológico; sentido comum

pressupostos, 97, 138, 156, 166, 168, 243, 366, 367, 452, 463

prestígio, 160, 195, 260, 292, 362, 429

princípio dinástico *vs* princípio jurídico, 328, 344, 345, 351, 400, 405, 406, 410, 412, 413, 418, 420, 423, 450, 487

privilégios, 37, 52-3, 107-8, 120, 131, 145-6, 163, 165, 220, 239, 254, 284, 293, 316, 336, 353, 360-2, 373, 375, 378-9, 397, 404, 419, 447; *ver também* direito

profeta, profecia, 62, 81, 82, 83, 84, 92, 95, 96, 98, 99, 239, 283, 469, 472, 499

profissão, 29, 71, 94, 104, 115, 136, 143, 156, 158, 169, 376, 401, 422, 424, 427, 464, 502; categorias socioprofissionais, 38, 144; ideologia profissional, 352, 424

programa de pesquisa, 53, 105, 110, 400, 408, 409, 473, 484

progresso, 55, 126, 137, 143, 147, 148, 208, 234, 241, 297, 385, 389

público/a, 40, 85, 86, 340, 403; bens públicos, 129, 130, 131, 447, 448; espaço público *ver* espaço; interesse pelo, 445, 447; oposição público/privado, 37, 85, 86, 87, 88, 129, 171, 398, 402, 483; ordem pública, 30, 32, 35, 36, 37, 239, 251, 341, 359, 371, 416, 418, 468; problema, 56, 58, 59; serviço, 25, 32, 66, 157, 178, 239, 359, 377, 378, 396, 440, 447, 479, 480, 491; tempo, 34, 36, 37, 232

pureza (os "puros"), 375, 445

racionalização, 20, 75, 112, 128, 210, 211, 233, 252, 263, 297, 306, 328, 431

racismo, 61, 196, 305, 453

razão: de Estado, 117, 261, 262, 263, 313, 339, 340, 341, 486; doméstica, 339, 340, 341, 371

recalcado, 98, 302

recenseamentos, 23, 37, 38, 144, 198, 285, 291, 299; *ver também* censor

reconhecimento, 21, 74, 84-5, 90, 92, 97, 176, 181, 218, 226, 237-8, 250-1, 259-60, 270, 272, 280, 290, 292, 360-1, 412, 417, 420, 424, 498; *ver também* conhecimento

redes, 22, 161, 185, 188, 365, 372, 380, 381, 398

redistribuição, 24, 111, 119, 123, 358, 360, 361, 362, 370, 380, 449, 469; *ver também* concentração; imposto; legitimidade; monopólio

região, regionalismo, 140, 149, 308, 407, 479, 524; *ver também* local; nação

regra, regularidade, 31, 46, 47, 62, 64, 68, 69, 72, 84, 97, 101, 129, 138, 140, 141, 143, 145, 279, 281, 287, 314, 321, 328, 341, 389, 390, 445, 461, 496; irregularidades regulares, 372; *ver também* jogo; estatísticas

regressão, 38, 40, 43, 53, 81, 92, 96, 109, 268, 272, 279, 340, 363, 382, 442, 475; *ver também* história; modelo

regulamento, 40, 49, 50, 52, 53, 129, 162, 477; *ver também* campo burocrático; jogo; mandato; oficial

rei, 21-4, 109, 141, 178, 180, 182-6, 239, 260, 262, 265, 273, 275, 278, 280-3, 285-6, 290, 293, 313-4, 316, 321, 326, 330-39, 341-7, 350, 353, 356-8, 361-5, 369, 380-1, 383, 386--7, 389-94, 396-8, 404-6, 409-14, 416-22, 424, 427-9, 434, 439-40, 443, 450, 486-7, 505, 518; como última instância, 184, 274, 279, 336, 380, 396; lugar do, 333, 334, 337, 338; posição central do, 337; *ver também* casa do rei

relação de força, 45, 59, 160, 413

religião, 33, 34, 41, 62, 72, 118, 121, 211, 220, 238, 239, 261, 306, 381, 437, 440, 441, 442,

453, 454, 469, 507; civil, 441, 453, 454, 469; *ver também* campo religioso; ilusão; magia

representação, 30, 32, 58, 59, 70, 73, 85, 96, 110, 129, 155, 177, 231, 259, 287, 296, 336, 425, 432, 455, 490; legítima, 30, 432; oficial, 58, 96; política, 490

reprodução (modo de), 148, 262, 322, 329, 344, 346, 350, 351, 352, 381, 387

responsabilidade social, 218, 274, 394, 470, 472, 474, 479, 488

retórica, 59, 80, 82, 83, 100, 103, 105, 202, 203, 204, 483; do oficial, 80, 105

revolta(s), 32, 38, 40, 123, 127, 134, 206, 213, 214, 279, 407, 420

revolução: burocrática, 51; conservadora, 213; Revolução Francesa, 20, 23, 122, 149, 193, 203-6, 213, 279, 342, 350, 364, 398-9, 408-9, 420, 428, 429, 439, 441, 448-50, 454-5, 458, 461, 464-5, 491; Revolução Industrial, 124, 201, 207, 211, 212; simbólica, 205, 236, 476, 488

rotina, rotinizado, 62, 83, 96, 98, 165, 236, 274, 393, 394

ruptura epistemológica *ver* corte epistemológico

sábio(s), 55, 56, 57, 61, 63, 82, 93, 95, 102, 381

secessão, 466, 467, 468, 475, 476

selo(s), 282, 329, 330, 384, 389-96, 398-9, 405--6, 487

sentido comum, 85, 96, 100, 155, 158, 164, 168, 230, 248, 251, 381, 401; *ver também* consenso; corte epistemológico; prenoções; representação

sentido prático, 321; *ver também* habitus; lógicas práticas

sigla, 282, 384, 391, 431; *sigillum authenticum*, 391, 431

simbólico/a: economia do, 335; luta simbólica, 65, 106, 107, 354, 400, 412, 416, 432; ordem simbólica, 21, 62, 68, 165, 230, 231, 233, 235, 319

socialização dos riscos, 472

sociedade: pré-capitalista, 63, 118, 273, 300, 325, 360; sociedades sem Estado, 63

sociedade civil, 64, 65, 66, 70, 276, 462

sociodiceia, 220, 319, 320, 324

sociologia, sociológico, sociólogo, 17, 20, 29, 32, 39-40, 43, 48-9, 51, 54, 56-8, 61, 64, 69, 71, 73-6, 78, 92-4, 97, 102-3, 105, 108-10, 112-6, 124, 129, 131-4, 136-40, 142, 153-5, 157, 159, 161, 164-5, 168-71, 173, 181-4, 187, 192-6, 198, 208, 211, 217, 224, 226, 229, 240-1, 243-4, 246-7, 249, 251, 253, 262-3, 287, 299, 301-2, 307, 315, 318, 326, 348, 351, 355, 359, 367, 373-4, 376, 382, 386, 401, 408, 411, 415, 431, 434, 438-9, 445-7, 453, 458, 464, 467, 469-70, 472-5, 479, 484, 489-93, 502, 515; do Estado, 408, 490; e filosofia, 112, 231, 232, 355; e história, 112-4, 124, 131-3, 136, 139, 142, 155, 183, 193, 198, 442, 484; explicação sociológica, 38; macrossociologia empírica, 76; macrossociologia/ microssociologia, 76; posição do sociólogo, 75, 93, 97, 153; sociologia espontânea, 29, 32, 43, 48, 51, 57, 124, 318, 376

statements, 39, 52, 198

submissão, 119, 204, 216, 224, 226, 228, 232, 237, 259, 272, 280, 291, 295, 302-5, 334

sucessão: guerra de, 338; lei sucessorial, 327

tabu, 51, 99, 155, 319

teatralização, 60, 64, 85, 103, 104, 145, 484

televisão, 25, 86, 90, 99, 202, 246, 296, 359, 367, 388, 460, 462, 512

tempo, temporalidade, 20, 29, 34, 35, 37, 242, 348, 380; escolar, 235, 246; público, 34, 36, 37, 232; vivido, 35; ver também calendário

teologia, 39, 40, 142, 157, 345

teoria: do Estado, 63, 95, 154, 181, 197, 286, 355, 442, 444; dos jogos, 136, 197; e empiria, 55, 69, 160; efeitos da, 63; teorias legitimadoras, 23, 283; vs prática, 393

território, 21, 22, 65, 108, 174-7, 181-2, 186, 256, 273, 280, 283, 299, 300, 452, 455-7, 460- -1, 475, 484-6, 488, 505

tradição, 29, 32, 34, 36-7, 39, 42, 55, 59, 67, 76, 81, 105, 109, 111-2, 115, 118, 120-2, 124-5, 134, 155-6, 159, 169, 175, 195, 206, 210-3, 215-7, 219, 221, 224-9, 231-5, 238, 247, 250, 253, 257, 283, 314, 337, 339-40, 355, 369, 371-2, 404, 444, 455; burocrática, 67; histórica, 76, 219; marxista, 32, 34, 37, 39, 76, 105, 111, 121, 125, 195, 232, 238, 283, 369, 444; ver também marxismo

traição, 404, 519

trajetória, 190, 254

transformações históricas, 182, 194, 205, 313, 340, 473; evolução do Estado, 364; ver também concentração; história; monopólio

transgressão, 83, 84, 85, 88, 92, 100, 211, 289, 339, 341, 378, 433; da moral pública, 340

trans-história, 144, 427; ver também universal

tripartição, 346, 426

troca: de dons, 89, 272; matrimonial, 148, 314, 324; mercado das trocas simbólicas, 148

unificação, 112, 134, 137, 146-9, 172, 182, 198, 218, 220-1, 272, 276, 280-2, 284-6, 288-9, 294, 296-9, 301-5, 308, 451, 469, 486; ver também acumulação; concentração; monopólio

universal, 33, 64, 91, 100, 146-7, 149, 178, 204, 219-21, 282, 307, 357, 377, 378, 385, 416, 445, 446, 464, 487, 492; apropriação privada do, 25, 378; espetáculo do, 61; imperialismo do, 220, 464; ver também interesse pelo universal

utopia, 108, 193, 309

valores estatais, 45, 70, 109, 192, 209, 304, 307, 309, 485

variações, 59, 116, 120, 132, 201, 397, 485; ver também invariantes; modelo

venalidade, 71, 364, 404, 520

verdade oficial, 60, 62, 63, 69, 73, 84

via escandinava, 124

vigilância epistemológica ver corte epistemológico

violência: física, 21, 30, 34, 181, 268, 270, 274, 275, 408; monopólio da, 30, 36, 71, 128, 178, 268, 269, 308, 450, 490, 493, 505; simbólica, 21, 76, 106, 130, 201, 203, 204, 209, 274, 476, 483

virtù, 179

visão, 32, 48, 56, 65, 73, 78, 88, 112, 186, 226, 228, 231, 237, 249, 324, 393, 397, 404, 422, 432, 444, 449, 451, 476; princípio de, 237, 485; princípio de divisão, 38, 78, 231, 485

vizir, 324, 345, 346, 347, 514

Welfare State (Estado-providência), 199, 455, 465-6, 468, 470-1, 473, 475, 477-8, 488, 490